2013年版

中国科技期刊引证报告（核心版）

中国科技核心期刊（中国科技论文统计源期刊）

中国科学技术信息研究所

科学技术文献出版社
SCIENTIFIC AND TECHNICAL DOCUMENTATION PRESS
·北 京·

2013 年版中国科技期刊引证报告（核心版）

主 任 编 委　　贺德方

副主任编委　　武夷山　　张玉华　　潘云涛　　郑彦宁　　曾建勋
　　　　　　　庞景安　　姚长青

主　　　 编　　潘云涛　　马　峥

编 写 人 员　　郭　红　　袁军鹏　　郭　玉　　俞征鹿　　翟丽华
　　　　　　　高晓培　　高继平　　贾　佳　　王海燕　　蒋　玲
　　　　　　　胡泽文　　姜秀兰　　苏　成　　徐　波　　张　梅
　　　　　　　田瑞强　　朱梦皎　　杨冬雨　　薛晓丽　　孟祥昊

　　本书受国家自然科学基金项目"发达国家科技期刊建设同经济实力、科技发展的关系暨期刊语言选择的历时性研究及其借鉴意义"(70973118)、中央级公益性科研院所基本科研业务费专项资金项目"创新型国家建设进程中科技产出跟踪监测平台建设"(ZD2012-5-1)共同资助。

通信地址：北京市海淀区复兴路 15 号　100038
　　　　　中国科学技术信息研究所　情报方法研究中心
网　　址：www.istic.ac.cn
电　　话：010-58882027，58882537，58882539
传　　真：010-58882028
电子信箱：cstpcd@istic.ac.cn

前　言

　　1987年，中国科学技术信息研究所（ISTIC）受国家科学技术部（原国家科委）的委托，开始对中国科技人员在国内外发表论文的数量和被引用情况进行统计分析，并利用统计数据建立了中国科技论文与引文数据库（CSTPCD）。这项工作开展后受到了社会各界的普遍重视和广泛好评。20多年来，中国科学技术信息研究所通过艰苦繁杂的劳动，积累了大量的宝贵数据，为科技部等各级管理部门、高等院校、科研机构、期刊编辑部和科研工作者提供了各类论文统计基础数据和期刊评估指标。

　　从1997年第1本《中国科技期刊引证报告（CJCR）》面世至今，已连续出版了10余版。《中国科技期刊引证报告》是一种专门用于期刊引用分析研究的重要检索评价工具。利用CJCR所提供的统计数据，可以清楚地了解期刊引用和被引用的情况，以及进行引用效率、引用网络、期刊自引等统计分析。同时，利用CJCR中的期刊评价指标，还可以方便地定量评价期刊的相互影响和相互作用，正确评估某种期刊在科学交流体系中的作用和地位。自CJCR问世以来，在开展科研管理和科学评价期刊方面一直发挥着巨大的作用。

　　《中国科技期刊引证报告》选用的是中国科技论文统计源期刊，即中国科技核心期刊，这些期刊是在经过严格的定量和定性分析的基础上选取的各个学科的重要科技期刊。《2013年版中国科技期刊引证报告（核心版）》收录中国科技论文统计源期刊共1994种。中国科技论文统计源期刊的论文构成了中国科技论文与引文数据库（CSTPCD），即中国科学技术信息研究所每年进行中国科技论文统计与分析的数据库，该数据库的统计结果编入国家统计局和科学技术部编制的《中国科技统计年鉴》，统计结果被科技管理部门和学术界广泛应用。

　　中国科学技术信息研究所在与国际评价机制接轨的同时，充分利用20余年积累的科技论文和科技期刊评价工作经验及丰富数据，选择了总被引频次、影响因子等重要的期刊科学计量指标进行统计和分析，同时又注意结合中国科技期刊发展的实际情况，创新了基金论文比、地区分布数、机构分布数、他引率、离均差率等多种期刊评价指标。在出版《中国科技期刊引证报告》的10余年间，我国科技期刊有了长足的进步，科技期刊的发展也带动了科技期刊相关的指标和评价体系研究工作的不断进步，我们将研究成果应用在《中国科技期刊引证报告》中，适时进行指标的增补和修正。《2013年版中国科技期刊引证报告（核心版）》中已经扩展到23项科学计量指标，200多幅插图。读者可以看到，每一版《中国科技期刊引证报告》都有新的变化和进步。我们衷心希望《中国科技期刊引证报告》能成为广大读者开展工作时检索查询的友好助手和得力工具，并愿为大家奉献一份独一无二的科技期刊分析与评价报告。

　　在《2013年版中国科技期刊引证报告（核心版）》与前一版本相比，在期刊的分类部分有较大的改变。参照最新执行的《学科分类与代码（国家标准GB/T 13745—2009）》，我们将中国科技核心期刊重新进行了学科认定，合并归入113个学科类别。新的学科分类体系体现了科学研究学科之间的发展和演变，更加符合当前我国科学技术各方面的发展整体状况，以及我国科技期刊实际分布状况，更加有利于读者准确、客观地从学科分类角度了解和评价科技期刊的质量和影响。

考虑到我国英文科技期刊的特点和发展状况，为了更加科学准确地评价我国科技期刊的学术质量和影响状况，同时也为了促进我国英文版科技期刊的繁荣发展，根据同类比较的统计分析和评价原则，《2013年版中国科技期刊引证报告（核心版）》将中国科技核心期刊中以中文出版的期刊和以英文出版的期刊列入不同的表格分别统计。

《中国科技期刊引证报告》的出版，是我国科技界和知识界的一件大事。这些丰富和适用的期刊评价指标使我国的广大科技工作者、期刊编辑部和科研管理部门能够科学快速、准确地选择和利用期刊，为科技期刊出版单位和科研人员客观地了解期刊的学术影响力，提供公正、合理、科学、客观的评价依据。同时，也为决策管理部门科学地评价我国科学活动的宏观水平、微观绩效，以及建立科学交流传播机制积累基础数据。10多年来已经为国家期刊奖的评定，中国科协、国家自然科学基金委员会、中国科学院和地方省市和行业机构的期刊管理部门提供了大量的各类评估数据，大大提高了我国科技期刊科学管理的水平，促进我国科技期刊评价管理工作进一步向科学化、定量化和规范化方向发展。同时，《中国科技期刊引证报告》的发行，也有力地填补了我国关于期刊评价数据的空白。

在整个编写过程中，我们力求严格规范，细致准确，精益求精。但由于一些实际情况，例如期刊的更名合并、期刊引用文献著录不规范等，给我们的统计、分析与编辑工作带来很大困难。因此错误和疏漏在所难免，诚望广大读者不吝赐教，批评指正。

中国科学技术信息研究所

2013年9月

主要计量指标

2012年中国科技核心期刊（中国科技论文统计源期刊）*主要计量指标分布情况

	平均值	统计数字
核心总被引频次	1023 次/刊	≥2 000 次的期刊共有 282 种
核心影响因子	0.493	≥1.000 的期刊共有 132 种
核心即年指标	0.068	≥0.100 的期刊共有 386 种
基金论文比	0.52	≥0.80 的期刊共有 470 种
海外论文比	0.02	≥0.2 的期刊共有 46 种（其中 38 种是英文期刊），664 种期刊无海外论文
核心他引率	0.82	≥0.95 的期刊共有 238 种
篇均作者数	3.9 人/篇	≥5 人/篇的期刊共有 224 种
篇均引文数	14.85 条/篇	≥20 条/篇的期刊共有 321 种
综合评价总分	40.1 分	≥50 分的期刊共有 522 种

*中国科技核心期刊（中国科技论文统计源期刊）包括 1930 种中文期刊和 64 种英文期刊。

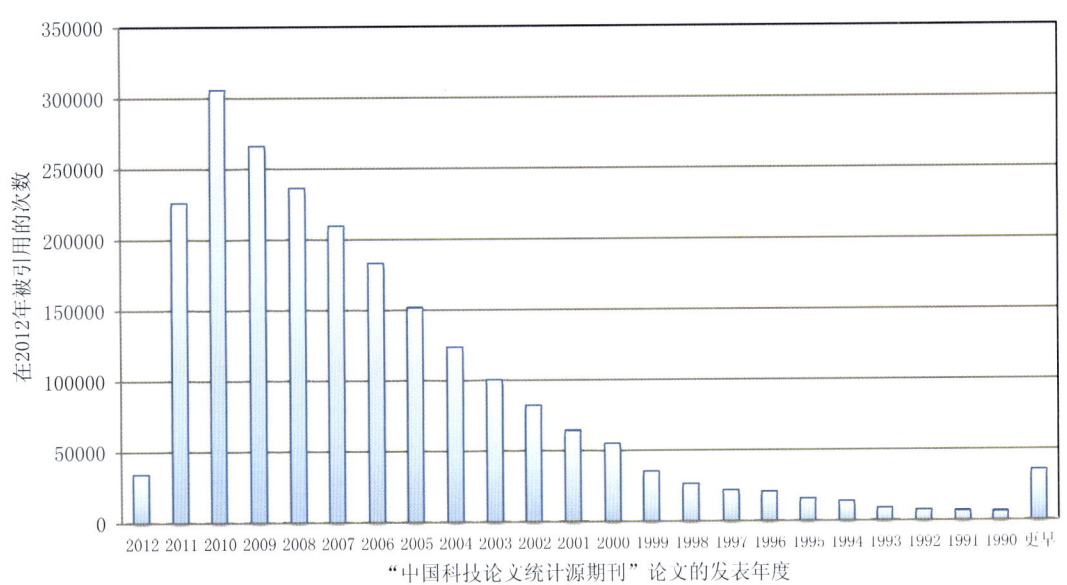

2012年被引用的"中国科技论文统计源期刊"论文的发表时间分布图

说明：图中被引用次数数据统计来源为《2012年度中国科技论文与引文数据库》（CSTPCD 2012）。柱状图示分别表示"中国科技论文统计源期刊"各年度发表的论文在 2012 年被引用的次数。

目 录

1 编制说明 1

2 使用说明 5

3 名词解释 7

4 2012年中国科技核心期刊(中文)指标 11
    表 4-1 　2012年中国科技核心期刊(中文)被引用指标刊名字顺索引 11
    表 4-2 　2012年中国科技核心期刊(中文)来源指标刊名字顺索引 55

5 2012年中国科技核心期刊(英文)指标 79
    表 5-1 　2012年中国科技核心期刊(英文)被引用指标刊名字顺索引 99
    表 5-2 　2012年中国科技核心期刊(英文)来源指标刊名字顺索引 101

6 2012年各学科类别期刊整体情况 103
    表 6 　2012年各学科类别期刊数量、核心总被引频次和核心影响因子 103

7 2012年各学科类别期刊指标情况 107
    综合类 107
    综合大学学报类 109
    师范大学学报类 112
    数学类 114
    信息科学与系统科学类 116
    力学类 118
    物理学类 120
    化学类 122
    天文学类 124
    地球科学综合类 126
    大气科学类 128

地球物理学类	130
地理学类	132
地质学类	134
水文学、海洋科学类	136
生物学基础学科类	138
生态学类	140
植物学类	142
昆虫学、动物学类	144
微生物学、病毒学类	146
心理学类	148
农业大学学报类	150
农学类	152
农艺学类	154
园艺学类	156
土壤学类	158
植物保护学类	160
林学类	162
畜牧、兽医科学类	164
水产学类	166
医学综合类	168
医药大学学报类	171
基础医学类	174
药理学类	176
临床医学综合类	178
临床诊断学类	180
保健医学类	182
内科学综合类	184
心血管病学类	186
呼吸病学、结核病学类	188
消化病学类	190
血液病学、肾脏病学类	192
内分泌病学与代谢病学、风湿病学类	194
感染性疾病学、传染病学类	196
外科学综合类	198
普通外科学、胸外科学、心血管外科学类	200
泌尿外科学类	202
骨外科学类	204

烧伤外科学、整形外科学类 …………………………………… 206

妇产科学类 ……………………………………………………… 208

儿科学类 ………………………………………………………… 210

眼科学类 ………………………………………………………… 212

耳鼻咽喉科学类 ………………………………………………… 214

口腔医学类 ……………………………………………………… 216

皮肤病学、性医学类 …………………………………………… 218

神经病学、精神病学类 ………………………………………… 220

核医学、医学影像学类 ………………………………………… 222

肿瘤学类 ………………………………………………………… 224

护理学类 ………………………………………………………… 226

预防医学与公共卫生学综合类 ………………………………… 228

流行病学、环境医学类 ………………………………………… 230

优生学、计划生育学类 ………………………………………… 232

卫生管理学、健康教育学类 …………………………………… 234

军事医学与特种医学类 ………………………………………… 236

药学类 …………………………………………………………… 238

中医学类 ………………………………………………………… 240

中医药大学学报类 ……………………………………………… 242

中西医结合医学类 ……………………………………………… 244

中药学类 ………………………………………………………… 246

针灸、中医骨伤类 ……………………………………………… 248

工程技术大学学报类 …………………………………………… 250

工程与技术科学基础学科类 …………………………………… 253

信息与系统科学相关工程与技术类 …………………………… 255

生物工程类 ……………………………………………………… 257

农业工程类 ……………………………………………………… 259

生物医学工程学类 ……………………………………………… 261

测绘科学技术类 ………………………………………………… 263

材料科学综合类 ………………………………………………… 265

金属材料类 ……………………………………………………… 267

矿山工程技术类 ………………………………………………… 269

冶金工程技术类 ………………………………………………… 271

机械工程设计类 ………………………………………………… 273

机械制造工艺与设备类 ………………………………………… 275

动力工程类 ……………………………………………………… 277

电气工程类 ……………………………………………………… 279

能源科学综合类 … 281
石油天然气工程类 … 283
核科学技术类 … 285
电子技术类 … 287
光电子学与激光技术类 … 289
通信技术类 … 291
计算机科学技术类 … 293
化学工程类 … 295
高聚物工程类 … 297
精细学学工程类 … 299
应用化学工程类 … 301
仪器仪表技术类 … 303
兵器科学与技术类 … 305
纺织科学技术类 … 307
食品科学技术类 … 309
建筑科学与技术类 … 311
土木工程类 … 313
水利工程类 … 315
交通运输工程类 … 317
公路运输类 … 319
铁路运输类 … 321
水路运输类 … 323
航空、航天科学技术类 … 325
环境科学技术及资源科学技术类 … 327
安全科学技术类 … 329
管理学类 … 331
图书馆、情报与文献学、传播学类 … 333
其他学科类 … 335

8　2012年中国科技核心期刊综合评价 … 337

表8　2012年中国科技核心期刊综合评价总分排名 … 337

9　2012年中国科技核心期刊目录 … 383

表9-1　2012年1930种中国科技核心期刊（中文）目录 … 383
表9-2　2012年64种中国科技核心期刊（英文）目录 … 427

10 期刊变更表 ·· 429

    表 10-1 期刊名称变更表 ··· 429

    表 10-2 2012年度中国科技论文引文数据库（CSTPCD）增加的期刊 ·· 430

11 新入选中国科技核心期刊 ·· 431

    表 11-1 2013年新入选中国科技核心期刊（中文）目录 ·· 431

    表 11-2 2013年新入选中国科技核心期刊（英文）目录 ·· 431

1 编制说明

《2013年版中国科技期刊引证报告（核心版）》以《中国科技论文与引文数据库(CSTPCD)》为基础，采用科学客观的研究方法与评价方式，遴选中国自然科学领域各个学科类别的重要期刊作为统计来源期刊。《2013年版中国科技期刊引证报告（核心版）》收录了在中国（不含港澳台地区）正式出版的1930种中文科技期刊和64种英文科技期刊，即"中国科技核心期刊"（中国科技论文统计源期刊）。

1.1 总体设计说明

《2013年版中国科技期刊引证报告（核心版）》包括4个主要部分：

（1）期刊指标总表：期刊被引用指标和期刊来源指标；

（2）各学科期刊指标：各学科期刊整体情况和期刊在学科内相对位置的主要指标和图表；

（3）期刊综合评价指标：综合评价总分排名，以及核心影响因子和核心总被引频次的总排名；

（4）中国科技核心期刊（中国科技论文统计源期刊）名录和变更情况。

这4部分独立成体系，又互相联系，构成综合评价指标体系，从各个角度对期刊进行统计描述和分析评价。根据这些数据，读者可以对期刊的学术水平、学科地位、编辑状况、交流范围以及读者满意程度有一个客观、概括的了解。在内容组织和编排上，设计了多角度、多层次查询和评价期刊的丰富功能，图文并茂，可以满足读者在多样化的评估、管理和研究工作中的不同需求。

1.2 各类统计表格的编排

《2013年版中国科技期刊引证报告（核心版）》采用了多种形式的排序格式，包括全部期刊名称字顺排序、学科内期刊名称排序、全部期刊综合评价总分排序和来源期刊总目录等，以帮助读者综合全面地评价分析期刊，迅速有效地检索出所需要的期刊统计信息。

（1）期刊被引用计量指标和来源指标是本报告的主体部分，分为4个主表：

·"2012年中国科技核心期刊（中文）被引用指标刊名字顺索引"包含1930种中文期刊被引用方面的8项指标数据。全表按照期刊名称汉语拼音字顺排列。

·"2012年中国科技核心期刊（中文）来源指标刊名字顺索引"包含1930种中文期刊来源文献方面的10项指标数据。全表按照期刊名称汉语拼音字顺排列。

"2012年中国科技核心期刊（英文）被引用指标刊名字顺索引"包含64种英文期刊被引用方面的8项指标数据。全表按照期刊名称汉语拼音字顺排列。

·"2012年中国科技核心期刊（英文）来源指标刊名字顺索引"包含64种英文期刊来源文献

方面的 10 项指标数据。全表按照期刊名称汉语拼音字顺排列。

（2）各学科类别期刊计量指标情况是本报告的另一个重要组成部分，包括 1 个学科类别主表与图表，还包括 113 个学科类别的数据分表与图表，其编排格式和指标如下：

· 2012 年各学科类别的期刊指标整体情况——各学科统计源期刊数、核心总被引频次平均值和中值，以及核心影响因子的平均值和中值。用于了解由于学科差异所导致的各个学科指标差异的整体情况。

· 各个学科类别期刊核心总被引频次和核心影响因子离均差率的分布散点图——根据各个学科类别中核心期刊总被引频次和核心影响因子数值相对于学科平均水平的距离，分别计算每个期刊核心总被引频次和核心影响因子的"离均差率"，并分别作为横坐标和纵坐标位置绘制各个学科的核心总被引频次和核心影响因子离均差率的分布散点图。通过核心总被引频次和核心影响因子离均差率的分布散点图，可以了解整个学科期刊的指标分布情况和期刊绝对影响能力（核心总被引频次方面）和相对影响效率（核心影响因子方面）的平衡程度。

· 各个学科类别期刊基于互引网络的引证关系示意图——根据各个学科中所收录的期刊相互引用次数的统计数据，计算期刊之间的相似性距离的归一化矩阵，并利用 Pajek 绘图软件，以图形方式显示学科内不同期刊之间的引用强度和相似性。图中每个节点代表一个期刊，节点面积表示期刊被引用次数的大小，节点之间的连线粗细程度表示期刊引用关系相似程度。为了使图示更加清晰，节点之间联系较弱的连线没有显示。通过互引网络的引证关系示意图，可以清晰地看到学科内期刊相互之间的联系与聚合状态。

· 各学科类别期刊主要指标与排名——分别列出按各学科类别中，按期刊名称排序的 113 个数据分表，分表列出了各期刊学科的核心总被引频次和核心影响因子的数值和在学科内的排位，以及核心总被引频次和核心影响因子的离均差率。同时还排出了各个期刊的综合评价总分和在学科中的排名，便于读者评价和查询期刊。

（3）综合评价总分排名表——将 1930 种中文期刊和 64 种英文期刊按综合评价总分排序，并列出了各期刊核心影响因子和核心总被引频次的数值及在全部期刊中的排序，可以大致了解期刊学术质量和影响程度在全国范围内所处的综合排名。被引用计量指标显示期刊被读者使用和重视的程度及在科学交流中的地位和作用，是评价期刊影响的重要依据和客观标准。综合评价总分是对期刊整体状况的一个综合描述。根据中国科学技术信息研究所研制的中国科技期刊综合评价指标体系，计算多项科学计量指标，采用层次分析法确定重要指标的权重，分学科对每种期刊进行综合评定，计算出每个期刊的综合评价总分。

（4）刊名目录和变更情况——"2012 年 1930 种中国科技核心期刊（中文）目录"和"2012 年 64 种中国科技核心期刊（英文）目录"包括刊名、主编姓名和期刊的学科类别。按照期刊名称排序，英文期刊的刊名以英文显示。这部分中还列出了与上一年度引证报告相比，期刊收录范围的变化情况和刊名变化的情况。期刊改名后，按新刊名计算被引用指标；原刊名被引用数据合并计入新刊名的统计指标中。

1.3 期刊评价指标

为了全面、准确、公正、客观地评价和利用期刊，《2013年版中国科技期刊引证报告（核心版）》借鉴国际通用评价体系，并在此基础上，结合中国期刊的实际情况，设计计算了23项学术计量指标，基本涵盖和描述了期刊的各个方面。计算各项指标的数据范围，仅为正式刊期中的数据，"增刊"等正刊以外的数据未予计入。这些指标包括：

（1）期刊被引用计量指标

核心总被引频次、核心影响因子、核心即年指标、核心他引率、核心引用刊数、核心扩散因子、权威因子和核心被引半衰期。

（2）期刊来源计量指标

来源文献量、文献选出率、AR论文量、平均引文数、平均作者数、地区分布数、机构分布数、海外论文比、基金论文比和引用半衰期。

（3）学科类别内期刊计量指标

综合评价总分、学科扩散指标、学科影响指标、核心总被引频次的离均差率和核心影响因子的离均差率。

此外，报告还分别计算了期刊综合评价总分、核心总被引频次和核心影响因子在其所在学科类别内和全部"中国科技论文统计源期刊（中国科技核心期刊）"中的排名。

《中国科技期刊引证报告（核心版）》引用部分指标是采用"中国科技论文引文数据库"（CSTPCD）1930种中文期刊和64种英文期刊作为统计源，而《中国科技期刊引证报告（扩刊版）》是采用6000多种期刊作为数据源，因此"影响因子"等引用部分指标数值会有所不同。为了方便读者使用，从2012年版开始，《中国科技期刊引证报告（核心版）》以"核心影响因子"和"核心总被引频次"等名称来替代以前核心版中相应的"影响因子"、"总被引频次"等指标，与扩刊版报告中的"扩展影响因子"和"扩展总被引频次"等指标加以区别。尽管指标名称有所改变，但是相关指标与往年出版的《中国科技期刊引证报告（核心版）》计算方法仍然保持一致。

1.4 期刊的学科分类

学科是随着科学技术的发展而不断融合、衍生和变化的。一些交叉领域的期刊，刊载内容是跨学科的科研成果。尽管如此，为了保持统计数据的连续性和可操作性，根据每个期刊刊载论文的主要分布领域，《2013年版中国科技期刊引证报告（核心版）》中每种期刊只归入一个学科类别。《2013年版中国科技期刊引证报告（核心版）》依据《学科分类与代码（国家标准GB/T 13745—2009）》和《中国图书资料分类法（第四版）》的学科分类原则，同时考虑到来源期刊的实际分布情况，将1994种来源期刊分别归类到113个学科类别。这113个学科类别的分布情况如表1-1所示。

表 1-1　中国科技论文统计源期刊学科分类表

学科部类	学科类别		
综合	综合	综合大学学报	师范大学学报
理学	数学 信息科学与系统科学 力学 物理学 化学 天文学	地球科学综合 大气科学 地球物理学 地理学 地质学 水文学、海洋科学	生物学基础学科 生态学 植物学 昆虫学、动物学 微生物学、病毒学 心理学
农学	农业大学学报 农学 农艺学	园艺学 土壤学 植物保护学	林学 畜牧、兽医科学 水产学
医学	医学综合 医药大学学报 基础医学 药理学 临床医学综合 临床诊断学 保健医学 内科学综合 心血管病学 呼吸病学、结核病学 消化病学 血液病学、肾脏病学 内分泌病学与代谢病学、 风湿病学	感染性疾病学、传染病学 外科学综合 普通外科学、胸外科学、 心血管外科学 泌尿外科学 骨外科学 烧伤外科学、整形外科学 妇产科学 儿科学 眼科学 耳鼻咽喉科学 口腔医学 皮肤病学、性医学 神经病学、精神病学	核医学、医学影像学 肿瘤学 护理学 预防医学与公共卫生学综合 流行病学、环境医学 优生学、计划生育学 卫生管理学、健康教育学 军事医学与特种医学 药学 中医学 中医药大学学报 中西医结合医学 中药学 针灸、中医骨伤
工程技术	工程技术大学学报 工程与技术科学基础学科 信息与系统科学相关工程与技术 生物工程 农业工程 生物医学工程学 测绘科学技术 材料科学综合 金属材料 矿山工程技术 冶金工程技术 机械工程设计 机械制造工艺与设备 动力工程	电气工程 能源科学综合 石油天然气工程 核科学技术 电子技术 光电子学与激光技术 通信技术 计算机科学技术 化学工程 高聚物工程 精细化学工程 应用化学工程 仪器仪表技术 兵器科学与技术	纺织科学技术 食品科学技术 建筑科学与技术 土木工程 水利工程 交通运输工程 公路运输 铁路运输 水路运输 航空、航天科学技术 环境科学技术及资源科学技术 安全科学技术
管理、其他	管理学	图书馆、情报与文献学、 传播学	其他学科

2 使用说明

《中国科技期刊引证报告》是用于中国科技期刊分析与评价的科学计量工具。报告可用于定量分析和科学评价期刊的学术特征和学科地位,较为客观地反映期刊发展的趋势和规律,为科研管理和决策提供依据。因此,本报告在期刊分析评价和科学计量学研究与应用等方面具有其他检索评价工具无法取代的独特功能。正确使用和充分开发本报告,可以使其成为科研工作者、期刊编辑部、图书情报人员、科研管理人员和科学计量学家的得力助手和有效工具。

2.1 主要功能

《中国科技期刊引证报告》应用引文分析方法及各种量化指标,可以清楚地表明:

· 某一学科领域内,哪些期刊学术影响力较大;

· 某一学科领域内,期刊之间指标分布情况和互引关系分布情况如何;

· 某一种期刊被引用了多少次;

· 某一种期刊出版后多久被引用;

· 某一种期刊引用其他期刊多少次;

· 某一种期刊的各项学术指标在学科中所处的位置。

根据使用者的工作性质,本报告可以给使用者不同的有益提示。例如:

· 帮助科研人员发表论文时,选择相关领域的最适合的期刊,提高论文的知名度和影响;

· 帮助期刊编辑与同类刊物相比较并评估自刊的地位,从而确定编辑和出版策略;

· 帮助科研管理人员科学地评价管理期刊,为开展期刊评比和择优资助提供决策依据;

· 帮助图书情报人员更有效地管理馆藏期刊文献,合理运用有限的预算订购重要期刊;

· 帮助科学计量学家开展期刊评价研究以及进行学科的科学评估。

2.2 查阅方法

2.2.1 查询期刊指标

在报告的第4、第5部分,包括4个表:"表4-1 2012年中国科技核心期刊(中文)被引用指标刊名字顺索引"、"表4-2 2012年中国科技核心期刊(中文)来源指标刊名字顺索引"、"表5-1 2012年中国科技核心期刊(英文)被引用指标刊名字顺索引"和"表5-2 2012年中国科技核心期刊(英文)来源指标刊名字顺索引"。这4个表分别按照期刊名称的英文和汉语拼音字顺排序,分别列出了期刊的多项科学计量指标。

2.2.2 期刊在学科领域内学术指标位置

如果读者希望了解某一个期刊在其所属学科领域中的位置，可查询"表9-1　2012年1930种中国科技核心期刊（中文）目录"和"表9-2　2012年64种中国科技核心期刊（英文）目录"，找到该刊所在的类别，再到"表6　2012年各学科类别期刊数量、核心总被引频次和核心影响因子"中检索到这一类别的具体位置，也就是在第7部分中相应的类别表格。在第7部分各学科类别的图表和数据表中，可以进一步查阅在期刊核心总被引频次和核心影响因子的分类排序，以及综合评价总分的数值，还可以对照各学科平均总被引频次和平均影响因子以及离均差率分布图，了解期刊在学科中的具体位置以及学科在期刊中的互引关系。在使用时需要考虑指标分布的整体情况以及由于学科不同所造成的指标差异。

2.2.3 期刊在所有期刊中的学术指标位置

根据查询所得的期刊综合评价指标，可以在"表8　2012年中国科技核心期刊综合评价总分排名"中检索出该期刊在全部期刊中的学术指标位置。同时还可以检索出中国科技核心期刊的核心总被引频次总排序和核心影响因子总排序及各期刊在全国期刊中的排位。

2.3　评价方法

利用《中国科技期刊引证报告（核心版）》评价期刊有两种方式，即单一指标评价和综合指标评价。具体方法分述如下。

2.3.1　单一指标评价

单一指标评价主要是指按照影响因子和总被引频次这两个国际通行评价指标，对期刊进行评价。这时可通过期刊的核心影响因子排序表和核心总被引频次排序表确定该期刊在同类期刊中所处的位置，从而对该期刊的学术影响力和学科地位进行评价和评估。还可以通过核心影响因子总排序表和核心总被引频次总排序表在不同学科领域中进行横向比较，确定该期刊的位置。单一指标评价也可以通过期刊来源指标刊名字顺索引表对期刊的编辑状况、交流范围、论文质量和老化速率等进行分析、比较、统计和评估。

2.3.2　综合指标评价

由于期刊评价工作是一项非常复杂的工作，涉及领域广，学科差异大，因此单一指标往往难以全面、准确地评价期刊的学术水平和学科地位，这时一般需要通过综合指标评价，以使期刊评价更加客观、全面和准确。要进行期刊的综合指标评价，首先需要建立期刊综合评价指标体系，利用数学方法确定各指标的权重值，然后求出综合指标排序值，最终得到期刊指标的综合排序。

这种期刊评价方法已被广泛地推广和使用，1999年中国科学技术信息研究所在国内首先提出了中国科技期刊综合评价指标体系。根据这一指标体系，计算得出的综合评价总分，即是一种综合评价的结果。中国科学技术信息研究所在每年的中国科技论文统计结果发布中提出的"中国百种杰出学术期刊"，就是利用几个主要学术指标通过隶属度转换、加权评分，最终得出每一种期刊的综合指标排序值，完成对期刊的评价。

3 名词解释

为方便读者查阅和使用,现将《中国科技期刊引证报告(核心版)》中所使用的期刊评价指标的理论意义和具体算法简要解释如下。

核心总被引频次:指该期刊自创刊以来所登载的全部论文在统计当年被引用的总次数。这是一个非常客观实际的评价指标,可以显示该期刊被使用和受重视的程度,以及在科学交流中的作用和地位。

核心影响因子:这是一个国际上通行的期刊评价指标,是 E·加菲尔德于 1972 年提出的。由于它是一个相对统计量,所以可公平地评价和处理各类期刊。通常,期刊影响因子越大,它的学术影响力和作用也越大。具体算法为:

$$影响因子 = \frac{该刊前两年发表论文在统计当年被引用的总次数}{该刊前两年发表论文总数}$$

核心即年指标:这是一个表征期刊即时反应速率的指标,主要描述期刊当年发表的论文在当年被引用的情况。具体算法为:

$$即年指标 = \frac{该期刊当年发表论文的被引用次数}{该期刊当年发表论文总数}$$

核心他引率:指该期刊全部被引次数中,被其他刊引用次数所占的比例。具体算法为:

$$他引率 = \frac{被其他刊引用的次数}{期刊被引用的总次数}$$

核心引用刊数:引用被评价期刊的期刊数,反映被评价期刊被使用的范围。

核心扩散因子:这是一个用于评估期刊影响力的学术指标,显示总被引频次扩散的范围。具体意义为该期刊当年每被引 100 次所涉及的期刊数。

$$扩散因子 = \frac{总被引频次涉及的期刊数 \times 100}{总被引频次}$$

学科扩散指标:在统计源期刊范围内,引用该刊的期刊数量与其所在学科全部期刊数量之比。

$$学科扩散指标 = \frac{引用刊数}{所在学科期刊数}$$

学科影响指标:指期刊所在学科内,引用该刊的期刊数占全部期刊数量的比例。

$$学科影响指标 = \frac{所在学科内引用被评价期刊的数量}{所在学科期刊数}$$

核心被引半衰期:指该期刊在统计当年被引用的全部次数中,较新一半是在多长一段时间内发表的。被引半衰期是测度期刊老化速度的一种指标,通常不是针对个别文献或某一组文献,而是对某一学科或专业领域的文献的总和而言。

权威因子:利用PageRank算法计算出来的来源期刊在统计当年的PageRank值。与其他单纯计算被引次数的指标不同的是,权威因子考虑了不同引用之间的重要性区别,重要的引用被赋予更高的权值,因此能更好地反映期刊的权威性。

来源文献量:指符合统计来源论文选取原则的文献的数量。在期刊发表的全部内容中,只有报道科学发现和技术创新成果的学术技术类文献用于作为中国科技论文统计工作的数据来源。

文献选出率:指来源文献量与期刊全年发表的所有文献总量之比,用于反映期刊发表内容中,报道学术技术类成果的比例。

AR论文量:指期刊所发表的文献中,文献类型为学术性论文(Article)和综述评论性论文(Review)的论文数量,用于反映期刊发表的内容中学术性成果的数量。

论文所引用的全部参考文献数,是衡量该期刊科学交流程度和吸收外部信息能力的一个指标。

平均引文数:指来源期刊每一篇论文平均引用的参考文献数。

平均作者数:指来源期刊每一篇论文平均拥有的作者数,是衡量该期刊科学生产能力的一个指标。

地区分布数:指来源期刊登载论文所涉及的地区数,按全国31个省、自治区和直辖市计(不含港、澳、台地区)。这是衡量期刊论文覆盖面和全国影响力大小的一个指标。

机构分布数:指来源期刊论文的作者所涉及的机构数。这是衡量期刊科学生产能力的另一个指标。

海外论文比:指来源期刊中,海外作者发表论文占全部论文的比例。这是衡量期刊国际交流程度的一个指标。

基金论文比:指来源期刊中,国家、省部级以上及其他各类重要基金资助的论文占全部论文的比例。这是衡量期刊论文学术质量的重要指标。

引用半衰期:指该期刊引用的全部参考文献中,较新一半是在多长一段时间内发表的。通过这个指标可以反映出作者利用文献的新颖度。

离均差率:指期刊的某项指标与其所在学科的平均值之间的差距与平均值的比例。通过这项指标可以反映期刊的单项指标在学科内的相对位置。

$$某项指标的离均差率 = \frac{被评价期刊的指标 - 所在学科内该项指标的平均值}{所在学科内该项指标的平均值}$$

综合评价总分:根据中国科技期刊综合评价指标体系,计算多项科学计量指标,采用层次分析法确定重要指标的权重,分学科对每种期刊进行综合评定,计算出每个期刊的综合评价总分。

综合评价总分是根据科学计量学原理，系统性地综合考虑被评价期刊的各影响力指标（核心总被引频次、核心影响因子、核心他引率、基金论文比、引文率等）在其所在学科中的相对位置，并按照一定的权重系数将这些指标进行综合集成。

具体的算法如下：

$$综合评价总分 = \sum_{i=1}^{n} \mu_i k_i$$

其中，μ 为各指标的权重系数，k 为影响力指标的相对位置的得分。k 的计算公式如下：

$$k = \frac{x - x_{\min}}{x_{\max} - x_{\min}}$$

其中，x 为影响力指标的得分，比如，对于总被引频次指标来说就是该刊的总被引频次。$x_{\max}$ 为该刊所在学科的影响力指标的最大值，比如，对于总被引频次指标来说就是该刊所在学科期刊的总被引频次的最大值。$x_{\min}$ 为该刊所在学科的影响力指标的最小值，比如，对于总被引频次指标来说就是该刊所在学科期刊的总被引频次的最小值。

各影响力指标对期刊的作用不是同等重要的。因此，不同的指标被赋予了不同的权重系数 μ，权重系数是采用专家打分和层次分析法确定的。在《2013 年版中国科技期刊引证报告（核心版）》中，权重系数总和为 100，即综合评价总分在 0 至 100 之间。数值越大，说明该期刊的综合学术质量和影响力越高。

根据综合评价指标体系的设计原理，综合评价总分已经屏蔽了各个学科之间总体指标背景值的差异，可以进行跨学科比较。

中国科学技术信息研究所每年定期出版《中国科技期刊引证报告》，公布"中国科技论文引文数据库"（CSTPCD）收录的中国科技论文统计源期刊的多项科学计量指标。从 1999 年开始，中国科学技术信息研究所就开始以这些指标为基础，研制发布了"中国科技期刊综合评价指标体系"，采用层次分析法，由专家打分确定了重要指标的权重，并分学科对每种期刊进行了综合评定。并且从 2002 年开始应用于"中国百种杰出学术期刊"的评价中。其后随着研究的深入，又不断开发出新的评估和计量指标。10 多年以来，根据各界对评价结果的反馈，先后召开了 20 余次由科学计量学专家、自然科学学术领域科学家、科技与期刊管理部门专家学者共同参与的专家研讨会，对指标的设置和权重进行了更新和调整，从而形成了目前这一套日臻完善的科技期刊评价体系和方法。

4 2012年中国科技核心期刊（中文）指标

表4-1 2012年中国科技核心期刊（中文）被引用指标刊名字顺索引

CODE	刊名	核心总被引频次	核心影响因子	核心即年指标	核心他引率	核心引用刊数	核心扩散因子	核心权威因子	核心被引半衰期
E626	CT理论与应用研究	216	0.448	0.064	0.67	93	43.06	235.23	5.4
G549	癌变·畸变·突变	390	0.268	0.034	0.94	210	53.85	282.35	5.8
G481	癌症进展	498	0.512	0.038	0.97	227	45.58	303.43	4.6
A003	安徽大学学报自然科学版	258	0.197	0.009	0.91	183	70.93	249.37	5.6
M031	安徽工业大学学报自然科学版	207	0.276	0.056	0.76	109	52.66	244.43	5.0
K027	安徽理工大学学报自然科学版	151	0.150	0.000	0.95	101	66.89	225.74	7.5
H002	安徽农业大学学报	845	0.500	0.059	0.95	266	31.48	405.25	7.4
A009	安徽师范大学学报自然科学版	356	0.278	0.038	0.63	158	44.38	279.61	5.7
G012	安徽医科大学学报	990	0.598	0.071	0.74	330	33.33	430.07	3.7
G786	安徽医学	1153	0.405	0.023	0.76	315	27.32	462.55	3.1
Q906	安徽医药	2407	0.741	0.070	0.63	420	17.45	752.18	3.2
G013	安徽中医学院学报	695	0.425	0.023	0.95	203	29.21	374.12	8.0
Z549	安全与环境学报	1603	0.610	0.181	0.49	335	20.90	606.22	4.8
H340	桉树科技	86	0.271	0.025	0.59	28	32.56	205.62	6.8
F044	氨基酸和生物资源	505	0.351	0.040	0.94	205	40.59	313.88	8.0
G550	白血病·淋巴瘤	449	0.301	0.043	0.46	108	24.05	286.51	4.1
R024	半导体光电	408	0.197	0.009	0.83	151	37.01	290.70	5.0
R063	半导体技术	363	0.165	0.000	0.79	137	37.74	275.65	4.8
G741	蚌埠医学院学报	678	0.243	0.024	0.90	255	37.61	347.40	3.5
U521	包装与食品机械	403	0.724	0.218	0.45	70	17.37	295.53	3.5
U645	保鲜与加工	419	0.602	0.079	0.84	77	18.38	287.21	5.0
E045	暴雨灾害	319	0.899	0.130	0.57	68	21.32	294.22	3.9
N017	爆破	528	0.793	0.039	0.54	77	14.58	393.74	4.5
N012	爆破器材	307	0.407	0.130	0.60	61	19.87	293.01	7.2
N006	爆炸与冲击	870	0.333	0.056	0.90	192	22.07	465.50	8.1
A652	北华大学学报自然科学版	351	0.248	0.106	0.85	204	58.12	271.82	5.2
G002	北京大学学报医学版	1255	0.717	0.078	0.97	477	38.01	520.57	6.0
A005	北京大学学报自然科学版	1170	0.585	0.045	0.97	475	40.60	534.09	7.2
U019	北京服装学院学报自然科学版	61	0.184	0.022	0.87	35	57.38	195.62	4.6
J030	北京工业大学学报	702	0.239	0.017	0.91	319	45.44	381.51	5.2
Y001	北京航空航天大学学报	1493	0.382	0.018	0.93	386	25.85	609.47	6.0
T020	北京化工大学学报自然科学版	604	0.354	0.014	0.94	301	49.83	354.34	6.2
X014	北京交通大学学报自然科学版	536	0.242	0.034	0.94	274	51.12	336.04	6.3
M030	北京科技大学学报	1272	0.498	0.083	0.92	353	27.75	572.68	5.6
G500	北京口腔医学	410	0.390	0.027	0.83	128	31.22	294.24	4.9
N001	北京理工大学学报	1076	0.314	0.050	0.95	406	37.73	487.60	6.1
H025	北京林业大学学报	2058	0.698	0.082	0.95	314	15.26	766.25	7.6
H263	北京农学院学报	362	0.299	0.023	0.96	149	41.16	276.33	7.6
G004	北京生物医学工程	370	0.218	0.015	0.85	171	46.22	279.82	5.6

表 4-1 2012 年中国科技核心期刊（中文）被引用指标刊名字顺索引（续）

CODE	刊　名	核心总被引频次	核心影响因子	核心即年指标	核心他引率	核心引用刊数	核心扩散因子	核心权威因子	核心被引半衰期
A010	北京师范大学学报自然科学版	614	0.266	0.029	0.95	327	53.26	354.81	7.3
L530	北京石油化工学院学报	116	0.159	0.000	0.95	92	79.31	211.08	6.0
G016	北京医学	806	0.297	0.025	0.97	339	42.06	386.63	5.0
R018	北京邮电大学学报	494	0.409	0.029	0.88	164	33.20	312.69	4.4
G620	北京中医药	1216	0.366	0.045	0.95	193	15.87	517.77	4.9
G017	北京中医药大学学报	2188	0.769	0.077	0.95	262	11.97	815.44	7.5
A570	编辑学报	1291	0.930	0.152	0.46	77	5.96	626.05	4.4
N101	变压器	574	0.246	0.004	0.69	71	12.37	389.31	5.6
G410	标记免疫分析与临床	349	0.387	0.022	0.96	176	50.43	263.04	4.0
T098	表面技术	719	0.364	0.054	0.83	157	21.84	398.91	6.3
E135	冰川冻土	2923	2.022	0.516	0.63	254	8.69	1151.82	6.4
N008	兵工学报	1284	0.476	0.024	0.90	310	24.14	562.06	5.0
R730	兵工自动化	603	0.298	0.016	0.82	176	29.19	331.49	3.9
N085	兵器材料科学与工程	492	0.287	0.034	0.91	181	36.79	319.40	6.3
G018	病毒学报	622	0.690	0.055	0.91	171	27.49	347.40	6.3
C060	波谱学杂志	246	0.524	0.051	0.59	99	40.24	249.46	5.1
V040	玻璃钢/复合材料	717	0.808	0.032	0.46	125	17.43	413.68	4.6
A808	渤海大学学报自然科学版	149	0.271	0.065	0.69	84	56.38	225.79	5.1
M005	材料保护	1231	0.244	0.057	0.82	222	18.03	558.83	7.5
M103	材料导报	2611	0.340	0.013	0.89	515	19.72	909.80	5.6
Y007	材料工程	1144	0.393	0.030	0.89	237	20.72	511.28	6.3
M010	材料开发与应用	319	0.201	0.007	0.93	147	46.08	270.01	6.5
M008	材料科学与工程学报	818	0.217	0.046	0.96	310	37.90	411.55	7.1
M006	材料科学与工艺	655	0.284	0.024	0.94	204	31.15	365.22	7.0
N026	材料热处理学报	1231	0.508	0.039	0.73	185	15.03	519.98	4.4
M009	材料研究学报	658	0.412	0.073	0.93	218	33.13	363.02	7.0
K512	采矿与安全工程学报	860	0.702	0.052	0.81	86	10.00	458.36	5.2
H009	蚕业科学	717	0.423	0.104	0.57	143	19.94	365.97	6.0
H525	草地学报	1412	1.202	0.134	0.73	180	12.75	568.90	4.6
H234	草业科学	2327	0.849	0.103	0.68	223	9.58	797.18	4.6
H527	草业学报	2977	2.431	0.129	0.66	204	6.85	1001.14	3.9
H538	草原与草坪	656	0.657	0.114	0.57	101	15.40	363.94	5.4
E543	测绘工程	383	0.217	0.000	0.93	130	33.94	293.65	6.3
E600	测绘科学	1538	0.356	0.056	0.87	294	19.12	635.98	4.6
E615	测绘科学技术学报	432	0.316	0.067	0.83	124	28.70	314.16	5.6
E510	测绘通报	1368	0.463	0.027	0.80	217	15.86	594.74	5.8
E152	测绘学报	1594	1.137	0.143	0.78	229	14.37	707.17	6.5
E164	测绘与空间地理信息	602	0.205	0.016	0.65	146	24.25	338.86	4.0
L017	测井技术	682	0.303	0.008	0.74	113	16.57	424.43	7.5
Y022	测控技术	838	0.249	0.031	0.87	237	28.28	397.41	5.2
R711	测试技术学报	303	0.223	0.051	0.88	154	50.83	265.48	6.4
H001	茶叶科学	830	0.863	0.100	0.83	162	19.52	398.84	7.5
X036	长安大学学报自然科学版	845	0.391	0.134	0.92	235	27.81	444.93	6.7
N056	长春理工大学学报自然科学版	349	0.304	0.020	0.80	172	49.28	278.53	3.9

表 4-1 2012 年中国科技核心期刊（中文）被引用指标刊名字顺索引（续）

CODE	刊 名	核心总被引频次	核心影响因子	核心即年指标	核心他引率	核心引用刊数	核心扩散因子	核心权威因子	核心被引半衰期
G992	长春中医药大学学报	1217	0.428	0.124	0.83	225	18.49	514.28	3.7
W010	长江科学院院报	651	0.296	0.031	0.89	190	29.19	387.29	6.6
Z029	长江流域资源与环境	1853	0.900	0.048	0.86	322	17.38	725.90	5.4
J066	长沙理工大学学报自然科学版	132	0.291	0.031	0.84	86	65.15	219.16	4.3
G264	肠外与肠内营养	810	0.779	0.103	0.85	240	29.63	409.05	5.3
N024	车用发动机	245	0.195	0.059	0.77	86	35.10	257.56	5.1
E113	沉积学报	2563	1.051	0.047	0.91	192	7.49	1122.78	8.8
E547	沉积与特提斯地质	491	0.343	0.050	0.93	99	20.16	353.81	9.3
E102	成都理工大学学报自然科学版	1048	0.800	0.081	0.94	217	20.71	559.33	7.7
G670	成都医学院学报	171	0.309	0.081	0.97	95	55.56	219.52	3.1
G019	成都中医药大学学报	459	0.181	0.041	0.97	152	33.12	306.67	7.8
V050	城市规划	1399	0.596	0.103	0.85	139	9.94	605.19	7.2
V028	城市规划学刊	848	0.757	0.116	0.87	106	12.50	432.70	6.4
X043	城市轨道交通研究	621	0.381	0.008	0.51	96	15.46	366.36	4.2
X046	城市交通	220	0.327	0.038	0.84	63	28.64	248.78	4.3
J021	重庆大学学报自然科学版	1533	0.438	0.042	0.92	588	38.36	620.78	6.7
X029	重庆交通大学学报自然科学版	595	0.253	0.028	0.82	206	34.62	355.15	5.2
N757	重庆理工大学学报自然科学版	706	0.588	0.033	0.76	246	34.84	364.11	3.0
A512	重庆师范大学学报自然科学版	318	0.490	0.093	0.75	132	41.51	263.83	3.7
G186	重庆医科大学学报	1219	0.438	0.042	0.97	446	36.59	487.17	3.7
G225	重庆医学	4373	0.506	0.066	0.88	583	13.33	1247.88	3.5
R559	重庆邮电大学学报自然科学版	443	0.590	0.046	0.89	135	30.47	298.43	3.4
N060	传感技术学报	1963	0.800	0.133	0.63	362	18.44	725.51	4.3
R532	传感器与微系统	1172	0.307	0.042	0.86	339	28.92	500.88	4.9
G458	传染病信息	578	0.834	0.026	0.72	175	30.28	341.75	4.0
X010	船舶工程	369	0.226	0.013	0.90	133	36.04	289.54	6.1
X633	船舶力学	613	0.370	0.044	0.81	133	21.70	370.32	5.9
G322	创伤外科杂志	854	0.777	0.054	0.93	241	28.22	412.23	4.6
D013	催化学报	2220	1.198	0.170	0.77	257	11.58	755.01	5.1
E144	大地测量与地球动力学	1020	0.590	0.074	0.75	153	15.00	546.14	4.9
E146	大地构造与成矿学	955	1.333	0.268	0.83	107	11.20	502.73	5.7
R051	大电机技术	220	0.157	0.032	0.85	83	37.73	254.32	7.2
H038	大豆科学	1303	0.609	0.045	0.70	176	13.51	537.35	5.3
U512	大连工业大学学报	299	0.283	0.066	0.87	160	53.51	261.32	5.0
X024	大连海事大学学报	314	0.210	0.015	0.90	167	53.18	270.55	5.9
H005	大连海洋大学学报	681	0.533	0.164	0.81	123	18.06	374.46	6.1
X001	大连交通大学学报	201	0.157	0.019	0.88	125	62.19	236.60	5.0
J024	大连理工大学学报	849	0.274	0.013	0.97	411	48.41	437.12	8.0
G020	大连医科大学学报	483	0.328	0.064	0.98	267	55.28	298.78	4.5
E109	大气科学	3073	1.454	0.260	0.87	190	6.18	1359.34	8.3
L512	大庆石油地质与开发	2110	0.882	0.166	0.40	132	6.26	1000.90	5.8
L004	大庆石油学院学报	928	0.663	0.165	0.59	178	19.18	504.04	6.3
S086	单片机与嵌入式系统应用	483	0.259	0.025	0.82	135	27.95	307.34	4.3
H040	淡水渔业	764	0.409	0.027	0.85	122	15.97	390.66	7.4

13

表 4-1 2012 年中国科技核心期刊（中文）被引用指标刊名字顺索引（续）

CODE	刊 名	核心总被引频次	核心影响因子	核心即年指标	核心他引率	核心引用刊数	核心扩散因子	核心权威因子	核心被引半衰期
N004	弹道学报	413	0.360	0.044	0.88	130	31.48	307.86	5.6
T941	当代化工	355	0.174	0.013	0.90	165	46.48	285.68	4.5
Y503	导弹与航天运载技术	288	0.248	0.024	0.93	116	40.28	270.89	6.5
N019	低温工程	167	0.206	0.038	0.78	69	41.32	236.56	7.0
V020	低温建筑技术	284	0.066	0.007	0.85	135	47.54	260.10	4.4
C055	低温物理学报	116	0.135	0.011	0.47	43	37.07	210.51	6.0
E133	地层学杂志	657	0.655	0.515	0.78	99	15.07	390.25	8.4
E130	地理科学	3047	1.624	0.175	0.76	320	10.50	1120.05	6.2
E584	地理科学进展	1988	1.136	0.123	0.87	298	14.99	767.32	5.6
E639	地理空间信息	493	0.250	0.035	0.73	129	26.17	315.40	4.0
E315	地理信息世界	293	0.298	0.040	0.88	73	24.91	267.41	5.1
E305	地理学报	5627	2.348	0.212	0.94	397	7.06	1955.94	8.0
E310	地理研究	3370	1.581	0.184	0.85	365	10.83	1221.86	6.2
E527	地理与地理信息科学	1175	0.682	0.083	0.89	255	21.70	531.21	5.9
E024	地球化学	1678	1.035	0.130	0.95	207	12.34	742.98	10.3
E142	地球科学	2057	0.947	0.092	0.91	283	13.76	876.83	8.9
E115	地球科学进展	2807	0.927	0.171	0.95	437	15.57	1086.95	7.5
E004	地球科学与环境学报	666	1.510	0.236	0.89	196	29.43	409.87	5.3
E153	地球物理学报	5495	1.632	0.340	0.74	308	5.61	1932.40	5.6
E308	地球物理学进展	2569	0.731	0.067	0.52	240	9.34	944.46	5.5
E656	地球信息科学学报	709	0.864	0.101	0.86	210	29.62	393.94	4.3
E300	地球学报	1589	1.600	0.942	0.80	228	14.35	708.01	7.2
E549	地球与环境	644	0.500	0.110	0.91	207	32.14	385.15	8.1
V031	地下空间与工程学报	1127	0.425	0.028	0.80	202	17.92	542.93	5.8
E357	地学前缘	3155	1.014	0.162	0.94	300	9.51	1238.13	7.5
E306	地震	432	0.504	0.063	0.83	76	17.59	351.46	7.7
E150	地震地质	1048	0.570	0.174	0.87	122	11.64	566.04	9.6
E118	地震工程与工程振动	1453	0.430	0.065	0.87	205	14.11	672.16	8.1
E143	地震学报	1086	0.625	0.076	0.91	134	12.34	586.56	9.9
E112	地震研究	461	0.460	0.045	0.69	87	18.87	358.97	7.4
E362	地质科技情报	1078	0.605	0.085	0.87	219	20.32	544.52	6.9
E139	地质科学	1409	0.626	0.092	0.88	144	10.22	667.41	9.4
E026	地质力学学报	417	0.960	0.000	0.89	130	31.18	329.12	7.0
E009	地质论评	2287	1.321	0.287	0.93	200	8.75	952.54	8.6
E127	地质通报	2654	1.268	0.279	0.89	241	9.08	1046.30	5.6
E010	地质学报	4013	1.873	0.394	0.93	216	5.38	1512.88	6.3
E151	地质与勘探	1355	0.764	0.110	0.88	165	12.18	621.38	8.6
E525	地质与资源	254	0.242	0.029	0.80	81	31.89	259.27	6.4
E132	地质找矿论丛	369	0.287	0.025	0.94	84	22.76	299.15	9.1
G005	第二军医大学学报	1600	0.387	0.033	0.97	553	34.56	604.73	6.6
G021	第三军医大学学报	2963	0.582	0.102	0.82	626	21.13	942.23	4.7
E301	第四纪研究	2594	1.821	0.121	0.60	261	10.06	1010.14	6.6
R007	电波科学学报	1090	0.534	0.035	0.54	170	15.60	505.58	5.0
R673	电测与仪表	945	0.802	0.128	0.53	173	18.31	458.46	3.6

表4-1 2012年中国科技核心期刊（中文）被引用指标刊名字顺索引（续）

CODE	刊名	核心总被引频次	核心影响因子	核心即年指标	核心他引率	核心引用刊数	核心扩散因子	核心权威因子	核心被引半衰期
R003	电池	415	0.393	0.057	0.68	127	30.60	311.75	6.2
Z015	电镀与环保	341	0.273	0.009	0.86	73	21.41	288.91	7.2
T508	电镀与精饰	417	0.391	0.036	0.81	104	24.94	310.27	4.9
T598	电镀与涂饰	640	0.292	0.061	0.80	140	21.88	382.96	5.6
R010	电工电能新技术	341	0.418	0.000	0.87	105	30.79	289.68	6.6
R043	电工技术学报	3187	0.807	0.069	0.79	261	8.19	1199.98	5.2
R740	电光与控制	892	0.505	0.029	0.66	174	19.51	422.39	4.0
N067	电焊机	539	0.221	0.043	0.65	99	18.37	344.56	4.9
D036	电化学	255	0.376	0.052	0.92	116	45.49	248.99	6.3
R088	电机与控制学报	1080	0.983	0.098	0.73	189	17.50	511.87	3.6
R045	电机与控制应用	338	0.292	0.006	0.86	105	31.07	280.02	4.7
N027	电加工与模具	231	0.171	0.011	0.76	66	28.57	255.68	7.4
R011	电力电子技术	1111	0.305	0.024	0.80	173	15.57	517.44	4.7
A199	电力建设	831	0.347	0.041	0.59	136	16.37	424.37	4.6
R654	电力科学与技术学报	222	0.559	0.016	0.68	72	32.43	255.50	3.8
N102	电力系统保护与控制	4765	1.448	0.084	0.48	202	4.24	1665.52	3.0
R071	电力系统及其自动化学报	1036	0.586	0.017	0.71	150	14.48	519.27	5.2
S019	电力系统自动化	7756	1.755	0.188	0.73	248	3.20	2963.43	5.1
R750	电力需求侧管理	172	0.179	0.000	0.69	50	29.07	247.97	3.9
R090	电力自动化设备	2391	0.941	0.114	0.63	202	8.45	920.39	4.1
R516	电路与系统学报	334	0.237	0.014	0.90	147	44.01	265.96	5.8
R044	电气传动	530	0.326	0.030	0.80	131	24.72	338.33	4.7
R058	电气自动化	254	0.259	0.026	0.89	113	44.49	251.28	4.1
R039	电网技术	7185	1.444	0.154	0.65	255	3.55	2634.18	5.2
R116	电网与清洁能源	630	0.586	0.142	0.73	119	18.89	370.39	3.0
R684	电信科学	287	0.219	0.032	0.82	118	41.11	252.54	3.0
R754	电讯技术	528	0.276	0.040	0.64	146	27.65	309.26	3.9
R019	电源技术	844	0.297	0.023	0.73	255	30.21	407.89	4.8
R055	电子测量技术	1272	0.704	0.090	0.70	230	18.08	538.52	3.2
R021	电子测量与仪器学报	1388	2.017	0.205	0.85	202	14.55	613.83	2.9
R079	电子测试	202	0.191	0.040	0.75	82	40.59	229.91	2.8
R651	电子产品世界	234	0.196	0.102	0.64	83	35.47	248.75	3.2
R067	电子技术应用	651	0.173	0.020	0.90	192	29.49	350.28	5.1
R036	电子科技大学学报	671	0.426	0.017	0.96	274	40.83	356.93	4.9
R512	电子器件	479	0.276	0.047	0.75	170	35.49	311.82	5.0
R724	电子设计工程	978	0.277	0.037	0.79	218	22.29	433.75	2.4
R001	电子显微学报	424	0.387	0.033	0.87	239	56.37	297.26	8.3
R006	电子学报	4874	1.015	0.074	0.82	459	9.42	1582.39	5.4
R022	电子与信息学报	2724	0.889	0.078	0.86	340	12.48	936.17	3.8
R020	电子元件与材料	666	0.300	0.044	0.71	177	26.58	359.02	5.4
J023	东北大学学报自然科学版	1424	0.331	0.042	0.92	453	31.81	591.78	5.5
H262	东北林业大学学报	1863	0.451	0.043	0.89	351	18.84	703.93	5.2
H006	东北农业大学学报	1405	0.629	0.043	0.79	300	21.35	556.11	4.3
A030	东北师大学报自然科学版	509	0.619	0.032	0.78	231	45.38	326.04	6.0

表 4-1　2012 年中国科技核心期刊（中文）被引用指标刊名字顺索引（续）

CODE	刊名	核心总被引频次	核心影响因子	核心即年指标	核心他引率	核心引用刊数	核心扩散因子	核心权威因子	核心被引半衰期
U014	东华大学学报自然科学版	361	0.223	0.033	0.90	168	46.54	279.35	7.1
E002	东华理工大学学报自然科学版	322	0.448	0.014	0.75	146	45.34	287.93	6.7
G057	东南大学学报医学版	547	0.500	0.104	0.77	226	41.32	321.80	3.8
J028	东南大学学报自然科学版	1177	0.438	0.052	0.96	470	39.93	516.23	6.0
G944	东南国防医药	630	0.519	0.125	0.59	163	25.87	362.12	3.5
P003	动力工程学报	928	0.485	0.059	0.73	200	21.55	490.90	5.5
P018	动力学与控制学报	197	0.447	0.030	0.70	76	38.58	239.73	3.9
F014	动物分类学报	566	0.336	0.059	0.67	105	18.55	336.29	6.5
F022	动物学研究	830	0.531	0.106	0.90	201	24.22	408.31	8.6
F043	动物学杂志	955	0.462	0.065	0.87	213	22.30	444.00	7.7
F231	动物营养学报	1177	0.822	0.142	0.69	132	11.21	448.46	3.7
X034	都市快轨交通	309	0.186	0.017	0.71	70	22.65	279.32	4.8
G542	毒理学杂志	618	0.255	0.029	0.94	254	41.10	346.05	6.0
N070	锻压技术	865	0.495	0.062	0.57	108	12.49	439.37	4.5
N082	锻压装备与制造技术	477	0.273	0.027	0.49	65	13.63	349.00	5.5
T241	断块油气田	1361	1.147	0.146	0.45	105	7.71	677.59	3.9
G920	儿科药学杂志	584	0.531	0.057	0.83	165	28.25	325.80	4.6
C071	发光学报	1079	1.429	0.275	0.44	155	14.37	468.05	2.6
G874	法医学杂志	425	0.291	0.034	0.76	160	37.65	310.48	5.5
U013	纺织高校基础科学学报	268	0.462	0.103	0.54	59	22.01	236.57	3.1
U053	纺织学报	1139	0.313	0.039	0.60	176	15.45	493.50	5.2
G893	放射免疫学杂志	1108	0.354	0.025	0.81	281	25.36	472.68	4.7
G608	放射学实践	1596	0.617	0.035	0.92	285	17.86	596.51	4.6
Y571	飞航导弹	521	0.312	0.061	0.61	109	20.92	330.39	5.0
Y006	飞行力学	430	0.270	0.030	0.87	115	26.74	304.39	6.1
K002	非金属矿	605	0.468	0.040	0.84	165	27.27	374.13	5.8
D022	分析测试学报	2091	0.976	0.134	0.83	403	19.27	766.78	4.6
D005	分析化学	4015	1.267	0.195	0.88	566	14.10	1337.30	5.7
D026	分析科学学报	914	0.478	0.005	0.81	275	30.09	435.82	6.0
D004	分析试验室	1892	0.616	0.059	0.84	352	18.60	713.77	4.9
D062	分析仪器	301	0.290	0.014	0.92	166	55.15	265.41	5.0
D015	分子催化	675	0.934	0.063	0.80	143	21.19	362.42	7.3
D035	分子科学学报	259	0.532	0.052	0.54	105	40.54	250.99	3.8
H845	分子植物育种	1060	0.718	0.064	0.94	166	15.66	473.96	5.0
V052	粉煤灰综合利用	194	0.175	0.011	0.85	87	44.85	242.32	6.1
M105	粉末冶金工业	270	0.452	0.000	0.91	91	33.70	259.79	6.6
M039	粉末冶金技术	269	0.237	0.000	0.90	80	29.74	263.02	7.6
Q006	辐射防护	281	0.217	0.065	0.86	98	34.88	263.96	9.0
Q005	辐射研究与辐射工艺学报	237	0.245	0.000	0.86	122	51.48	245.72	7.0
H051	福建林学院学报	697	0.544	0.068	0.92	162	23.24	386.43	8.9
H268	福建农林大学学报自然科学版	962	0.452	0.047	0.91	244	25.36	442.93	7.8
H265	福建农业学报	633	0.410	0.069	0.78	173	27.33	341.38	5.8
A078	福建师范大学学报自然科学版	345	0.239	0.014	0.93	221	64.06	275.13	6.0
G024	福建医科大学学报	426	0.287	0.036	0.92	251	58.92	289.68	5.4

表 4-1　2012 年中国科技核心期刊（中文）被引用指标刊名字顺索引（续）

CODE	刊　名	核心总被引频次	核心影响因子	核心即年指标	核心他引率	核心引用刊数	核心扩散因子	核心权威因子	核心被引半衰期
A029	福州大学学报自然科学版	413	0.168	0.014	0.96	265	64.16	291.78	7.0
M003	腐蚀科学与防护技术	715	0.336	0.000	0.86	169	23.64	395.35	7.6
M505	腐蚀与防护	695	0.229	0.007	0.69	141	20.29	386.46	6.2
G068	复旦学报医学版	904	0.552	0.029	0.99	424	46.90	415.78	5.7
A001	复旦学报自然科学版	450	0.228	0.016	0.99	314	69.78	303.14	8.3
Y019	复合材料学报	1468	0.673	0.051	0.71	260	17.71	619.70	6.1
B029	复杂系统与复杂性科学	186	0.533	0.000	0.87	87	46.77	231.55	4.7
G957	腹部外科	495	0.317	0.038	0.93	167	33.74	309.46	5.4
G338	腹腔镜外科杂志	1321	0.735	0.134	0.80	187	14.16	533.81	3.4
A034	甘肃科学学报	304	0.241	0.019	0.64	145	47.70	266.24	5.4
H844	甘蔗糖业	229	0.191	0.013	0.69	56	24.45	255.54	7.6
G879	肝胆外科杂志	828	0.578	0.057	0.91	206	24.88	398.26	5.1
G690	肝胆胰外科杂志	792	0.620	0.083	0.80	188	23.74	394.85	3.8
G803	肝脏	896	0.610	0.048	0.83	248	27.68	412.35	5.4
G392	感染・炎症・修复	144	0.208	0.062	0.78	91	63.19	219.87	4.9
H045	干旱地区农业研究	2381	0.701	0.034	0.88	246	10.33	868.19	6.1
E048	干旱气象	686	1.054	0.107	0.52	117	17.06	403.17	4.7
E020	干旱区地理	1558	1.270	0.089	0.76	228	14.63	683.83	5.8
E105	干旱区研究	1483	0.899	0.061	0.76	223	15.04	629.03	5.8
M050	钢铁	1285	0.351	0.041	0.85	190	14.79	621.41	6.9
M013	钢铁钒钛	242	0.261	0.017	0.80	70	28.93	261.59	7.0
M027	钢铁研究	181	0.151	0.020	0.96	80	44.20	237.75	7.4
M019	钢铁研究学报	673	0.308	0.013	0.92	133	19.76	395.84	6.4
X028	港工技术	151	0.196	0.102	0.69	57	37.75	230.31	5.3
D020	高等学校化学学报	3949	1.020	0.166	0.76	555	14.05	1224.96	5.4
B002	高等学校计算数学学报	150	0.203	0.000	0.93	72	48.00	223.36	8.7
R038	高电压技术	5480	1.995	0.324	0.50	286	5.22	1864.26	4.0
T001	高分子材料科学与工程	2203	0.340	0.044	0.89	310	14.07	831.42	6.3
T002	高分子通报	1108	0.536	0.105	0.87	263	23.74	489.48	6.4
D021	高分子学报	1549	0.968	0.179	0.76	242	15.62	608.97	5.3
A080	高技术通讯	565	0.164	0.015	0.96	313	55.40	334.60	7.8
T078	高科技纤维与应用	266	0.220	0.032	0.88	100	37.59	263.47	7.4
E358	高校地质学报	1261	0.967	0.178	0.94	168	13.32	589.81	7.6
T016	高校化学工程学报	1013	0.524	0.006	0.78	264	26.06	463.04	5.6
B003	高校应用数学学报	203	0.236	0.036	0.97	117	57.64	236.67	7.8
R037	高压电器	1525	0.852	0.024	0.38	112	7.34	605.01	4.1
C056	高压物理学报	291	0.271	0.056	0.78	104	35.74	262.78	6.3
E005	高原气象	3308	1.459	0.069	0.59	176	5.32	1419.48	6.7
V021	给水排水	1274	0.224	0.037	0.88	222	17.43	572.81	6.1
N105	工程爆破	362	0.372	0.010	0.68	73	20.17	326.77	5.9
E360	工程地质学报	1019	0.722	0.069	0.81	202	19.82	527.89	5.3
S712	工程管理学报	241	0.545	0.214	0.37	54	22.41	245.75	2.3
N049	工程机械	367	0.117	0.018	0.83	112	30.52	294.55	6.7
V030	工程勘察	556	0.220	0.020	0.88	177	31.83	347.50	6.4

表 4-1 2012 年中国科技核心期刊（中文）被引用指标刊名字顺索引（续）

CODE	刊 名	核心总被引频次	核心影响因子	核心即年指标	核心他引率	核心引用刊数	核心扩散因子	核心权威因子	核心被引半衰期
V033	工程抗震与加固改造	406	0.351	0.021	0.84	99	24.38	307.93	4.8
C002	工程力学	2209	0.402	0.063	0.86	346	15.66	858.24	5.5
C073	工程热物理学报	1554	0.245	0.033	0.89	343	22.07	662.36	5.5
N590	工程设计学报	305	0.324	0.063	0.83	147	48.20	267.36	5.3
B031	工程数学学报	515	0.276	0.017	0.82	168	32.62	330.26	6.4
T003	工程塑料应用	987	0.519	0.033	0.69	177	17.93	465.63	4.9
N061	图学学报	399	0.253	0.014	0.82	139	34.84	290.25	5.1
N064	工具技术	679	0.178	0.009	0.81	174	25.63	378.28	5.7
K018	工矿自动化	564	0.308	0.075	0.56	113	20.04	331.44	2.8
T563	工业催化	478	0.151	0.026	0.83	141	29.50	316.25	6.3
J057	工业工程	298	0.277	0.007	0.88	123	41.28	255.36	4.4
N110	工业工程与管理	390	0.298	0.008	0.88	138	35.38	279.60	4.8
P009	工业加热	162	0.027	0.007	0.81	88	54.32	233.79	6.6
V010	工业建筑	1260	0.203	0.029	0.85	202	16.03	562.75	7.2
P005	工业炉	119	0.073	0.000	0.86	61	51.26	222.30	6.3
Z013	工业水处理	1386	0.408	0.025	0.86	282	20.35	586.56	6.0
F030	工业微生物	304	0.158	0.000	0.96	125	41.12	258.97	7.8
G025	工业卫生与职业病	477	0.289	0.018	0.93	146	30.61	316.49	7.5
N037	工业仪表与自动化装置	296	0.225	0.132	0.91	117	39.53	256.24	4.2
Z032	工业用水与废水	616	0.424	0.021	0.75	158	25.65	378.55	5.7
G207	公共卫生与预防医学	696	0.351	0.035	0.81	202	29.02	377.38	4.4
X579	公路	1133	0.134	0.015	0.84	218	19.24	510.12	6.0
X022	公路工程	659	0.300	0.015	0.48	125	18.97	360.68	5.0
X047	公路交通技术	238	0.133	0.010	0.75	91	38.24	245.13	4.6
N039	功能材料	2391	0.535	0.101	0.70	446	18.65	805.88	4.9
M502	功能材料与器件学报	203	0.166	0.000	0.89	104	51.23	233.74	5.6
D503	功能高分子学报	480	0.438	0.100	0.94	173	36.04	318.56	8.5
E601	古地理学报	932	1.080	0.105	0.81	118	12.66	515.89	6.5
E304	古脊椎动物学报	320	0.369	0.074	0.61	30	9.38	297.03	18.0
E022	古生物学报	533	0.443	0.095	0.83	76	14.26	347.16	16.1
G478	骨科	276	0.186	0.025	0.98	172	62.32	248.12	6.1
R047	固体电子学研究与进展	153	0.138	0.008	0.82	64	41.83	220.36	4.8
Y013	固体火箭技术	632	0.296	0.012	0.75	141	22.31	374.98	6.3
C103	固体力学学报	427	0.466	0.012	0.89	173	40.52	308.15	6.9
W007	管理工程学报	610	0.498	0.019	0.92	134	21.97	337.27	5.7
W018	管理科学	260	0.313	0.014	0.88	81	31.15	242.15	4.7
W008	管理科学学报	906	0.757	0.124	0.77	166	18.32	426.25	5.8
W025	管理评论	337	0.248	0.020	0.85	97	28.78	260.60	3.8
W016	管理学报	596	0.416	0.050	0.71	124	20.81	322.37	3.5
H226	灌溉排水学报	1004	0.443	0.063	0.91	175	17.43	485.57	6.0
R026	光电工程	1463	0.702	0.072	0.77	278	19.00	605.80	4.7
R061	光电子·激光	2203	1.394	0.166	0.53	273	12.39	774.10	2.8
R082	光电子技术	125	0.213	0.017	0.94	79	63.20	214.58	6.2
C091	光谱学与光谱分析	3695	0.679	0.105	0.96	667	18.05	1201.23	4.4

表 4-1　2012 年中国科技核心期刊（中文）被引用指标刊名字顺索引（续）

CODE	刊　名	核心总被引频次	核心影响因子	核心即年指标	核心他引率	核心引用刊数	核心扩散因子	核心权威因子	核心被引半衰期
C097	光散射学报	233	0.422	0.000	0.69	81	34.76	246.92	5.4
R031	光通信技术	256	0.204	0.018	0.62	78	30.47	247.33	3.9
N015	光学技术	984	0.406	0.041	0.91	255	25.91	474.26	6.6
N033	光学精密工程	3081	1.399	0.196	0.69	317	10.29	1127.90	3.7
C050	光学学报	4633	1.583	0.253	0.65	364	7.86	1480.42	3.3
N031	光学仪器	295	0.228	0.027	0.71	111	37.63	271.49	6.4
R097	光学与光电技术	259	0.197	0.022	0.76	106	40.93	257.21	5.3
C037	光子学报	2140	0.612	0.141	0.76	331	15.47	812.93	4.9
H272	广东海洋大学学报	460	0.307	0.046	0.92	137	29.78	308.91	6.3
G027	广东药学院学报	650	0.493	0.076	0.93	254	39.08	349.49	5.2
G026	广东医学	3115	0.426	0.054	0.94	552	17.72	962.90	3.8
A042	广西大学学报自然科学版	552	0.645	0.076	0.54	215	38.95	326.65	3.2
A535	广西科学	251	0.208	0.011	0.86	151	60.16	252.29	7.5
A062	广西师范大学学报自然科学版	324	0.279	0.033	0.75	145	44.75	266.10	4.9
G028	广西医科大学学报	993	0.220	0.014	0.98	370	37.26	430.35	5.4
G816	广西医学	1979	0.305	0.033	0.88	426	21.53	670.79	4.7
F028	广西植物	1022	0.516	0.055	0.86	218	21.33	463.84	6.7
G030	广州中医药大学学报	854	0.368	0.016	0.96	207	24.24	414.52	6.5
V572	规划师	944	0.805	0.191	0.47	97	10.28	448.17	3.4
T004	硅酸盐通报	1269	0.794	0.041	0.58	250	19.70	532.18	3.8
T005	硅酸盐学报	2011	0.544	0.115	0.81	358	17.80	740.92	5.7
M048	贵金属	315	0.420	0.068	0.59	74	23.49	289.34	10.4
G031	贵阳医学院学报	465	0.287	0.024	0.95	220	47.31	297.28	4.4
A077	贵州大学学报自然科学版	225	0.117	0.005	0.93	162	72.00	239.88	5.1
H275	贵州农业科学	1633	0.369	0.049	0.75	281	17.21	594.16	3.5
A527	贵州师范大学学报自然科学版	281	0.249	0.019	0.89	149	53.02	253.68	6.7
G808	贵州医药	580	0.133	0.018	0.96	260	44.83	325.44	4.9
M033	桂林理工大学学报	412	0.243	0.034	0.87	174	42.23	310.57	8.3
A040	国防科技大学学报	684	0.341	0.031	0.92	263	38.45	370.90	6.1
G495	国际病毒学杂志	300	1.835	0.127	0.58	68	22.67	272.58	2.4
G350	国际病理科学与临床杂志	514	0.424	0.019	0.95	266	51.75	310.08	6.4
V529	国际城市规划	369	0.345	0.030	0.86	72	19.51	289.22	5.3
G936	国际儿科学杂志	643	0.324	0.048	0.83	214	33.28	346.34	5.8
G436	国际耳鼻咽喉头颈外科杂志	300	0.162	0.021	0.98	137	45.67	260.65	8.3
G659	国际妇产科学杂志	589	0.452	0.054	0.99	215	36.50	325.16	5.0
G498	国际骨科学杂志	615	0.625	0.083	0.88	191	31.06	342.68	4.5
G938	国际呼吸杂志	868	0.245	0.018	0.91	290	33.41	407.11	5.6
G967	国际护理学杂志	1359	0.133	0.012	0.87	183	13.47	541.19	6.3
G929	国际精神病学杂志	473	0.225	0.000	1.00	158	33.40	309.43	9.1
G997	国际口腔医学杂志	570	0.286	0.027	0.95	178	31.23	331.08	4.9
G930	国际流行病学传染病学杂志	331	0.213	0.009	0.95	166	50.15	265.06	6.7
G975	国际麻醉学与复苏杂志	685	0.274	0.009	0.96	225	32.85	353.71	7.6
G349	国际泌尿系统杂志	352	0.078	0.004	0.96	199	56.53	268.00	7.5
G983	国际免疫学杂志	365	0.347	0.009	0.85	174	47.67	271.74	6.5

表 4-1 2012 年中国科技核心期刊（中文）被引用指标刊名字顺索引（续）

CODE	刊 名	核心总被引频次	核心影响因子	核心即年指标	核心他引率	核心引用刊数	核心扩散因子	核心权威因子	核心被引半衰期
G939	国际脑血管病杂志	777	0.350	0.006	0.90	223	28.70	379.67	7.0
G415	国际内分泌代谢杂志	290	0.239	0.008	0.99	172	59.31	249.05	5.5
G889	国际皮肤性病学杂志	366	0.168	0.000	0.97	150	40.98	282.32	7.9
G426	国际神经病学神经外科学杂志	596	0.371	0.045	0.88	216	36.24	332.12	5.9
G928	国际生物医学工程杂志	230	0.112	0.000	0.94	152	66.09	239.01	8.5
S157	国际生殖健康/计划生育杂志	356	0.480	0.135	0.94	160	44.94	273.47	4.0
B525	国际输血及血液学杂志	242	0.130	0.007	0.98	127	52.48	238.38	6.8
G954	国际外科学杂志	812	0.454	0.126	0.80	267	32.88	388.15	4.2
G660	国际消化病杂志	500	0.348	0.025	0.99	233	46.60	307.20	6.1
G940	国际心血管病杂志	340	0.250	0.025	0.99	179	52.65	262.94	5.8
Q911	国际眼科杂志	2170	0.347	0.052	0.74	270	12.44	733.16	4.2
G933	国际药学研究杂志	534	0.559	0.033	0.98	270	50.56	317.21	6.2
G661	国际医学放射学杂志	408	0.515	0.022	0.97	170	41.67	283.08	5.1
G499	国际医学寄生虫病杂志	191	0.254	0.049	0.91	73	38.22	233.63	5.9
G984	国际遗传学杂志	258	0.209	0.016	0.96	169	65.50	246.35	7.2
G934	国际中医中药杂志	627	0.168	0.045	0.90	185	29.51	346.62	8.6
G937	国际肿瘤学杂志	495	0.118	0.018	0.99	258	52.12	307.87	7.4
E578	国土资源科技管理	207	0.043	0.022	0.91	91	43.96	235.84	6.1
E591	国土资源遥感	781	0.642	0.099	0.81	204	26.12	422.36	6.2
R683	国外电子测量技术	879	0.969	0.180	0.70	115	13.08	433.35	2.7
H028	果树学报	1991	0.705	0.066	0.87	189	9.49	730.25	6.6
T008	过程工程学报	958	0.504	0.040	0.92	324	33.82	458.31	4.8
X025	哈尔滨工程大学学报	939	0.420	0.075	0.88	321	34.19	451.59	4.8
J003	哈尔滨工业大学学报	2113	0.338	0.012	0.97	637	30.15	796.18	6.9
J013	哈尔滨理工大学学报	464	0.375	0.038	0.74	217	46.77	309.19	4.3
U021	哈尔滨商业大学学报自然科学版	407	0.255	0.176	0.77	205	50.37	290.99	5.2
G033	哈尔滨医科大学学报	547	0.285	0.022	0.97	289	52.83	319.19	5.8
J055	海军工程大学学报	551	0.317	0.044	0.76	178	32.30	345.55	6.1
Y029	海军航空工程学院学报	304	0.288	0.020	0.86	106	34.87	256.89	4.1
G899	海军医学杂志	425	0.281	0.117	0.74	163	38.35	311.32	4.3
A012	海南大学学报自然科学版	207	0.152	0.025	0.88	132	63.77	237.92	6.7
G941	海南医学	2407	0.336	0.040	0.71	420	17.45	741.09	3.1
G416	海南医学院学报	928	0.388	0.066	0.94	258	27.80	406.58	2.9
L037	海相油气地质	423	0.698	0.067	0.88	67	15.84	356.38	5.8
E651	海洋测绘	489	0.422	0.036	0.58	126	25.77	331.83	5.1
E155	海洋地质与第四纪地质	1021	0.429	0.009	0.81	173	16.94	516.57	8.3
E131	海洋工程	512	0.435	0.000	0.84	147	28.71	356.66	7.3
E312	海洋湖沼通报	559	0.438	0.011	0.93	161	28.80	345.43	6.7
Z010	海洋环境科学	1264	0.484	0.035	0.82	231	18.28	553.14	6.1
E145	海洋科学	1658	0.428	0.020	0.88	322	19.42	662.26	8.1
E006	海洋科学进展	624	0.463	0.044	0.93	163	26.12	374.22	7.3
E311	海洋通报	911	0.437	0.047	0.92	233	25.58	463.35	8.3
E003	海洋学报	1794	0.697	0.110	0.93	284	15.83	749.27	8.9
E149	海洋学研究	357	0.411	0.000	0.96	125	35.01	289.86	8.7

表 4-1　2012 年中国科技核心期刊（中文）被引用指标刊名字顺索引（续）

CODE	刊　名	核心总被引频次	核心影响因子	核心即年指标	核心他引率	核心引用刊数	核心扩散因子	核心权威因子	核心被引半衰期
H284	海洋渔业	548	0.993	0.058	0.78	96	17.52	343.05	5.1
E008	海洋与湖沼	2069	0.901	0.086	0.86	269	13.00	809.35	10.3
E108	海洋预报	267	0.215	0.000	0.76	78	29.21	270.90	7.6
L586	含能材料	644	0.319	0.006	0.65	112	17.39	368.25	5.7
N076	焊接	406	0.135	0.005	0.84	89	21.92	301.50	6.5
N624	焊接技术	339	0.145	0.000	0.86	98	28.91	278.57	6.9
N021	焊接学报	1678	0.476	0.076	0.63	183	10.91	735.56	5.4
Y027	航空材料学报	630	0.458	0.020	0.90	158	25.08	365.73	6.2
Y017	航空动力学报	1619	0.408	0.041	0.67	231	14.27	653.87	4.9
Y554	航空发动机	282	0.249	0.083	0.70	89	31.56	268.02	7.0
Y031	航空计算技术	388	0.260	0.010	0.87	168	43.30	287.30	5.1
Y012	航空精密制造技术	185	0.110	0.000	0.95	95	51.35	233.50	7.6
Y002	航空学报	2152	0.728	0.094	0.90	365	16.96	826.95	5.3
Y014	航空制造技术	724	0.199	0.018	0.85	193	26.66	409.44	4.5
Y034	航天返回与遥感	242	0.239	0.039	0.76	90	37.19	259.39	6.3
Y015	航天控制	356	0.319	0.009	0.86	123	34.55	286.95	5.6
Y033	航天器工程	343	0.336	0.016	0.77	109	31.78	258.73	5.1
Y032	航天器环境工程	305	0.254	0.014	0.64	92	30.16	281.02	4.6
G034	航天医学与医学工程	438	0.280	0.019	0.78	156	35.62	307.11	7.9
T057	合成材料老化与应用	156	0.272	0.016	0.83	67	42.95	228.51	6.0
D602	合成化学	433	0.245	0.035	0.82	161	37.18	294.14	5.4
T505	合成树脂及塑料	334	0.259	0.016	0.86	81	24.25	278.67	5.8
T067	合成纤维	290	0.223	0.065	0.69	83	28.62	274.06	4.7
T065	合成纤维工业	316	0.209	0.035	0.78	97	30.70	276.03	6.7
T018	合成橡胶工业	527	0.426	0.010	0.84	98	18.60	364.45	7.8
J053	合肥工业大学学报自然科学版	1190	0.392	0.057	0.70	428	35.97	505.08	4.4
A031	河北大学学报自然科学版	347	0.272	0.034	0.83	193	55.62	274.41	6.1
J017	河北工业大学学报	284	0.204	0.014	0.94	183	64.44	260.25	5.9
J019	河北工业科技	209	0.257	0.050	0.79	100	47.85	241.20	4.3
K032	河北建筑科技学院学报自然科学版	237	0.422	0.125	0.71	113	47.68	252.21	3.5
J058	河北科技大学学报	281	0.396	0.146	0.63	105	37.37	266.02	3.6
H289	河北林果研究	276	0.134	0.000	0.91	107	38.77	255.63	7.8
H244	河北农业大学学报	966	0.343	0.007	0.96	248	25.67	446.83	7.8
A076	河北师范大学学报自然科学版	288	0.161	0.038	0.86	191	66.32	258.74	6.3
G035	河北医科大学学报	532	0.137	0.011	0.93	276	51.88	313.48	4.5
G641	河北医学	1192	0.314	0.040	0.96	307	25.76	470.25	3.6
G898	河北医药	3089	0.417	0.064	0.84	462	14.96	879.03	2.8
G384	河北中医	1805	0.315	0.091	0.90	218	12.08	671.52	3.8
G301	河北中医药学报	266	0.328	0.100	0.82	105	39.47	283.70	4.9
W012	河海大学学报自然科学版	1104	0.604	0.072	0.91	324	29.35	529.77	7.5
A067	河南大学学报自然科学版	286	0.239	0.057	0.81	183	63.99	254.41	5.6
U004	河南工业大学学报自然科学版	589	0.394	0.031	0.92	178	30.22	339.25	7.0
J014	河南科技大学学报自然科学版	317	0.215	0.042	0.77	169	53.31	264.00	5.4
A011	河南科学	514	0.172	0.084	0.75	261	50.78	314.91	4.3

表 4-1 2012 年中国科技核心期刊（中文）被引用指标刊名字顺索引（续）

CODE	刊 名	核心总被引频次	核心影响因子	核心即年指标	核心他引率	核心引用刊数	核心扩散因子	核心权威因子	核心被引半衰期
K526	河南理工大学学报自然科学版	375	0.266	0.027	0.77	168	44.80	292.42	5.2
H011	河南农业大学学报	891	0.421	0.014	0.93	224	25.14	424.16	7.8
H356	河南农业科学	1620	0.441	0.060	0.84	242	14.94	600.20	4.8
A058	河南师范大学学报自然科学版	460	0.233	0.034	0.75	237	51.52	299.54	3.9
G684	河南中医	1362	0.234	0.049	0.86	212	15.57	555.95	4.8
Q004	核动力工程	561	0.228	0.016	0.86	147	26.20	357.34	6.5
Q002	核化学与放射化学	208	0.265	0.016	0.72	78	37.50	238.00	7.1
Q001	核技术	556	0.227	0.031	0.84	219	39.39	327.63	6.5
C092	核聚变与等离子体物理	142	0.229	0.015	0.66	44	30.99	223.74	4.6
Q009	核科学与工程	219	0.235	0.016	0.75	78	35.62	252.28	6.6
H042	核农学报	1439	0.827	0.084	0.72	225	15.64	564.26	5.1
A084	黑龙江大学自然科学学报	263	0.210	0.044	0.84	146	55.51	248.21	4.8
K505	黑龙江科技学院学报	203	0.269	0.050	0.82	103	50.74	240.41	4.5
R535	红外技术	672	0.468	0.072	0.79	190	28.27	377.37	5.4
C035	红外与毫米波学报	806	0.703	0.057	0.94	229	28.41	417.62	5.8
R084	红外与激光工程	2393	0.921	0.105	0.43	249	10.41	845.51	4.3
A039	湖北大学学报自然科学版	208	0.157	0.027	0.96	140	67.31	233.23	6.9
H203	湖北农业科学	1779	0.291	0.019	0.83	341	19.17	631.51	3.4
G334	湖北中医药大学学报	437	0.333	0.045	0.95	164	37.53	297.32	4.6
E111	湖泊科学	2001	1.374	0.111	0.89	264	13.19	773.81	5.8
A028	湖南大学学报自然科学版	796	0.312	0.029	0.94	374	46.98	414.18	5.5
K016	湖南科技大学学报自然科学版	334	0.357	0.029	0.92	183	54.79	279.50	5.1
H060	湖南农业大学学报自然科学版	1250	0.527	0.067	0.93	261	20.88	525.75	7.4
G548	湖南师范大学学报医学版	134	0.155	0.020	0.97	96	71.64	208.85	4.3
A055	湖南师范大学自然科学学报	307	0.474	0.073	0.75	163	53.09	267.22	5.2
G041	湖南中医药大学学报	943	0.347	0.042	0.91	249	26.41	435.88	4.7
G336	护理管理杂志	2825	1.372	0.093	0.70	180	6.37	1036.80	3.8
G987	护理学报	2649	0.622	0.084	0.76	250	9.44	908.00	3.9
G503	护理学杂志	5974	0.887	0.152	0.73	325	5.44	1964.75	4.5
G654	护理研究	6205	0.463	0.064	0.86	352	5.67	1883.72	4.6
G734	护士进修杂志	4239	0.543	0.086	0.89	286	6.75	1371.33	4.4
E141	华北地震科学	229	0.750	0.352	0.51	40	17.47	293.79	4.9
R046	华北电力大学学报	514	0.369	0.008	0.90	194	37.74	336.26	5.9
H032	华北农学报	1935	0.604	0.056	0.93	242	12.51	703.00	6.0
R752	华东电力	1030	0.300	0.046	0.71	146	14.17	496.82	3.8
X003	华东交通大学学报	298	0.378	0.121	0.63	147	49.33	263.20	3.8
T021	华东理工大学学报自然科学版	664	0.257	0.023	0.97	336	50.60	368.42	7.1
A054	华东师范大学学报自然科学版	458	0.371	0.028	0.92	250	54.59	311.04	5.8
E103	华南地震	225	0.208	0.000	0.80	56	24.89	267.80	9.8
G340	华南国防医学杂志	476	0.453	0.119	0.77	175	36.76	305.80	3.5
J004	华南理工大学学报自然科学版	1423	0.422	0.061	0.88	515	36.19	576.19	5.6
H013	华南农业大学学报	890	0.442	0.065	0.98	245	27.53	424.72	8.7
A052	华南师范大学学报自然科学版	283	0.324	0.025	0.86	180	63.60	257.79	5.3
G525	华南预防医学	634	0.557	0.027	0.92	168	26.50	361.41	4.6

表 4-1 2012 年中国科技核心期刊（中文）被引用指标刊名字顺索引（续）

CODE	刊 名	核心总被引频次	核心影响因子	核心即年指标	核心他引率	核心引用刊数	核心扩散因子	核心权威因子	核心被引半衰期
A021	华侨大学学报自然科学版	290	0.230	0.027	0.77	170	58.62	260.18	4.3
G043	华西口腔医学杂志	1005	0.564	0.092	0.95	225	22.39	447.23	5.5
G044	华西药学杂志	1098	0.419	0.034	0.89	279	25.41	473.20	5.4
G294	华西医学	1589	0.251	0.071	0.92	449	28.26	592.59	4.3
G077	华中科技大学学报医学版	848	0.607	0.077	0.84	357	42.10	409.24	5.0
J033	华中科技大学学报自然科学版	1634	0.424	0.077	0.91	542	33.17	642.74	5.8
H003	华中农业大学学报	1361	0.840	0.186	0.93	307	22.56	557.40	7.1
A004	华中师范大学学报自然科学版	355	0.096	0.012	0.87	221	62.25	276.19	7.4
Z009	化工环保	658	0.452	0.087	0.75	191	29.03	378.47	6.3
T006	化工机械	303	0.198	0.022	0.83	105	34.65	277.13	5.6
T101	化工进展	2100	0.581	0.071	0.85	441	21.00	763.05	4.9
T532	化工科技	284	0.220	0.017	0.93	153	53.87	260.98	6.0
T146	化工设备与管道	214	0.133	0.044	0.73	82	38.32	249.05	6.6
T007	化工学报	2629	0.630	0.069	0.77	493	18.75	916.27	5.0
T009	化学反应工程与工艺	350	0.256	0.021	0.92	137	39.14	277.71	6.8
D604	化学分析计量	411	0.274	0.043	0.90	173	42.09	296.40	4.8
T025	化学工程	755	0.346	0.056	0.84	238	31.52	399.81	5.1
T567	化学工程师	516	0.156	0.015	0.96	241	46.71	326.34	5.7
T076	化学工业与工程	389	0.315	0.045	0.92	182	46.79	289.23	6.0
T501	化学工业与工程技术	227	0.183	0.011	0.95	131	57.71	245.23	5.8
D506	化学进展	1726	0.695	0.064	0.91	469	27.17	635.90	5.2
D011	化学试剂	648	0.215	0.013	0.83	206	31.79	355.14	5.6
D018	化学通报	898	0.332	0.052	0.94	355	39.53	425.22	7.6
D030	化学学报	2680	0.701	0.112	0.85	474	17.69	886.15	5.4
D501	化学研究	315	0.334	0.021	0.87	154	48.89	263.94	5.0
D037	化学研究与应用	1009	0.340	0.051	0.84	344	34.09	452.01	5.1
T931	化学与黏合	336	0.251	0.008	0.95	121	36.01	279.36	5.5
T553	化学与生物工程	734	0.286	0.039	0.95	335	45.64	380.80	4.5
Z017	环境保护科学	548	0.322	0.024	0.97	230	41.97	336.44	5.7
Z005	环境工程	808	0.412	0.024	0.82	229	28.34	417.41	6.4
Z021	环境工程学报	2665	0.625	0.046	0.79	452	16.96	920.01	4.6
D024	环境化学	1870	0.725	0.054	0.85	384	20.53	709.09	6.1
Z554	环境监测管理与技术	593	0.598	0.105	0.65	152	25.63	366.94	4.9
Z506	环境科技	478	0.470	0.099	0.71	163	34.10	326.86	4.0
Z004	环境科学	6489	1.156	0.098	0.82	581	8.95	2023.75	5.3
Z003	环境科学学报	4655	1.125	0.151	0.90	570	12.24	1508.19	6.0
Z002	环境科学研究	2522	1.225	0.088	0.81	404	16.02	897.34	5.0
Z025	环境科学与技术	2546	0.730	0.042	0.84	509	19.99	892.59	4.2
H049	环境昆虫学报	349	0.424	0.012	0.86	90	25.79	276.50	6.2
Z035	环境卫生工程	272	0.127	0.008	0.82	88	32.35	266.95	6.1
Z019	环境污染与防治	1540	0.520	0.019	0.88	378	24.55	623.09	5.3
Z031	环境与健康杂志	1509	0.433	0.184	0.76	367	24.32	604.38	4.6
G882	环境与职业医学	781	0.365	0.055	0.91	264	33.80	402.07	5.7
G656	环球中医药	310	0.603	0.071	0.73	92	29.68	257.71	2.4

表 4-1　2012 年中国科技核心期刊（中文）被引用指标刊名字顺索引（续）

CODE	刊　名	核心总被引频次	核心影响因子	核心即年指标	核心他引率	核心引用刊数	核心扩散因子	核心权威因子	核心被引半衰期
M631	黄金	587	0.332	0.066	0.79	124	21.12	374.68	6.8
Y040	火箭推进	213	0.447	0.138	0.68	56	26.29	242.57	4.3
N005	火力与指挥控制	1124	0.261	0.012	0.83	193	17.17	455.47	4.2
N007	火炸药学报	807	0.514	0.032	0.73	102	12.64	436.01	6.5
X011	机车电传动	297	0.234	0.025	0.64	89	29.97	285.82	5.9
N069	机床与液压	2403	0.293	0.009	0.62	306	12.73	835.59	4.6
N672	机电工程	652	0.284	0.030	0.77	214	32.82	353.14	3.8
R099	机电一体化	544	0.163	0.004	0.97	192	35.29	335.02	6.7
S004	机器人	961	0.692	0.029	0.89	222	23.10	460.88	6.9
N040	机械传动	473	0.233	0.022	0.70	117	24.74	305.48	5.1
M004	机械工程材料	756	0.167	0.013	0.87	193	25.53	394.62	6.6
N051	机械工程学报	5352	0.982	0.098	0.77	496	9.27	1784.83	5.0
N050	机械科学与技术	1315	0.243	0.017	0.83	307	23.35	552.21	6.4
N057	机械强度	837	0.210	0.059	0.80	236	28.20	428.80	6.7
N047	机械设计	982	0.382	0.020	0.80	231	23.52	462.74	5.5
N054	机械设计与研究	527	0.314	0.020	0.81	164	31.12	326.44	5.4
N028	机械设计与制造	1792	0.223	0.021	0.80	352	19.64	667.24	4.0
N053	机械与电子	365	0.157	0.011	0.95	165	45.21	279.53	4.6
N682	机械制造	395	0.095	0.005	0.95	160	40.51	291.06	5.7
N515	机械制造与自动化	227	0.092	0.003	0.94	109	48.02	242.82	4.6
G003	基础医学与临床	862	0.367	0.044	0.82	361	41.88	400.95	5.0
H245	基因组学与应用生物学	571	0.566	0.010	0.95	203	35.55	329.84	4.0
R025	激光技术	712	0.273	0.028	0.57	140	19.66	381.64	6.2
F045	激光生物学报	331	0.113	0.010	0.94	193	58.31	266.42	6.2
R514	激光与光电子学进展	678	0.587	0.143	0.78	143	21.09	361.65	2.9
R521	激光与红外	1073	0.455	0.040	0.71	234	21.81	486.92	4.5
R028	激光杂志	739	0.386	0.044	0.78	241	32.61	384.29	4.7
E116	吉林大学学报地球科学版	1724	0.795	0.105	0.82	269	15.60	730.03	5.7
J042	吉林大学学报工学版	1047	0.449	0.079	0.86	366	34.96	481.54	4.3
A035	吉林大学学报理学版	634	0.342	0.049	0.83	279	44.01	353.84	4.8
R586	吉林大学学报信息科学版	323	0.553	0.045	0.72	131	40.56	269.55	3.9
G014	吉林大学学报医学版	1027	0.472	0.063	0.91	382	37.20	445.19	5.5
H243	吉林农业大学学报	1008	0.502	0.169	0.87	257	25.50	457.12	7.3
H227	吉林农业科学	453	0.289	0.024	0.94	135	29.80	304.23	7.6
G719	吉林中医药	1901	0.474	0.122	0.68	216	11.36	717.62	4.5
E007	极地研究	220	0.395	0.021	0.69	68	30.91	247.43	8.5
G452	疾病监测	1420	0.894	0.085	0.89	185	13.03	610.52	3.9
G439	脊柱外科杂志	422	0.563	0.041	0.88	121	28.67	305.27	4.8
N038	计量技术	462	0.148	0.007	0.53	131	28.35	319.71	6.4
N014	计量学报	476	0.269	0.016	0.78	167	35.08	332.93	6.6
S050	计算机测量与控制	2169	0.437	0.034	0.59	312	14.38	726.24	3.6
S049	计算机仿真	3318	0.481	0.026	0.70	470	14.17	1030.95	4.2
S013	计算机辅助设计与图形学学报	1749	0.547	0.037	0.87	315	18.01	660.92	6.3
S012	计算机工程	6193	0.461	0.030	0.77	555	8.96	1711.12	3.8

表 4-1 2012年中国科技核心期刊（中文）被引用指标刊名字顺索引（续）

CODE	刊 名	核心总被引频次	核心影响因子	核心即年指标	核心他引率	核心引用刊数	核心扩散因子	核心权威因子	核心被引半衰期
S034	计算机工程与科学	856	0.243	0.019	0.94	245	28.62	387.75	4.2
S022	计算机工程与设计	3018	0.371	0.019	0.77	442	14.65	913.96	4.0
S025	计算机工程与应用	6277	0.372	0.052	0.83	676	10.77	1758.68	4.3
S030	计算机集成制造系统	2238	1.007	0.047	0.75	274	12.24	793.70	4.4
S520	计算机技术与发展	2196	0.499	0.028	0.49	303	13.80	692.77	3.7
S006	计算机科学	2833	0.577	0.050	0.84	417	14.72	881.10	4.0
S085	计算机科学与探索	119	0.179	0.027	0.98	49	41.18	205.61	3.3
S509	计算机系统应用	590	0.209	0.028	0.83	186	31.53	320.87	2.9
S018	计算机学报	3448	1.313	0.105	0.95	377	10.93	1078.27	5.8
S021	计算机研究与发展	2238	0.760	0.066	0.91	315	14.08	754.16	5.8
S029	计算机应用	3163	0.520	0.061	0.88	456	14.42	961.13	4.0
S016	计算机应用研究	3229	0.426	0.064	0.85	455	14.09	970.07	3.7
S009	计算机应用与软件	1268	0.191	0.022	0.86	325	25.63	484.03	3.9
S500	计算机与现代化	597	0.189	0.038	0.67	175	29.31	312.72	3.3
S014	计算机与应用化学	733	0.250	0.047	0.69	243	33.15	368.04	4.6
S507	计算技术与自动化	195	0.161	0.008	0.94	107	54.87	228.59	5.2
C003	计算力学学报	960	0.476	0.055	0.78	262	27.29	480.64	6.5
B014	计算数学	298	0.564	0.026	0.90	107	35.91	275.81	8.0
C094	计算物理	519	0.544	0.045	0.65	180	34.68	333.23	5.0
S718	技术经济	431	0.354	0.134	0.50	104	24.13	278.10	2.9
A656	济南大学学报自然科学版	239	0.311	0.064	0.94	174	72.80	245.63	4.8
G292	寄生虫与医学昆虫学报	163	0.356	0.023	0.89	62	38.04	228.76	7.8
A045	暨南大学学报自然科学与医学版	496	0.351	0.037	0.88	296	59.68	313.87	6.0
H240	家畜生态学报	400	0.285	0.018	0.90	109	27.25	270.94	5.1
G638	检验医学	1435	0.714	0.034	0.93	307	21.39	509.19	4.9
G477	检验医学与临床	2620	0.371	0.101	0.81	387	14.77	772.04	2.8
V051	建筑材料学报	719	0.432	0.018	0.87	197	27.40	396.72	5.4
V057	建筑钢结构进展	144	0.168	0.000	0.86	47	32.64	225.77	5.2
V045	建筑技术	522	0.347	0.032	0.57	134	25.67	355.84	4.0
V014	建筑结构	1064	0.275	0.256	0.75	146	13.72	518.49	5.0
V044	建筑结构学报	1800	0.744	0.210	0.83	191	10.61	751.99	6.4
S635	建筑经济	398	0.173	0.043	0.68	80	20.10	292.18	4.3
V005	建筑科学	579	0.230	0.014	0.88	191	32.99	350.52	4.6
V013	建筑科学与工程学报	379	0.660	0.042	0.92	120	31.66	304.60	4.7
V047	建筑学报	497	0.218	0.024	0.94	89	17.91	301.76	5.9
Y564	舰船科学技术	632	0.201	0.018	0.86	198	31.33	349.29	4.4
A136	江南大学学报自然科学版	233	0.123	0.026	0.89	154	66.09	242.22	5.4
G453	江苏大学学报医学版	427	0.330	0.035	0.95	243	56.91	290.66	5.2
J035	江苏大学学报自然科学版	645	0.401	0.056	0.94	303	46.98	368.25	6.0
X015	江苏科技大学学报自然科学版	354	0.348	0.023	0.71	172	48.59	283.02	4.6
H700	江苏农业科学	2368	0.432	0.013	0.77	309	13.05	764.58	3.3
H199	江苏农业学报	1254	0.727	0.025	0.89	232	18.50	505.22	4.1
G046	江苏医药	1538	0.243	0.026	0.82	412	26.79	552.92	3.8
G397	江苏中医药	1597	0.296	0.053	0.98	234	14.65	645.15	5.5

表 4-1　2012 年中国科技核心期刊（中文）被引用指标刊名字顺索引（续）

CODE	刊　名	核心总被引频次	核心影响因子	核心即年指标	核心他引率	核心引用刊数	核心扩散因子	核心权威因子	核心被引半衰期
H283	江西农业大学学报	1408	0.656	0.078	0.85	271	19.25	565.56	6.1
H701	江西农业学报	1424	0.324	0.058	0.86	306	21.49	551.34	3.6
A112	江西师范大学学报自然科学版	364	0.305	0.053	0.62	155	42.58	279.92	5.1
G047	南昌大学学报医学版	641	0.242	0.010	0.97	277	43.21	338.92	3.7
X002	交通科学与工程	145	0.241	0.000	0.94	86	59.31	223.28	6.0
X020	交通信息与安全	345	0.207	0.015	0.82	135	39.13	279.19	4.5
X672	交通运输工程学报	801	0.606	0.146	0.92	185	23.10	423.24	5.5
X685	交通运输系统工程与信息	444	0.387	0.056	0.82	128	28.83	308.05	4.2
L587	节能技术	442	0.496	0.035	0.43	119	26.92	327.05	4.9
W567	节水灌溉	778	0.547	0.073	0.63	144	18.51	396.26	4.2
K553	洁净煤技术	637	0.591	0.333	0.34	92	14.44	391.72	3.3
V049	结构工程师	443	0.352	0.031	0.68	103	23.25	319.56	4.7
G869	结直肠肛门外科	502	0.333	0.014	0.89	152	30.28	307.59	4.8
G316	解放军护理杂志	3358	0.648	0.074	0.81	269	8.01	1118.72	4.3
A121	解放军理工大学学报自然科学版	375	0.197	0.024	0.97	206	54.93	291.15	5.8
G295	解放军药学学报	651	0.439	0.006	0.93	241	37.02	356.22	4.7
G048	解放军医学杂志	2297	0.931	0.228	0.85	500	21.77	816.00	4.3
G671	解放军医药杂志	820	0.467	0.076	0.88	199	24.27	386.73	3.4
G315	解放军医院管理杂志	1825	0.622	0.066	0.68	155	8.49	791.32	3.7
G961	解放军预防医学杂志	624	0.337	0.006	0.91	186	29.81	366.51	6.5
G507	解剖科学进展	504	0.549	0.059	0.67	213	42.26	315.61	3.8
G049	解剖学报	556	0.260	0.058	0.89	251	45.14	330.16	6.5
G358	解剖学研究	365	0.310	0.015	0.85	172	47.12	281.04	4.9
G050	解剖学杂志	782	0.271	0.031	0.78	262	33.50	391.57	5.4
G886	介入放射学杂志	1642	0.900	0.079	0.76	291	17.72	626.93	4.3
N048	金刚石与磨料磨具工程	371	0.276	0.035	0.64	79	21.29	308.99	6.5
M051	金属功能材料	208	0.277	0.014	0.95	89	42.79	234.20	4.1
K022	金属矿山	1693	0.393	0.059	0.73	264	15.59	737.83	4.5
N083	金属热处理	1500	0.359	0.074	0.68	183	12.20	605.60	6.2
M012	金属学报	2179	0.807	0.093	0.83	235	10.78	815.16	6.8
E599	经济地理	2292	1.018	0.167	0.67	199	8.68	825.00	4.5
H266	经济林研究	829	0.773	0.153	0.72	137	16.53	406.13	6.6
N749	精密制造与自动化	127	0.182	0.027	0.88	52	40.94	223.67	5.9
G953	精神医学杂志	561	0.512	0.051	0.80	148	26.38	331.32	4.2
T102	精细化工	1247	0.405	0.065	0.86	330	26.46	524.13	6.2
T955	精细化工中间体	448	0.423	0.034	0.79	175	39.06	311.01	5.6
T542	精细石油化工	425	0.265	0.041	0.90	154	36.24	303.98	6.9
G677	颈腰痛杂志	766	0.436	0.056	0.81	181	23.63	409.55	5.9
Z553	净水技术	654	0.751	0.188	0.45	117	17.89	382.96	4.8
G553	局解手术学杂志	823	0.813	0.059	0.60	216	26.25	418.92	3.4
T512	聚氨酯工业	268	0.397	0.000	0.85	84	31.34	268.32	6.3
R016	绝缘材料	480	0.525	0.053	0.59	100	20.83	337.35	5.2
G052	军事医学	477	0.331	0.029	0.88	264	55.35	306.35	5.0
J056	军械工程学院学报	208	0.137	0.020	0.97	107	51.44	233.96	6.2

表 4-1 2012 年中国科技核心期刊（中文）被引用指标刊名字顺索引（续）

CODE	刊名	核心总被引频次	核心影响因子	核心即年指标	核心他引率	核心引用刊数	核心扩散因子	核心权威因子	核心被引半衰期
G187	军医进修学院学报	776	0.354	0.045	0.84	319	41.11	379.21	3.1
F018	菌物学报	1179	0.923	0.398	0.71	200	16.96	520.21	6.1
M018	勘察科学技术	197	0.095	0.000	0.91	106	53.81	240.32	9.1
A645	科技导报	1178	0.334	0.064	0.90	578	49.07	518.95	4.3
S812	科技管理研究	1184	0.144	0.009	0.67	209	17.65	455.90	3.5
R588	科技进步与对策	1268	0.266	0.030	0.70	199	15.69	471.08	3.6
A083	科技通报	502	0.204	0.010	0.96	323	64.34	319.54	6.5
W027	科技与法律	64	0.076	0.017	0.55	22	34.38	194.58	4.4
A537	科学技术与工程	1661	0.153	0.020	0.90	679	40.88	629.18	3.5
A075	科学通报	6398	0.775	0.181	0.92	904	14.13	2182.16	8.5
W514	科学学研究	1044	0.471	0.087	0.84	119	11.40	418.30	4.7
W531	科研管理	885	0.448	0.063	0.87	114	12.88	383.27	5.7
L516	可再生能源	696	0.435	0.024	0.82	241	34.63	373.16	4.5
E140	空间科学学报	368	0.321	0.008	0.76	133	36.14	288.71	6.7
Y051	空间控制技术与应用	81	0.261	0.030	0.81	36	44.44	206.01	3.1
J059	空军工程大学学报自然科学版	396	0.419	0.089	0.82	151	38.13	289.67	4.9
Y016	空气动力学学报	519	0.405	0.053	0.87	150	28.90	340.41	6.3
S503	控制工程	681	0.387	0.008	0.79	228	33.48	364.71	4.8
R060	控制理论与应用	1812	0.772	0.070	0.81	336	18.54	702.58	5.0
S001	控制与决策	2568	0.792	0.058	0.89	412	16.04	890.72	5.2
G672	口腔材料器械杂志	194	0.250	0.036	0.94	75	38.66	230.11	7.6
G246	口腔颌面外科杂志	449	0.405	0.034	0.83	153	34.08	301.35	5.7
G894	口腔颌面修复学杂志	453	0.490	0.055	0.76	93	20.53	307.84	5.4
G325	口腔医学	900	0.429	0.034	0.69	177	19.67	423.43	5.0
G266	口腔医学研究	1000	0.590	0.043	0.78	201	20.10	444.49	4.1
K525	矿产保护与利用	315	0.321	0.035	0.95	107	33.97	288.70	7.3
V054	矿产勘查	340	0.263	0.015	0.92	124	36.47	289.50	8.6
K025	矿产与地质	624	0.189	0.000	0.92	105	16.83	383.47	8.2
K004	矿产综合利用	407	0.535	0.143	0.81	120	29.48	330.77	6.6
E106	矿床地质	2218	1.779	0.361	0.88	94	4.24	894.66	6.6
K014	矿山机械	631	0.166	0.037	0.68	161	25.52	360.25	4.5
E350	矿物学报	879	0.419	0.026	0.91	198	22.53	466.64	9.8
E354	矿物岩石	825	0.638	0.129	0.90	156	18.91	469.41	8.2
E504	矿物岩石地球化学通报	616	0.492	0.053	0.95	168	27.27	379.82	8.5
M101	矿冶	434	0.435	0.029	0.87	148	34.10	332.03	6.2
M045	矿冶工程	866	0.566	0.067	0.76	195	22.52	471.87	5.4
K010	矿业研究与开发	477	0.341	0.031	0.76	137	28.72	334.82	5.1
F005	ENTOMOTAXONOMIA	211	0.124	0.021	0.75	48	22.75	237.74	12.7
F015	昆虫学报	2025	0.777	0.160	0.87	215	10.62	751.48	7.5
J020	昆明理工大学学报自然科学版	442	0.303	0.074	0.89	263	59.50	310.60	7.2
G053	昆明医学院学报	661	0.233	0.017	0.94	283	42.81	343.80	3.5
G395	兰州大学学报医学版	285	0.340	0.061	0.85	171	60.00	255.86	5.8
A016	兰州大学学报自然科学版	837	0.432	0.057	0.84	356	42.53	425.55	6.4
X016	兰州交通大学学报	314	0.114	0.008	0.93	192	61.15	267.29	5.9

表 4-1　2012 年中国科技核心期刊（中文）被引用指标刊名字顺索引（续）

CODE	刊　名	核心总被引频次	核心影响因子	核心即年指标	核心他引率	核心引用刊数	核心扩散因子	核心权威因子	核心被引半衰期
J008	兰州理工大学学报	610	0.267	0.027	0.83	280	45.90	356.29	5.1
G628	老年医学与保健	257	0.219	0.065	0.93	144	56.03	244.70	4.9
R096	雷达科学与技术	303	0.534	0.023	0.56	83	27.39	270.59	3.9
T010	离子交换与吸附	571	0.604	0.014	0.84	198	34.68	346.64	7.2
M001	理化检验化学分册	1434	0.373	0.052	0.82	283	19.74	591.71	5.3
C101	力学季刊	304	0.235	0.000	0.93	159	52.30	270.10	7.2
C102	力学进展	885	0.888	0.031	0.95	325	36.72	444.17	8.0
C001	力学学报	1038	0.513	0.081	0.92	273	26.30	499.91	7.7
G580	立体定向和功能性神经外科杂志	398	0.363	0.057	0.79	112	28.14	293.21	5.6
L014	炼油技术与工程	520	0.181	0.045	0.81	81	15.58	357.65	6.7
U002	粮食储藏	241	0.269	0.000	0.57	53	21.99	273.38	6.6
U055	粮食与饲料工业	923	0.325	0.070	0.78	145	15.71	430.35	7.4
C032	量子电子学报	502	0.562	0.025	0.53	113	22.51	324.80	5.2
C110	量子光学学报	80	0.234	0.000	0.66	32	40.00	200.71	3.9
K008	辽宁工程技术大学学报自然科学版	960	0.293	0.046	0.90	369	38.44	471.11	6.0
H261	辽宁农业科学	455	0.163	0.006	0.93	143	31.43	304.90	8.9
A072	辽宁师范大学学报自然科学版	204	0.143	0.018	0.78	134	65.69	235.46	6.3
G850	辽宁中医药大学学报	2041	0.284	0.037	0.93	320	15.68	728.96	3.5
G646	辽宁中医杂志	3615	0.416	0.025	0.95	348	9.63	1163.23	4.7
U037	林产工业	257	0.326	0.029	0.85	66	25.68	264.51	6.3
T017	林产化学与工业	928	0.654	0.054	0.82	249	26.83	436.89	6.3
H740	林业科技开发	658	0.307	0.052	0.90	147	22.34	363.93	5.3
H280	林业科学	3722	0.889	0.045	0.91	327	8.79	1261.18	6.4
H281	林业科学研究	1902	0.886	0.078	0.93	226	11.88	732.36	7.4
H102	林业调查规划	349	0.198	0.022	0.83	111	31.81	276.57	4.5
T231	磷肥与复肥	385	0.217	0.011	0.72	114	29.61	315.48	6.3
G880	临床超声医学杂志	809	0.271	0.030	0.87	209	25.83	395.05	4.9
G607	临床儿科杂志	1949	0.747	0.073	0.95	352	18.06	687.33	4.7
G276	临床耳鼻咽喉头颈外科杂志	1960	0.570	0.039	0.87	323	16.48	704.68	5.5
G271	临床放射学杂志	2336	0.604	0.061	0.91	335	14.34	795.65	5.0
Q908	临床肺科杂志	3239	0.745	0.178	0.65	360	11.11	1086.71	3.3
G501	临床肝胆病杂志	909	0.636	0.060	0.88	273	30.03	404.40	4.1
G291	临床骨科杂志	1466	1.050	0.095	0.67	191	13.03	734.27	3.6
G664	临床和实验医学杂志	2101	0.429	0.059	0.90	431	20.51	693.53	3.9
G658	临床荟萃	1736	0.226	0.033	0.89	400	23.04	614.07	5.4
G345	临床急诊杂志	236	0.341	0.041	0.75	113	47.88	241.48	3.0
G204	临床检验杂志	1468	0.785	0.190	0.82	292	19.89	543.51	5.8
G310	临床精神医学杂志	925	0.446	0.065	0.94	207	22.38	438.98	7.5
G881	临床军医杂志	1172	0.434	0.040	0.85	346	29.52	478.56	4.0
G287	临床口腔医学杂志	767	0.273	0.025	0.88	211	27.51	382.60	6.0
G222	临床麻醉学杂志	2752	0.828	0.058	0.86	327	11.88	908.23	4.9
G317	临床泌尿外科杂志	1634	0.419	0.032	0.91	255	15.61	599.98	5.9
G257	临床内科杂志	1050	0.303	0.057	0.94	334	31.81	449.88	5.9
G230	临床皮肤科杂志	1362	0.213	0.007	0.84	256	18.80	601.89	7.0

表 4-1 2012年中国科技核心期刊（中文）被引用指标刊名字顺索引（续）

CODE	刊名	核心总被引频次	核心影响因子	核心即年指标	核心他引率	核心引用刊数	核心扩散因子	核心权威因子	核心被引半衰期
G309	临床神经病学杂志	1119	0.563	0.063	0.83	258	23.06	487.10	6.4
G802	临床神经外科杂志	285	0.415	0.048	0.59	74	25.96	259.45	3.9
G797	临床输血与检验	555	0.605	0.021	0.88	122	21.98	323.04	4.3
G256	临床外科杂志	1264	0.301	0.040	0.91	302	23.89	516.60	5.5
G942	临床误诊误治	1690	0.557	0.078	0.79	306	18.11	601.77	3.5
G855	临床消化病杂志	445	0.380	0.023	0.97	185	41.57	289.42	5.0
Q909	临床小儿外科杂志	387	0.281	0.052	0.81	134	34.63	284.46	4.9
G261	临床心血管病杂志	1142	0.547	0.062	0.86	286	25.04	468.95	4.6
G293	临床血液学杂志	614	0.906	0.023	0.96	189	30.78	329.53	4.0
Q913	临床眼科杂志	624	0.410	0.032	0.92	143	22.92	341.42	5.7
G673	临床药物治疗杂志	245	0.435	0.011	1.00	137	55.92	242.89	3.8
G274	临床与实验病理学杂志	1413	0.738	0.087	0.67	294	20.81	542.96	4.8
Q910	临床肿瘤学杂志	1304	0.649	0.061	0.95	336	25.77	503.00	4.1
G491	岭南心血管病杂志	274	0.266	0.005	0.95	150	54.74	247.92	4.5
N023	流体机械	1260	1.148	0.539	0.62	203	16.11	586.25	3.0
H748	麦类作物学报	1644	0.726	0.088	0.80	162	9.85	632.38	5.8
T060	煤化工	238	0.141	0.016	0.89	76	31.93	260.43	7.1
K504	煤矿开采	422	0.375	0.045	0.74	57	13.51	319.05	3.6
K038	煤炭工程	751	0.208	0.024	0.62	140	18.64	390.04	4.1
K005	煤炭科学技术	1570	0.576	0.083	0.69	181	11.53	664.26	4.7
K017	煤炭学报	3812	1.238	0.123	0.75	349	9.16	1438.01	5.0
D027	煤炭转化	594	0.566	0.069	0.71	136	22.90	387.83	7.4
K009	煤田地质与勘探	784	0.373	0.068	0.88	168	21.43	449.53	8.1
H037	棉花学报	1112	1.057	0.090	0.81	132	11.87	528.44	6.8
G056	免疫学杂志	859	0.703	0.117	0.63	283	32.95	389.25	3.4
B017	模糊系统与数学	660	0.348	0.050	0.75	178	26.97	362.05	6.7
N087	模具工业	611	0.471	0.051	0.45	80	13.09	413.29	3.8
N107	模具技术	181	0.185	0.011	0.83	54	29.83	242.35	6.0
S015	模式识别与人工智能	730	0.598	0.072	0.91	214	29.32	370.78	4.9
T077	膜科学与技术	572	0.333	0.008	0.82	169	29.55	343.24	6.6
N084	摩擦学学报	1088	0.877	0.125	0.72	200	18.38	531.65	7.3
U533	木材工业	443	0.489	0.302	0.77	86	19.41	334.34	6.3
M655	纳米技术与精密工程	197	0.328	0.070	0.82	98	49.75	234.94	3.8
J050	南昌大学学报工科版	233	0.352	0.033	0.78	136	58.37	247.98	4.9
A013	南昌大学学报理科版	388	0.332	0.023	0.69	183	47.16	288.84	5.6
R117	南方电网技术	434	0.587	0.109	0.84	46	10.60	316.96	3.3
V089	南方建筑	106	0.160	0.034	0.58	28	26.42	210.77	4.0
H069	南方农业学报	974	0.455	0.075	0.76	196	20.12	427.78	3.8
H068	南方水产科学	539	1.082	0.216	0.80	110	20.41	333.36	3.9
G023	南方医科大学学报	2908	0.697	0.160	0.93	632	21.73	931.34	3.9
B016	南京大学学报数学半年刊	32	0.111	0.000	0.97	28	87.50	186.65	6.0
A025	南京大学学报自然科学	814	0.531	0.436	0.81	324	39.80	432.01	7.9
T011	南京工业大学学报自然科学版	448	0.378	0.030	0.92	245	54.69	310.19	6.5
Y026	南京航空航天大学学报	756	0.370	0.034	0.96	299	39.55	401.79	6.8

表 4-1 2012 年中国科技核心期刊（中文）被引用指标刊名字顺索引（续）

CODE	刊　名	核心总被引频次	核心影响因子	核心即年指标	核心他引率	核心引用刊数	核心扩散因子	核心权威因子	核心被引半衰期
N011	南京理工大学学报自然科学版	754	0.426	0.068	0.74	265	35.15	396.72	5.6
H033	南京林业大学学报自然科学版	1470	0.601	0.075	0.89	297	20.20	600.84	6.6
H021	南京农业大学学报	1465	0.767	0.097	0.93	287	19.59	576.58	8.5
A061	南京师大学报自然科学版	313	0.193	0.010	0.95	208	66.45	265.27	6.8
E120	南京信息工程大学学报	956	0.347	0.209	0.92	181	18.93	531.20	7.8
G058	南京医科大学学报自然科学版	1176	0.338	0.056	0.85	404	34.35	476.63	4.4
R008	南京邮电大学学报自然科学版	205	0.298	0.008	0.95	107	52.20	231.04	3.7
G059	南京中医药大学学报自然科学版	1100	0.670	0.051	0.98	229	20.82	482.43	6.4
A008	南开大学学报自然科学版	261	0.192	0.026	0.98	199	76.25	250.76	6.2
W590	南水北调与水利科技	462	0.372	0.118	0.77	143	30.95	308.12	3.3
G288	脑与神经疾病杂志	584	0.411	0.034	0.97	222	38.01	331.00	5.3
G662	内科急危重症杂志	422	0.443	0.029	0.93	192	45.50	286.10	4.8
G523	内科理论与实践	203	0.444	0.027	0.96	134	66.01	229.73	2.9
E104	内陆地震	182	0.185	0.102	0.63	41	22.53	262.48	8.4
A026	内蒙古大学学报自然科学版	379	0.215	0.009	0.92	193	50.92	283.57	8.7
A111	内蒙古师范大学学报自然科学汉文版	237	0.184	0.029	0.78	124	52.32	244.07	5.1
G513	内蒙古医学院学报	299	0.295	0.029	0.75	159	53.18	260.26	4.6
P004	内燃机学报	632	0.497	0.033	0.85	136	21.52	394.56	6.9
W002	泥沙研究	612	0.363	0.014	0.88	128	20.92	395.38	9.6
U504	酿酒科技	1615	0.341	0.101	0.64	162	10.03	618.07	5.5
A110	宁夏大学学报自然科学版	216	0.197	0.000	0.93	147	68.06	236.23	7.3
G665	宁夏医科大学学报	621	0.247	0.022	0.93	286	46.05	337.87	3.7
T034	农药	1608	0.469	0.087	0.79	251	15.61	660.33	5.8
T924	农药科学与管理	452	0.163	0.023	0.89	133	29.42	317.13	6.4
H404	农药学学报	723	0.716	0.081	0.86	180	24.90	385.60	6.1
H279	农业工程学报	10758	1.703	0.352	0.66	619	5.75	3175.96	4.6
Z008	农业环境科学学报	4192	1.199	0.091	0.88	417	9.95	1375.07	5.3
H773	农业环境与发展	273	0.219	0.033	0.84	121	44.32	253.87	4.9
H278	农业机械学报	3903	1.107	0.176	0.76	457	11.71	1305.35	4.2
H286	农业生物技术学报	1084	0.663	0.083	0.93	240	22.14	467.17	5.9
H222	农业现代化研究	790	0.702	0.078	0.81	192	24.30	398.66	4.6
V032	暖通空调	942	0.273	0.033	0.72	160	16.99	476.61	5.9
H219	排灌机械工程学报	637	1.244	0.341	0.80	106	16.64	379.43	3.0
U602	皮革科学与工程	205	0.250	0.040	0.64	64	31.22	245.15	5.5
U604	皮革与化工	128	0.223	0.062	0.82	59	46.09	218.78	5.4
G759	齐鲁医学杂志	650	0.549	0.010	0.81	211	32.46	357.98	3.8
N041	起重运输机械	349	0.102	0.012	0.74	117	33.52	280.41	5.5
E021	气候变化研究进展	883	1.156	0.227	0.92	187	21.18	469.93	5.2
E361	气候与环境研究	1305	0.994	0.448	0.87	186	14.25	643.16	6.8
E352	气象	3085	1.773	0.332	0.63	236	7.65	1378.38	5.4
E566	气象科技	1368	0.769	0.043	0.58	202	14.77	648.70	5.2
E359	气象科学	953	0.660	0.055	0.75	165	17.31	532.64	5.7
E001	气象学报	2676	0.825	0.171	0.90	212	7.92	1188.98	9.1
E633	气象与环境学报	506	1.013	0.051	0.55	136	26.88	342.69	4.1

表 4-1 2012 年中国科技核心期刊（中文）被引用指标刊名字顺索引（续）

CODE	刊　名	核心总被引频次	核心影响因子	核心即年指标	核心他引率	核心引用刊数	核心扩散因子	核心权威因子	核心被引半衰期
X018	汽车工程	1154	0.428	0.049	0.90	233	20.19	524.01	5.9
X013	汽车技术	492	0.222	0.018	0.82	147	29.88	327.86	5.9
P001	汽轮机技术	415	0.273	0.007	0.73	116	27.95	320.71	6.0
Y009	强度与环境	232	0.372	0.069	0.81	91	39.22	258.10	5.6
C007	强激光与粒子束	2098	0.417	0.034	0.55	221	10.53	732.51	5.0
X021	桥梁建设	690	0.659	0.154	0.60	94	13.62	425.51	5.0
U018	青岛大学学报工程技术版	203	0.347	0.041	0.76	131	64.53	239.44	6.7
G061	青岛大学医学院学报	747	0.672	0.079	0.81	257	34.40	390.15	3.8
T012	青岛科技大学学报自然科学版	214	0.168	0.007	0.91	144	67.29	240.28	6.0
H267	青岛农业大学学报自然科学版	349	0.355	0.031	0.97	154	44.13	275.52	6.5
U535	轻工机械	383	0.462	0.045	0.67	101	26.37	286.40	3.2
J001	清华大学学报自然科学版	2340	0.383	0.029	0.96	693	29.62	866.84	7.1
W020	情报学报	462	0.361	0.053	0.61	95	20.56	293.13	4.7
S106	全球科技经济瞭望	88	0.109	0.041	0.73	30	34.09	199.76	4.7
D002	燃料化学学报	1377	0.777	0.092	0.77	227	16.49	586.17	6.6
P011	燃烧科学与技术	458	0.346	0.033	0.91	146	31.88	325.71	7.1
G448	热带病与寄生虫学	183	0.163	0.057	0.70	41	22.40	242.81	5.9
E563	热带地理	440	0.382	0.135	0.83	164	37.27	304.99	6.2
E642	热带海洋学报	933	0.660	0.038	0.88	186	19.94	464.77	7.4
H516	热带农业科学	704	0.263	0.054	0.84	179	25.43	364.43	7.0
E110	热带气象学报	1285	0.640	0.046	0.71	147	11.44	657.71	6.8
G609	热带医学杂志	1186	0.386	0.036	0.75	308	25.97	494.23	4.3
H223	热带作物学报	1270	0.507	0.059	0.75	224	17.64	506.34	3.9
T105	热固性树脂	405	0.471	0.010	0.86	107	26.42	304.45	6.5
N071	热加工工艺	2379	0.289	0.023	0.46	202	8.49	787.88	3.6
C134	热科学与技术	187	0.294	0.048	0.76	95	50.80	240.23	6.0
R501	热力发电	612	0.224	0.047	0.63	142	23.20	374.15	4.7
P006	热能动力工程	562	0.256	0.063	0.90	193	34.34	361.06	6.7
T013	人工晶体学报	1085	0.661	0.097	0.60	214	19.72	460.31	3.7
N106	人类工效学	156	0.081	0.000	0.87	85	54.49	220.59	7.8
F041	人类学学报	685	0.482	0.051	0.70	64	9.34	420.15	18.4
G805	人民军医	1534	0.818	0.061	0.58	289	18.84	629.31	3.4
T070	日用化学工业	552	0.381	0.036	0.80	189	34.24	341.20	7.3
U515	肉类研究	580	0.279	0.054	0.82	79	13.62	318.31	4.7
H097	乳业科学与技术	249	0.365	0.014	0.91	71	28.51	235.37	4.6
S011	软件学报	4269	1.496	0.102	0.94	386	9.04	1275.64	5.7
N029	润滑与密封	1301	0.350	0.068	0.66	253	19.45	573.70	5.6
R086	三峡大学学报自然科学版	263	0.191	0.026	0.90	163	61.98	256.00	5.0
D012	色谱	2312	1.382	0.209	0.84	363	15.70	842.61	5.2
E635	沙漠与绿洲气象	338	0.406	0.049	0.72	80	23.67	295.58	5.3
H070	山地农业生物学报	467	0.352	0.038	0.94	166	35.55	300.94	7.2
E101	山地学报	1150	0.759	0.079	0.92	245	21.30	536.67	7.0
G742	山东大学耳鼻喉眼学报	375	0.293	0.022	0.89	136	36.27	275.34	4.9
J022	山东大学学报工学版	557	0.389	0.037	0.77	277	49.73	334.57	4.8

表 4-1　2012 年中国科技核心期刊（中文）被引用指标刊名字顺索引（续）

CODE	刊　名	核心总被引频次	核心影响因子	核心即年指标	核心他引率	核心引用刊数	核心扩散因子	核心权威因子	核心被引半衰期
A020	山东大学学报理学版	669	0.391	0.058	0.83	282	42.15	352.48	3.8
G062	山东大学学报医学版	996	0.399	0.039	0.86	399	40.06	435.10	4.2
V012	山东建筑大学学报	377	0.461	0.118	0.50	137	36.34	285.97	3.8
A637	山东科学	205	0.155	0.039	0.92	134	65.37	232.71	6.1
H031	山东农业大学学报自然科学版	839	0.391	0.065	0.99	273	32.54	408.45	8.9
H804	山东农业科学	1376	0.512	0.063	0.69	229	16.64	540.69	3.8
A057	山东师范大学学报自然科学版	202	0.058	0.033	0.91	131	64.85	231.96	6.9
G063	山东中医药大学学报	950	0.280	0.026	0.98	211	22.21	441.19	7.5
G574	山东中医杂志	1024	0.191	0.007	0.98	201	19.63	462.57	6.7
A014	山西大学学报自然科学版	311	0.226	0.023	0.91	208	66.88	263.50	8.3
H393	山西农业大学学报自然科学版	482	0.292	0.017	0.96	201	41.70	308.64	6.8
H390	山西农业科学	1242	0.499	0.126	0.62	179	14.41	499.34	4.1
G064	山西医科大学学报	852	0.347	0.035	0.98	383	44.95	400.15	4.9
R072	陕西电力	476	0.437	0.226	0.61	53	11.13	303.11	2.4
U025	陕西科技大学学报自然科学版	257	0.109	0.013	0.98	177	68.87	249.34	5.5
H217	陕西农业科学	642	0.129	0.012	0.89	181	28.19	341.81	5.3
A066	陕西师范大学学报自然科学版	430	0.354	0.054	0.87	224	52.09	298.89	6.1
G630	陕西医学杂志	1583	0.354	0.036	0.82	375	23.69	588.72	3.9
G725	陕西中医	2723	0.352	0.103	0.83	283	10.39	1005.99	4.9
A056	上海大学学报自然科学版	313	0.200	0.017	0.90	216	69.01	265.36	6.5
W023	上海管理科学	39	0.038	0.007	0.82	26	66.67	186.82	5.4
X038	上海海事大学学报	238	0.421	0.068	0.55	77	32.35	259.01	4.6
H292	上海海洋大学学报	952	0.779	0.088	0.78	156	16.39	439.39	5.5
G330	上海护理	615	0.363	0.054	0.93	141	22.93	348.23	4.6
X006	上海交通大学学报	1766	0.306	0.044	0.94	541	30.63	686.39	7.0
H022	上海交通大学学报农业科学版	566	0.378	0.020	0.90	216	38.16	330.72	6.6
G066	上海交通大学学报医学版	1396	0.454	0.058	0.96	477	34.17	539.86	4.6
M021	上海金属	259	0.222	0.038	0.80	77	29.73	261.88	5.8
G343	上海精神医学	761	0.437	1.179	0.86	187	24.57	409.58	7.0
G283	上海口腔医学	665	0.354	0.068	0.91	179	26.92	358.47	6.1
J031	上海理工大学学报	241	0.139	0.019	0.93	168	69.71	243.93	6.4
H282	上海农业学报	621	0.268	0.029	0.94	197	31.72	346.44	8.0
A043	上海师范大学学报自然科学版	200	0.150	0.021	0.92	142	71.00	233.07	6.4
G069	上海医学	1087	0.424	0.017	0.94	387	35.60	463.20	5.4
G596	上海针灸杂志	1946	0.829	0.082	0.73	157	8.07	820.47	5.0
G946	上海中医药大学学报	709	0.553	0.124	0.86	172	24.26	388.37	4.9
G389	上海中医药杂志	2047	0.488	0.107	0.88	260	12.70	773.50	6.1
A515	深圳大学学报理工版	282	0.517	0.042	0.65	140	49.65	260.54	3.9
G329	神经疾病与精神卫生	438	0.200	0.034	0.81	168	38.36	293.87	5.3
G070	神经解剖学杂志	275	0.226	0.048	0.88	135	49.09	250.54	5.2
G319	神经损伤与功能重建	290	0.313	0.033	0.94	144	49.66	254.50	5.1
J052	沈阳工业大学学报	389	0.263	0.032	0.89	202	51.93	295.01	5.2
V011	沈阳建筑大学学报自然科学版	578	0.372	0.067	0.71	212	36.68	342.87	4.4
H024	沈阳农业大学学报	1137	0.278	0.000	0.95	256	22.52	493.74	7.9

表 4-1 2012 年中国科技核心期刊（中文）被引用指标刊名字顺索引（续）

CODE	刊名	核心总被引频次	核心影响因子	核心即年指标	核心他引率	核心引用刊数	核心扩散因子	核心权威因子	核心被引半衰期
G071	沈阳药科大学学报	1256	0.468	0.037	0.95	285	22.69	515.40	6.5
G202	肾脏病与透析肾移植杂志	830	0.477	0.096	0.91	236	28.43	397.51	7.3
F203	生理科学进展	540	0.539	0.067	0.99	300	55.56	320.30	6.8
F001	生理学报	535	0.585	0.031	0.90	266	49.72	318.94	6.6
F042	生命的化学	514	0.187	0.017	0.95	293	57.00	312.01	7.5
F215	生命科学	547	0.371	0.039	0.96	309	56.49	322.30	5.4
F046	生命科学研究	329	0.303	0.068	0.95	207	62.92	262.47	6.4
Z034	生态毒理学报	472	0.564	0.031	0.85	152	32.20	309.75	3.8
H784	生态环境学报	4025	1.105	0.145	0.93	495	12.30	1336.11	4.9
S784	生态经济	747	0.237	0.050	0.84	200	26.77	376.42	3.7
Z014	生态学报	13172	1.372	0.096	0.88	541	4.11	4038.22	6.0
Z028	生态学杂志	4577	0.944	0.110	0.86	430	9.39	1487.51	5.8
Z023	生态与农村环境学报	1184	1.004	0.115	0.86	260	21.96	519.49	5.9
F049	生物多样性	1757	1.305	0.273	0.90	269	15.31	691.27	8.1
F003	生物工程学报	1232	0.668	0.058	0.95	349	28.33	501.87	5.1
G401	生物骨科材料与临床研究	257	0.311	0.088	0.85	110	42.80	247.65	4.2
F016	生物化学与生物物理进展	1276	0.808	0.216	0.80	476	37.30	503.84	5.9
F224	生物技术通讯	580	0.280	0.023	0.94	289	49.83	328.65	5.4
F204	生物加工过程	267	0.397	0.080	0.89	129	48.31	250.24	4.3
F012	生物物理学报	357	0.452	0.072	0.92	240	67.23	270.72	6.3
F213	生物学杂志	595	0.379	0.017	0.91	293	49.24	335.11	5.3
G006	生物医学工程学杂志	971	0.315	0.037	0.93	423	43.56	437.72	6.1
G332	生物医学工程研究	182	0.255	0.015	0.95	128	70.33	229.04	4.8
G603	生物医学工程与临床	311	0.274	0.066	0.96	174	55.95	257.90	4.3
G624	生殖医学杂志	409	0.219	0.020	0.92	167	40.83	287.56	5.4
G072	生殖与避孕	790	0.483	0.104	0.77	209	26.46	394.90	5.4
C033	声学技术	549	0.300	0.017	0.81	200	36.43	350.70	5.2
C054	声学学报	834	0.579	0.133	0.78	189	22.66	444.19	8.2
V043	施工技术	996	0.372	0.128	0.46	144	14.46	452.97	3.0
E302	湿地科学	601	1.154	0.292	0.62	136	22.63	364.21	4.8
E636	湿地科学与管理	108	0.244	0.029	0.81	62	57.41	211.69	4.6
A615	石河子大学学报自然科学版	575	0.493	0.037	0.71	201	34.96	335.69	4.8
T933	石化技术与应用	306	0.205	0.044	0.88	102	33.33	271.87	6.0
X042	石家庄铁道大学学报自然科学版	213	0.261	0.022	0.75	93	43.66	254.24	5.5
L016	石油地球物理勘探	1318	0.593	0.047	0.80	118	8.95	650.97	7.5
L015	石油化工	1495	0.543	0.067	0.74	223	14.92	600.65	6.5
L034	石油化工高等学校学报	314	0.348	0.065	0.79	134	42.68	276.37	5.2
L021	石油化工设备技术	183	0.123	0.000	0.89	68	37.16	242.81	8.2
L019	石油机械	893	0.315	0.018	0.56	164	18.37	486.25	5.7
L031	石油勘探与开发	3338	2.824	0.430	0.86	178	5.33	1614.06	7.6
L030	石油炼制与化工	854	0.357	0.084	0.73	144	16.86	449.60	6.7
E126	石油实验地质	1580	1.570	0.375	0.82	111	7.03	810.11	6.3
L005	石油物探	951	0.730	0.118	0.77	87	9.15	541.83	6.7
L028	石油学报	3974	1.778	0.146	0.84	270	6.79	1821.10	6.2

表 4-1 2012 年中国科技核心期刊（中文）被引用指标刊名字顺索引（续）

CODE	刊 名	核心总被引频次	核心影响因子	核心即年指标	核心他引率	核心引用刊数	核心扩散因子	核心权威因子	核心被引半衰期
L012	石油学报石油加工	650	0.412	0.048	0.82	141	21.69	373.98	5.9
L006	石油与天然气地质	2304	2.440	0.402	0.77	116	5.03	1158.41	6.1
L008	石油钻采工艺	1121	0.555	0.090	0.65	119	10.62	634.31	5.7
L025	石油钻探技术	903	0.712	0.119	0.67	109	12.07	542.64	5.0
G387	实验动物与比较医学	323	0.303	0.032	0.75	135	41.80	264.07	5.9
A113	实验技术与管理	2737	0.743	0.053	0.42	199	7.27	843.46	3.5
C009	实验力学	396	0.179	0.009	0.88	193	48.74	302.27	7.2
Y018	实验流体力学	334	0.298	0.008	0.84	137	41.02	282.25	5.5
A115	实验室研究与探索	2967	0.791	0.045	0.43	254	8.56	892.83	3.6
G512	实用癌症杂志	903	0.639	0.098	0.81	257	28.46	407.49	4.3
G875	实用儿科临床杂志	3384	0.773	0.120	0.80	439	12.97	1054.01	4.4
G534	实用放射学杂志	2101	0.353	0.037	0.79	312	14.85	719.40	5.3
G586	实用妇产科杂志	2409	0.758	0.082	0.97	321	13.33	788.61	5.5
G746	实用肝脏病杂志	912	0.845	0.098	0.72	231	25.33	411.62	3.9
G457	实用骨科杂志	991	0.459	0.048	0.82	180	18.16	444.30	3.6
G224	实用口腔医学杂志	1130	0.532	0.090	0.82	236	20.88	498.82	5.7
G700	实用老年医学	694	0.537	0.080	0.76	226	32.56	363.76	4.7
Q919	实用临床医药杂志	2554	0.499	0.071	0.79	369	14.45	829.33	2.9
G652	实用皮肤病学杂志	83	0.227	0.025	0.82	49	59.04	202.37	3.0
G834	实用药物与临床	973	1.045	0.084	0.87	218	22.40	425.95	3.1
G324	实用医学杂志	6304	0.657	0.070	0.80	625	9.91	1780.80	3.6
G760	实用医院临床杂志	945	0.461	0.066	0.71	300	31.75	412.62	3.4
G768	实用预防医学	2426	0.393	0.100	0.80	454	18.71	831.14	4.0
G856	实用肿瘤学杂志	533	0.291	0.048	0.80	213	39.96	312.66	5.4
G890	实用肿瘤杂志	812	0.600	0.080	0.82	266	32.76	388.97	5.5
U005	食品工业科技	4582	0.500	0.075	0.70	400	8.73	1281.28	4.1
U006	食品科学	10818	0.769	0.058	0.78	615	5.68	2845.56	4.7
U035	食品与发酵工业	3186	0.492	0.039	0.92	362	11.36	973.51	6.1
U641	食品与发酵科技	423	0.532	0.103	0.77	98	23.17	287.98	3.5
U547	食品与机械	1447	0.649	0.133	0.68	212	14.65	536.93	4.8
U029	食品与生物技术学报	1189	0.684	0.039	0.81	267	22.46	484.86	5.9
E363	世界地震工程	631	0.348	0.009	0.89	152	24.09	390.19	7.8
E548	世界地质	611	0.635	0.073	0.66	167	27.33	377.11	6.4
A201	世界科技研究与发展	387	0.063	0.011	0.94	252	65.12	285.71	7.2
G906	世界科学技术-中医药现代化	936	0.519	0.032	0.91	218	23.29	432.02	5.0
G485	世界临床药物	455	0.343	0.030	0.96	209	45.93	296.51	5.2
G484	世界中西医结合杂志	698	0.410	0.065	0.95	196	28.08	364.79	3.1
G483	世界中医药	258	0.261	0.010	0.96	101	39.15	247.99	3.5
A023	首都师范大学学报自然科学版	310	0.148	0.000	0.97	214	69.03	263.61	6.6
G073	首都医科大学学报	1007	0.722	0.071	0.96	349	34.66	440.44	4.7
F033	兽类学报	538	0.421	0.083	0.77	98	18.22	343.38	10.1
R005	数据采集与处理	494	0.296	0.024	0.94	219	44.33	316.17	5.8
W009	数理统计与管理	504	0.335	0.026	0.76	199	39.48	318.70	5.5
B015	数学的实践与认识	1207	0.181	0.018	0.79	360	29.83	497.19	4.4

表 4-1 2012 年中国科技核心期刊（中文）被引用指标刊名字顺索引（续）

CODE	刊 名	核心总被引频次	核心影响因子	核心即年指标	核心他引率	核心引用刊数	核心扩散因子	核心权威因子	核心被引半衰期
B007	数学进展	293	0.155	0.012	0.91	103	35.15	264.95	8.2
B004	数学年刊 A	272	0.136	0.032	0.94	83	30.51	258.78	10.6
C036	数学物理学报	391	0.212	0.053	0.86	108	27.62	292.86	5.3
B006	数学学报	705	0.272	0.073	0.93	122	17.30	385.46	8.2
B012	数学杂志	318	0.199	0.019	0.51	89	27.99	271.83	5.6
S032	数值计算与计算机应用	108	0.208	0.057	0.97	67	62.04	210.61	9.3
W022	数字图书馆论坛	59	0.081	0.019	0.42	21	35.59	193.82	3.4
H008	水产学报	2287	0.941	0.097	0.87	200	8.75	830.26	7.2
H232	水产学杂志	224	0.382	0.000	0.85	66	29.46	242.14	6.4
Z016	水处理技术	1433	0.482	0.039	0.85	278	19.40	588.35	4.5
X533	水道港口	303	0.267	0.010	0.76	77	25.41	281.00	5.4
P007	水电能源科学	1106	0.419	0.043	0.63	228	20.61	481.52	2.9
W004	水动力学研究与进展 A	799	0.762	0.054	0.85	230	28.79	449.67	6.1
W013	水科学进展	2107	1.350	0.144	0.85	305	14.48	907.14	6.3
R050	水力发电	540	0.127	0.018	0.87	144	26.67	354.32	5.9
R049	水力发电学报	928	0.497	0.066	0.82	187	20.15	477.86	4.9
R587	水利经济	183	0.243	0.009	0.74	68	37.16	232.40	4.4
W011	水利水电技术	629	0.146	0.012	0.93	214	34.02	370.81	6.9
W502	水利水电科技进展	548	0.512	0.063	0.83	147	26.82	346.39	5.6
W006	水利水运工程学报	334	0.343	0.032	0.90	113	33.83	286.95	8.6
W003	水利学报	3559	0.971	0.144	0.88	424	11.91	1384.06	7.6
F010	水生生物学报	2001	0.948	0.108	0.86	243	12.14	755.86	8.1
H850	水生态学杂志	844	0.545	0.073	0.90	172	20.38	409.62	5.4
H015	水土保持通报	1472	0.529	0.053	0.90	239	16.24	606.59	5.8
H287	水土保持学报	4466	0.977	0.073	0.88	321	7.19	1540.93	7.2
H056	水土保持研究	1872	0.539	0.105	0.84	284	15.17	715.76	5.7
E540	水文	628	0.467	0.018	0.90	181	28.82	384.72	6.4
E154	水文地质工程地质	958	0.518	0.068	0.90	258	26.93	493.02	7.1
X528	水运工程	630	0.177	0.030	0.67	131	20.79	379.87	5.3
R566	水资源保护	726	0.631	0.056	0.89	200	27.55	395.87	5.1
W570	水资源与水工程学报	496	0.316	0.037	0.88	195	39.31	321.66	4.2
U056	丝绸	355	0.187	0.044	0.54	51	14.37	278.96	6.3
T094	四川兵工学报	734	0.455	0.020	0.80	155	21.12	367.38	2.4
J051	四川大学学报工程科学版	1041	0.438	0.099	0.93	418	40.15	485.93	5.5
G045	四川大学学报医学版	1171	0.490	0.251	0.94	464	39.62	489.79	5.1
A006	四川大学学报自然科学版	982	0.477	0.083	0.55	313	31.87	440.34	4.8
Z007	四川环境	449	0.204	0.028	0.91	194	43.21	303.30	5.6
V007	四川建筑科学研究	437	0.086	0.014	0.87	164	37.53	304.15	5.3
A033	四川师范大学学报自然科学版	564	0.341	0.046	0.62	218	38.65	329.56	5.3
G575	四川医学	1637	0.308	0.029	0.95	418	25.53	593.84	3.9
G745	四川中医	1740	0.202	0.047	0.95	226	12.99	669.13	5.9
H862	饲料工业	1210	0.267	0.049	0.84	211	17.44	474.74	5.6
H864	饲料研究	612	0.220	0.111	0.87	134	21.90	336.03	5.2
G074	苏州大学学报医学版	991	0.295	0.033	0.87	382	38.55	433.62	5.0

表 4-1 2012 年中国科技核心期刊（中文）被引用指标刊名字顺索引（续）

CODE	刊　名	核心总被引频次	核心影响因子	核心即年指标	核心他引率	核心引用刊数	核心扩散因子	核心权威因子	核心被引半衰期
T106	塑料	806	0.608	0.072	0.60	118	14.64	418.74	3.9
T014	塑料工业	947	0.468	0.047	0.81	159	16.79	455.30	4.8
T536	塑料科技	587	0.554	0.064	0.85	124	21.12	351.30	3.7
T079	塑料助剂	190	0.277	0.015	0.86	75	39.47	234.78	4.8
T580	塑性工程学报	716	0.417	0.057	0.84	137	19.13	399.35	4.8
X634	隧道建设	440	0.527	0.096	0.49	71	16.14	319.02	3.7
E123	台湾海峡	675	0.521	0.012	0.92	172	25.48	386.89	9.8
L009	太阳能学报	1849	0.335	0.035	0.82	407	22.01	736.83	6.1
J011	太原理工大学学报	468	0.184	0.017	0.96	272	58.12	314.56	7.1
M544	钛工业进展	258	0.492	0.031	0.73	74	28.68	268.25	6.5
T500	弹性体	352	0.283	0.008	0.86	100	28.41	293.88	5.2
T527	炭素	148	0.133	0.000	0.85	75	50.68	228.15	8.6
T015	炭素技术	295	0.262	0.029	0.76	101	34.24	281.44	7.7
N043	探测与控制学报	308	0.302	0.028	0.76	106	34.42	271.92	4.6
V531	陶瓷学报	230	0.207	0.034	0.88	106	46.09	241.64	5.2
H041	特产研究	310	0.244	0.035	0.93	124	40.00	261.95	7.9
V027	特种结构	211	0.133	0.006	0.78	81	38.39	243.87	6.2
T999	特种橡胶制品	321	0.241	0.009	0.81	87	27.10	294.53	7.0
L505	特种油气藏	973	0.560	0.037	0.57	93	9.56	528.30	5.3
N065	特种铸造及有色合金	1193	0.382	0.073	0.61	115	9.64	523.37	5.3
A041	天津大学学报	981	0.406	0.044	0.97	447	45.57	470.40	5.9
U017	天津工业大学学报	289	0.238	0.079	0.81	136	47.06	259.16	5.0
J054	天津理工大学学报	190	0.180	0.030	0.96	141	74.21	229.81	5.2
G508	天津医科大学学报	571	0.317	0.006	0.98	290	50.79	322.57	4.8
G076	天津医药	990	0.328	0.026	0.95	394	39.80	427.35	4.6
G626	天津中医药	980	0.489	0.052	0.85	190	19.39	466.91	5.8
T611	天然产物研究与开发	2012	0.448	0.020	0.88	394	19.58	705.83	6.7
L518	天然气地球科学	1550	1.095	0.143	0.61	123	7.94	777.01	5.2
L029	天然气工业	3354	0.936	0.243	0.78	267	7.96	1637.11	5.3
T074	天然气化工	354	0.301	0.073	0.78	95	26.84	281.46	6.6
E023	天文学报	153	0.268	0.102	0.81	59	38.56	224.26	6.4
E114	天文学进展	101	0.183	0.059	0.68	47	46.53	205.51	6.7
X517	铁道标准设计	789	0.260	0.037	0.50	122	15.46	403.75	4.5
X521	铁道工程学报	860	0.379	0.034	0.65	157	18.26	456.20	4.4
X545	铁道建筑	1179	0.483	0.082	0.40	141	11.96	534.72	3.3
X007	铁道科学与工程学报	395	0.318	0.022	0.74	142	35.95	305.52	5.3
X005	铁道学报	1208	0.573	0.056	0.84	265	21.94	553.57	6.9
G238	听力学及言语疾病杂志	783	0.571	0.077	0.78	139	17.75	407.36	4.8
R065	通信学报	1479	0.762	0.049	0.93	247	16.70	564.47	4.7
G965	同济大学学报医学版	612	0.433	0.053	0.93	309	50.49	338.52	4.6
J032	同济大学学报自然科学版	2045	0.421	0.040	0.97	581	28.41	801.95	7.0
Q003	同位素	120	0.344	0.000	0.83	76	63.33	213.93	5.9
T103	涂料工业	690	0.394	0.035	0.77	160	23.19	388.16	4.9
V029	土木工程学报	2550	0.839	0.097	0.93	295	11.57	980.33	6.9

表4-1 2012年中国科技核心期刊（中文）被引用指标刊名字顺索引（续）

CODE	刊名	核心总被引频次	核心影响因子	核心即年指标	核心他引率	核心引用刊数	核心扩散因子	核心权威因子	核心被引半衰期
V035	土木工程与管理学报	257	0.127	0.032	0.96	158	61.48	253.80	6.4
V019	土木建筑与环境工程	679	0.381	0.026	0.94	261	38.44	384.01	5.7
H043	土壤	1930	0.821	0.056	0.93	299	15.49	751.20	7.0
H057	土壤通报	2797	0.637	0.041	0.92	315	11.26	988.53	6.9
H012	土壤学报	3860	1.211	0.101	0.92	353	9.15	1353.34	7.8
Y025	推进技术	786	0.338	0.025	0.80	131	16.67	423.74	7.6
G601	外科理论与实践	881	0.534	0.060	0.96	244	27.70	412.35	5.4
G996	皖南医学院学报	251	0.254	0.018	0.87	147	58.57	244.41	3.8
R070	微波学报	435	0.541	0.053	0.67	135	31.03	309.65	4.4
S005	微处理机	193	0.159	0.000	0.95	98	50.78	229.07	4.3
R057	微电机	561	0.250	0.041	0.69	132	23.53	345.63	4.5
R064	微电子学	387	0.229	0.039	0.70	127	32.82	286.82	5.1
R004	微电子学与计算机	1373	0.377	0.031	0.66	266	19.37	532.71	4.0
R098	微纳电子技术	249	0.179	0.059	0.88	133	53.41	247.97	5.3
F004	微生物学报	1652	0.704	0.074	0.92	364	22.03	634.69	6.1
F011	微生物学通报	1866	0.705	0.090	0.92	415	22.24	688.01	5.3
F225	微生物学杂志	736	0.397	0.028	0.94	290	39.40	377.38	6.6
G651	微生物与感染	134	0.360	0.024	0.99	87	64.93	212.98	4.6
R085	微特电机	387	0.227	0.015	0.70	107	27.65	288.12	4.6
E052	微体古生物学报	278	0.357	0.054	0.78	65	23.38	270.48	11.5
S033	微型电脑应用	176	0.103	0.004	0.93	96	54.55	222.75	4.8
G210	微循环学杂志	457	0.512	0.082	0.87	203	44.42	300.63	6.0
G079	卫生研究	1467	0.486	0.046	0.94	420	28.63	596.29	6.4
G800	胃肠病学	1027	0.388	0.090	0.92	280	27.26	452.43	5.4
G326	胃肠病学和肝病学杂志	1037	0.492	0.051	0.90	314	30.28	442.77	4.2
G702	温州医学院学报	448	0.269	0.011	0.87	232	51.79	299.82	4.8
D003	无机材料学报	1606	0.685	0.109	0.85	323	20.11	613.23	6.0
D023	无机化学学报	2313	0.845	0.117	0.67	324	14.01	763.37	4.5
T072	无机盐工业	689	0.329	0.017	0.79	209	30.33	399.65	5.3
N044	无损检测	600	0.175	0.017	0.72	169	28.17	366.92	6.9
W014	武汉大学学报工学版	735	0.256	0.018	0.96	302	41.09	406.50	7.1
A024	武汉大学学报理学版	638	0.336	0.039	0.97	368	57.68	358.18	7.4
E107	武汉大学学报信息科学版	2509	0.664	0.061	0.75	331	13.19	1009.12	6.0
G038	武汉大学学报医学版	614	0.322	0.042	0.97	314	51.14	339.78	5.2
M032	武汉科技大学学报自然科学版	332	0.269	0.028	0.92	204	61.45	281.81	5.2
J006	武汉理工大学学报	1755	0.317	0.069	0.83	561	31.97	685.28	4.8
X017	武汉理工大学学报交通科学与工程版	806	0.240	0.022	0.84	290	35.98	408.66	5.1
J018	武汉理工大学学报信息与管理工程版	369	0.240	0.035	0.76	173	46.88	276.06	4.6
G707	武警医学	806	0.273	0.036	0.77	285	35.36	388.45	4.7
G771	武警后勤学院学报医学版	564	0.306	0.048	0.85	236	41.84	323.08	3.4
C090	物理	404	0.193	0.024	0.93	208	51.49	292.16	8.1
D001	物理化学学报	2846	0.999	0.222	0.74	412	14.48	911.77	4.1
C006	物理学报	11154	1.307	0.149	0.55	590	5.29	2896.60	4.0
C053	物理学进展	172	0.643	0.000	0.92	97	56.40	220.79	8.5

表 4-1 2012 年中国科技核心期刊（中文）被引用指标刊名字顺索引（续）

CODE	刊名	核心总被引频次	核心影响因子	核心即年指标	核心他引率	核心引用刊数	核心扩散因子	核心权威因子	核心被引半衰期
E136	物探化探计算技术	447	0.297	0.015	0.80	123	27.52	320.08	6.9
E138	物探与化探	1065	0.560	0.042	0.70	180	16.90	522.05	6.8
R009	西安电子科技大学学报自然科学版	903	0.668	0.060	0.77	242	26.80	430.99	4.6
J036	西安工业大学学报	235	0.151	0.020	0.88	142	60.43	244.23	5.7
V018	西安建筑科技大学学报自然科学版	559	0.382	0.026	0.84	225	40.25	345.72	5.5
X030	西安交通大学学报	1633	0.506	0.081	0.91	495	30.31	654.75	6.4
G081	西安交通大学学报医学版	873	0.592	0.083	0.93	382	43.76	412.58	4.8
A150	西安科技大学学报	531	0.479	0.014	0.77	186	35.03	347.28	4.8
J002	西安理工大学学报	312	0.292	0.022	0.95	193	61.86	269.93	6.4
L010	西安石油大学学报自然科学版	760	0.505	0.116	0.87	203	26.71	454.96	5.7
R671	西安邮电学院学报	234	0.242	0.069	0.50	71	30.34	238.45	2.8
A032	西北大学学报自然科学版	755	0.237	0.035	0.94	350	46.36	402.71	6.6
E307	西北地震学报	450	0.503	0.042	0.68	91	20.22	360.92	5.9
E125	西北地质	673	0.736	0.284	0.71	102	15.16	393.76	6.8
Y023	西北工业大学学报	659	0.313	0.012	0.95	242	36.72	367.79	6.2
G245	西北国防医学杂志	392	0.241	0.023	0.91	208	53.06	288.53	5.1
H224	西北林学院学报	1810	0.706	0.062	0.70	258	14.25	669.66	5.2
H018	西北农林科技大学学报自然科学版	2367	0.445	0.058	0.92	408	17.24	816.12	6.0
H288	西北农业学报	1995	0.529	0.057	0.87	299	14.99	707.55	4.8
A022	西北师范大学学报自然科学版	379	0.212	0.051	0.87	210	55.41	281.32	6.3
G792	西北药学杂志	842	0.457	0.086	0.78	223	26.48	407.14	4.7
F020	西北植物学报	4180	0.772	0.051	0.91	367	8.78	1344.53	6.8
H385	西部林业科学	409	0.458	0.092	0.76	94	22.98	292.53	6.4
G699	西部中医药	1422	0.607	0.213	0.54	188	13.22	541.79	3.2
J045	西华大学学报自然科学版	295	0.253	0.019	0.90	175	59.32	260.62	3.9
A148	西华师范大学学报自然科学版	142	0.140	0.024	0.89	95	66.90	215.92	5.9
H004	西南大学学报自然科学版	1860	0.456	0.066	0.87	388	20.86	686.81	5.8
G312	西南国防医药	895	0.283	0.028	0.89	315	35.20	416.32	3.3
X032	西南交通大学学报	1100	0.641	0.036	0.84	334	30.36	512.85	6.4
V548	西南科技大学学报	152	0.150	0.025	0.95	118	77.63	222.26	6.7
H270	西南林业大学学报	419	0.348	0.051	0.91	136	32.46	295.33	5.9
H061	西南农业学报	1817	0.551	0.048	0.84	266	14.64	658.77	4.6
A064	西南师范大学学报自然科学版	1057	0.446	0.017	0.75	324	30.65	461.86	5.2
L002	西南石油大学学报自然科学版	1366	0.811	0.131	0.88	190	13.91	730.56	4.9
M041	稀土	705	0.504	0.071	0.70	186	26.38	401.59	6.6
M029	稀有金属	1109	0.842	0.098	0.68	209	18.85	512.60	5.8
M052	稀有金属材料与工程	2462	0.429	0.027	0.83	339	13.77	866.94	5.3
S505	系统仿真技术	73	0.236	0.000	0.99	61	83.56	196.49	3.5
S003	系统仿真学报	4303	0.338	0.034	0.90	577	13.41	1390.97	5.3
B028	系统工程	1211	0.300	0.026	0.94	302	24.94	503.82	6.2
B025	系统工程理论与实践	3103	0.677	0.061	0.90	484	15.60	1032.31	7.2
B018	系统工程学报	865	0.664	0.000	0.85	217	25.09	428.76	6.5
R059	系统工程与电子技术	2782	0.639	0.038	0.89	389	13.98	941.72	4.8
B027	系统管理学报	406	0.321	0.017	0.93	136	33.50	287.19	5.7

表 4-1　2012 年中国科技核心期刊（中文）被引用指标刊名字顺索引（续）

CODE	刊名	核心总被引频次	核心影响因子	核心即年指标	核心他引率	核心引用刊数	核心扩散因子	核心权威因子	核心被引半衰期
B021	系统科学与数学	390	0.269	0.021	0.89	168	43.08	288.49	5.3
G188	细胞与分子免疫学杂志	1367	0.598	0.139	0.79	425	31.09	522.91	3.4
A063	厦门大学学报自然科学版	930	0.315	0.036	0.98	419	45.05	440.28	7.3
V087	现代城市研究	298	0.245	0.005	0.88	90	30.20	258.38	4.1
E027	现代地质	1567	0.903	0.117	0.83	193	12.32	704.52	6.1
R089	现代电力	236	0.263	0.027	0.95	91	38.56	250.35	4.8
Y561	现代防御技术	325	0.083	0.020	0.85	98	30.15	265.52	5.9
G300	现代妇产科进展	1192	0.435	0.044	0.95	256	21.48	483.52	5.0
T063	现代化工	1052	0.321	0.026	0.93	352	33.46	483.23	5.6
G653	现代检验医学杂志	873	0.302	0.021	0.92	221	25.32	368.26	4.8
N100	现代科学仪器	595	0.288	0.040	0.82	247	41.51	342.64	5.3
G321	现代口腔医学杂志	731	0.345	0.037	0.94	185	25.31	378.07	6.8
R087	现代雷达	797	0.328	0.017	0.68	158	19.82	404.36	5.3
G438	现代临床护理	998	0.531	0.029	0.71	152	15.23	438.52	3.6
G341	现代泌尿外科杂志	485	0.399	0.031	0.88	157	32.37	300.80	3.9
G067	现代免疫学	434	0.435	0.019	0.77	196	45.16	296.54	6.6
H417	现代农药	346	0.354	0.022	0.88	121	34.97	284.23	5.1
F250	现代生物医学进展	1754	0.275	0.024	0.81	546	31.13	605.70	3.2
U010	现代食品科技	1822	0.670	0.104	0.64	244	13.39	644.01	4.2
T929	现代塑料加工应用	331	0.361	0.000	0.94	84	25.38	280.85	6.7
X673	现代隧道技术	408	0.302	0.027	0.80	91	22.30	308.17	5.6
G451	现代消化及介入诊疗	461	0.536	0.018	0.95	178	38.61	301.09	4.3
G421	现代药物与临床	482	0.602	0.102	0.94	176	36.51	307.47	5.5
G223	现代医学	687	0.493	0.043	0.77	254	36.97	360.12	4.0
N115	现代仪器	284	0.163	0.078	0.78	149	52.46	256.23	5.5
G963	现代预防医学	4568	0.343	0.021	0.89	635	13.90	1412.09	4.3
N111	现代制造工程	722	0.184	0.023	0.84	219	30.33	384.99	5.0
G951	现代中西医结合杂志	4904	0.294	0.102	0.92	551	11.24	1452.17	4.0
G486	现代中药研究与实践	618	0.262	0.011	0.96	202	32.69	335.37	7.3
G826	现代肿瘤医学	2369	0.524	0.056	0.81	432	18.24	754.65	3.4
M011	现代铸铁	269	0.332	0.058	0.48	25	9.29	316.42	5.8
T073	香料香精化妆品	235	0.234	0.012	0.89	96	40.85	243.22	6.2
A018	湘潭大学自然科学学报	222	0.187	0.010	0.90	149	67.12	241.56	7.8
W024	项目管理技术	144	0.147	0.024	0.51	39	27.08	217.62	2.9
T064	橡胶工业	544	0.223	0.034	0.78	132	24.26	371.45	7.5
T953	消防科学与技术	1021	0.518	0.107	0.28	130	12.73	488.10	3.9
P010	小型内燃机与摩托车	157	0.112	0.007	0.82	76	48.41	225.88	4.8
S027	小型微型计算机系统	1198	0.291	0.025	0.85	255	21.29	471.59	4.9
G083	心肺血管病杂志	819	1.019	0.102	0.60	226	27.59	403.91	3.5
E046	心理学报	1166	0.478	0.061	0.77	180	15.44	492.73	7.6
G476	心脑血管病防治	404	0.222	0.043	0.96	175	43.32	277.21	3.9
G419	心血管病学进展	984	0.574	0.045	0.98	304	30.89	422.50	4.2
G578	心血管康复医学杂志	771	0.472	0.037	0.71	208	26.98	387.88	4.7
G260	心脏杂志	584	0.239	0.014	0.90	219	37.50	328.88	5.9

表 4-1 2012 年中国科技核心期刊（中文）被引用指标刊名字顺索引（续）

CODE	刊　名	核心总被引频次	核心影响因子	核心即年指标	核心他引率	核心引用刊数	核心扩散因子	核心权威因子	核心被引半衰期
N080	新技术新工艺	428	0.095	0.008	0.95	168	39.25	301.91	5.6
V026	新建筑	150	0.077	0.000	0.91	44	29.33	212.40	7.2
A087	新疆大学学报自然科学版	221	0.166	0.011	0.86	135	61.09	241.30	7.4
E159	新疆地质	794	0.484	0.031	0.87	103	12.97	453.79	8.8
H908	新疆农业大学学报	527	0.435	0.059	0.90	187	35.48	325.08	6.0
H276	新疆农业科学	1153	0.444	0.052	0.80	220	19.08	488.51	4.3
L007	新疆石油地质	1561	0.710	0.047	0.75	122	7.82	813.25	6.2
G980	新疆医科大学学报	1236	0.390	0.064	0.72	380	30.74	498.46	4.2
G328	新乡医学院学报	790	0.621	0.135	0.75	215	27.22	373.97	3.4
V056	新型建筑材料	652	0.307	0.026	0.70	160	24.54	379.61	4.7
M102	新型炭材料	761	0.844	0.057	0.86	181	23.78	408.37	6.9
G721	新医学	1030	0.400	0.026	0.88	324	31.46	442.25	5.4
R034	信号处理	861	0.448	0.108	0.76	220	25.55	415.86	3.8
R519	信息技术	459	0.103	0.015	0.92	202	44.01	293.13	4.0
R652	信息与电子工程	336	0.420	0.036	0.42	92	27.38	273.34	3.5
S002	信息与控制	591	0.338	0.023	0.93	242	40.95	340.92	6.6
A510	信阳师范学院学报自然科学版	276	0.287	0.081	0.74	144	52.17	257.39	4.5
G565	徐州医学院学报	532	0.191	0.011	0.95	254	47.74	314.46	4.7
H023	畜牧兽医学报	1445	0.637	0.052	0.91	191	13.22	513.51	5.3
H218	畜牧与兽医	807	0.191	0.011	0.87	152	18.84	363.52	5.3
G346	血栓与止血学	288	0.393	0.012	0.93	145	50.35	252.70	5.0
G627	循证医学	253	0.406	0.025	0.96	160	63.24	246.53	4.9
R069	压电与声光	632	0.312	0.016	0.75	203	32.12	357.83	4.7
N052	压力容器	954	1.113	0.713	0.56	122	12.79	509.87	3.6
G189	牙体牙髓牙周病学杂志	744	0.296	0.022	0.88	151	20.30	375.49	6.7
E047	亚热带资源与环境学报	139	0.422	0.000	0.91	80	57.55	218.07	4.5
U562	烟草科技	1985	0.684	0.078	0.74	195	9.82	786.51	7.4
A501	烟台大学学报自然科学与工程版	152	0.229	0.030	0.84	105	69.08	222.96	6.1
E053	岩矿测试	1210	1.019	0.304	0.74	183	15.12	536.70	4.3
E157	岩石矿物学杂志	1050	0.882	0.241	0.93	152	14.48	515.89	7.3
C005	岩石力学与工程学报	7340	1.471	0.175	0.88	400	5.45	2796.99	7.1
E309	岩石学报	5876	1.817	0.590	0.73	141	2.40	2033.94	5.5
V574	岩土工程技术	207	0.156	0.000	0.95	96	46.38	244.16	7.5
V037	岩土工程学报	4261	0.873	0.055	0.89	318	7.46	1636.62	7.6
C004	岩土力学	5114	0.851	0.129	0.83	355	6.94	1899.69	5.1
E500	盐湖研究	240	0.190	0.000	0.90	104	43.33	257.02	7.2
T054	盐业与化工	303	0.208	0.000	0.66	88	29.04	279.46	6.9
G962	眼科	592	0.485	0.137	0.91	123	20.78	342.02	6.0
G554	眼科新进展	1139	0.404	0.066	0.84	185	16.24	473.06	5.3
G773	中华实验眼科杂志	1021	0.346	0.038	0.77	190	18.61	444.58	5.4
G990	中华眼外伤职业眼病杂志	1380	0.288	0.010	0.70	149	10.80	554.06	6.5
J025	燕山大学学报	204	0.183	0.030	0.89	132	64.71	234.60	5.5
H016	扬州大学学报农业与生命科学版	579	0.510	0.027	0.84	166	28.67	346.08	7.8
A514	扬州大学学报自然科学版	210	0.298	0.053	0.73	114	54.29	242.33	5.6

表 4-1 2012 年中国科技核心期刊（中文）被引用指标刊名字顺索引（续）

CODE	刊 名	核心总被引频次	核心影响因子	核心即年指标	核心他引率	核心引用刊数	核心扩散因子	核心权威因子	核心被引半衰期
S031	遥测遥控	111	0.082	0.000	0.83	64	57.66	209.79	6.8
Z543	遥感技术与应用	1011	0.821	0.045	0.85	243	24.04	487.67	5.4
S024	遥感信息	481	0.313	0.024	0.92	171	35.55	324.23	5.8
Z006	遥感学报	1778	0.930	0.089	0.95	330	18.56	735.02	7.5
G403	药物不良反应杂志	834	0.577	0.088	0.87	220	26.38	423.86	5.5
G087	药物分析杂志	2795	0.710	0.084	0.70	326	11.66	953.56	4.6
G877	药物流行病学杂志	645	0.469	0.086	0.83	174	26.98	362.86	4.7
G514	药物生物技术	386	0.343	0.023	0.82	189	48.96	279.58	5.5
G977	药学服务与研究	456	0.348	0.047	0.86	162	35.53	308.65	4.6
G440	药学实践杂志	481	0.319	0.021	0.97	209	43.45	308.56	5.9
G008	药学学报	3086	1.053	0.132	0.87	501	16.23	1021.35	8.1
G527	药学与临床研究	410	0.330	0.013	0.96	183	44.63	283.02	4.4
M023	冶金分析	897	0.536	0.095	0.68	143	15.94	460.54	4.9
M047	冶金能源	200	0.130	0.000	0.89	110	55.00	252.61	5.9
M026	冶金自动化	208	0.199	0.052	0.74	80	38.46	252.61	5.3
C503	液晶与显示	547	0.738	0.155	0.45	121	22.12	342.30	3.0
N079	液压气动与密封	519	0.383	0.098	0.43	83	15.99	332.58	3.5
N035	液压与气动	724	0.207	0.011	0.70	143	19.75	382.84	5.3
G605	医疗卫生装备	2441	0.670	0.102	0.58	271	11.10	887.83	3.9
G482	医学动物防制	600	0.212	0.029	0.80	166	27.67	354.41	4.8
G333	医学分子生物学杂志	256	0.199	0.000	0.92	161	62.89	242.54	6.5
S590	中华医学教育探索杂志	1061	0.401	0.023	0.66	163	15.36	471.08	3.4
G545	医学临床研究	1441	0.201	0.029	0.89	398	27.62	535.58	4.5
G281	医学研究生学报	1927	1.246	0.143	0.61	410	21.28	686.89	3.3
G480	医学研究杂志	1196	0.296	0.020	0.96	439	36.71	492.41	4.4
G265	医学影像学杂志	1844	0.556	0.053	0.79	300	16.27	654.69	3.9
G964	医学与社会	1401	0.721	0.097	0.63	196	13.99	620.33	3.1
G860	医学综述	2898	0.372	0.047	0.96	599	20.67	908.12	3.7
G844	医药导报	2139	0.557	0.048	0.83	397	18.56	752.62	4.1
G088	医用生物力学	508	0.968	0.222	0.50	131	25.79	322.34	3.7
N074	仪表技术与传感器	1150	0.418	0.028	0.73	261	22.70	496.39	4.1
N066	仪器仪表学报	4506	1.807	0.191	0.73	488	10.83	1566.51	3.8
F024	遗传	1825	0.847	0.103	0.89	400	21.92	663.35	6.2
G455	疑难病杂志	1072	0.575	0.067	0.79	240	22.39	444.29	3.3
U054	印染	1051	0.408	0.049	0.48	125	11.89	498.02	5.1
T104	印染助剂	413	0.333	0.019	0.77	101	24.46	301.03	4.7
G089	营养学报	2099	0.884	0.056	0.57	360	17.15	942.02	7.1
D014	影像科学与光化学	200	0.475	0.137	0.62	70	35.00	236.92	5.0
G649	影像诊断与介入放射学	246	0.206	0.000	0.96	124	50.41	242.89	5.5
B008	应用概率统计	135	0.112	0.000	0.93	73	54.07	217.44	8.6
C109	应用光学	803	0.470	0.054	0.73	186	23.16	419.40	4.7
T949	应用化工	967	0.271	0.027	0.89	337	34.85	449.71	3.8
D016	应用化学	1387	0.464	0.032	0.90	353	25.45	560.36	6.0
A580	应用基础与工程科学学报	507	0.460	0.017	0.79	258	50.89	329.80	5.1

表 4-1　2012 年中国科技核心期刊（中文）被引用指标刊名字顺索引（续）

CODE	刊　名	核心总被引频次	核心影响因子	核心即年指标	核心他引率	核心引用刊数	核心扩散因子	核心权威因子	核心被引半衰期
R033	应用激光	355	0.154	0.046	0.88	140	39.44	284.40	7.1
A015	应用科学学报	350	0.371	0.029	0.91	217	62.00	280.16	5.7
F035	应用昆虫学报	1772	0.517	0.102	0.85	202	11.40	677.65	7.6
C008	应用力学学报	554	0.301	0.037	0.95	234	42.24	347.51	7.1
E122	应用气象学报	2205	1.282	0.157	0.80	239	10.84	1067.32	7.3
Z018	应用生态学报	9844	1.719	0.171	0.88	490	4.98	3054.75	6.8
C052	应用声学	298	0.223	0.014	0.91	143	47.99	269.32	7.3
B011	应用数学	197	0.108	0.007	0.91	102	51.78	236.73	6.8
B020	应用数学和力学	668	0.324	0.059	0.85	265	39.67	376.96	7.6
B001	应用数学学报	490	0.290	0.011	0.94	164	33.47	324.72	8.1
F100	应用与环境生物学报	1640	0.661	0.046	0.89	383	23.35	639.95	7.1
M014	硬质合金	294	0.483	0.159	0.46	62	21.09	278.24	5.9
L027	油气储运	697	0.366	0.065	0.58	144	20.66	407.91	5.3
L504	油气地质与采收率	1427	1.310	0.140	0.57	121	8.48	740.99	4.3
Z538	油气田环境保护	192	0.227	0.036	0.80	86	44.79	237.81	6.2
L033	油田化学	760	0.401	0.009	0.80	107	14.08	450.05	9.0
E051	铀矿地质	381	0.302	0.047	0.81	71	18.64	343.18	9.4
K020	铀矿冶	135	0.147	0.020	0.66	46	34.07	248.35	9.4
T916	有机硅材料	374	0.950	0.182	0.52	84	22.46	295.51	4.3
D025	有机化学	1580	0.745	0.132	0.66	247	15.63	566.89	4.5
M036	有色金属工程	585	0.393	0.109	0.98	191	32.65	369.17	6.9
K580	有色金属选矿部分	238	0.329	0.028	0.74	34	14.29	264.99	5.8
M020	有色金属冶炼部分	452	0.525	0.209	0.54	85	18.81	332.75	5.3
N907	鱼雷技术	263	0.280	0.020	0.73	78	29.66	255.68	5.4
A654	云南民族大学学报自然科学版	214	0.446	0.045	0.71	95	44.39	239.55	2.9
H998	渔业科学进展	1016	0.831	0.057	0.86	144	14.17	478.91	5.7
Y020	宇航材料工艺	488	0.240	0.054	0.88	166	34.02	326.79	8.7
Y008	宇航计测技术	183	0.167	0.009	0.82	103	56.28	236.71	6.5
Y024	宇航学报	1947	0.568	0.050	0.87	297	15.25	784.26	4.7
H909	玉米科学	1975	0.678	0.081	0.82	172	8.71	754.14	6.1
G518	预防医学情报杂志	729	0.302	0.010	0.86	201	27.57	383.62	4.5
H039	园艺学报	4328	1.047	0.156	0.84	253	5.85	1369.78	6.7
C108	原子核物理评论	183	0.303	0.027	0.64	56	30.60	226.04	5.7
Q008	原子能科学技术	647	0.262	0.052	0.82	183	28.28	355.27	5.1
C057	原子与分子物理学报	566	0.525	0.060	0.37	89	15.72	321.15	4.1
A038	云南大学学报自然科学版	632	0.477	0.089	0.86	304	48.10	358.25	7.2
H269	云南农业大学学报	981	0.463	0.024	0.96	239	24.36	443.32	6.6
A053	云南师范大学学报自然科学版	257	0.292	0.032	0.86	162	63.04	253.39	7.1
M506	云南冶金	324	0.460	0.000	0.70	105	32.41	298.28	6.4
B013	运筹学学报	75	0.103	0.040	0.88	49	65.33	199.02	6.4
B522	运筹与管理	512	0.296	0.018	0.84	185	36.13	313.71	5.4
H989	杂草科学	343	0.380	0.026	0.87	91	26.53	281.24	6.2
H293	杂交水稻	810	0.336	0.072	0.75	93	11.48	446.35	7.1
Y057	载人航天	32	0.145	0.011	0.87	16	50.00	184.89	2.9

表 4-1 2012 年中国科技核心期刊（中文）被引用指标刊名字顺索引（续）

CODE	刊 名	核心总被引频次	核心影响因子	核心即年指标	核心他引率	核心引用刊数	核心扩散因子	核心权威因子	核心被引半衰期
C100	噪声与振动控制	541	0.242	0.025	0.81	201	37.15	333.27	4.9
M043	轧钢	281	0.221	0.024	0.70	65	23.13	284.94	5.7
T569	粘接	390	0.278	0.019	0.79	86	22.05	296.82	5.0
A017	浙江大学学报工学版	1700	0.344	0.054	0.92	543	31.94	676.37	5.7
A002	浙江大学学报理学版	606	0.354	0.014	0.92	381	62.87	355.69	6.8
H035	浙江大学学报农业与生命科学版	1195	0.601	0.031	0.98	338	28.28	509.23	8.9
G091	浙江大学学报医学版	494	0.467	0.100	0.95	300	60.73	313.84	5.2
J016	浙江工业大学学报	362	0.228	0.038	0.97	251	69.34	279.02	5.3
H277	浙江林业科技	468	0.173	0.000	0.90	127	27.14	310.91	7.0
G433	浙江临床医学	1191	0.159	0.032	0.86	342	28.72	479.88	5.1
H019	浙江农林大学学报	963	0.528	0.107	0.90	211	21.91	453.48	6.1
H201	浙江农业学报	832	0.525	0.038	0.90	234	28.13	402.88	5.8
A051	浙江师范大学学报自然科学版	180	0.208	0.000	0.87	115	63.89	226.36	5.0
G810	浙江医学	732	0.088	0.013	0.94	298	40.71	365.57	5.0
G479	浙江预防医学	1295	0.568	0.050	0.73	277	21.39	557.06	3.7
G092	浙江中医药大学学报	1209	0.298	0.043	0.96	289	23.90	505.44	5.1
G093	针刺研究	911	0.907	0.103	0.78	143	15.70	472.82	5.9
G488	针灸临床杂志	1659	0.489	0.021	0.85	164	9.89	696.53	5.9
N086	真空	238	0.253	0.000	0.72	97	40.76	248.74	5.2
R032	真空电子技术	182	0.251	0.011	0.74	60	32.97	231.46	5.7
N025	真空科学与技术学报	862	1.171	0.081	0.41	135	15.66	415.75	3.5
C038	真空与低温	169	0.170	0.000	0.81	85	50.30	235.57	7.8
G259	诊断病理学杂志	703	0.394	0.048	0.89	217	30.87	363.97	6.5
G615	诊断学理论与实践	386	0.380	0.039	0.96	219	56.74	277.64	4.1
Y010	振动测试与诊断	671	0.732	0.028	0.61	185	27.57	383.29	4.0
Y004	振动工程学报	998	0.484	0.056	0.95	254	25.45	476.08	7.6
N030	振动与冲击	2658	0.633	0.052	0.70	379	14.26	940.25	4.1
E316	震灾防御技术	120	0.364	0.040	0.73	45	37.50	227.21	4.2
J012	郑州大学学报工学版	345	0.251	0.022	0.89	203	58.84	279.85	5.4
A019	郑州大学学报理学版	219	0.240	0.019	0.73	130	59.36	241.34	5.2
G036	郑州大学学报医学版	998	0.339	0.062	0.89	372	37.27	437.20	4.9
U003	郑州轻工业学院学报自然科学版	272	0.159	0.012	0.89	142	52.21	254.62	5.3
G884	职业与健康	1911	0.218	0.023	0.81	389	20.36	701.30	4.4
H577	植物保护	1686	0.589	0.059	0.90	198	11.74	664.86	6.3
H014	植物保护学报	1235	0.742	0.066	0.92	167	13.52	539.71	7.6
H052	植物病理学报	1345	0.770	0.071	0.93	182	13.53	581.87	9.2
F039	植物分类学报	747	0.629	0.286	0.92	159	21.29	400.04	13.0
F007	植物分类与资源学报	1174	0.440	0.296	0.93	237	20.19	510.14	10.9
H584	植物检疫	667	0.350	0.042	0.76	104	15.59	384.82	7.2
F008	植物科学学报	1087	0.528	0.073	0.95	247	22.72	490.97	8.5
F038	植物生理学报	2777	0.427	0.090	0.96	298	10.73	936.92	11.5
F009	植物生态学报	4124	1.785	0.105	0.95	313	7.59	1398.74	8.4
F023	植物学报	1619	1.283	0.123	0.95	273	16.86	635.35	9.3
F050	植物研究	1025	0.509	0.074	0.88	215	20.98	471.84	6.6

表 4-1　2012 年中国科技核心期刊（中文）被引用指标刊名字顺索引（续）

CODE	刊　名	核心总被引频次	核心影响因子	核心即年指标	核心他引率	核心引用刊数	核心扩散因子	核心权威因子	核心被引半衰期
H238	植物遗传资源学报	1050	0.943	0.067	0.72	143	13.62	463.83	4.7
H890	植物营养与肥料学报	3475	1.590	0.144	0.89	223	6.42	1207.63	6.3
Z551	植物资源与环境学报	753	0.810	0.093	0.88	216	28.69	389.83	8.1
N091	指挥控制与仿真	455	0.289	0.044	0.86	98	21.54	285.72	4.6
U011	制冷学报	282	0.372	0.011	0.78	96	34.04	266.23	5.7
U640	制冷与空调(四川)	296	0.314	0.034	0.51	85	28.72	271.83	3.9
N046	制造技术与机床	721	0.177	0.011	0.82	151	20.94	377.42	4.9
S023	制造业自动化	797	0.184	0.023	0.83	230	28.86	389.70	2.9
C034	质谱学报	410	0.467	0.083	0.91	169	41.22	296.33	7.1
S052	智能系统学报	214	0.395	0.048	0.91	109	50.93	236.29	4.3
N002	中北大学学报自然科学版	276	0.156	0.000	0.88	173	62.68	256.50	6.0
G007	中草药	6472	1.040	0.177	0.86	569	8.79	1938.52	6.9
G520	中成药	3849	0.524	0.067	0.86	428	11.12	1158.68	6.0
G094	中风与神经疾病杂志	1028	0.330	0.053	0.90	270	26.26	447.51	5.8
G546	中国 CT 和 MRI 杂志	659	0.698	0.067	0.59	143	21.70	351.70	3.8
G538	中国癌症杂志	1128	0.671	0.054	0.96	326	28.90	461.43	4.9
G985	中国艾滋病性病	1581	0.790	0.200	0.83	169	10.69	656.52	5.0
G129	中国安全科学学报	1856	0.604	0.139	0.71	370	19.94	716.93	5.1
Z552	中国安全生产科学技术	1302	0.772	0.071	0.36	185	14.21	521.79	3.3
F048	中国比较医学杂志	725	0.352	0.034	0.85	289	39.86	370.73	4.9
N103	中国表面工程	563	0.876	0.172	0.70	129	22.91	350.14	4.0
G750	中国病案	1092	0.683	0.188	0.36	131	12.00	552.35	2.7
G769	中国病毒病杂志	372	0.380	0.106	0.95	195	52.42	282.19	4.3
G096	中国病理生理杂志	2454	0.679	0.109	0.81	520	21.19	826.32	4.9
G339	中国病原生物学杂志	1415	0.826	0.182	0.66	210	14.84	587.82	3.9
M053	中国材料进展	191	0.390	0.020	0.97	104	54.45	233.42	2.8
H213	中国草地学报	1355	0.992	0.161	0.81	173	12.77	578.96	6.8
N830	中国测试	487	0.260	0.011	0.85	244	50.10	318.12	5.0
G097	中国超声医学杂志	2163	0.618	0.044	0.92	318	14.70	766.94	5.5
G901	中国当代儿科杂志	1254	0.684	0.147	0.82	283	22.57	506.88	4.1
H939	中国稻米	534	0.553	0.092	0.71	91	17.04	339.62	4.4
G099	中国地方病防治杂志	527	0.320	0.025	0.78	138	26.19	351.77	6.0
G098	中国地方病学杂志	1167	0.745	0.050	0.67	192	16.45	574.92	6.3
E351	中国地震	488	0.319	0.045	0.90	85	17.42	367.47	11.3
E654	中国地质	1721	0.928	0.133	0.82	186	10.81	737.95	5.5
R040	中国电机工程学报	12463	1.445	0.138	0.75	455	3.65	4400.05	5.8
R511	中国电力	1217	0.683	0.059	0.84	207	17.01	570.96	5.8
G234	中国动脉硬化杂志	1137	0.576	0.036	0.77	287	25.24	464.85	4.8
G825	中国儿童保健杂志	1480	0.485	0.043	0.81	249	16.82	574.87	5.0
G543	中国耳鼻咽喉头颈外科	1071	0.527	0.059	0.77	210	19.61	479.68	5.7
G100	中国法医学杂志	411	0.233	0.034	0.66	138	33.58	306.98	5.8
G290	中国防痨杂志	1507	0.911	0.223	0.80	201	13.34	626.98	5.2
V023	中国非金属矿工业导刊	246	0.191	0.027	0.74	104	42.28	256.45	6.6
G320	中国肺癌杂志	1045	0.853	0.159	0.95	274	26.22	444.00	4.0

表 4-1 2012 年中国科技核心期刊（中文）被引用指标刊名字顺索引（续）

CODE	刊名	核心总被引频次	核心影响因子	核心即年指标	核心他引率	核心引用刊数	核心扩散因子	核心权威因子	核心被引半衰期
G402	中国分子心脏病学杂志	167	0.289	0.031	0.95	106	63.47	221.46	4.3
V568	中国粉体技术	264	0.189	0.027	0.83	139	52.65	258.18	6.3
M007	中国腐蚀与防护学报	603	0.497	0.053	0.85	130	21.56	358.28	7.6
G456	中国妇产科临床杂志	779	0.598	0.104	0.96	229	29.40	377.69	4.7
G680	中国妇幼保健	6014	0.340	0.044	0.77	443	7.37	1695.94	4.4
G687	中国妇幼健康研究	701	0.227	0.025	0.91	238	33.95	359.88	5.3
G475	中国肝脏病杂志电子版	51	0.302	0.109	0.57	27	52.94	191.89	1.8
G631	中国感染控制杂志	671	0.599	0.103	0.91	183	27.27	385.66	4.5
G337	中国感染与化疗杂志	1385	2.438	0.170	0.93	253	18.27	566.03	3.8
X035	中国港湾建设	259	0.097	0.006	0.81	89	34.36	266.45	7.4
V036	中国给水排水	3397	0.428	0.029	0.77	370	10.89	1239.34	5.3
N089	中国工程机械学报	205	0.230	0.010	0.92	110	53.66	240.98	4.6
N754	中国工程科学	1123	0.467	0.028	0.95	525	46.75	523.21	6.8
G244	中国工业医学杂志	590	0.255	0.022	0.89	185	31.36	351.81	6.4
G102	中国公共卫生	5171	0.701	0.085	0.76	627	12.13	1747.97	5.2
X031	中国公路学报	1337	0.634	0.162	0.94	246	18.40	595.45	7.1
G103	中国骨伤	1898	0.852	0.301	0.73	250	13.17	743.38	4.2
G249	中国骨与关节损伤杂志	3482	1.090	0.349	0.60	226	6.49	2274.50	4.0
G648	中国骨与关节外科	120	0.333	0.027	0.89	61	50.83	207.21	2.7
G857	中国骨与关节杂志	257	0.215	0.007	0.92	111	43.19	245.25	4.8
G663	中国骨质疏松杂志	1220	0.420	0.049	0.76	259	21.23	495.84	5.8
W021	中国管理科学	1132	0.638	0.028	0.82	201	17.76	490.31	5.6
N104	中国惯性技术学报	842	0.650	0.086	0.77	167	19.83	438.82	4.7
G637	中国国境卫生检疫杂志	317	0.304	0.010	0.60	85	26.81	273.56	5.2
H215	中国果树	488	0.152	0.048	0.89	103	21.11	324.67	8.4
L013	中国海上油气	882	0.639	0.155	0.80	142	16.10	565.59	8.5
E313	中国海洋大学学报自然科学版	1453	0.403	0.024	0.93	360	24.78	615.07	7.2
L026	中国海洋平台	210	0.134	0.000	0.84	81	38.57	259.54	7.2
G104	中国海洋药物	486	0.344	0.118	0.89	168	34.57	310.78	8.0
X039	中国航海	216	0.256	0.029	0.72	69	31.94	247.02	4.8
G973	中国呼吸与危重监护杂志	788	0.739	0.204	0.86	227	28.81	392.37	3.9
G417	中国护理管理	2130	1.010	0.117	0.88	171	8.03	813.70	3.8
Z030	中国环境监测	869	0.549	0.010	0.90	265	30.49	431.99	6.3
Z001	中国环境科学	3589	1.657	0.104	0.80	462	12.87	1215.99	5.7
N059	中国机械工程	3109	0.411	0.043	0.87	432	13.90	1087.61	6.1
A079	中国基础科学	159	0.135	0.019	0.93	110	69.18	224.27	6.5
R066	中国激光	3479	1.322	0.227	0.69	286	8.22	1154.98	3.3
R013	中国激光医学杂志	322	0.360	0.107	0.71	116	36.02	275.24	5.6
G852	中国急救复苏与灾害医学杂志	787	0.454	0.042	0.36	124	15.76	390.28	2.8
G241	中国急救医学	1890	0.470	0.068	0.90	354	18.73	682.51	5.8
G192	中国脊柱脊髓杂志	2127	0.940	0.071	0.89	256	12.04	805.69	5.6
G907	中国计划生育学杂志	1095	0.588	0.101	0.82	213	19.45	477.71	4.6
G105	中国寄生虫学与寄生虫病杂志	951	0.619	0.142	0.84	161	16.93	470.12	7.0
G787	中国健康教育	1604	0.523	0.079	0.78	216	13.47	655.17	4.9

表 4-1 2012年中国科技核心期刊（中文）被引用指标刊名字顺索引（续）

CODE	刊名	核心总被引频次	核心影响因子	核心即年指标	核心他引率	核心引用刊数	核心扩散因子	核心权威因子	核心被引半衰期
G784	中国健康心理学杂志	1894	0.393	0.051	0.62	231	12.20	688.49	4.4
N108	中国舰船研究	244	0.356	0.025	0.67	75	30.74	248.49	4.0
T075	中国胶粘剂	632	0.513	0.051	0.74	135	21.36	376.99	4.7
G233	中国矫形外科杂志	3989	0.630	0.070	0.75	333	8.35	1281.20	5.1
G239	中国介入心脏病学杂志	399	0.392	0.069	0.86	159	39.85	285.59	5.2
G206	中国介入影像与治疗学	618	0.634	0.099	0.83	193	31.23	337.54	3.7
G323	中国康复	1097	0.633	0.069	0.86	226	20.60	506.14	5.4
G400	中国康复理论与实践	2027	0.495	0.056	0.84	361	17.81	745.36	5.3
G106	中国康复医学杂志	2527	0.757	0.077	0.85	347	13.73	899.55	5.2
G107	中国抗生素杂志	1166	0.910	0.052	0.88	302	25.90	505.95	4.7
A098	中国科技论坛	717	0.387	0.054	0.75	125	17.43	347.12	4.0
A583	中国科技期刊研究	1127	0.790	0.179	0.41	83	7.36	539.45	3.7
S133	中国科技资源导刊	56	0.126	0.017	0.59	28	50.00	191.45	3.8
A108	中国科学 地球科学	3471	1.274	0.151	0.95	346	9.97	1321.98	7.4
A106	中国科学 化学	1193	0.555	0.175	0.93	410	34.37	533.90	13.9
A081	中国科学基金	348	0.490	0.084	0.83	175	50.29	307.36	5.6
A007	中国科学技术大学学报	506	0.208	0.014	0.98	319	63.04	321.58	5.8
A109	中国科学 技术科学	1033	0.582	0.126	0.85	330	31.95	473.31	5.4
A107	中国科学 生命科学	529	0.498	0.037	0.93	253	47.83	318.81	4.8
A105	中国科学 数学	883	0.546	0.102	0.93	421	47.68	443.34	10.9
A103	中国科学 物理学力学天文学	452	0.457	0.055	0.88	192	42.48	305.86	3.4
Z317	中国科学 信息科学	264	0.534	0.126	0.95	117	44.32	250.47	2.8
A102	中国科学院研究生院学报	321	0.262	0.040	0.97	219	68.22	270.51	5.6
Y003	中国空间科学技术	328	0.317	0.000	0.93	132	40.24	281.63	7.8
G441	中国口腔颌面外科杂志	329	0.330	0.029	0.88	128	38.91	265.18	5.4
K030	中国矿业	918	0.254	0.018	0.87	254	27.67	481.84	5.4
K015	中国矿业大学学报	1856	0.805	0.079	0.86	326	17.56	794.73	7.5
G247	中国老年学杂志	4324	0.399	0.063	0.83	578	13.37	1267.75	3.5
U001	中国粮油学报	1713	0.604	0.039	0.81	216	12.61	625.14	4.9
G447	中国临床保健杂志	902	0.572	0.076	0.79	219	24.28	409.05	3.8
G108	中国临床解剖学杂志	1419	0.617	0.033	0.89	272	19.17	639.24	6.7
G536	中国临床神经科学	595	0.400	0.102	0.83	216	36.30	335.23	5.6
G794	中国临床神经外科杂志	1170	0.636	0.083	0.82	220	18.80	500.53	4.3
G221	中国临床心理学杂志	1745	0.710	0.064	0.80	242	13.87	678.56	6.2
G870	中国临床药理学与治疗学	1263	0.555	0.086	0.83	364	28.82	514.21	5.6
G109	中国临床药理学杂志	947	0.637	0.028	0.92	303	32.00	438.05	4.7
G544	中国临床药学杂志	456	0.358	0.009	0.94	178	39.04	304.73	6.3
G814	中国临床医生	1053	0.360	0.058	0.90	307	29.15	463.35	5.3
G974	中国临床医学	1236	0.461	0.033	0.96	391	31.63	503.16	4.9
G304	中国临床医学影像杂志	1089	0.477	0.026	0.96	266	24.43	465.43	4.3
G110	中国麻风皮肤病杂志	807	0.104	0.014	0.80	211	26.15	415.61	5.7
H212	中国麻业科学	317	0.314	0.048	0.72	68	21.45	296.13	7.1
G613	中国慢性病预防与控制	1190	0.467	0.038	0.93	287	24.12	512.40	5.4
G598	中国媒介生物学及控制杂志	1133	0.630	0.097	0.66	118	10.41	554.04	5.4

表 4-1 2012年中国科技核心期刊（中文）被引用指标刊名字顺索引（续）

CODE	刊名	核心总被引频次	核心影响因子	核心即年指标	核心他引率	核心引用刊数	核心扩散因子	核心权威因子	核心被引半衰期
K037	中国煤炭地质	581	0.309	0.067	0.68	118	20.31	378.24	4.6
G582	中国煤炭工业医学杂志	1327	0.178	0.026	0.80	277	20.87	518.91	3.8
G297	中国美容整形外科杂志	793	0.477	0.097	0.54	156	19.67	385.17	4.3
K036	中国锰业	275	0.427	0.015	0.77	61	22.18	291.94	6.6
H211	中国棉花	580	0.369	0.110	0.68	94	16.21	363.87	7.3
G111	中国免疫学杂志	1008	0.505	0.100	0.93	364	36.11	439.36	5.0
Y028	中国民航大学学报	174	0.171	0.022	0.93	104	59.77	226.90	5.7
K550	中国钼业	277	0.292	0.013	0.67	68	24.55	286.32	6.5
G303	中国男科学杂志	846	0.282	0.034	0.80	213	25.18	399.34	5.7
H273	中国南方果树	613	0.292	0.104	0.74	101	16.48	347.05	6.6
G422	中国脑血管病杂志	573	0.411	0.086	0.90	189	32.98	333.51	4.7
G277	中国内镜杂志	2408	0.416	0.059	0.83	314	13.04	825.66	6.0
R524	中国能源	254	0.364	0.053	0.87	124	48.82	261.22	4.1
U609	中国酿造	1992	0.488	0.054	0.70	220	11.04	673.74	3.7
W005	中国农村水利水电	1117	0.292	0.030	0.76	243	21.75	497.70	4.6
H958	中国农学通报	7006	0.557	0.058	0.85	557	7.95	2036.77	3.9
H027	中国农业大学学报	1382	0.656	0.109	0.93	348	25.18	557.13	8.5
H567	中国农业科技导报	680	0.593	0.038	0.91	211	31.03	360.28	5.2
H030	中国农业科学	8011	1.307	0.086	0.92	449	5.60	2471.21	6.0
H210	中国农业气象	1344	1.166	0.143	0.86	213	15.85	587.16	5.6
H221	中国农业资源与区划	379	0.559	0.029	0.64	100	26.39	291.18	4.9
G311	中国皮肤性病学杂志	1548	0.557	0.050	0.74	278	17.96	616.02	4.7
G226	中国普通外科杂志	2024	0.735	0.143	0.72	305	15.07	705.46	4.7
G269	中国普外基础与临床杂志	1521	0.781	0.103	0.77	282	18.54	560.92	3.9
G776	中国全科医学	5146	0.857	0.133	0.77	513	9.97	1468.03	2.9
H081	中国热带农业	212	0.215	0.033	0.87	58	27.36	235.75	4.3
G629	中国热带医学	1951	0.351	0.045	0.87	401	20.55	710.00	4.6
Z546	中国人口资源与环境	1750	0.999	0.089	0.87	268	15.31	666.05	3.9
G112	中国人兽共患病学报	1336	0.516	0.064	0.88	261	19.54	558.21	5.3
U052	中国乳品工业	920	0.422	0.041	0.86	128	13.91	410.86	6.4
E124	中国沙漠	3604	1.607	0.080	0.55	257	7.13	1319.67	5.6
G366	中国社会医学杂志	625	0.598	0.024	0.76	177	28.32	368.86	4.5
G114	中国神经精神疾病杂志	1607	0.761	0.068	0.86	332	20.66	640.88	5.8
G242	中国神经免疫学和神经病学杂志	473	0.506	0.060	0.89	198	41.86	305.05	4.7
G268	中国生化药物杂志	930	0.775	0.059	0.76	317	34.09	419.91	5.1
H555	中国生态农业学报	2617	1.068	0.188	0.89	304	11.62	928.48	5.3
H044	中国生物防治学报	732	0.663	0.117	0.84	147	20.08	386.52	8.1
F255	中国生物工程杂志	1224	0.494	0.077	0.95	418	34.15	503.36	5.7
F002	中国生物化学与分子生物学报	718	0.393	0.164	0.85	313	43.59	356.42	5.7
G115	中国生物医学工程学报	607	0.456	0.049	0.87	262	43.16	345.69	5.3
G258	中国生物制品学杂志	782	0.395	0.051	0.69	236	30.18	377.24	3.9
G715	中国生育健康杂志	472	0.377	0.082	0.93	169	35.81	301.05	4.5
L001	中国石油大学学报自然科学版	1555	0.586	0.064	0.86	291	18.71	746.53	7.1
F047	中国实验动物学报	461	0.438	0.053	0.88	218	47.29	303.08	5.2

表 4-1 2012年中国科技核心期刊（中文）被引用指标刊名字顺索引（续）

CODE	刊 名	核心总被引频次	核心影响因子	核心即年指标	核心他引率	核心引用刊数	核心扩散因子	核心权威因子	核心被引半衰期
G883	中国实验血液学杂志	1012	0.424	0.063	0.84	276	27.27	430.41	4.4
G853	中国实验诊断学	1832	0.415	0.045	0.95	439	23.96	619.26	3.5
G273	中国实用儿科杂志	2114	0.726	0.042	0.94	334	15.80	732.46	6.4
G228	中国实用妇科与产科杂志	3112	0.818	0.056	0.97	354	11.38	966.18	6.1
G305	中国实用护理杂志	4515	0.377	0.043	0.87	274	6.07	1363.60	6.2
G267	中国实用内科杂志	2546	0.526	0.086	0.99	465	18.26	832.81	5.8
G686	中国实用神经疾病杂志	2791	0.337	0.161	0.71	348	12.47	946.58	3.4
G272	中国实用外科杂志	4228	1.175	0.186	0.90	390	9.22	1385.48	5.8
G872	中国实用眼科杂志	1977	0.294	0.012	0.87	209	10.57	714.31	7.3
U635	中国食品添加剂	1041	0.331	0.048	0.93	208	19.98	444.96	6.7
G429	中国食品卫生杂志	787	0.605	0.068	0.89	225	28.59	396.83	6.0
U007	中国食品学报	1057	0.632	0.039	0.88	204	19.30	438.78	4.2
U563	中国食物与营养	987	0.363	0.060	0.92	250	25.33	431.87	5.0
H317	中国兽药杂志	478	0.240	0.029	0.81	164	34.31	303.09	6.5
H326	中国兽医科学	875	0.343	0.021	0.89	172	19.66	388.34	6.1
H225	中国兽医学报	1038	0.313	0.038	0.84	190	18.30	427.95	5.7
G796	中国输血杂志	2325	0.709	0.119	0.66	229	9.85	809.53	4.5
G926	中国数字医学	631	0.360	0.076	0.57	85	13.47	363.51	3.0
H290	中国水产科学	1655	0.912	0.070	0.92	190	11.48	657.48	6.3
H020	中国水稻科学	1818	1.131	0.112	0.90	187	10.29	724.22	7.2
H295	中国水土保持科学	708	0.591	0.108	0.88	155	21.89	387.96	4.8
T022	中国塑料	972	0.432	0.031	0.81	156	16.05	466.20	6.3
G211	中国糖尿病杂志	2043	0.531	0.212	0.94	386	18.89	723.88	7.2
T068	中国陶瓷	673	0.339	0.073	0.39	112	16.64	355.06	4.9
G521	中国疼痛医学杂志	884	0.904	0.091	0.84	262	29.64	424.61	4.8
G561	中国体视学与图像分析	213	0.196	0.063	0.83	117	54.93	241.02	6.0
G444	中国体外循环杂志	275	0.582	0.044	0.77	106	38.55	259.97	4.3
G101	中国天然药物	769	0.830	0.100	0.96	217	28.22	381.90	5.4
U501	中国调味品	1157	0.422	0.035	0.73	147	12.71	467.31	4.9
X004	中国铁道科学	1078	0.697	0.038	0.85	245	22.73	536.47	6.0
G437	中国听力语言康复科学杂志	215	0.208	0.020	0.65	52	24.19	247.16	4.9
R083	中国图象图形学报	2103	0.528	0.047	0.92	399	18.97	756.56	5.8
H350	中国土地科学	1025	0.715	0.011	0.72	123	12.00	472.47	4.4
H233	中国土壤与肥料	1285	0.771	0.156	0.90	192	14.94	546.22	6.8
G116	中国危重病急救医学	3078	1.465	0.258	0.78	378	12.28	1236.17	6.1
G373	中国微创外科杂志	2606	0.823	0.155	0.82	332	12.74	891.26	4.5
G959	中国微侵袭神经外科杂志	860	0.519	0.059	0.85	185	21.51	424.80	5.1
G517	中国微生态学杂志	1166	0.352	0.028	0.88	350	30.02	476.02	5.4
G988	中国卫生检验杂志	3543	0.408	0.027	0.83	527	14.87	1147.63	4.4
S725	中国卫生经济	1408	0.613	0.146	0.69	170	12.07	678.08	3.9
G253	中国卫生统计	1410	0.687	0.019	0.77	350	24.82	618.60	5.0
G716	中国卫生政策研究	307	0.612	0.106	0.75	73	23.78	276.91	2.3
G752	中国卫生质量管理	601	0.547	0.030	0.77	140	23.29	378.73	3.6
K035	中国钨业	266	0.500	0.058	0.64	78	29.32	288.70	5.1

表 4-1 2012年中国科技核心期刊（中文）被引用指标刊名字顺索引（续）

CODE	刊　名	核心总被引频次	核心影响因子	核心即年指标	核心他引率	核心引用刊数	核心扩散因子	核心权威因子	核心被引半衰期
M022	中国稀土学报	1068	0.722	0.110	0.79	263	24.63	489.94	7.0
F025	中国细胞生物学学报	547	0.424	0.053	0.90	284	51.92	316.58	5.0
G841	中国现代普通外科进展	739	0.475	0.064	0.89	212	28.69	366.54	3.3
G623	中国现代神经疾病杂志	477	0.462	0.100	0.72	161	33.75	313.46	4.7
G885	中国现代手术学杂志	367	0.293	0.028	0.94	169	46.05	276.99	4.8
G237	中国现代医学杂志	3134	0.284	0.036	0.89	605	19.30	965.06	5.4
G849	中国现代应用药学	1189	0.611	0.070	0.83	303	25.48	494.96	4.8
G284	中国消毒学杂志	1168	0.605	0.050	0.57	193	16.52	611.24	4.0
G765	中国小儿急救医学	954	0.576	0.045	0.81	181	18.97	428.52	4.7
G845	中国小儿血液与肿瘤杂志	218	0.333	0.027	0.95	117	53.67	234.73	4.9
G298	中国斜视与小儿眼科杂志	418	0.595	0.015	0.82	77	18.42	319.47	8.0
G117	中国心理卫生杂志	2752	0.826	0.108	0.91	314	11.41	973.12	8.0
G718	中国心血管病研究	1175	0.535	0.072	0.58	234	19.91	484.38	5.0
G380	中国心血管杂志	428	0.416	0.065	0.95	185	43.22	285.98	5.3
G203	中国心脏起搏与心电生理杂志	765	0.593	0.083	0.78	184	24.05	392.45	4.8
G082	中国新生儿科杂志	796	0.971	0.115	0.81	180	22.61	399.87	4.3
G250	中国新药与临床杂志	1167	0.409	0.066	0.88	334	28.62	491.85	6.7
G747	中国新药杂志	2420	0.475	0.057	0.91	509	21.03	817.60	5.5
G727	中国性科学	344	0.248	0.046	0.78	135	39.24	270.94	4.4
G232	中国胸心血管外科临床杂志	888	0.881	0.106	0.78	219	24.66	414.68	4.7
G118	中国修复重建外科杂志	2226	0.773	0.113	0.86	344	15.45	812.24	4.6
H294	中国畜牧兽医	1492	0.411	0.091	0.64	220	14.75	506.17	3.3
G908	中国学校卫生	2878	0.533	0.086	0.59	240	8.34	971.57	4.9
G675	中国血吸虫病防治杂志	1606	1.464	0.228	0.48	107	6.66	712.46	4.2
G633	中国血液净化	1043	0.658	0.047	0.87	217	20.81	453.91	5.1
G119	中国循环杂志	824	0.700	0.029	0.77	233	28.28	420.91	6.1
G756	中国循证儿科杂志	419	1.130	0.081	0.96	158	37.71	298.73	3.3
G645	中国循证心血管医学杂志	229	0.741	0.165	0.81	73	31.88	231.39	1.8
G396	中国循证医学杂志	1253	0.859	0.317	0.82	353	28.17	515.82	3.7
H208	中国烟草科学	1621	1.059	0.159	0.84	139	8.57	656.12	7.3
U647	中国烟草学报	1010	0.702	0.027	0.93	138	13.66	471.94	6.0
E303	中国岩溶	621	0.667	0.090	0.83	155	24.96	383.28	8.5
G619	中国眼耳鼻喉科杂志	418	0.197	0.026	0.92	165	39.47	292.29	5.2
G318	中国药房	5261	0.556	0.075	0.68	501	9.52	1566.70	4.0
G120	中国药科大学学报	958	0.458	0.047	0.97	283	29.54	434.91	9.0
G121	中国药理学通报	3533	1.019	0.156	0.82	558	15.79	1140.89	5.0
G122	中国药理学与毒理学杂志	467	0.396	0.035	0.94	202	43.25	300.53	7.1
G878	中国药师	2093	0.424	0.064	0.75	333	15.91	746.96	3.8
G220	中国药物化学杂志	532	0.581	0.052	0.95	209	39.29	324.07	5.5
G227	中国药物警戒	547	0.590	0.063	0.85	135	24.68	329.46	2.9
G248	中国药物依赖性杂志	420	0.419	0.045	0.70	135	32.14	298.55	5.6
G713	中国药物应用与监测	629	0.894	0.107	0.92	238	37.84	352.60	3.6
G621	中国药物与临床	1090	0.317	0.054	0.91	368	33.76	457.96	3.4
G009	中国药学杂志	3494	0.581	0.075	0.90	522	14.94	1125.03	6.4

表4-1 2012年中国科技核心期刊（中文）被引用指标刊名字顺索引（续）

CODE	刊名	核心总被引频次	核心影响因子	核心即年指标	核心他引率	核心引用刊数	核心扩散因子	核心权威因子	核心被引半衰期
G755	中国药业	2508	0.413	0.117	0.74	386	15.39	861.44	3.6
M628	中国冶金	257	0.242	0.015	0.72	79	30.74	270.34	5.0
G809	中国医刊	971	0.149	0.024	0.82	302	31.10	432.82	5.8
G123	中国医科大学学报	917	0.353	0.060	0.97	379	41.33	417.03	4.9
G124	中国医疗器械杂志	430	0.371	0.037	0.91	135	31.40	300.18	5.2
G679	中国医疗设备	1954	0.620	0.086	0.53	207	10.59	692.08	3.6
G306	中国医师进修杂志	2278	0.315	0.044	0.75	357	15.67	637.82	4.0
G313	中国医师杂志	1470	0.259	0.021	0.89	386	26.26	526.69	6.1
G236	中国医学计算机成像杂志	591	0.589	0.015	0.87	194	32.83	340.47	5.5
G125	中国医学科学院学报	1234	0.761	0.031	0.99	475	38.49	514.02	6.0
G911	中国医学伦理学	1066	0.643	0.209	0.44	144	13.51	528.62	3.5
G622	中国医学物理学杂志	491	0.326	0.021	0.74	194	39.51	311.30	5.0
G127	中国医学影像技术	3906	0.795	0.091	0.89	446	11.42	1230.88	4.7
G193	中国医学影像学杂志	1031	0.718	0.066	0.89	269	26.09	450.06	4.5
S591	中国医学装备	591	0.407	0.088	0.60	119	20.14	329.78	3.1
G519	中国医药	1681	0.731	0.100	0.87	210	12.49	529.60	2.9
G644	中国医药导报	4341	0.328	0.058	0.90	536	12.35	1245.71	3.1
G924	中国医药导刊	1489	0.316	0.110	0.51	268	18.00	523.05	3.0
T019	中国医药工业杂志	1157	0.334	0.039	0.90	285	24.63	494.95	6.5
G531	中国医药生物技术	173	0.395	0.022	0.90	118	68.21	223.36	3.2
Q918	中国医院	1174	0.775	0.121	0.88	178	15.16	574.45	3.4
G454	中国医院管理	2336	1.092	0.183	0.70	211	9.03	1051.50	3.7
G243	中国医院药学杂志	2772	0.365	0.030	0.92	435	15.69	920.29	5.0
G314	中国疫苗和免疫	1474	1.076	0.091	0.86	138	9.36	658.88	5.5
G130	中国应用生理学杂志	496	0.375	0.104	0.89	231	46.57	317.69	5.8
G706	中国优生与遗传杂志	2029	0.412	0.050	0.82	328	16.17	699.19	5.0
H205	中国油料作物学报	1265	1.037	0.018	0.87	171	13.52	534.07	6.8
U032	中国油脂	1732	0.561	0.049	0.82	245	14.15	647.14	6.4
M028	中国有色金属学报	2978	0.791	0.040	0.85	343	11.52	1019.79	5.8
H099	中国预防兽医学报	861	0.394	0.074	0.87	126	14.63	388.69	5.5
G753	中国预防医学杂志	1301	0.627	0.094	0.93	317	24.37	553.62	4.0
V039	中国园林	890	0.381	0.031	0.76	144	16.18	412.16	6.4
G131	中国运动医学杂志	825	0.325	0.034	0.78	236	28.61	397.32	7.4
X012	中国造船	498	0.455	0.010	0.79	131	26.31	344.62	6.9
U012	中国造纸	666	0.414	0.095	0.44	119	17.87	388.66	4.9
U033	中国造纸学报	217	0.325	0.000	0.89	83	38.25	245.56	5.4
H204	中国沼气	428	0.353	0.034	0.82	105	24.53	306.02	6.2
G600	中国针灸	3277	0.731	0.079	0.85	216	6.59	1244.67	7.4
H067	中国真菌学杂志	306	0.607	0.058	0.70	108	35.29	265.96	3.6
G945	中国职业医学	795	0.477	0.027	0.81	194	24.40	415.33	5.7
G347	中国中西医结合耳鼻咽喉科杂志	353	0.171	0.013	0.83	125	35.41	269.52	6.0
G843	中国中西医结合急救杂志	1285	1.134	0.303	0.78	209	16.26	626.28	5.7
G757	中国中西医结合皮肤性病学杂志	402	0.331	0.018	0.86	137	34.08	294.36	4.0
G846	中国中西医结合肾病杂志	1728	0.582	0.071	0.77	260	15.05	638.52	4.5

表 4-1 2012 年中国科技核心期刊（中文）被引用指标刊名字顺索引（续）

CODE	刊名	核心总被引频次	核心影响因子	核心即年指标	核心他引率	核心引用刊数	核心扩散因子	核心权威因子	核心被引半衰期
G758	中国中西医结合外科杂志	708	0.269	0.021	0.92	241	34.04	368.74	5.5
G528	中国中西医结合消化杂志	762	0.475	0.024	0.95	170	22.31	382.39	7.5
G182	中国中西医结合杂志	4175	0.865	0.118	0.94	429	10.28	1339.48	7.8
G132	中国中药杂志	7494	0.920	0.122	0.89	615	8.21	2163.20	5.8
G240	中国中医骨伤科杂志	1104	0.340	0.050	0.81	205	18.57	494.82	5.3
G632	中国中医基础医学杂志	2149	0.371	0.039	0.93	264	12.28	784.99	6.8
G524	中国中医急症	2457	0.352	0.057	0.86	285	11.60	845.82	4.0
G749	中国中医眼科杂志	364	0.342	0.038	0.73	111	30.49	281.64	5.3
G832	中国中医药信息杂志	2360	0.398	0.044	0.96	351	14.87	821.80	5.5
G642	中国肿瘤	1535	0.773	0.296	0.84	354	23.06	595.82	5.3
G133	中国肿瘤临床	1843	0.338	0.054	0.93	382	20.73	635.61	5.8
G636	中国肿瘤临床与康复	610	0.314	0.015	0.99	245	40.16	329.79	6.6
G255	中国肿瘤生物治疗杂志	388	0.457	0.055	0.89	199	51.29	274.43	3.9
N072	中国铸造装备与技术	193	0.105	0.009	0.81	46	23.83	248.12	7.4
G667	中国综合临床	1673	0.487	0.074	0.88	338	20.20	565.94	5.5
G529	中国卒中杂志	496	0.299	0.061	0.92	169	34.07	310.17	4.6
G299	中国组织工程研究	9345	0.439	0.041	0.82	787	8.42	2625.48	5.7
G134	中国组织化学与细胞化学杂志	398	0.326	0.008	0.93	202	50.75	279.56	5.3
G502	中华保健医学杂志	467	0.505	0.083	0.88	203	43.47	305.21	3.3
G135	中华病理学杂志	1457	0.675	0.146	0.86	324	22.24	568.32	6.1
G195	中华超声影像学杂志	1964	0.667	0.077	0.84	300	15.27	738.54	5.7
G136	中华传染病杂志	1413	0.598	0.061	0.90	302	21.37	565.68	7.1
G408	中华创伤骨科杂志	2140	0.653	0.061	0.89	225	10.51	822.08	6.1
G137	中华创伤杂志	2036	0.575	0.033	0.89	333	16.36	777.51	6.8
G138	中华儿科杂志	4382	1.447	0.228	0.96	460	10.50	1387.73	6.6
G139	中华耳鼻咽喉头颈外科杂志	3121	0.891	0.130	0.85	366	11.73	1071.56	6.6
G743	中华耳科学杂志	438	0.473	0.045	0.80	121	27.63	303.04	5.1
G140	中华放射学杂志	4121	0.911	0.118	0.90	408	9.90	1368.80	7.3
G141	中华放射医学与防护杂志	833	0.332	0.081	0.83	238	28.57	406.87	6.9
G251	中华放射肿瘤学杂志	1279	0.803	0.106	0.86	213	16.65	521.65	6.0
G474	中华肺部疾病杂志电子版	86	0.292	0.037	0.78	57	66.28	200.45	1.8
G286	中华风湿病学杂志	1346	0.645	0.091	0.88	307	22.81	540.36	6.9
G142	中华妇产科杂志	3516	0.943	0.095	0.96	413	11.75	1107.30	7.6
G689	中华妇幼临床医学杂志电子版	365	0.556	0.057	0.85	157	43.01	269.32	3.2
G262	中华肝胆外科杂志	1602	0.746	0.088	0.75	262	16.35	625.65	5.7
G231	中华肝脏病杂志	3625	1.198	0.112	0.95	436	12.03	1149.11	7.0
G235	中华高血压杂志	1885	1.371	0.095	0.84	320	16.98	675.93	4.4
G143	中华骨科杂志	3483	0.877	0.123	0.94	320	9.19	1244.73	7.8
G728	中华骨质疏松和骨矿盐疾病杂志	148	1.135	0.053	0.84	68	45.95	217.42	1.8
G691	中华关节外科杂志电子版	448	0.595	0.110	0.70	132	29.46	299.52	3.4
G263	中华行为医学与脑科学杂志	2686	0.889	0.167	0.72	359	13.37	948.95	6.1
G335	中华航海医学与高气压医学杂志	422	0.463	0.117	0.74	121	28.67	312.02	5.4
G144	中华航空航天医学杂志	450	0.477	0.041	0.65	95	21.11	318.62	7.6
G145	中华核医学与分子影像杂志	690	0.473	0.238	0.69	186	26.96	386.29	6.4

表 4-1 2012 年中国科技核心期刊（中文）被引用指标刊名字顺索引（续）

CODE	刊　名	核心总被引频次	核心影响因子	核心即年指标	核心他引率	核心引用刊数	核心扩散因子	核心权威因子	核心被引半衰期
G146	中华护理杂志	7926	1.633	0.232	0.95	371	4.68	2464.13	6.2
G555	中华急诊医学杂志	2327	0.697	0.085	0.76	359	15.43	817.65	5.8
G302	中华疾病控制杂志	1661	0.962	0.112	0.70	281	16.92	669.15	3.6
G174	中华检验医学杂志	3152	0.851	0.230	0.94	414	13.13	930.05	6.5
G147	中华结核和呼吸杂志	5523	0.851	0.325	0.95	494	8.94	1747.50	6.8
G159	中华精神科杂志	896	0.708	0.062	0.92	226	25.22	444.23	9.8
G579	中华口腔医学研究杂志电子版	147	0.348	0.011	0.93	67	45.58	217.91	3.0
G148	中华口腔医学杂志	1447	0.356	0.056	0.91	259	17.90	578.81	7.8
G280	中华口腔正畸学杂志	327	0.327	0.000	0.93	83	25.38	272.22	8.3
G149	中华劳动卫生职业病杂志	1133	0.349	0.084	0.80	269	23.74	506.49	6.5
G639	中华老年多器官疾病杂志	336	0.331	0.029	0.93	181	53.87	265.51	4.0
G833	中华老年口腔医学杂志	310	0.380	0.090	0.73	86	27.74	265.04	4.5
G876	中华老年心脑血管病杂志	1121	0.424	0.059	0.86	289	25.78	463.19	4.6
G150	中华老年医学杂志	1486	0.585	0.086	0.80	365	24.56	579.95	6.1
G692	中华临床感染病杂志	258	0.621	0.073	0.81	103	39.92	255.32	2.5
G693	中华临床免疫和变态反应杂志	130	0.535	0.031	0.88	81	62.31	214.17	3.1
G824	中华临床营养杂志	521	0.475	0.088	0.93	178	34.17	325.97	5.0
G152	中华流行病学杂志	4914	1.080	0.240	0.95	539	10.97	1645.10	7.1
G153	中华麻醉学杂志	2024	0.463	0.036	0.87	295	14.58	708.61	6.3
G154	中华泌尿外科杂志	2517	0.908	0.082	0.85	305	12.12	896.42	7.2
G282	中华男科学杂志	1553	0.752	0.083	0.70	307	19.77	591.53	5.1
G155	中华内分泌代谢杂志	2154	0.906	0.140	0.84	393	18.25	765.42	6.1
G736	中华内分泌外科杂志	209	0.386	0.050	0.67	80	38.28	230.25	2.7
G156	中华内科杂志	4069	0.841	0.144	0.96	549	13.49	1293.10	6.7
G157	中华皮肤科杂志	1801	0.526	0.041	0.81	294	16.32	737.17	7.1
G254	中华普通外科杂志	1885	0.462	0.066	0.91	318	16.87	698.78	6.9
G158	中华器官移植杂志	531	0.391	0.039	0.82	184	34.65	312.33	5.9
G473	中华腔镜泌尿外科杂志电子版	326	0.642	0.089	0.76	90	27.61	267.32	2.9
G526	中华全科医师杂志	719	0.248	0.060	0.80	250	34.77	370.20	5.3
G515	中华全科医学	2778	0.665	0.086	0.53	382	13.75	883.73	3.4
G505	中华乳腺病杂志电子版	283	0.528	0.051	0.83	119	42.05	249.62	3.3
G900	中华烧伤杂志	860	0.667	0.152	0.76	192	22.33	424.75	5.5
G197	中华神经科杂志	4611	1.596	0.323	0.91	404	8.76	1546.71	15.5
G976	中华神经外科疾病研究杂志	782	0.587	0.064	0.87	213	27.24	392.40	4.6
G160	中华神经外科杂志	2950	0.790	0.097	0.76	310	10.51	1018.48	6.0
G446	中华神经医学杂志	1319	0.695	0.086	0.82	290	21.99	529.94	4.1
G161	中华肾脏病杂志	1541	0.576	0.058	0.89	307	19.92	593.50	6.6
G737	中华生物医学工程杂志	266	0.152	0.025	0.95	155	58.27	244.90	6.8
G162	中华实验和临床病毒学杂志	829	0.603	0.039	0.94	224	27.02	412.66	6.0
G703	中华实验和临床感染病杂志电子版	250	0.775	0.053	0.84	108	43.20	244.17	3.0
G163	中华实验外科杂志	3287	0.641	0.060	0.44	407	12.38	1060.59	5.5
G367	中华实用诊断与治疗杂志	2335	0.768	0.162	0.49	365	15.63	833.98	3.3
G848	中华手外科杂志	1385	0.695	0.059	0.75	159	11.48	734.74	7.1
G506	中华损伤与修复杂志电子版	338	0.524	0.054	0.71	115	34.02	271.43	2.9

表 4-1 2012 年中国科技核心期刊（中文）被引用指标刊名字顺索引（续）

CODE	刊名	核心总被引频次	核心影响因子	核心即年指标	核心他引率	核心引用刊数	核心扩散因子	核心权威因子	核心被引半衰期
G739	中华糖尿病杂志	191	0.546	0.123	0.77	97	50.79	227.94	2.1
G164	中华外科杂志	4723	0.745	0.090	0.96	494	10.46	1543.70	6.9
G165	中华微生物学和免疫学杂志	884	0.315	0.009	0.92	305	34.50	417.65	6.7
G296	中华围产医学杂志	895	0.727	0.076	0.78	195	21.79	418.49	6.1
G740	中华卫生杀虫药械	424	0.346	0.058	0.59	56	13.21	324.27	4.9
G793	中华胃肠外科杂志	1707	0.816	0.232	0.81	266	15.58	618.63	5.1
G166	中华物理医学与康复杂志	1797	0.526	0.140	0.72	304	16.92	688.68	6.3
G167	中华显微外科杂志	1906	1.174	0.106	0.62	200	10.49	889.74	5.4
G847	中华现代护理杂志	4327	0.380	0.057	0.60	266	6.15	1282.06	4.1
G285	中华消化内镜杂志	1607	0.562	0.128	0.89	267	16.61	614.64	6.3
G978	中华消化外科杂志	899	1.322	0.196	0.78	193	21.47	442.83	3.2
G168	中华消化杂志	2440	0.468	0.077	0.97	376	15.41	824.21	7.4
G169	中华小儿外科杂志	1122	0.363	0.051	0.85	238	21.21	492.51	7.2
G892	中华心律失常学杂志	455	0.351	0.082	0.78	145	31.87	299.07	6.5
G170	中华心血管病杂志	5100	1.368	0.256	0.95	453	8.88	1569.70	6.6
G171	中华胸心血管外科杂志	1111	0.619	0.036	0.88	237	21.33	475.68	6.8
G172	中华血液学杂志	1280	0.644	0.044	0.90	316	24.69	514.58	6.6
G191	中华眼底病杂志	943	0.403	0.046	0.75	132	14.00	431.27	6.8
G173	中华眼科杂志	2717	0.625	0.097	0.89	269	9.90	930.11	7.9
G873	中华眼视光学与视觉科学杂志	539	0.387	0.021	0.85	113	20.96	326.66	6.3
Q920	中华医学超声杂志电子版	761	0.507	0.104	0.77	188	24.70	376.60	2.7
G705	中华医学教育杂志	528	0.196	0.012	0.74	119	22.54	329.85	5.1
G307	中华医学科研管理杂志	236	0.199	0.007	0.58	70	29.66	258.35	5.9
G489	中华医学美学美容杂志	492	0.338	0.038	0.69	118	23.98	322.99	6.2
G175	中华医学遗传学杂志	960	0.564	0.053	0.88	279	29.06	441.43	6.4
G176	中华医学杂志	6636	0.729	0.137	0.91	711	10.71	2002.83	6.1
G194	中华医院感染学杂志	13101	1.591	0.089	0.53	484	3.69	4879.83	3.3
G591	中华医院管理杂志	2143	0.619	0.057	0.82	221	10.31	930.81	6.3
G610	中华胰腺病杂志	360	0.286	0.076	0.85	146	40.56	269.79	5.7
G177	中华预防医学杂志	1903	0.820	0.275	0.88	437	22.96	748.06	6.3
G178	中华整形外科杂志	795	0.574	0.056	0.85	183	23.02	411.34	6.5
G859	中华中医药学刊	3807	0.458	0.049	0.93	433	11.37	1214.55	4.8
G910	中华中医药杂志	3064	0.689	0.073	0.79	326	10.64	1022.91	3.9
G858	中华肿瘤防治杂志	2467	0.774	0.101	0.72	385	15.61	803.19	4.0
G179	中华肿瘤杂志	2494	0.960	0.092	0.92	434	17.40	849.95	6.7
G472	中华疝和腹壁外科杂志电子版	397	0.874	0.024	0.32	56	14.11	301.69	2.8
G039	中南大学学报医学版	1076	0.598	0.087	0.96	450	41.82	455.92	5.1
K001	中南大学学报自然科学版	1759	0.463	0.049	0.85	511	29.05	692.52	4.7
H053	中南林业科技大学学报	949	0.329	0.109	0.67	201	21.18	423.85	5.2
A550	中南民族大学学报自然科学版	158	0.188	0.035	0.80	95	60.13	218.41	4.5
G599	中南药学	757	0.461	0.088	0.81	227	29.99	372.84	3.8
G180	中日友好医院学报	409	0.326	0.068	0.98	232	56.72	286.47	5.6
G181	中山大学学报医学科学版	887	0.631	0.036	0.95	392	44.19	410.84	4.7
A036	中山大学学报自然科学版	1104	0.356	0.060	0.91	496	44.93	500.77	7.3

表 4-1 2012 年中国科技核心期刊（中文）被引用指标刊名字顺索引（续）

CODE	刊名	核心总被引频次	核心影响因子	核心即年指标	核心他引率	核心引用刊数	核心扩散因子	核心权威因子	核心被引半衰期
X539	中外公路	747	0.219	0.026	0.66	141	18.88	389.35	4.6
S020	中文信息学报	752	0.533	0.035	0.71	96	12.77	385.69	5.6
G842	中西医结合肝病杂志	746	0.522	0.056	0.88	193	25.87	386.90	6.1
G597	中西医结合心脑血管病杂志	2067	0.324	0.073	0.89	325	15.72	721.68	4.6
G442	中西医结合学报	1236	0.842	0.144	0.87	273	22.09	516.39	4.5
R775	中兴通讯技术	146	0.503	0.062	0.79	57	39.04	221.44	2.7
G183	中药材	3827	0.505	0.019	0.93	495	12.93	1175.86	6.3
G564	中药新药与临床药理	1190	0.630	0.069	0.96	276	23.19	492.60	5.6
G685	中医学报	1148	0.360	0.037	0.86	216	18.82	496.90	3.7
G681	中医药导报	1421	0.314	0.046	0.86	279	19.63	568.28	4.1
G764	中医药通报	187	0.116	0.024	0.96	73	39.04	229.51	5.5
G943	中医药信息	1115	0.576	0.256	0.95	214	19.19	497.05	3.7
G812	中医药学报	1181	0.654	0.100	0.97	237	20.07	511.09	4.3
G010	中医杂志	3413	0.649	0.109	0.90	291	8.53	1155.31	5.9
G643	中医正骨	1262	0.382	0.079	0.79	210	16.64	542.57	5.5
G184	肿瘤	1156	0.680	0.176	0.87	344	29.76	474.34	4.4
G185	肿瘤防治研究	982	0.358	0.048	0.93	324	32.99	421.81	4.8
G412	肿瘤学杂志	737	0.410	0.071	0.84	244	33.11	360.83	4.0
G522	肿瘤研究与临床	730	0.306	0.027	0.62	210	28.77	358.68	5.6
G695	肿瘤预防与治疗	197	0.192	0.028	0.96	119	60.41	227.66	4.2
H103	种子	1649	0.363	0.064	0.80	179	10.86	620.21	5.6
N022	轴承	431	0.200	0.031	0.65	97	22.51	316.81	5.6
H026	竹子研究汇刊	386	0.294	0.000	0.86	82	21.24	305.04	9.9
N075	铸造	1149	0.313	0.053	0.76	127	11.05	531.04	6.7
N081	铸造技术	1217	0.440	0.089	0.52	140	11.50	549.64	4.2
N034	装备环境工程	394	0.329	0.046	0.71	121	30.71	301.92	4.8
A133	装备学院学报	377	0.253	0.041	0.82	131	34.75	284.47	5.1
N990	装甲兵工程学院学报	264	0.288	0.058	0.83	111	42.05	252.80	4.3
Z022	资源科学	2960	1.187	0.147	0.89	369	12.47	1047.75	4.8
R737	自动化技术与应用	482	0.203	0.016	0.96	195	40.46	306.50	3.9
S026	自动化学报	2367	1.328	0.157	0.85	397	16.77	847.94	5.0
N013	自动化仪表	710	0.339	0.024	0.79	211	29.72	367.93	5.0
S501	自动化与仪表	261	0.266	0.023	0.88	107	41.00	249.64	3.6
R611	自动化与仪器仪表	314	0.195	0.035	0.81	125	39.81	258.83	3.2
A905	自然杂志	389	0.299	0.036	0.99	279	71.72	284.70	9.3
E137	自然灾害学报	1733	0.501	0.058	0.85	368	21.23	731.06	7.3
Z012	自然资源学报	3186	1.301	0.113	0.94	353	11.08	1131.33	7.0
G229	卒中与神经疾病	430	0.418	0.009	0.97	171	39.77	287.76	6.0
N088	组合机床与自动化加工技术	741	0.363	0.020	0.66	146	19.70	378.07	4.1
G701	组织工程与重建外科杂志	174	0.291	0.021	0.95	94	54.02	222.12	4.0
L018	钻井液与完井液	978	0.680	0.039	0.50	81	8.28	683.87	5.5
H034	作物学报	5797	1.639	0.210	0.91	273	4.71	1874.15	6.8
H410	作物研究	581	0.414	0.059	0.86	149	25.65	339.86	6.2
H202	作物杂志	739	0.467	0.116	0.86	139	18.81	380.66	4.6

表 4-2 2012 年中国科技核心期刊（中文）来源指标刊名字顺索引

CODE	刊 名	来源文献量	文献选出率	AR论文量	平均引文数	平均作者数	地区分布数	机构分布数	海外论文比	基金论文比	引用半衰期
E626	CT 理论与应用研究	94	0.81	94	15.65	4.16	16	74	0.02	0.34	6.1
G549	癌变・畸变・突变	117	0.98	98	14.46	5.50	25	74	0.00	0.65	6.3
G481	癌症进展	133	0.94	115	19.88	3.70	17	81	0.00	0.17	5.5
A003	安徽大学学报自然科学版	110	1.00	110	15.15	3.06	19	51	0.01	0.85	7.3
M031	安徽工业大学学报自然科学版	90	0.96	77	10.06	3.46	6	19	0.00	0.77	6.7
K027	安徽理工大学学报自然科学版	69	0.95	61	9.00	3.00	6	22	0.00	0.33	6.3
H002	安徽农业大学学报	204	0.96	195	16.84	4.83	23	81	0.02	0.78	8.8
A009	安徽师范大学学报自然科学版	130	0.99	118	12.38	2.58	15	44	0.00	0.82	7.7
G012	安徽医科大学学报	410	0.98	291	12.14	4.71	18	97	0.01	0.59	5.6
G786	安徽医学	617	0.87	93	10.02	3.41	17	256	0.00	0.12	5.2
Q906	安徽医药	796	0.91	71	12.13	3.18	21	329	0.00	0.17	4.0
G013	安徽中医学院学报	174	0.99	75	9.95	4.04	14	67	0.00	0.48	5.2
Z549	安全与环境学报	353	0.98	335	18.84	4.08	27	175	0.00	0.69	6.2
H340	桉树科技	40	0.89	38	17.98	3.53	8	20	0.00	0.25	7.8
F044	氨基酸和生物资源	75	0.96	45	13.55	3.89	20	46	0.00	0.48	7.8
G550	白血病・淋巴瘤	231	0.86	94	15.38	4.68	26	151	0.01	0.26	5.7
R024	半导体光电	220	1.00	159	11.27	3.65	25	113	0.00	0.57	6.4
R063	半导体技术	203	0.94	145	11.10	3.85	24	98	0.00	0.42	6.2
G741	蚌埠医学院学报	578	0.91	83	10.46	3.20	20	247	0.00	0.17	6.1
U521	包装与食品机械	110	0.96	59	14.38	3.34	22	71	0.00	0.37	4.7
U645	保鲜与加工	76	0.93	66	18.53	3.76	20	57	0.00	0.67	7.5
E045	暴雨灾害	54	0.92	53	19.22	3.72	18	38	0.00	0.81	6.5
N017	爆破	127	0.99	94	8.61	3.58	21	64	0.00	0.28	6.5
N012	爆破器材	69	0.97	28	11.49	3.87	16	38	0.00	0.17	6.8
N006	爆炸与冲击	107	0.99	104	12.52	3.80	20	58	0.03	0.69	10.1
A652	北华大学学报自然科学版	180	0.96	112	10.18	3.19	26	102	0.00	0.49	7.0
G002	北京大学学报医学版	206	0.97	175	16.95	6.05	16	51	0.09	0.44	6.7
A005	北京大学学报自然科学版	132	0.99	109	25.08	3.72	9	30	0.04	0.81	8.2
U019	北京服装学院学报自然科学版	45	0.92	38	11.29	2.49	6	8	0.00	0.49	6.9
J030	北京工业大学学报	344	0.96	340	12.32	3.72	24	89	0.02	0.96	7.6
Y001	北京航空航天大学学报	327	0.96	301	11.28	3.20	14	47	0.01	0.62	7.3
T020	北京化工大学学报自然科学版	148	0.96	142	11.21	3.81	7	13	0.00	0.56	6.3
X014	北京交通大学学报自然科学版	177	0.98	173	9.56	3.30	13	30	0.01	0.73	7.1
M030	北京科技大学学报	241	0.97	241	13.53	4.17	14	41	0.02	0.72	6.9
G500	北京口腔医学	111	0.90	36	13.07	3.55	14	53	0.04	0.39	7.1
N001	北京理工大学学报	258	0.96	254	11.04	3.71	21	68	0.01	0.78	7.8
H025	北京林业大学学报	159	0.92	155	22.75	4.45	23	44	0.03	0.72	8.5
H263	北京农学院学报	87	0.97	44	11.38	3.93	6	20	0.00	0.72	6.4
G004	北京生物医学工程	130	0.93	121	12.93	3.79	17	68	0.03	0.67	6.1

表 4-2　2012 年中国科技核心期刊（中文）来源指标刊名字顺索引（续）

CODE	刊　名	来源文献量	文献选出率	AR论文量	平均引文数	平均作者数	地区分布数	机构分布数	海外论文比	基金论文比	引用半衰期
A010	北京师范大学学报自然科学版	139	0.85	125	14.91	3.42	9	19	0.01	0.62	7.9
L530	北京石油化工学院学报	58	0.92	46	8.28	3.31	5	10	0.00	0.28	6.8
G016	北京医学	356	0.84	95	9.00	4.12	21	144	0.01	0.15	5.8
R018	北京邮电大学学报	171	0.97	170	7.58	3.49	19	64	0.01	0.92	5.3
G620	北京中医药	335	0.93	71	8.35	3.19	18	125	0.00	0.30	7.3
G017	北京中医药大学学报	195	0.96	142	9.94	4.99	21	67	0.01	0.74	6.9
A570	编辑学报	217	0.79	30	11.04	2.61	21	172	0.00	0.14	3.7
N101	变压器	229	0.69	128	3.98	3.03	30	156	0.00	0.06	8.7
G410	标记免疫分析与临床	136	0.97	51	9.25	4.06	20	104	0.00	0.15	7.0
T098	表面技术	205	0.99	95	12.36	3.80	27	136	0.00	0.44	7.2
E135	冰川冻土	182	0.93	179	29.16	4.35	17	67	0.00	0.96	7.4
N008	兵工学报	255	1.00	251	11.84	3.98	20	83	0.00	0.59	7.4
R730	兵工自动化	314	0.99	164	7.34	3.21	24	121	0.00	0.24	6.4
N085	兵器材料科学与工程	177	0.97	111	11.85	4.44	23	72	0.01	0.38	7.2
G018	病毒学报	110	0.95	110	21.60	6.06	22	70	0.01	0.80	6.4
C060	波谱学杂志	59	0.95	54	28.51	4.03	15	38	0.05	0.88	8.4
V040	玻璃钢/复合材料	125	0.95	102	14.94	3.51	18	71	0.00	0.37	7.0
A808	渤海大学学报自然科学版	77	0.90	73	8.70	2.35	7	11	0.01	0.84	6.2
M005	材料保护	246	0.79	69	11.38	3.97	26	148	0.00	0.50	7.0
M103	材料导报	855	0.98	685	24.76	4.21	30	290	0.01	0.82	6.3
Y007	材料工程	233	0.97	226	15.26	4.30	26	98	0.00	0.63	7.6
M010	材料开发与应用	142	0.99	116	12.69	3.26	20	58	0.01	0.19	7.5
M008	材料科学与工程学报	195	0.96	184	16.45	4.19	25	97	0.00	0.62	7.4
M006	材料科学与工艺	165	0.99	163	14.48	4.21	23	75	0.01	0.80	7.1
N026	材料热处理学报	363	0.96	361	13.78	4.59	27	154	0.02	0.78	7.8
M009	材料研究学报	110	1.00	110	18.74	4.38	22	65	0.02	0.85	6.5
K512	采矿与安全工程学报	155	0.96	154	13.89	4.12	14	33	0.01	0.93	7.1
H009	蚕业科学	164	0.94	162	21.32	5.66	16	44	0.01	0.87	9.1
H525	草地学报	186	0.96	185	24.98	4.83	27	70	0.03	0.88	8.7
H234	草业科学	319	0.82	315	24.88	4.47	29	139	0.00	0.81	7.7
H527	草业学报	240	0.99	240	30.98	4.87	26	80	0.03	0.92	7.8
H538	草原与草坪	114	0.95	105	19.94	4.04	18	49	0.00	0.77	7.9
E543	测绘工程	122	0.92	76	8.45	3.07	24	73	0.00	0.38	6.2
E600	测绘科学	409	0.99	62	10.62	3.20	29	189	0.01	0.54	7.1
E615	测绘科学技术学报	104	0.98	92	11.09	3.68	12	32	0.01	0.64	6.0
E510	测绘通报	376	0.89	127	7.05	2.82	29	213	0.00	0.33	5.8
E152	测绘学报	140	0.85	139	19.88	3.47	17	54	0.01	0.89	7.7
E164	测绘与空间地理信息	885	0.98	193	5.88	2.34	30	407	0.00	0.15	6.4
L017	测井技术	132	0.95	118	10.62	3.94	18	65	0.01	0.37	7.4
Y022	测控技术	423	0.98	187	7.41	3.11	24	194	0.00	0.33	6.1
R711	测试技术学报	98	0.94	97	10.82	3.47	18	55	0.00	0.41	7.3
H001	茶叶科学	80	0.95	80	20.56	5.01	15	35	0.04	0.81	7.4
X036	长安大学学报自然科学版	119	0.95	118	11.23	3.39	18	34	0.01	0.86	6.4
N056	长春理工大学学报自然科学版	196	1.00	104	7.98	3.30	13	47	0.02	0.33	7.5

表 4-2 2012 年中国科技核心期刊（中文）来源指标刊名字顺索引（续）

CODE	刊 名	来源文献量	文献选出率	AR论文量	平均引文数	平均作者数	地区分布数	机构分布数	海外论文比	基金论文比	引用半衰期
G992	长春中医药大学学报	330	0.51	8	10.46	2.84	25	142	0.01	0.31	4.2
W010	长江科学院院报	257	0.97	238	10.22	3.35	23	144	0.01	0.54	7.8
Z029	长江流域资源与环境	231	0.98	230	20.75	3.61	21	113	0.00	0.92	6.7
J066	长沙理工大学学报自然科学版	64	0.93	64	14.25	3.61	8	15	0.00	0.83	6.2
G264	肠外与肠内营养	116	0.96	47	12.38	4.21	25	74	0.00	0.18	5.8
N024	车用发动机	118	0.97	102	9.34	4.62	19	56	0.00	0.40	7.2
E113	沉积学报	127	0.98	127	28.72	4.83	25	72	0.00	0.83	10.7
E547	沉积与特提斯地质	60	1.00	59	21.58	4.43	12	31	0.00	0.48	10.9
E102	成都理工大学学报自然科学版	99	0.99	98	16.47	4.91	15	37	0.00	0.81	7.6
G670	成都医学院学报	222	0.94	55	10.56	3.45	23	162	0.00	0.33	5.7
G019	成都中医药大学学报	123	0.98	32	7.73	3.87	17	52	0.01	0.67	7.9
V050	城市规划	156	0.75	145	13.01	2.18	18	86	0.07	0.40	6.5
V028	城市规划学刊	95	0.88	92	18.49	2.17	12	42	0.06	0.51	6.4
X043	城市轨道交通研究	384	0.88	221	5.83	2.07	21	174	0.00	0.14	6.3
X046	城市交通	79	0.88	68	8.77	2.71	14	51	0.14	0.20	5.2
J021	重庆大学学报自然科学版	288	0.95	288	16.87	3.99	21	63	0.02	0.95	6.0
X029	重庆交通大学学报自然科学版	246	1.00	203	10.01	3.06	25	80	0.01	0.55	6.8
N757	重庆理工大学学报自然科学版	300	0.97	280	11.87	2.82	22	92	0.00	0.48	6.1
A512	重庆师范大学学报自然科学版	129	0.96	116	17.24	3.03	17	52	0.03	0.72	7.6
G186	重庆医科大学学报	288	0.94	214	12.95	4.38	27	125	0.00	0.38	5.8
G225	重庆医学	1459	0.83	116	14.09	3.86	29	610	0.01	0.27	4.9
R559	重庆邮电大学学报自然科学版	152	0.98	135	11.60	2.99	16	50	0.01	0.80	4.9
N060	传感技术学报	339	0.97	284	14.69	3.78	26	139	0.01	0.80	5.5
R532	传感器与微系统	543	0.98	150	9.45	3.54	27	179	0.01	0.63	5.9
G458	传染病信息	116	0.94	44	17.45	5.32	17	51	0.01	0.66	4.2
X010	船舶工程	157	0.80	81	8.22	3.15	15	69	0.00	0.38	6.0
X633	船舶力学	160	0.96	159	13.14	3.34	15	45	0.02	0.59	9.7
G322	创伤外科杂志	147	0.66	66	12.32	4.46	23	99	0.00	0.19	5.2
D013	催化学报	265	0.97	262	33.42	4.60	22	115	0.16	0.69	6.2
E144	大地测量与地球动力学	204	0.99	190	10.55	3.74	19	78	0.00	0.87	7.0
E146	大地构造与成矿学	71	0.97	71	34.52	5.31	16	33	0.01	0.83	8.9
R051	大电机技术	95	0.99	69	5.97	3.14	25	67	0.02	0.22	8.0
H038	大豆科学	224	0.97	189	16.25	5.20	27	98	0.02	0.83	8.0
U512	大连工业大学学报	121	0.96	85	9.18	4.26	6	7	0.01	0.50	7.0
X024	大连海事大学学报	132	0.95	89	8.77	3.08	14	32	0.01	0.52	6.4
H005	大连海洋大学学报	110	0.95	106	20.32	5.03	15	32	0.01	0.86	9.4
X001	大连交通大学学报	155	0.98	122	8.32	2.61	15	55	0.00	0.45	7.0
J024	大连理工大学学报	155	0.99	155	12.64	3.68	2	7	0.03	0.81	8.5
G020	大连医科大学学报	156	0.96	103	13.42	3.73	17	56	0.01	0.26	5.9
E109	大气科学	96	0.99	94	34.29	3.24	12	24	0.03	0.96	9.4
L512	大庆石油地质与开发	211	0.98	204	16.84	3.52	20	70	0.02	0.87	6.7
L004	大庆石油学院学报	121	0.91	112	17.56	3.99	17	56	0.00	0.88	6.1
S086	单片机与嵌入式系统应用	326	0.58	66	5.25	2.20	24	167	0.02	0.12	4.2
H040	淡水渔业	113	0.97	105	17.19	5.00	25	64	0.01	0.74	9.2

表 4-2　2012 年中国科技核心期刊（中文）来源指标刊名字顺索引（续）

CODE	刊　名	来源文献量	文献选出率	AR论文量	平均引文数	平均作者数	地区分布数	机构分布数	海外论文比	基金论文比	引用半衰期
N004	弹道学报	90	0.95	82	8.76	3.52	11	22	0.00	0.49	7.6
T941	当代化工	457	1.00	126	8.56	3.18	26	210	0.00	0.11	7.6
Y503	导弹与航天运载技术	82	0.83	60	7.13	3.02	11	43	0.00	0.13	9.4
N019	低温工程	80	0.94	72	8.33	4.03	15	39	0.00	0.65	8.0
V020	低温建筑技术	685	0.98	25	5.47	2.29	28	283	0.00	0.12	7.8
C055	低温物理学报	95	0.99	86	14.32	5.04	20	56	0.03	0.66	8.6
E133	地层学杂志	68	0.84	66	57.26	4.31	17	47	0.26	0.91	14.9
E130	地理科学	223	0.99	222	25.42	3.67	26	94	0.04	0.99	7.0
E584	地理科学进展	203	0.89	203	40.47	3.58	25	87	0.04	0.96	7.7
E639	地理空间信息	346	0.94	53	8.97	2.82	28	172	0.00	0.53	6.3
E315	地理信息世界	101	0.93	69	8.93	3.27	18	61	0.00	0.36	5.7
E305	地理学报	146	0.83	145	33.64	3.92	23	65	0.06	0.96	7.4
E310	地理研究	206	0.91	204	28.78	3.50	23	88	0.03	0.93	7.7
E527	地理与地理信息科学	145	0.97	131	18.44	3.52	23	88	0.01	0.86	6.4
E024	地球化学	54	0.95	54	31.07	4.91	14	32	0.06	0.89	9.6
E142	地球科学	141	0.95	141	31.91	5.25	17	44	0.04	0.93	9.3
E115	地球科学进展	146	0.83	143	41.84	4.10	23	82	0.02	0.84	9.0
E004	地球科学与环境学报	55	0.90	55	26.31	4.31	14	36	0.00	0.96	6.9
E153	地球物理学报	423	0.97	422	29.77	4.28	25	139	0.07	0.94	9.4
E308	地球物理学进展	326	0.99	322	30.93	3.83	26	173	0.02	0.74	7.8
E656	地球信息科学学报	109	0.96	99	20.24	3.94	19	48	0.01	0.91	6.5
E300	地球学报	103	0.87	100	31.56	5.52	16	44	0.02	0.92	7.2
E549	地球与环境	91	0.96	90	25.27	4.38	23	53	0.04	0.96	8.6
V031	地下空间与工程学报	218	0.97	215	12.82	3.29	24	131	0.00	0.58	7.5
E357	地学前缘	185	0.89	184	33.48	4.88	19	81	0.04	0.89	9.7
E306	地震	63	0.94	61	21.41	3.89	15	25	0.02	0.90	9.2
E150	地震地质	69	0.95	69	24.86	4.62	13	29	0.06	0.93	12.1
E118	地震工程与工程振动	153	0.98	147	12.96	3.32	22	62	0.02	0.90	7.3
E143	地震学报	79	0.86	77	23.95	3.58	19	42	0.00	0.96	10.8
E112	地震研究	89	0.94	87	13.37	4.36	22	46	0.00	0.83	8.3
E362	地质科技情报	141	0.98	138	28.13	4.65	16	47	0.01	0.84	9.2
E139	地质科学	87	0.99	87	33.87	4.34	17	48	0.05	0.98	9.6
E026	地质力学学报	48	1.00	44	16.81	3.92	12	34	0.02	0.77	8.6
E009	地质论评	115	0.96	112	44.96	4.72	18	64	0.03	0.88	10.1
E127	地质通报	222	0.97	219	30.04	5.63	21	71	0.01	0.98	9.7
E010	地质学报	155	0.98	155	44.90	5.34	21	83	0.08	0.88	10.9
E151	地质与勘探	145	0.96	145	24.32	4.72	24	81	0.00	0.68	9.7
E525	地质与资源	103	0.96	99	12.61	4.00	18	44	0.01	0.51	12.3
E132	地质找矿论丛	79	0.95	79	14.04	4.06	21	54	0.00	0.48	10.9
G005	第二军医大学学报	331	0.97	248	16.30	5.37	26	134	0.01	0.49	5.4
G021	第三军医大学学报	644	0.86	440	14.91	5.40	24	164	0.01	0.53	4.4
E301	第四纪研究	132	0.93	126	44.43	4.96	18	59	0.11	0.95	8.9
R007	电波科学学报	199	0.91	178	14.88	3.78	20	82	0.01	0.73	6.6
R673	电测与仪表	258	0.97	197	9.88	3.80	27	151	0.00	0.31	5.7

表 4-2　2012 年中国科技核心期刊（中文）来源指标刊名字顺索引（续）

CODE	刊　名	来源文献量	文献选出率	AR论文量	平均引文数	平均作者数	地区分布数	机构分布数	海外论文比	基金论文比	引用半衰期
R003	电池	105	0.95	43	9.87	3.50	19	68	0.01	0.47	4.7
Z015	电镀与环保	108	0.92	33	6.95	3.02	19	75	0.00	0.15	8.1
T508	电镀与精饰	139	0.93	93	11.29	2.98	24	84	0.01	0.26	7.4
T598	电镀与涂饰	231	0.95	150	9.21	3.50	24	143	0.02	0.24	7.0
R010	电工电能新技术	84	1.00	76	9.39	3.98	19	45	0.00	0.49	7.0
R043	电工技术学报	449	0.96	431	16.68	3.90	23	104	0.04	0.75	6.8
R740	电光与控制	272	0.96	237	11.32	3.43	21	76	0.00	0.57	6.3
N067	电焊机	301	0.89	197	5.84	3.13	27	180	0.00	0.20	7.3
D036	电化学	77	0.87	77	24.22	4.62	18	48	0.17	0.86	6.1
R088	电机与控制学报	204	0.94	193	13.98	3.65	22	75	0.04	0.90	6.0
R045	电机与控制应用	177	0.94	104	5.82	2.79	25	112	0.01	0.24	6.6
N027	电加工与模具	91	0.89	57	7.21	3.32	16	41	0.00	0.44	6.8
R011	电力电子技术	416	0.99	36	5.23	3.20	24	188	0.01	0.39	6.0
A199	电力建设	319	1.00	231	10.88	3.28	27	153	0.00	0.10	5.8
R654	电力科学与技术学报	64	0.89	56	12.56	3.77	16	41	0.02	0.63	4.4
N102	电力系统保护与控制	645	1.00	621	15.26	3.90	28	186	0.01	0.57	5.0
R071	电力系统及其自动化学报	174	0.97	167	12.75	3.78	25	84	0.00	0.38	6.8
S019	电力系统自动化	549	0.88	503	15.21	4.02	24	126	0.02	0.57	5.2
R750	电力需求侧管理	100	0.77	38	4.54	2.23	20	76	0.00	0.03	4.2
R090	电力自动化设备	350	0.99	321	16.86	3.68	24	111	0.01	0.58	5.8
R516	电路与系统学报	148	1.00	125	11.95	3.03	18	62	0.01	0.70	6.7
R044	电气传动	203	1.00	152	7.48	3.03	24	132	0.00	0.34	6.2
R058	电气自动化	192	0.99	23	6.49	2.82	23	113	0.01	0.15	6.2
R039	电网技术	551	0.99	540	18.72	4.22	25	131	0.01	0.54	5.7
R116	电网与清洁能源	226	0.97	204	12.18	3.30	31	144	0.00	0.38	4.8
R684	电信科学	313	0.95	305	8.02	2.83	23	133	0.01	0.42	4.5
R754	电讯技术	400	0.99	297	8.39	2.62	21	144	0.01	0.35	6.2
R019	电源技术	564	0.96	193	8.66	3.16	28	262	0.01	0.39	6.2
R055	电子测量技术	390	0.95	225	10.57	2.95	25	159	0.01	0.22	3.5
R021	电子测量与仪器学报	171	0.93	160	14.97	3.49	22	55	0.02	0.62	5.3
R079	电子测试	249	0.80	178	8.78	2.33	22	71	0.00	0.17	6.4
R651	电子产品世界	266	0.68	51	3.93	1.64	21	137	0.07	0.09	4.7
R067	电子技术应用	493	0.89	145	6.64	3.05	29	234	0.01	0.44	5.2
R036	电子科技大学学报	175	0.98	165	15.23	3.41	20	70	0.01	0.84	6.5
R512	电子器件	170	0.97	129	11.11	3.04	22	74	0.00	0.49	5.6
R724	电子设计工程	1401	0.87	324	7.39	2.44	31	498	0.00	0.21	5.7
R001	电子显微学报	90	0.94	88	15.46	4.53	21	59	0.06	0.70	8.5
R006	电子学报	420	1.00	417	16.67	3.53	22	162	0.02	0.88	6.3
R022	电子与信息学报	490	1.00	488	14.04	3.55	22	113	0.01	0.84	3.9
R020	电子元件与材料	249	0.96	172	12.69	3.92	25	124	0.00	0.64	5.9
J023	东北大学学报自然科学版	428	1.00	422	9.97	3.51	3	4	0.02	0.90	7.6
H262	东北林业大学学报	418	0.98	355	16.14	4.07	27	149	0.01	0.69	8.3
H006	东北农业大学学报	345	0.98	342	16.79	4.32	28	105	0.01	0.89	8.2
A030	东北师大学报自然科学版	124	1.00	120	12.82	3.31	21	74	0.01	0.98	8.0

表 4-2 2012 年中国科技核心期刊（中文）来源指标刊名字顺索引（续）

CODE	刊名	来源文献量	文献选出率	AR论文量	平均引文数	平均作者数	地区分布数	机构分布数	海外论文比	基金论文比	引用半衰期
U014	东华大学学报自然科学版	152	1.00	149	11.07	3.34	13	30	0.03	0.57	7.6
E002	东华理工大学学报自然科学版	72	0.96	71	14.71	3.53	13	28	0.00	0.63	8.5
G057	东南大学学报医学版	193	0.97	142	17.72	3.83	15	98	0.03	0.42	6.0
J028	东南大学学报自然科学版	229	0.98	229	12.69	3.58	15	33	0.02	0.89	6.2
G944	东南国防医药	200	0.77	24	10.91	4.23	10	82	0.00	0.12	4.1
P003	动力工程学报	170	0.92	167	11.38	4.09	17	52	0.01	0.52	6.1
P018	动力学与控制学报	67	0.97	64	13.75	2.67	22	45	0.00	0.81	8.5
F014	动物分类学报	169	0.97	135	16.49	2.95	26	77	0.02	0.73	16.4
F022	动物学研究	104	0.95	100	34.02	4.51	23	62	0.05	0.84	8.9
F043	动物学杂志	124	0.95	114	25.90	4.62	28	81	0.01	0.77	10.2
F231	动物营养学报	330	0.99	329	25.78	5.53	28	84	0.01	0.84	8.5
X034	都市快轨交通	173	0.94	124	6.40	2.04	15	80	0.02	0.17	5.1
G542	毒理学杂志	139	0.98	84	13.29	5.22	24	90	0.00	0.69	6.8
N070	锻压技术	258	0.96	181	10.57	3.36	26	143	0.00	0.46	6.4
N082	锻压装备与制造技术	182	0.91	54	6.26	2.71	24	89	0.01	0.14	7.3
T241	断块油气田	198	0.99	153	15.60	4.36	16	80	0.01	0.79	6.3
G920	儿科药学杂志	262	0.88	84	11.85	2.75	26	161	0.00	0.06	5.4
C071	发光学报	251	0.95	247	16.67	4.93	25	106	0.02	0.93	5.2
G874	法医学杂志	117	0.66	54	10.99	4.98	19	57	0.00	0.50	6.5
U013	纺织高校基础科学学报	117	0.99	98	10.17	2.22	8	32	0.00	0.65	7.2
U053	纺织学报	358	0.99	353	12.76	3.42	25	84	0.00	0.52	6.4
G893	放射免疫学杂志	200	0.45	43	9.16	3.20	21	159	0.00	0.06	4.6
G608	放射学实践	342	0.75	217	11.18	4.68	23	232	0.00	0.13	5.9
Y571	飞航导弹	213	0.57	187	8.23	2.83	19	87	0.00	0.04	5.5
Y006	飞行力学	132	0.96	119	8.44	3.26	16	37	0.00	0.44	6.9
K002	非金属矿	149	0.99	44	8.51	3.73	24	74	0.01	0.58	6.7
D022	分析测试学报	284	0.97	284	21.17	4.87	27	198	0.01	0.79	5.7
D005	分析化学	328	0.96	318	19.98	5.28	26	193	0.02	0.84	5.5
D026	分析科学学报	209	0.99	162	13.55	3.88	28	147	0.00	0.71	6.9
D004	分析试验室	356	0.97	260	15.31	4.54	30	217	0.00	0.69	4.8
D062	分析仪器	147	0.93	86	7.88	3.46	24	112	0.01	0.24	7.2
D015	分子催化	79	0.81	77	28.14	4.42	20	45	0.00	0.63	7.3
D035	分子科学学报	96	0.91	94	17.25	3.83	23	68	0.00	0.90	7.0
H845	分子植物育种	109	0.95	109	20.88	5.89	23	61	0.02	0.88	8.3
V052	粉煤灰综合利用	94	0.98	47	5.52	2.80	21	54	0.00	0.19	6.8
M105	粉末冶金工业	63	0.90	61	12.78	3.84	15	41	0.08	0.41	8.0
M039	粉末冶金技术	75	0.93	71	13.64	4.19	18	51	0.09	0.45	8.0
Q006	辐射防护	62	0.93	60	11.79	4.97	17	38	0.02	0.44	8.8
Q005	辐射研究与辐射工艺学报	69	0.96	69	17.19	4.97	17	46	0.00	0.77	7.0
H051	福建林学院学报	73	1.00	70	17.19	3.88	14	31	0.00	0.84	8.3
H268	福建农林大学学报自然科学版	129	1.00	128	17.32	4.50	12	32	0.00	0.86	7.6
H265	福建农业学报	262	0.95	254	17.52	5.18	10	70	0.00	0.87	7.5
A078	福建师范大学学报自然科学版	138	0.96	135	12.46	3.21	5	18	0.00	0.86	7.1
G024	福建医科大学学报	110	0.89	76	11.99	4.35	3	36	0.00	0.54	5.8

表 4-2　2012 年中国科技核心期刊（中文）来源指标刊名字顺索引（续）

CODE	刊　名	来源文献量	文献选出率	AR论文量	平均引文数	平均作者数	地区分布数	机构分布数	海外论文比	基金论文比	引用半衰期
A029	福州大学学报自然科学版	144	0.98	144	12.08	2.90	8	26	0.00	0.74	6.4
M003	腐蚀科学与防护技术	122	0.96	89	16.29	3.96	21	78	0.01	0.39	8.7
M505	腐蚀与防护	297	0.94	182	10.37	3.96	26	185	0.00	0.36	7.8
G068	复旦学报医学版	140	0.97	126	19.81	4.10	14	49	0.04	0.41	6.1
A001	复旦学报自然科学版	126	0.91	126	14.50	4.01	15	43	0.07	0.60	7.5
Y019	复合材料学报	217	0.95	214	17.15	4.05	25	98	0.00	0.74	7.1
B029	复杂系统与复杂性科学	50	0.93	49	17.86	2.98	15	42	0.04	0.90	6.4
G957	腹部外科	159	0.83	7	6.19	3.66	22	109	0.01	0.08	6.7
G338	腹腔镜外科杂志	298	0.80	74	10.25	4.18	28	229	0.00	0.04	4.8
A034	甘肃科学学报	159	0.98	115	10.48	2.70	13	73	0.00	0.53	7.7
H844	甘蔗糖业	78	0.99	67	7.38	5.55	5	31	0.00	0.60	6.5
G879	肝胆外科杂志	176	0.94	36	10.56	3.82	23	131	0.01	0.10	6.3
G690	肝胆胰外科杂志	168	0.91	50	10.13	4.43	20	124	0.00	0.18	5.1
G803	肝脏	229	0.65	88	13.19	4.11	27	150	0.00	0.24	4.7
G392	感染・炎症・修复	65	0.72	38	15.86	4.32	9	35	0.00	0.54	5.7
H045	干旱地区农业研究	267	0.99	267	19.99	4.42	25	109	0.01	0.88	7.9
E048	干旱气象	103	0.95	103	20.44	4.04	20	60	0.01	0.60	7.1
E020	干旱区地理	124	0.96	124	23.27	4.42	17	58	0.00	0.94	7.1
E105	干旱区研究	165	0.97	164	23.37	4.12	23	75	0.01	0.89	8.0
M050	钢铁	222	0.91	213	9.67	4.32	20	74	0.00	0.41	8.1
M013	钢铁钒钛	116	0.94	113	8.57	3.74	19	52	0.00	0.29	7.7
M027	钢铁研究	102	0.89	54	5.18	3.69	22	63	0.00	0.08	7.4
M019	钢铁研究学报	149	0.94	141	10.55	3.88	18	65	0.01	0.50	8.8
X028	港工技术	128	0.98	44	5.93	2.43	13	48	0.00	0.16	6.9
D020	高等学校化学学报	459	0.97	444	23.53	4.98	28	194	0.02	0.92	6.6
B002	高等学校计算数学学报	37	0.90	37	11.97	2.24	16	35	0.05	0.81	12.6
R038	高电压技术	469	0.94	449	24.43	4.62	22	112	0.01	0.76	5.7
T001	高分子材料科学与工程	566	0.95	487	8.95	4.24	27	178	0.01	0.71	7.3
T002	高分子通报	200	0.96	190	33.99	3.80	27	123	0.01	0.66	7.1
D021	高分子学报	207	1.00	206	25.23	4.37	22	93	0.02	0.86	6.5
A080	高技术通讯	201	0.94	201	15.01	3.83	19	71	0.01	1.00	6.8
T078	高科技纤维与应用	62	0.28	58	10.66	3.45	14	40	0.00	0.06	4.8
E358	高校地质学报	90	0.99	90	31.44	4.61	14	40	0.04	0.93	9.1
T016	高校化学工程学报	181	0.97	181	15.62	4.30	21	73	0.02	0.73	7.4
B003	高校应用数学学报	55	0.93	54	11.96	2.25	14	39	0.02	0.82	9.4
R037	高压电器	290	0.97	262	18.61	4.10	27	153	0.00	0.26	6.9
C056	高压物理学报	107	0.92	105	15.53	4.59	19	54	0.02	0.72	10.5
E005	高原气象	188	0.98	187	27.49	4.34	24	82	0.01	0.93	8.7
V021	给水排水	407	0.96	272	5.49	3.40	23	233	0.01	0.28	7.1
N105	工程爆破	105	0.96	66	7.86	3.41	19	74	0.00	0.16	7.9
E360	工程地质学报	145	0.97	141	16.72	3.63	20	72	0.03	0.67	8.0
S712	工程管理学报	140	0.99	140	11.59	2.24	21	58	0.00	0.34	4.4
N049	工程机械	217	0.73	120	4.19	2.82	26	143	0.00	0.10	6.5
V030	工程勘察	244	0.96	215	8.68	3.07	26	162	0.00	0.39	8.2

表 4-2 2012 年中国科技核心期刊（中文）来源指标刊名字顺索引（续）

CODE	刊 名	来源文献量	文献选出率	AR论文量	平均引文数	平均作者数	地区分布数	机构分布数	海外论文比	基金论文比	引用半衰期
V033	工程抗震与加固改造	146	0.98	142	9.84	3.01	26	91	0.01	0.46	8.9
C002	工程力学	572	0.96	556	14.97	3.07	25	165	0.02	0.84	9.6
C073	工程热物理学报	539	0.99	463	8.89	4.00	21	92	0.04	0.91	8.0
N590	工程设计学报	95	0.95	65	11.33	3.45	23	65	0.00	0.76	6.4
B031	工程数学学报	116	0.97	113	12.89	2.43	26	81	0.00	0.85	9.9
T003	工程塑料应用	305	0.96	235	13.21	4.00	25	176	0.00	0.34	5.5
N061	图学学报	148	0.96	138	10.09	2.94	23	88	0.01	0.57	8.2
N064	工具技术	320	0.86	125	6.27	2.69	23	176	0.00	0.33	7.6
K018	工矿自动化	389	0.98	159	7.09	2.52	23	180	0.00	0.26	4.8
T563	工业催化	192	0.95	166	14.22	4.26	25	100	0.00	0.47	7.9
J057	工业工程	140	0.97	139	17.31	2.64	20	57	0.01	0.82	6.8
N110	工业工程与管理	130	0.97	130	14.62	2.85	16	49	0.01	0.80	7.0
P009	工业加热	134	0.98	53	5.25	3.34	27	73	0.00	0.12	8.1
V010	工业建筑	408	0.90	351	9.87	3.24	28	158	0.01	0.54	8.2
P005	工业炉	107	0.98	38	3.53	2.53	22	90	0.01	0.06	8.6
Z013	工业水处理	321	0.97	171	11.56	3.79	28	199	0.00	0.47	6.5
F030	工业微生物	75	0.96	75	13.88	4.91	18	33	0.00	0.72	8.3
G025	工业卫生与职业病	114	0.88	59	9.78	4.71	24	74	0.00	0.25	7.9
N037	工业仪表与自动化装置	189	0.98	60	5.63	2.46	23	101	0.00	0.28	6.9
Z032	工业用水与废水	141	0.98	85	8.96	2.97	24	112	0.00	0.29	6.2
G207	公共卫生与预防医学	257	0.77	51	10.72	4.02	18	149	0.00	0.12	4.1
X579	公路	679	0.98	554	6.78	2.56	29	309	0.00	0.28	7.6
X022	公路工程	327	0.99	230	9.69	2.53	26	163	0.00	0.28	7.5
X047	公路交通技术	209	0.99	142	9.66	2.14	22	99	0.00	0.15	6.6
N039	功能材料	845	1.00	678	15.58	4.56	27	251	0.00	0.93	6.6
M502	功能材料与器件学报	86	1.00	79	14.58	4.23	27	65	0.01	0.76	6.7
D503	功能高分子学报	70	0.93	70	19.41	4.36	22	36	0.00	0.76	6.2
E601	古地理学报	76	0.93	76	31.88	5.36	15	46	0.03	0.87	10.2
E304	古脊椎动物学报	27	0.93	27	36.74	3.00	2	10	0.33	0.81	14.4
E022	古生物学报	42	0.89	42	34.71	3.88	10	19	0.07	0.86	18.1
G478	骨科	80	0.87	12	8.75	3.49	15	63	0.00	0.11	6.8
R047	固体电子学研究与进展	119	0.92	108	9.33	4.03	21	56	0.01	0.57	7.5
Y013	固体火箭技术	173	1.00	168	11.86	3.97	19	57	0.01	0.45	9.7
C103	固体力学学报	85	0.92	82	17.86	2.96	19	49	0.04	0.82	9.7
W007	管理工程学报	107	0.97	107	21.91	2.62	18	61	0.03	0.93	8.8
W018	管理科学	69	0.97	69	32.99	2.43	17	38	0.04	0.90	6.0
W008	管理科学学报	105	0.90	103	24.55	2.70	18	56	0.03	0.95	8.2
W025	管理评论	245	0.89	245	26.02	2.53	22	97	0.02	0.85	9.3
W016	管理学报	260	0.96	260	23.50	2.42	21	97	0.03	0.87	8.9
H226	灌溉排水学报	205	0.99	167	6.60	4.15	24	90	0.01	0.87	6.8
R026	光电工程	290	0.98	280	11.95	3.71	25	134	0.00	0.72	6.3
R061	光电子·激光	415	0.94	412	17.75	4.48	26	167	0.02	0.92	4.0
R082	光电子技术	59	0.97	55	8.69	3.75	17	40	0.00	0.41	6.4
C091	光谱学与光谱分析	736	0.98	672	14.49	5.03	29	271	0.04	0.97	6.1

表 4-2 2012 年中国科技核心期刊（中文）来源指标刊名字顺索引（续）

CODE	刊　名	来源文献量	文献选出率	AR论文量	平均引文数	平均作者数	地区分布数	机构分布数	海外论文比	基金论文比	引用半衰期
C097	光散射学报	76	0.95	76	14.25	4.13	18	49	0.04	0.83	7.8
R031	光通信技术	224	0.96	72	7.72	3.42	26	117	0.00	0.49	5.4
N015	光学技术	146	0.97	124	10.89	3.71	24	85	0.00	0.52	7.1
N033	光学精密工程	367	0.97	327	14.74	4.02	22	115	0.01	0.95	5.3
C050	光学学报	594	0.98	529	17.62	4.37	26	184	0.02	0.79	6.1
N031	光学仪器	111	0.95	79	9.23	3.27	18	44	0.00	0.41	6.7
R097	光学与光电技术	134	0.88	113	8.67	2.92	19	80	0.07	0.25	7.5
C037	光子学报	284	0.98	249	14.43	3.88	25	146	0.01	0.83	6.1
H272	广东海洋大学学报	109	0.97	108	17.45	3.59	11	38	0.00	0.61	8.7
G027	广东药学院学报	172	0.97	130	12.99	4.36	11	58	0.01	0.56	5.1
G026	广东医学	1429	0.88	296	11.98	4.41	30	585	0.00	0.30	6.1
A042	广西大学学报自然科学版	211	0.97	210	16.09	3.85	23	61	0.00	1.00	6.2
A535	广西科学	95	0.98	70	10.19	3.82	6	51	0.00	0.75	8.6
A062	广西师范大学学报自然科学版	122	0.97	120	15.57	3.83	16	34	0.02	0.98	7.7
G028	广西医科大学学报	363	0.86	51	8.69	3.84	15	108	0.00	0.37	6.3
G816	广西医学	694	0.96	68	9.64	3.62	15	234	0.00	0.31	6.0
F028	广西植物	163	0.98	143	16.20	4.00	26	105	0.02	0.91	9.3
G030	广州中医药大学学报	185	0.94	110	9.74	4.15	16	76	0.01	0.55	7.8
V572	规划师	267	0.95	246	10.54	2.44	21	124	0.03	0.28	5.2
T004	硅酸盐通报	339	0.98	335	13.87	3.97	27	168	0.00	0.62	6.4
T005	硅酸盐学报	305	0.91	305	19.64	4.31	27	138	0.06	0.81	7.2
M048	贵金属	59	0.95	56	15.92	5.00	14	29	0.00	0.61	9.3
G031	贵阳医学院学报	247	0.94	54	7.99	3.78	17	93	0.00	0.31	4.9
A077	贵州大学学报自然科学版	193	0.97	169	9.06	2.61	22	64	0.00	0.72	8.5
H275	贵州农业科学	775	0.99	434	13.77	4.31	31	288	0.00	0.72	7.1
A527	贵州师范大学学报自然科学版	160	0.99	133	10.13	2.58	15	50	0.01	0.69	7.3
G808	贵州医药	387	0.72	64	7.74	3.59	13	115	0.00	0.12	6.3
M033	桂林理工大学学报	117	0.97	114	11.88	3.57	18	64	0.00	0.79	7.4
A040	国防科技大学学报	192	1.00	189	13.05	3.64	8	16	0.01	0.83	6.9
G495	国际病毒学杂志	71	0.95	56	17.21	4.58	15	53	0.00	0.54	5.1
G350	国际病理科学与临床杂志	105	0.96	102	25.23	2.95	19	67	0.00	0.42	5.0
V529	国际城市规划	100	0.93	95	24.65	2.19	11	59	0.35	0.32	9.3
G936	国际儿科学杂志	189	0.97	116	25.47	1.42	20	98	0.00	0.24	5.1
G436	国际耳鼻咽喉头颈外科杂志	95	0.92	64	24.65	2.64	23	61	0.00	0.25	6.5
G659	国际妇产科学杂志	167	0.95	97	19.60	2.20	24	101	0.00	0.22	4.3
G498	国际骨科学杂志	132	0.90	26	26.25	3.88	20	71	0.00	0.28	4.9
G938	国际呼吸杂志	440	0.96	350	19.50	3.85	29	265	0.00	0.30	5.9
G967	国际护理学杂志	823	0.64	63	7.56	2.53	28	540	0.00	0.03	4.2
G929	国际精神病学杂志	78	0.96	53	13.37	2.96	21	55	0.01	0.18	6.1
G997	国际口腔医学杂志	224	0.97	135	21.74	2.21	26	102	0.00	0.41	6.7
G930	国际流行病学传染病学杂志	115	0.94	77	15.76	4.19	20	75	0.00	0.41	4.7
G975	国际麻醉学与复苏杂志	213	0.99	151	17.77	3.88	26	140	0.01	0.26	6.1
G349	国际泌尿系统杂志	254	0.99	168	19.81	3.03	24	168	0.00	0.15	5.7
G983	国际免疫学杂志	112	0.93	90	24.12	3.29	19	82	0.00	0.59	4.5

表 4-2　2012 年中国科技核心期刊（中文）来源指标刊名字顺索引（续）

CODE	刊　名	来源文献量	文献选出率	AR论文量	平均引文数	平均作者数	地区分布数	机构分布数	海外论文比	基金论文比	引用半衰期
G939	国际脑血管病杂志	159	0.89	150	32.99	3.60	24	102	0.00	0.37	4.6
G415	国际内分泌代谢杂志	119	0.89	37	19.12	3.11	20	84	0.01	0.49	3.6
G889	国际皮肤性病学杂志	128	0.81	56	18.89	3.07	17	65	0.00	0.23	4.4
G426	国际神经病学神经外科学杂志	156	0.98	127	22.72	2.53	25	116	0.01	0.33	4.5
G928	国际生物医学工程杂志	92	0.95	77	17.85	4.66	19	50	0.02	0.60	5.8
S157	国际生殖健康/计划生育杂志	126	0.91	70	18.44	2.68	25	81	0.01	0.25	4.8
B525	国际输血及血液学杂志	139	0.92	83	22.44	1.92	23	91	0.00	0.32	4.8
G954	国际外科学杂志	270	0.92	154	17.71	3.74	25	158	0.00	0.22	5.2
G660	国际消化病杂志	118	0.95	37	20.86	2.87	24	82	0.00	0.16	5.4
G940	国际心血管病杂志	118	0.92	37	18.89	3.39	19	77	0.01	0.38	4.6
Q911	国际眼科杂志	833	0.91	162	11.79	3.54	30	521	0.03	0.14	7.2
G933	国际药学研究杂志	91	0.92	86	24.65	3.86	18	56	0.00	0.60	5.2
G661	国际医学放射学杂志	92	0.90	71	26.59	2.77	17	62	0.00	0.30	4.6
G499	国际医学寄生虫病杂志	82	0.92	62	16.70	4.56	24	54	0.02	0.40	6.8
G984	国际遗传学杂志	63	0.90	61	27.68	3.97	14	43	0.00	0.65	4.7
G934	国际中医中药杂志	333	0.68	76	9.70	3.36	26	189	0.01	0.26	5.7
G937	国际肿瘤学杂志	278	0.97	172	20.76	2.81	26	191	0.00	0.40	3.6
E578	国土资源科技管理	138	0.97	130	10.23	2.86	25	71	0.00	0.53	6.0
E591	国土资源遥感	111	0.97	110	17.18	3.92	24	67	0.01	0.76	8.0
R683	国外电子测量技术	244	0.89	116	9.06	2.52	24	109	0.03	0.10	4.1
H028	果树学报	211	0.94	184	19.80	5.45	28	86	0.00	0.82	7.7
T008	过程工程学报	174	1.00	174	22.66	4.59	22	75	0.01	0.79	7.0
X025	哈尔滨工程大学学报	268	1.00	268	13.03	3.49	19	56	0.02	0.87	7.0
J003	哈尔滨工业大学学报	341	0.99	335	13.68	3.67	13	49	0.01	0.84	7.3
J013	哈尔滨理工大学学报	157	0.96	149	12.64	3.24	19	52	0.00	0.72	5.9
U021	哈尔滨商业大学学报自然科学版	188	0.97	153	8.99	2.93	18	57	0.01	0.53	7.2
G033	哈尔滨医科大学学报	179	0.97	78	10.37	4.55	7	24	0.00	0.42	7.1
J055	海军工程大学学报	135	0.96	132	9.24	3.21	12	16	0.00	0.55	6.6
Y029	海军航空工程学院学报	153	0.97	149	11.46	3.31	12	39	0.00	0.42	6.2
G899	海军医学杂志	179	0.72	17	6.20	3.20	13	84	0.00	0.07	5.7
A012	海南大学学报自然科学版	80	0.99	71	8.04	2.46	15	37	0.01	0.45	6.0
G941	海南医学	1480	0.88	112	8.84	3.05	28	876	0.00	0.06	5.0
G416	海南医学院学报	609	1.00	121	9.48	2.86	28	424	0.00	0.13	4.1
L037	海相油气地质	45	0.92	45	15.47	4.80	13	28	0.00	0.40	8.1
E651	海洋测绘	138	0.94	51	11.96	3.59	15	57	0.00	0.33	7.1
E155	海洋地质与第四纪地质	112	0.93	112	30.66	4.95	13	47	0.03	0.80	10.2
E131	海洋工程	92	0.98	87	14.53	3.63	13	39	0.01	0.79	9.0
E312	海洋湖沼通报	94	0.96	94	21.73	4.30	15	42	0.01	0.73	9.1
Z010	海洋环境科学	202	0.97	181	20.56	4.25	13	77	0.01	0.86	8.7
E145	海洋科学	244	0.96	231	22.20	4.48	17	96	0.00	0.87	9.1
E006	海洋科学进展	68	0.94	68	22.40	4.37	14	42	0.03	0.85	9.8
E311	海洋通报	106	0.96	103	20.59	4.25	13	69	0.00	0.78	9.0
E003	海洋学报	145	0.94	145	25.28	4.58	14	74	0.02	0.91	10.8
E149	海洋学研究	48	0.91	48	20.23	3.96	8	24	0.00	0.92	10.0

表 4-2　2012 年中国科技核心期刊（中文）来源指标刊名字顺索引（续）

CODE	刊　名	来源文献量	文献选出率	AR论文量	平均引文数	平均作者数	地区分布数	机构分布数	海外论文比	基金论文比	引用半衰期
H284	海洋渔业	69	0.99	69	25.14	4.99	12	23	0.00	0.67	7.9
E008	海洋与湖沼	187	0.89	187	22.93	5.01	15	59	0.01	0.95	9.0
E108	海洋预报	80	0.98	74	11.39	3.51	11	41	0.00	0.53	9.1
L586	含能材料	166	0.92	143	15.83	4.92	17	42	0.01	0.45	8.4
N076	焊接	182	0.87	128	7.29	3.47	24	113	0.02	0.25	8.1
N624	焊接技术	251	0.92	101	5.38	3.01	26	194	0.00	0.22	7.9
N021	焊接学报	329	0.94	314	7.93	4.11	24	119	0.02	0.70	6.9
Y027	航空材料学报	101	0.94	101	15.94	4.35	18	36	0.01	0.49	7.9
Y017	航空动力学报	393	0.96	393	15.15	3.53	18	66	0.01	0.49	9.0
Y554	航空发动机	84	0.88	72	11.23	3.18	11	28	0.00	0.26	10.5
Y031	航空计算技术	206	0.97	131	8.31	3.03	15	51	0.00	0.66	6.8
Y012	航空精密制造技术	106	0.93	48	5.21	3.26	12	37	0.00	0.23	8.0
Y002	航空学报	265	0.96	265	17.88	3.60	17	60	0.02	0.75	7.5
Y014	航空制造技术	448	0.81	260	4.10	2.78	20	158	0.02	0.15	7.2
Y034	航天返回与遥感	76	0.63	75	10.24	3.26	8	18	0.00	0.54	7.6
Y015	航天控制	106	0.96	102	9.58	2.58	18	45	0.00	0.25	7.2
Y033	航天器工程	129	0.45	121	9.95	3.27	10	37	0.01	0.38	0.0
Y032	航天器环境工程	138	0.97	129	8.71	3.35	15	43	0.00	0.35	8.1
G034	航天医学与医学工程	103	0.94	94	16.61	5.02	17	47	0.01	0.78	8.0
T057	合成材料老化与应用	61	0.92	52	10.95	3.51	11	34	0.00	0.13	7.5
D602	合成化学	202	0.98	116	11.85	4.21	29	123	0.00	0.80	7.9
T505	合成树脂及塑料	123	0.95	91	10.32	3.39	22	77	0.00	0.27	7.6
T067	合成纤维	153	0.92	94	5.84	2.71	19	75	0.00	0.10	7.4
T065	合成纤维工业	115	0.95	72	9.83	3.54	15	55	0.00	0.37	7.8
T018	合成橡胶工业	103	0.90	94	10.79	4.47	15	40	0.00	0.54	8.0
J053	合肥工业大学学报自然科学版	383	0.97	359	11.69	3.26	21	115	0.01	0.71	6.8
A031	河北大学学报自然科学版	119	1.00	117	13.76	3.52	13	35	0.02	0.86	7.6
J017	河北工业大学学报	146	0.99	138	9.82	3.24	9	39	0.00	0.77	7.0
J019	河北工业科技	139	0.97	93	7.54	2.58	16	73	0.00	0.20	6.0
K032	河北建筑科技学院学报自然科学版	112	1.00	86	10.07	2.91	19	50	0.00	0.32	6.2
J058	河北科技大学学报	123	0.96	115	9.98	3.35	17	42	0.02	0.62	6.2
H289	河北林果研究	109	0.96	70	10.52	3.16	9	39	0.00	0.28	9.1
H244	河北农业大学学报	153	0.97	149	15.58	4.50	15	30	0.01	0.75	7.8
A076	河北师范大学学报自然科学版	130	0.96	123	12.68	3.29	19	73	0.01	0.95	7.5
G035	河北医科大学学报	559	0.90	114	9.20	3.14	21	290	0.00	0.15	3.8
G641	河北医学	804	0.95	167	6.37	2.32	29	547	0.00	0.01	5.3
G898	河北医药	1045	0.42	31	9.26	3.79	26	505	0.00	0.09	3.9
G384	河北中医	473	0.44	44	8.89	3.02	19	293	0.00	0.17	4.9
G301	河北中医药学报	50	0.38	1	6.12	3.78	6	39	0.00	0.46	4.2
W012	河海大学学报自然科学版	125	0.95	125	15.58	3.94	11	35	0.02	0.81	7.4
A067	河南大学学报自然科学版	140	1.00	134	17.66	3.08	14	44	0.00	0.84	7.8
U004	河南工业大学学报自然科学版	131	1.00	126	13.64	4.00	15	34	0.00	0.48	6.9
J014	河南科技大学学报自然科学版	144	0.94	134	12.28	3.48	14	40	0.02	1.00	6.9
A011	河南科学	441	0.97	326	8.10	2.61	23	169	0.00	0.63	7.3

表 4-2　2012 年中国科技核心期刊（中文）来源指标刊名字顺索引（续）

CODE	刊　名	来源文献量	文献选出率	AR论文量	平均引文数	平均作者数	地区分布数	机构分布数	海外论文比	基金论文比	引用半衰期
K526	河南理工大学学报自然科学版	149	0.89	144	13.03	3.19	12	43	0.00	0.77	6.9
H011	河南农业大学学报	141	0.99	138	15.13	4.48	13	38	0.01	0.92	7.0
H356	河南农业科学	469	0.95	366	16.09	4.63	29	198	0.00	0.70	7.3
A058	河南师范大学学报自然科学版	294	0.97	193	9.88	3.12	25	117	0.00	0.84	7.1
G684	河南中医	408	0.38	21	9.83	2.38	27	205	0.00	0.19	4.5
Q004	核动力工程	185	0.98	151	6.31	3.80	15	64	0.01	0.26	9.5
Q002	核化学与放射化学	62	0.95	62	19.05	5.37	13	31	0.00	0.48	9.3
Q001	核技术	192	0.97	180	11.94	5.04	23	78	0.01	0.49	7.8
C092	核聚变与等离子体物理	66	0.97	63	12.17	4.09	14	31	0.02	0.77	8.5
Q009	核科学与工程	64	0.94	54	10.00	3.88	11	27	0.02	0.42	8.7
H042	核农学报	215	0.89	214	24.58	5.40	25	92	0.00	0.88	7.4
A084	黑龙江大学自然科学学报	158	0.98	150	12.87	3.16	23	63	0.01	0.85	7.5
K505	黑龙江科技学院学报	139	0.93	133	9.81	2.76	13	42	0.01	0.60	6.4
R535	红外技术	138	0.99	127	11.23	4.38	17	59	0.02	0.50	6.8
C035	红外与毫米波学报	106	0.98	99	13.14	5.00	16	55	0.02	0.92	8.1
R084	红外与激光工程	610	1.00	608	11.39	4.21	26	178	0.00	0.82	6.4
A039	湖北大学学报自然科学版	112	0.99	103	11.40	3.55	15	50	0.01	0.67	8.2
H203	湖北农业科学	1641	0.97	973	12.59	3.84	31	615	0.00	0.64	7.2
G334	湖北中医药大学学报	176	0.83	15	8.51	3.52	16	79	0.00	0.32	7.1
E111	湖泊科学	135	0.96	135	27.92	4.67	23	62	0.02	0.93	8.1
A028	湖南大学学报自然科学版	210	1.00	206	11.85	3.71	14	34	0.00	0.93	7.3
K016	湖南科技大学学报自然科学版	102	1.00	96	12.73	3.66	18	54	0.01	0.97	6.8
H060	湖南农业大学学报自然科学版	135	0.97	122	17.59	5.24	17	46	0.00	0.88	7.4
G548	湖南师范大学学报医学版	100	0.99	57	10.46	3.93	6	56	0.01	0.23	6.6
A055	湖南师范大学自然科学学报	110	0.96	107	14.43	3.70	21	67	0.01	0.90	6.8
G041	湖南中医药大学学报	331	0.94	70	7.60	3.62	25	186	0.00	0.34	5.7
G336	护理管理杂志	378	0.93	1	11.87	3.60	26	268	0.01	0.19	4.5
G987	护理学报	619	0.90	162	11.80	3.47	27	380	0.00	0.10	5.1
G503	护理学杂志	821	0.67	72	10.09	3.45	29	423	0.01	0.13	4.7
G654	护理研究	1104	0.53	66	11.39	3.47	30	587	0.01	0.25	4.6
G734	护士进修杂志	834	0.73	43	5.65	3.26	30	464	0.01	0.15	5.4
E141	华北地震科学	54	0.93	46	10.02	4.13	14	32	0.00	0.72	8.0
R046	华北电力大学学报	124	0.98	118	12.23	3.45	17	42	0.00	0.55	6.3
H032	华北农学报	267	0.99	258	20.11	5.70	26	102	0.01	0.90	8.7
R752	华东电力	566	0.75	420	6.22	3.55	24	176	0.00	0.42	5.2
X003	华东交通大学学报	141	0.98	138	11.99	2.44	17	34	0.01	0.58	5.6
T021	华东理工大学学报自然科学版	131	0.94	130	14.54	3.51	12	18	0.00	0.56	7.5
A054	华东师范大学学报自然科学版	107	0.91	104	17.35	3.07	17	42	0.07	0.81	7.6
E103	华南地震	63	0.97	58	9.56	3.98	15	32	0.00	0.51	8.2
G340	华南国防医学杂志	193	0.89	54	12.53	4.72	17	64	0.00	0.46	4.7
J004	华南理工大学学报自然科学版	314	0.97	314	17.05	3.53	17	45	0.02	0.97	5.9
H013	华南农业大学学报	123	0.97	110	18.55	5.32	16	32	0.02	0.90	8.3
A052	华南师范大学学报自然科学版	120	0.99	111	12.83	3.12	11	35	0.00	0.90	7.0
G525	华南预防医学	148	0.94	51	7.86	4.55	16	90	0.01	0.20	5.4

表 4-2　2012 年中国科技核心期刊（中文）来源指标刊名字顺索引（续）

CODE	刊　名	来源文献量	文献选出率	AR 论文量	平均引文数	平均作者数	地区分布数	机构分布数	海外论文比	基金论文比	引用半衰期
A021	华侨大学学报自然科学版	148	0.97	136	11.20	2.56	13	22	0.00	0.82	7.4
G043	华西口腔医学杂志	153	0.94	118	13.25	4.42	27	85	0.01	0.52	7.2
G044	华西药学杂志	266	0.97	54	6.73	4.49	27	125	0.00	0.39	6.6
G294	华西医学	519	0.85	240	16.28	3.86	21	171	0.00	0.09	5.4
G077	华中科技大学学报医学版	181	0.97	140	14.29	5.34	15	73	0.02	0.54	6.7
J033	华中科技大学学报自然科学版	339	0.97	335	13.08	3.41	21	84	0.01	0.89	6.7
H003	华中农业大学学报	140	0.99	139	18.34	4.79	20	48	0.00	0.95	7.8
A004	华中师范大学学报自然科学版	164	0.98	146	12.68	3.35	26	104	0.01	0.80	8.0
Z009	化工环保	126	0.95	121	15.02	4.13	23	100	0.00	0.48	5.8
T006	化工机械	223	0.99	118	5.70	3.06	27	125	0.00	0.18	8.2
T101	化工进展	481	0.80	467	28.97	4.22	26	185	0.00	0.58	6.3
T532	化工科技	121	1.00	84	12.27	4.19	20	53	0.00	0.46	7.3
T146	化工设备与管道	114	0.96	66	8.19	2.36	20	84	0.00	0.10	11.3
T007	化工学报	576	0.98	575	18.92	4.18	26	160	0.02	0.85	7.2
T009	化学反应工程与工艺	96	0.94	96	14.33	4.08	21	49	0.01	0.50	8.0
D604	化学分析计量	184	0.97	49	9.77	3.76	25	151	0.00	0.33	7.0
T025	化学工程	213	0.98	196	12.42	4.08	26	91	0.00	0.58	7.3
T567	化学工程师	265	0.98	71	7.53	3.08	29	153	0.00	0.24	6.7
T076	化学工业与工程	88	0.96	88	16.10	4.01	17	27	0.00	0.41	6.5
T501	化学工业与工程技术	91	0.96	62	12.15	2.76	21	59	0.00	0.14	7.7
D506	化学进展	235	0.95	231	78.37	3.76	27	122	0.05	0.86	5.6
D011	化学试剂	315	0.98	138	13.11	3.84	30	197	0.00	0.58	7.9
D018	化学通报	194	0.92	181	29.48	3.74	27	123	0.00	0.71	6.5
D030	化学学报	375	0.98	370	29.60	4.59	29	205	0.02	0.88	6.6
D501	化学研究	145	0.96	117	15.65	3.89	22	75	0.01	0.56	7.1
D037	化学研究与应用	375	0.98	350	15.32	4.09	30	225	0.00	0.68	7.4
T931	化学与黏合	131	0.99	63	13.78	3.43	16	56	0.02	0.21	7.5
T553	化学与生物工程	307	0.97	151	12.91	3.76	26	161	0.00	0.47	7.3
Z017	环境保护科学	127	0.99	91	10.57	3.06	24	85	0.01	0.38	6.4
Z005	环境工程	208	0.94	126	11.27	3.86	27	143	0.00	0.57	6.8
Z021	环境工程学报	850	1.00	850	17.42	4.38	29	292	0.01	0.84	6.9
D024	环境化学	355	0.92	286	17.19	4.64	27	202	0.03	0.77	6.6
Z554	环境监测管理与技术	105	0.95	69	13.87	3.76	21	78	0.00	0.45	6.6
Z506	环境科技	121	0.95	76	12.37	3.39	20	91	0.01	0.40	6.3
Z004	环境科学	644	0.94	644	28.25	4.95	27	218	0.01	0.85	6.9
Z003	环境科学学报	403	1.00	403	26.07	4.72	27	179	0.02	0.91	7.0
Z002	环境科学研究	217	0.99	217	32.68	5.06	27	120	0.00	0.94	6.7
Z025	环境科学与技术	521	1.00	485	17.36	4.15	29	265	0.00	0.79	7.0
H049	环境昆虫学报	85	0.99	83	21.84	4.47	20	48	0.02	0.86	10.4
Z035	环境卫生工程	127	0.97	34	4.91	3.00	22	85	0.01	0.26	6.6
Z019	环境污染与防治	270	0.92	248	17.82	4.10	27	164	0.00	0.74	6.5
Z031	环境与健康杂志	354	0.87	130	14.17	5.12	30	164	0.01	0.65	6.0
G882	环境与职业医学	217	0.98	112	12.57	5.00	22	112	0.09	0.38	6.3
G656	环球中医药	310	0.95	124	11.58	3.64	27	167	0.04	0.43	5.5

表 4-2 2012 年中国科技核心期刊（中文）来源指标刊名字顺索引（续）

CODE	刊　名	来源文献量	文献选出率	AR论文量	平均引文数	平均作者数	地区分布数	机构分布数	海外论文比	基金论文比	引用半衰期
M631	黄金	182	0.94	121	8.70	3.37	23	99	0.01	0.23	8.1
Y040	火箭推进	87	0.97	84	10.13	2.87	6	14	0.00	0.68	8.4
N005	火力与指挥控制	644	1.00	422	8.22	3.17	24	151	0.00	0.51	7.2
N007	火炸药学报	126	1.00	108	12.60	4.92	12	27	0.01	0.37	8.2
X011	机车电传动	163	0.99	76	4.68	2.71	19	72	0.00	0.15	6.7
N069	机床与液压	1082	0.98	362	7.60	2.95	28	455	0.01	0.36	6.6
N672	机电工程	362	0.99	250	11.24	2.90	23	135	0.00	0.38	5.7
R099	机电一体化	230	0.95	134	5.87	2.71	21	74	0.00	0.28	6.2
S004	机器人	105	1.00	105	16.31	3.83	19	48	0.04	0.91	6.3
N040	机械传动	372	0.99	171	7.34	2.98	27	203	0.00	0.36	6.9
M004	机械工程材料	304	0.97	227	11.59	4.07	27	149	0.01	0.57	8.0
N051	机械工程学报	661	0.98	622	15.06	3.81	27	169	0.02	0.90	6.6
N050	机械科学与技术	419	0.95	374	10.57	3.41	24	148	0.01	0.59	7.9
N057	机械强度	169	0.96	157	13.21	3.18	24	91	0.02	0.70	9.1
N047	机械设计	296	0.98	176	9.32	3.18	26	160	0.00	0.54	7.0
N054	机械设计与研究	199	0.97	94	12.15	3.57	24	105	0.02	0.59	6.7
N028	机械设计与制造	1209	1.00	0	7.76	3.27	30	341	0.00	0.67	7.2
N053	机械与电子	262	1.00	132	6.69	3.07	24	102	0.00	0.25	6.7
N682	机械制造	389	0.97	109	5.90	2.73	28	189	0.00	0.23	7.2
N515	机械制造与自动化	382	0.99	90	6.40	2.45	23	163	0.00	0.14	7.5
G003	基础医学与临床	320	0.94	277	11.79	4.60	29	186	0.01	0.64	4.3
H245	基因组学与应用生物学	102	0.96	99	19.63	4.96	22	63	0.03	0.84	7.8
R025	激光技术	212	0.97	151	13.03	3.84	24	122	0.00	0.47	7.2
F045	激光生物学报	105	0.96	103	17.01	4.63	20	44	0.03	0.80	7.6
R514	激光与光电子学进展	336	0.98	334	18.98	4.18	28	176	0.01	0.68	6.1
R521	激光与红外	299	1.00	275	10.45	3.81	28	133	0.00	0.45	6.6
R028	激光杂志	227	0.75	7	12.74	3.71	23	101	0.02	0.48	6.3
E116	吉林大学学报地球科学版	219	0.96	217	23.85	4.79	22	64	0.01	0.96	8.6
J042	吉林大学学报工学版	280	1.00	280	10.83	4.09	21	74	0.02	0.96	6.5
A035	吉林大学学报理学版	244	0.98	223	12.43	3.31	24	93	0.02	0.96	7.8
R586	吉林大学学报信息科学版	111	0.98	86	12.59	3.54	15	37	0.01	0.59	5.3
G014	吉林大学学报医学版	269	0.59	260	14.38	5.33	23	100	0.01	0.91	5.4
H243	吉林农业大学学报	136	0.99	131	17.02	4.77	19	47	0.02	0.93	7.9
H227	吉林农业科学	124	0.98	58	11.80	4.76	20	66	0.01	0.56	8.0
G719	吉林中医药	435	0.71	41	11.18	2.87	24	162	0.00	0.40	4.7
E007	极地研究	48	0.92	48	28.50	4.27	11	25	0.06	0.94	10.5
G452	疾病监测	270	0.93	127	8.15	4.83	24	150	0.01	0.17	5.2
G439	脊柱外科杂志	97	0.97	67	16.20	5.41	20	60	0.00	0.19	7.4
N038	计量技术	305	0.99	106	5.47	2.76	27	194	0.00	0.13	8.7
N014	计量学报	122	0.98	107	9.30	3.75	21	61	0.02	0.57	7.1
S050	计算机测量与控制	1056	0.99	297	7.81	3.10	27	377	0.00	0.46	6.0
S049	计算机仿真	1188	0.99	943	8.85	2.52	31	487	0.00	0.38	6.8
S013	计算机辅助设计与图形学学报	218	0.99	186	17.50	3.51	20	98	0.03	0.93	6.5
S012	计算机工程	2034	0.99	783	8.98	3.11	31	521	0.01	0.77	5.7

表 4-2 2012 年中国科技核心期刊（中文）来源指标刊名字顺索引（续）

CODE	刊名	来源文献量	文献选出率	AR论文量	平均引文数	平均作者数	地区分布数	机构分布数	海外论文比	基金论文比	引用半衰期
S034	计算机工程与科学	424	0.98	387	11.42	3.11	29	199	0.01	0.68	6.6
S022	计算机工程与设计	935	1.00	789	13.67	2.90	29	336	0.01	0.64	4.5
S025	计算机工程与应用	2019	1.00	1508	11.53	2.81	31	611	0.01	0.77	6.8
S030	计算机集成制造系统	340	0.95	301	16.68	3.52	23	114	0.01	0.91	6.0
S520	计算机技术与发展	778	1.00	501	12.84	2.74	31	279	0.00	0.81	5.8
S006	计算机科学	862	0.99	650	15.14	3.14	28	273	0.00	0.87	6.3
S085	计算机科学与探索	110	0.90	106	18.91	3.36	23	63	0.01	0.98	6.3
S509	计算机系统应用	674	0.99	540	8.69	2.63	26	284	0.00	0.40	6.0
S018	计算机学报	238	0.98	234	23.96	3.66	22	108	0.04	0.95	6.2
S021	计算机研究与发展	287	0.96	276	19.59	3.61	24	102	0.04	0.98	6.5
S029	计算机应用	908	0.99	598	14.49	2.88	30	343	0.01	0.74	5.3
S016	计算机应用研究	1289	1.00	672	13.68	3.01	29	356	0.00	0.79	5.7
S009	计算机应用与软件	1011	0.99	468	9.80	2.74	29	452	0.00	0.55	6.6
S500	计算机与现代化	693	0.99	307	14.37	2.31	30	376	0.00	0.27	5.5
S014	计算机与应用化学	340	0.97	287	14.05	3.52	27	157	0.01	0.64	7.5
S507	计算技术与自动化	133	0.99	109	8.33	2.42	19	84	0.00	0.42	5.8
C003	计算力学学报	165	0.99	152	13.33	3.08	23	74	0.01	0.85	8.7
B014	计算数学	38	0.90	38	17.16	2.74	18	34	0.05	0.89	10.6
C094	计算物理	133	0.96	133	16.12	3.32	22	82	0.01	0.83	8.5
S718	技术经济	254	0.93	254	19.60	2.12	22	103	0.00	0.69	6.9
A656	济南大学学报自然科学版	94	1.00	88	13.01	3.11	13	32	0.00	0.98	6.4
G292	寄生虫与医学昆虫学报	43	0.93	39	17.72	4.74	18	32	0.14	0.60	8.0
A045	暨南大学学报自然科学与医学版	135	0.95	114	14.36	3.99	10	45	0.00	0.75	6.0
H240	家畜生态学报	163	0.95	127	15.12	5.08	18	64	0.01	0.64	6.7
G638	检验医学	292	0.94	160	9.62	3.86	26	223	0.00	0.20	6.2
G477	检验医学与临床	771	0.38	10	9.56	2.82	28	590	0.00	0.04	3.4
V051	建筑材料学报	168	0.98	165	11.21	3.55	23	75	0.03	0.84	8.3
V057	建筑钢结构进展	53	0.91	52	12.06	2.70	13	27	0.09	0.36	7.4
V045	建筑技术	308	0.95	114	4.31	2.54	28	208	0.00	0.19	7.7
V014	建筑结构	395	0.74	331	6.56	3.67	22	149	0.02	0.23	6.3
V044	建筑结构学报	229	0.96	229	13.49	3.82	20	61	0.01	0.82	7.8
S635	建筑经济	327	0.98	182	5.81	2.00	28	208	0.01	0.33	5.2
V005	建筑科学	289	0.98	243	8.24	3.18	27	161	0.02	0.46	6.7
V013	建筑科学与工程学报	71	0.93	71	16.56	3.15	15	33	0.01	0.82	6.6
V047	建筑学报	209	0.85	127	3.31	1.85	17	91	0.09	0.15	6.1
Y564	舰船科学技术	395	0.98	307	7.43	2.95	17	132	0.00	0.20	8.3
A136	江南大学学报自然科学版	151	0.97	145	11.49	2.93	17	50	0.00	0.56	6.4
G453	江苏大学学报医学版	141	0.98	93	11.62	4.92	11	57	0.00	0.30	5.9
J035	江苏大学学报自然科学版	144	1.00	144	10.68	3.85	17	46	0.00	0.97	5.5
X015	江苏科技大学学报自然科学版	128	0.96	125	11.16	3.20	5	23	0.00	0.57	6.2
H700	江苏农业科学	1815	0.96	416	11.74	4.09	31	629	0.00	0.66	7.4
H199	江苏农业学报	282	0.99	253	20.43	5.60	25	83	0.00	0.91	7.6
G046	江苏医药	1200	0.88	134	8.14	4.22	29	454	0.00	0.18	6.1
G397	江苏中医药	285	0.49	0	5.22	3.01	22	181	0.00	0.31	6.0

表 4-2 2012 年中国科技核心期刊（中文）来源指标刊名字顺索引（续）

CODE	刊　名	来源文献量	文献选出率	AR论文量	平均引文数	平均作者数	地区分布数	机构分布数	海外论文比	基金论文比	引用半衰期
H283	江西农业大学学报	230	0.97	225	18.68	4.82	26	100	0.01	0.95	7.5
H701	江西农业学报	686	1.00	362	14.23	4.46	28	320	0.00	0.53	6.9
A112	江西师范大学学报自然科学版	150	0.98	126	13.33	3.17	23	78	0.00	0.91	7.7
G047	南昌大学学报医学版	381	0.95	145	12.73	3.85	19	152	0.00	0.22	5.8
X002	交通科学与工程	66	0.94	66	10.12	2.97	14	37	0.00	0.56	6.7
X020	交通信息与安全	194	0.98	173	9.28	3.04	21	86	0.01	0.50	6.4
X672	交通运输工程学报	103	0.90	103	16.65	3.86	20	44	0.11	0.98	5.8
X685	交通运输系统工程与信息	180	0.97	180	11.04	2.82	16	74	0.07	0.69	6.7
L587	节能技术	142	0.97	94	10.52	3.27	22	102	0.00	0.26	6.2
W567	节水灌溉	248	0.90	176	12.44	3.52	28	121	0.00	0.73	6.9
K553	洁净煤技术	198	0.99	112	9.77	2.81	21	136	0.01	0.31	5.5
V049	结构工程师	161	0.99	157	9.89	2.83	16	51	0.01	0.47	7.3
G869	结直肠肛门外科	143	0.80	33	9.46	3.43	21	99	0.00	0.12	6.5
G316	解放军护理杂志	633	0.94	117	11.31	3.40	26	320	0.00	0.13	5.0
A121	解放军理工大学学报自然科学版	127	0.95	127	11.82	3.87	18	53	0.00	0.90	7.5
G295	解放军药学学报	179	0.95	63	9.05	4.42	23	104	0.00	0.27	5.5
G048	解放军医学杂志	268	0.96	216	15.76	5.63	25	132	0.01	0.58	6.0
G671	解放军医药杂志	302	0.84	85	14.24	3.96	25	102	0.00	0.22	4.1
G315	解放军医院管理杂志	488	0.87	14	5.60	3.37	29	196	0.00	0.10	3.6
G961	解放军预防医学杂志	159	0.86	42	5.69	4.48	22	107	0.00	0.25	6.0
G507	解剖科学进展	169	0.94	91	12.04	4.47	21	66	0.01	0.65	6.7
G049	解剖学报	155	0.96	153	16.75	5.39	25	85	0.01	0.85	6.7
G358	解剖学研究	130	0.94	70	11.73	4.75	21	72	0.00	0.54	6.9
G050	解剖学杂志	260	0.85	130	11.99	4.90	30	132	0.00	0.59	6.5
G886	介入放射学杂志	252	0.92	196	14.31	5.15	28	187	0.00	0.14	5.7
N048	金刚石与磨料磨具工程	114	0.98	96	8.62	3.88	20	68	0.01	0.59	6.7
M051	金属功能材料	69	0.92	59	17.03	3.88	11	33	0.01	0.35	7.6
K022	金属矿山	525	0.98	317	8.38	3.37	28	204	0.00	0.46	6.7
N083	金属热处理	419	0.75	305	9.85	3.86	26	231	0.01	0.40	7.6
M012	金属学报	215	1.00	214	26.00	4.61	22	69	0.05	0.89	8.1
E599	经济地理	354	0.98	349	18.94	2.68	27	152	0.02	0.82	6.0
H266	经济林研究	131	0.98	115	17.32	4.79	22	56	0.00	0.82	7.2
N749	精密制造与自动化	75	0.91	23	3.43	1.95	16	40	0.00	0.11	8.3
G953	精神医学杂志	157	0.89	42	14.42	3.82	21	98	0.01	0.20	7.3
T102	精细化工	276	0.99	254	15.68	4.31	27	134	0.00	0.62	6.3
T955	精细化工中间体	116	0.97	51	13.29	4.41	22	66	0.00	0.30	7.3
T542	精细石油化工	121	0.97	107	12.17	4.07	21	68	0.01	0.39	8.2
G677	颈腰痛杂志	124	0.72	55	13.16	4.45	21	98	0.00	0.09	6.6
Z553	净水技术	144	0.97	112	13.31	3.39	17	93	0.02	0.40	6.6
G553	局解手术学杂志	219	0.56	16	10.07	4.08	24	129	0.00	0.19	3.5
T512	聚氨酯工业	72	0.92	54	9.57	3.76	19	53	0.01	0.26	7.3
R016	绝缘材料	113	0.94	77	11.89	4.09	18	61	0.01	0.31	7.3
G052	军事医学	239	0.92	172	14.44	5.24	21	89	0.00	0.56	6.1
J056	军械工程学院学报	102	0.94	93	7.72	3.58	9	16	0.00	0.41	5.9

表 4-2 2012 年中国科技核心期刊（中文）来源指标刊名字顺索引（续）

CODE	刊 名	来源文献量	文献选出率	AR论文量	平均引文数	平均作者数	地区分布数	机构分布数	海外论文比	基金论文比	引用半衰期
G187	军医进修学院学报	463	0.92	79	11.91	4.72	25	95	0.00	0.33	5.5
F018	菌物学报	118	0.92	112	21.42	4.23	24	58	0.03	0.86	8.0
M018	勘察科学技术	93	0.92	65	8.01	2.80	23	62	0.01	0.23	8.9
A645	科技导报	435	0.56	417	17.38	3.76	27	225	0.02	0.60	6.8
S812	科技管理研究	1311	1.00	1215	11.01	2.13	29	515	0.01	0.56	5.9
R588	科技进步与对策	820	1.00	776	13.88	2.12	29	293	0.01	0.71	6.8
A083	科技通报	726	0.99	283	7.67	2.12	29	457	0.00	0.41	7.6
W027	科技与法律	121	0.95	111	9.11	1.50	17	70	0.00	0.20	5.3
A537	科学技术与工程	2254	0.99	1805	8.74	2.87	30	733	0.00	0.32	7.4
A075	科学通报	409	0.86	402	40.89	4.56	26	215	0.07	0.90	7.3
W514	科学学研究	231	0.94	229	23.44	2.35	22	102	0.01	0.81	8.3
W531	科研管理	237	0.96	237	23.04	2.28	23	102	0.01	0.85	8.8
L516	可再生能源	330	0.97	296	12.01	3.96	28	191	0.01	0.66	5.4
E140	空间科学学报	118	0.99	107	17.15	3.74	16	59	0.01	0.70	8.1
Y051	空间控制技术与应用	67	0.92	66	7.40	2.81	2	9	0.00	0.30	8.6
J059	空军工程大学学报自然科学版	112	0.95	111	11.57	3.99	4	13	0.00	0.86	6.6
Y016	空气动力学学报	133	0.99	133	12.18	3.58	17	47	0.03	0.67	12.1
S503	控制工程	260	1.00	214	12.82	3.17	24	116	0.01	0.86	7.3
R060	控制理论与应用	244	0.96	230	18.23	3.10	24	100	0.03	0.91	6.8
S001	控制与决策	359	1.00	344	14.80	3.08	25	118	0.01	0.96	7.1
G672	口腔材料器械杂志	55	0.87	28	15.15	2.80	17	32	0.00	0.47	6.2
G246	口腔颌面外科杂志	118	0.95	68	13.16	3.35	23	83	0.01	0.33	7.2
G894	口腔颌面修复学杂志	91	0.93	62	14.33	3.90	15	61	0.01	0.27	6.0
G325	口腔医学	237	0.81	64	11.86	3.62	23	159	0.00	0.32	6.6
G266	口腔医学研究	369	0.87	137	11.45	3.94	28	207	0.01	0.33	7.5
K525	矿产保护与利用	85	0.99	61	6.69	2.82	18	59	0.00	0.38	7.3
V054	矿产勘查	136	0.88	128	9.89	3.13	23	86	0.01	0.18	8.9
K025	矿产与地质	96	1.00	87	11.47	3.47	23	73	0.00	0.27	10.6
K004	矿产综合利用	105	0.99	70	7.59	3.08	18	55	0.01	0.28	8.3
E106	矿床地质	108	0.98	104	38.26	5.77	16	41	0.03	0.81	10.2
K014	矿山机械	438	0.59	260	6.15	2.97	28	205	0.00	0.31	6.0
E350	矿物学报	78	0.98	78	23.42	4.69	17	46	0.00	0.86	11.2
E354	矿物岩石	62	0.97	62	20.60	4.40	15	38	0.00	0.79	9.5
E504	矿物岩石地球化学通报	75	0.95	75	44.47	4.49	19	43	0.04	0.67	8.2
M101	矿冶	105	1.00	76	11.05	3.40	11	27	0.01	0.28	7.8
M045	矿冶工程	195	0.99	123	9.91	3.68	22	90	0.00	0.41	6.9
K010	矿业研究与开发	196	0.87	106	9.64	3.43	24	80	0.00	0.48	6.3
F005	ENTOMOTAXONOMIA	97	0.97	88	15.52	2.81	23	45	0.05	0.81	20.9
F015	昆虫学报	175	0.99	174	28.48	4.81	26	86	0.06	0.89	8.8
J020	昆明理工大学学报自然科学版	95	1.00	95	16.14	4.04	12	28	0.01	0.87	7.7
G053	昆明医学院学报	534	0.95	250	8.98	4.31	18	187	0.01	0.55	6.8
G395	兰州大学学报医学版	66	0.96	55	13.50	4.61	7	26	0.00	0.33	6.4
A016	兰州大学学报自然科学版	141	0.97	134	20.08	4.13	22	54	0.01	0.90	8.2
X016	兰州交通大学学报	253	0.95	190	7.85	2.32	19	51	0.00	0.38	7.1

表 4-2　2012 年中国科技核心期刊（中文）来源指标刊名字顺索引（续）

CODE	刊　名	来源文献量	文献选出率	AR论文量	平均引文数	平均作者数	地区分布数	机构分布数	海外论文比	基金论文比	引用半衰期
J008	兰州理工大学学报	225	0.97	202	11.12	3.11	24	73	0.00	0.58	7.1
G628	老年医学与保健	123	0.95	52	14.37	3.62	12	60	0.02	0.28	5.7
R096	雷达科学与技术	128	0.97	124	9.97	3.12	15	50	0.08	0.30	6.9
T010	离子交换与吸附	70	0.99	70	16.23	4.56	19	46	0.00	0.80	6.7
M001	理化检验化学分册	439	0.87	147	10.81	4.08	29	331	0.00	0.44	7.4
C101	力学季刊	91	0.95	90	12.65	2.99	17	38	0.00	0.74	9.3
C102	力学进展	64	0.81	59	77.31	2.95	14	40	0.08	0.72	8.8
C001	力学学报	135	0.95	129	17.33	3.36	22	66	0.01	0.86	9.3
G580	立体定向和功能性神经外科杂志	105	0.96	56	11.93	5.27	20	73	0.00	0.23	6.4
L014	炼油技术与工程	177	0.93	131	4.67	2.72	20	83	0.00	0.09	7.0
U002	粮食储藏	80	0.96	51	7.53	3.58	15	52	0.01	0.30	7.4
U055	粮食与饲料工业	213	0.95	97	10.09	3.63	25	114	0.00	0.28	7.0
C032	量子电子学报	122	0.97	120	15.91	3.42	21	82	0.00	0.80	7.3
C110	量子光学学报	68	0.96	63	16.43	3.18	18	40	0.00	0.85	8.8
K008	辽宁工程技术大学学报自然科学版	219	0.99	217	11.53	3.02	25	107	0.01	0.88	7.0
H261	辽宁农业科学	172	0.95	59	8.83	3.59	13	83	0.00	0.33	8.6
A072	辽宁师范大学学报自然科学版	113	0.97	111	10.96	3.15	10	29	0.02	0.73	7.6
G850	辽宁中医药大学学报	1120	0.85	113	10.77	2.94	28	405	0.00	0.30	6.2
G646	辽宁中医杂志	914	0.84	125	9.29	3.90	29	335	0.00	0.62	6.6
U037	林产工业	104	0.93	46	7.29	3.10	12	32	0.02	0.41	6.1
T017	林产化学与工业	149	0.98	148	16.65	4.45	21	60	0.02	0.75	6.8
H740	林业科技开发	212	0.98	154	13.41	4.10	24	100	0.01	0.80	7.9
H280	林业科学	330	0.95	327	25.73	4.41	29	102	0.04	0.81	8.7
H281	林业科学研究	128	0.98	127	23.07	4.92	15	32	0.02	0.66	8.4
H102	林业调查规划	185	0.96	139	9.64	2.66	19	123	0.00	0.24	7.1
T231	磷肥与复肥	177	0.84	32	4.30	2.62	22	113	0.01	0.08	7.7
G880	临床超声医学杂志	236	0.56	70	9.37	4.25	25	187	0.00	0.20	5.2
G607	临床儿科杂志	303	0.90	192	14.34	4.51	28	172	0.01	0.19	5.9
G276	临床耳鼻咽喉头颈外科杂志	336	0.81	141	11.14	4.44	29	237	0.00	0.24	6.6
G271	临床放射学杂志	407	0.79	318	12.65	5.26	29	290	0.00	0.18	6.1
Q908	临床肺科杂志	630	0.46	19	8.83	3.46	29	446	0.00	0.09	3.4
G501	临床肝胆病杂志	252	0.88	123	16.86	4.02	29	164	0.02	0.30	4.9
G291	临床骨科杂志	221	0.57	27	6.47	4.52	25	171	0.00	0.03	4.0
G664	临床和实验医学杂志	830	0.78	23	9.17	3.01	30	618	0.00	0.07	4.1
G658	临床荟萃	700	0.74	194	12.72	3.89	30	453	0.01	0.11	5.1
G345	临床急诊杂志	172	0.91	24	9.09	3.57	25	126	0.00	0.06	6.5
G204	临床检验杂志	258	0.70	65	10.13	4.97	23	158	0.01	0.43	3.3
G310	临床精神医学杂志	138	0.62	31	11.25	4.51	20	94	0.00	0.23	6.2
G881	临床军医杂志	658	0.77	76	8.20	3.96	28	231	0.00	0.06	5.9
G287	临床口腔医学杂志	243	0.80	59	11.54	3.83	26	158	0.01	0.37	7.1
G222	临床麻醉学杂志	377	0.75	40	8.49	4.26	29	285	0.01	0.17	5.3
G317	临床泌尿外科杂志	308	0.90	86	11.62	5.84	29	188	0.00	0.18	6.0
G257	临床内科杂志	261	0.75	38	12.62	3.48	26	186	0.00	0.12	4.9
G230	临床皮肤科杂志	292	0.72	28	8.79	4.16	26	162	0.00	0.07	6.9

表 4-2　2012年中国科技核心期刊（中文）来源指标刊名字顺索引（续）

CODE	刊　名	来源文献量	文献选出率	AR论文量	平均引文数	平均作者数	地区分布数	机构分布数	海外论文比	基金论文比	引用半衰期
G309	临床神经病学杂志	160	0.74	25	14.19	4.33	24	133	0.01	0.24	6.2
G802	临床神经外科杂志	124	0.74	15	12.23	4.91	20	96	0.00	0.15	5.8
G797	临床输血与检验	144	0.90	29	7.38	3.68	21	107	0.00	0.10	6.3
G256	临床外科杂志	323	0.74	16	9.10	4.10	24	197	0.00	0.10	4.7
G942	临床误诊误治	446	0.83	85	15.15	3.82	29	271	0.00	0.32	4.4
G855	临床消化病杂志	129	0.87	21	8.37	3.40	22	99	0.00	0.06	6.5
Q909	临床小儿外科杂志	154	0.79	29	11.12	4.29	24	95	0.01	0.08	5.8
G261	临床心血管病杂志	289	0.92	130	11.64	4.87	29	202	0.01	0.28	5.5
G293	临床血液学杂志	133	0.89	48	13.92	4.62	24	103	0.01	0.22	5.8
Q913	临床眼科杂志	185	0.83	43	9.48	3.54	27	140	0.00	0.08	7.5
G673	临床药物治疗杂志	89	0.98	71	20.29	2.52	14	61	0.00	0.10	5.8
G274	临床与实验病理学杂志	424	0.88	190	12.29	4.45	28	302	0.01	0.25	5.9
Q910	临床肿瘤学杂志	262	0.93	211	17.15	4.66	27	173	0.01	0.26	4.2
G491	岭南心血管病杂志	182	0.93	87	11.68	3.88	21	118	0.01	0.18	6.7
N023	流体机械	228	0.98	194	11.71	3.74	24	107	0.01	0.48	5.5
H748	麦类作物学报	217	0.91	213	21.53	5.53	25	92	0.00	0.91	8.1
T060	煤化工	124	0.93	41	3.65	2.86	22	102	0.00	0.10	6.4
K504	煤矿开采	199	0.97	65	6.42	2.55	16	113	0.00	0.37	6.2
K038	煤炭工程	577	0.97	79	7.16	2.67	24	268	0.00	0.27	6.3
K005	煤炭科学技术	398	0.96	272	11.09	3.04	23	175	0.00	0.41	6.4
K017	煤炭学报	373	0.89	365	16.72	4.00	23	101	0.01	0.87	6.5
D027	煤炭转化	87	1.00	74	12.45	4.06	18	40	0.00	0.75	7.9
K009	煤田地质与勘探	132	0.96	104	11.08	3.50	22	57	0.01	0.56	8.8
H037	棉花学报	78	1.00	78	23.14	5.87	16	28	0.00	0.92	8.9
G056	免疫学杂志	256	0.96	220	16.97	4.93	30	172	0.00	0.68	5.7
B017	模糊系统与数学	161	1.00	158	13.97	2.25	25	109	0.01	0.84	9.7
N087	模具工业	234	0.94	83	5.54	2.38	23	159	0.02	0.15	5.3
N107	模具技术	94	1.00	40	4.73	2.60	20	67	0.00	0.11	6.5
S015	模式识别与人工智能	138	0.98	138	18.46	3.04	22	85	0.01	0.93	6.8
T077	膜科学与技术	132	0.96	127	14.17	4.27	19	67	0.02	0.70	7.3
N084	摩擦学学报	96	0.98	93	19.52	4.17	21	49	0.01	0.92	7.2
U533	木材工业	86	0.84	63	8.97	3.83	16	30	0.05	0.43	6.1
M655	纳米技术与精密工程	100	0.97	92	13.92	4.45	22	50	0.06	0.89	6.4
J050	南昌大学学报工科版	92	0.97	83	11.46	3.27	8	20	0.00	0.83	6.5
A013	南昌大学学报理科版	128	0.99	116	14.13	3.21	11	36	0.01	0.88	8.0
R117	南方电网技术	147	0.98	122	9.64	3.65	17	72	0.00	0.13	5.5
V089	南方建筑	119	0.82	83	7.28	1.89	18	53	0.03	0.34	8.4
H069	南方农业学报	438	0.97	412	14.85	5.11	27	189	0.01	0.82	6.4
H068	南方水产科学	74	0.97	74	26.34	5.23	13	32	0.00	0.85	7.2
G023	南方医科大学学报	432	0.97	339	15.63	5.54	24	143	0.01	0.85	5.4
B016	南京大学学报数学半年刊	24	0.92	24	13.04	2.13	9	20	0.00	0.63	11.8
A025	南京大学学报自然科学	101	0.96	100	18.74	3.37	18	51	0.03	0.86	8.1
T011	南京工业大学学报自然科学版	168	1.00	167	13.19	4.08	4	12	0.01	0.81	7.0
Y026	南京航空航天大学学报	147	0.96	147	13.78	3.46	11	31	0.01	0.65	7.3

表 4-2　2012 年中国科技核心期刊（中文）来源指标刊名字顺索引（续）

CODE	刊　名	来源文献量	文献选出率	AR论文量	平均引文数	平均作者数	地区分布数	机构分布数	海外论文比	基金论文比	引用半衰期
N011	南京理工大学学报自然科学版	190	0.97	190	12.72	3.49	16	40	0.01	0.72	6.9
H033	南京林业大学学报自然科学版	199	0.98	185	20.48	4.02	22	54	0.02	0.93	7.8
H021	南京农业大学学报	144	0.97	144	29.17	5.00	10	16	0.01	0.89	6.7
A061	南京师大学报自然科学版	104	0.98	100	15.38	3.12	10	37	0.01	0.82	9.0
E120	南京信息工程大学学报	86	0.99	81	17.80	2.67	14	28	0.00	0.80	6.8
G058	南京医科大学学报自然科学版	426	0.98	299	13.53	5.18	20	157	0.01	0.48	5.1
R008	南京邮电大学学报自然科学版	129	0.98	124	16.35	2.91	3	6	0.02	0.90	6.2
G059	南京中医药大学学报自然科学版	178	0.97	68	7.12	4.55	18	78	0.00	0.81	7.3
A008	南开大学学报自然科学版	114	0.97	111	11.90	3.75	14	35	0.00	0.80	8.2
W590	南水北调与水利科技	229	0.97	189	14.24	3.64	24	109	0.00	0.62	6.6
G288	脑与神经疾病杂志	145	0.94	81	11.83	4.54	24	107	0.01	0.24	7.0
G662	内科急危重症杂志	138	0.83	13	11.69	3.61	21	89	0.00	0.12	5.4
G523	内科理论与实践	113	0.93	86	18.35	4.37	13	46	0.00	0.32	4.7
E104	内陆地震	49	0.92	49	10.73	4.16	14	20	0.02	0.53	6.9
A026	内蒙古大学学报自然科学版	113	0.97	111	14.04	2.96	15	43	0.01	0.88	8.7
A111	内蒙古师范大学学报自然科学汉文版	139	0.96	121	12.26	2.70	17	50	0.00	0.91	9.0
G513	内蒙古医学院学报	104	0.95	99	18.19	3.82	4	21	0.01	0.63	4.8
P004	内燃机学报	90	0.97	87	11.49	4.50	17	33	0.03	0.84	6.7
W002	泥沙研究	72	0.99	71	15.07	3.08	14	40	0.00	0.81	10.6
U504	酿酒科技	387	0.65	165	8.72	3.60	30	218	0.00	0.28	6.5
A110	宁夏大学学报自然科学版	101	0.99	84	13.14	3.11	15	43	0.00	0.91	7.8
G665	宁夏医科大学学报	494	0.97	127	8.37	3.76	13	125	0.01	0.31	6.5
T034	农药	299	0.96	77	11.75	4.57	28	142	0.00	0.52	6.8
T924	农药科学与管理	216	0.65	88	4.23	3.63	26	125	0.00	0.07	8.0
H404	农药学学报	111	0.95	111	21.82	5.31	22	58	0.01	0.68	7.4
H279	农业工程学报	1070	0.99	1070	23.85	4.49	30	286	0.02	0.90	5.7
Z008	农业环境科学学报	361	0.94	359	25.73	5.15	28	164	0.01	0.91	7.1
H773	农业环境与发展	151	0.92	86	10.07	3.34	26	114	0.01	0.28	6.4
H278	农业机械学报	516	0.99	513	14.55	4.31	27	149	0.02	0.97	6.1
H286	农业生物技术学报	180	0.95	180	25.34	5.82	25	73	0.00	0.93	7.4
H222	农业现代化研究	166	0.97	165	12.59	2.97	29	118	0.01	0.80	5.2
V032	暖通空调	303	0.94	256	6.60	3.00	24	161	0.02	0.20	6.3
H219	排灌机械工程学报	138	1.00	138	11.10	4.14	19	46	0.06	0.99	4.5
U602	皮革科学与工程	100	0.93	75	11.26	3.52	15	34	0.02	0.47	7.6
U604	皮革与化工	65	0.78	30	10.25	2.48	15	36	0.00	0.15	7.1
G759	齐鲁医学杂志	204	0.91	12	9.99	3.85	11	46	0.00	0.04	6.4
N041	起重运输机械	403	0.98	182	3.79	2.47	25	239	0.00	0.12	8.0
E021	气候变化研究进展	75	0.91	69	17.65	3.73	12	39	0.03	0.84	5.6
E361	气候与环境研究	96	0.98	96	24.75	3.77	15	31	0.02	0.96	9.8
E352	气象	202	0.95	198	20.02	3.96	23	102	0.01	0.89	6.7
E566	气象科技	186	0.96	168	15.70	3.82	27	123	0.01	0.54	6.6
E359	气象科学	91	0.97	91	18.40	3.70	13	37	0.00	0.88	6.9
E001	气象学报	117	0.99	116	31.09	3.47	17	46	0.03	0.95	10.1
E633	气象与环境学报	98	0.95	96	16.69	4.49	21	64	0.01	0.85	6.3

表 4-2 2012 年中国科技核心期刊（中文）来源指标刊名字顺索引（续）

CODE	刊 名	来源文献量	文献选出率	AR论文量	平均引文数	平均作者数	地区分布数	机构分布数	海外论文比	基金论文比	引用半衰期
X018	汽车工程	223	0.94	218	10.13	3.88	20	61	0.01	0.74	7.3
X013	汽车技术	170	0.98	145	7.16	3.44	23	79	0.00	0.35	6.9
P001	汽轮机技术	140	0.99	59	7.55	3.48	20	55	0.00	0.20	7.8
Y009	强度与环境	58	1.00	58	8.91	3.34	9	23	0.00	0.24	10.7
C007	强激光与粒子束	644	0.98	538	11.92	5.31	25	150	0.01	0.63	7.7
X021	桥梁建设	117	0.97	114	10.61	2.74	19	84	0.00	0.25	5.0
U018	青岛大学学报工程技术版	73	0.95	71	12.70	3.59	7	19	0.00	0.47	7.0
G061	青岛大学医学院学报	202	0.95	29	10.12	3.87	4	44	0.00	0.16	6.5
T012	青岛科技大学学报自然科学版	141	0.97	128	11.26	2.99	14	23	0.00	0.42	7.7
H267	青岛农业大学学报自然科学版	64	0.91	55	17.14	3.67	3	8	0.00	0.58	6.5
U535	轻工机械	179	0.97	119	10.55	3.17	20	72	0.00	0.34	6.1
J001	清华大学学报自然科学版	315	0.97	314	14.91	3.55	18	43	0.03	0.79	6.6
W020	情报学报	151	0.90	151	19.91	2.71	20	73	0.05	0.79	5.8
S106	全球科技经济瞭望	122	1.00	120	10.63	1.40	20	60	0.00	0.07	2.8
D002	燃料化学学报	238	0.96	238	19.56	4.69	23	93	0.05	0.83	7.3
P011	燃烧科学与技术	90	0.97	90	13.22	4.52	18	40	0.02	0.96	7.6
G448	热带病与寄生虫学	87	0.79	12	8.09	3.48	14	69	0.00	0.18	5.8
E563	热带地理	104	0.99	102	23.60	3.26	20	59	0.02	0.71	7.0
E642	热带海洋学报	104	0.98	103	27.51	4.38	12	41	0.02	0.86	9.2
H516	热带农业科学	257	0.98	211	14.04	4.57	14	99	0.00	0.57	7.2
E110	热带气象学报	108	0.99	107	21.76	4.43	17	56	0.01	0.91	8.8
G609	热带医学杂志	476	0.98	150	12.09	4.94	24	232	0.00	0.38	5.0
H223	热带作物学报	427	0.99	413	20.78	4.93	18	93	0.00	0.73	7.8
T105	热固性树脂	97	0.62	84	11.47	3.85	20	58	0.00	0.30	8.3
N071	热加工工艺	1760	1.00	438	8.07	3.25	29	540	0.00	0.31	7.3
C134	热科学与技术	62	0.95	61	12.63	3.55	17	30	0.02	0.79	8.5
R501	热力发电	340	0.92	167	5.89	3.75	28	174	0.00	0.13	7.0
P006	热能动力工程	128	0.90	123	10.97	3.53	20	56	0.01	0.64	7.1
T013	人工晶体学报	339	0.98	335	15.24	4.63	27	152	0.01	0.79	6.9
N106	人类工效学	88	0.99	73	12.50	3.10	17	46	0.02	0.56	8.5
F041	人类学学报	39	0.87	39	26.26	4.13	12	19	0.00	0.85	13.1
G805	人民军医	526	0.65	5	7.22	4.00	30	255	0.00	0.11	4.2
T070	日用化学工业	111	0.97	84	16.07	4.00	23	61	0.03	0.51	6.7
U515	肉类研究	130	0.77	106	20.56	4.06	26	70	0.01	0.58	6.6
H097	乳业科学与技术	71	0.81	38	16.90	3.25	19	48	0.00	0.30	6.1
S011	软件学报	236	0.96	233	26.58	3.67	24	90	0.02	0.95	6.5
N029	润滑与密封	311	0.96	254	10.93	3.74	25	149	0.00	0.62	7.5
R086	三峡大学学报自然科学版	155	0.94	120	10.32	3.27	19	40	0.00	0.52	6.7
D012	色谱	225	0.97	216	18.95	4.91	25	146	0.05	0.75	4.4
E635	沙漠与绿洲气象	81	0.76	77	15.32	3.88	12	53	0.00	0.47	8.1
H070	山地农业生物学报	131	0.96	95	13.64	3.98	11	38	0.00	0.71	8.2
E101	山地学报	101	0.94	100	19.10	4.11	23	64	0.02	0.87	8.3
G742	山东大学耳鼻喉眼学报	179	0.88	48	11.33	3.99	23	131	0.00	0.18	6.9
J022	山东大学学报工学版	135	0.92	133	21.13	3.54	15	73	0.01	0.84	6.4

表 4-2　2012 年中国科技核心期刊（中文）来源指标刊名字顺索引（续）

CODE	刊　名	来源文献量	文献选出率	AR论文量	平均引文数	平均作者数	地区分布数	机构分布数	海外论文比	基金论文比	引用半衰期
A020	山东大学学报理学版	276	0.99	260	12.61	2.62	27	150	0.01	0.79	7.8
G062	山东大学学报医学版	359	0.98	321	16.20	5.41	18	85	0.00	0.54	6.1
V012	山东建筑大学学报	144	0.95	131	13.13	3.24	9	23	0.01	0.64	5.3
A637	山东科学	129	0.91	113	11.32	4.20	7	29	0.02	0.67	6.3
H031	山东农业大学学报自然科学版	124	0.98	116	13.04	4.06	20	57	0.00	0.50	8.5
H804	山东农业科学	473	0.96	212	10.79	4.77	23	159	0.00	0.65	7.2
A057	山东师范大学学报自然科学版	184	0.98	105	11.26	2.41	18	75	0.00	0.46	7.4
G063	山东中医药大学学报	191	0.83	21	9.41	2.95	24	84	0.00	0.50	7.2
G574	山东中医杂志	278	0.57	15	7.99	2.60	21	148	0.00	0.26	6.4
A014	山西大学学报自然科学版	133	0.95	125	17.11	3.25	19	51	0.02	0.89	8.3
H393	山西农业大学学报自然科学版	121	0.95	109	13.11	3.98	10	30	0.00	0.72	7.6
H390	山西农业科学	364	0.95	188	14.36	4.14	22	97	0.00	0.60	6.6
G064	山西医科大学学报	286	0.96	128	10.34	3.95	20	167	0.00	0.23	6.5
R072	陕西电力	252	0.98	192	10.34	3.33	23	117	0.00	0.27	5.7
U025	陕西科技大学学报自然科学版	223	0.98	179	9.28	2.72	16	57	0.01	0.51	6.7
H217	陕西农业科学	565	0.92	131	6.01	2.72	21	265	0.00	0.23	7.2
A066	陕西师范大学学报自然科学版	130	0.89	121	15.64	3.71	5	15	0.00	0.98	7.5
G630	陕西医学杂志	635	0.68	35	7.51	3.31	25	298	0.00	0.12	5.7
G725	陕西中医	400	0.38	28	7.36	3.03	25	255	0.01	0.19	4.2
A056	上海大学学报自然科学版	121	0.95	118	13.31	3.43	7	9	0.02	0.88	7.9
W023	上海管理科学	140	0.95	126	11.59	2.09	19	56	0.01	0.49	8.2
X038	上海海事大学学报	74	0.95	70	11.54	2.64	8	15	0.00	0.84	5.1
H292	上海海洋大学学报	160	0.98	160	24.16	4.31	12	40	0.03	0.81	7.8
G330	上海护理	204	0.96	37	10.85	2.62	12	100	0.00	0.10	6.2
X006	上海交通大学学报	367	0.98	364	11.35	3.47	20	88	0.02	0.80	6.4
H022	上海交通大学学报农业科学版	98	0.94	96	17.78	4.27	9	34	0.02	0.80	7.2
G066	上海交通大学学报医学版	346	0.96	315	18.10	4.60	18	91	0.01	0.60	5.6
M021	上海金属	80	0.96	72	12.20	3.91	7	23	0.06	0.38	10.1
G343	上海精神医学	56	0.81	30	21.32	3.09	12	37	0.23	0.30	5.9
G283	上海口腔医学	148	0.94	134	15.90	4.30	14	77	0.01	0.57	7.5
J031	上海理工大学学报	104	0.95	98	17.76	2.77	12	35	0.01	0.71	7.5
H282	上海农业学报	139	0.97	107	11.58	4.40	15	58	0.01	0.68	8.0
A043	上海师范大学学报自然科学版	95	0.98	94	16.03	3.20	7	20	0.00	0.68	7.5
G069	上海医学	297	0.91	164	13.38	4.30	23	146	0.01	0.27	6.3
G596	上海针灸杂志	342	0.78	30	9.33	3.47	25	222	0.01	0.28	6.6
G946	上海中医药大学学报	178	0.96	93	11.44	4.39	11	43	0.01	0.79	5.8
G389	上海中医药杂志	391	0.93	69	8.70	3.34	26	172	0.01	0.54	6.4
A515	深圳大学学报理工版	96	0.98	96	15.81	4.23	19	49	0.03	0.95	5.9
G329	神经疾病与精神卫生	205	0.97	64	16.20	4.15	23	140	0.00	0.27	6.5
G070	神经解剖学杂志	126	0.99	120	21.03	4.85	25	73	0.01	0.77	5.7
G319	神经损伤与功能重建	123	0.90	61	13.49	4.23	18	73	0.03	0.29	6.4
J052	沈阳工业大学学报	125	0.99	125	12.26	3.72	17	37	0.00	0.97	7.6
V011	沈阳建筑大学学报自然科学版	180	0.97	180	17.34	3.65	18	35	0.02	0.99	6.9
H024	沈阳农业大学学报	150	0.98	139	17.38	5.07	13	28	0.00	0.84	8.6

表 4-2　2012 年中国科技核心期刊（中文）来源指标刊名字顺索引（续）

CODE	刊　名	来源文献量	文献选出率	AR 论文量	平均引文数	平均作者数	地区分布数	机构分布数	海外论文比	基金论文比	引用半衰期
G071	沈阳药科大学学报	189	0.98	174	14.06	4.69	18	43	0.02	0.44	7.4
G202	肾脏病与透析肾移植杂志	114	0.92	97	20.61	3.74	13	46	0.02	0.25	6.5
F203	生理科学进展	104	0.93	91	15.53	3.00	20	61	0.01	0.66	3.5
F001	生理学报	96	0.91	94	33.69	4.30	23	79	0.13	0.79	7.6
F042	生命的化学	120	0.92	111	28.39	2.83	25	83	0.00	0.65	4.5
F215	生命科学	204	0.89	199	44.81	3.18	22	128	0.02	0.77	6.4
F046	生命科学研究	103	0.94	96	21.76	4.42	23	61	0.02	0.75	7.0
Z034	生态毒理学报	96	0.98	96	30.59	4.63	21	60	0.01	0.95	6.4
H784	生态环境学报	346	0.98	344	26.73	4.49	28	208	0.01	0.90	7.3
S784	生态经济	537	1.00	414	9.54	2.07	30	312	0.01	0.61	5.6
Z014	生态学报	863	1.00	861	35.19	4.81	31	280	0.03	0.89	8.2
Z028	生态学杂志	474	1.00	473	31.88	4.79	30	224	0.02	0.89	7.9
Z023	生态与农村环境学报	130	0.97	129	21.68	4.44	23	84	0.02	0.93	6.4
F049	生物多样性	88	0.89	85	44.02	3.91	20	54	0.08	0.77	7.6
F003	生物工程学报	137	0.90	132	29.72	5.23	24	84	0.02	0.84	6.8
G401	生物骨科材料与临床研究	102	0.76	32	11.27	4.33	23	91	0.00	0.10	5.3
F016	生物化学与生物物理进展	148	0.95	142	41.36	4.28	22	94	0.04	0.87	5.0
F224	生物技术通讯	218	0.99	166	16.97	5.57	24	106	0.00	0.61	7.5
F204	生物加工过程	87	0.95	85	16.20	4.80	18	43	0.01	0.86	6.6
F012	生物物理学报	97	0.92	96	43.96	3.94	19	65	0.07	0.84	7.5
F213	生物学杂志	180	0.99	101	16.59	4.21	25	103	0.00	0.77	7.0
G006	生物医学工程学杂志	245	0.97	239	15.28	4.06	28	142	0.02	0.75	5.9
G332	生物医学工程研究	65	0.94	50	12.49	4.03	17	48	0.02	0.45	6.8
G603	生物医学工程与临床	151	0.93	105	12.35	4.50	26	132	0.00	0.28	5.0
G624	生殖医学杂志	149	0.91	107	15.72	4.14	21	102	0.01	0.26	6.6
G072	生殖与避孕	163	0.95	153	18.55	4.61	24	111	0.00	0.37	6.0
C033	声学技术	120	0.94	99	11.81	3.10	17	52	0.01	0.42	8.1
C054	声学学报	90	0.94	89	17.80	3.58	19	52	0.04	0.80	8.9
V043	施工技术	703	0.94	371	6.37	2.90	26	376	0.02	0.27	5.5
E302	湿地科学	72	1.00	69	26.22	4.25	23	47	0.04	0.79	7.1
E636	湿地科学与管理	69	0.86	34	8.72	3.45	21	59	0.01	0.48	6.5
A615	石河子大学学报自然科学版	161	0.96	154	14.24	4.89	10	22	0.00	0.70	6.6
T933	石化技术与应用	114	0.95	78	9.28	3.82	17	52	0.00	0.23	7.1
X042	石家庄铁道大学学报自然科学版	89	0.96	81	6.70	1.98	19	57	0.01	0.29	5.9
L016	石油地球物理勘探	148	0.86	145	15.57	4.10	20	77	0.01	0.69	8.6
L015	石油化工	240	0.94	236	21.20	4.11	24	122	0.00	0.49	6.7
L034	石油化工高等学校学报	107	1.00	90	11.03	3.91	14	40	0.00	0.69	6.9
L021	石油化工设备技术	106	0.91	54	4.17	2.06	19	63	0.00	0.06	10.1
L019	石油机械	331	0.91	219	6.76	4.28	17	144	0.00	0.55	6.8
L031	石油勘探与开发	100	0.94	99	22.76	5.13	13	47	0.03	0.88	6.2
L030	石油炼制与化工	250	0.97	233	9.19	3.24	24	103	0.00	0.30	7.9
E126	石油实验地质	120	0.95	116	20.58	4.48	14	59	0.00	0.80	7.3
L005	石油物探	93	0.93	93	16.83	3.71	11	47	0.01	0.58	8.2
L028	石油学报	157	0.96	154	23.34	4.70	17	49	0.01	0.94	7.9

表 4-2　2012 年中国科技核心期刊（中文）来源指标刊名字顺索引（续）

CODE	刊　名	来源文献量	文献选出率	AR论文量	平均引文数	平均作者数	地区分布数	机构分布数	海外论文比	基金论文比	引用半衰期
L012	石油学报石油加工	167	0.96	166	15.75	4.34	20	61	0.02	0.76	8.4
L006	石油与天然气地质	117	0.94	116	20.92	4.47	16	49	0.02	0.69	6.0
L008	石油钻采工艺	199	0.97	117	9.27	4.53	15	103	0.01	0.65	6.3
L025	石油钻探技术	151	0.97	141	11.52	3.79	17	62	0.01	0.62	6.1
G387	实验动物与比较医学	124	0.98	93	12.85	5.09	23	88	0.01	0.71	6.9
A113	实验技术与管理	767	0.99	324	12.11	3.08	30	333	0.00	0.52	4.4
C009	实验力学	107	1.00	105	13.81	3.68	24	61	0.01	0.80	8.7
Y018	实验流体力学	122	0.96	121	9.32	3.95	15	42	0.02	0.49	10.2
A115	实验室研究与探索	733	0.96	358	15.49	3.02	28	362	0.01	0.48	4.8
G512	实用癌症杂志	214	0.82	43	13.08	3.51	25	172	0.00	0.14	6.0
G875	实用儿科临床杂志	602	0.87	147	16.83	4.35	30	245	0.00	0.37	2.8
G534	实用放射学杂志	516	0.82	284	13.50	4.91	29	334	0.00	0.17	6.0
G586	实用妇产科杂志	317	0.79	153	8.63	3.52	28	184	0.00	0.18	5.3
G746	实用肝脏病杂志	214	0.91	24	15.94	3.77	25	146	0.00	0.29	4.9
G457	实用骨科杂志	421	0.94	113	9.62	4.36	30	352	0.00	0.06	6.9
G224	实用口腔医学杂志	189	0.95	138	12.03	4.28	29	129	0.01	0.43	7.1
G700	实用老年医学	174	0.92	51	11.66	3.59	20	112	0.01	0.17	6.2
Q919	实用临床医药杂志	933	0.72	91	10.03	2.97	28	542	0.00	0.05	3.6
G652	实用皮肤病学杂志	122	0.70	16	8.36	3.87	21	98	0.00	0.09	5.4
G834	实用药物与临床	345	0.87	22	10.13	2.88	23	211	0.00	0.09	4.1
G324	实用医学杂志	1508	0.80	190	10.28	4.27	30	775	0.00	0.30	4.8
G760	实用医院临床杂志	468	0.96	120	11.99	3.31	25	194	0.00	0.09	5.9
G768	实用预防医学	713	0.91	103	8.98	3.73	27	419	0.00	0.15	4.9
G856	实用肿瘤学杂志	126	0.95	107	18.04	3.86	19	55	0.00	0.40	5.7
G890	实用肿瘤杂志	176	0.95	122	15.82	4.32	27	136	0.01	0.29	5.4
U005	食品工业科技	2467	0.85	1574	16.82	4.20	30	581	0.01	0.59	6.6
U006	食品科学	1685	0.98	1603	20.98	4.50	31	391	0.01	0.69	6.6
U035	食品与发酵工业	543	0.77	516	16.27	4.48	29	198	0.01	0.65	7.1
U641	食品与发酵科技	156	0.98	102	11.35	4.10	23	67	0.00	0.40	7.4
U547	食品与机械	420	0.96	251	14.76	3.88	29	204	0.00	0.59	5.8
U029	食品与生物技术学报	205	0.92	205	19.04	4.26	23	79	0.01	0.83	6.7
E363	世界地震工程	106	0.98	101	11.05	3.35	22	62	0.01	0.75	8.0
E548	世界地质	110	0.99	110	18.28	4.55	12	38	0.01	0.75	8.3
A201	世界科技研究与发展	275	1.00	166	14.34	3.21	22	76	0.00	0.54	6.2
G906	世界科学技术-中医药现代化	219	0.98	209	15.21	5.05	22	83	0.05	0.73	5.6
G485	世界临床药物	169	0.90	133	19.03	3.08	15	82	0.00	0.24	5.1
G484	世界中西医结合杂志	369	0.92	66	9.83	3.53	25	209	0.01	0.41	7.4
G483	世界中医药	210	0.79	23	7.44	3.26	25	158	0.02	0.28	6.5
A023	首都师范大学学报自然科学版	102	0.94	92	13.01	2.46	13	31	0.00	0.31	8.5
G073	首都医科大学学报	170	0.93	148	14.82	4.62	15	55	0.02	0.56	5.7
F033	兽类学报	48	0.92	47	34.00	5.67	17	32	0.04	0.81	11.0
R005	数据采集与处理	126	0.95	126	12.13	3.41	18	80	0.02	0.72	6.5
W009	数理统计与管理	116	0.89	116	17.89	2.29	23	77	0.02	0.67	9.1
B015	数学的实践与认识	889	1.00	869	9.90	2.63	31	420	0.01	0.65	8.3

表 4-2　2012 年中国科技核心期刊（中文）来源指标刊名字顺索引（续）

CODE	刊　名	来源文献量	文献选出率	AR论文量	平均引文数	平均作者数	地区分布数	机构分布数	海外论文比	基金论文比	引用半衰期
B007	数学进展	85	0.94	81	18.27	2.20	27	75	0.01	0.80	11.7
B004	数学年刊 A	63	0.85	63	17.62	2.08	21	53	0.05	0.94	12.0
C036	数学物理学报	113	0.95	112	16.71	2.24	25	93	0.03	0.89	11.2
B006	数学学报	110	0.87	110	15.75	2.03	28	83	0.02	0.85	12.9
B012	数学杂志	158	0.98	157	10.60	2.05	25	105	0.01	0.72	12.4
S032	数值计算与计算机应用	35	0.95	34	14.03	2.43	18	32	0.00	0.86	10.6
W022	数字图书馆论坛	107	0.81	104	12.96	2.28	11	46	0.08	0.43	2.0
H008	水产学报	238	1.00	238	27.88	5.51	23	66	0.01	0.90	9.0
H232	水产学杂志	58	0.97	47	17.72	4.48	12	16	0.00	0.64	10.2
Z016	水处理技术	407	0.97	284	13.53	4.10	27	195	0.00	0.66	6.3
X533	水道港口	97	0.95	93	10.80	2.96	12	32	0.00	0.23	8.1
P007	水电能源科学	727	1.00	340	8.32	3.55	30	232	0.00	0.49	6.2
W004	水动力学研究与进展 A	93	0.96	93	15.37	3.59	17	51	0.04	0.78	8.0
W013	水科学进展	118	0.93	118	19.83	3.97	19	56	0.10	0.95	6.1
R050	水力发电	330	0.96	112	3.47	2.87	23	129	0.01	0.18	6.8
R049	水力发电学报	274	0.98	273	9.81	3.64	21	87	0.02	0.82	7.7
R587	水利经济	109	0.89	76	12.31	2.53	22	61	0.02	0.51	6.4
W011	水利水电技术	345	0.96	188	5.20	2.74	29	159	0.00	0.32	7.6
W502	水利水电科技进展	128	0.96	108	17.04	3.48	19	71	0.02	0.67	7.7
W006	水利水运工程学报	93	0.92	93	11.98	3.33	17	49	0.00	0.51	7.3
W003	水利学报	194	0.97	193	17.44	3.36	21	73	0.03	0.87	8.4
F010	水生生物学报	166	1.00	163	27.33	5.01	24	70	0.02	0.91	10.2
H850	水生态学杂志	151	1.00	148	22.48	4.85	24	88	0.02	0.85	8.8
H015	水土保持通报	360	0.99	340	15.97	4.00	28	175	0.00	0.89	7.8
H287	水土保持学报	342	1.00	338	15.99	4.96	28	130	0.00	0.86	7.7
H056	水土保持研究	362	0.99	345	16.55	3.93	28	170	0.02	0.80	7.3
E540	水文	112	0.98	97	10.67	3.29	25	79	0.02	0.55	7.4
E154	水文地质工程地质	147	0.91	143	12.15	3.69	25	84	0.02	0.67	7.5
X528	水运工程	466	0.98	432	6.53	2.74	21	146	0.00	0.21	7.7
R566	水资源保护	126	0.97	108	14.35	3.89	25	86	0.01	0.70	6.7
W570	水资源与水工程学报	272	1.00	184	11.81	3.33	27	109	0.00	0.54	7.1
U056	丝绸	203	0.92	164	8.40	2.65	18	78	0.00	0.31	6.3
T094	四川兵工学报	505	0.95	120	7.34	2.67	29	215	0.00	0.12	6.8
J051	四川大学学报工程科学版	223	0.96	221	14.60	3.90	23	73	0.03	0.88	7.0
G045	四川大学学报医学版	227	0.93	179	14.79	5.60	17	45	0.00	0.46	6.3
A006	四川大学学报自然科学版	241	0.98	234	15.59	3.66	22	67	0.00	0.77	8.1
Z007	四川环境	177	0.97	153	14.75	3.15	24	111	0.01	0.31	7.1
V007	四川建筑科学研究	514	0.99	337	7.60	2.65	30	242	0.00	0.34	8.8
A033	四川师范大学学报自然科学版	174	0.97	159	18.59	2.47	22	95	0.00	0.98	7.1
G575	四川医学	981	0.91	60	6.84	3.43	23	360	0.00	0.06	6.3
G745	四川中医	447	0.49	48	7.90	3.13	27	260	0.00	0.27	5.7
H862	饲料工业	406	0.94	231	11.00	4.15	30	222	0.03	0.40	7.8
H864	饲料研究	341	0.97	66	2.96	4.18	29	164	0.01	0.31	7.0
G074	苏州大学学报医学版	242	0.98	140	11.12	4.76	15	83	0.00	0.31	6.0

表 4-2 2012 年中国科技核心期刊（中文）来源指标刊名字顺索引（续）

CODE	刊　名	来源文献量	文献选出率	AR论文量	平均引文数	平均作者数	地区分布数	机构分布数	海外论文比	基金论文比	引用半衰期
T106	塑料	194	0.96	85	13.53	3.92	23	80	0.01	0.35	6.3
T014	塑料工业	358	0.97	266	11.03	4.01	28	176	0.01	0.35	6.5
T536	塑料科技	204	0.94	162	11.67	3.67	27	122	0.00	0.34	6.8
T079	塑料助剂	67	0.30	47	13.30	3.04	19	43	0.00	0.16	6.0
T580	塑性工程学报	141	0.96	136	12.20	3.82	21	66	0.00	0.74	6.9
X634	隧道建设	166	0.81	161	10.25	2.07	25	90	0.02	0.12	4.7
E123	台湾海峡	84	0.94	80	18.49	4.31	10	27	0.01	0.86	9.4
L009	太阳能学报	367	0.97	354	11.88	3.96	24	151	0.01	0.79	7.3
J011	太原理工大学学报	172	0.97	146	10.97	2.98	13	44	0.00	0.77	6.3
M544	钛工业进展	65	0.81	36	9.83	3.78	12	32	0.00	0.31	8.1
T500	弹性体	123	0.95	103	9.87	4.44	18	56	0.02	0.54	7.9
T527	炭素	38	0.95	31	14.50	3.92	15	24	0.00	0.29	8.2
T015	炭素技术	102	0.94	61	8.64	3.38	20	60	0.00	0.27	7.5
N043	探测与控制学报	106	0.97	104	9.20	3.57	15	38	0.00	0.40	6.4
V531	陶瓷学报	117	0.97	111	11.42	3.46	14	47	0.00	0.38	8.2
H041	特产研究	86	0.97	39	9.92	4.97	10	27	0.00	0.58	7.7
V027	特种结构	169	0.97	138	7.34	2.53	20	98	0.01	0.13	8.0
T999	特种橡胶制品	108	0.96	72	7.74	3.67	13	39	0.00	0.18	8.6
L505	特种油气藏	218	0.97	148	11.37	3.80	18	75	0.00	0.83	6.5
N065	特种铸造及有色合金	341	0.98	199	10.61	3.72	28	162	0.01	0.49	7.6
A041	天津大学学报	180	0.96	180	13.86	4.00	12	26	0.02	0.87	7.0
U017	天津工业大学学报	127	0.98	102	10.69	3.48	15	39	0.00	0.71	5.8
J054	天津理工大学学报	101	1.00	84	8.78	3.60	6	12	0.00	0.56	6.6
G508	天津医科大学学报	167	0.97	64	12.52	3.74	3	26	0.01	0.25	5.3
G076	天津医药	385	0.77	105	10.62	4.29	25	152	0.00	0.35	4.3
G626	天津中医药	194	0.91	58	9.65	3.43	18	86	0.02	0.53	6.0
T611	天然产物研究与开发	393	1.00	323	17.04	4.52	29	203	0.01	0.74	7.8
L518	天然气地球科学	168	0.97	167	19.83	4.76	16	73	0.01	0.70	7.4
L029	天然气工业	305	0.94	235	9.93	4.17	22	125	0.01	0.46	5.2
T074	天然气化工	110	0.96	79	13.49	3.59	24	72	0.00	0.25	7.1
E023	天文学报	49	0.74	45	16.61	3.61	12	23	0.00	0.90	9.7
E114	天文学进展	34	1.00	34	68.47	2.74	5	16	0.06	1.00	9.7
X517	铁道标准设计	410	0.99	309	9.47	1.67	25	155	0.00	0.11	6.2
X521	铁道工程学报	262	0.97	252	8.21	1.91	19	75	0.00	0.06	6.9
X545	铁道建筑	525	0.98	233	6.66	2.54	28	273	0.00	0.19	5.9
X007	铁道科学与工程学报	137	0.96	131	11.15	3.12	14	41	0.00	0.67	7.0
X005	铁道学报	216	0.95	216	13.92	3.58	21	51	0.01	0.87	7.1
G238	听力学及言语疾病杂志	169	0.88	74	12.79	4.15	24	109	0.01	0.36	7.4
R065	通信学报	285	1.00	285	16.87	3.62	21	118	0.01	0.92	6.0
G965	同济大学学报医学版	171	0.97	142	11.63	3.88	10	44	0.01	0.45	5.2
J032	同济大学学报自然科学版	326	0.97	324	12.70	3.12	13	30	0.03	0.80	8.0
Q003	同位素	45	0.94	41	13.13	4.93	10	25	0.04	0.47	8.4
T103	涂料工业	228	0.95	175	10.98	3.92	26	140	0.01	0.32	6.3
V029	土木工程学报	248	0.82	248	17.12	3.38	21	80	0.02	0.86	7.8

表 4-2 2012 年中国科技核心期刊（中文）来源指标刊名字顺索引（续）

CODE	刊 名	来源文献量	文献选出率	AR论文量	平均引文数	平均作者数	地区分布数	机构分布数	海外论文比	基金论文比	引用半衰期
V035	土木工程与管理学报	93	0.97	91	12.44	3.39	16	47	0.00	0.47	7.2
V019	土木建筑与环境工程	151	0.96	150	17.05	3.60	20	61	0.02	0.93	6.2
H043	土壤	161	0.98	161	27.07	4.71	23	72	0.01	0.91	8.4
H057	土壤通报	267	0.97	266	24.27	4.50	31	134	0.01	0.84	8.8
H012	土壤学报	158	0.98	158	27.65	4.89	25	69	0.03	0.94	8.6
Y025	推进技术	163	0.94	163	13.67	3.77	14	43	0.01	0.42	12.3
G601	外科理论与实践	151	0.96	94	16.07	3.82	14	58	0.00	0.31	6.3
G996	皖南医学院学报	167	0.96	61	10.71	3.83	5	42	0.01	0.27	5.6
R070	微波学报	131	0.96	114	10.98	3.42	18	69	0.01	0.51	7.3
S005	微处理机	159	0.98	73	6.01	2.66	23	63	0.00	0.15	7.4
R057	微电机	244	0.97	152	8.45	3.06	26	130	0.00	0.40	7.0
R064	微电子学	206	1.00	191	8.66	3.90	19	80	0.00	0.53	6.9
R004	微电子学与计算机	548	0.98	478	7.76	2.87	28	259	0.01	0.64	5.5
R098	微纳电子技术	136	0.94	136	19.67	4.35	20	72	0.00	0.71	5.9
F004	微生物学报	190	0.91	190	23.57	5.03	25	103	0.00	0.89	7.6
F011	微生物学通报	210	0.87	205	21.80	4.80	28	143	0.03	0.78	6.7
F225	微生物学杂志	142	0.94	114	14.06	4.53	26	85	0.00	0.54	6.6
G651	微生物与感染	41	0.84	40	31.02	4.39	7	29	0.07	0.78	6.4
R085	微特电机	270	0.97	96	8.30	2.96	24	128	0.01	0.32	6.5
E052	微体古生物学报	37	0.90	37	33.81	4.05	14	27	0.00	0.86	15.6
S033	微型电脑应用	225	0.95	72	6.24	2.04	23	91	0.00	0.18	5.6
G210	微循环学杂志	97	0.86	22	13.43	4.05	20	68	0.00	0.28	5.5
G079	卫生研究	239	0.98	187	14.48	5.06	27	114	0.01	0.57	6.6
G800	胃肠病学	188	0.94	120	18.74	4.07	21	112	0.02	0.16	5.7
G326	胃肠病学和肝病学杂志	334	0.95	144	15.06	4.35	29	224	0.00	0.23	5.7
G702	温州医学院学报	181	0.95	76	11.16	4.18	5	58	0.01	0.21	6.1
D003	无机材料学报	238	0.99	235	21.82	4.74	27	113	0.03	0.87	6.2
D023	无机化学学报	420	1.00	418	25.96	4.69	25	195	0.04	0.89	6.3
T072	无机盐工业	237	0.95	58	8.59	3.80	28	137	0.00	0.32	6.9
N044	无损检测	237	0.83	147	6.76	3.32	25	155	0.02	0.26	8.2
W014	武汉大学学报工学版	171	0.99	164	11.75	3.32	19	74	0.11	0.63	6.7
A024	武汉大学学报理学版	103	0.99	100	16.35	3.48	22	69	0.00	0.95	7.0
E107	武汉大学学报信息科学版	342	0.96	323	11.38	3.42	20	96	0.02	0.92	7.3
G038	武汉大学学报医学版	240	1.00	154	10.83	4.47	15	100	0.00	0.35	5.6
M032	武汉科技大学学报自然科学版	109	1.00	91	9.16	4.10	12	20	0.00	0.54	7.3
J006	武汉理工大学学报	360	0.97	349	13.15	3.81	25	124	0.01	0.88	6.4
X017	武汉理工大学学报交通科学与工程版	312	0.98	287	8.81	2.92	26	120	0.00	0.60	7.1
J018	武汉理工大学学报信息与管理工程版	198	0.97	157	11.10	2.63	18	56	0.01	0.63	6.3
G707	武警医学	333	0.73	69	10.80	4.22	26	108	0.00	0.13	5.0
G771	武警后勤学院学报医学版	354	0.88	79	10.35	3.49	29	140	0.00	0.12	5.6
C090	物理	126	0.53	82	15.90	1.79	15	54	0.10	0.35	7.0
D001	物理化学学报	409	1.00	404	35.48	4.71	26	170	0.02	0.83	6.7
C006	物理学报	1901	0.99	1861	21.93	4.51	29	427	0.02	0.86	7.3
C053	物理学进展	13	0.68	12	105.30	3.62	9	12	0.00	0.85	7.5

表 4-2　2012 年中国科技核心期刊（中文）来源指标刊名字顺索引（续）

CODE	刊　名	来源文献量	文献选出率	AR论文量	平均引文数	平均作者数	地区分布数	机构分布数	海外论文比	基金论文比	引用半衰期
E136	物探化探计算技术	133	0.96	125	13.89	3.71	20	56	0.00	0.56	8.3
E138	物探与化探	215	1.00	192	12.32	3.95	23	103	0.00	0.52	8.9
R009	西安电子科技大学学报自然科学版	200	0.98	199	12.44	3.75	14	41	0.01	0.92	5.1
J036	西安工业大学学报	197	0.94	194	10.50	2.83	9	19	0.00	0.51	7.6
V018	西安建筑科技大学学报自然科学版	154	0.98	154	10.62	3.21	21	47	0.01	0.81	6.6
X030	西安交通大学学报	271	0.96	271	12.97	3.82	20	60	0.00	0.87	6.3
G081	西安交通大学学报医学版	192	0.98	148	14.05	4.99	18	66	0.02	0.61	6.2
A150	西安科技大学学报	148	0.96	144	10.80	3.09	14	57	0.01	0.57	6.5
J002	西安理工大学学报	92	0.92	91	12.77	3.10	3	6	0.00	0.90	6.1
L010	西安石油大学学报自然科学版	138	0.93	120	12.47	4.01	15	66	0.01	0.88	6.9
R671	西安邮电学院学报	160	0.92	146	12.26	2.41	12	32	0.01	0.56	5.2
A032	西北大学学报自然科学版	202	0.97	186	12.69	3.27	12	54	0.01	0.92	8.3
E307	西北地震学报	71	0.97	68	15.37	3.69	19	42	0.00	0.85	9.0
E125	西北地质	109	0.96	108	21.71	5.09	12	50	0.01	0.82	8.7
Y023	西北工业大学学报	170	0.98	170	8.55	3.42	1	1	0.01	0.62	7.7
G245	西北国防医学杂志	174	0.51	19	7.59	4.33	13	61	0.01	0.14	4.6
H224	西北林学院学报	325	0.99	302	18.23	4.08	27	114	0.01	0.65	7.8
H018	西北农林科技大学学报自然科学版	433	0.96	432	20.49	4.70	29	119	0.01	0.87	7.5
H288	西北农业学报	459	0.98	451	18.14	5.05	29	151	0.00	0.81	8.0
A022	西北师范大学学报自然科学版	137	0.96	132	15.34	3.29	19	57	0.00	0.86	7.8
G792	西北药学杂志	243	0.96	56	10.82	3.86	26	136	0.00	0.32	5.8
F020	西北植物学报	391	0.98	372	25.30	4.52	31	165	0.01	0.83	8.5
H385	西部林业科学	119	0.94	115	15.97	4.97	15	38	0.01	0.71	9.6
G699	西部中医药	569	0.98	61	11.01	2.73	28	251	0.00	0.16	5.4
J045	西华大学学报自然科学版	157	0.95	124	11.25	2.84	14	41	0.01	0.57	6.1
A148	西华师范大学学报自然科学版	85	0.97	73	13.72	3.25	2	11	0.00	0.71	8.1
H004	西南大学学报自然科学版	318	0.97	308	14.46	3.51	26	142	0.01	0.86	7.8
G312	西南国防医药	573	0.71	66	8.43	4.27	26	206	0.00	0.12	5.6
X032	西南交通大学学报	167	0.98	167	16.30	3.33	24	57	0.02	0.87	6.6
V548	西南科技大学学报	81	0.98	72	11.81	3.28	8	18	0.00	0.58	6.9
H270	西南林业大学学报	136	0.95	127	17.58	4.23	19	55	0.00	0.71	8.8
H061	西南农业学报	499	1.00	453	14.73	5.72	25	172	0.01	0.77	8.0
A064	西南师范大学学报自然科学版	421	0.99	389	11.58	3.19	25	167	0.00	0.51	6.7
L002	西南石油大学学报自然科学版	160	0.97	158	17.53	3.76	19	73	0.00	0.58	7.7
M041	稀土	126	0.95	116	13.23	3.71	23	81	0.00	0.56	8.0
M029	稀有金属	174	1.00	174	19.13	4.80	26	77	0.00	0.90	6.8
M052	稀有金属材料与工程	474	1.00	459	16.41	4.78	29	150	0.02	0.76	8.5
S505	系统仿真技术	64	0.94	64	7.94	2.88	19	45	0.00	0.50	6.9
S003	系统仿真学报	502	0.98	454	12.34	3.43	25	218	0.01	0.71	7.1
B028	系统工程	233	0.95	227	16.36	2.58	21	88	0.00	0.85	7.5
B025	系统工程理论与实践	346	0.96	335	18.34	2.92	23	153	0.04	0.92	8.0
B018	系统工程学报	104	0.95	97	15.77	2.66	20	58	0.01	0.97	7.9
R059	系统工程与电子技术	453	0.97	452	16.50	3.40	22	98	0.01	0.78	5.5
B027	系统管理学报	115	0.97	115	18.70	2.66	16	61	0.01	0.95	7.7

表 4-2 2012 年中国科技核心期刊（中文）来源指标刊名字顺索引（续）

CODE	刊 名	来源文献量	文献选出率	AR论文量	平均引文数	平均作者数	地区分布数	机构分布数	海外论文比	基金论文比	引用半衰期
B021	系统科学与数学	146	0.94	144	17.05	2.26	25	104	0.03	0.92	9.0
G188	细胞与分子免疫学杂志	389	0.97	169	13.80	5.38	28	231	0.01	0.79	4.9
A063	厦门大学学报自然科学版	167	0.97	163	14.90	3.94	8	25	0.01	0.81	8.1
V087	现代城市研究	196	0.94	185	11.49	2.23	21	102	0.03	0.42	5.7
E027	现代地质	163	0.96	160	25.07	4.56	17	40	0.01	0.79	9.5
R089	现代电力	112	0.95	106	10.96	3.35	20	48	0.00	0.22	5.4
Y561	现代防御技术	201	0.99	188	11.61	3.20	15	68	0.00	0.19	7.1
G300	现代妇产科进展	251	0.80	139	14.36	3.76	27	154	0.01	0.31	4.7
T063	现代化工	345	0.97	222	13.85	3.80	30	210	0.00	0.37	6.0
G653	现代检验医学杂志	336	0.97	80	8.85	4.06	26	270	0.00	0.18	5.8
N100	现代科学仪器	249	0.80	119	10.32	3.18	26	150	0.01	0.32	7.0
G321	现代口腔医学杂志	109	0.85	58	15.58	3.83	22	89	0.05	0.29	7.2
R087	现代雷达	236	0.96	182	10.24	2.99	22	101	0.00	0.28	7.0
G438	现代临床护理	409	0.94	30	10.08	3.27	24	271	0.00	0.08	5.5
G341	现代泌尿外科杂志	196	0.78	55	12.66	4.88	26	146	0.00	0.20	5.6
G067	现代免疫学	104	0.96	102	17.46	4.89	18	67	0.01	0.68	5.5
H417	现代农药	92	0.95	41	9.99	3.79	23	75	0.00	0.24	6.9
F250	现代生物医学进展	1947	0.97	986	20.08	5.02	31	856	0.00	0.37	5.9
U010	现代食品科技	463	0.99	313	11.57	4.06	26	201	0.01	0.53	6.6
T929	现代塑料加工应用	102	0.94	69	6.86	3.77	22	61	0.00	0.38	6.0
X673	现代隧道技术	184	0.98	180	7.74	2.33	21	99	0.02	0.17	6.0
G451	现代消化及介入诊疗	109	0.78	44	13.59	3.89	19	81	0.00	0.15	5.4
G421	现代药物与临床	147	0.96	104	18.37	3.84	21	82	0.00	0.34	5.3
G223	现代医学	233	0.90	94	10.61	3.15	20	160	0.00	0.09	5.4
N115	现代仪器	167	0.95	63	13.61	3.56	27	137	0.00	0.29	6.0
G963	现代预防医学	2608	0.97	183	8.84	3.40	31	1423	0.00	0.15	5.7
N111	现代制造工程	384	0.97	279	8.19	3.21	27	190	0.01	0.50	7.0
G951	现代中西医结合杂志	1037	0.42	60	11.00	3.33	30	688	0.00	0.15	4.5
G486	现代中药研究与实践	181	0.99	58	7.87	3.78	27	114	0.00	0.38	6.9
G826	现代肿瘤医学	843	0.92	380	15.24	4.30	30	472	0.01	0.34	5.6
M011	现代铸铁	103	0.84	71	4.90	2.43	21	78	0.03	0.04	8.7
T073	香料香精化妆品	85	0.88	51	10.28	3.91	18	60	0.00	0.18	7.3
A018	湘潭大学自然科学学报	98	0.99	94	12.10	3.11	18	43	0.00	0.78	7.3
W024	项目管理技术	254	0.88	240	6.17	2.36	24	167	0.00	0.20	5.4
T064	橡胶工业	146	0.82	127	9.27	3.71	21	64	0.01	0.34	7.7
T953	消防科学与技术	422	0.99	216	6.61	2.39	29	196	0.00	0.26	6.7
P010	小型内燃机与摩托车	136	1.00	84	7.20	3.56	22	79	0.00	0.34	8.0
S027	小型微型计算机系统	529	0.99	505	15.04	3.25	28	180	0.01	0.91	6.4
G083	心肺血管病杂志	215	0.93	93	12.46	5.04	21	79	0.01	0.24	5.7
E046	心理学报	148	0.95	148	42.53	3.39	20	53	0.08	0.85	8.6
G476	心脑血管病防治	186	0.85	22	8.05	3.55	3	112	0.00	0.09	5.8
G419	心血管病学进展	220	0.94	152	24.90	1.32	24	124	0.01	0.12	5.3
G578	心血管康复医学杂志	214	0.99	108	10.06	4.26	23	147	0.00	0.21	6.7
G260	心脏杂志	207	0.93	125	12.15	4.84	24	131	0.01	0.37	5.1

表 4-2　2012 年中国科技核心期刊（中文）来源指标刊名字顺索引（续）

CODE	刊　名	来源文献量	文献选出率	AR论文量	平均引文数	平均作者数	地区分布数	机构分布数	海外论文比	基金论文比	引用半衰期
N080	新技术新工艺	394	0.98	128	5.15	2.68	26	227	0.00	0.13	7.1
V026	新建筑	186	0.89	137	3.88	1.87	16	67	0.14	0.27	8.1
A087	新疆大学学报自然科学版	88	0.97	85	13.35	3.01	3	10	0.02	0.75	7.8
E159	新疆地质	96	0.99	88	14.86	4.71	14	61	0.00	0.54	8.8
H908	新疆农业大学学报	102	1.00	93	15.66	4.94	5	14	0.00	0.81	8.4
H276	新疆农业科学	362	0.97	361	16.83	5.18	6	48	0.00	0.85	8.2
L007	新疆石油地质	215	0.84	84	10.33	4.33	18	80	0.03	0.31	7.8
G980	新疆医科大学学报	406	0.96	286	11.13	3.95	7	73	0.00	0.54	6.3
G328	新乡医学院学报	334	0.95	51	10.58	3.64	21	161	0.00	0.31	4.8
V056	新型建筑材料	306	0.96	135	6.38	3.39	28	215	0.00	0.40	6.2
M102	新型炭材料	70	0.95	70	23.66	4.74	17	45	0.13	0.71	6.6
G721	新医学	274	0.89	126	10.19	3.95	25	185	0.00	0.19	4.4
R034	信号处理	241	0.95	241	14.93	3.22	20	79	0.01	0.76	5.7
R519	信息技术	663	0.98	307	6.80	2.37	27	271	0.00	0.22	6.3
R652	信息与电子工程	165	0.98	158	10.27	3.18	22	87	0.00	0.37	6.4
S002	信息与控制	128	1.00	122	14.99	3.10	21	81	0.01	0.80	6.5
A510	信阳师范学院学报自然科学版	135	0.99	106	11.58	3.11	19	53	0.01	0.89	7.8
G565	徐州医学院学报	265	0.93	103	9.80	4.23	12	84	0.00	0.27	6.2
H023	畜牧兽医学报	286	0.99	286	22.60	6.80	27	83	0.01	0.91	8.1
H218	畜牧与兽医	370	0.80	201	12.36	4.62	31	185	0.00	0.56	8.1
G346	血栓与止血学	81	0.86	28	9.75	3.27	19	67	0.01	0.16	5.9
G627	循证医学	80	0.92	45	11.54	2.78	20	49	0.00	0.09	5.5
R069	压电与声光	248	0.99	173	9.41	3.98	24	94	0.00	0.56	7.1
N052	压力容器	157	0.90	146	13.27	3.45	25	99	0.01	0.31	6.7
G189	牙体牙髓牙周病学杂志	181	0.85	123	14.83	4.08	24	96	0.01	0.41	6.7
E047	亚热带资源与环境学报	53	0.84	53	20.51	4.15	9	25	0.04	0.81	8.7
U562	烟草科技	217	0.98	166	14.37	5.47	23	95	0.00	0.37	7.4
A501	烟台大学学报自然科学与工程版	66	0.94	58	11.21	3.21	12	20	0.02	0.76	7.7
E053	岩矿测试	181	0.93	169	24.67	4.25	26	101	0.02	0.66	7.2
E157	岩石矿物学杂志	87	0.99	87	35.17	5.32	16	45	0.03	0.84	10.4
C005	岩石力学与工程学报	297	0.93	295	18.25	4.19	21	99	0.03	0.87	7.5
E309	岩石学报	315	0.99	315	56.97	5.51	18	66	0.04	0.95	9.3
V574	岩土工程技术	78	0.93	63	6.92	2.31	21	62	0.00	0.14	8.2
V037	岩土工程学报	328	0.89	319	16.53	3.60	22	118	0.05	0.82	8.7
C004	岩土力学	573	0.99	566	15.69	3.66	23	165	0.01	0.85	8.6
E500	盐湖研究	49	0.92	49	19.20	4.39	7	16	0.00	0.51	9.0
T054	盐业与化工	204	0.96	74	4.52	2.61	20	97	0.00	0.13	8.5
G962	眼科	102	0.74	73	11.51	3.72	15	48	0.04	0.18	6.8
G554	眼科新进展	348	0.98	163	15.39	4.29	26	228	0.00	0.35	6.7
G773	中华实验眼科杂志	260	0.90	231	19.58	3.98	26	158	0.01	0.41	6.9
G990	中华眼外伤职业眼病杂志	292	0.78	100	11.24	3.49	28	237	0.00	0.05	6.6
J025	燕山大学学报	100	0.94	100	15.63	3.36	6	10	0.02	0.90	6.9
H016	扬州大学学报农业与生命科学版	75	0.95	75	17.33	5.49	15	37	0.00	1.00	7.2
A514	扬州大学学报自然科学版	75	1.00	66	12.19	3.33	16	26	0.01	0.96	5.5

表 4-2 2012年中国科技核心期刊（中文）来源指标刊名字顺索引（续）

CODE	刊 名	来源文献量	文献选出率	AR论文量	平均引文数	平均作者数	地区分布数	机构分布数	海外论文比	基金论文比	引用半衰期
S031	遥测遥控	88	0.98	82	7.03	3.23	15	42	0.00	0.17	7.8
Z543	遥感技术与应用	134	0.94	131	19.48	3.79	19	85	0.02	0.85	7.0
S024	遥感信息	127	0.96	124	14.99	3.79	22	80	0.02	0.71	7.8
Z006	遥感学报	90	1.00	89	27.08	4.18	15	52	0.01	0.92	8.8
G403	药物不良反应杂志	113	0.74	38	12.03	3.42	24	86	0.01	0.07	4.6
G087	药物分析杂志	499	0.98	394	11.48	4.67	30	240	0.01	0.42	6.1
G877	药物流行病学杂志	220	0.84	43	8.24	2.97	24	170	0.00	0.04	4.2
G514	药物生物技术	131	0.96	107	16.89	4.37	16	55	0.00	0.47	5.9
G977	药学服务与研究	127	0.77	67	9.73	3.89	18	79	0.00	0.29	3.9
G440	药学实践杂志	141	0.97	53	12.89	3.91	17	79	0.01	0.31	5.5
G008	药学学报	266	0.96	263	23.81	5.24	27	137	0.02	0.77	5.4
G527	药学与临床研究	160	0.92	71	13.23	3.26	12	78	0.01	0.23	5.5
M023	冶金分析	201	0.96	183	10.48	3.79	25	155	0.10	0.32	7.4
M047	冶金能源	99	0.95	47	4.32	3.20	19	60	0.00	0.16	7.1
M026	冶金自动化	96	0.54	81	5.98	2.98	19	63	0.00	0.18	6.7
C503	液晶与显示	148	0.96	118	12.50	3.91	18	70	0.01	0.72	5.3
N079	液压气动与密封	296	0.86	104	6.81	2.52	24	202	0.00	0.13	6.7
N035	液压与气动	546	0.98	130	5.33	2.66	29	316	0.00	0.19	7.0
G605	医疗卫生装备	635	0.72	45	7.52	3.95	29	302	0.00	0.20	4.8
G482	医学动物防制	526	0.85	47	5.78	3.54	27	274	0.00	0.06	5.2
G333	医学分子生物学杂志	91	0.98	86	21.31	4.20	22	66	0.02	0.67	5.6
S590	中华医学教育探索杂志	393	0.97	169	7.35	4.14	26	195	0.01	0.32	3.6
G545	医学临床研究	932	0.92	101	9.35	3.32	28	505	0.00	0.06	5.8
G281	医学研究生学报	329	0.95	220	18.90	3.79	20	108	0.00	0.37	5.2
G480	医学研究杂志	709	0.97	394	11.52	4.33	27	361	0.00	0.37	5.6
G265	医学影像学杂志	525	0.69	296	10.10	4.14	24	366	0.00	0.10	4.9
G964	医学与社会	381	0.99	74	8.86	3.26	26	180	0.01	0.35	4.1
G860	医学综述	1581	0.95	438	20.17	1.80	30	896	0.00	0.18	5.5
G844	医药导报	583	0.91	172	9.62	3.54	28	354	0.00	0.18	5.4
G088	医用生物力学	117	0.98	117	19.07	4.29	18	54	0.08	0.85	6.8
N074	仪表技术与传感器	496	0.99	67	7.06	3.12	27	235	0.00	0.41	6.0
N066	仪器仪表学报	413	1.00	385	17.06	3.81	21	135	0.03	0.85	4.5
F024	遗传	194	0.93	190	38.26	4.83	27	128	0.03	0.86	6.6
G455	疑难病杂志	330	0.72	39	14.57	3.59	27	245	0.00	0.09	4.2
U054	印染	348	0.86	165	7.52	2.79	18	137	0.01	0.21	6.5
T104	印染助剂	160	0.92	94	10.34	3.15	18	60	0.00	0.22	7.4
G089	营养学报	125	0.80	85	19.38	4.51	25	86	0.02	0.66	6.6
D014	影像科学与光化学	51	0.88	51	20.55	4.39	15	30	0.04	0.65	6.3
G649	影像诊断与介入放射学	123	0.88	70	10.49	4.25	16	84	0.02	0.08	6.4
B008	应用概率统计	61	0.94	60	13.25	2.08	21	49	0.00	0.72	12.4
C109	应用光学	224	0.97	176	10.77	3.71	23	113	0.00	0.37	6.9
T949	应用化工	635	1.00	284	11.35	3.67	29	228	0.00	0.58	7.0
D016	应用化学	252	0.95	233	18.28	4.46	29	139	0.01	0.77	6.9
A580	应用基础与工程科学学报	117	0.95	117	17.56	4.02	23	76	0.03	0.92	7.0

表 4-2　2012 年中国科技核心期刊（中文）来源指标刊名字顺索引（续）

CODE	刊　名	来源文献量	文献选出率	AR论文量	平均引文数	平均作者数	地区分布数	机构分布数	海外论文比	基金论文比	引用半衰期
R033	应用激光	108	0.96	100	10.47	3.89	23	74	0.00	0.61	7.5
A015	应用科学学报	104	0.95	99	13.84	3.44	18	44	0.07	0.93	5.0
F035	应用昆虫学报	254	0.98	253	25.31	4.53	28	96	0.01	0.91	8.5
C008	应用力学学报	134	0.90	129	12.86	3.26	21	74	0.01	0.78	9.0
E122	应用气象学报	89	0.94	82	22.92	4.01	22	42	0.03	0.84	7.6
Z018	应用生态学报	484	1.00	484	33.74	4.89	30	159	0.03	0.91	7.7
C052	应用声学	72	0.91	69	15.21	3.04	16	41	0.01	0.50	8.2
B011	应用数学	134	0.97	134	11.15	2.17	27	92	0.01	0.84	9.9
B020	应用数学和力学	118	0.90	117	25.56	3.23	18	99	0.49	0.47	10.1
B001	应用数学学报	92	0.97	90	13.24	2.23	23	81	0.02	0.88	12.1
F100	应用与环境生物学报	174	1.00	171	27.71	5.11	26	91	0.02	0.95	8.4
M014	硬质合金	63	0.94	63	17.13	3.65	19	36	0.02	0.49	7.0
L027	油气储运	247	0.91	129	8.13	4.04	20	126	0.00	0.17	6.6
L504	油气地质与采收率	178	0.94	98	14.11	3.89	16	65	0.02	0.78	6.8
Z538	油气田环境保护	137	0.92	47	6.60	3.52	17	88	0.00	0.12	6.9
L033	油田化学	113	0.97	100	12.00	4.70	15	62	0.01	0.65	8.4
E051	铀矿地质	64	0.94	63	7.41	3.89	8	19	0.00	0.38	9.2
K020	铀矿冶	51	0.91	33	5.55	4.02	9	23	0.00	0.08	10.1
T916	有机硅材料	77	0.87	67	22.56	3.68	20	47	0.00	0.17	3.4
D025	有机化学	319	0.96	309	35.46	4.65	28	161	0.01	0.82	6.7
M036	有色金属工程	64	0.57	37	8.09	3.02	19	39	0.02	0.20	5.6
K580	有色金属选矿部分	107	0.99	79	8.39	3.20	19	50	0.01	0.35	7.0
M020	有色金属冶炼部分	191	0.99	106	8.81	3.85	21	82	0.00	0.62	7.2
N907	鱼雷技术	102	0.97	86	8.10	3.15	14	30	0.00	0.25	7.6
A654	云南民族大学学报自然科学版	111	0.97	81	12.32	3.40	18	46	0.00	0.73	6.8
H998	渔业科学进展	106	0.95	106	21.43	5.81	10	22	0.00	0.87	9.4
Y020	宇航材料工艺	147	0.95	110	12.80	3.96	14	58	0.00	0.26	8.3
Y008	宇航计测技术	111	0.97	96	5.91	3.33	16	65	0.00	0.10	8.0
Y024	宇航学报	260	0.98	260	14.20	3.45	20	94	0.00	0.72	6.8
H909	玉米科学	186	0.98	169	15.88	5.57	23	60	0.01	0.82	8.2
G518	预防医学情报杂志	300	0.96	125	9.07	4.36	24	175	0.01	0.12	5.8
H039	园艺学报	379	0.94	266	21.26	5.56	30	121	0.01	0.90	8.0
C108	原子核物理评论	73	0.95	67	22.67	4.93	18	36	0.04	0.84	8.4
Q008	原子能科学技术	286	0.97	267	9.65	4.57	19	84	0.01	0.44	9.1
C057	原子与分子物理学报	184	0.97	181	18.95	3.83	27	111	0.01	0.76	9.2
A038	云南大学学报自然科学版	123	0.95	121	15.76	4.34	23	65	0.01	0.85	7.4
H269	云南农业大学学报	164	0.96	154	18.10	5.09	21	58	0.01	0.77	8.1
A053	云南师范大学学报自然科学版	93	0.97	80	11.92	3.65	12	25	0.00	0.70	8.0
M506	云南冶金	114	0.90	80	7.82	2.94	10	54	0.00	0.09	1.7
B013	运筹学学报	50	1.00	49	15.86	2.54	20	34	0.04	0.78	9.6
B522	运筹与管理	218	0.98	209	15.09	2.70	24	101	0.01	0.89	7.7
H989	杂草科学	77	0.94	30	9.00	4.52	25	55	0.01	0.51	7.7
H293	杂交水稻	180	0.94	46	6.03	5.27	19	116	0.01	0.68	6.7
Y057	载人航天	94	0.74	91	9.19	3.76	15	44	0.00	0.45	0.0

表 4-2　2012 年中国科技核心期刊（中文）来源指标刊名字顺索引（续）

CODE	刊　名	来源文献量	文献选出率	AR论文量	平均引文数	平均作者数	地区分布数	机构分布数	海外论文比	基金论文比	引用半衰期
C100	噪声与振动控制	276	0.99	219	9.14	3.12	24	136	0.01	0.34	7.9
M043	轧钢	124	0.98	62	5.23	3.09	20	86	0.00	0.11	6.9
T569	粘接	161	0.64	98	11.83	3.14	20	80	0.00	0.09	7.2
A017	浙江大学学报工学版	336	0.97	336	16.26	3.85	16	41	0.02	0.86	7.3
A002	浙江大学学报理学版	138	1.00	123	14.27	3.19	21	61	0.01	0.69	7.9
H035	浙江大学学报农业与生命科学版	97	0.93	97	21.92	4.56	15	34	0.00	0.91	7.8
G091	浙江大学学报医学版	110	0.95	109	18.57	4.72	13	39	0.01	0.79	6.0
J016	浙江工业大学学报	156	0.96	136	10.93	3.68	5	15	0.01	0.72	7.2
H277	浙江林业科技	113	0.99	90	12.26	4.69	5	65	0.02	0.50	8.8
G433	浙江临床医学	476	0.57	20	8.99	2.92	21	300	0.00	0.03	4.6
H019	浙江农林大学学报	150	0.99	146	19.67	4.39	20	55	0.01	0.90	8.0
H201	浙江农业学报	213	0.99	210	15.81	4.81	26	107	0.00	0.76	7.4
A051	浙江师范大学学报自然科学版	86	0.99	85	15.03	3.34	4	9	0.00	0.65	7.9
G810	浙江医学	668	0.82	116	10.02	4.04	6	220	0.00	0.15	6.2
G479	浙江预防医学	438	0.91	28	6.66	3.06	8	214	0.00	0.08	3.5
G092	浙江中医药大学学报	486	0.92	102	7.75	3.02	23	213	0.01	0.34	6.2
G093	针刺研究	97	0.95	93	20.37	5.09	22	60	0.03	0.73	6.7
G488	针灸临床杂志	331	0.81	52	9.34	3.15	29	152	0.02	0.25	6.5
N086	真空	140	0.97	91	9.44	3.65	23	94	0.01	0.28	8.4
R032	真空电子技术	90	0.95	63	10.91	3.48	13	32	0.00	0.12	8.7
N025	真空科学与技术学报	222	0.98	210	15.61	4.63	26	112	0.01	0.65	7.1
C038	真空与低温	44	0.94	37	12.27	4.07	10	21	0.00	0.25	9.2
G259	诊断病理学杂志	126	0.65	64	13.22	4.37	23	92	0.00	0.05	6.8
G615	诊断学理论与实践	152	0.96	109	17.20	3.90	12	59	0.00	0.26	5.5
Y010	振动测试与诊断	180	0.95	176	11.37	3.42	25	91	0.01	0.78	7.0
Y004	振动工程学报	108	0.95	105	13.88	3.28	19	56	0.04	0.85	7.9
N030	振动与冲击	862	0.98	826	13.39	3.47	26	219	0.02	0.80	7.9
E316	震灾防御技术	50	0.98	48	11.24	4.20	18	31	0.06	0.66	9.1
J012	郑州大学学报工学版	183	0.97	161	9.45	3.39	21	77	0.01	0.82	6.6
A019	郑州大学学报理学版	107	0.96	98	10.42	3.46	14	39	0.01	0.79	8.3
G036	郑州大学学报医学版	306	0.98	142	10.08	4.87	18	98	0.02	0.35	5.4
U003	郑州轻工业学院学报自然科学版	164	0.98	117	9.50	3.17	16	63	0.00	0.55	5.4
G884	职业与健康	1229	0.96	129	6.96	3.29	31	662	0.00	0.09	5.9
H577	植物保护	253	0.97	196	16.17	5.11	29	122	0.01	0.83	9.1
H014	植物保护学报	106	0.91	88	18.74	4.92	24	51	0.00	0.94	7.7
H052	植物病理学报	98	0.98	96	15.83	4.95	25	58	0.03	0.91	9.9
F039	植物分类学报	56	0.95	53	52.77	3.95	13	35	0.34	0.66	11.1
F007	植物分类与资源学报	81	0.94	73	31.12	3.94	17	41	0.04	0.77	8.2
H584	植物检疫	143	0.63	83	11.31	5.05	21	90	0.01	0.55	7.9
F008	植物科学学报	82	1.00	81	24.20	4.49	23	60	0.00	0.93	8.9
F038	植物生理学报	167	0.95	167	34.20	4.68	28	84	0.00	0.89	7.0
F009	植物生态学报	133	0.96	133	41.25	4.41	27	75	0.03	0.87	9.2
F023	植物学报	65	0.98	65	42.02	4.66	19	50	0.00	0.95	7.8
F050	植物研究	136	0.98	130	19.79	4.29	28	77	0.01	0.76	8.8

表 4-2　2012 年中国科技核心期刊（中文）来源指标刊名字顺索引（续）

CODE	刊　名	来源文献量	文献选出率	AR论文量	平均引文数	平均作者数	地区分布数	机构分布数	海外论文比	基金论文比	引用半衰期
H238	植物遗传资源学报	180	1.00	178	23.78	5.84	28	83	0.00	0.86	8.1
H890	植物营养与肥料学报	187	0.96	187	27.14	5.58	27	66	0.02	0.91	8.0
Z551	植物资源与环境学报	75	1.00	66	21.72	4.59	15	40	0.00	0.84	8.1
N091	指挥控制与仿真	180	0.97	153	8.81	3.03	17	76	0.00	0.33	6.3
U011	制冷学报	90	1.00	86	11.91	3.73	17	43	0.03	0.63	7.4
U640	制冷与空调(四川)	145	1.00	115	10.32	2.68	21	90	0.00	0.14	7.0
N046	制造技术与机床	545	0.83	256	5.50	2.74	28	289	0.00	0.32	7.1
S023	制造业自动化	1135	1.00	401	5.93	2.34	30	524	0.00	0.32	6.3
C034	质谱学报	60	0.95	59	20.20	5.07	18	53	0.03	0.55	6.6
S052	智能系统学报	83	0.98	80	18.06	3.08	18	63	0.02	0.93	6.0
N002	中北大学学报自然科学版	155	0.96	143	13.79	2.87	21	59	0.01	0.49	6.8
G007	中草药	521	0.98	434	16.04	4.83	31	262	0.01	0.74	6.3
G520	中成药	670	0.99	498	14.58	4.35	31	339	0.00	0.61	5.8
G094	中风与神经疾病杂志	342	0.90	127	14.70	4.28	28	190	0.00	0.34	6.7
G546	中国 CT 和 MRI 杂志	209	0.97	65	11.56	4.34	25	151	0.02	0.13	6.4
G538	中国癌症杂志	184	0.97	170	16.96	4.99	24	106	0.01	0.34	5.4
G985	中国艾滋病性病	280	0.82	75	9.08	5.54	28	180	0.03	0.29	5.6
G129	中国安全科学学报	330	0.98	330	14.50	3.18	25	130	0.00	0.73	5.7
Z552	中国安全生产科学技术	508	0.98	490	10.93	2.92	28	247	0.00	0.35	5.7
F048	中国比较医学杂志	208	0.97	174	14.11	5.39	25	117	0.00	0.63	7.3
N103	中国表面工程	116	0.89	115	14.11	4.51	21	71	0.05	0.55	6.3
G750	中国病案	336	0.61	7	6.68	2.79	28	201	0.00	0.07	2.7
G769	中国病毒病杂志	94	0.88	86	20.29	5.54	20	57	0.01	0.70	5.7
G096	中国病理生理杂志	412	0.98	384	15.33	5.57	27	213	0.01	0.83	5.6
G339	中国病原生物学杂志	292	0.86	110	15.03	5.35	29	180	0.01	0.52	5.7
M053	中国材料进展	98	0.54	88	30.99	3.89	18	53	0.01	0.68	6.3
H213	中国草地学报	118	0.98	117	16.86	4.42	22	57	0.00	0.82	7.9
N830	中国测试	181	0.97	105	9.22	3.41	24	108	0.01	0.37	7.0
G097	中国超声医学杂志	321	0.69	179	7.99	5.19	26	195	0.01	0.39	6.1
G901	中国当代儿科杂志	245	0.96	166	16.56	4.91	25	139	0.02	0.26	5.4
H939	中国稻米	153	0.93	60	10.84	4.83	21	104	0.01	0.49	7.5
G099	中国地方病防治杂志	163	0.78	30	6.85	4.81	23	99	0.01	0.23	6.3
G098	中国地方病学杂志	180	0.83	111	11.20	5.61	31	97	0.02	0.71	6.3
E351	中国地震	44	1.00	43	25.50	3.93	16	25	0.00	0.84	10.5
E654	中国地质	165	0.96	165	29.91	5.20	22	81	0.00	0.81	9.3
R040	中国电机工程学报	810	0.93	796	20.91	4.20	24	168	0.03	0.76	6.1
R511	中国电力	255	0.95	229	9.88	3.76	27	136	0.00	0.17	4.7
G234	中国动脉硬化杂志	248	0.98	221	17.12	4.60	28	167	0.01	0.50	5.7
G825	中国儿童保健杂志	391	0.95	87	11.37	3.99	27	246	0.01	0.34	5.4
G543	中国耳鼻咽喉头颈外科	202	0.78	67	9.95	4.99	26	157	0.02	0.25	6.3
G100	中国法医学杂志	146	0.55	44	8.66	4.68	22	83	0.00	0.27	6.3
G290	中国防痨杂志	184	0.91	126	11.95	5.75	26	104	0.02	0.36	4.7
V023	中国非金属矿工业导刊	112	0.97	46	10.75	2.89	22	84	0.00	0.29	6.9
G320	中国肺癌杂志	126	0.89	114	20.57	4.99	23	75	0.03	0.42	5.2

表 4-2 2012 年中国科技核心期刊（中文）来源指标刊名字顺索引（续）

CODE	刊名	来源文献量	文献选出率	AR论文量	平均引文数	平均作者数	地区分布数	机构分布数	海外论文比	基金论文比	引用半衰期
G402	中国分子心脏病学杂志	96	0.95	70	17.23	5.92	16	58	0.00	0.46	6.5
V568	中国粉体技术	111	0.97	79	10.61	3.86	22	69	0.02	0.65	8.4
M007	中国腐蚀与防护学报	94	0.97	91	19.19	4.21	22	63	0.01	0.67	8.3
G456	中国妇产科临床杂志	144	0.80	49	12.04	3.94	25	97	0.01	0.15	4.5
G680	中国妇幼保健	2244	0.90	412	8.05	3.41	31	1274	0.00	0.16	5.7
G687	中国妇幼健康研究	317	0.98	52	7.72	3.69	23	202	0.00	0.12	4.5
G475	中国肝脏病杂志电子版	55	0.85	27	19.47	3.53	20	36	0.00	0.20	5.1
G631	中国感染控制杂志	146	0.97	54	7.29	4.12	27	127	0.00	0.11	5.1
G337	中国感染与化疗杂志	100	0.87	78	13.77	9.14	17	69	0.00	0.26	5.6
X035	中国港湾建设	158	0.99	84	5.98	2.65	15	81	0.00	0.16	8.3
V036	中国给水排水	748	0.96	475	5.97	3.95	30	390	0.01	0.47	6.0
N089	中国工程机械学报	97	0.98	82	7.99	3.61	18	39	0.00	0.41	7.1
N754	中国工程科学	211	0.95	203	10.36	3.36	22	129	0.00	0.50	7.0
G244	中国工业医学杂志	184	0.90	34	8.23	4.24	26	105	0.01	0.28	7.0
G102	中国公共卫生	635	0.91	104	11.44	5.29	31	311	0.02	0.62	5.4
X031	中国公路学报	130	0.90	130	17.70	3.58	21	46	0.02	0.92	7.1
G103	中国骨伤	282	0.94	170	13.32	4.76	24	194	0.00	0.20	6.3
G249	中国骨与关节损伤杂志	186	0.29	24	10.30	4.89	24	149	0.01	0.18	2.5
G648	中国骨与关节外科	112	0.92	92	18.96	4.64	19	70	0.03	0.11	7.2
G857	中国骨与关节杂志	148	0.97	118	15.32	4.39	22	100	0.00	0.11	6.9
G663	中国骨质疏松杂志	285	0.97	180	16.56	4.22	27	225	0.00	0.29	6.6
W021	中国管理科学	144	0.97	144	21.65	2.60	20	76	0.04	0.95	7.6
N104	中国惯性技术学报	151	0.96	139	9.68	3.68	17	53	0.00	0.89	4.2
G637	中国国境卫生检疫杂志	105	0.95	69	14.22	5.59	20	68	0.00	0.50	5.8
H215	中国果树	168	0.88	49	4.23	4.20	27	115	0.00	0.49	8.0
L013	中国海上油气	110	0.89	81	8.06	4.10	6	35	0.00	0.45	7.3
E313	中国海洋大学学报自然科学版	211	1.00	204	20.86	4.00	10	21	0.00	0.91	9.9
L026	中国海洋平台	67	1.00	57	6.45	3.22	10	40	0.03	0.28	7.9
G104	中国海洋药物	68	0.97	64	17.00	4.99	11	35	0.00	0.82	7.4
X039	中国航海	104	0.97	100	9.77	3.02	13	34	0.00	0.64	5.4
G973	中国呼吸与危重监护杂志	142	0.93	110	16.14	4.27	21	100	0.00	0.30	6.5
G417	中国护理管理	359	0.97	129	13.16	3.56	28	221	0.02	0.14	5.1
Z030	中国环境监测	194	0.97	153	11.26	4.05	26	126	0.00	0.52	7.7
Z001	中国环境科学	338	0.97	338	24.22	4.72	26	175	0.01	0.91	6.7
N059	中国机械工程	602	0.95	523	11.75	3.56	25	176	0.01	0.84	6.8
A079	中国基础科学	52	0.76	42	14.54	2.12	11	30	0.02	0.37	5.0
R066	中国激光	494	0.98	490	15.97	4.83	24	158	0.01	0.82	5.6
R013	中国激光医学杂志	75	0.80	48	15.88	4.35	19	59	0.01	0.24	6.8
G852	中国急救复苏与灾害医学杂志	356	0.77	82	9.03	3.85	27	201	0.00	0.13	4.5
G241	中国急救医学	322	0.95	180	12.38	4.42	29	243	0.00	0.28	5.5
G192	中国脊柱脊髓杂志	239	0.93	188	17.10	5.29	28	145	0.00	0.23	6.5
G907	中国计划生育学杂志	257	0.82	84	8.35	3.55	27	163	0.00	0.23	5.9
G105	中国寄生虫学与寄生虫病杂志	120	0.85	87	18.19	5.62	26	76	0.00	0.65	6.3
G787	中国健康教育	316	0.95	120	10.81	4.18	27	199	0.01	0.26	5.1

表 4-2 2012 年中国科技核心期刊（中文）来源指标刊名字顺索引（续）

CODE	刊 名	来源文献量	文献选出率	AR论文量	平均引文数	平均作者数	地区分布数	机构分布数	海外论文比	基金论文比	引用半衰期
G784	中国健康心理学杂志	709	0.85	126	10.01	3.34	30	467	0.00	0.26	6.8
N108	中国舰船研究	120	0.97	118	11.62	3.16	11	39	0.00	0.53	7.0
T075	中国胶粘剂	178	0.92	150	10.58	3.65	21	91	0.00	0.43	5.2
G233	中国矫形外科杂志	667	0.89	320	12.74	4.65	29	400	0.01	0.22	5.7
G239	中国介入心脏病学杂志	102	0.86	53	11.83	5.70	23	67	0.00	0.17	6.3
G206	中国介入影像与治疗学	233	0.87	179	12.96	4.79	26	154	0.00	0.22	5.2
G323	中国康复	189	0.78	4	10.99	3.99	24	133	0.01	0.19	6.2
G400	中国康复理论与实践	373	0.92	98	14.70	4.14	26	221	0.01	0.28	6.6
G106	中国康复医学杂志	312	0.97	179	17.91	4.30	29	202	0.02	0.34	6.6
G107	中国抗生素杂志	191	0.96	159	18.48	4.73	26	133	0.01	0.52	6.6
A098	中国科技论坛	317	0.91	309	12.41	2.17	26	153	0.01	0.70	5.8
A583	中国科技期刊研究	302	0.97	160	11.27	2.57	25	239	0.00	0.22	3.8
S133	中国科技资源导刊	120	0.94	116	12.60	2.14	24	84	0.02	0.57	5.2
A108	中国科学 地球科学	179	0.94	179	44.84	4.75	17	86	0.11	0.97	9.6
A106	中国科学 化学	154	0.73	144	52.27	4.16	23	100	0.04	0.81	5.8
A081	中国科学基金	95	0.88	51	4.53	2.91	21	71	0.00	0.09	4.0
A007	中国科学技术大学学报	143	0.99	142	15.75	3.15	18	63	0.08	0.80	7.4
A109	中国科学 技术科学	159	0.92	159	28.79	3.72	21	70	0.05	0.87	7.9
A107	中国科学 生命科学	109	0.92	108	45.23	5.91	21	79	0.14	0.82	7.3
A105	中国科学 数学	98	0.84	98	22.22	2.15	18	79	0.06	0.87	10.0
A103	中国科学 物理学力学天文学	164	0.93	160	25.08	4.79	23	101	0.05	0.90	7.7
Z317	中国科学 信息科学	127	0.93	120	23.68	3.59	16	68	0.05	0.90	6.7
A102	中国科学院研究生院学报	124	0.97	124	14.75	3.13	12	37	0.02	0.85	7.9
Y003	中国空间科学技术	70	0.92	70	10.13	3.39	10	28	0.00	0.70	7.9
G441	中国口腔颌面外科杂志	103	0.89	94	17.96	4.86	16	38	0.02	0.61	7.2
K030	中国矿业	388	0.96	239	7.68	2.80	29	192	0.00	0.31	6.3
K015	中国矿业大学学报	165	0.96	165	16.30	4.06	19	49	0.03	0.95	7.8
G247	中国老年学杂志	1800	0.60	212	11.47	3.91	30	815	0.00	0.37	4.4
U001	中国粮油学报	311	0.96	293	17.20	4.44	27	129	0.00	0.68	7.7
G447	中国临床保健杂志	225	0.80	53	10.43	4.01	21	121	0.00	0.24	5.1
G108	中国临床解剖学杂志	181	0.88	128	12.67	5.51	25	125	0.01	0.42	7.1
G536	中国临床神经科学	137	0.94	118	20.61	4.56	19	83	0.01	0.30	6.5
G794	中国临床神经外科杂志	264	0.86	47	10.32	4.95	28	173	0.00	0.13	6.5
G221	中国临床心理学杂志	249	0.99	130	18.56	3.69	25	106	0.02	0.51	7.7
G870	中国临床药理学与治疗学	269	0.97	259	17.55	4.70	22	153	0.01	0.49	5.5
G109	中国临床药理学杂志	287	0.98	77	8.26	4.55	27	187	0.00	0.22	5.3
G544	中国临床药学杂志	106	0.90	71	10.61	3.94	18	80	0.00	0.15	5.7
G814	中国临床医生	328	0.90	76	7.17	2.54	23	176	0.00	0.05	5.4
G974	中国临床医学	272	0.98	32	7.15	4.26	23	129	0.00	0.28	6.2
G304	中国临床医学影像杂志	268	0.73	101	10.35	4.62	27	215	0.00	0.14	6.3
G110	中国麻风皮肤病杂志	209	0.37	46	9.88	3.77	24	158	0.00	0.18	4.8
H212	中国麻业科学	62	0.87	49	8.65	5.10	18	36	0.00	0.65	7.9
G613	中国慢性病预防与控制	260	0.90	53	10.45	4.37	25	194	0.00	0.22	5.9
G598	中国媒介生物学及控制杂志	175	0.87	60	14.27	5.45	27	110	0.01	0.48	6.2

表 4-2 2012 年中国科技核心期刊（中文）来源指标刊名字顺索引（续）

CODE	刊名	来源文献量	文献选出率	AR论文量	平均引文数	平均作者数	地区分布数	机构分布数	海外论文比	基金论文比	引用半衰期
K037	中国煤炭地质	224	0.98	145	7.55	2.64	26	126	0.00	0.18	6.8
G582	中国煤炭工业医学杂志	504	0.41	44	7.83	2.62	28	325	0.00	0.03	4.5
G297	中国美容整形外科杂志	268	0.86	78	17.37	4.64	25	152	0.07	0.12	4.4
K036	中国锰业	65	0.98	24	6.32	2.62	11	31	0.00	0.08	6.5
H211	中国棉花	155	0.70	42	8.07	4.54	18	95	0.01	0.50	6.2
G111	中国免疫学杂志	259	0.93	199	16.54	5.18	29	192	0.01	0.72	5.4
Y028	中国民航大学学报	92	0.99	80	9.32	2.39	12	22	0.00	0.47	6.7
K550	中国钼业	79	0.93	57	8.96	3.15	10	39	0.01	0.09	7.8
G303	中国男科学杂志	206	0.83	103	14.93	4.59	29	154	0.00	0.22	5.7
H273	中国南方果树	221	0.86	66	9.93	4.40	20	133	0.00	0.53	8.1
G422	中国脑血管病杂志	151	0.91	122	20.25	4.95	20	89	0.01	0.48	5.6
G277	中国内镜杂志	391	0.94	176	10.58	4.83	29	282	0.00	0.07	6.0
R524	中国能源	114	0.78	73	6.00	2.32	11	57	0.05	0.17	3.6
U609	中国酿造	635	0.98	441	13.44	4.05	30	287	0.01	0.53	6.7
W005	中国农村水利水电	559	0.96	281	8.93	3.09	31	236	0.00	0.50	6.8
H958	中国农学通报	2086	0.98	2064	21.13	4.48	31	766	0.00	0.74	7.4
H027	中国农业大学学报	184	0.97	184	26.00	4.62	23	55	0.02	0.90	6.2
H567	中国农业科技导报	133	0.94	133	26.24	4.49	25	75	0.02	0.74	7.0
H030	中国农业科学	567	1.00	566	30.98	5.76	27	142	0.01	0.97	7.7
H210	中国农业气象	98	0.99	94	21.67	4.49	23	59	0.01	0.88	6.7
H221	中国农业资源与区划	103	0.98	100	13.18	2.92	24	83	0.00	0.59	6.7
G311	中国皮肤性病学杂志	400	0.78	60	9.83	4.34	30	263	0.00	0.23	5.6
G226	中国普通外科杂志	405	0.92	258	14.48	4.29	30	307	0.00	0.21	5.4
G269	中国普外基础与临床杂志	312	0.80	212	22.93	4.39	26	182	0.01	0.17	5.6
G776	中国全科医学	1386	0.93	353	11.82	4.27	30	776	0.01	0.26	5.2
H081	中国热带农业	152	0.71	41	4.61	3.43	8	96	0.01	0.28	7.1
G629	中国热带医学	557	0.98	89	8.58	4.18	26	312	0.00	0.20	6.2
Z546	中国人口资源与环境	325	0.98	322	18.22	2.56	25	125	0.02	0.77	6.0
G112	中国人兽共患病学报	281	0.96	233	15.83	5.53	29	168	0.01	0.75	6.8
U052	中国乳品工业	196	0.96	100	12.43	3.95	23	102	0.01	0.42	7.8
E124	中国沙漠	249	0.95	249	28.67	4.57	17	64	0.01	0.95	8.2
G366	中国社会医学杂志	167	0.98	8	9.40	3.71	21	106	0.01	0.20	5.3
G114	中国神经精神疾病杂志	177	0.86	140	17.08	5.60	28	116	0.03	0.51	5.3
G242	中国神经免疫学和神经病学杂志	116	0.79	78	13.09	3.97	17	66	0.00	0.41	5.7
G268	中国生化药物杂志	307	1.00	123	10.98	3.78	28	200	0.01	0.37	5.3
H555	中国生态农业学报	260	0.96	257	24.81	4.95	28	122	0.01	0.90	7.5
H044	中国生物防治学报	94	0.96	94	25.46	4.99	23	52	0.06	0.97	9.4
F255	中国生物工程杂志	248	0.95	245	23.56	4.88	28	153	0.02	0.77	6.5
F002	中国生物化学与分子生物学报	171	0.97	171	29.12	4.43	28	118	0.02	0.94	6.3
G115	中国生物医学工程学报	144	1.00	144	18.02	4.04	21	81	0.06	0.83	6.5
G258	中国生物制品学杂志	429	0.97	302	13.39	5.53	25	175	0.01	0.53	4.7
G715	中国生育健康杂志	159	0.78	27	8.97	3.33	26	139	0.00	0.17	5.5
L001	中国石油大学学报自然科学版	203	0.97	200	15.95	4.39	13	48	0.02	0.89	8.0
F047	中国实验动物学报	113	0.97	103	16.27	5.75	22	85	0.00	0.72	7.1

表 4-2　2012 年中国科技核心期刊（中文）来源指标刊名字顺索引（续）

CODE	刊　名	来源文献量	文献选出率	AR论文量	平均引文数	平均作者数	地区分布数	机构分布数	海外论文比	基金论文比	引用半衰期
G883	中国实验血液学杂志	318	0.98	304	16.21	6.16	24	178	0.01	0.56	5.8
G853	中国实验诊断学	870	0.92	192	9.60	4.03	27	409	0.00	0.27	6.5
G273	中国实用儿科杂志	262	0.87	133	15.89	3.77	23	113	0.00	0.16	4.6
G228	中国实用妇科与产科杂志	303	0.92	119	12.28	3.14	23	147	0.00	0.14	5.4
G305	中国实用护理杂志	975	0.54	62	8.49	2.59	30	595	0.00	0.09	3.4
G267	中国实用内科杂志	279	0.86	83	7.85	3.63	26	152	0.01	0.27	4.8
G686	中国实用神经疾病杂志	515	0.33	52	8.78	3.12	25	316	0.00	0.05	3.3
G272	中国实用外科杂志	317	0.84	112	12.44	3.28	23	130	0.00	0.15	4.4
G872	中国实用眼科杂志	401	0.87	230	12.36	4.07	27	254	0.00	0.13	7.7
U635	中国食品添加剂	207	0.95	202	13.74	3.86	27	128	0.00	0.43	7.4
G429	中国食品卫生杂志	148	0.96	108	13.51	4.78	24	90	0.00	0.31	5.4
U007	中国食品学报	380	0.97	380	19.25	4.43	24	120	0.01	0.81	7.4
U563	中国食物与营养	265	0.93	166	11.51	3.60	28	138	0.02	0.44	6.7
H317	中国兽药杂志	207	0.88	103	10.51	5.02	27	98	0.00	0.36	6.7
H326	中国兽医科学	240	1.00	239	17.30	6.23	25	75	0.00	0.85	8.1
H225	中国兽医学报	400	0.99	371	15.36	6.35	27	106	0.01	0.89	8.5
G796	中国输血杂志	437	0.78	111	9.70	4.40	30	209	0.01	0.16	5.5
G926	中国数字医学	437	0.89	122	5.97	3.62	27	276	0.00	0.33	4.1
H290	中国水产科学	129	0.98	129	28.41	5.25	16	52	0.01	0.98	9.3
H020	中国水稻科学	107	0.99	107	28.38	6.06	18	43	0.03	0.94	8.4
H295	中国水土保持科学	120	0.95	119	20.73	4.29	23	65	0.03	0.80	7.9
T022	中国塑料	255	0.60	242	14.21	3.75	27	115	0.00	0.27	6.8
G211	中国糖尿病杂志	269	0.91	101	8.04	4.62	29	191	0.01	0.28	5.2
T068	中国陶瓷	287	0.79	114	11.16	2.98	25	151	0.00	0.35	7.4
G521	中国疼痛医学杂志	208	0.81	95	11.27	4.23	26	127	0.00	0.15	6.2
G561	中国体视学与图像分析	63	0.97	63	11.17	4.73	15	40	0.05	0.60	6.7
G444	中国体外循环杂志	68	0.96	39	14.06	6.10	20	55	0.03	0.22	5.8
G101	中国天然药物	90	0.95	81	22.84	4.67	18	66	0.24	0.63	8.3
U501	中国调味品	371	0.99	217	11.12	3.15	30	196	0.00	0.28	6.8
X004	中国铁道科学	131	0.95	131	10.95	3.36	18	47	0.00	0.89	7.1
G437	中国听力语言康复科学杂志	102	0.88	47	10.39	3.10	18	52	0.02	0.16	7.5
R083	中国图象图形学报	232	0.99	230	17.58	3.26	22	116	0.02	0.87	6.3
H350	中国土地科学	180	0.96	179	15.67	3.03	21	81	0.01	0.70	5.6
H233	中国土壤与肥料	122	0.96	116	18.39	4.84	27	76	0.00	0.64	8.0
G116	中国危重病急救医学	213	0.77	115	15.81	4.50	26	139	0.01	0.64	5.1
G373	中国微创外科杂志	373	0.94	83	11.24	4.75	29	253	0.00	0.09	5.1
G959	中国微侵袭神经外科杂志	185	0.77	34	10.13	5.39	28	115	0.01	0.33	4.3
G517	中国微生态学杂志	355	0.96	118	12.24	4.38	25	204	0.01	0.32	6.1
G988	中国卫生检验杂志	1119	0.93	129	7.77	4.06	29	641	0.00	0.17	6.1
S725	中国卫生经济	391	0.95	60	5.58	3.57	27	194	0.01	0.45	4.1
G253	中国卫生统计	311	0.88	72	8.09	4.09	28	170	0.02	0.45	6.8
G716	中国卫生政策研究	151	0.92	144	13.55	3.36	17	64	0.09	0.55	4.7
G752	中国卫生质量管理	202	0.94	46	7.06	3.38	23	146	0.00	0.09	4.1
K035	中国钨业	69	0.86	41	8.35	2.81	12	38	0.00	0.43	6.1

表 4-2　2012 年中国科技核心期刊（中文）来源指标刊名字顺索引（续）

CODE	刊　名	来源文献量	文献选出率	AR论文量	平均引文数	平均作者数	地区分布数	机构分布数	海外论文比	基金论文比	引用半衰期
M022	中国稀土学报	118	1.00	118	22.25	4.62	24	80	0.00	0.87	7.2
F025	中国细胞生物学学报	187	0.98	177	29.91	4.17	25	104	0.02	0.78	6.1
G841	中国现代普通外科进展	299	0.78	104	11.46	4.05	25	213	0.01	0.11	5.6
G623	中国现代神经疾病杂志	120	0.74	91	16.08	4.80	20	67	0.01	0.35	4.0
G885	中国现代手术学杂志	142	0.90	48	9.46	4.26	23	114	0.00	0.04	5.9
G237	中国现代医学杂志	1005	0.94	663	12.11	4.13	30	563	0.00	0.26	6.2
G849	中国现代应用药学	299	0.94	233	10.75	4.06	28	211	0.00	0.42	5.5
G284	中国消毒学杂志	319	0.49	19	5.56	3.81	30	237	0.00	0.09	3.9
G765	中国小儿急救医学	200	0.75	60	13.72	3.42	25	105	0.01	0.10	5.2
G845	中国小儿血液与肿瘤杂志	74	0.93	41	13.88	4.34	19	48	0.01	0.15	6.3
G298	中国斜视与小儿眼科杂志	67	0.89	15	7.94	3.58	18	58	0.00	0.06	8.0
G117	中国心理卫生杂志	194	0.94	169	19.80	4.69	28	104	0.03	0.55	7.4
G718	中国心血管病研究	250	0.93	116	13.79	4.40	26	177	0.00	0.12	6.7
G380	中国心血管杂志	139	0.94	68	11.17	3.99	16	85	0.00	0.14	5.5
G203	中国心脏起搏与心电生理杂志	157	0.82	65	9.86	4.97	23	99	0.01	0.20	5.6
G082	中国新生儿科杂志	122	0.82	56	13.49	4.16	22	98	0.00	0.11	5.2
G250	中国新药与临床杂志	166	0.97	147	17.57	4.36	24	114	0.01	0.26	5.5
G747	中国新药杂志	630	0.95	505	15.70	4.18	28	345	0.01	0.41	5.2
G727	中国性科学	285	0.90	87	8.34	2.82	27	213	0.02	0.16	5.8
G232	中国胸心血管外科临床杂志	179	0.76	105	17.78	5.17	25	108	0.00	0.18	5.6
G118	中国修复重建外科杂志	362	0.95	270	19.49	5.14	28	237	0.01	0.30	5.4
H294	中国畜牧兽医	703	0.98	571	17.55	5.13	30	236	0.00	0.69	7.5
G908	中国学校卫生	636	0.93	49	13.53	4.11	30	383	0.01	0.28	5.6
G675	中国血吸虫病防治杂志	197	0.88	108	17.18	6.30	23	110	0.02	0.58	6.8
G633	中国血液净化	172	0.83	107	16.07	4.38	23	113	0.01	0.21	6.9
G119	中国循环杂志	136	0.84	82	11.03	5.57	24	69	0.00	0.23	5.8
G756	中国循证儿科杂志	86	0.91	82	21.57	6.05	14	38	0.06	0.36	6.4
G645	中国循证心血管医学杂志	188	0.85	41	14.85	4.16	27	122	0.01	0.18	5.5
G396	中国循证医学杂志	230	0.97	223	24.95	5.51	22	94	0.00	0.40	5.7
H208	中国烟草科学	132	0.99	119	14.92	6.16	18	67	0.00	0.35	7.4
U647	中国烟草学报	110	0.99	106	17.14	5.57	19	55	0.00	0.45	8.6
E303	中国岩溶	67	0.97	66	20.15	4.09	15	32	0.01	0.82	8.3
G619	中国眼耳鼻喉科杂志	116	0.73	37	12.86	3.16	19	75	0.02	0.23	6.2
G318	中国药房	1751	0.98	329	9.19	3.62	30	930	0.01	0.22	5.1
G120	中国药科大学学报	107	0.96	101	15.94	4.50	13	30	0.01	0.66	5.2
G121	中国药理学通报	411	0.96	366	16.20	5.33	27	213	0.02	0.93	5.1
G122	中国药理学与毒理学杂志	144	0.96	139	22.63	4.59	23	93	0.06	0.80	6.0
G878	中国药师	675	0.90	142	7.90	3.58	28	388	0.00	0.19	5.0
G220	中国药物化学杂志	77	0.72	67	20.70	4.74	18	40	0.00	0.60	5.8
G227	中国药物警戒	207	0.74	100	9.43	3.23	25	128	0.00	0.29	5.1
G248	中国药物依赖性杂志	110	0.94	88	16.55	4.07	24	75	0.02	0.45	6.7
G713	中国药物应用与监测	112	0.91	40	12.14	3.74	19	61	0.00	0.15	4.0
G621	中国药物与临床	572	0.67	56	6.97	3.28	24	264	0.00	0.23	5.5
G009	中国药学杂志	480	0.92	380	14.63	4.75	29	277	0.01	0.59	5.5

表 4-2　2012 年中国科技核心期刊（中文）来源指标刊名字顺索引（续）

CODE	刊　名	来源文献量	文献选出率	AR论文量	平均引文数	平均作者数	地区分布数	机构分布数	海外论文比	基金论文比	引用半衰期
G755	中国药业	575	0.37	23	8.48	3.03	28	411	0.00	0.10	3.0
M628	中国冶金	134	0.83	109	7.65	3.40	15	80	0.00	0.12	6.6
G809	中国医刊	415	0.93	90	9.19	3.05	21	230	0.01	0.04	6.0
G123	中国医科大学学报	332	0.96	156	11.03	4.64	21	74	0.02	0.65	5.8
G124	中国医疗器械杂志	134	0.91	52	7.87	2.99	20	90	0.00	0.28	5.6
G679	中国医疗设备	636	0.87	115	9.99	3.01	30	395	0.03	0.08	4.4
G306	中国医师进修杂志	1008	0.85	164	9.69	3.27	28	703	0.00	0.03	4.3
G313	中国医师杂志	610	0.90	125	9.86	3.90	27	415	0.00	0.12	4.4
G236	中国医学计算机成像杂志	133	0.99	88	10.72	4.95	18	85	0.00	0.34	6.1
G125	中国医学科学院学报	128	0.99	118	17.16	5.17	18	62	0.02	0.47	6.1
G911	中国医学伦理学	296	0.93	36	7.78	2.78	26	167	0.00	0.26	3.8
G622	中国医学物理学杂志	191	0.98	120	11.07	4.16	23	116	0.01	0.49	6.6
G127	中国医学影像技术	540	0.77	467	12.39	4.95	31	271	0.01	0.32	5.4
G193	中国医学影像学杂志	259	0.93	147	11.72	4.46	28	201	0.00	0.19	5.7
S591	中国医学装备	363	0.90	91	11.79	3.45	28	222	0.01	0.10	4.8
G519	中国医药	627	0.84	29	12.02	3.68	29	382	0.00	0.09	5.2
G644	中国医药导报	2586	0.95	60	9.82	3.16	31	1535	0.00	0.19	4.9
G924	中国医药导刊	736	0.57	3	11.44	2.47	27	567	0.00	0.02	2.4
T019	中国医药工业杂志	285	0.93	172	9.99	3.85	23	134	0.01	0.37	6.4
G531	中国医药生物技术	90	0.77	68	18.88	4.67	20	72	0.01	0.60	5.3
Q918	中国医院	298	0.90	70	6.06	3.82	23	163	0.04	0.25	4.1
G454	中国医院管理	378	0.84	17	6.67	4.02	26	206	0.02	0.30	3.4
G243	中国医院药学杂志	635	0.84	322	9.96	4.08	30	395	0.00	0.32	5.2
G314	中国疫苗和免疫	110	0.71	90	11.82	7.36	20	43	0.00	0.35	6.2
G130	中国应用生理学杂志	134	0.88	88	8.17	5.16	27	90	0.00	0.78	4.7
G706	中国优生与遗传杂志	605	0.76	24	10.10	4.04	28	392	0.00	0.18	6.7
H205	中国油料作物学报	113	0.98	111	24.52	5.56	25	51	0.01	0.88	8.2
U032	中国油脂	264	0.95	199	11.36	4.16	29	131	0.00	0.54	7.2
M028	中国有色金属学报	477	1.00	475	20.60	4.78	23	118	0.02	0.85	7.3
H099	中国预防兽医学报	244	0.98	191	12.67	6.84	25	88	0.00	0.86	7.2
G753	中国预防医学杂志	266	0.91	149	11.60	5.01	25	180	0.00	0.34	5.3
V039	中国园林	290	0.81	232	10.30	2.10	23	150	0.11	0.28	7.9
G131	中国运动医学杂志	203	0.93	173	23.13	3.83	23	109	0.02	0.57	6.6
X012	中国造船	103	0.99	103	11.56	3.38	13	33	0.01	0.48	7.3
U012	中国造纸	200	0.93	153	10.12	3.19	21	96	0.01	0.34	6.8
U033	中国造纸学报	51	0.98	48	12.31	4.12	15	30	0.02	0.59	6.6
H204	中国沼气	89	0.90	52	10.28	4.26	22	64	0.00	0.47	6.1
G600	中国针灸	280	0.77	183	13.37	3.85	26	171	0.03	0.45	7.1
H067	中国真菌学杂志	104	0.95	56	14.49	4.27	22	64	0.00	0.20	6.3
G945	中国职业医学	185	0.86	32	10.85	4.88	25	111	0.01	0.43	6.1
G347	中国中西医结合耳鼻咽喉科杂志	152	0.85	45	10.49	3.44	21	130	0.01	0.13	8.0
G843	中国中西医结合急救杂志	119	0.76	31	13.66	4.18	25	92	0.00	0.51	5.3
G757	中国中西医结合皮肤性病学杂志	113	0.52	14	9.10	3.54	22	92	0.01	0.20	4.6
G846	中国中西医结合肾病杂志	353	0.80	100	13.73	4.42	26	215	0.00	0.31	5.3

表 4-2　2012 年中国科技核心期刊（中文）来源指标刊名字顺索引（续）

CODE	刊　名	来源文献量	文献选出率	AR论文量	平均引文数	平均作者数	地区分布数	机构分布数	海外论文比	基金论文比	引用半衰期
G758	中国中西医结合外科杂志	237	0.73	66	6.59	3.32	18	130	0.00	0.09	5.2
G528	中国中西医结合消化杂志	169	0.82	60	10.37	3.63	21	136	0.00	0.27	6.3
G182	中国中西医结合杂志	398	0.95	302	15.87	4.62	28	221	0.01	0.67	6.7
G132	中国中药杂志	812	0.98	698	15.26	5.12	30	319	0.02	0.83	6.0
G240	中国中医骨伤科杂志	258	0.55	26	12.21	3.95	21	163	0.00	0.24	5.7
G632	中国中医基础医学杂志	534	0.82	27	8.44	3.47	29	239	0.01	0.46	6.8
G524	中国中医急症	685	0.47	4	8.37	3.08	28	394	0.00	0.35	4.8
G749	中国中医眼科杂志	158	0.89	44	8.92	3.04	25	110	0.01	0.18	7.9
G832	中国中医药信息杂志	430	0.66	65	9.70	4.24	27	238	0.01	0.56	5.8
G642	中国肿瘤	233	0.96	145	13.55	4.42	26	144	0.01	0.27	5.0
G133	中国肿瘤临床	516	0.93	389	14.61	5.00	29	243	0.01	0.34	4.5
G636	中国肿瘤临床与康复	201	0.93	42	9.23	3.69	24	163	0.00	0.07	6.1
G255	中国肿瘤生物治疗杂志	127	0.96	124	26.53	4.51	24	92	0.00	0.85	4.3
N072	中国铸造装备与技术	108	0.96	35	4.73	2.71	23	73	0.00	0.08	9.6
G667	中国综合临床	462	0.95	151	11.32	4.20	30	344	0.00	0.14	5.6
G529	中国卒中杂志	148	0.80	125	21.02	3.83	21	78	0.01	0.28	6.0
G299	中国组织工程研究	2002	0.99	1978	23.48	4.48	30	924	0.01	0.43	6.0
G134	中国组织化学与细胞化学杂志	131	0.98	114	14.42	4.34	21	68	0.02	0.59	7.0
G502	中华保健医学杂志	157	0.68	24	9.85	4.27	22	75	0.00	0.20	4.3
G135	中华病理学杂志	205	0.81	126	14.85	5.16	22	132	0.03	0.29	4.9
G195	中华超声影像学杂志	272	0.68	196	11.21	6.12	27	162	0.01	0.52	5.4
G136	中华传染病杂志	180	0.86	129	14.07	5.61	28	125	0.01	0.47	5.3
G408	中华创伤骨科杂志	264	0.88	179	14.28	5.16	24	170	0.05	0.33	6.4
G137	中华创伤杂志	301	0.92	186	14.33	5.03	25	198	0.00	0.30	5.9
G138	中华儿科杂志	189	0.79	146	19.57	4.86	19	89	0.02	0.28	5.2
G139	中华耳鼻咽喉头颈外科杂志	239	0.78	168	17.49	5.03	23	134	0.02	0.39	6.1
G743	中华耳科学杂志	133	0.92	96	14.95	4.48	20	75	0.02	0.54	7.0
G140	中华放射学杂志	254	0.79	177	13.63	5.93	26	174	0.01	0.33	5.6
G141	中华放射医学与防护杂志	186	0.97	112	13.61	5.80	26	110	0.01	0.53	6.0
G251	中华放射肿瘤学杂志	160	0.89	106	15.28	6.96	21	84	0.02	0.49	6.4
G474	中华肺部疾病杂志电子版	134	0.93	83	12.99	3.54	23	88	0.01	0.16	6.1
G286	中华风湿病学杂志	208	0.83	147	16.09	5.43	26	127	0.00	0.44	5.4
G142	中华妇产科杂志	232	0.86	133	14.94	4.76	23	121	0.03	0.34	5.5
G689	中华妇幼临床医学杂志电子版	209	0.81	78	12.02	3.46	23	148	0.00	0.26	6.1
G262	中华肝胆外科杂志	249	0.85	156	14.96	5.68	27	165	0.01	0.33	5.7
G231	中华肝脏病杂志	242	0.91	136	12.61	4.94	26	151	0.00	0.51	4.7
G235	中华高血压杂志	273	0.81	172	15.18	4.30	26	144	0.03	0.20	5.8
G143	中华骨科杂志	211	0.90	184	17.72	5.91	25	117	0.02	0.29	7.0
G728	中华骨质疏松和骨矿盐疾病杂志	57	0.90	52	20.21	5.02	16	44	0.02	0.42	5.9
G691	中华关节外科杂志电子版	155	0.87	126	14.94	4.77	22	103	0.02	0.24	6.8
G263	中华行为医学与脑科学杂志	365	0.95	79	15.73	4.72	26	222	0.01	0.55	5.0
G335	中华航海医学与高气压医学杂志	111	0.78	57	10.66	5.12	15	65	0.00	0.38	7.0
G144	中华航空航天医学杂志	73	0.72	51	18.44	5.18	12	30	0.00	0.21	7.4
G145	中华核医学与分子影像杂志	105	0.74	80	14.70	5.70	18	77	0.02	0.45	5.1

表 4-2 2012 年中国科技核心期刊（中文）来源指标刊名字顺索引（续）

CODE	刊　名	来源文献量	文献选出率	AR论文量	平均引文数	平均作者数	地区分布数	机构分布数	海外论文比	基金论文比	引用半衰期
G146	中华护理杂志	383	0.83	72	13.84	4.05	26	243	0.04	0.19	4.9
G555	中华急诊医学杂志	341	0.88	214	14.23	4.65	28	230	0.02	0.32	5.9
G302	中华疾病控制杂志	313	0.93	165	12.36	5.82	29	172	0.01	0.49	4.9
G174	中华检验医学杂志	270	0.92	179	15.44	4.98	24	158	0.01	0.40	4.9
G147	中华结核和呼吸杂志	246	0.72	108	15.53	4.42	24	140	0.02	0.33	4.8
G159	中华精神科杂志	81	0.57	62	18.53	5.99	18	51	0.05	0.53	5.6
G579	中华口腔医学研究杂志电子版	95	0.90	82	16.32	4.19	14	48	0.06	0.47	6.1
G148	中华口腔医学杂志	162	0.78	134	17.76	3.78	23	81	0.01	0.48	5.9
G280	中华口腔正畸学杂志	47	0.82	37	13.23	3.47	15	37	0.00	0.30	8.3
G149	中华劳动卫生职业病杂志	299	0.91	117	12.24	4.94	25	164	0.01	0.51	7.2
G639	中华老年多器官疾病杂志	245	0.93	175	13.86	4.20	26	131	0.01	0.15	5.6
G833	中华老年口腔医学杂志	89	0.92	55	16.22	3.84	20	54	0.01	0.29	6.7
G876	中华老年心脑血管病杂志	406	0.94	146	12.31	4.47	30	224	0.01	0.30	3.8
G150	中华老年医学杂志	313	0.92	140	11.08	4.50	26	202	0.02	0.25	5.4
G692	中华临床感染病杂志	109	0.89	45	12.33	4.57	19	90	0.00	0.21	4.6
G693	中华临床免疫和变态反应杂志	65	0.93	56	17.60	4.26	16	45	0.00	0.20	6.6
G824	中华临床营养杂志	91	0.83	52	10.77	4.58	20	69	0.00	0.24	5.5
G152	中华流行病学杂志	287	0.88	240	15.84	7.06	28	146	0.04	0.61	5.6
G153	中华麻醉学杂志	391	0.92	165	10.10	5.32	29	241	0.01	0.43	6.3
G154	中华泌尿外科杂志	207	0.66	130	14.34	6.48	27	116	0.00	0.20	4.5
G282	中华男科学杂志	264	0.96	187	15.52	5.36	28	183	0.00	0.34	6.1
G155	中华内分泌代谢杂志	257	0.87	160	17.38	5.65	29	160	0.03	0.49	5.0
G736	中华内分泌外科杂志	120	0.78	42	13.97	4.43	21	83	0.00	0.39	4.8
G156	中华内科杂志	271	0.80	120	15.06	5.03	25	122	0.01	0.35	4.9
G157	中华皮肤科杂志	266	0.69	102	9.97	5.08	29	166	0.02	0.36	5.9
G254	中华普通外科杂志	256	0.60	128	9.79	5.96	24	146	0.01	0.25	4.4
G158	中华器官移植杂志	180	0.79	117	13.59	6.42	22	88	0.01	0.47	5.5
G473	中华腔镜泌尿外科杂志电子版	112	0.90	67	11.16	5.67	23	83	0.00	0.19	5.8
G526	中华全科医师杂志	301	0.69	42	8.79	3.65	25	200	0.00	0.14	4.8
G515	中华全科医学	765	0.70	2	11.37	3.48	27	490	0.00	0.10	3.7
G505	中华乳腺病杂志电子版	98	0.84	86	15.77	4.12	21	75	0.04	0.18	4.6
G900	中华烧伤杂志	125	0.72	54	11.51	5.22	24	79	0.01	0.42	4.0
G197	中华神经科杂志	192	0.69	133	18.13	5.15	26	114	0.00	0.38	4.4
G976	中华神经外科疾病研究杂志	157	0.79	76	13.45	4.80	26	108	0.01	0.34	6.7
G160	中华神经外科杂志	360	0.85	192	14.66	5.76	29	189	0.01	0.35	5.8
G446	中华神经医学杂志	315	0.93	215	14.59	5.23	27	206	0.00	0.37	5.1
G161	中华肾脏病杂志	207	0.78	158	16.80	5.87	28	115	0.00	0.57	5.8
G737	中华生物医学工程杂志	119	0.94	101	15.30	4.85	14	72	0.01	0.53	6.4
G162	中华实验和临床病毒学杂志	155	0.95	41	8.29	6.66	23	99	0.01	0.52	6.1
G703	中华实验和临床感染病杂志电子版	150	0.91	86	14.09	4.67	24	98	0.00	0.33	4.8
G163	中华实验外科杂志	821	0.79	169	10.32	5.34	29	320	0.02	0.61	5.5
G367	中华实用诊断与治疗杂志	433	0.72	26	10.64	4.08	27	270	0.00	0.22	4.0
G848	中华手外科杂志	118	0.63	29	8.70	5.44	22	85	0.00	0.21	6.7
G506	中华损伤与修复杂志电子版	148	0.90	77	12.74	4.57	25	101	0.00	0.26	5.4

表 4-2 2012 年中国科技核心期刊（中文）来源指标刊名字顺索引（续）

CODE	刊名	来源文献量	文献选出率	AR论文量	平均引文数	平均作者数	地区分布数	机构分布数	海外论文比	基金论文比	引用半衰期
G739	中华糖尿病杂志	171	0.78	114	17.26	4.94	24	93	0.02	0.39	4.5
G164	中华外科杂志	300	0.87	188	14.24	6.09	25	161	0.00	0.31	5.9
G165	中华微生物学和免疫学杂志	216	0.88	188	16.92	5.97	27	164	0.03	0.71	5.7
G296	中华围产医学杂志	172	0.81	113	17.65	4.14	19	99	0.02	0.28	5.1
G740	中华卫生杀虫药械	172	0.89	40	7.75	4.16	25	119	0.01	0.15	8.7
G793	中华胃肠外科杂志	328	0.78	199	13.79	4.70	25	147	0.00	0.33	4.7
G166	中华物理医学与康复杂志	286	0.90	131	16.67	4.82	26	184	0.00	0.33	6.4
G167	中华显微外科杂志	179	0.79	40	11.23	5.47	26	136	0.00	0.27	5.5
G847	中华现代护理杂志	1530	0.75	356	11.88	3.33	26	706	0.00	0.09	4.9
G285	中华消化内镜杂志	195	0.65	81	11.14	5.52	26	119	0.01	0.21	5.1
G978	中华消化外科杂志	153	0.87	91	11.57	4.75	27	91	0.01	0.67	3.8
G168	中华消化杂志	233	0.82	111	12.71	4.99	24	130	0.00	0.33	5.3
G169	中华小儿外科杂志	254	0.83	146	13.43	5.48	26	117	0.01	0.30	6.5
G892	中华心律失常学杂志	97	0.78	56	18.89	6.29	17	48	0.01	0.28	6.4
G170	中华心血管病杂志	219	0.84	172	17.23	6.09	28	144	0.02	0.35	5.1
G171	中华胸心血管外科杂志	222	0.80	83	14.61	5.93	23	131	0.01	0.27	6.0
G172	中华血液学杂志	275	0.86	164	13.37	6.57	25	154	0.01	0.55	5.7
G191	中华眼底病杂志	174	0.85	106	18.76	4.47	25	93	0.01	0.33	5.9
G173	中华眼科杂志	248	0.85	177	18.06	4.06	24	131	0.04	0.19	6.7
G873	中华眼视光学与视觉科学杂志	194	0.94	125	14.20	4.30	24	118	0.00	0.24	7.3
Q920	中华医学超声杂志电子版	270	0.91	160	12.33	4.67	25	166	0.00	0.18	6.0
G705	中华医学教育杂志	328	0.98	60	6.11	4.21	26	172	0.00	0.21	4.9
G307	中华医学科研管理杂志	138	0.93	28	6.86	3.61	22	88	0.00	0.24	4.7
G489	中华医学美学美容杂志	133	0.73	49	11.66	4.59	23	109	0.00	0.19	6.1
G175	中华医学遗传学杂志	169	0.63	127	15.48	6.18	23	138	0.01	0.56	6.6
G176	中华医学杂志	912	0.87	519	14.07	5.40	31	384	0.02	0.42	5.2
G194	中华医院感染学杂志	2106	0.79	141	6.73	3.61	30	993	0.00	0.10	3.3
G591	中华医院管理杂志	316	0.96	131	7.16	4.15	21	177	0.01	0.31	4.2
G610	中华胰腺病杂志	131	0.83	44	14.11	5.50	18	71	0.00	0.48	5.9
G177	中华预防医学杂志	262	0.83	181	14.40	6.48	29	129	0.01	0.61	4.9
G178	中华整形外科杂志	124	0.78	74	14.24	5.18	22	90	0.01	0.25	6.3
G859	中华中医药学刊	1020	0.99	175	10.32	4.03	27	418	0.00	0.62	7.1
G910	中华中医药杂志	913	0.97	446	10.21	4.38	30	326	0.02	0.72	6.3
G858	中华肿瘤防治杂志	505	0.95	331	15.47	4.63	27	313	0.00	0.40	4.0
G179	中华肿瘤杂志	206	0.93	179	14.68	6.11	22	123	0.01	0.39	6.1
G472	中华疝和腹壁外科杂志电子版	127	0.93	53	11.68	3.73	28	110	0.00	0.05	5.8
G039	中南大学学报医学版	229	0.96	225	18.14	5.22	19	51	0.03	0.51	6.7
K001	中南大学学报自然科学版	733	0.98	733	16.89	4.02	26	146	0.01	0.96	7.3
H053	中南林业科技大学学报	450	0.98	421	16.72	4.16	28	133	0.01	0.80	7.6
A550	中南民族大学学报自然科学版	115	0.96	101	13.59	3.26	3	8	0.01	0.71	7.2
G599	中南药学	273	0.97	173	15.47	3.89	22	143	0.00	0.36	5.5
G180	中日友好医院学报	103	0.71	24	13.83	3.57	15	41	0.00	0.09	4.8
G181	中山大学学报医学科学版	167	0.99	163	14.51	5.93	7	41	0.02	0.83	5.8
A036	中山大学学报自然科学版	149	0.99	143	17.58	3.83	22	67	0.03	0.93	8.1

表 4-2　2012 年中国科技核心期刊（中文）来源指标刊名字顺索引（续）

CODE	刊　名	来源文献量	文献选出率	AR论文量	平均引文数	平均作者数	地区分布数	机构分布数	海外论文比	基金论文比	引用半衰期
X539	中外公路	461	0.99	378	7.45	2.82	28	255	0.02	0.25	7.7
S020	中文信息学报	114	0.97	113	15.75	3.53	16	46	0.03	0.85	6.8
G842	中西医结合肝病杂志	126	0.79	25	11.45	4.29	23	95	0.00	0.33	5.8
G597	中西医结合心脑血管病杂志	507	0.58	20	11.54	3.55	25	300	0.00	0.21	5.5
G442	中西医结合学报	208	0.95	206	22.12	4.64	12	101	0.26	0.60	6.5
R775	中兴通讯技术	81	0.87	65	7.90	1.98	10	33	0.00	0.65	3.2
G183	中药材	574	0.99	386	9.54	4.60	28	296	0.01	0.63	6.9
G564	中药新药与临床药理	188	0.97	136	10.88	4.94	21	85	0.02	0.75	6.1
G685	中医学报	617	0.78	39	8.11	2.52	26	283	0.00	0.44	6.0
G681	中医药导报	565	0.73	30	7.31	2.79	27	338	0.00	0.22	5.3
G764	中医药通报	123	0.95	34	5.28	3.00	17	63	0.05	0.21	7.1
G943	中医药信息	312	0.89	59	8.85	3.88	21	90	0.02	0.55	5.9
G812	中医药学报	300	0.88	74	9.08	3.70	24	110	0.01	0.55	5.8
G010	中医杂志	690	0.87	201	9.38	3.62	29	308	0.01	0.48	6.8
G643	中医正骨	317	0.85	59	9.21	3.77	24	181	0.00	0.14	6.0
G184	肿瘤	187	0.94	177	18.59	5.26	23	122	0.01	0.53	4.7
G185	肿瘤防治研究	400	0.95	241	14.74	4.34	29	268	0.00	0.37	5.6
G412	肿瘤学杂志	266	0.92	146	14.59	4.20	26	197	0.01	0.19	5.0
G522	肿瘤研究与临床	292	0.89	80	13.30	4.06	22	201	0.00	0.15	6.3
G695	肿瘤预防与治疗	107	0.95	61	13.10	4.03	12	50	0.01	0.19	5.9
H103	种子	450	0.95	206	11.58	4.21	31	278	0.01	0.70	8.2
N022	轴承	224	0.94	88	5.23	3.07	25	120	0.00	0.20	7.2
H026	竹子研究汇刊	52	0.95	44	12.85	4.27	12	34	0.00	0.85	8.4
N075	铸造	285	0.88	194	9.90	3.65	28	164	0.01	0.31	7.8
N081	铸造技术	470	0.96	108	7.15	3.09	29	270	0.00	0.29	6.7
N034	装备环境工程	173	0.98	126	8.21	3.40	20	82	0.00	0.14	7.9
A133	装备学院学报	170	0.93	157	9.15	2.71	13	32	0.00	0.55	5.3
N990	装甲兵工程学院学报	138	0.95	117	9.88	3.72	6	10	0.01	0.62	6.1
Z022	资源科学	293	0.97	292	21.10	3.57	28	127	0.01	0.92	5.9
R737	自动化技术与应用	318	0.93	197	5.47	2.29	28	219	0.01	0.14	6.6
S026	自动化学报	229	1.00	228	24.92	3.20	21	95	0.03	0.92	5.8
N013	自动化仪表	289	0.96	95	10.41	2.87	27	189	0.00	0.49	5.7
S501	自动化与仪表	174	0.95	70	6.63	3.13	26	118	0.01	0.40	5.5
R611	自动化与仪器仪表	451	0.92	32	5.57	2.30	26	221	0.00	0.16	6.1
A905	自然杂志	55	0.81	48	19.82	1.76	9	38	0.05	0.42	7.0
E137	自然灾害学报	190	0.97	188	17.32	3.66	26	109	0.01	0.97	7.4
Z012	自然资源学报	203	0.97	202	26.12	4.09	25	102	0.01	0.96	7.0
G229	卒中与神经疾病	116	0.86	45	13.28	3.97	17	80	0.00	0.19	6.8
N088	组合机床与自动化加工技术	353	0.99	186	9.14	3.20	23	153	0.01	0.65	6.0
G701	组织工程与重建外科杂志	96	0.96	45	17.71	3.80	18	59	0.05	0.35	6.5
L018	钻井液与完井液	154	0.96	66	7.66	4.81	18	84	0.00	0.34	5.8
H034	作物学报	271	0.97	271	29.81	6.73	28	83	0.02	0.93	8.5
H410	作物研究	186	0.97	119	15.45	4.04	18	82	0.00	0.48	7.8
H202	作物杂志	232	0.92	173	15.41	5.09	28	110	0.01	0.79	7.6

5　2012 年中国科技核心期刊（英文）指标

表 5-1　2012 年中国科技核心期刊（英文）被引用指标刊名字顺索引

CODE	刊　名	核心总被引频次	核心影响因子	核心即年指标	核心他引率	核心引用刊数	核心扩散因子	核心权威因子	核心被引半衰期
F034	ACTA BIOCHIMICA ET BIOPHYSICA SINICA	693	0.736	0.098	0.90	343	49.49	356.69	5.2
C096	ACTA MATHEMATICA SCIENTIA	336	0.291	0.032	0.67	89	26.49	268.80	4.2
B030	ACTA MATHEMATICA SINICA ENGLISH SERIES	367	0.194	0.031	0.71	80	21.80	280.79	5.9
I051	ACTA MATHEMATICAE APPLICATAE SINICA	134	0.104	0.014	0.93	71	52.99	215.66	7.8
C105	ACTA MECHANICA SINICA	317	0.324	0.017	0.72	114	35.96	261.80	5.6
M100	ACTA METALLURGICA SINICA	192	0.225	0.018	0.93	77	40.10	232.76	6.1
G001	ACTA PHARMACOLOGICA SINICA	1636	0.630	0.311	0.92	474	28.97	611.02	6.4
I062	ADVANCES IN ATMOSPHERIC SCIENCES	1159	0.908	0.093	0.78	124	10.70	580.50	7.8
I282	ASIAN JOURNAL OF ANDROLOGY	592	0.531	0.424	0.69	157	26.52	320.59	4.0
I072	CELL RESEARCH	1235	0.950	0.400	0.92	408	33.04	487.03	4.2
I139	CHEMICAL RESEARCH IN CHINESE UNIVERSITIES	569	0.549	0.131	0.58	130	22.85	314.80	3.1
E158	CHINA OCEAN ENGINEERING	244	0.292	0.018	0.75	87	35.66	259.08	6.8
B023	CHINESE ANNALS OF MATHEMATICS SERIES B	130	0.093	0.029	0.84	46	35.38	216.08	9.4
D031	CHINESE CHEMICAL LETTERS	1072	0.493	0.152	0.64	236	22.01	443.22	3.6
I122	CHINESE JOURNAL OF AERONAUTICS	344	0.515	0.009	0.91	146	42.44	279.46	4.2
G011	CHINESE JOURNAL OF CANCER	2180	1.102	0.240	0.99	455	20.87	730.15	6.1
I037	CHINESE JOURNAL OF CANCER RESEARCH	80	0.294	0.063	0.85	55	68.75	197.26	3.7
T100	CHINESE JOURNAL OF CHEMICAL ENGINEERING	662	0.612	0.044	0.75	215	32.48	354.69	4.4
C070	CHINESE JOURNAL OF CHEMICAL PHYSICS	288	0.226	0.052	0.83	131	45.49	251.48	7.3
E012	CHINESE JOURNAL OF OCEANOLOGY AND LIMNOLOGY	370	0.293	0.296	0.82	119	32.16	284.26	4.4
D017	CHINESE JOURNAL OF POLYMER SCIENCE	274	0.673	0.102	0.65	60	21.90	247.10	2.9
I200	CHINESE JOURNAL OF TRAUMATOLOGY	299	0.381	0.024	0.96	139	46.49	260.75	5.1
I201	CHINESE MEDICAL JOURNAL	3910	0.835	0.142	0.82	661	16.91	1195.07	4.0
G126	CHINESE MEDICAL SCIENCES JOURNAL	211	0.381	0.000	0.98	140	66.35	232.62	4.8
I071	CHINESE OPTICS LETTERS	900	0.784	0.116	0.64	103	11.44	411.42	2.8
C106	CHINESE PHYSICS B	4473	0.932	0.194	0.49	230	5.14	1159.04	3.0
C058	CHINESE PHYSICS C	325	0.177	0.055	0.71	59	18.15	254.46	4.4
C059	CHINESE PHYSICS LETTERS	2385	0.428	0.142	0.61	265	11.11	728.96	3.9
B022	CHINESE QUARTERLY JOURNAL OF MATHEMATICS	71	0.056	0.011	0.96	42	59.15	195.49	7.8
B010	COMMUNICATIONS IN MATHEMATICAL RESEARCH	68	0.014	0.000	0.94	35	51.47	198.01	12.5
C095	COMMUNICATIONS IN THEORETICAL PHYSICS	899	0.438	0.089	0.59	91	10.12	378.25	3.6
F017	CURRENT ZOOLOGY	933	0.087	0.353	0.95	191	20.47	439.65	9.8
T082	ENGINEERING SCIENCES	54	0.111	0.054	0.87	40	74.07	194.35	3.9
I220	FRONTIERS OF EARTH SCIENCE	33	0.119	0.109	0.88	23	69.70	187.02	3.0
I012	INSECT SCIENCE	212	0.436	0.080	0.78	61	28.77	235.74	5.3
I227	JOURNAL OF CHINESE PHARMACEUTICAL SCIENCES	239	0.336	0.013	0.88	112	46.86	243.93	6.7
S051	JOURNAL OF COMPUTER SCIENCE AND TECHNOLOGY	279	0.351	0.019	0.92	84	30.11	251.76	5.2
Z027	JOURNAL OF ENVIRONMENTAL SCIENCES	1572	0.750	0.082	0.88	357	22.71	609.64	4.3
I018	JOURNAL OF FORESTRY RESEARCH	343	0.315	0.000	0.93	133	38.78	277.87	6.9

表 5-1 2012年中国科技核心期刊（英文）被引用指标刊名字顺索引（续）

CODE	刊 名	核心总被引频次	核心影响因子	核心即年指标	核心他引率	核心引用刊数	核心扩散因子	核心权威因子	核心被引半衰期
F013	JOURNAL OF GENETICS AND GENOMICS	1384	0.514	0.176	0.97	294	21.24	561.05	9.3
I063	JOURNAL OF GEOGRAPHICAL SCIENCES	174	0.444	0.060	0.83	70	40.23	229.53	3.7
W015	JOURNAL OF HYDRODYNAMICS SERIES B	515	0.880	0.098	0.66	142	27.57	342.08	4.0
F029	JOURNAL OF INTEGRATIVE PLANT BIOLOGY	2825	0.853	0.790	0.85	374	13.24	1003.27	12.6
I229	JOURNAL OF MARINE SCIENCE AND APPLICATION	97	0.307	0.078	0.80	48	49.48	207.80	2.9
M015	JOURNAL OF MATERIALS SCIENCE & TECHNOLOGY	482	0.438	0.075	0.77	133	27.59	305.11	4.5
B005	JOURNAL OF MATHEMATICAL RESEARCH WITH APPLICATIONS	259	0.103	0.039	0.95	103	39.77	254.24	7.5
F021	JOURNAL OF MOLECULAR CELL BIOLOGY	254	0.087	0.054	1.00	155	61.02	245.54	7.3
I105	JOURNAL OF NATURAL GAS CHEMISTRY	331	0.751	0.110	0.64	65	19.64	260.31	2.8
I120	JOURNAL OF OCEAN UNIVERSITY OF CHINA	98	0.266	0.066	0.79	49	50.00	204.38	4.3
M035	JOURNAL OF RARE EARTHS	1116	0.972	0.168	0.61	195	17.47	467.31	3.6
R062	JOURNAL OF SEMICONDUCTORS	867	0.278	0.059	0.69	180	20.76	406.13	5.3
I090	JOURNAL OF WUHAN UNIVERSITY OF TECHNOLOGY MATERIALS SCIENCE EDITION	241	0.206	0.030	0.71	109	45.23	241.43	3.6
I041	JOURNAL OF ZHEJIANG UNIVERSITY SCIENCE A	413	0.284	0.046	0.89	249	60.29	296.38	5.6
I184	MINING SCIENCE AND TECHNOLOGY	537	0.510	0.006	0.61	138	25.70	340.97	4.0
F019	MOLECULAR PLANT	1784	1.364	0.471	0.87	242	13.57	670.09	8.6
G278	NEUROSCIENCE BULLETIN	275	0.462	0.350	0.85	154	56.00	246.13	4.6
I233	OPTOELECTRONICS LETTERS	302	0.833	0.190	0.77	42	13.91	257.62	2.1
I202	PARTICUOLOGY	209	0.391	0.030	0.79	107	51.20	234.75	3.7
H046	PEDOSPHERE	724	0.627	0.069	0.93	171	23.62	396.20	6.0
C072	RESEARCH IN ASTRONOMY AND ASTROPHYSICS	261	0.368	0.612	0.34	33	12.64	235.78	2.4
G616	THE CHINESE-GERMAN JOURNAL OF CLINICAL ONCOLOGY	257	0.350	0.065	0.66	117	45.53	240.22	3.4
M104	TRANSACTIONS OF NONFERROUS METALS SOCIETY OF CHINA	1468	0.584	0.068	0.80	247	16.83	570.59	4.3
G095	VIROLOGICA SINICA	300	0.350	0.042	0.97	133	44.33	259.57	8.2

表 5-2 2012 年中国科技核心期刊（英文）来源指标刊名字顺索引

CODE	刊名	来源文献量	文献选出率	AR论文量	平均引文数	平均作者数	地区分布数	机构分布数	海外论文比	基金论文比	引用半衰期
F034	ACTA BIOCHIMICA ET BIOPHYSICA SINICA	122	0.93	116	43.35	5.91	20	91	0.30	0.69	6.8
C096	ACTA MATHEMATICA SCIENTIA	189	0.99	189	20.17	2.06	22	136	0.40	0.57	11.6
B030	ACTA MATHEMATICA SINICA ENGLISH SERIES	193	0.95	193	17.87	2.16	26	144	0.32	0.68	14.2
I051	ACTA MATHEMATICAE APPLICATAE SINICA	74	0.94	74	18.59	2.36	22	62	0.09	0.81	13.1
C105	ACTA MECHANICA SINICA	176	0.97	173	29.37	3.01	17	94	0.41	0.60	9.7
M100	ACTA METALLURGICA SINICA	55	0.98	55	21.47	4.25	16	34	0.16	0.76	8.1
G001	ACTA PHARMACOLOGICA SINICA	190	0.95	182	42.63	6.27	17	111	0.23	0.68	7.0
I062	ADVANCES IN ATMOSPHERIC SCIENCES	108	0.95	108	42.05	3.41	8	37	0.28	0.69	8.7
I282	ASIAN JOURNAL OF ANDROLOGY	158	0.90	127	48.27	4.54	17	136	0.75	0.16	6.7
I072	CELL RESEARCH	190	0.97	135	37.72	6.91	11	124	0.69	0.38	5.7
I139	CHEMICAL RESEARCH IN CHINESE UNIVERSITIES	229	0.97	213	27.62	5.30	24	105	0.05	0.86	7.3
E158	CHINA OCEAN ENGINEERING	55	0.93	54	22.51	3.65	12	26	0.25	0.71	9.9
B023	CHINESE ANNALS OF MATHEMATICS SERIES B	70	0.92	70	18.10	2.01	18	53	0.26	0.69	12.1
D031	CHINESE CHEMICAL LETTERS	362	0.97	325	17.89	4.34	27	192	0.29	0.60	7.2
I122	CHINESE JOURNAL OF AERONAUTICS	112	0.95	112	22.67	3.72	12	26	0.06	0.72	8.0
G011	CHINESE JOURNAL OF CANCER	75	0.86	70	42.68	5.60	11	51	0.44	0.27	7.4
I037	CHINESE JOURNAL OF CANCER RESEARCH	64	1.00	59	29.78	5.23	16	54	0.19	0.42	6.8
T100	CHINESE JOURNAL OF CHEMICAL ENGINEERING	159	0.94	156	26.62	4.03	22	86	0.28	0.67	8.3
C070	CHINESE JOURNAL OF CHEMICAL PHYSICS	116	0.92	114	30.82	4.09	22	59	0.08	0.78	8.7
E012	CHINESE JOURNAL OF OCEANOLOGY AND LIMNOLOGY	125	0.95	123	32.73	4.32	14	39	0.07	0.95	9.9
D017	CHINESE JOURNAL OF POLYMER SCIENCE	98	0.96	98	31.62	4.33	15	60	0.31	0.68	8.3
I200	CHINESE JOURNAL OF TRAUMATOLOGY	84	0.92	52	16.61	5.12	15	55	0.42	0.25	8.0
I201	CHINESE MEDICAL JOURNAL	865	0.97	734	23.86	6.39	28	278	0.12	0.43	7.0
G126	CHINESE MEDICAL SCIENCES JOURNAL	51	1.00	40	17.49	4.90	13	23	0.02	0.31	6.5
I071	CHINESE OPTICS LETTERS	276	0.96	158	16.76	4.79	22	109	0.12	0.74	6.3
C106	CHINESE PHYSICS B	1152	1.00	1141	26.68	4.26	27	339	0.12	0.82	7.3
C058	CHINESE PHYSICS C	200	0.97	194	18.33	5.83	18	75	0.17	0.70	10.4
C059	CHINESE PHYSICS LETTERS	860	0.98	625	20.76	4.48	26	317	0.21	0.75	7.3
B022	CHINESE QUARTERLY JOURNAL OF MATHEMATICS	90	0.97	90	11.09	2.10	25	79	0.00	0.86	12.1
B010	COMMUNICATIONS IN MATHEMATICAL RESEARCH	37	0.90	37	13.92	2.51	14	25	0.03	0.78	11.9
C095	COMMUNICATIONS IN THEORETICAL PHYSICS	314	0.96	299	33.41	2.93	25	181	0.21	0.69	8.3
F017	CURRENT ZOOLOGY	85	0.91	82	58.27	3.14	10	77	0.87	0.19	10.4
T082	ENGINEERING SCIENCES	93	0.99	89	10.42	3.55	19	60	0.05	0.45	6.5
I220	FRONTIERS OF EARTH SCIENCE	46	0.98	46	34.61	4.11	8	31	0.50	0.50	8.4
I012	INSECT SCIENCE	75	0.96	72	38.40	4.07	16	61	0.72	0.37	10.0
I227	JOURNAL OF CHINESE PHARMACEUTICAL SCIENCES	76	0.95	76	28.47	4.95	10	33	0.08	0.67	8.6
S051	JOURNAL OF COMPUTER SCIENCE AND TECHNOLOGY	103	0.93	103	32.60	3.39	15	74	0.57	0.54	6.8

表 5-2　2012 年中国科技核心期刊（英文）来源指标刊名字顺索引（续）

CODE	刊名	来源文献量	文献选出率	AR论文量	平均引文数	平均作者数	地区分布数	机构分布数	海外论文比	基金论文比	引用半衰期
Z027	JOURNAL OF ENVIRONMENTAL SCIENCES	281	0.98	281	35.32	4.99	19	131	0.32	0.71	7.7
I018	JOURNAL OF FORESTRY RESEARCH	94	0.96	92	36.51	3.38	8	78	0.84	0.16	12.1
F013	JOURNAL OF GENETICS AND GENOMICS	74	0.95	69	43.53	5.43	14	49	0.38	0.70	6.2
I063	JOURNAL OF GEOGRAPHICAL SCIENCES	84	0.92	81	33.32	4.31	17	35	0.18	0.86	7.5
W015	JOURNAL OF HYDRODYNAMICS SERIES B	112	0.98	111	17.77	3.55	14	60	0.27	0.68	6.1
F029	JOURNAL OF INTEGRATIVE PLANT BIOLOGY	81	0.95	78	65.53	4.83	13	47	0.36	0.54	6.7
I229	JOURNAL OF MARINE SCIENCE AND APPLICATION	64	0.97	64	17.70	3.30	9	35	0.38	0.50	9.6
M015	JOURNAL OF MATERIALS SCIENCE & TECHNOLOGY	173	0.94	172	26.62	4.10	18	111	0.37	0.47	8.3
B005	JOURNAL OF MATHEMATICAL RESEARCH WITH APPLICATIONS	77	0.93	77	13.29	2.06	23	56	0.06	0.77	12.5
F021	JOURNAL OF MOLECULAR CELL BIOLOGY	56	0.86	43	43.66	7.16	8	48	0.80	0.23	5.4
I105	JOURNAL OF NATURAL GAS CHEMISTRY	109	0.96	107	32.68	4.72	16	67	0.39	0.50	7.4
I120	JOURNAL OF OCEAN UNIVERSITY OF CHINA	76	0.99	76	30.57	4.68	7	21	0.22	0.75	9.5
M035	JOURNAL OF RARE EARTHS	244	1.00	237	23.28	4.78	26	150	0.18	0.78	7.3
R062	JOURNAL OF SEMICONDUCTORS	303	0.99	272	15.43	4.69	24	111	0.15	0.60	7.0
I090	JOURNAL OF WUHAN UNIVERSITY OF TECHNOLOGY MATERIALS SCIENCE EDITION	232	0.99	217	17.16	4.34	26	113	0.06	0.79	8.2
I041	JOURNAL OF ZHEJIANG UNIVERSITY SCIENCE A	87	0.89	86	26.41	4.08	11	44	0.40	0.60	8.2
I184	MINING SCIENCE AND TECHNOLOGY	154	0.96	151	18.40	4.19	15	45	0.16	0.75	8.0
F019	MOLECULAR PLANT	138	0.99	113	53.79	5.49	10	108	0.77	0.33	7.0
G278	NEUROSCIENCE BULLETIN	80	0.94	78	57.44	4.60	17	67	0.34	0.71	7.0
I233	OPTOELECTRONICS LETTERS	121	0.96	103	16.26	4.55	20	67	0.07	0.88	4.8
I202	PARTICUOLOGY	100	0.93	100	30.97	4.33	20	76	0.47	0.45	8.6
H046	PEDOSPHERE	87	0.94	87	45.37	5.08	12	56	0.48	0.67	9.4
C072	RESEARCH IN ASTRONOMY AND ASTROPHYSICS	129	0.93	127	51.37	5.83	14	60	0.49	0.50	8.2
G616	THE CHINESE-GERMAN JOURNAL OF CLINICAL ONCOLOGY	155	0.91	115	16.57	4.90	24	107	0.17	0.19	7.5
M104	TRANSACTIONS OF NONFERROUS METALS SOCIETY OF CHINA	455	1.00	455	21.62	4.56	25	155	0.16	0.70	7.4
G095	VIROLOGICA SINICA	48	0.91	47	26.75	5.94	11	33	0.38	0.63	8.5

6　2012年各学科类别期刊整体情况

表6　2012年各学科类别期刊数量、核心总被引频次和核心影响因子

表序号	学科类别	期刊数量	核心总被引频次		核心影响因子	
			平均值	中值	平均值	中值
表7-1	综合	12	933	388	0.270	0.206
表7-2	综合大学学报	56	460	334	0.289	0.252
表7-3	师范大学学报	28	358	316	0.269	0.258
表7-4	数学	24	360	283	0.212	0.188
表7-5	信息科学与系统科学	10	1140	728	0.520	0.534
表7-6	力学	11	599	508	0.480	0.466
表7-7	物理学	32	1286	477	0.509	0.433
表7-8	化学	33	1278	1009	0.625	0.536
表7-9	天文学	3	172	153	0.273	0.268
表7-10	地球科学综合	10	1777	1701	0.870	0.937
表7-11	大气科学	15	1543	1285	1.019	0.994
表7-12	地球物理学	14	1080	475	0.542	0.482
表7-13	地理学	17	1767	1483	1.030	1.018
表7-14	地质学	40	1514	1034	0.885	0.782
表7-15	水文学、海洋科学	22	804	626	0.479	0.432
表7-16	生物学基础学科	23	731	547	0.502	0.452
表7-17	生态学	7	5037	4025	1.001	0.948
表7-18	植物学	11	2033	1619	0.828	0.629
表7-19	昆虫学、动物学	11	802	566	0.403	0.436
表7-20	微生物学、病毒学	10	927	783	0.741	0.697
表7-21	心理学	4	1889	1820	0.602	0.594
表7-22	农业大学学报	23	1009	966	0.486	0.452
表7-23	农学	31	1730	1344	0.557	0.499
表7-24	农艺学	19	1265	1060	0.647	0.553
表7-25	园艺学	10	1356	920	0.624	0.693
表7-26	土壤学	6	1937	1608	0.797	0.743
表7-27	植物保护学	7	908	732	0.560	0.589
表7-28	林学	22	995	763	0.483	0.455
表7-29	畜牧、兽医科学	17	1167	1038	0.628	0.411
表7-30	水产学	11	906	764	0.701	0.779
表7-31	医学综合	43	1669	1196	0.418	0.354
表7-32	医药大学学报	54	863	819	0.411	0.371
表7-33	基础医学	25	723	514	0.422	0.356
表7-34	药理学	5	1569	1263	0.647	0.630
表7-35	临床医学综合	29	1710	1441	0.514	0.470

表6 2012年各学科类别期刊数量、核心总被引频次和核心影响因子（续）

表序号	学科类别	期刊数量	核心总被引频次		核心影响因子	
			平均值	中值	平均值	中值
表7-36	临床诊断学	12	1477	1424	0.582	0.565
表7-37	保健医学	13	1304	902	0.469	0.505
表7-38	内科学综合	6	1671	1393	0.464	0.444
表7-39	心血管病学	19	960	771	0.566	0.472
表7-40	呼吸病学、结核病学	6	2002	1188	0.631	0.742
表7-41	消化病学	13	1098	909	0.542	0.492
表7-42	血液病学、肾脏病学	7	860	1012	0.533	0.576
表7-43	内分泌病学与代谢病学、风湿病学	8	940	755	0.620	0.541
表7-44	感染性疾病学、传染病学	10	1827	455	0.824	0.610
表7-45	外科学综合	18	1700	1073	0.615	0.558
表7-46	普通外科学、胸外科学、心血管外科学	17	1045	888	0.671	0.620
表7-47	泌尿外科学	6	1024	658	0.487	0.448
表7-48	骨外科学	15	1216	766	0.602	0.595
表7-49	烧伤外科学、整形外科学	11	1169	795	0.546	0.574
表7-50	妇产科学	8	1607	1044	0.661	0.663
表7-51	儿科学	13	1469	1122	0.680	0.684
表7-52	眼科学	11	1229	1021	0.417	0.403
表7-53	耳鼻咽喉科学	8	1058	611	0.461	0.500
表7-54	口腔医学	18	643	618	0.386	0.355
表7-55	皮肤病学、性医学	11	989	846	0.400	0.282
表7-56	神经病学、精神病学	30	1041	679	0.514	0.442
表7-57	核医学、医学影像学	24	1321	932	0.531	0.536
表7-58	肿瘤学	26	1033	858	0.521	0.485
表7-59	护理学	13	3625	3358	0.689	0.543
表7-60	预防医学与公共卫生学综合	16	1663	1243	0.540	0.516
表7-61	流行病学、环境医学	19	1251	1133	0.507	0.365
表7-62	优生学、计划生育学	8	1483	746	0.391	0.395
表7-63	卫生管理学、健康教育学	22	1384	1291	0.558	0.602
表7-64	军事医学与特种医学	6	437	432	0.346	0.311
表7-65	药学	38	1211	763	0.531	0.465
表7-66	中医学	29	1603	1421	0.400	0.366
表7-67	中医药大学学报	12	1067	947	0.411	0.358
表7-68	中西医结合医学	12	1589	999	0.518	0.443
表7-69	中药学	7	3637	3827	0.618	0.524
表7-70	针灸、中医骨伤	7	1722	1659	0.647	0.731
表7-71	工程技术大学学报	67	757	551	0.328	0.317
表7-72	工程与技术科学基础学科	23	650	487	0.342	0.276
表7-73	信息与系统科学相关工程与技术	16	963	695	0.425	0.363
表7-74	生物工程	6	2184	979	0.407	0.418
表7-75	农业工程	15	2239	1117	0.763	0.591

表6 2012年各学科类别期刊数量、核心总被引频次和核心影响因子（续）

表序号	学科类别	期刊数量	核心总被引频次 平均值	核心总被引频次 中值	核心影响因子 平均值	核心影响因子 中值
表7-76	生物医学工程学	10	537	341	0.365	0.295
表7-77	测绘科学技术	14	1034	896	0.523	0.443
表7-78	材料科学综合	28	932	716	0.469	0.425
表7-79	金属材料	20	805	305	0.429	0.407
表7-80	矿山工程技术	21	613	537	0.349	0.329
表7-81	冶金工程技术	12	491	303	0.365	0.404
表7-82	机械工程设计	22	1105	723	0.374	0.269
表7-83	机械制造工艺与设备	32	721	508	0.315	0.275
表7-84	动力工程	12	484	356	0.266	0.265
表7-85	电气工程	32	1838	621	0.624	0.406
表7-86	能源科学综合	12	1139	724	0.526	0.466
表7-87	石油天然气工程	34	1201	940	0.743	0.616
表7-88	核科学技术	7	374	281	0.251	0.235
表7-89	电子技术	28	974	659	0.467	0.289
表7-90	光电子学与激光技术	16	1061	726	0.588	0.462
表7-91	通信技术	18	511	439	0.393	0.390
表7-92	计算机科学技术	26	2034	1926	0.461	0.372
表7-93	化学工程	35	664	478	0.368	0.333
表7-94	高聚物工程	13	551	527	0.375	0.361
表7-95	精细化学工程	11	561	448	0.341	0.333
表7-96	应用化学工程	12	533	350	0.325	0.313
表7-97	仪器仪表技术	11	1129	595	0.566	0.290
表7-98	兵器科学与技术	19	554	492	0.339	0.302
表7-99	纺织科学技术	7	497	316	0.284	0.223
表7-100	食品科学技术	22	1758	1107	0.492	0.490
表7-101	建筑科学与技术	33	662	443	0.334	0.307
表7-102	土木工程	8	1329	838	0.424	0.377
表7-103	水利工程	18	839	621	0.520	0.435
表7-104	交通运输工程	9	439	345	0.287	0.241
表7-105	公路运输	11	698	659	0.329	0.302
表7-106	铁路运输	10	695	705	0.377	0.349
表7-107	水路运输	13	397	314	0.299	0.256
表7-108	航空、航天科学技术	33	582	356	0.338	0.298
表7-109	环境科学技术及资源科学技术	30	1655	1410	0.674	0.574
表7-110	安全科学技术	5	1503	1603	0.601	0.604
表7-111	管理学	17	909	717	0.420	0.416
表7-112	图书馆、情报与文献学、传播学	4	735	795	0.541	0.576
表7-113	其他学科	8	529	405	0.353	0.296

表6 2012年各学科类别期刊数量、核心总被引频次和核心影响因子（续）

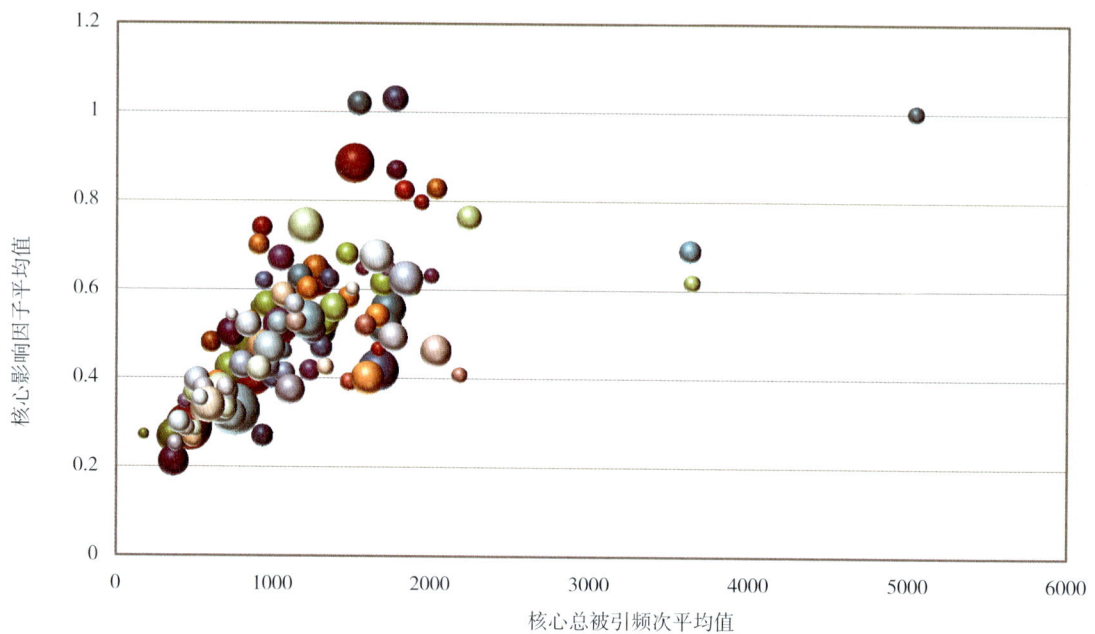

2012年各学科类别期刊数量、核心总被引频次平均值和核心影响因子平均值的分布图

说明：图中每个数据点代表一个学科类别，数据点的面积大小表示该学科类别所包含期刊数量的多少，数据点的坐标位置表示该学科内期刊的核心总被引频次平均值（横坐标）和核心影响因子平均值（纵坐标）。

7　2012年各学科类别期刊指标情况
综合类

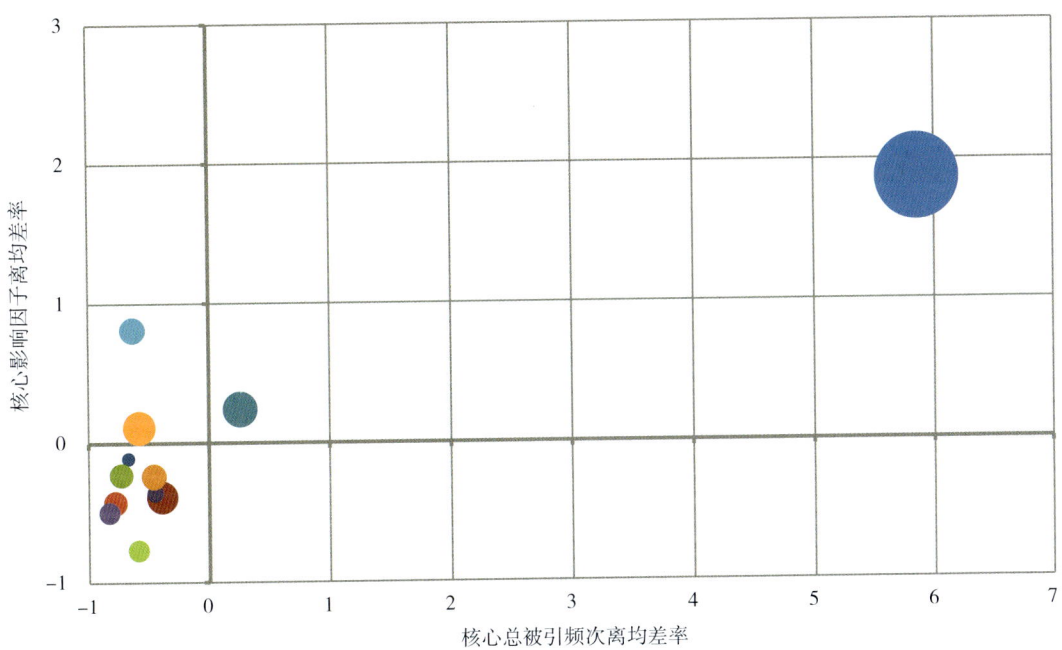

2012年综合类期刊核心总被引频次和核心影响因子离均差率的分布图（节点大小表示综合评价总分）

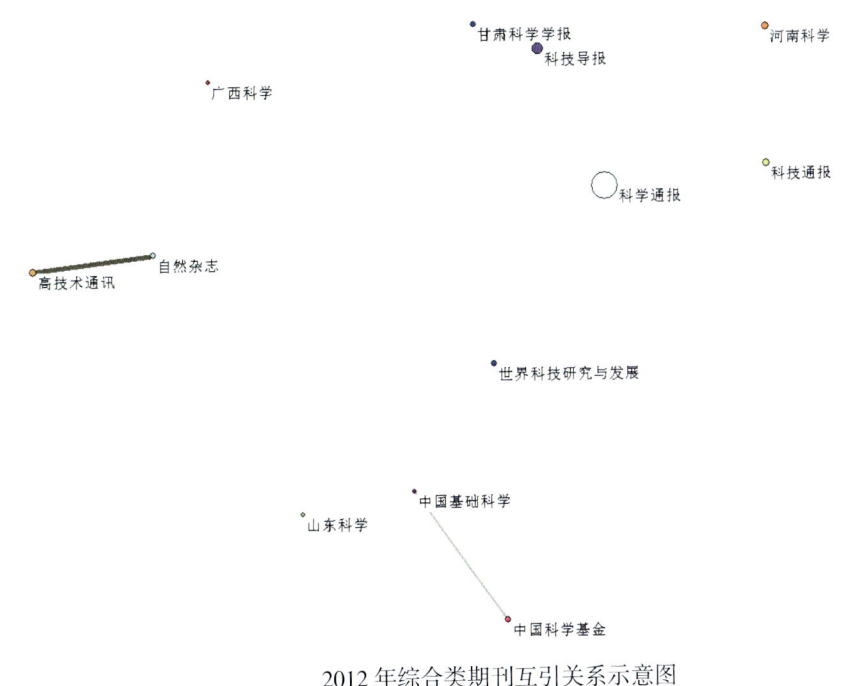

2012年综合类期刊互引关系示意图

表 7-1 2012 年综合类期刊主要指标

CODE	刊 名	核心总被引频次			核心影响因子			综合评价总分		学科扩散指标	学科影响指标
		数值	排名	离均差率	数值	排名	离均差率	数值	排名		
A034	甘肃科学学报	304	9	-0.67	0.241	5	-0.11	14.9	12	12.08	0.33
A080	高技术通讯	565	3	-0.39	0.164	9	-0.39	35.8	4	26.08	0.33
A535	广西科学	251	10	-0.73	0.208	6	-0.23	26.9	7	12.58	0.25
A011	河南科学	514	4	-0.45	0.172	8	-0.36	19.1	11	21.75	0.42
A645	科技导报	1178	2	0.26	0.334	3	0.24	39.4	2	48.17	0.50
A083	科技通报	502	5	-0.46	0.204	7	-0.24	28.7	6	26.92	0.17
A075	科学通报	6398	1	5.86	0.775	1	1.87	95.3	1	75.33	0.75
A637	山东科学	205	11	-0.78	0.155	10	-0.43	26.9	7	11.17	0.17
A201	世界科技研究与发展	387	7	-0.59	0.063	12	-0.77	24.2	9	21.00	0.25
A079	中国基础科学	159	12	-0.83	0.135	11	-0.50	23.9	10	9.17	0.33
A081	中国科学基金	348	8	-0.63	0.490	2	0.81	29.3	5	14.58	0.58
A905	自然杂志	389	6	-0.58	0.299	4	0.11	37.2	3	23.25	0.33
	12 种期刊平均值	933			0.270						

综合大学学报类

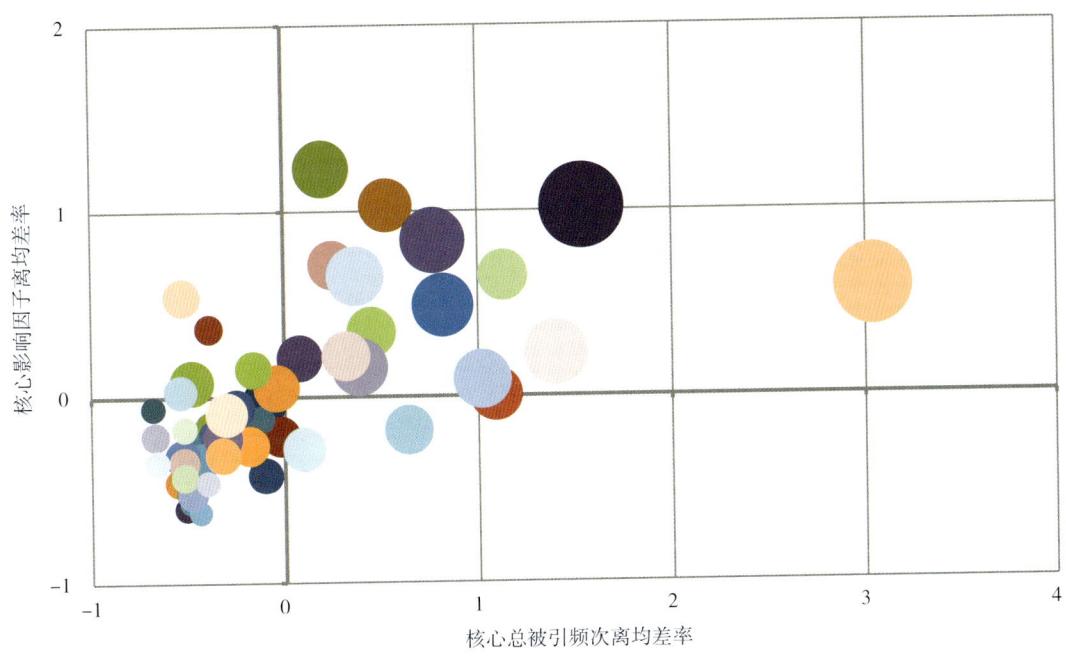

2012年综合大学学报类期刊核心总被引频次和核心影响因子离均差率的分布图（节点大小表示综合评价总分）

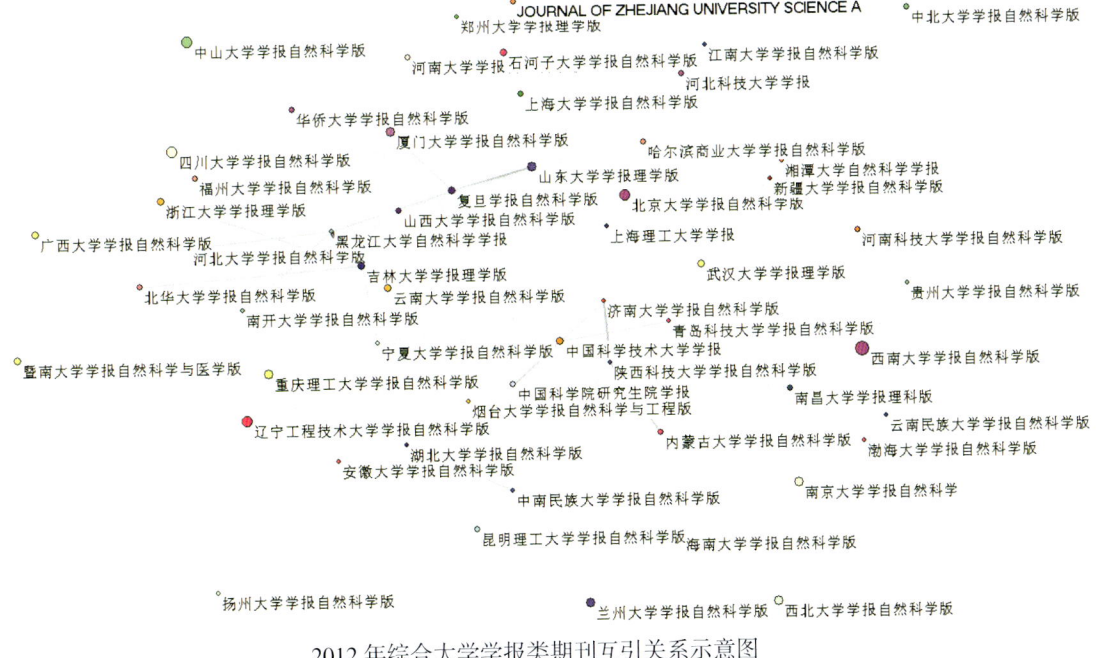

2012年综合大学学报类期刊互引关系示意图

表 7-2 2012 年综合大学学报类期刊主要指标

CODE	刊 名	核心总被引频次			核心影响因子			综合评价总分		学科扩散指标	学科影响指标
		数值	排名	离均差率	数值	排名	离均差率	数值	排名		
I041	JOURNAL OF ZHEJIANG UNIVERSITY SCIENCE A	413	22	-0.10	0.284	24	-0.02	42.0	20	4.45	0.14
A003	安徽大学学报自然科学版	258	39	-0.44	0.197	42	-0.32	33.1	32	3.27	0.18
A652	北华大学学报自然科学版	351	27	-0.24	0.248	29	-0.14	26.5	45	3.64	0.18
A005	北京大学学报自然科学版	1170	2	1.54	0.585	3	1.02	79.2	1	8.48	0.29
A808	渤海大学学报自然科学版	149	56	-0.68	0.271	26	-0.06	23.0	51	1.50	0.05
N757	重庆理工大学学报自然科学版	706	10	0.53	0.588	2	1.03	49.7	10	4.39	0.29
A029	福州大学学报自然科学版	413	22	-0.10	0.168	47	-0.42	32.7	35	4.73	0.25
A001	复旦学报自然科学版	450	20	-0.02	0.228	35	-0.21	37.0	25	5.61	0.27
A042	广西大学学报自然科学版	552	17	0.20	0.645	1	1.23	52.7	9	3.84	0.21
A077	贵州大学学报自然科学版	225	44	-0.51	0.117	55	-0.60	23.2	49	2.89	0.16
U021	哈尔滨商业大学学报自然科学版	407	24	-0.12	0.255	28	-0.12	24.7	47	3.66	0.13
A012	海南大学学报自然科学版	207	53	-0.55	0.152	52	-0.47	17.7	56	2.36	0.07
A031	河北大学学报自然科学版	347	28	-0.25	0.272	25	-0.06	35.3	27	3.45	0.23
J058	河北科技大学学报	281	35	-0.39	0.396	11	0.37	27.1	42	1.88	0.04
A067	河南大学学报自然科学版	286	34	-0.38	0.239	31	-0.17	33.3	31	3.27	0.14
J014	河南科技大学学报自然科学版	317	30	-0.31	0.215	37	-0.26	30.7	37	3.02	0.14
A084	黑龙江大学自然科学学报	263	37	-0.43	0.210	39	-0.27	30.0	38	2.61	0.23
A039	湖北大学学报自然科学版	208	52	-0.55	0.157	50	-0.46	26.8	43	2.50	0.14
A021	华侨大学学报自然科学版	290	33	-0.37	0.230	33	-0.20	27.4	41	3.04	0.25
A035	吉林大学学报理学版	634	13	0.38	0.342	16	0.18	45.6	15	4.98	0.46
A656	济南大学学报自然科学版	239	42	-0.48	0.311	20	0.08	41.7	21	3.11	0.16
A045	暨南大学学报自然科学与医学版	496	19	0.08	0.351	15	0.21	43.0	18	5.29	0.16
A136	江南大学学报自然科学版	233	43	-0.49	0.123	54	-0.57	20.6	55	2.75	0.14
J020	昆明理工大学学报自然科学版	442	21	-0.04	0.303	21	0.05	42.7	19	4.70	0.27
A016	兰州大学学报自然科学版	837	7	0.82	0.432	10	0.49	58.0	5	6.36	0.39
K008	辽宁工程技术大学学报自然科学版	960	5	1.09	0.293	23	0.01	49.6	11	6.59	0.34
A013	南昌大学学报理科版	388	25	-0.16	0.332	18	0.15	34.5	29	3.27	0.16
A025	南京大学学报自然科学	814	8	0.77	0.531	4	0.84	60.7	3	5.79	0.23
A008	南开大学学报自然科学版	261	38	-0.43	0.192	44	-0.34	33.1	32	3.55	0.16
A026	内蒙古大学学报自然科学版	379	26	-0.18	0.215	37	-0.26	36.7	26	3.45	0.25
A110	宁夏大学学报自然科学版	216	48	-0.53	0.197	42	-0.32	33.1	32	2.63	0.14
T012	青岛科技大学学报自然科学版	214	49	-0.53	0.168	47	-0.42	21.1	54	2.57	0.16
A020	山东大学学报理学版	669	11	0.45	0.391	12	0.35	46.2	13	5.04	0.46
A014	山西大学学报自然科学版	311	32	-0.32	0.226	36	-0.22	37.5	24	3.71	0.30
U025	陕西科技大学学报自然科学版	257	40	-0.44	0.109	56	-0.62	21.8	53	3.16	0.09
A056	上海大学学报自然科学版	313	31	-0.32	0.200	41	-0.31	33.4	30	3.86	0.18
J031	上海理工大学学报	241	41	-0.48	0.139	53	-0.52	29.3	39	3.00	0.20
A615	石河子大学学报自然科学版	575	16	0.25	0.493	5	0.71	44.9	17	3.59	0.05
A006	四川大学学报自然科学版	982	4	1.13	0.477	6	0.65	46.9	12	5.59	0.38
A024	武汉大学学报理学版	638	12	0.39	0.336	17	0.16	52.9	8	6.57	0.32

表 7-2　2012 年综合大学学报类期刊主要指标（续）

CODE	刊 名	核心总被引频次			核心影响因子			综合评价总分		学科扩散指标	学科影响指标
		数值	排名	离均差率	数值	排名	离均差率	数值	排名		
A032	西北大学学报自然科学版	755	9	0.64	0.237	32	-0.18	45.5	16	6.25	0.21
H004	西南大学学报自然科学版	1860	1	3.04	0.456	8	0.58	75.4	2	6.93	0.34
A063	厦门大学学报自然科学版	930	6	1.02	0.315	19	0.09	54.1	7	7.48	0.36
A018	湘潭大学自然科学学报	222	45	-0.52	0.187	46	-0.35	28.7	40	2.66	0.18
A087	新疆大学学报自然科学版	221	46	-0.52	0.166	49	-0.43	26.0	46	2.41	0.21
A501	烟台大学学报自然科学与工程版	152	55	-0.67	0.229	34	-0.21	26.6	44	1.88	0.11
A514	扬州大学学报自然科学版	210	51	-0.54	0.298	22	0.03	31.2	36	2.04	0.18
A654	云南民族大学学报自然科学版	214	49	-0.53	0.446	9	0.54	35.1	28	1.70	0.11
A038	云南大学学报自然科学版	632	14	0.37	0.477	6	0.65	54.5	6	5.43	0.29
A002	浙江大学学报理学版	606	15	0.32	0.354	14	0.22	45.7	14	6.80	0.43
A019	郑州大学学报理学版	219	47	-0.52	0.240	30	-0.17	24.1	48	2.32	0.18
N002	中北大学学报自然科学版	276	36	-0.40	0.156	51	-0.46	23.0	51	3.09	0.13
A007	中国科学技术大学学报	506	18	0.10	0.208	40	-0.28	40.5	22	5.70	0.39
A102	中国科学院研究生院学报	321	29	-0.30	0.262	27	-0.09	40.2	23	3.91	0.20
A550	中南民族大学学报自然科学版	158	54	-0.66	0.188	45	-0.35	23.2	49	1.70	0.09
A036	中山大学学报自然科学版	1104	3	1.40	0.356	13	0.23	60.4	4	8.86	0.32
	56 种期刊平均值	460			0.289						

师范大学学报类

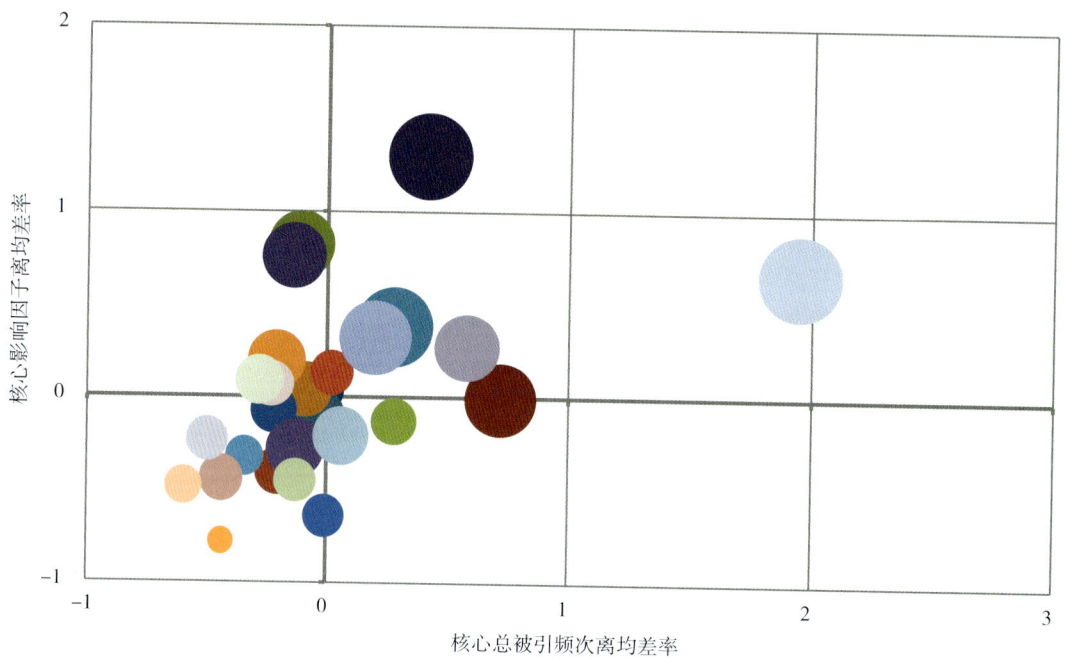

2012年师范大学学报类期刊核心总被引频次和核心影响因子离均差率的分布图（节点大小表示综合评价总分）

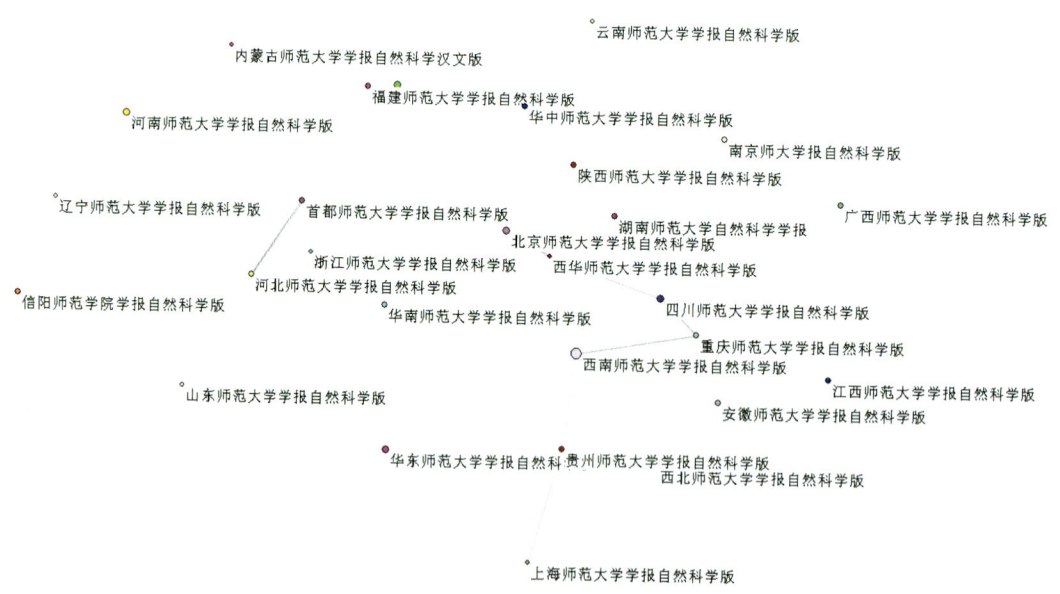

2012年师范大学学报类期刊互引关系示意图

表 7-3　2012 年师范大学学报类期刊主要指标

CODE	刊名	核心总被引频次			核心影响因子			综合评价总分		学科扩散指标	学科影响指标
		数值	排名	离均差率	数值	排名	离均差率	数值	排名		
A009	安徽师范大学学报自然科学版	356	10	-0.01	0.278	13	0.03	30.4	24	5.64	0.25
A010	北京师范大学学报自然科学版	614	2	0.72	0.266	14	-0.01	54.9	5	11.68	0.39
A512	重庆师范大学学报自然科学版	318	14	-0.11	0.490	2	0.82	51.1	6	4.71	0.21
A030	东北师大学报自然科学版	509	4	0.42	0.619	1	1.30	65.0	1	8.25	0.50
A078	福建师范大学学报自然科学版	345	12	-0.04	0.239	16	-0.11	44.0	10	7.89	0.36
A062	广西师范大学学报自然科学版	324	13	-0.09	0.279	12	0.04	41.6	13	5.18	0.36
A527	贵州师范大学学报自然科学版	281	20	-0.22	0.249	15	-0.07	35.1	16	5.32	0.36
A076	河北师范大学学报自然科学版	288	18	-0.20	0.161	22	-0.40	35.7	15	6.82	0.43
A058	河南师范大学学报自然科学版	460	5	0.28	0.233	17	-0.13	35.0	18	8.46	0.46
A055	湖南师范大学自然科学学报	307	17	-0.14	0.474	3	0.76	49.3	8	5.82	0.25
A054	华东师范大学学报自然科学版	458	6	0.28	0.371	5	0.38	59.5	3	8.93	0.46
A052	华南师范大学学报自然科学版	283	19	-0.21	0.324	8	0.20	44.0	10	6.43	0.18
A004	华中师范大学学报自然科学版	355	11	-0.01	0.096	27	-0.64	32.7	22	7.89	0.32
A112	江西师范大学学报自然科学版	364	9	0.02	0.305	9	0.13	34.1	19	5.54	0.36
A072	辽宁师范大学学报自然科学版	204	24	-0.43	0.143	25	-0.47	22.5	27	4.79	0.29
A061	南京师大学报自然科学版	313	15	-0.13	0.193	20	-0.28	44.2	9	7.43	0.25
A111	内蒙古师范大学学报自然科学汉文版	237	23	-0.34	0.184	21	-0.32	30.1	25	4.43	0.36
A057	山东师范大学学报自然科学版	202	25	-0.44	0.058	28	-0.78	20.8	28	4.68	0.21
A066	陕西师范大学学报自然科学版	430	7	0.20	0.354	6	0.32	55.6	4	8.00	0.46
A043	上海师范大学学报自然科学版	200	26	-0.44	0.150	23	-0.44	35.1	16	5.07	0.29
A023	首都师范大学学报自然科学版	310	16	-0.13	0.148	24	-0.45	32.3	23	7.64	0.39
A033	四川师范大学学报自然科学版	564	3	0.58	0.341	7	0.27	49.9	7	7.79	0.46
A022	西北师范大学学报自然科学版	379	8	0.06	0.212	18	-0.21	43.9	12	7.50	0.29
A148	西华师范大学学报自然科学版	142	28	-0.60	0.140	26	-0.48	28.8	26	3.39	0.25
A064	西南师范大学学报自然科学版	1057	1	1.95	0.446	4	0.66	64.1	2	11.57	0.57
A510	信阳师范学院学报自然科学版	276	21	-0.23	0.287	11	0.07	34.0	20	5.14	0.21
A053	云南师范大学学报自然科学版	257	22	-0.28	0.292	10	0.09	37.3	14	5.79	0.18
A051	浙江师范大学学报自然科学版	180	27	-0.50	0.208	19	-0.23	33.4	21	4.11	0.25
	28 种期刊平均值	358			0.269						

数学类

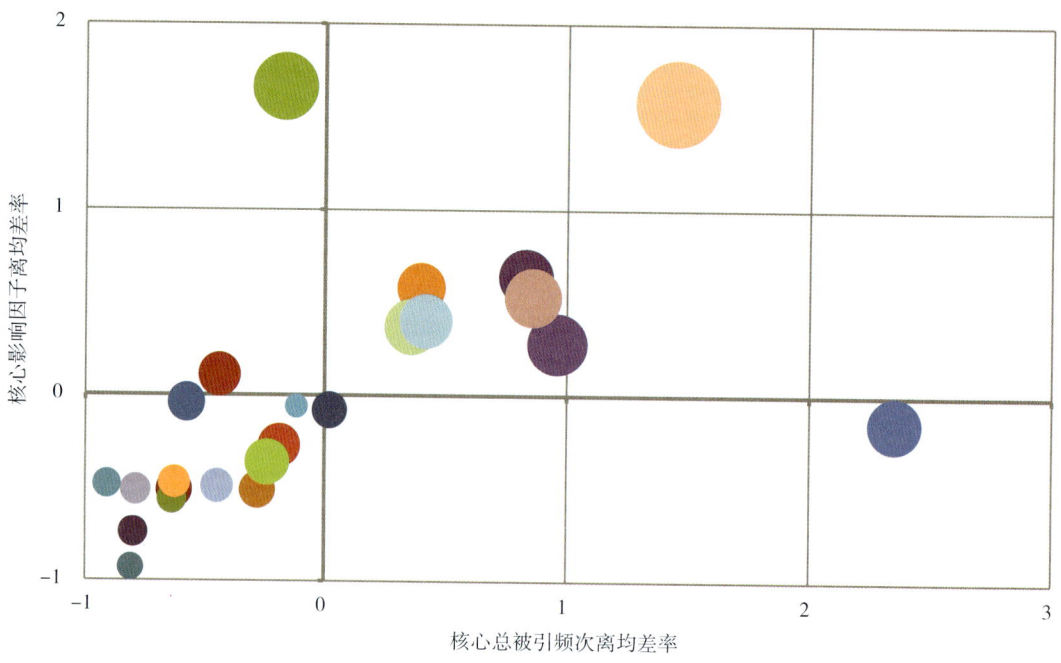

2012年数学类期刊核心总被引频次和核心影响因子离均差率的分布图（节点大小表示综合评价总分）

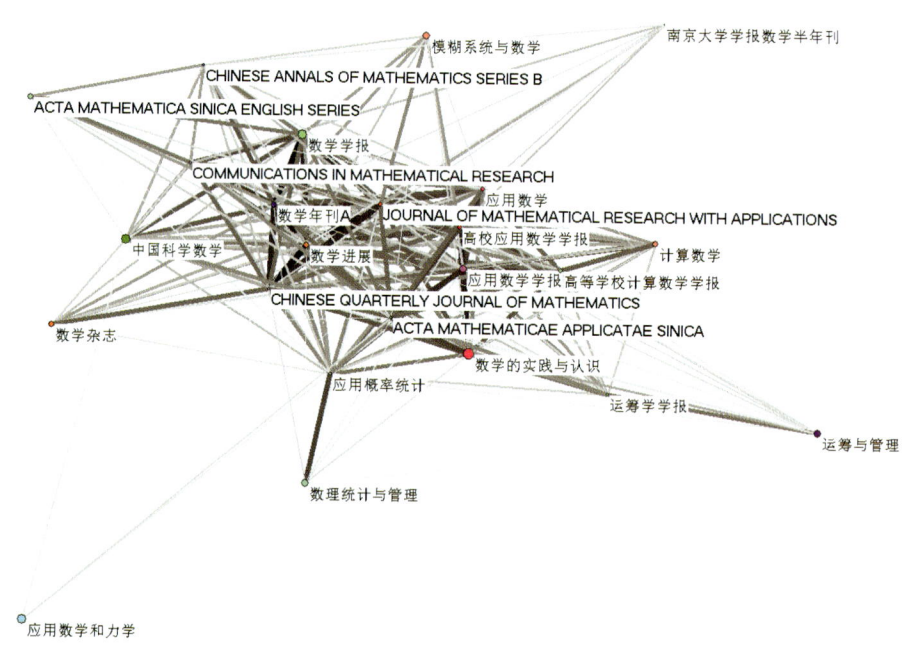

2012年数学类期刊互引关系示意图

表 7-4　2012 年数学类期刊主要指标

CODE	刊 名	核心总被引频次			核心影响因子			综合评价总分		学科扩散指标	学科影响指标
		数值	排名	离均差率	数值	排名	离均差率	数值	排名		
B030	ACTA MATHEMATICA SINICA ENGLISH SERIES	367	9	0.02	0.194	12	-0.08	36.4	16	3.33	0.83
I051	ACTA MATHEMATICAE APPLICATAE SINICA	134	19	-0.63	0.104	19	-0.51	37.0	14	2.96	0.67
B023	CHINESE ANNALS OF MATHEMATICS SERIES B	130	20	-0.64	0.093	22	-0.56	29.9	21	1.92	0.63
B022	CHINESE QUARTERLY JOURNAL OF MATHEMATICS	71	22	-0.80	0.056	23	-0.74	30.1	20	1.75	0.33
B010	COMMUNICATIONS IN MATHEMATICAL RESEARCH	68	23	-0.81	0.014	24	-0.93	26.9	23	1.46	0.46
B005	JOURNAL OF MATHEMATICAL RESEARCH WITH APPLICATIONS	259	14	-0.28	0.103	20	-0.51	36.8	15	4.29	0.83
B002	高等学校计算数学学报	150	17	-0.58	0.203	10	-0.04	38.8	13	3.00	0.46
B003	高校应用数学学报	203	15	-0.44	0.236	9	0.11	43.8	11	4.88	0.67
B014	计算数学	298	11	-0.17	0.564	1	1.66	66.9	2	4.46	0.58
B017	模糊系统与数学	660	5	0.83	0.348	3	0.64	55.3	5	7.42	0.42
B016	南京大学学报数学半年刊	32	24	-0.91	0.111	17	-0.48	28.9	22	1.17	0.17
W009	数理统计与管理	504	7	0.40	0.335	4	0.58	49.7	9	8.29	0.17
B015	数学的实践与认识	1207	1	2.35	0.181	13	-0.15	55.2	7	15.00	0.54
B007	数学进展	293	12	-0.19	0.155	14	-0.27	42.9	12	4.29	0.88
B004	数学年刊 A	272	13	-0.24	0.136	15	-0.36	45.0	10	3.46	0.83
B006	数学学报	705	3	0.96	0.272	8	0.28	60.6	3	5.08	0.83
B012	数学杂志	318	10	-0.12	0.199	11	-0.06	23.7	24	3.71	0.67
B008	应用概率统计	135	18	-0.63	0.112	16	-0.47	32.1	18	3.04	0.46
B011	应用数学	197	16	-0.45	0.108	18	-0.49	34.0	17	4.25	0.67
B020	应用数学和力学	668	4	0.86	0.324	5	0.53	57.6	4	11.04	0.67
B001	应用数学学报	490	8	0.36	0.290	7	0.37	55.3	5	6.83	0.88
B013	运筹学学报	75	21	-0.79	0.103	20	-0.51	31.0	19	2.04	0.25
B522	运筹与管理	512	6	0.42	0.296	6	0.40	53.7	8	7.71	0.17
A105	中国科学 数学	883	2	1.45	0.546	2	1.58	85.3	1	17.54	0.88
	24 种期刊平均值	360			0.212						

信息科学与系统科学类

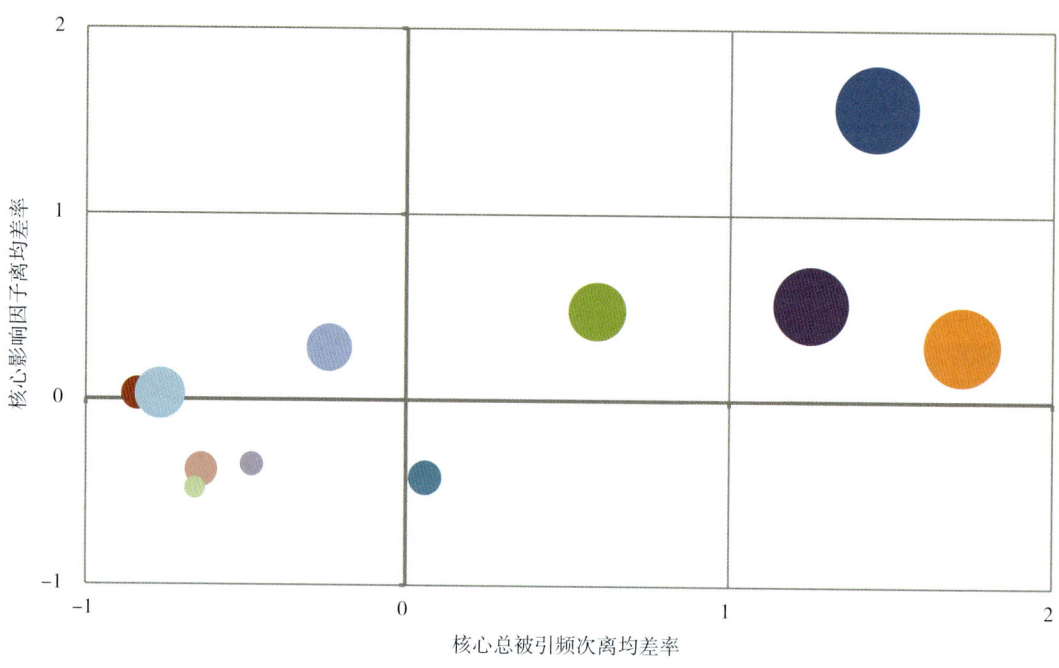

2012年信息科学与系统科学类期刊核心总被引频次和核心影响因子离均差率的分布图
（节点大小表示综合评价总分）

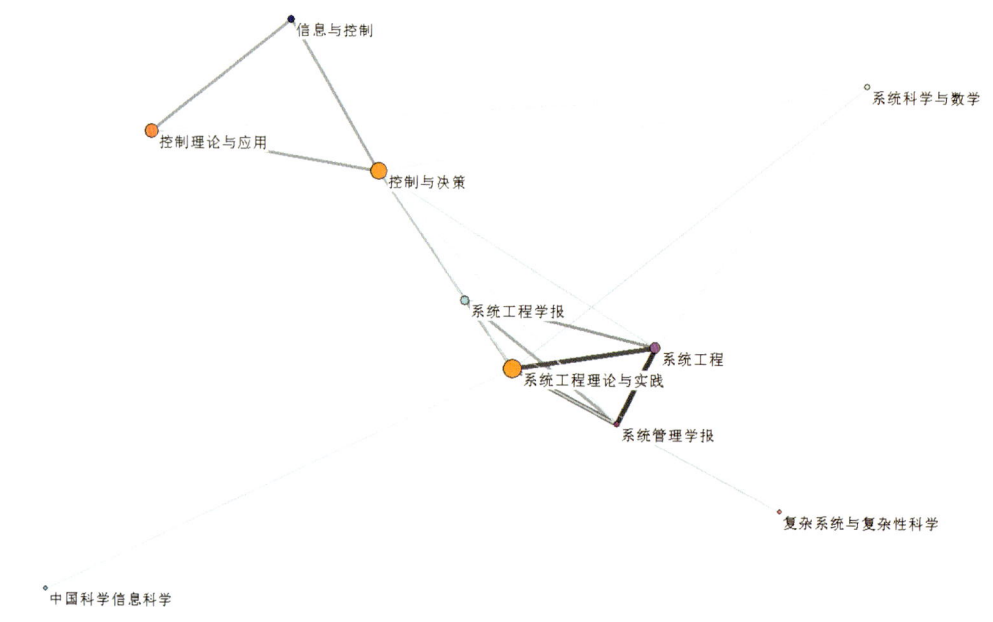

2012年信息科学与系统科学类期刊互引关系示意图

表 7-5　2012 年信息科学与系统科学类期刊主要指标

CODE	刊名	核心总被引频次			核心影响因子			综合评价总分		学科扩散指标	学科影响指标
		数值	排名	离均差率	数值	排名	离均差率	数值	排名		
B029	复杂系统与复杂性科学	186	10	-0.84	0.533	6	0.03	32.7	8	8.70	0.30
R060	控制理论与应用	1812	3	0.59	0.772	2	0.48	57.4	3	33.60	0.90
S001	控制与决策	2568	2	1.25	0.792	1	0.52	76.0	2	41.20	1.00
B028	系统工程	1211	4	0.06	0.300	9	-0.42	34.1	6	30.20	0.70
B025	系统工程理论与实践	3103	1	1.72	0.677	3	0.30	77.8	1	48.40	0.90
B018	系统工程学报	865	5	-0.24	0.664	4	0.28	46.9	5	21.70	0.90
B027	系统管理学报	406	7	-0.64	0.321	8	-0.38	34.1	6	13.60	0.60
B021	系统科学与数学	390	8	-0.66	0.269	10	-0.48	22.0	10	16.80	0.80
S002	信息与控制	591	6	-0.48	0.338	7	-0.35	24.0	9	24.20	0.50
Z317	中国科学 信息科学	264	9	-0.77	0.534	5	0.03	50.4	4	11.70	0.40
	10 种期刊平均值	1140			0.520						

力学类

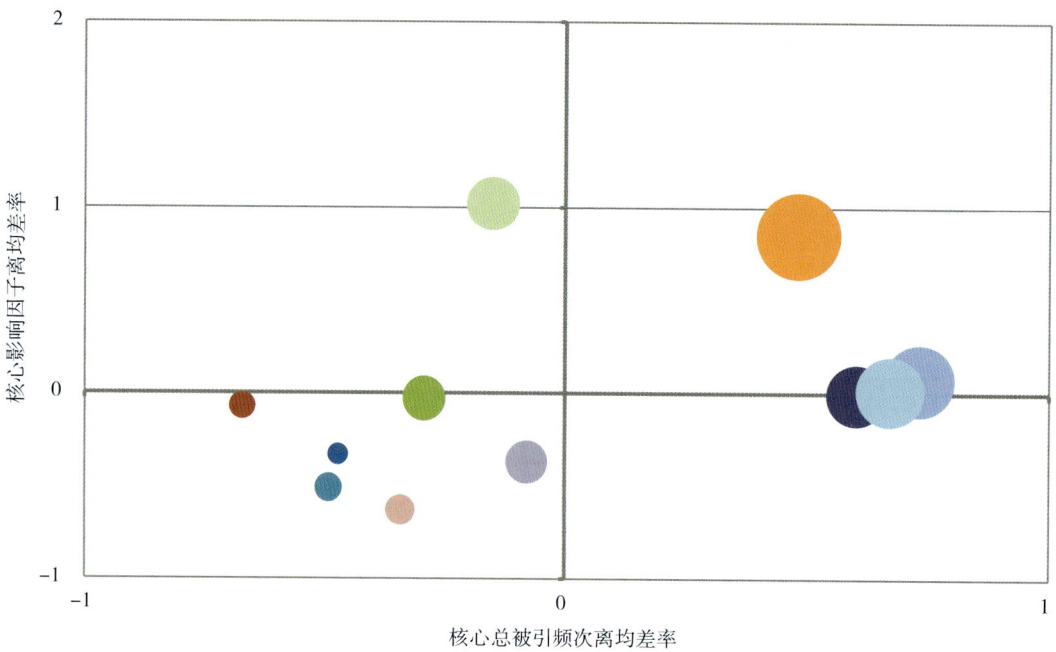

2012年力学类期刊核心总被引频次和核心影响因子离均差率的分布图（节点大小表示综合评价总分）

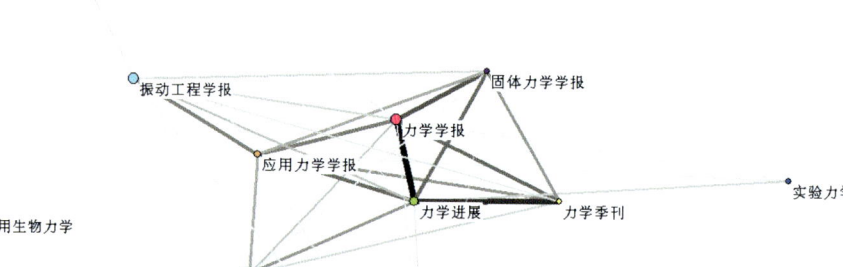

2012年力学类期刊互引关系示意图

表 7-6　2012 年力学类期刊主要指标

CODE	刊 名	核心总被引频次			核心影响因子			综合评价总分		学科扩散指标	学科影响指标
		数值	排名	离均差率	数值	排名	离均差率	数值	排名		
C105	ACTA MECHANICA SINICA	317	9	-0.47	0.324	8	-0.33	21.5	11	10.36	1.00
P018	动力学与控制学报	197	11	-0.67	0.447	7	-0.07	26.8	10	6.91	0.91
C103	固体力学学报	427	7	-0.29	0.466	6	-0.03	44.6	6	15.73	0.91
C003	计算力学学报	960	3	0.60	0.476	5	-0.01	60.7	4	23.82	1.00
C101	力学季刊	304	10	-0.49	0.235	10	-0.51	28.7	9	14.45	0.82
C102	力学进展	885	4	0.48	0.888	2	0.85	85.8	1	29.55	1.00
C001	力学学报	1038	1	0.73	0.513	3	0.07	71.6	2	24.82	0.82
C009	实验力学	396	8	-0.34	0.179	11	-0.63	30.4	8	17.55	0.64
G088	医用生物力学	508	6	-0.15	0.968	1	1.02	53.1	5	11.91	0.09
C008	应用力学学报	554	5	-0.08	0.301	9	-0.37	42.9	7	21.27	1.00
Y004	振动工程学报	998	2	0.67	0.484	4	0.01	69.3	3	23.09	0.73
	11 种期刊平均值	599			0.480						

物理学类

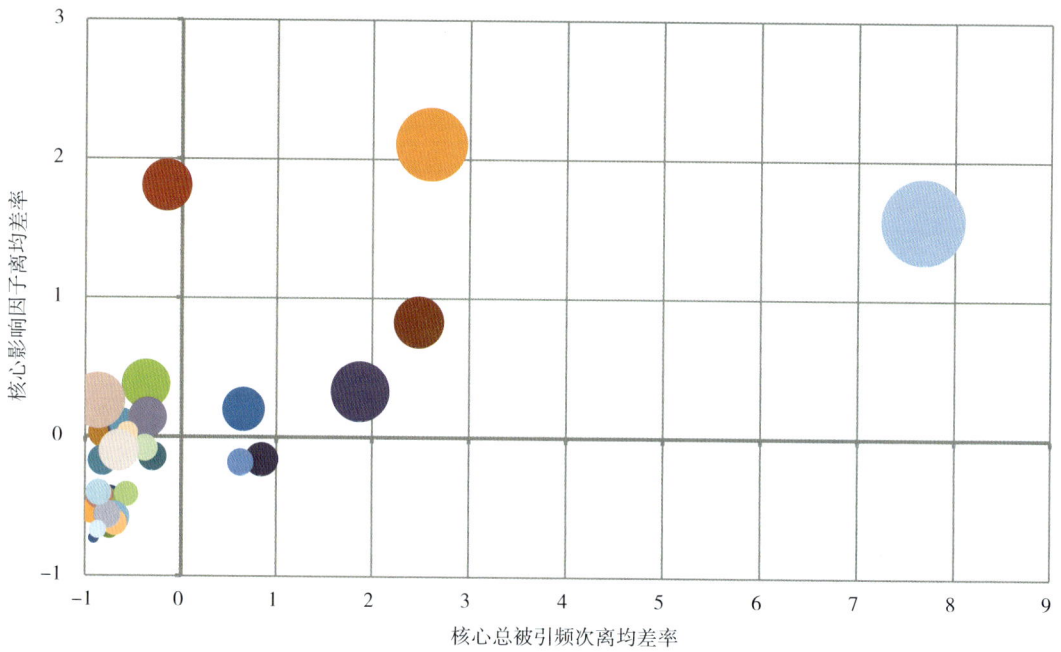

2012年物理学类期刊核心总被引频次和核心影响因子离均差率的分布图（节点大小表示综合评价总分）

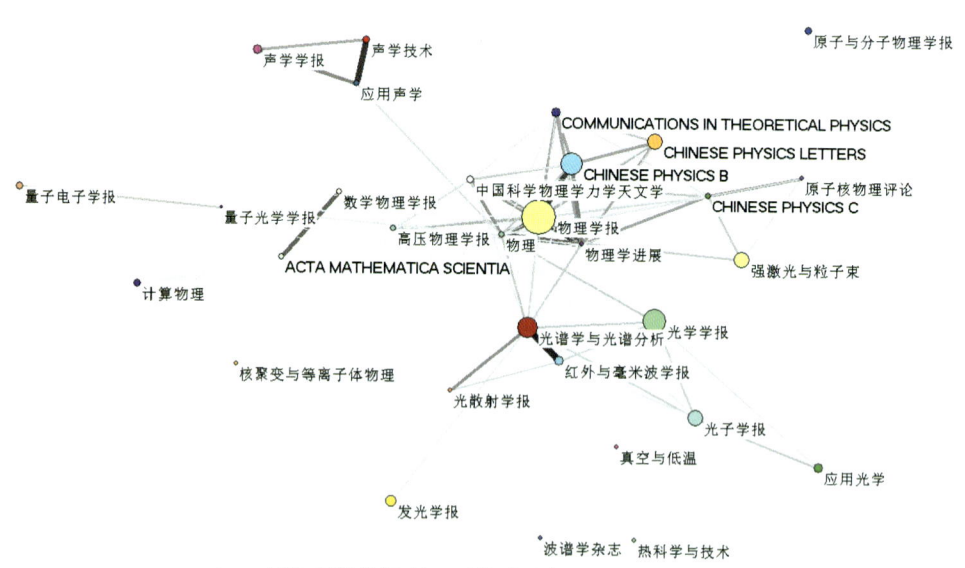

2012年物理学类期刊互引关系示意图

表 7-7　2012 年物理学类期刊主要指标

CODE	刊名	核心总被引频次			核心影响因子			综合评价总分		学科扩散指标	学科影响指标
		数值	排名	离均差率	数值	排名	离均差率	数值	排名		
C096	ACTA MATHEMATICA SCIENTIA	336	20	-0.74	0.291	23	-0.43	18.6	28	2.78	0.19
C106	CHINESE PHYSICS B	4473	3	2.48	0.932	4	0.83	42.6	6	7.19	0.78
C058	CHINESE PHYSICS C	325	21	-0.75	0.177	30	-0.65	19.0	27	1.84	0.41
C059	CHINESE PHYSICS LETTERS	2385	5	0.85	0.428	17	-0.16	28.0	11	8.28	0.81
C095	COMMUNICATIONS IN THEORETICAL PHYSICS	899	9	-0.30	0.438	16	-0.14	24.0	16	2.84	0.44
C060	波谱学杂志	246	24	-0.81	0.524	13	0.03	26.1	14	3.09	0.09
C055	低温物理学报	116	31	-0.91	0.135	32	-0.73	9.2	32	1.34	0.16
C071	发光学报	1079	8	-0.16	1.429	2	1.81	42.7	5	4.84	0.41
C056	高压物理学报	291	23	-0.77	0.271	24	-0.47	23.0	19	3.25	0.34
C091	光谱学与光谱分析	3695	4	1.87	0.679	6	0.33	50.2	3	20.84	0.56
C097	光散射学报	233	25	-0.82	0.422	18	-0.17	24.8	15	2.53	0.34
C050	光学学报	4633	2	2.60	1.583	1	2.11	60.5	2	11.38	0.66
C037	光子学报	2140	6	0.66	0.612	8	0.20	36.3	8	10.34	0.56
C092	核聚变与等离子体物理	142	30	-0.89	0.229	26	-0.55	18.4	29	1.38	0.34
C035	红外与毫米波学报	806	11	-0.37	0.703	5	0.38	41.1	7	7.16	0.31
C094	计算物理	519	15	-0.60	0.544	11	0.07	27.1	12	5.63	0.50
C032	量子电子学报	502	16	-0.61	0.562	10	0.10	23.4	17	3.53	0.38
C110	量子光学学报	80	32	-0.94	0.234	25	-0.54	19.9	26	1.00	0.34
C007	强激光与粒子束	2098	7	0.63	0.417	19	-0.18	22.6	21	6.91	0.63
C134	热科学与技术	187	26	-0.85	0.294	22	-0.42	23.3	18	2.97	0.06
C033	声学技术	549	14	-0.57	0.300	21	-0.41	20.7	25	6.25	0.13
C054	声学学报	834	10	-0.35	0.579	9	0.14	32.5	10	5.91	0.31
C036	数学物理学报	391	19	-0.70	0.212	28	-0.58	27.0	13	3.38	0.09
C090	物理	404	18	-0.69	0.193	29	-0.62	21.2	24	6.50	0.66
C006	物理学报	11154	1	7.67	1.307	3	1.57	71.2	1	18.44	0.91
C053	物理学进展	172	28	-0.87	0.643	7	0.26	46.2	4	3.03	0.59
C109	应用光学	803	12	-0.38	0.470	14	-0.08	21.8	22	5.81	0.44
C052	应用声学	298	22	-0.77	0.223	27	-0.56	22.9	20	4.47	0.28
C108	原子核物理评论	183	27	-0.86	0.303	20	-0.40	21.6	23	1.75	0.25
C057	原子与分子物理学报	566	13	-0.56	0.525	12	0.03	17.7	30	2.78	0.47
C038	真空与低温	169	29	-0.87	0.170	31	-0.67	14.6	31	2.66	0.19
A103	中国科学 物理学力学天文学	452	17	-0.65	0.457	15	-0.10	34.0	9	6.00	0.59
	32 种期刊平均值	1286			0.509						

化学类

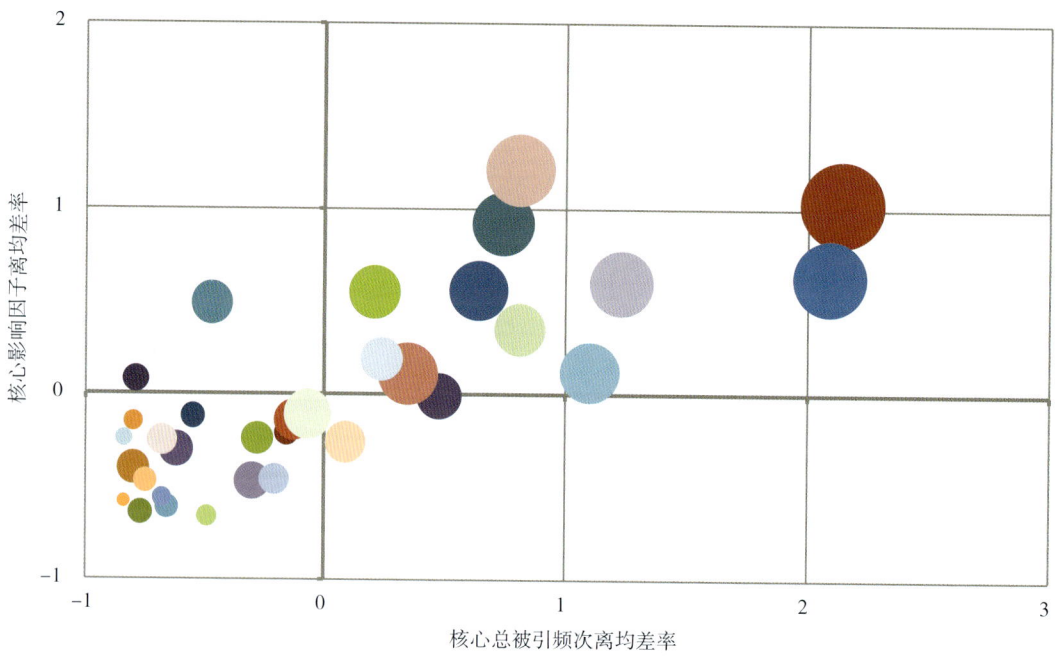

2012年化学类期刊核心总被引频次和核心影响因子离均差率的分布图（节点大小表示综合评价总分）

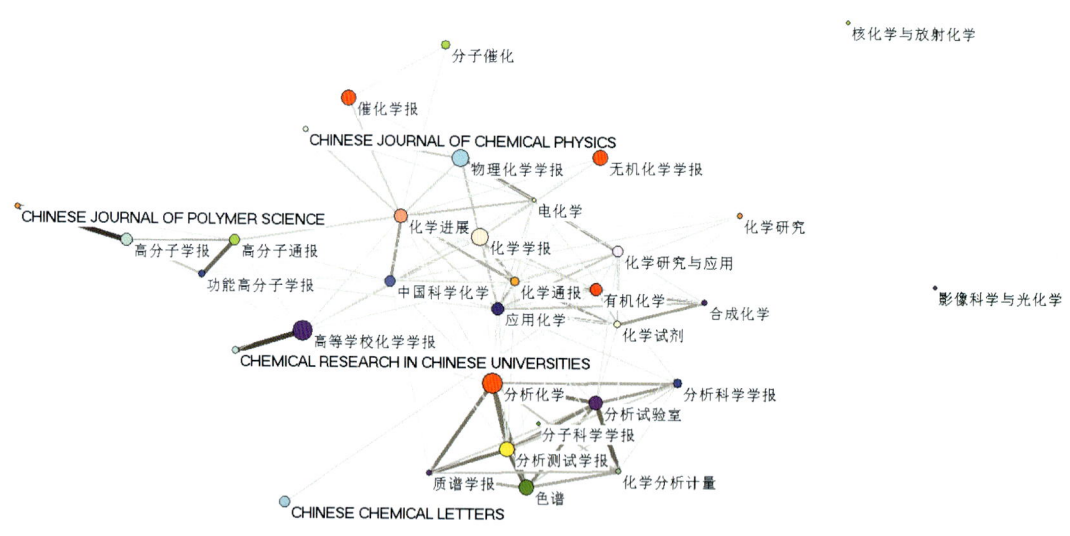

2012年化学类期刊互引关系示意图

表 7-8　2012 年化学类期刊主要指标

CODE	刊 名	核心总被引频次			核心影响因子			综合评价总分		学科扩散指标	学科影响指标
		数值	排名	离均差率	数值	排名	离均差率	数值	排名		
I139	CHEMICAL RESEARCH IN CHINESE UNIVERSITIES	569	22	-0.55	0.549	16	-0.12	25.3	24	3.94	0.73
D031	CHINESE CHEMICAL LETTERS	1072	16	-0.16	0.493	19	-0.21	24.7	26	7.15	0.88
C070	CHINESE JOURNAL OF CHEMICAL PHYSICS	288	28	-0.77	0.226	32	-0.64	24.8	25	3.97	0.67
D017	CHINESE JOURNAL OF POLYMER SCIENCE	274	29	-0.79	0.673	13	0.08	26.8	23	1.82	0.52
D013	催化学报	2220	7	0.74	1.198	3	0.92	62.4	5	7.79	0.73
D036	电化学	255	31	-0.80	0.376	25	-0.40	32.9	19	3.52	0.52
D022	分析测试学报	2091	8	0.64	0.976	6	0.56	58.1	8	12.21	0.73
D005	分析化学	4015	1	2.14	1.267	2	1.03	84.4	1	17.15	0.79
D026	分析科学学报	914	18	-0.28	0.478	20	-0.24	31.9	20	8.33	0.61
D004	分析试验室	1892	9	0.48	0.616	14	-0.01	44.8	12	10.67	0.64
D015	分子催化	675	20	-0.47	0.934	8	0.49	42.4	14	4.33	0.58
D035	分子科学学报	259	30	-0.80	0.532	18	-0.15	19.7	30	3.18	0.48
D020	高等学校化学学报	3949	2	2.09	1.020	4	0.63	73.8	2	16.82	1.00
T002	高分子通报	1108	15	-0.13	0.536	17	-0.14	39.9	16	7.97	0.73
D021	高分子学报	1549	12	0.21	0.968	7	0.55	52.1	9	7.33	0.85
D503	功能高分子学报	480	23	-0.62	0.438	24	-0.30	34.9	18	5.24	0.55
D602	合成化学	433	24	-0.66	0.245	31	-0.61	23.6	28	4.88	0.73
Q002	核化学与放射化学	208	32	-0.84	0.265	30	-0.58	13.4	33	2.36	0.45
D604	化学分析计量	411	25	-0.68	0.274	29	-0.56	19.5	31	5.24	0.36
D506	化学进展	1726	10	0.35	0.695	12	0.11	60.8	6	14.21	0.97
D011	化学试剂	648	21	-0.49	0.215	33	-0.66	21.4	29	6.24	0.76
D018	化学通报	898	19	-0.30	0.332	28	-0.47	36.1	17	10.76	0.73
D030	化学学报	2680	4	1.10	0.701	11	0.12	59.2	7	14.36	0.97
D501	化学研究	315	27	-0.75	0.334	27	-0.47	23.7	27	4.67	0.58
D037	化学研究与应用	1009	17	-0.21	0.340	26	-0.46	30.1	22	10.42	0.79
D012	色谱	2312	6	0.81	1.382	1	1.21	70.1	3	11.00	0.58
D023	无机化学学报	2313	5	0.81	0.845	9	0.35	51.6	10	9.82	0.82
D001	物理化学学报	2846	3	1.23	0.999	5	0.60	63.5	4	12.48	0.97
D014	影像科学与光化学	200	33	-0.84	0.475	21	-0.24	17.5	32	2.12	0.48
D016	应用化学	1387	13	0.09	0.464	23	-0.26	41.2	15	10.70	0.85
D025	有机化学	1580	11	0.24	0.745	10	0.19	42.7	13	7.48	0.82
C034	质谱学报	410	26	-0.68	0.467	22	-0.25	30.3	21	5.12	0.55
A106	中国科学 化学	1193	14	-0.07	0.555	15	-0.11	49.0	11	12.42	0.88
	33 种期刊平均值	1278			0.625						

天文学类

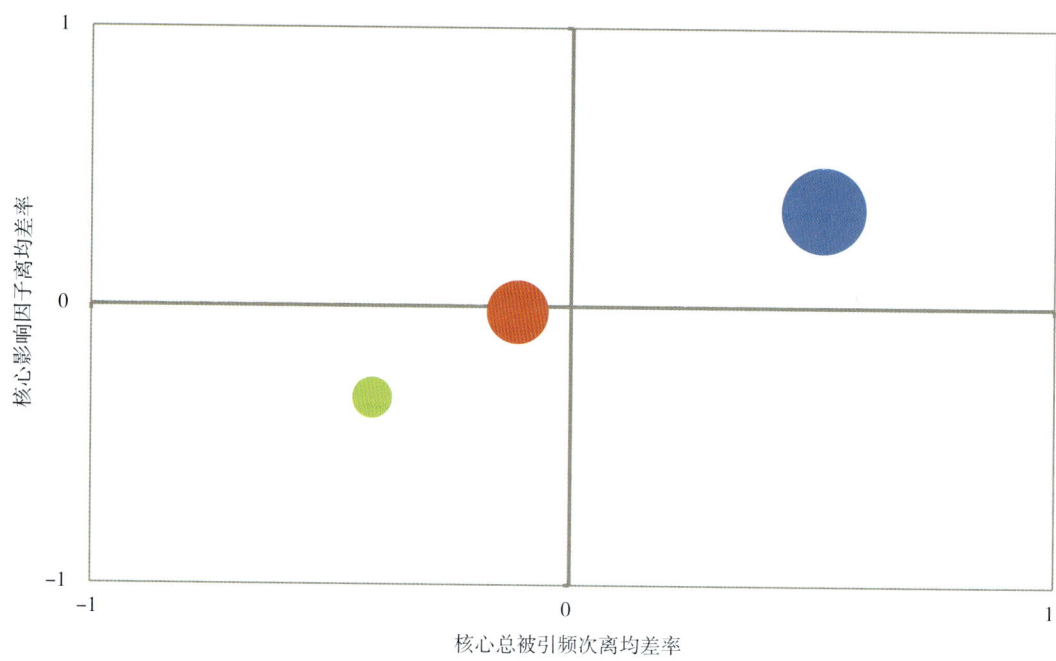

2012年天文学类期刊核心总被引频次和核心影响因子离均差率的分布图（节点大小表示综合评价总分）

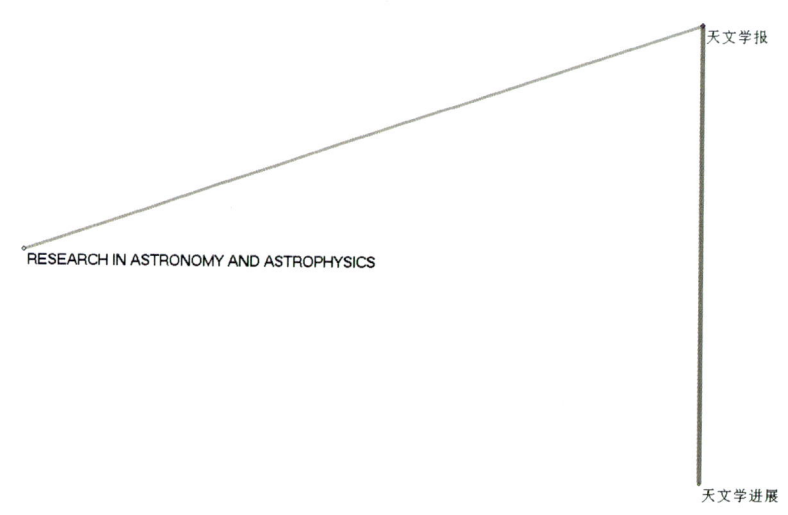

2012年天文学类期刊互引关系示意图

表 7-9　2012 年天文学类期刊主要指标

CODE	刊 名	核心总被引频次			核心影响因子			综合评价总分		学科扩散指标	学科影响指标
		数值	排名	离均差率	数值	排名	离均差率	数值	排名		
C072	RESEARCH IN ASTRONOMY AND ASTROPHYSICS	261	1	0.52	0.368	1	0.35	68.7	1	11.00	1.00
E023	天文学报	153	2	-0.11	0.268	2	-0.02	50.3	2	19.67	1.00
E114	天文学进展	101	3	-0.41	0.183	3	-0.33	33.0	3	15.67	1.00
	3 种期刊平均值	172			0.273						

地球科学综合类

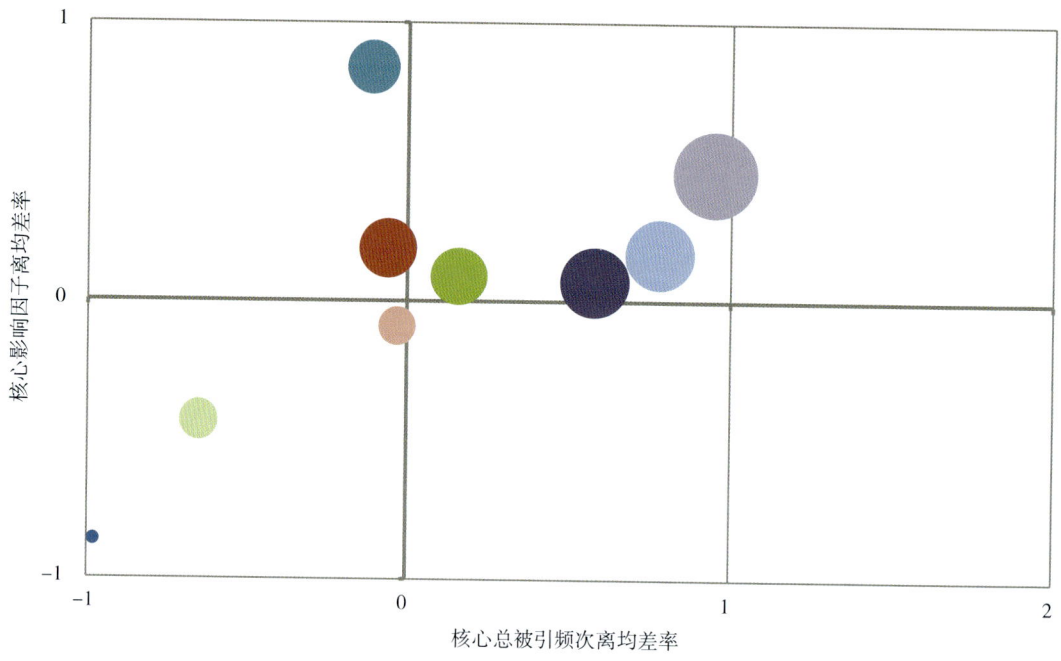

2012年地球科学综合类期刊核心总被引频次和核心影响因子离均差率的分布图（节点大小表示综合评价总分）

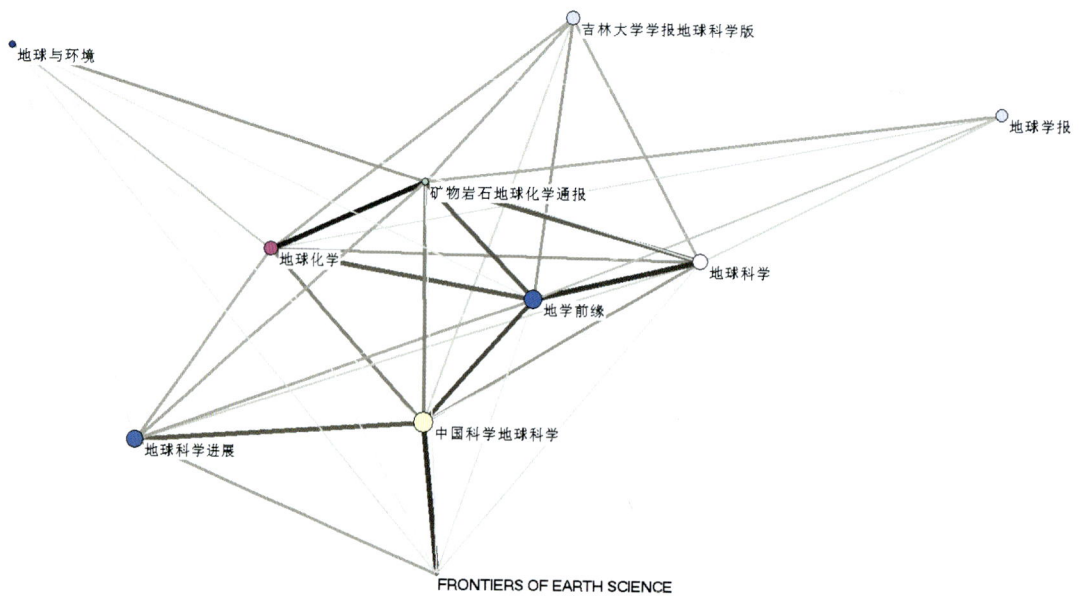

2012年地球科学综合类期刊互引关系示意图

表 7-10 2011年地球科学综合类期刊主要指标

CODE	刊名	核心总被引频次			核心影响因子			综合评价总分		学科扩散指标	学科影响指标
		数值	排名	离均差率	数值	排名	离均差率	数值	排名		
I220	FRONTIERS OF EARTH SCIENCE	33	10	-0.98	0.119	10	-0.86	14.7	10	2.30	0.50
E024	地球化学	1678	6	-0.06	1.035	3	0.19	63.7	4	20.70	1.00
E142	地球科学	2057	4	0.16	0.947	5	0.09	61.8	5	28.30	1.00
E115	地球科学进展	2807	3	0.58	0.927	6	0.07	75.7	3	43.70	0.90
E300	地球学报	1589	7	-0.11	1.600	1	0.84	57.6	6	22.80	0.90
E549	地球与环境	644	8	-0.64	0.500	8	-0.43	37.1	9	20.70	0.90
E357	地学前缘	3155	2	0.78	1.014	4	0.17	76.6	2	30.00	1.00
E116	吉林大学学报地球科学版	1724	5	-0.03	0.795	7	-0.09	41.6	8	26.90	0.90
E504	矿物岩石地球化学通报	616	9	-0.65	0.492	9	-0.43	44.5	7	16.80	0.90
A108	中国科学 地球科学	3471	1	0.95	1.274	2	0.46	93.2	1	34.60	0.90
	10种期刊平均值	1777			0.870						

大气科学类

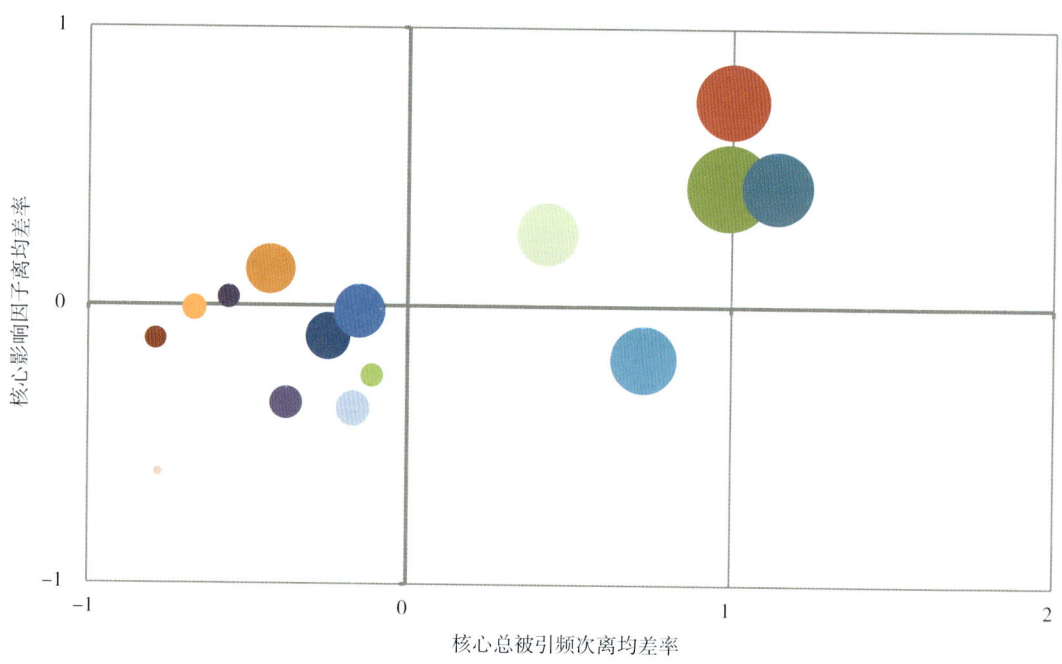

2012年大气科学类期刊核心总被引频次和核心影响因子离均差率的分布图（节点大小表示综合评价总分）

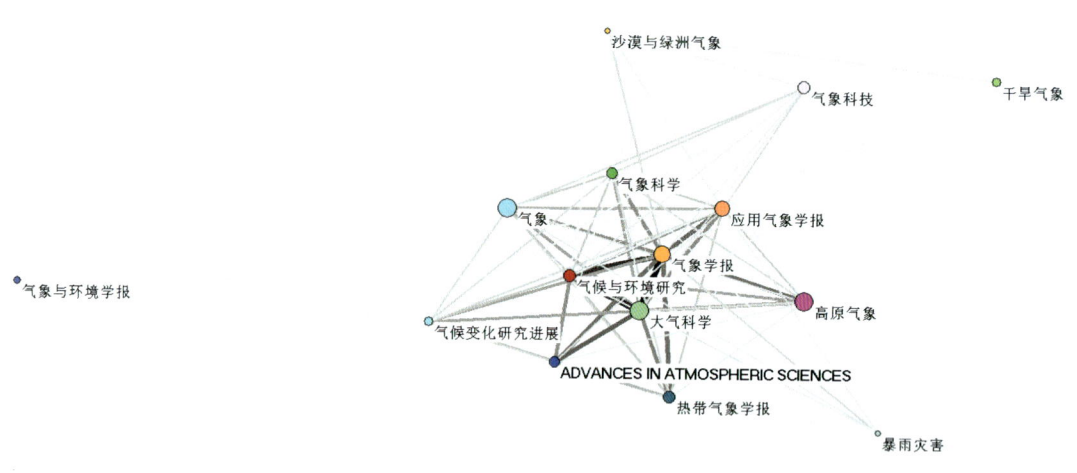

2012年大气科学类期刊互引关系示意图

表 7-11 2012 年大气科学类期刊主要指标

CODE	刊名	核心总被引频次			核心影响因子			综合评价总分		学科扩散指标	学科影响指标
		数值	排名	离均差率	数值	排名	离均差率	数值	排名		
I062	ADVANCES IN ATMOSPHERIC SCIENCES	1159	9	-0.25	0.908	9	-0.11	46.3	8	8.27	0.93
E045	暴雨灾害	319	15	-0.79	0.899	10	-0.12	21.8	14	4.53	0.80
E109	大气科学	3073	3	0.99	1.454	3	0.43	85.2	1	12.67	1.00
E048	干旱气象	686	12	-0.56	1.054	6	0.03	23.1	13	7.80	0.93
E005	高原气象	3308	1	1.14	1.459	2	0.43	72.0	3	11.73	1.00
E021	气候变化研究进展	883	11	-0.43	1.156	5	0.13	49.3	7	12.47	1.00
E361	气候与环境研究	1305	7	-0.15	0.994	8	-0.02	52.8	6	12.40	1.00
E352	气象	3085	2	1.00	1.773	1	0.74	75.0	2	15.73	1.00
E566	气象科技	1368	6	-0.11	0.769	12	-0.25	23.4	12	13.47	1.00
E359	气象科学	953	10	-0.38	0.660	13	-0.35	32.2	10	11.00	1.00
E001	气象学报	2676	4	0.73	0.825	11	-0.19	66.7	4	14.13	1.00
E633	气象与环境学报	506	13	-0.67	1.013	7	-0.01	25.3	11	9.07	0.93
E110	热带气象学报	1285	8	-0.17	0.640	14	-0.37	35.3	9	9.80	1.00
E635	沙漠与绿洲气象	338	14	-0.78	0.406	15	-0.60	9.2	15	5.33	0.93
E122	应用气象学报	2205	5	0.43	1.282	4	0.26	62.4	5	15.93	1.00
	15 种期刊平均值	1543			1.019						

地球物理学类

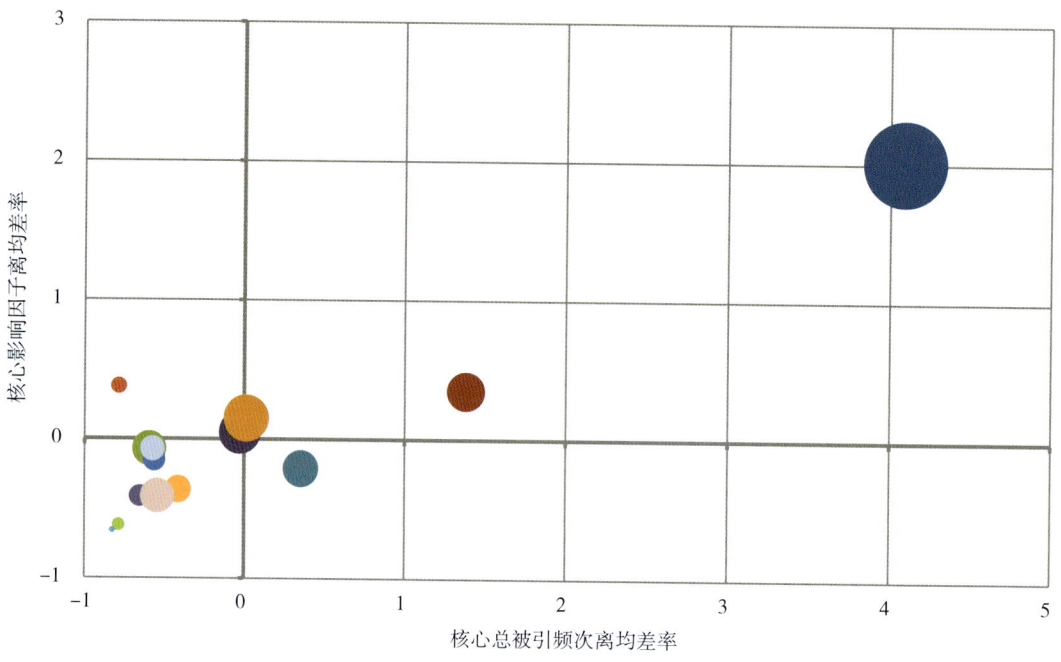

2012年地球物理学类期刊核心总被引频次和核心影响因子离均差率的分布图（节点大小表示综合评价总分）

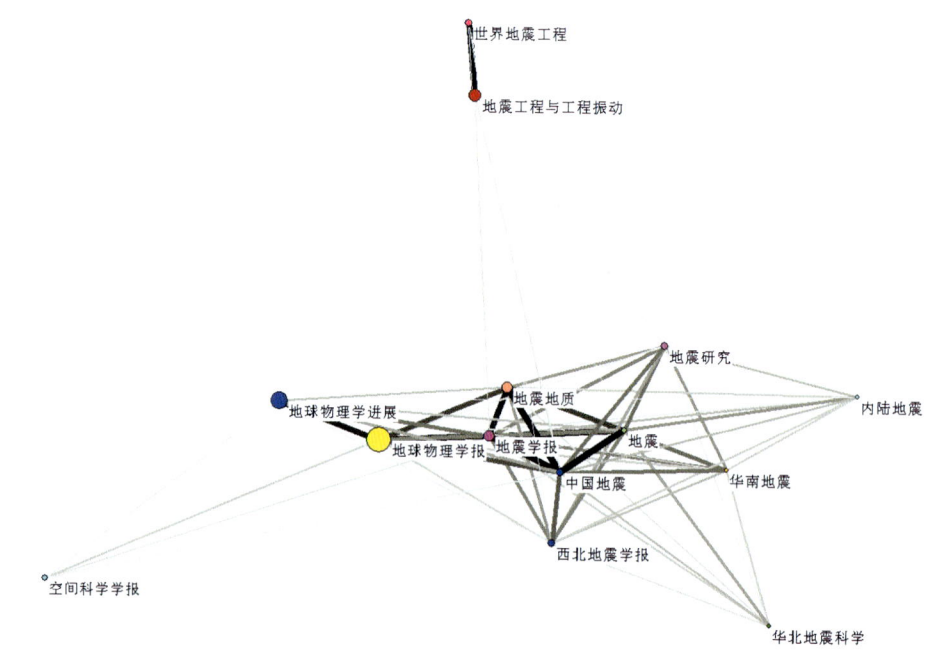

2012年地球物理学类期刊互引关系示意图

表 7-12 2012 年地球物理学类期刊主要指标

CODE	刊 名	核心总被引频次			核心影响因子			综合评价总分		学科扩散指标	学科影响指标
		数值	排名	离均差率	数值	排名	离均差率	数值	排名		
E153	地球物理学报	5495	1	4.09	1.632	1	2.01	91.4	1	22.00	1.00
E308	地球物理学进展	2569	2	1.38	0.731	3	0.35	41.2	4	17.14	0.86
E306	地震	432	10	-0.60	0.504	6	-0.07	36.9	7	5.43	0.86
E150	地震地质	1048	5	-0.03	0.570	5	0.05	46.0	3	8.71	0.93
E118	地震工程与工程振动	1453	3	0.35	0.430	9	-0.21	39.1	5	14.64	0.71
E143	地震学报	1086	4	0.01	0.625	4	0.15	49.4	2	9.57	0.93
E112	地震研究	461	8	-0.57	0.460	8	-0.15	24.5	10	6.21	0.93
E141	华北地震科学	229	12	-0.79	0.750	2	0.38	17.3	12	2.86	0.93
E103	华南地震	225	13	-0.79	0.208	13	-0.62	13.8	13	4.00	0.86
E140	空间科学学报	368	11	-0.66	0.321	11	-0.41	23.0	11	9.50	0.43
E104	内陆地震	182	14	-0.83	0.185	14	-0.66	6.4	14	2.93	0.86
E363	世界地震工程	631	6	-0.42	0.348	10	-0.36	29.2	8	10.86	0.57
E307	西北地震学报	450	9	-0.58	0.503	7	-0.07	26.3	9	6.50	0.93
E351	中国地震	488	7	-0.55	0.319	12	-0.41	37.0	6	6.07	0.86
	14 种期刊平均值	1080			0.542						

地理学类

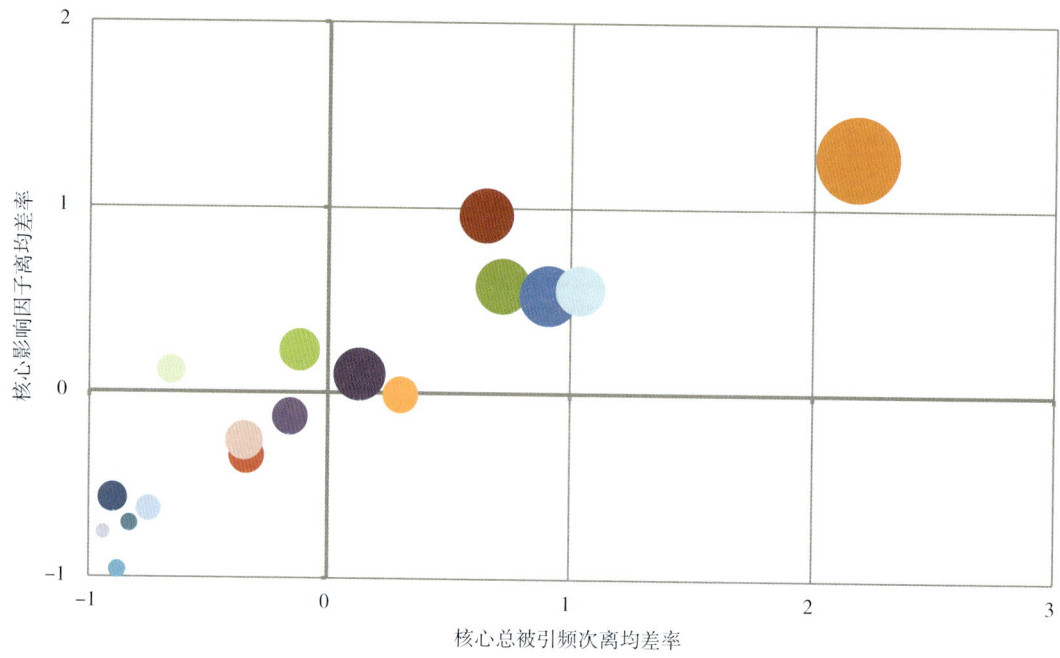

2012年地理学类期刊核心总被引频次和核心影响因子离均差率的分布图

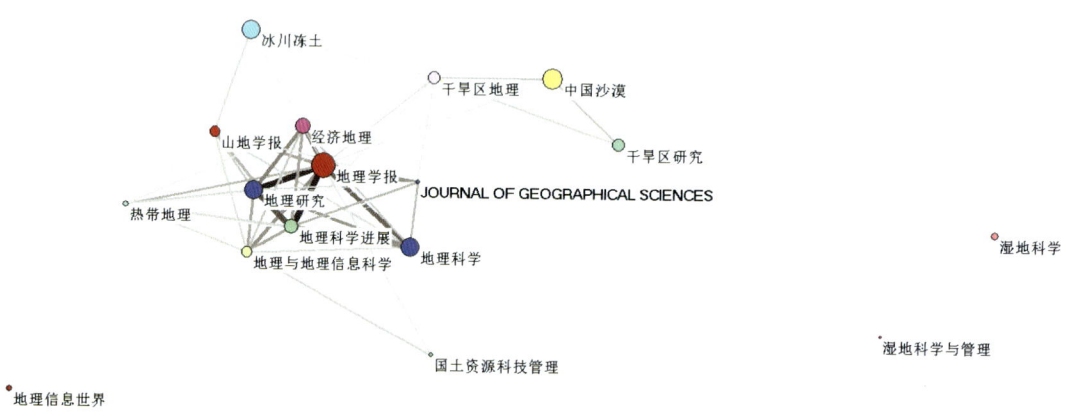

2012年地理学类期刊互引关系示意图

表 7-13 2012年地理学类期刊主要指标

CODE	刊 名	核心总被引频次			核心影响因子			综合评价总分		学科扩散指标	学科影响指标
		数值	排名	离均差率	数值	排名	离均差率	数值	排名		
I063	JOURNAL OF GEOGRAPHICAL SCIENCES	174	16	-0.90	0.444	13	-0.57	34.4	12	4.12	0.76
E135	冰川冻土	2923	5	0.65	2.022	2	0.96	62.1	4	14.94	0.82
E130	地理科学	3047	4	0.72	1.624	3	0.58	62.7	3	18.82	1.00
E584	地理科学进展	1988	7	0.13	1.136	8	0.10	59.6	5	17.53	1.00
E315	地理信息世界	293	14	-0.83	0.298	15	-0.71	19.8	16	4.29	0.12
E305	地理学报	5627	1	2.18	2.348	1	1.28	97.4	1	23.35	1.00
E310	地理研究	3370	3	0.91	1.581	5	0.53	68.2	2	21.47	0.94
E527	地理与地理信息科学	1175	10	-0.34	0.682	12	-0.34	41.3	11	15.00	1.00
E020	干旱区地理	1558	8	-0.12	1.270	6	0.23	48.1	7	13.41	0.88
E105	干旱区研究	1483	9	-0.16	0.899	10	-0.13	42.0	9	13.12	0.65
E578	国土资源科技管理	207	15	-0.88	0.043	17	-0.96	20.3	15	5.35	0.59
E599	经济地理	2292	6	0.30	1.018	9	-0.01	41.4	10	11.71	1.00
E563	热带地理	440	13	-0.75	0.382	14	-0.63	29.6	14	9.65	0.71
E101	山地学报	1150	11	-0.35	0.759	11	-0.26	43.9	8	14.41	0.94
E302	湿地科学	601	12	-0.66	1.154	7	0.12	33.3	13	8.00	0.59
E636	湿地科学与管理	108	17	-0.94	0.244	16	-0.76	16.6	17	3.65	0.41
E124	中国沙漠	3604	2	1.04	1.607	4	0.56	56.3	6	15.12	0.82
	17 种期刊平均值	1767			1.030						

地质学类

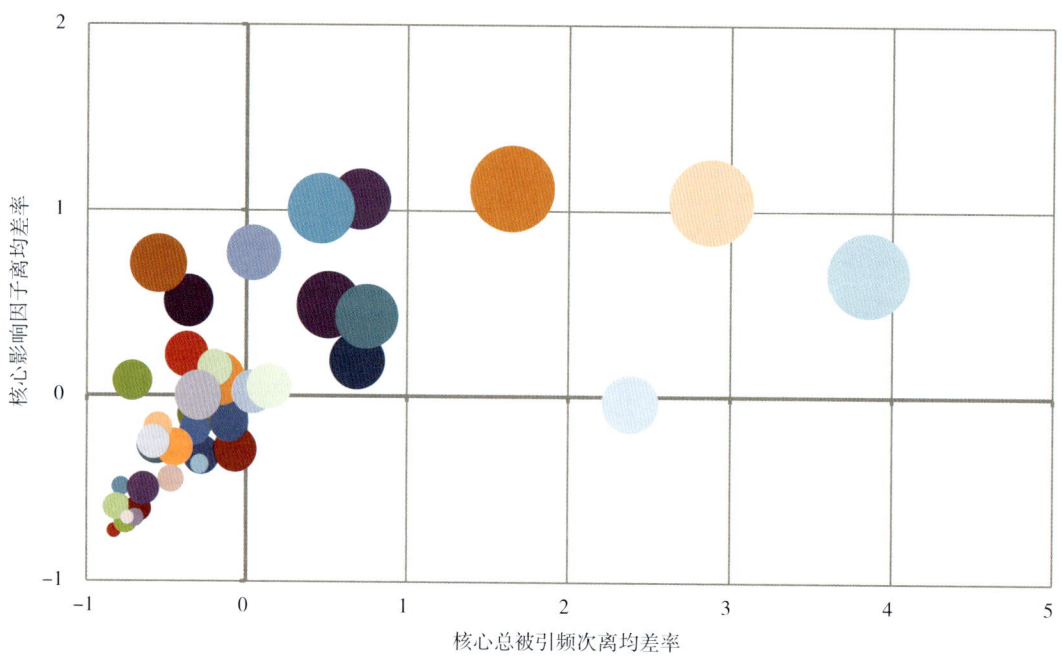

2012年地质学类期刊核心总被引频次和核心影响因子离均差率的分布图（节点大小表示综合评价总分）

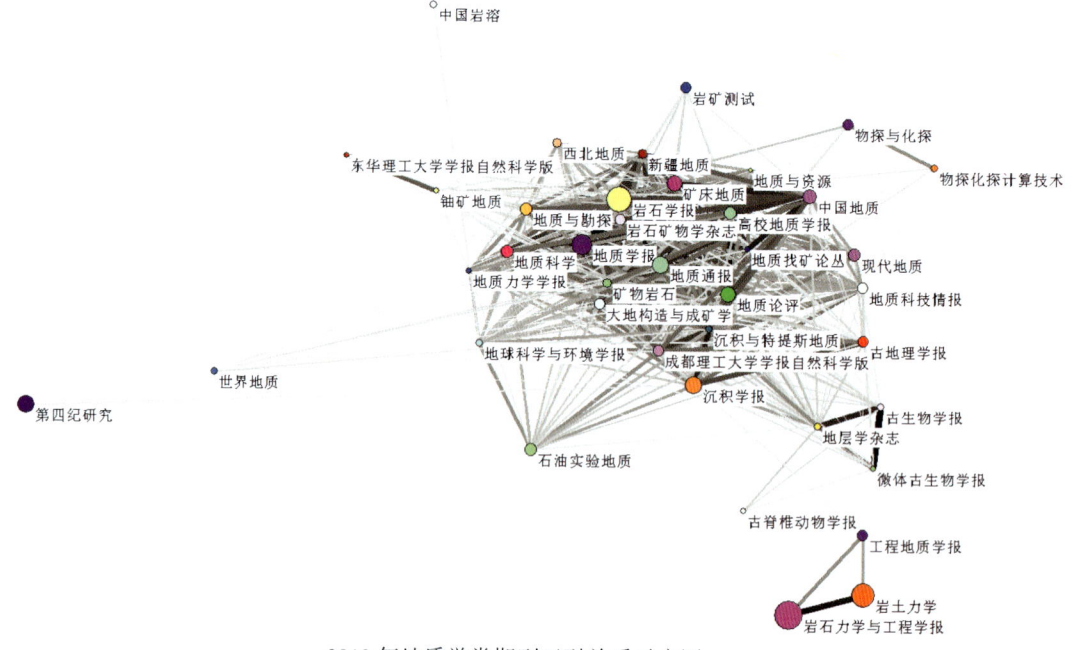

2012年地质学类期刊互引关系示意图

表 7-14 2012 年地质学类期刊主要指标

CODE	刊名	核心总被引频次 数值	排名	离均差率	核心影响因子 数值	排名	离均差率	综合评价总分 数值	排名	学科扩散指标	学科影响指标
E113	沉积学报	2563	7	0.69	1.051	12	0.19	53.7	10	4.80	0.95
E547	沉积与特提斯地质	491	32	-0.68	0.343	36	-0.61	24.9	32	2.48	0.78
E102	成都理工大学学报自然科学版	1048	20	-0.31	0.800	20	-0.10	41.1	18	5.43	0.98
E146	大地构造与成矿学	955	22	-0.37	1.333	8	0.51	48.9	13	2.68	0.83
E133	地层学杂志	657	28	-0.57	0.655	25	-0.26	38.0	21	2.48	0.83
E004	地球科学与环境学报	666	27	-0.56	1.510	6	0.71	54.7	8	4.90	0.93
E362	地质科技情报	1078	17	-0.29	0.605	29	-0.32	36.6	23	5.48	0.95
E139	地质科学	1409	13	-0.07	0.626	28	-0.29	42.5	17	3.60	0.93
E026	地质力学学报	417	34	-0.72	0.960	15	0.08	38.1	20	3.25	0.85
E009	地质论评	2287	8	0.51	1.321	9	0.49	62.7	5	5.00	1.00
E127	地质通报	2654	5	0.75	1.268	10	0.43	59.9	6	6.03	0.95
E010	地质学报	4013	4	1.65	1.873	1	1.12	80.8	2	5.40	1.00
E151	地质与勘探	1355	14	-0.11	0.764	21	-0.14	38.0	21	4.13	0.88
E525	地质与资源	254	40	-0.83	0.242	40	-0.73	13.8	39	2.03	0.58
E132	地质找矿论丛	369	36	-0.76	0.287	39	-0.68	22.4	33	2.10	0.73
E301	第四纪研究	2594	6	0.71	1.821	2	1.06	57.2	7	6.53	0.83
E002	东华理工大学学报自然科学版	322	37	-0.79	0.448	32	-0.49	17.8	36	3.65	0.70
E358	高校地质学报	1261	15	-0.17	0.967	14	0.09	50.2	12	4.20	0.93
E360	工程地质学报	1019	21	-0.33	0.722	23	-0.18	30.3	28	5.05	0.43
E601	古地理学报	932	23	-0.38	1.080	11	0.22	43.1	15	2.95	0.88
E304	古脊椎动物学报	320	38	-0.79	0.369	34	-0.58	16.3	38	0.75	0.33
E022	古生物学报	533	31	-0.65	0.443	33	-0.50	30.7	27	1.90	0.70
E106	矿床地质	2218	9	0.46	1.779	4	1.01	66.0	4	2.35	0.80
E354	矿物岩石	825	24	-0.46	0.638	26	-0.28	35.4	24	3.90	0.88
E126	石油实验地质	1580	11	0.04	1.570	5	0.77	52.3	11	2.78	0.85
E548	世界地质	611	30	-0.60	0.635	27	-0.28	20.6	34	4.18	0.80
E052	微体古生物学报	278	39	-0.82	0.357	35	-0.60	25.1	31	1.63	0.55
E136	物探化探计算技术	447	33	-0.70	0.297	38	-0.66	16.8	37	3.08	0.50
E138	物探与化探	1065	18	-0.30	0.560	30	-0.37	18.2	35	4.50	0.65
E125	西北地质	673	26	-0.56	0.736	22	-0.17	27.2	29	2.55	0.83
E027	现代地质	1567	12	0.04	0.903	17	0.02	40.9	19	4.83	0.98
E159	新疆地质	794	25	-0.48	0.484	31	-0.45	25.4	30	2.58	0.90
E053	岩矿测试	1210	16	-0.20	1.019	13	0.15	34.5	25	4.58	0.70
E157	岩石矿物学杂志	1050	19	-0.31	0.882	18	0.00	46.4	14	3.80	0.83
C005	岩石力学与工程学报	7340	1	3.85	1.471	7	0.66	79.5	3	10.00	0.60
E309	岩石学报	5876	2	2.88	1.817	3	1.05	80.9	1	3.53	0.95
C004	岩土力学	5114	3	2.38	0.851	19	-0.04	54.5	9	8.88	0.43
E051	铀矿地质	381	35	-0.75	0.302	37	-0.66	12.8	40	1.78	0.63
E654	中国地质	1721	10	0.14	0.928	16	0.05	42.8	16	4.65	0.95
E303	中国岩溶	621	29	-0.59	0.667	24	-0.25	31.7	26	3.88	0.63
	40 种期刊平均值	1514			0.885						

水文学、海洋科学类

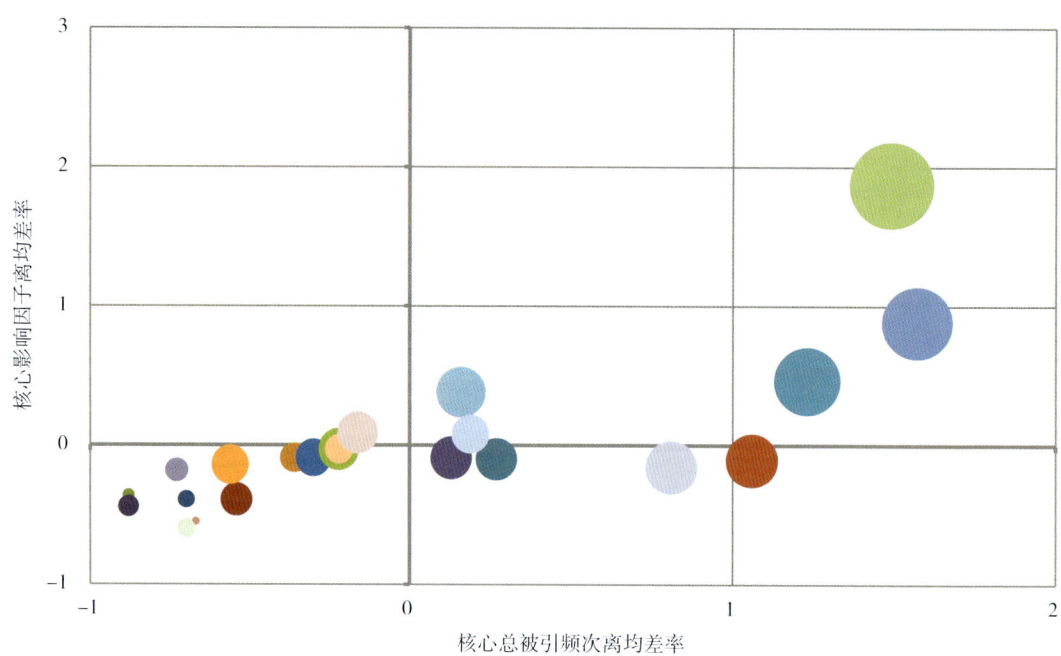

2012年水文学、海洋科学类期刊核心总被引频次和核心影响因子离均差率的分布图（节点大小表示综合评价总分）

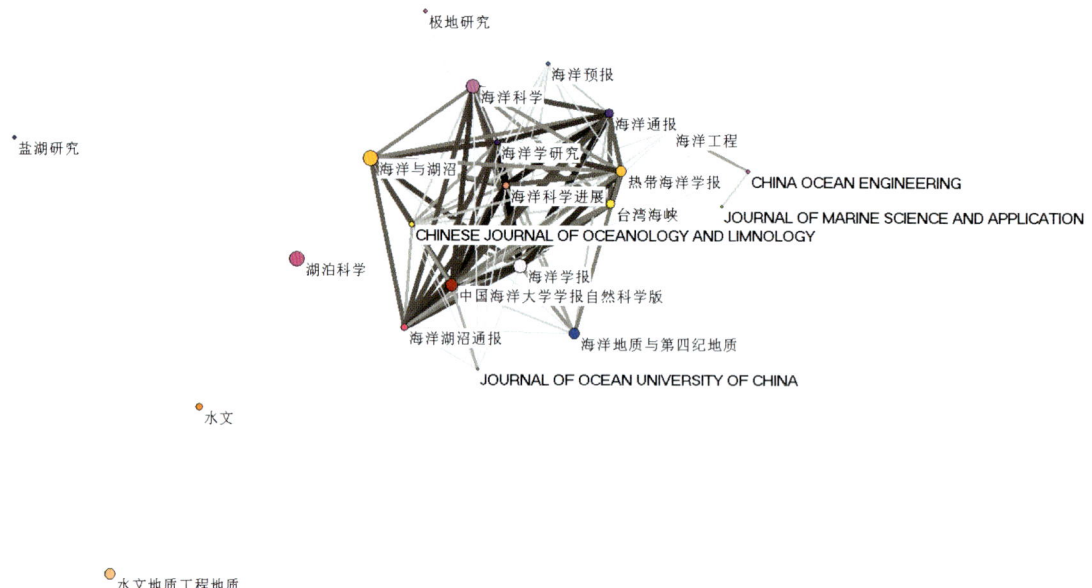

2012年水文学、海洋科学类期刊互引关系示意图

表 7-15　2012 年水文学、海洋科学类期刊主要指标

CODE	刊名	核心总被引频次			核心影响因子			综合评价总分		学科扩散指标	学科影响指标
		数值	排名	离均差率	数值	排名	离均差率	数值	排名		
E158	CHINA OCEAN ENGINEERING	244	18	-0.70	0.292	19	-0.39	19.0	20	3.95	0.55
E012	CHINESE JOURNAL OF OCEANOLOGY AND LIMNOLOGY	370	15	-0.54	0.293	18	-0.39	35.7	14	5.41	0.82
I229	JOURNAL OF MARINE SCIENCE AND APPLICATION	97	22	-0.88	0.307	17	-0.36	13.6	21	2.18	0.14
I120	JOURNAL OF OCEAN UNIVERSITY OF CHINA	98	21	-0.88	0.266	20	-0.44	23.2	18	2.23	0.32
E155	海洋地质与第四纪地质	1021	6	0.27	0.429	12	-0.10	44.5	9	7.86	0.68
E131	海洋工程	512	14	-0.36	0.435	11	-0.09	31.1	15	6.68	0.73
E312	海洋湖沼通报	559	13	-0.30	0.438	9	-0.09	39.9	13	7.32	0.82
E145	海洋科学	1658	4	1.06	0.428	13	-0.11	56.9	4	14.64	0.86
E006	海洋科学进展	624	12	-0.22	0.463	8	-0.03	44.5	9	7.41	0.77
E311	海洋通报	911	9	0.13	0.437	10	-0.09	45.3	7	10.59	0.86
E003	海洋学报	1794	3	1.23	0.697	3	0.46	71.7	3	12.91	0.95
E149	海洋学研究	357	16	-0.56	0.411	14	-0.14	41.5	11	5.68	0.64
E008	海洋与湖沼	2069	1	1.57	0.901	2	0.88	76.5	2	12.23	0.91
E108	海洋预报	267	17	-0.67	0.215	21	-0.55	9.0	22	3.55	0.59
E111	湖泊科学	2001	2	1.49	1.374	1	1.87	91.6	1	12.00	0.64
E007	极地研究	220	20	-0.73	0.395	16	-0.18	25.2	17	3.09	0.32
E642	热带海洋学报	933	8	0.16	0.660	4	0.38	53.7	6	8.45	0.68
E540	水文	628	11	-0.22	0.467	7	-0.03	30.7	16	8.23	0.41
E154	水文地质工程地质	958	7	0.19	0.518	6	0.08	40.6	12	11.73	0.32
E123	台湾海峡	675	10	-0.16	0.521	5	0.09	44.6	8	7.82	0.64
E500	盐湖研究	240	19	-0.70	0.190	22	-0.60	20.3	19	4.73	0.09
E313	中国海洋大学学报自然科学版	1453	5	0.81	0.403	15	-0.16	56.6	5	16.36	0.91
	22 种期刊平均值	804			0.479						

生物学基础学科类

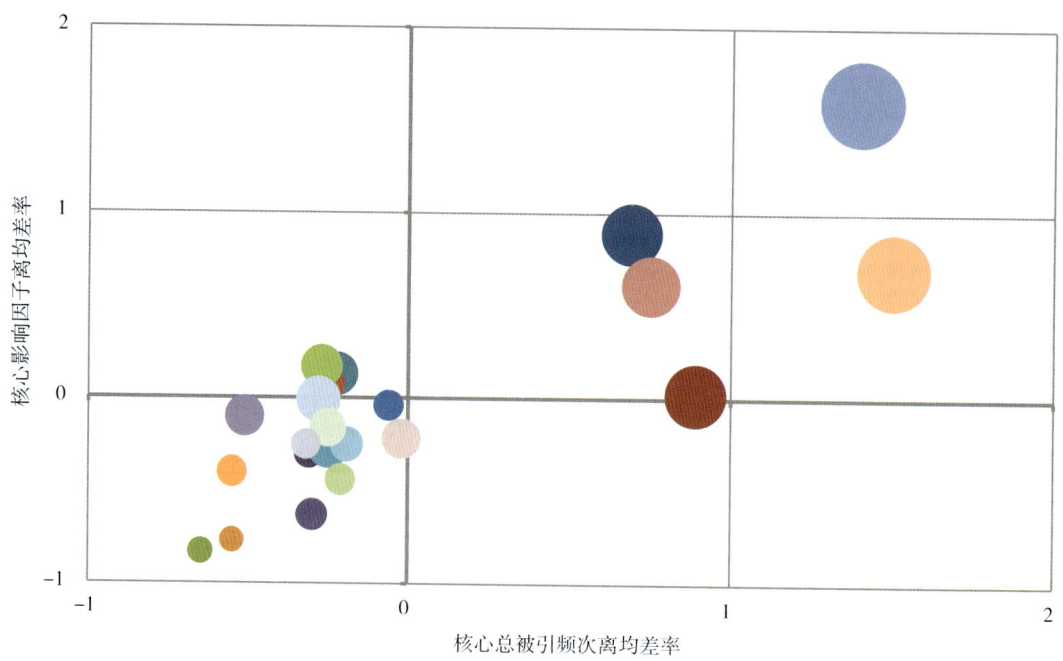

2012年生物学基础学科类期刊核心总被引频次和核心影响因子离均差率的分布图（节点大小表示综合评价总分）

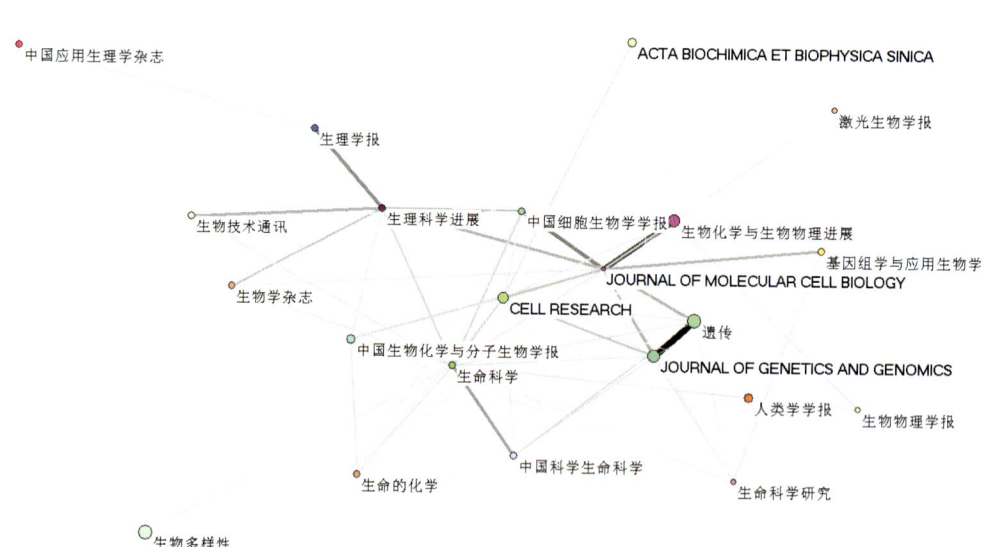

2012年生物学基础学科类期刊互引关系示意图

表 7-16 2012 年生物学基础学科类期刊主要指标

CODE	刊 名	核心总被引频次			核心影响因子			综合评价总分		学科扩散指标	学科影响指标
		数值	排名	离均差率	数值	排名	离均差率	数值	排名		
F034	ACTA BIOCHIMICA ET BIOPHYSICA SINICA	693	7	-0.05	0.736	5	0.47	53.2	6	14.91	0.74
I072	CELL RESEARCH	1235	5	0.69	0.950	2	0.89	64.6	4	17.74	0.83
F013	JOURNAL OF GENETICS AND GENOMICS	1384	3	0.89	0.514	9	0.02	65.5	3	12.78	0.65
F021	JOURNAL OF MOLECULAR CELL BIOLOGY	254	23	-0.65	0.087	23	-0.83	27.6	22	6.74	0.30
F044	氨基酸和生物资源	505	18	-0.31	0.351	18	-0.30	31.0	21	8.91	0.17
H245	基因组学与应用生物学	571	11	-0.22	0.566	7	0.13	45.1	9	8.83	0.26
F045	激光生物学报	331	21	-0.55	0.113	22	-0.77	27.0	23	8.39	0.22
F041	人类学学报	685	8	-0.06	0.482	11	-0.04	32.2	19	2.78	0.13
F203	生理科学进展	540	14	-0.26	0.539	8	0.07	42.6	12	13.04	0.43
F001	生理学报	535	15	-0.27	0.585	6	0.17	45.0	10	11.57	0.61
F042	生命的化学	514	17	-0.30	0.187	21	-0.63	34.0	16	12.74	0.65
F215	生命科学	547	12	-0.25	0.371	17	-0.26	46.1	8	13.43	0.57
F046	生命科学研究	329	22	-0.55	0.303	19	-0.40	33.0	18	9.00	0.39
F049	生物多样性	1757	2	1.40	1.305	1	1.60	89.9	1	11.70	0.35
F016	生物化学与生物物理进展	1276	4	0.75	0.808	4	0.61	62.5	5	20.70	0.87
F224	生物技术通讯	580	10	-0.21	0.280	20	-0.44	33.5	17	12.57	0.43
F012	生物物理学报	357	20	-0.51	0.452	12	-0.10	42.8	11	10.43	0.35
F213	生物学杂志	595	9	-0.19	0.379	15	-0.25	36.6	15	12.74	0.43
F024	遗传	1825	1	1.50	0.847	3	0.69	78.7	2	17.39	0.70
A107	中国科学 生命科学	529	16	-0.28	0.498	10	-0.01	48.0	7	11.00	0.39
F002	中国生物化学与分子生物学报	718	6	-0.02	0.393	14	-0.22	41.6	13	13.61	0.65
F025	中国细胞生物学学报	547	12	-0.25	0.424	13	-0.16	40.0	14	12.35	0.52
G130	中国应用生理学杂志	496	19	-0.32	0.375	16	-0.25	31.3	20	10.04	0.30
	23 种期刊平均值	731			0.502						

生态学类

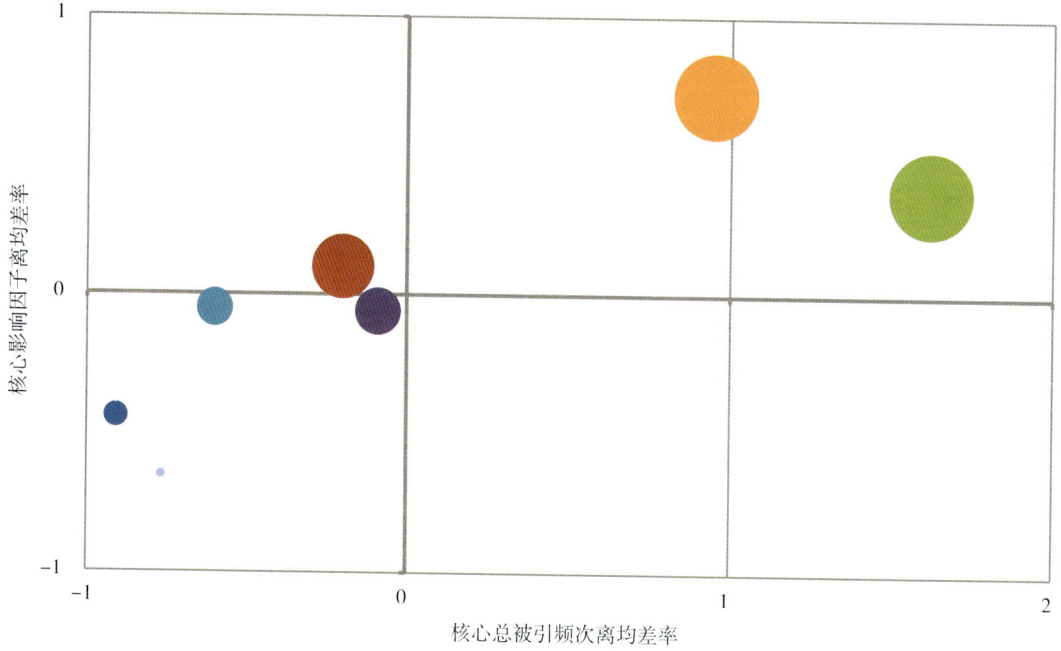

2012年生态学类期刊核心总被引频次和核心影响因子离均差率的分布图（节点大小表示综合评价总分）

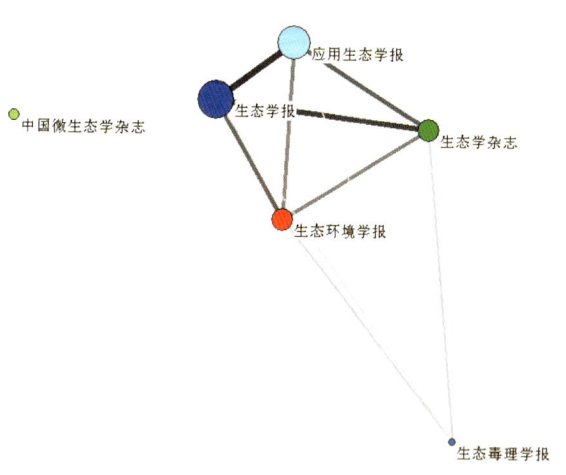

2012年生态学类期刊互引关系示意图

表 7-17　2012 年生态学类期刊主要指标

CODE	刊名	核心总被引频次			核心影响因子			综合评价总分		学科扩散指标	学科影响指标
		数值	排名	离均差率	数值	排名	离均差率	数值	排名		
Z034	生态毒理学报	472	7	-0.91	0.564	6	-0.44	22.8	6	21.71	0.71
H784	生态环境学报	4025	4	-0.20	1.105	3	0.10	59.3	3	70.71	1.00
Z014	生态学报	13172	1	1.62	1.372	2	0.37	79.9	1	77.29	0.86
Z028	生态学杂志	4577	3	-0.09	0.944	5	-0.06	43.3	4	61.43	1.00
F010	水生生物学报	2001	5	-0.60	0.948	4	-0.05	35.4	5	34.71	0.86
Z018	应用生态学报	9844	2	0.95	1.719	1	0.72	79.4	2	70.00	1.00
G517	中国微生态学杂志	1166	6	-0.77	0.352	7	-0.65	8.4	7	50.00	0.43
	7 种期刊平均值	5037			1.001						

植物学类

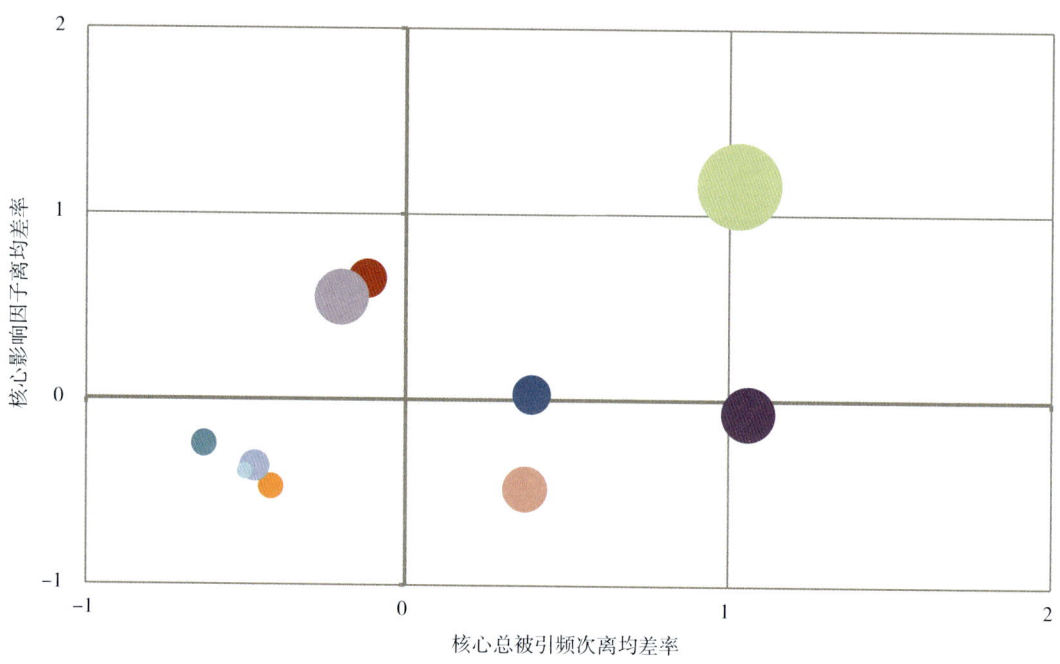

2012年植物学类期刊核心总被引频次和核心影响因子离均差率的分布图（节点大小表示综合评价总分）

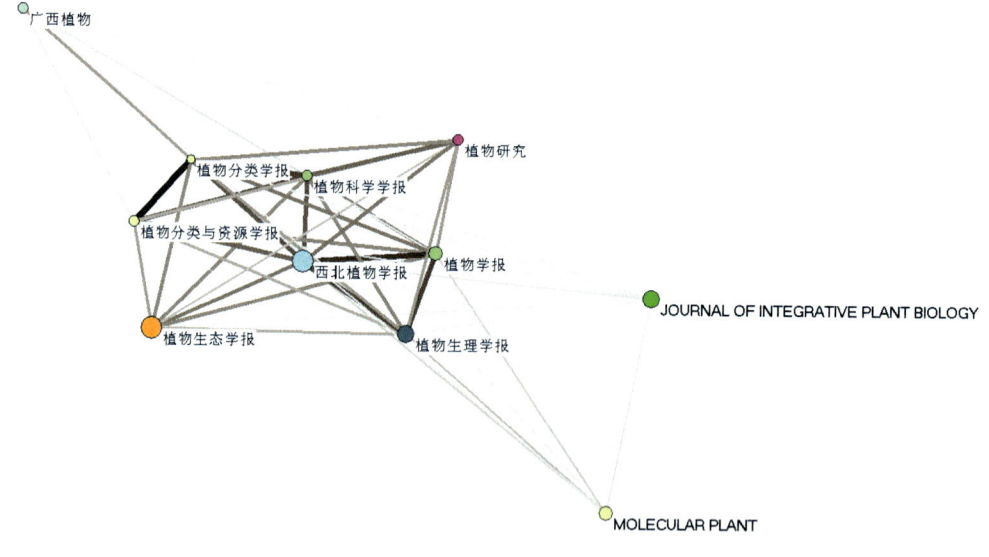

2012年植物学类期刊互引关系示意图

表 7-18　2012 年植物学类期刊主要指标

CODE	刊 名	核心总被引频次			核心影响因子			综合评价总分		学科扩散指标	学科影响指标
		数值	排名	离均差率	数值	排名	离均差率	数值	排名		
F029	JOURNAL OF INTEGRATIVE PLANT BIOLOGY	2825	3	0.39	0.853	4	0.03	41.9	5	34.00	1.00
F019	MOLECULAR PLANT	1784	5	-0.12	1.364	2	0.65	41.6	6	22.00	0.82
F028	广西植物	1022	10	-0.50	0.516	8	-0.38	15.5	11	19.82	0.73
F020	西北植物学报	4180	1	1.06	0.772	5	-0.07	58.6	3	33.36	0.91
F039	植物分类学报	747	11	-0.63	0.629	6	-0.24	28.8	8	14.45	0.82
F007	植物分类与资源学报	1174	7	-0.42	0.440	10	-0.47	27.4	9	21.55	0.91
F008	植物科学学报	1087	8	-0.47	0.528	7	-0.36	33.0	7	22.45	0.82
F038	植物生理学报	2777	4	0.37	0.427	11	-0.48	49.0	4	27.09	0.73
F009	植物生态学报	4124	2	1.03	1.785	1	1.16	91.6	1	28.45	0.73
F023	植物学报	1619	6	-0.20	1.283	3	0.55	59.0	2	24.82	0.82
F050	植物研究	1025	9	-0.50	0.509	9	-0.39	17.0	10	19.55	0.91
	11 种期刊平均值	2033			0.828						

昆虫学、动物学类

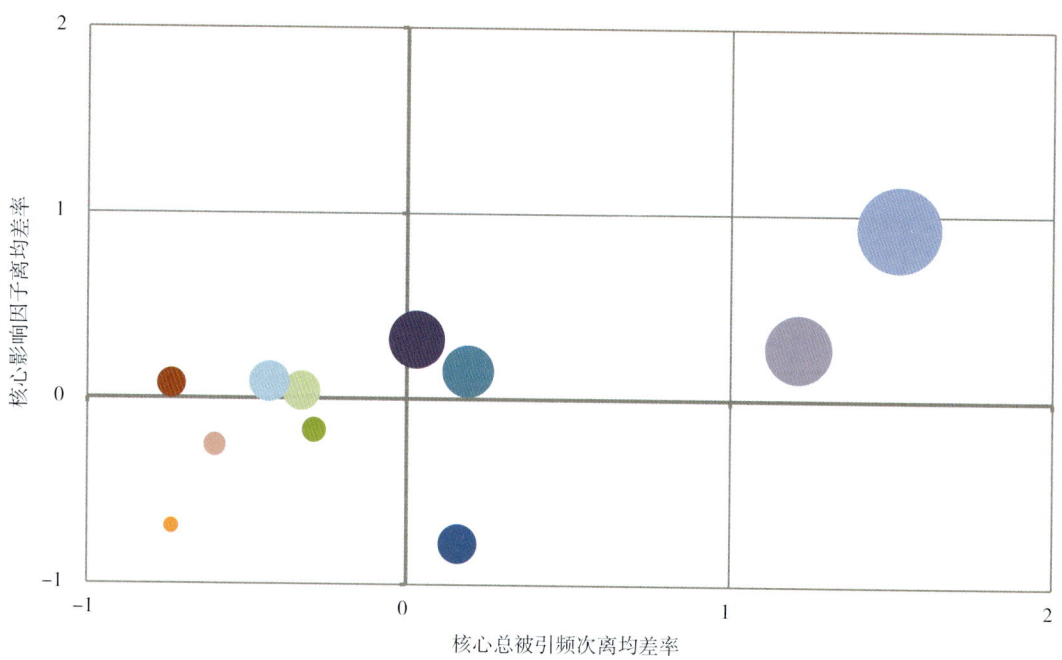

2012年昆虫学、动物学类期刊核心总被引频次和核心影响因子离均差率的分布图(节点大小表示综合评价总分)

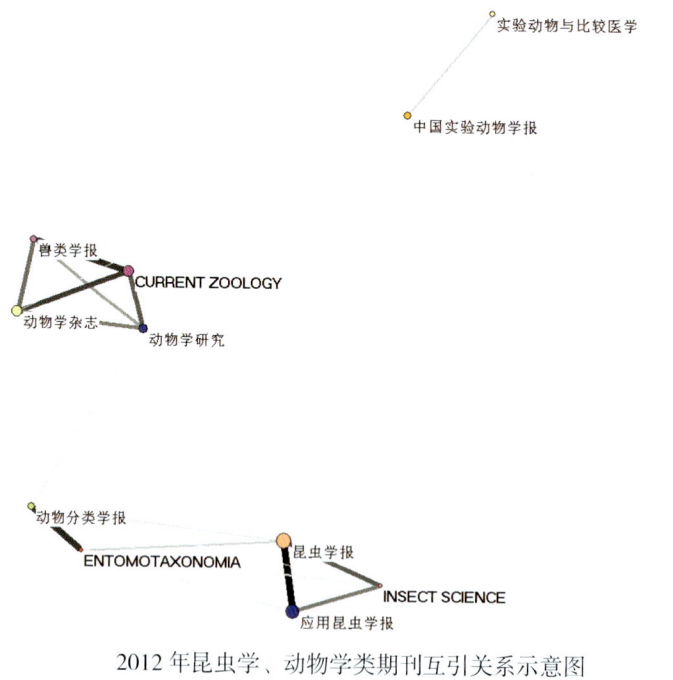

2012年昆虫学、动物学类期刊互引关系示意图

表 7-19　2012 年昆虫学、动物学类期刊主要指标

CODE	刊名	核心总被引频次			核心影响因子			综合评价总分		学科扩散指标	学科影响指标
		数值	排名	离均差率	数值	排名	离均差率	数值	排名		
F017	CURRENT ZOOLOGY	933	4	0.16	0.087	11	-0.78	40.3	6	17.36	0.91
I012	INSECT SCIENCE	212	10	-0.74	0.436	6	0.08	30.9	8	5.55	0.45
F014	动物分类学报	566	6	-0.29	0.336	8	-0.17	25.6	9	9.55	0.73
F022	动物学研究	830	5	0.03	0.531	2	0.32	59.0	3	18.27	0.82
F043	动物学杂志	955	3	0.19	0.462	4	0.15	53.3	4	19.36	0.64
F005	ENTOMOTAXONOMIA	211	11	-0.74	0.124	10	-0.69	16.0	11	4.36	0.55
F015	昆虫学报	2025	1	1.52	0.777	1	0.93	88.0	1	19.55	0.82
G387	实验动物与比较医学	323	9	-0.60	0.303	9	-0.25	24.0	10	12.27	0.27
F033	兽类学报	538	7	-0.33	0.421	7	0.04	40.3	6	8.91	0.64
F035	应用昆虫学报	1772	2	1.21	0.517	3	0.28	70.3	2	18.36	0.64
F047	中国实验动物学报	461	8	-0.43	0.438	5	0.09	41.7	5	19.82	0.36
	11 种期刊平均值	802			0.403						

微生物学、病毒学类

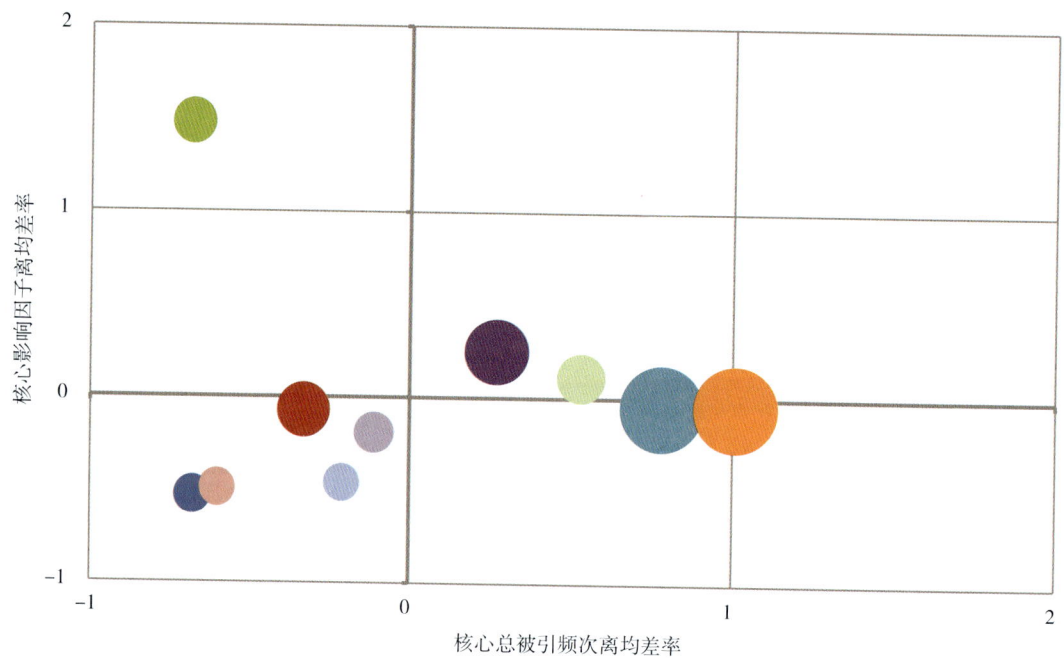

2012年微生物学、病毒学类期刊核心总被引频次和核心影响因子离均差率的分布图（节点大小表示综合评价总分）

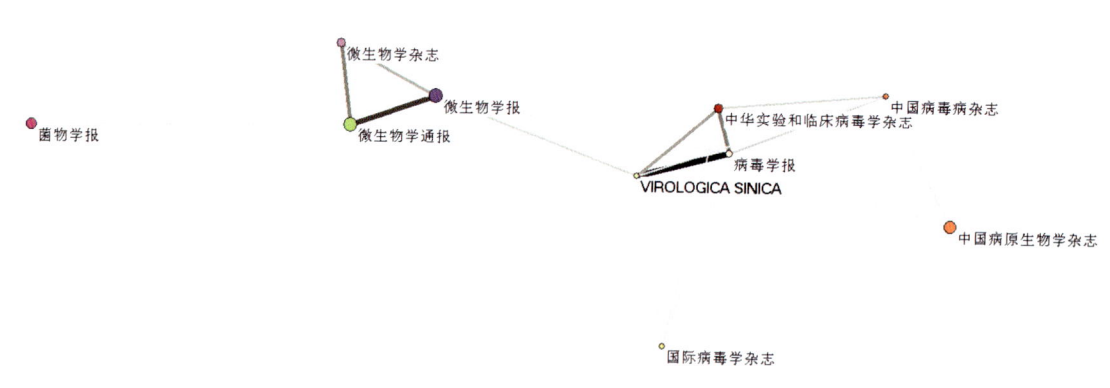

2012年微生物学、病毒学类期刊互引关系示意图

表 7-20 2012 年微生物学、病毒学类期刊主要指标

CODE	刊 名	核心总被引频次			核心影响因子			综合评价总分		学科扩散指标	学科影响指标
		数值	排名	离均差率	数值	排名	离均差率	数值	排名		
G095	VIROLOGICA SINICA	300	9	-0.68	0.350	10	-0.53	31.0	8	13.30	0.80
G018	病毒学报	622	7	-0.33	0.690	6	-0.07	43.5	4	17.10	0.90
G495	国际病毒学杂志	300	9	-0.68	1.835	1	1.48	36.4	6	6.80	0.40
F018	菌物学报	1179	4	0.27	0.923	2	0.25	51.7	3	20.00	0.50
F004	微生物学报	1652	2	0.78	0.704	5	-0.05	68.1	2	36.40	0.80
F011	微生物学通报	1866	1	1.01	0.705	4	-0.05	68.4	1	41.50	0.70
F225	微生物学杂志	736	6	-0.21	0.397	8	-0.46	29.9	10	29.00	0.60
G769	中国病毒病杂志	372	8	-0.60	0.380	9	-0.49	30.5	9	19.50	0.50
G339	中国病原生物学杂志	1415	3	0.53	0.826	3	0.11	39.4	5	21.00	0.50
G162	中华实验和临床病毒学杂志	829	5	-0.11	0.603	7	-0.19	32.4	7	22.40	0.80
	10 种期刊平均值	927			0.741						

心理学类

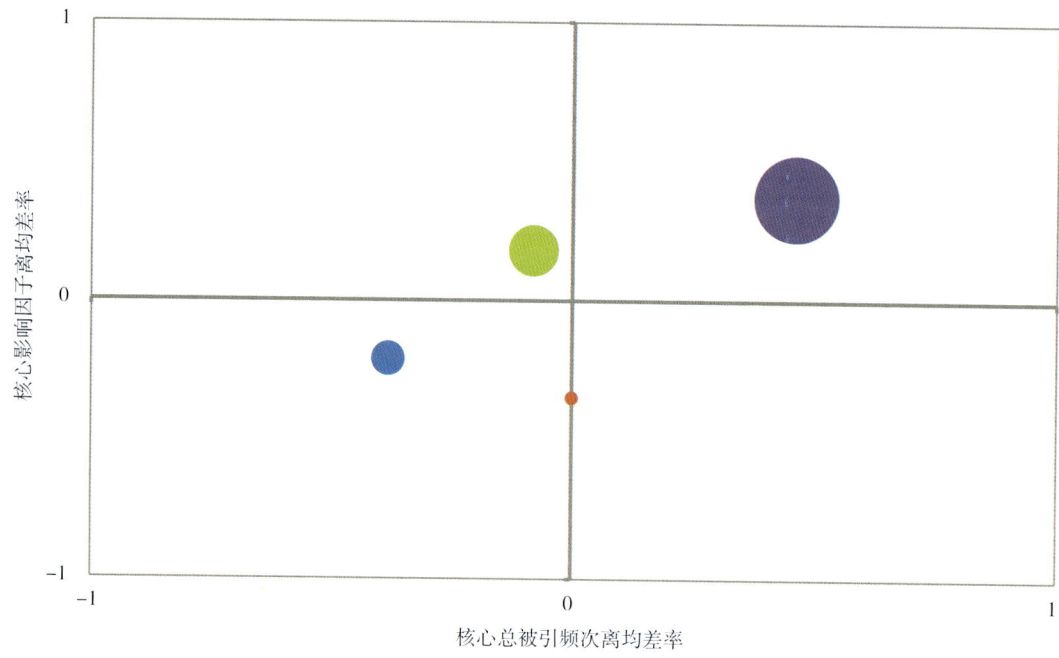

2012年心理类期刊核心总被引频次和核心影响因子离均差率的分布图（节点大小表示综合评价总分）

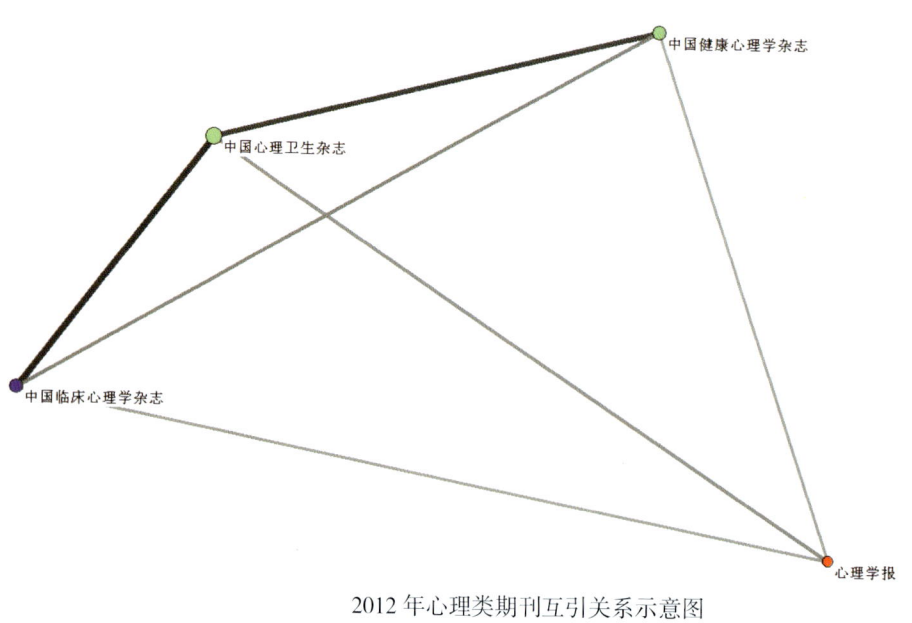

2012年心理类期刊互引关系示意图

表 7-21　2012 年心理类期刊主要指标

CODE	刊 名	核心总被引频次			核心影响因子			综合评价总分		学科扩散指标	学科影响指标
		数值	排名	离均差率	数值	排名	离均差率	数值	排名		
E046	心理学报	1166	4	-0.38	0.478	3	-0.21	35.4	3	45.00	1.00
G784	中国健康心理学杂志	1894	2	0.00	0.393	4	-0.35	14.2	4	57.75	1.00
G221	中国临床心理学杂志	1745	3	-0.08	0.710	2	0.18	52.1	2	60.50	1.00
G117	中国心理卫生杂志	2752	1	0.46	0.826	1	0.37	87.9	1	78.50	1.00
	4 种期刊平均值	1889			0.602						

农业大学学报类

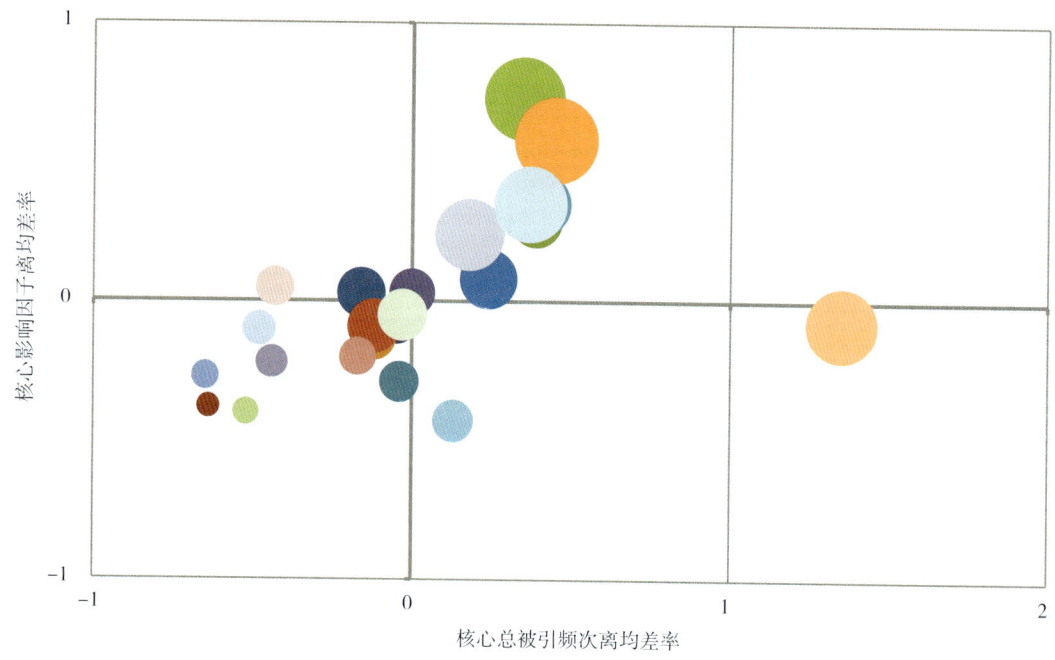

2012年农业大学学报类期刊核心总被引频次和核心影响因子离均差率的分布图（节点大小表示综合评价总分）

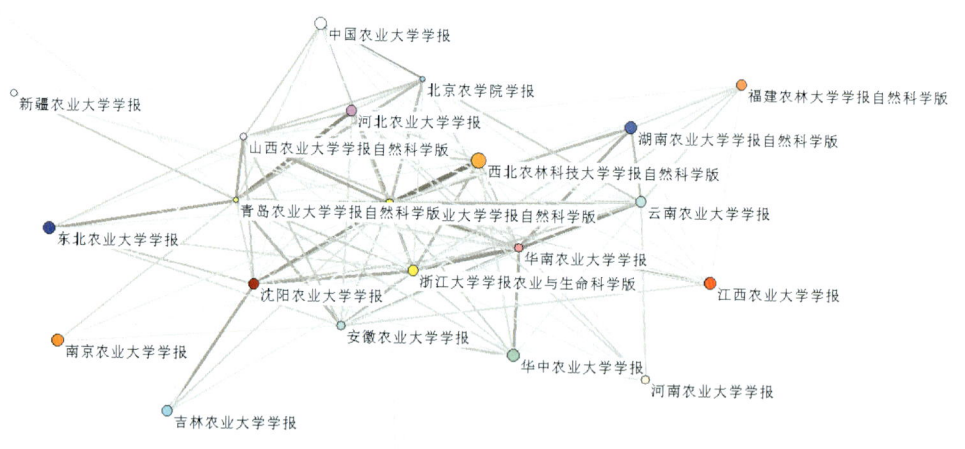

2012年农业大学学报类期刊互引关系示意图

表 7-22 2012 年农业大学学报类期刊主要指标

CODE	刊 名	核心总被引频次			核心影响因子			综合评价总分		学科扩散指标	学科影响指标
		数值	排名	离均差率	数值	排名	离均差率	数值	排名		
H002	安徽农业大学学报	845	16	-0.16	0.500	10	0.03	42.9	11	11.57	0.91
H263	北京农学院学报	362	22	-0.64	0.299	21	-0.38	21.1	23	6.48	0.65
H006	东北农业大学学报	1405	4	0.39	0.629	5	0.29	46.4	9	13.04	0.96
H268	福建农林大学学报自然科学版	962	13	-0.05	0.452	12	-0.07	40.4	13	10.61	0.78
H244	河北农业大学学报	966	12	-0.04	0.343	20	-0.29	35.7	16	10.78	0.87
H011	河南农业大学学报	891	14	-0.12	0.421	16	-0.13	39.3	14	9.74	0.83
H060	湖南农业大学学报自然科学版	1250	7	0.24	0.527	7	0.08	51.3	7	11.35	0.91
H013	华南农业大学学报	890	15	-0.12	0.442	14	-0.09	46.5	8	10.65	0.78
H003	华中农业大学学报	1361	6	0.35	0.840	1	0.73	72.1	2	13.35	0.87
H243	吉林农业大学学报	1008	10	0.00	0.502	9	0.03	41.4	12	11.17	0.83
H283	江西农业大学学报	1408	3	0.40	0.656	3	0.35	55.6	6	11.78	0.91
H021	南京农业大学学报	1465	2	0.45	0.767	2	0.58	74.5	1	12.48	0.96
H267	青岛农业大学学报自然科学版	349	23	-0.65	0.355	19	-0.27	25.3	21	6.70	0.74
H031	山东农业大学学报自然科学版	839	17	-0.17	0.391	17	-0.20	32.7	18	11.87	0.96
H393	山西农业大学学报自然科学版	482	21	-0.52	0.292	22	-0.40	23.5	22	8.74	0.70
H022	上海交通大学学报农业科学版	566	19	-0.44	0.378	18	-0.22	28.3	20	9.39	0.74
H024	沈阳农业大学学报	1137	9	0.13	0.278	23	-0.43	36.7	15	11.13	0.96
H018	西北农林科技大学学报自然科学版	2367	1	1.35	0.445	13	-0.08	64.4	4	17.74	0.96
H908	新疆农业大学学报	527	20	-0.48	0.435	15	-0.10	29.9	19	8.13	0.65
H016	扬州大学学报农业与生命科学版	579	18	-0.43	0.510	8	0.05	34.2	17	7.22	0.74
H269	云南农业大学学报	981	11	-0.03	0.463	11	-0.05	44.4	10	10.39	0.83
H035	浙江大学学报农业与生命科学版	1195	8	0.18	0.601	6	0.24	62.0	5	14.70	0.83
H027	中国农业大学学报	1382	5	0.37	0.656	3	0.35	65.5	3	15.13	0.91
	23 种期刊平均值	1009			0.486						

农学类

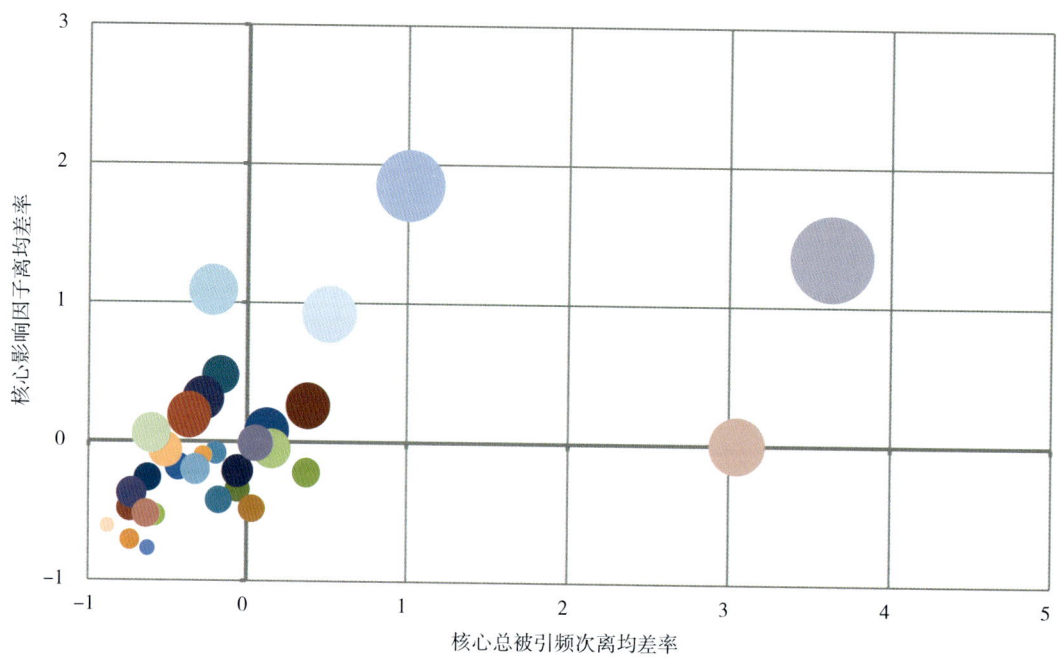

2012年农学类期刊核心总被引频次和核心影响因子离均差率的分布图（节点大小表示综合评价总分）

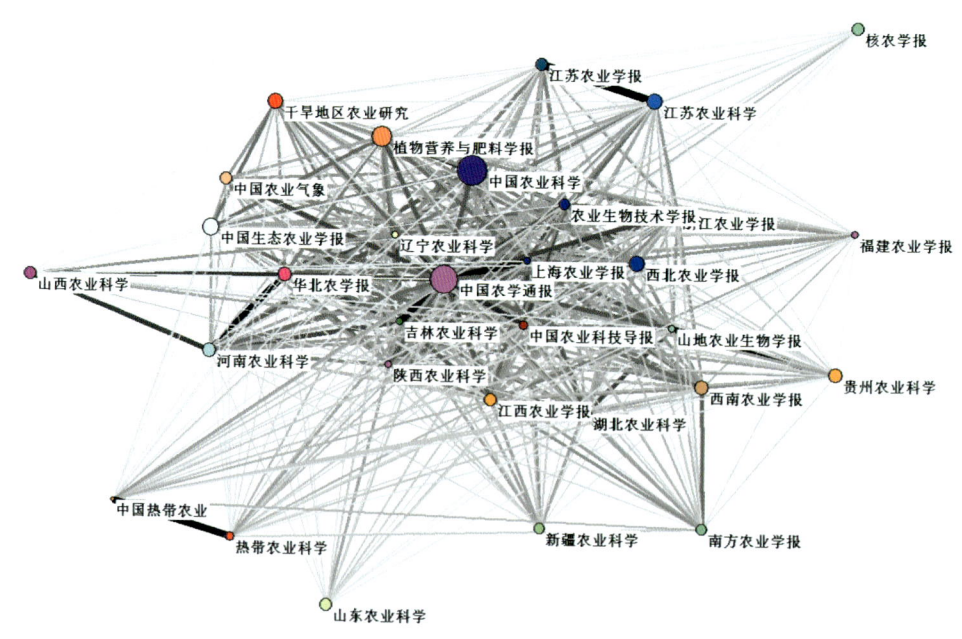

2012年农学类期刊互引关系示意图

表 7-23　2012 年农学类期刊主要指标

CODE	刊名	核心总被引频次 数值	排名	离均差率	核心影响因子 数值	排名	离均差率	综合评价总分 数值	排名	学科扩散指标	学科影响指标
H265	福建农业学报	633	26	-0.63	0.410	21	-0.26	30.2	20	5.58	0.84
H045	干旱地区农业研究	2381	5	0.38	0.701	7	0.26	50.0	6	7.94	0.94
H275	贵州农业科学	1633	11	-0.06	0.369	22	-0.34	28.1	25	9.06	0.97
H356	河南农业科学	1620	12	-0.06	0.441	19	-0.21	35.3	15	7.81	0.97
H042	核农学报	1439	13	-0.17	0.827	5	0.48	41.7	12	7.26	0.90
H203	湖北农业科学	1779	10	0.03	0.291	25	-0.48	30.0	22	11.00	0.97
H032	华北农学报	1935	8	0.12	0.604	9	0.08	49.3	8	7.81	0.97
H227	吉林农业科学	453	30	-0.74	0.289	26	-0.48	29.5	24	4.35	0.71
H700	江苏农业科学	2368	6	0.37	0.432	20	-0.22	32.0	18	9.97	0.97
H199	江苏农业学报	1254	17	-0.28	0.727	6	0.31	47.2	9	7.48	0.97
H701	江西农业学报	1424	14	-0.18	0.324	24	-0.42	30.2	20	9.87	1.00
H261	辽宁农业科学	455	29	-0.74	0.163	30	-0.71	22.1	28	4.61	0.87
H069	南方农业学报	974	21	-0.44	0.455	17	-0.18	29.7	23	6.32	0.94
H286	农业生物技术学报	1084	20	-0.37	0.663	8	0.19	49.6	7	7.74	0.94
H516	热带农业科学	704	23	-0.59	0.263	28	-0.53	25.3	26	5.77	0.87
H070	山地农业生物学报	467	28	-0.73	0.352	23	-0.37	33.7	16	5.35	0.87
H804	山东农业科学	1376	15	-0.20	0.512	15	-0.08	24.7	27	7.39	0.90
H390	山西农业科学	1242	18	-0.28	0.499	16	-0.10	20.6	29	5.77	0.94
H217	陕西农业科学	642	25	-0.63	0.129	31	-0.77	17.4	30	5.84	0.97
H282	上海农业学报	621	27	-0.64	0.268	27	-0.52	31.3	19	6.35	0.87
H288	西北农业学报	1995	7	0.15	0.529	13	-0.05	42.6	11	9.65	0.97
H061	西南农业学报	1817	9	0.05	0.551	12	-0.01	38.8	13	8.58	1.00
H276	新疆农业科学	1153	19	-0.33	0.444	18	-0.20	33.6	17	7.10	0.90
H201	浙江农业学报	832	22	-0.52	0.525	14	-0.06	38.0	14	7.55	0.94
H890	植物营养与肥料学报	3475	3	1.01	1.590	1	1.85	76.9	2	7.19	0.97
H958	中国农学通报	7006	2	3.05	0.557	11	0.00	62.2	3	17.97	1.00
H567	中国农业科技导报	680	24	-0.61	0.593	10	0.06	43.1	10	6.81	0.94
H030	中国农业科学	8011	1	3.63	1.307	2	1.35	92.9	1	14.48	1.00
H210	中国农业气象	1344	16	-0.22	1.166	3	1.09	55.3	5	6.87	0.87
H081	中国热带农业	212	31	-0.88	0.215	29	-0.61	16.6	31	1.87	0.45
H555	中国生态农业学报	2617	4	0.51	1.068	4	0.92	61.4	4	9.81	0.97
	31 种期刊平均值	1730			0.557						

农艺学类

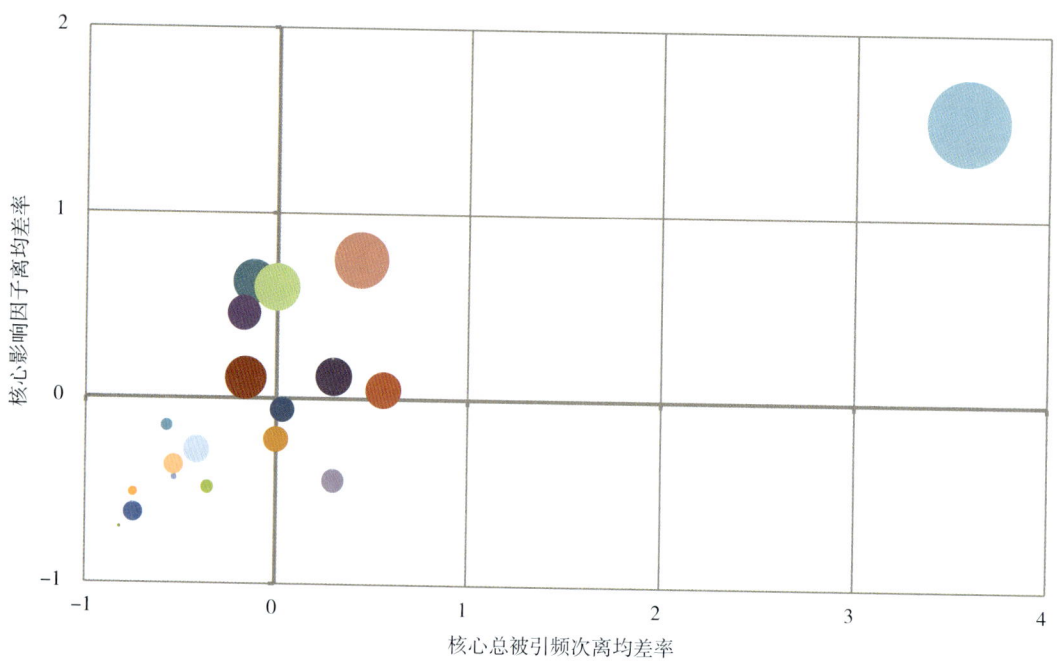

2012年农艺学类期刊核心总被引频次和核心影响因子离均差率的分布图（节点大小表示综合评价总分）

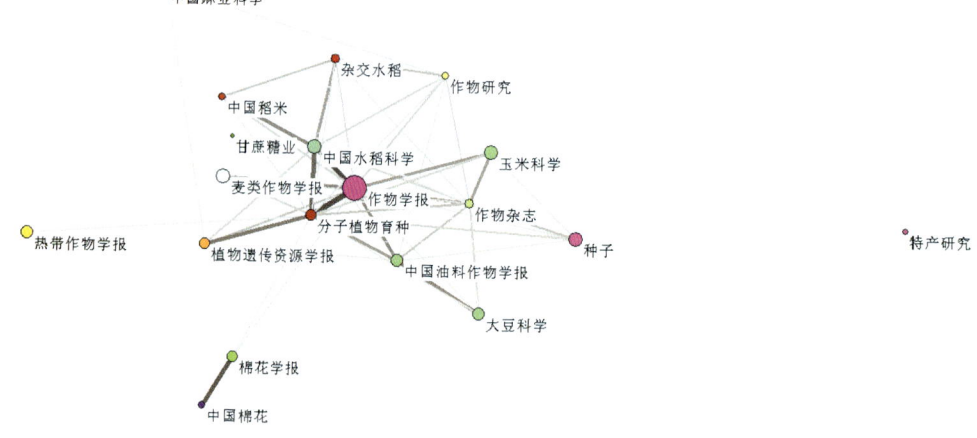

2012年农艺学类期刊互引关系示意图

表 7-24 2012 年农艺学类期刊主要指标

CODE	刊 名	核心总被引频次			核心影响因子			综合评价总分		学科扩散指标	学科影响指标
		数值	排名	离均差率	数值	排名	离均差率	数值	排名		
H038	大豆科学	1303	6	0.03	0.609	9	-0.06	28.2	11	9.26	0.63
H845	分子植物育种	1060	10	-0.16	0.718	7	0.11	48.8	5	8.74	0.95
H844	甘蔗糖业	229	19	-0.82	0.191	19	-0.70	3.9	19	2.95	0.42
H748	麦类作物学报	1644	5	0.30	0.726	6	0.12	43.5	6	8.53	0.74
H037	棉花学报	1112	9	-0.12	1.057	3	0.63	49.2	4	6.95	0.74
H223	热带作物学报	1270	7	0.00	0.507	11	-0.22	29.0	10	11.79	0.74
H041	特产研究	310	18	-0.75	0.244	18	-0.62	22.7	14	6.53	0.32
H909	玉米科学	1975	2	0.56	0.678	8	0.05	41.4	7	9.05	0.84
H293	杂交水稻	810	12	-0.36	0.336	16	-0.48	15.5	15	4.89	0.74
H238	植物遗传资源学报	1050	11	-0.17	0.943	5	0.46	39.2	8	7.53	0.89
H939	中国稻米	534	16	-0.58	0.553	10	-0.15	13.8	16	4.79	0.58
H212	中国麻业科学	317	17	-0.75	0.314	17	-0.51	10.7	17	3.58	0.37
H211	中国棉花	580	15	-0.54	0.369	14	-0.43	7.1	18	4.95	0.53
H020	中国水稻科学	1818	3	0.44	1.131	2	0.75	63.6	2	9.84	0.84
H205	中国油料作物学报	1265	8	0.00	1.037	4	0.60	53.5	3	9.00	0.79
H103	种子	1649	4	0.30	0.363	15	-0.44	27.0	12	9.42	0.89
H034	作物学报	5797	1	3.58	1.639	1	1.53	97.7	1	14.37	0.95
H410	作物研究	581	14	-0.54	0.414	13	-0.36	23.2	13	7.84	0.79
H202	作物杂志	739	13	-0.42	0.467	12	-0.28	31.9	9	7.32	0.89
	19 种期刊平均值	1265			0.647						

园艺学类

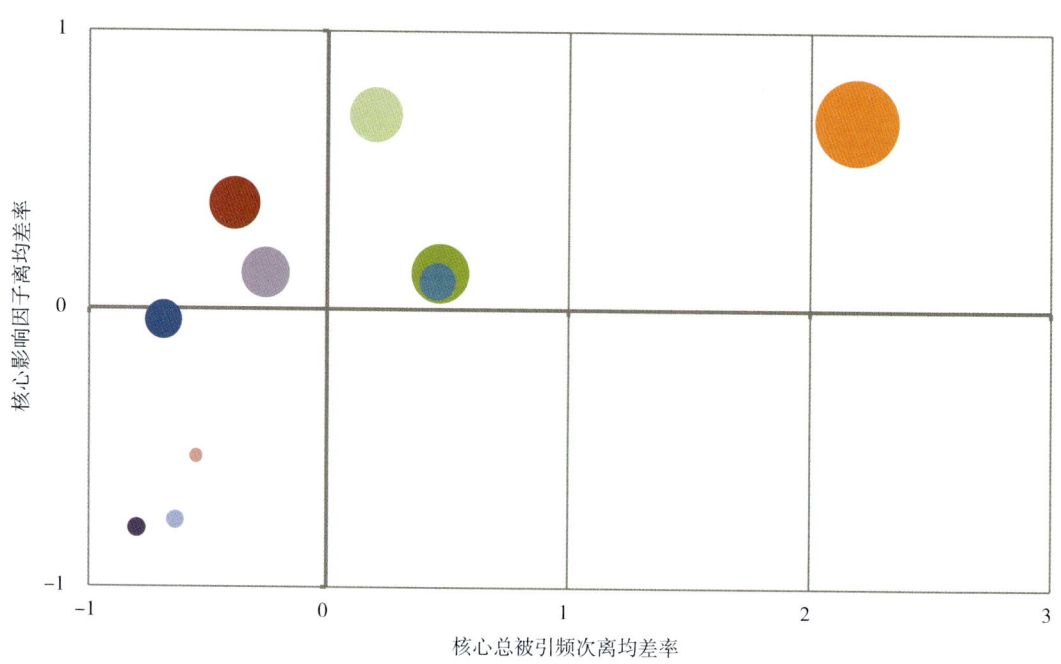

2012年园艺学类期刊核心总被引频次和核心影响因子离均差率的分布图（节点大小表示综合评价总分）

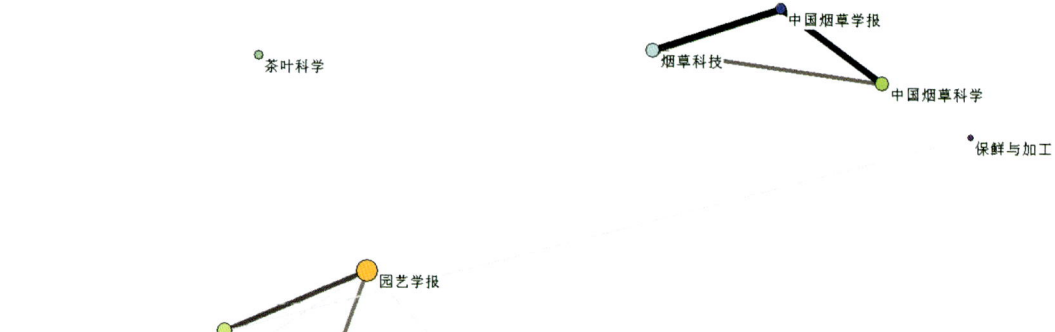

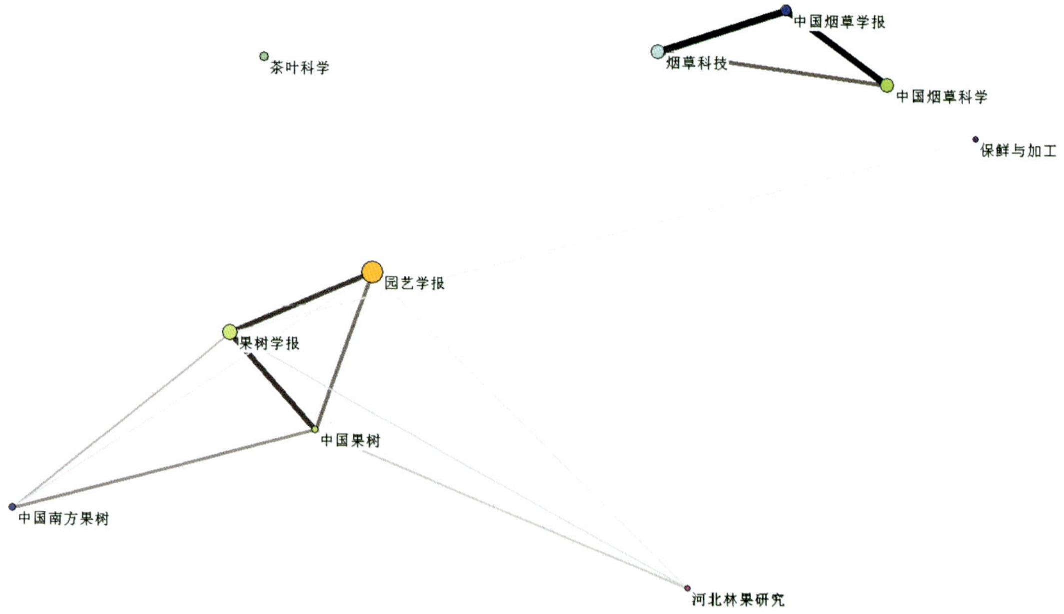

2012年园艺学类期刊互引关系示意图

表 7-25 2012 年园艺学类期刊主要指标

CODE	刊名	核心总被引频次			核心影响因子			综合评价总分		学科扩散指标	学科影响指标
		数值	排名	离均差率	数值	排名	离均差率	数值	排名		
U645	保鲜与加工	419	9	-0.69	0.602	7	-0.04	40.9	6	7.70	0.50
H001	茶叶科学	830	6	-0.39	0.863	3	0.38	55.3	4	16.20	0.30
H028	果树学报	1991	2	0.47	0.705	4	0.13	62.4	2	18.90	0.80
H289	河北林果研究	276	10	-0.80	0.134	10	-0.79	19.8	8	10.70	0.60
U562	烟草科技	1985	3	0.46	0.684	6	0.10	38.9	7	19.50	0.40
H039	园艺学报	4328	1	2.19	1.047	2	0.68	91.1	1	25.30	1.00
H215	中国果树	488	8	-0.64	0.152	9	-0.76	19.8	8	10.30	0.60
H273	中国南方果树	613	7	-0.55	0.292	8	-0.53	15.3	10	10.10	0.50
H208	中国烟草科学	1621	4	0.20	1.059	1	0.70	58.2	3	13.90	0.60
U647	中国烟草学报	1010	5	-0.26	0.702	5	0.13	53.0	5	13.80	0.50
	10 种期刊平均值	1356			0.624						

土壤学类

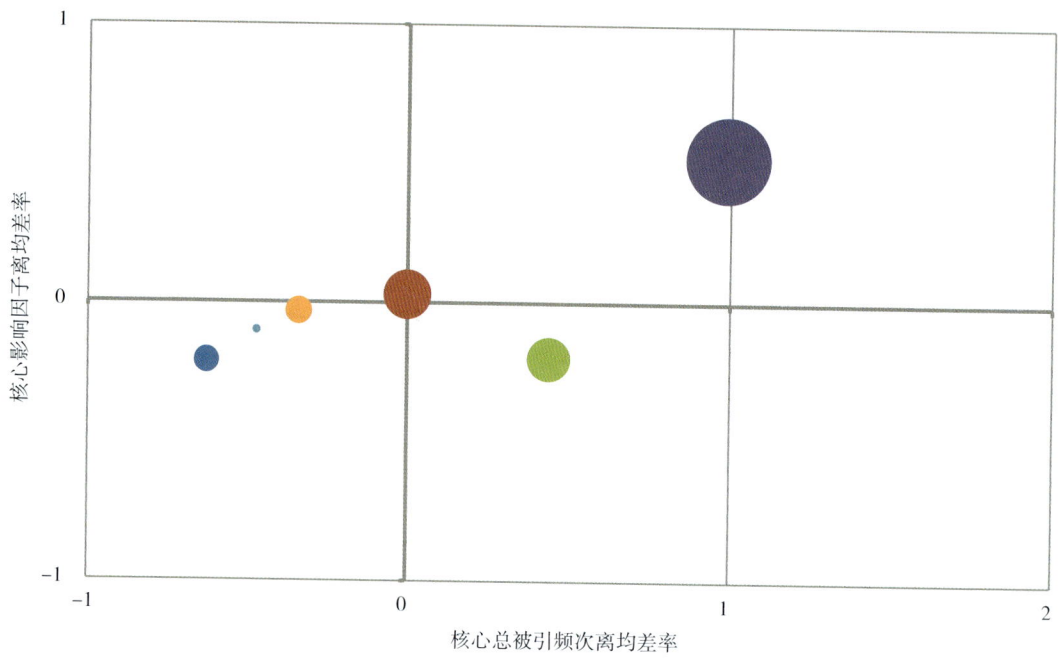

2012年土壤学类期刊核心总被引频次和核心影响因子离均差率的分布图（节点大小表示综合评价总分）

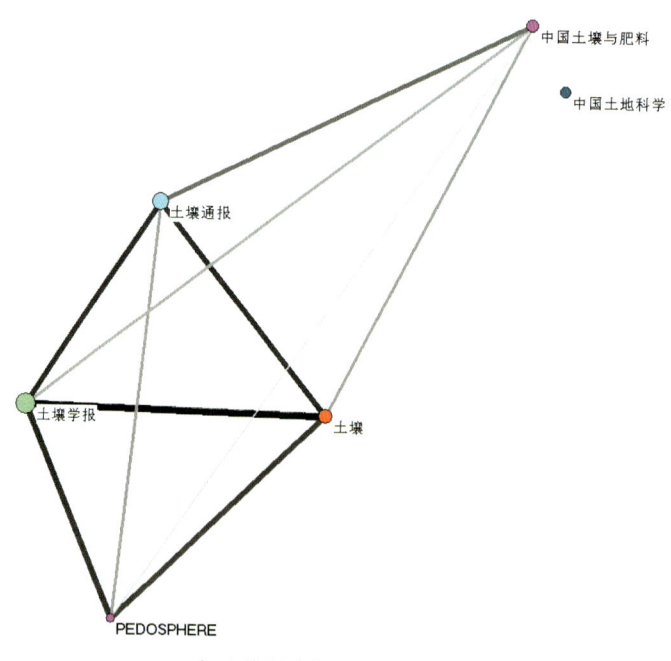

2012年土壤学类期刊互引关系示意图

表 7-26　2012 年土壤学类期刊主要指标

CODE	刊 名	核心总被引频次			核心影响因子			综合评价总分		学科扩散指标	学科影响指标
		数值	排名	离均差率	数值	排名	离均差率	数值	排名		
H046	PEDOSPHERE	724	6	-0.63	0.627	6	-0.21	29.0	5	28.50	1.00
H043	土壤	1930	3	0.00	0.821	2	0.03	53.1	2	49.83	1.00
H057	土壤通报	2797	2	0.44	0.637	5	-0.20	47.7	3	52.50	1.00
H012	土壤学报	3860	1	0.99	1.211	1	0.52	93.2	1	58.83	0.83
H350	中国土地科学	1025	5	-0.47	0.715	4	-0.10	9.6	6	20.50	0.50
H233	中国土壤与肥料	1285	4	-0.34	0.771	3	-0.03	29.5	4	32.00	0.67
	6 种期刊平均值	1937			0.797						

植物保护学类

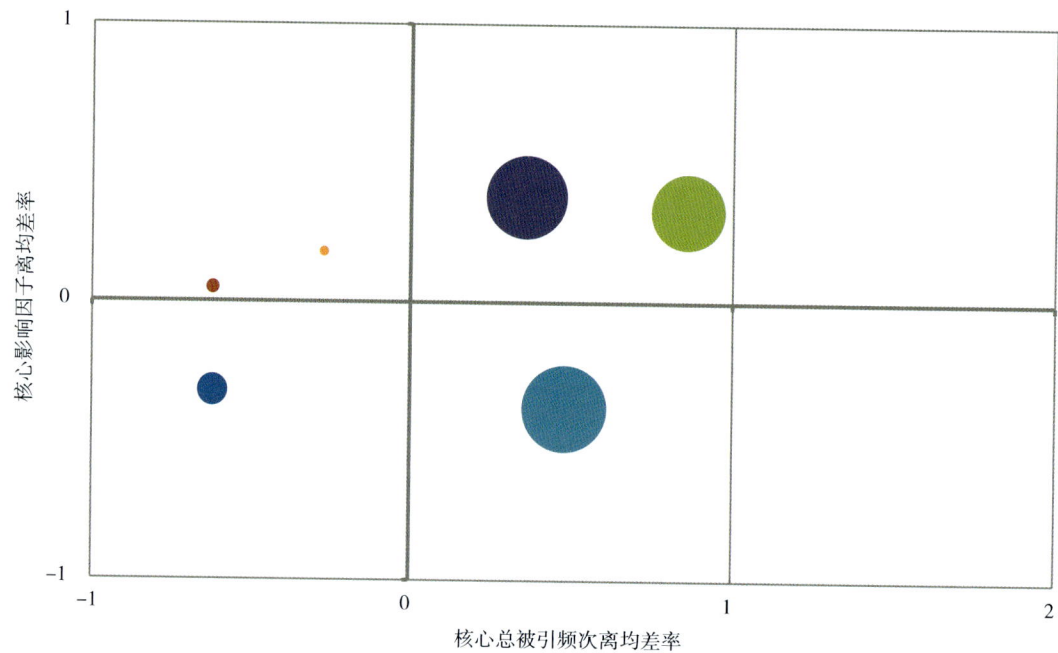

2012年植物保护学类期刊核心总被引频次和核心影响因子离均差率的分布图（节点大小表示综合评价总分）

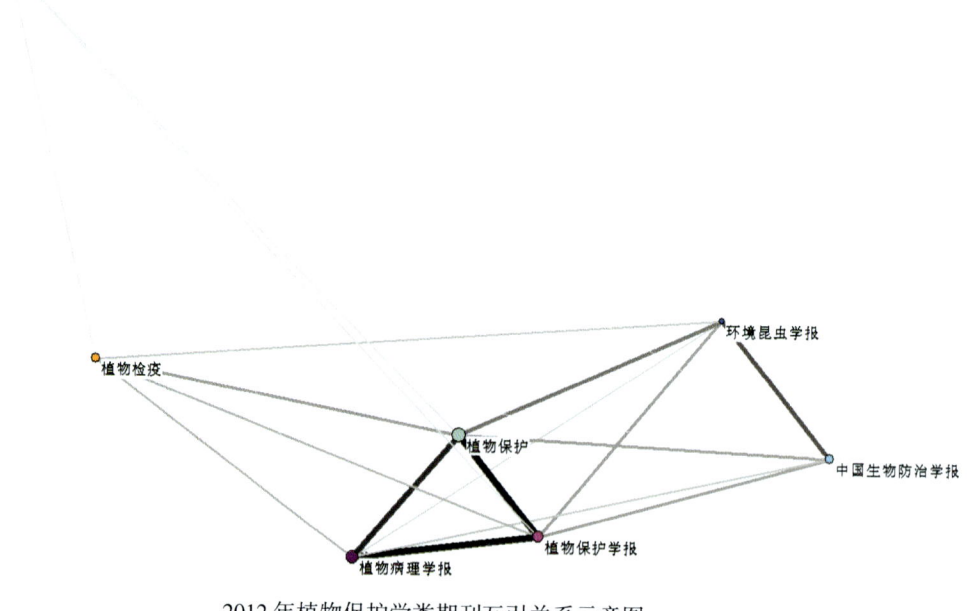

2012年植物保护学类期刊互引关系示意图

表 7-27　2012 年植物保护学类期刊主要指标

CODE	刊 名	核心总被引频次			核心影响因子			综合评价总分		学科扩散指标	学科影响指标
		数值	排名	离均差率	数值	排名	离均差率	数值	排名		
H049	环境昆虫学报	349	6	-0.62	0.424	5	-0.24	31.6	5	12.86	0.71
H989	杂草科学	343	7	-0.62	0.380	6	-0.32	13.9	6	13.00	0.86
H577	植物保护	1686	1	0.86	0.589	4	0.05	74.8	3	28.29	1.00
H014	植物保护学报	1235	3	0.36	0.742	2	0.33	81.7	2	23.86	1.00
H052	植物病理学报	1345	2	0.48	0.770	1	0.38	85.0	1	26.00	0.86
H584	植物检疫	667	5	-0.27	0.350	7	-0.38	9.8	7	14.86	1.00
H044	中国生物防治学报	732	4	-0.19	0.663	3	0.18	60.6	4	21.00	0.86
	7 种期刊平均值	908			0.560						

林学类

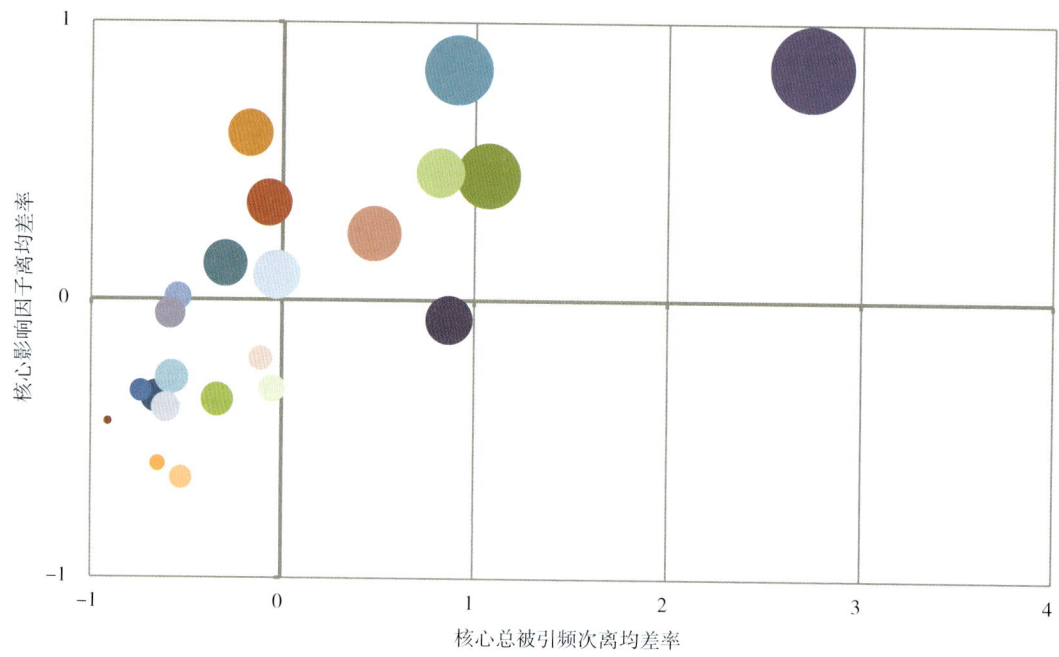

2012年林学类期刊核心总被引频次和核心影响因子离均差率的分布图（节点大小表示综合评价总分）

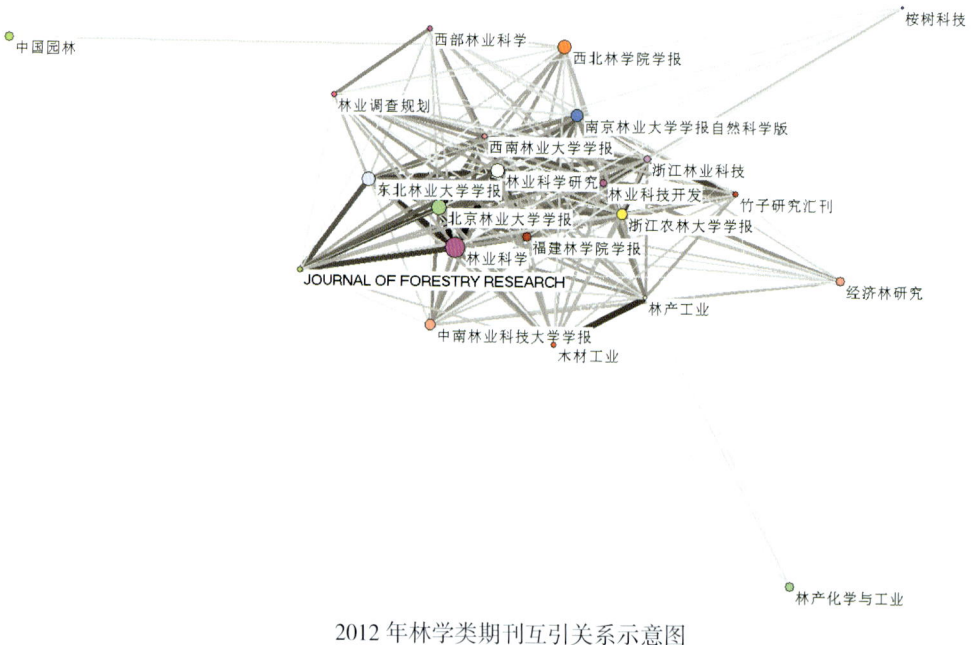

2012年林学类期刊互引关系示意图

表 7-28 2012 年林学类期刊主要指标

CODE	刊名	核心总被引频次 数值	排名	离均差率	核心影响因子 数值	排名	离均差率	综合评价总分 数值	排名	学科扩散指标	学科影响指标
I018	JOURNAL OF FORESTRY RESEARCH	343	20	-0.66	0.315	17	-0.35	35.3	13	6.05	0.86
H340	桉树科技	86	22	-0.91	0.271	20	-0.44	9.1	22	1.27	0.59
H025	北京林业大学学报	2058	2	1.07	0.698	5	0.45	70.1	3	14.27	0.95
H262	东北林业大学学报	1863	4	0.87	0.451	12	-0.07	52.1	7	15.95	1.00
H051	福建林学院学报	697	12	-0.30	0.544	8	0.13	50.0	10	7.36	1.00
H266	经济林研究	829	11	-0.17	0.773	3	0.60	50.8	8	6.23	0.82
U037	林产工业	257	21	-0.74	0.326	16	-0.33	24.3	20	3.00	0.77
T017	林产化学与工业	928	9	-0.07	0.654	6	0.35	50.4	9	11.32	0.86
H740	林业科技开发	658	13	-0.34	0.307	18	-0.36	36.6	12	6.68	0.95
H280	林业科学	3722	1	2.74	0.889	1	0.84	92.8	1	14.86	1.00
H281	林业科学研究	1902	3	0.91	0.886	2	0.83	75.2	2	10.27	1.00
H102	林业调查规划	349	19	-0.65	0.198	21	-0.59	17.2	21	5.05	0.73
U533	木材工业	443	15	-0.55	0.489	10	0.01	29.8	16	3.91	0.86
H033	南京林业大学学报自然科学版	1470	6	0.48	0.601	7	0.24	59.8	4	13.50	0.95
H224	西北林学院学报	1810	5	0.82	0.706	4	0.46	53.4	5	11.73	0.91
H385	西部林业科学	409	17	-0.59	0.458	11	-0.05	33.7	14	4.27	0.77
H270	西南林业大学学报	419	16	-0.58	0.348	14	-0.28	37.1	11	6.18	0.91
H277	浙江林业科技	468	14	-0.53	0.173	22	-0.64	24.9	19	5.77	0.95
H019	浙江农林大学学报	963	7	-0.03	0.528	9	0.09	52.2	6	9.59	0.91
V039	中国园林	890	10	-0.11	0.381	13	-0.21	26.9	18	6.55	0.64
H053	中南林业科技大学学报	949	8	-0.05	0.329	15	-0.32	29.7	17	9.14	0.86
H026	竹子研究汇刊	386	18	-0.61	0.294	19	-0.39	32.2	15	3.73	0.86
	22 种期刊平均值	995			0.483						

畜牧、兽医科学类

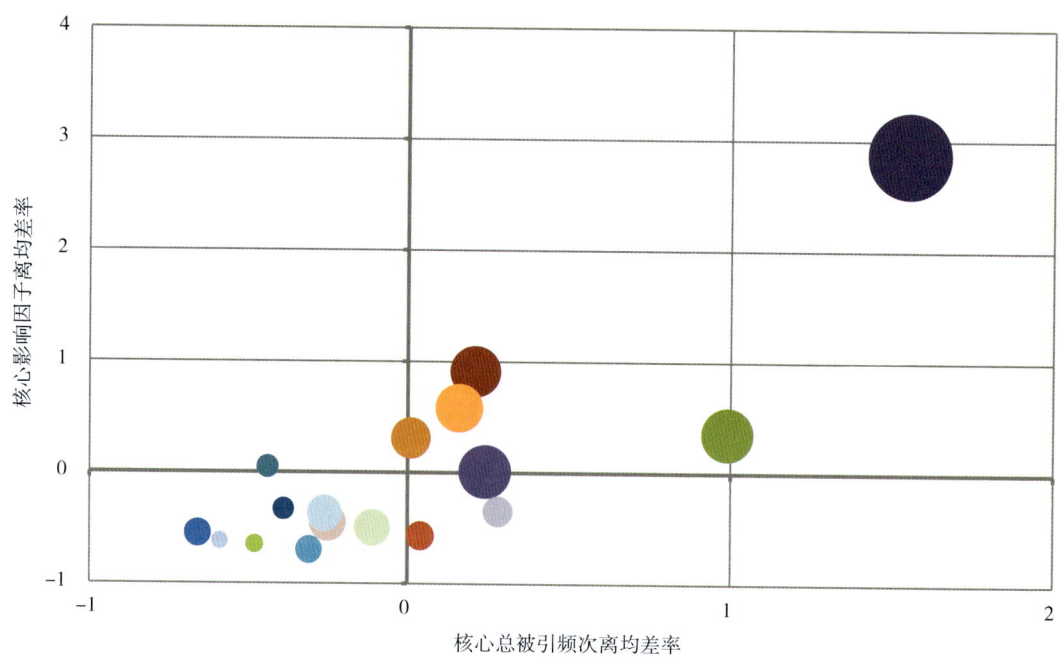

2012年畜牧、兽医科学类期刊核心总被引频次和核心影响因子离均差率的分布图（节点大小表示综合评价总分）

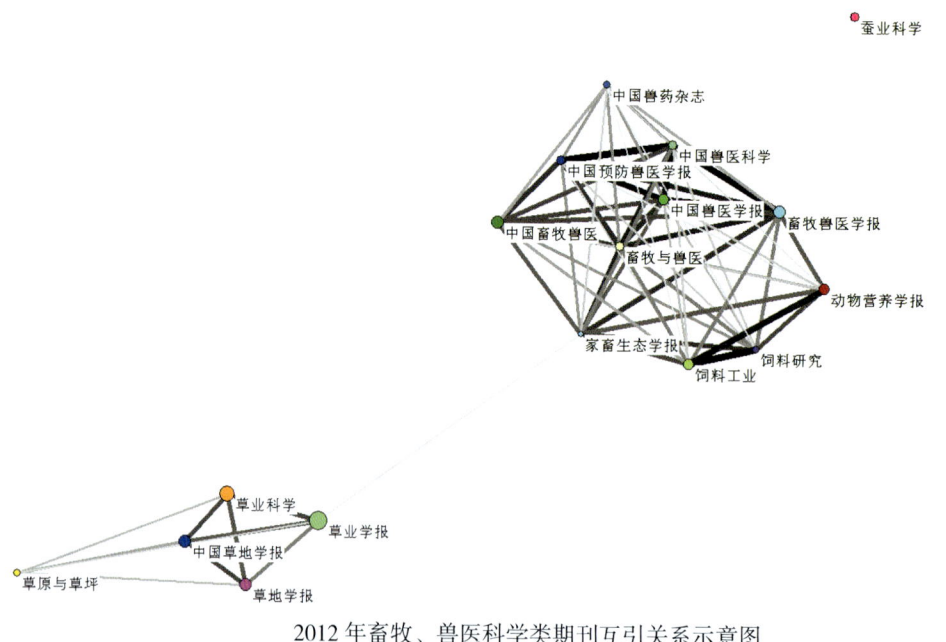

2012年畜牧、兽医科学类期刊互引关系示意图

表7-29 2012年畜牧、兽医科学类期刊主要指标

CODE	刊 名	核心总被引频次			核心影响因子			综合评价总分		学科扩散指标	学科影响指标
		数值	排名	离均差率	数值	排名	离均差率	数值	排名		
H009	蚕业科学	717	13	-0.39	0.423	8	-0.33	22.8	15	8.41	0.29
H525	草地学报	1412	5	0.21	1.202	2	0.91	51.8	4	10.59	0.59
H234	草业科学	2327	2	0.99	0.849	4	0.35	54.1	2	13.12	0.71
H527	草业学报	2977	1	1.55	2.431	1	2.87	86.8	1	12.00	0.71
H538	草原与草坪	656	14	-0.44	0.657	6	0.05	23.1	14	5.94	0.47
F231	动物营养学报	1177	8	0.01	0.822	5	0.31	41.3	6	7.76	0.94
H240	家畜生态学报	400	17	-0.66	0.285	13	-0.55	28.5	12	6.41	0.82
H862	饲料工业	1210	7	0.04	0.267	14	-0.57	29.4	11	12.41	0.88
H864	饲料研究	612	15	-0.48	0.220	16	-0.65	18.8	16	7.88	0.82
H023	畜牧兽医学报	1445	4	0.24	0.637	7	0.01	53.6	3	11.24	1.00
H218	畜牧与兽医	807	12	-0.31	0.191	17	-0.70	28.2	13	8.94	0.82
H213	中国草地学报	1355	6	0.16	0.992	3	0.58	48.6	5	10.18	0.65
H317	中国兽药杂志	478	16	-0.59	0.240	15	-0.62	17.8	17	9.65	0.71
H326	中国兽医科学	875	10	-0.25	0.343	11	-0.45	38.7	7	10.12	0.88
H225	中国兽医学报	1038	9	-0.11	0.313	12	-0.50	37.6	8	11.18	0.82
H294	中国畜牧兽医	1492	3	0.28	0.411	9	-0.35	31.3	10	12.94	0.88
H099	中国预防兽医学报	861	11	-0.26	0.394	10	-0.37	36.7	9	7.41	0.65
	17种期刊平均值	1167			0.628						

水产学类

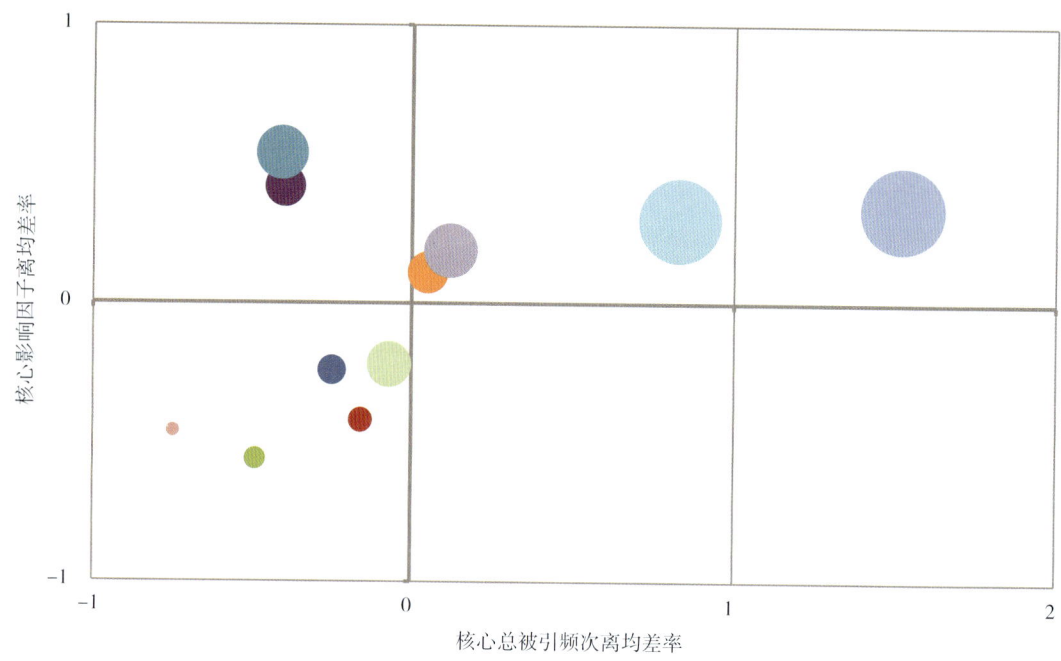

2012年水产学类期刊核心总被引频次和核心影响因子离均差率的分布图（节点大小表示综合评价总分）

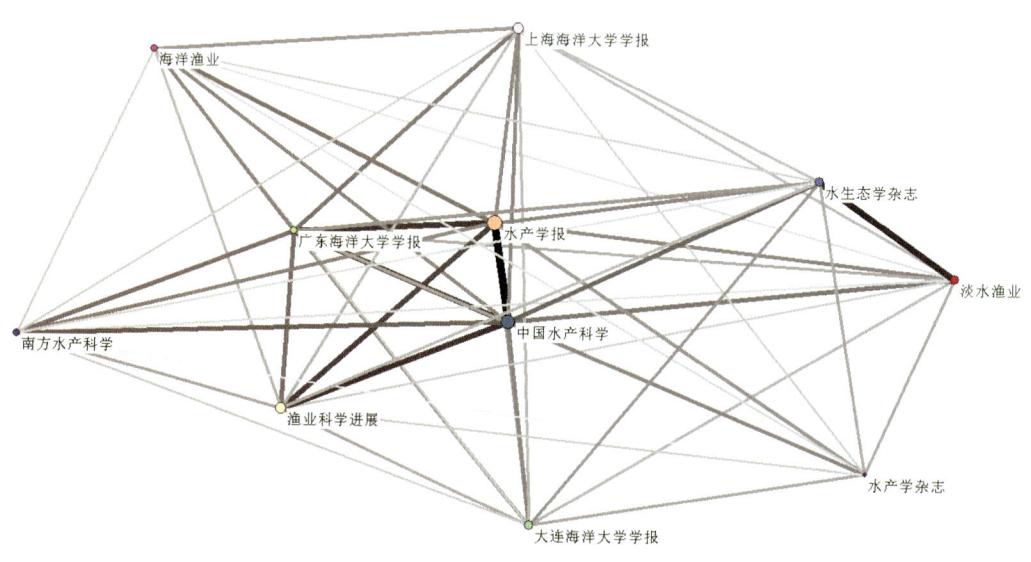

2012年水产学类期刊互引关系示意图

表 7-30 2012 年水产学类期刊主要指标

CODE	刊 名	核心总被引频次			核心影响因子			综合评价总分		学科扩散指标	学科影响指标
		数值	排名	离均差率	数值	排名	离均差率	数值	排名		
H005	大连海洋大学学报	681	7	-0.25	0.533	8	-0.24	29.3	8	11.18	1.00
H040	淡水渔业	764	6	-0.16	0.409	9	-0.42	24.7	9	11.09	1.00
H272	广东海洋大学学报	460	10	-0.49	0.307	11	-0.56	21.8	10	12.45	1.00
H284	海洋渔业	548	8	-0.40	0.993	2	0.42	41.0	7	8.73	1.00
H068	南方水产科学	539	9	-0.41	1.082	1	0.54	52.9	4	10.00	1.00
H292	上海海洋大学学报	952	4	0.05	0.779	6	0.11	41.4	6	14.18	1.00
H008	水产学报	2287	1	1.52	0.941	3	0.34	85.3	1	18.18	1.00
H232	水产学杂志	224	11	-0.75	0.382	10	-0.46	13.3	11	6.00	0.91
H850	水生态学杂志	844	5	-0.07	0.545	7	-0.22	45.5	5	15.64	1.00
H998	渔业科学进展	1016	3	0.12	0.831	5	0.19	54.0	3	13.09	1.00
H290	中国水产科学	1655	2	0.83	0.912	4	0.30	83.7	2	17.27	1.00
	11 种期刊平均值	906			0.701						

医学综合类

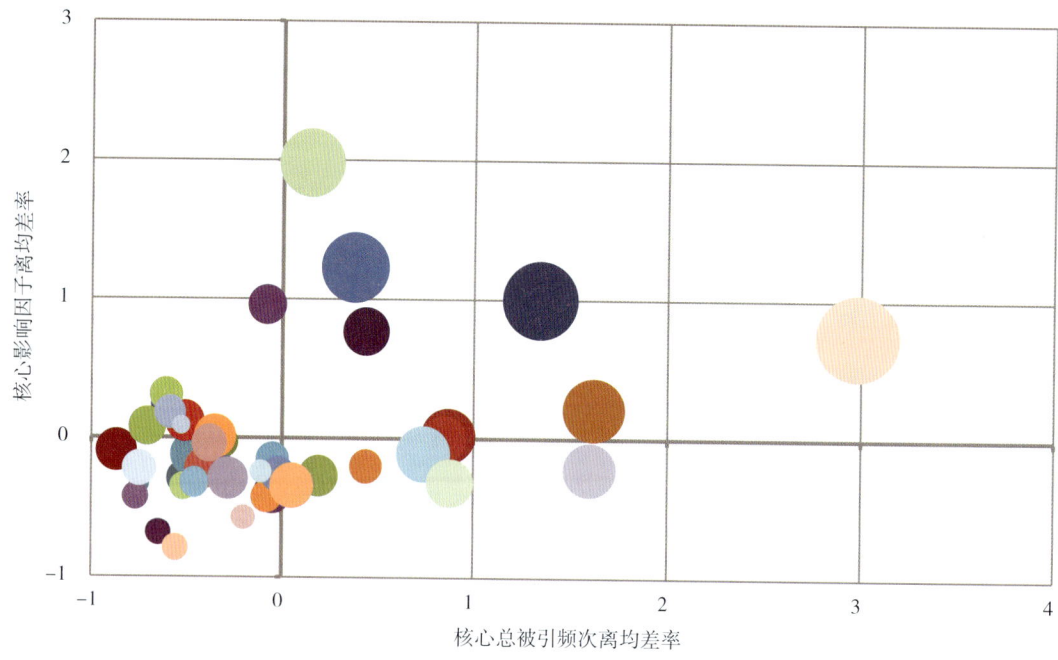

2012年医学综合类期刊核心总被引频次和核心影响因子离均差率的分布图（节点大小表示综合评价总分）

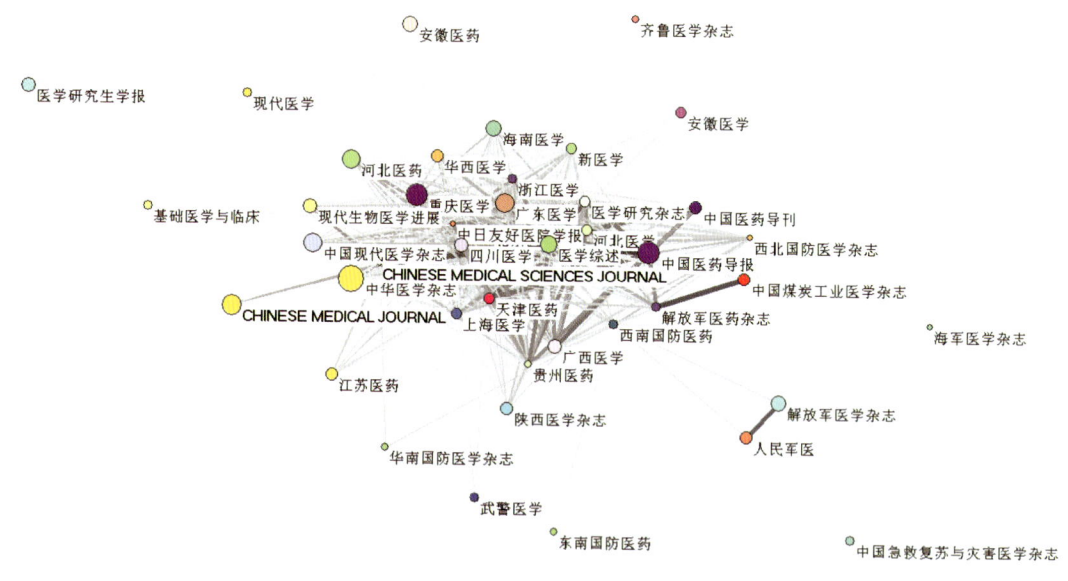

2012年医学综合类期刊互引关系示意图

表 7-31 2012 年医学综合类期刊主要指标

CODE	刊 名	核心总被引频次			核心影响因子			综合评价总分		学科扩散指标	学科影响指标
		数值	排名	离均差率	数值	排名	离均差率	数值	排名		
I201	CHINESE MEDICAL JOURNAL	3910	4	1.34	0.835	3	1.00	67.9	2	15.37	0.98
G126	CHINESE MEDICAL SCIENCES JOURNAL	211	43	-0.87	0.381	19	-0.09	37.0	15	3.26	0.44
G786	安徽医学	1153	24	-0.31	0.405	17	-0.03	28.6	31	7.33	0.77
Q906	安徽医药	2407	9	0.44	0.741	5	0.77	41.8	10	9.77	0.79
G016	北京医学	806	31	-0.52	0.297	31	-0.29	30.0	27	7.88	0.79
G225	重庆医学	4373	2	1.62	0.506	9	0.21	55.0	5	13.56	0.93
G944	东南国防医药	630	37	-0.62	0.519	8	0.24	24.7	35	3.79	0.56
G026	广东医学	3115	6	0.87	0.426	14	0.02	47.8	7	12.84	0.88
G816	广西医学	1979	12	0.19	0.305	30	-0.27	36.1	17	9.91	0.79
G808	贵州医药	580	38	-0.65	0.133	42	-0.68	23.0	39	6.05	0.60
G899	海军医学杂志	425	40	-0.75	0.281	35	-0.33	18.2	42	3.79	0.51
G941	海南医学	2407	9	0.44	0.336	23	-0.20	29.7	28	9.77	0.91
G641	河北医学	1192	23	-0.29	0.314	28	-0.25	28.3	32	7.14	0.79
G898	河北医药	3089	7	0.85	0.417	16	0.00	39.6	11	10.74	0.86
G340	华南国防医学杂志	476	39	-0.71	0.453	13	0.08	33.7	22	4.07	0.65
G294	华西医学	1589	16	-0.05	0.251	38	-0.40	34.2	21	10.44	0.88
G003	基础医学与临床	862	29	-0.48	0.367	21	-0.12	37.1	14	8.40	0.74
G046	江苏医药	1538	18	-0.08	0.243	39	-0.42	27.7	33	9.58	0.81
G048	解放军医学杂志	2297	11	0.38	0.931	2	1.23	61.3	3	11.63	0.95
G671	解放军医药杂志	820	30	-0.51	0.467	11	0.12	36.1	17	4.63	0.53
G759	齐鲁医学杂志	650	36	-0.61	0.549	7	0.31	30.1	26	4.91	0.51
G805	人民军医	1534	19	-0.08	0.818	4	0.96	34.5	20	6.72	0.84
G630	陕西医学杂志	1583	17	-0.05	0.354	22	-0.15	29.6	29	8.72	0.79
G069	上海医学	1087	25	-0.35	0.424	15	0.01	38.3	13	9.00	0.77
G575	四川医学	1637	15	-0.02	0.308	29	-0.26	31.1	24	9.72	0.91
G076	天津医药	990	27	-0.41	0.328	24	-0.22	35.2	19	9.16	0.84
G707	武警医学	806	31	-0.52	0.273	37	-0.35	24.2	36	6.63	0.72
G245	西北国防医学杂志	392	42	-0.77	0.241	40	-0.42	23.8	37	4.84	0.60
G312	西南国防医药	895	28	-0.46	0.283	34	-0.32	26.9	34	7.33	0.79
F250	现代生物医学进展	1754	14	0.05	0.275	36	-0.34	39.1	12	12.70	0.81
G223	现代医学	687	35	-0.59	0.493	10	0.18	28.8	30	5.91	0.65
G721	新医学	1030	26	-0.38	0.400	18	-0.04	32.5	23	7.53	0.74
G281	医学研究生学报	1927	13	0.15	1.246	1	1.98	59.4	4	9.53	0.81
G480	医学研究杂志	1196	22	-0.28	0.296	32	-0.29	36.5	16	10.21	0.72
G860	医学综述	2898	8	0.74	0.372	20	-0.11	48.6	6	13.93	0.93
G810	浙江医学	732	34	-0.56	0.088	43	-0.79	23.7	38	6.93	0.70
G852	中国急救复苏与灾害医学杂志	787	33	-0.53	0.454	12	0.09	16.1	43	2.88	0.60
G582	中国煤炭工业医学杂志	1327	21	-0.20	0.178	41	-0.57	21.8	40	6.44	0.65
G237	中国现代医学杂志	3134	5	0.88	0.284	33	-0.32	42.1	9	14.07	0.91
G644	中国医药导报	4341	3	1.60	0.328	24	-0.22	46.9	8	12.47	0.93

表 7-31 2012 年医学综合类期刊主要指标（续）

CODE	刊 名	核心总被引频次			核心影响因子			综合评价总分		学科扩散指标	学科影响指标
		数值	排名	离均差率	数值	排名	离均差率	数值	排名		
G924	中国医药导刊	1489	20	-0.11	0.316	27	-0.24	19.8	41	6.23	0.79
G176	中华医学杂志	6636	1	2.98	0.729	6	0.74	75.1	1	16.53	0.98
G180	中日友好医院学报	409	41	-0.75	0.326	26	-0.22	30.9	25	5.40	0.63
	43 种期刊平均值	1669			0.418						

医药大学学报类

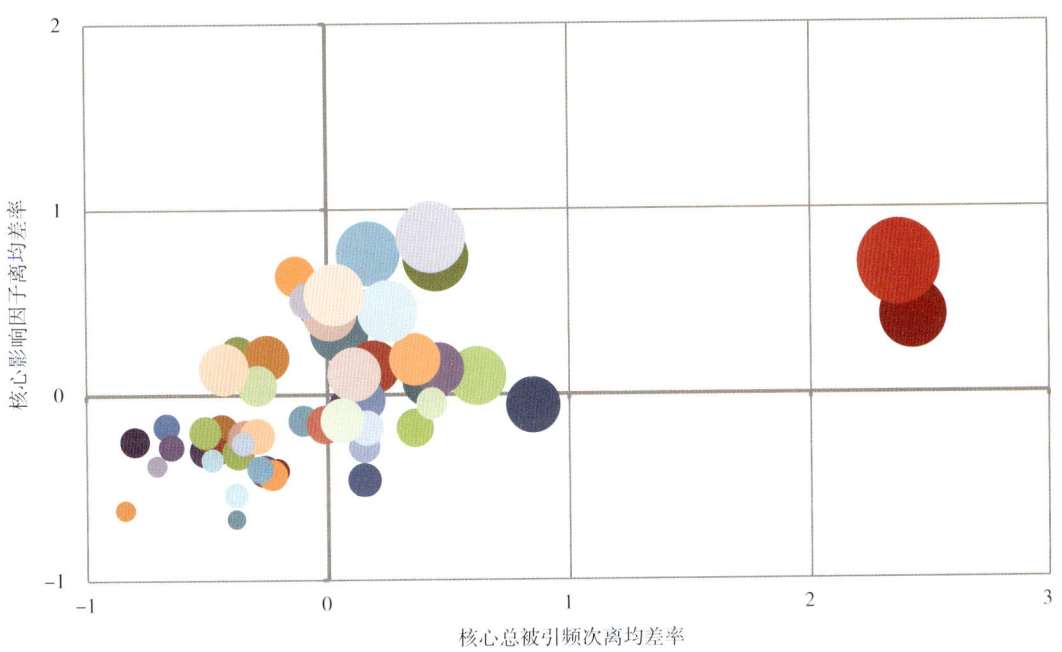

2012年医药大学学报类期刊核心总被引频次和核心影响因子离均差率的分布图（节点大小表示综合评价总分）

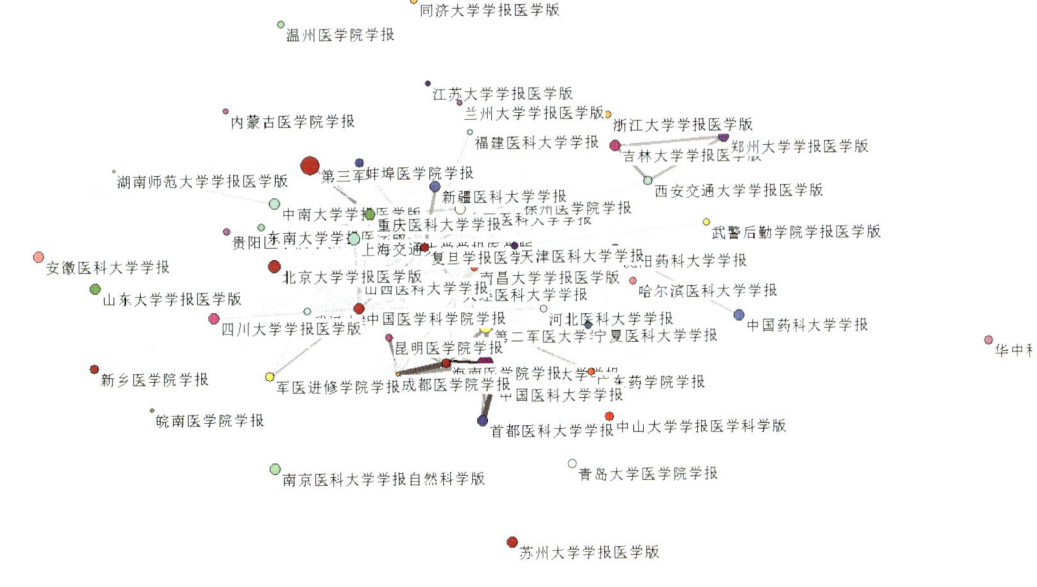

2012年医药大学学报类期刊互引关系示意图

表 7-32 2012 年医药大学学报类期刊主要指标

CODE	刊名	核心总被引频次			核心影响因子			综合评价总分		学科扩散指标	学科影响指标
		数值	排名	离均差率	数值	排名	离均差率	数值	排名		
G012	安徽医科大学学报	990	19	0.15	0.598	9	0.45	43.1	22	6.11	0.54
G741	蚌埠医学院学报	678	31	-0.21	0.243	48	-0.41	25.9	48	4.72	0.30
G002	北京大学学报医学版	1255	6	0.45	0.717	3	0.74	69.4	4	8.83	0.65
G670	成都医学院学报	171	53	-0.80	0.309	38	-0.25	30.4	43	1.76	0.13
G186	重庆医科大学学报	1219	9	0.41	0.438	22	0.07	51.0	17	8.26	0.72
G020	大连医科大学学报	483	45	-0.44	0.328	35	-0.20	37.0	30	4.94	0.41
G005	第二军医大学学报	1600	3	0.85	0.387	27	-0.06	56.9	10	10.24	0.83
G021	第三军医大学学报	2963	1	2.43	0.582	12	0.42	70.8	3	11.59	0.91
G057	东南大学学报医学版	547	40	-0.37	0.500	14	0.22	37.9	27	4.19	0.35
G024	福建医科大学学报	426	49	-0.51	0.287	42	-0.30	32.7	37	4.65	0.33
G068	复旦学报医学版	904	23	0.05	0.552	13	0.34	60.7	8	7.85	0.65
G027	广东药学院学报	650	33	-0.25	0.493	15	0.20	47.1	19	4.70	0.35
G028	广西医科大学学报	993	17	0.15	0.220	51	-0.46	34.6	34	6.85	0.57
G031	贵阳医学院学报	465	46	-0.46	0.287	42	-0.30	28.8	44	4.07	0.35
G033	哈尔滨医科大学学报	547	40	-0.37	0.285	44	-0.31	34.4	35	5.35	0.44
G416	海南医学院学报	928	21	0.08	0.388	26	-0.06	37.2	29	4.78	0.37
G035	河北医科大学学报	532	42	-0.38	0.137	54	-0.67	19.8	54	5.11	0.31
G548	湖南师范大学学报医学版	134	54	-0.84	0.155	53	-0.62	21.0	53	1.78	0.11
G077	华中科技大学学报医学版	848	27	-0.02	0.607	8	0.48	49.8	18	6.61	0.54
G014	吉林大学学报医学版	1027	13	0.19	0.472	17	0.15	54.5	13	7.07	0.54
G453	江苏大学学报医学版	427	48	-0.51	0.330	34	-0.20	33.5	36	4.50	0.24
G047	南昌大学学报医学版	641	34	-0.26	0.242	49	-0.41	32.7	37	5.13	0.41
G187	军医进修学院学报	776	29	-0.10	0.354	28	-0.14	31.8	41	5.91	0.46
G053	昆明医学院学报	661	32	-0.23	0.233	50	-0.43	31.5	42	5.24	0.44
G395	兰州大学学报医学版	285	51	-0.67	0.340	31	-0.17	27.7	45	3.17	0.28
G023	南方医科大学学报	2908	2	2.37	0.697	4	0.70	87.9	1	11.70	0.93
G058	南京医科大学学报自然科学版	1176	10	0.36	0.338	33	-0.18	39.3	25	7.48	0.63
G513	内蒙古医学院学报	299	50	-0.65	0.295	40	-0.28	26.7	47	2.94	0.24
G665	宁夏医科大学学报	621	35	-0.28	0.247	47	-0.40	27.5	46	5.30	0.39
G061	青岛大学医学院学报	747	30	-0.13	0.672	5	0.64	41.6	23	4.76	0.31
G062	山东大学学报医学版	996	16	0.15	0.399	24	-0.03	44.1	21	7.39	0.59
G064	山西医科大学学报	852	26	-0.01	0.347	30	-0.16	39.0	26	7.09	0.50
G066	上海交通大学学报医学版	1396	4	0.62	0.454	21	0.10	60.2	9	8.83	0.69
G071	沈阳药科大学学报	1256	5	0.46	0.468	18	0.14	53.3	15	5.28	0.43
G073	首都医科大学学报	1007	14	0.17	0.722	2	0.76	66.0	5	6.46	0.59
G045	四川大学学报医学版	1171	11	0.36	0.490	16	0.19	53.6	14	8.59	0.72
G074	苏州大学学报医学版	991	18	0.15	0.295	40	-0.28	32.3	40	7.07	0.57
G508	天津医科大学学报	571	38	-0.34	0.317	37	-0.23	36.5	31	5.37	0.50
G965	同济大学学报医学版	612	37	-0.29	0.433	23	0.05	41.2	24	5.72	0.50
G996	皖南医学院学报	251	52	-0.71	0.254	46	-0.38	21.3	52	2.72	0.24

表7-32 2012年医药大学学报类期刊主要指标（续）

CODE	刊 名	核心总被引频次			核心影响因子			综合评价总分		学科扩散指标	学科影响指标
		数值	排名	离均差率	数值	排名	离均差率	数值	排名		
G702	温州医学院学报	448	47	-0.48	0.269	45	-0.35	23.8	50	4.30	0.37
G038	武汉大学学报医学版	614	36	-0.29	0.322	36	-0.22	36.4	32	5.81	0.35
G771	武警后勤学院学报医学版	564	39	-0.35	0.306	39	-0.26	23.8	50	4.37	0.41
G081	西安交通大学学报医学版	873	25	0.01	0.592	11	0.44	56.0	11	7.07	0.63
G980	新疆医科大学学报	1236	7	0.43	0.390	25	-0.05	32.6	39	7.04	0.48
G328	新乡医学院学报	790	28	-0.08	0.621	7	0.51	37.8	28	3.98	0.35
G565	徐州医学院学报	532	42	-0.38	0.191	52	-0.54	25.8	49	4.70	0.44
G091	浙江大学学报医学版	494	44	-0.43	0.467	19	0.14	53.1	16	5.56	0.41
G036	郑州大学学报医学版	998	15	0.16	0.339	32	-0.18	35.5	33	6.89	0.59
G120	中国药科大学学报	958	20	0.11	0.458	20	0.11	55.2	12	5.24	0.44
G123	中国医科大学学报	917	22	0.06	0.353	29	-0.14	45.3	20	7.02	0.59
G125	中国医学科学院学报	1234	8	0.43	0.761	1	0.85	73.2	2	8.80	0.59
G039	中南大学学报医学版	1076	12	0.25	0.598	9	0.45	62.7	6	8.33	0.70
G181	中山大学学报医学科学版	887	24	0.03	0.631	6	0.54	62.6	7	7.26	0.65
	54种期刊平均值	863			0.411						

基础医学类

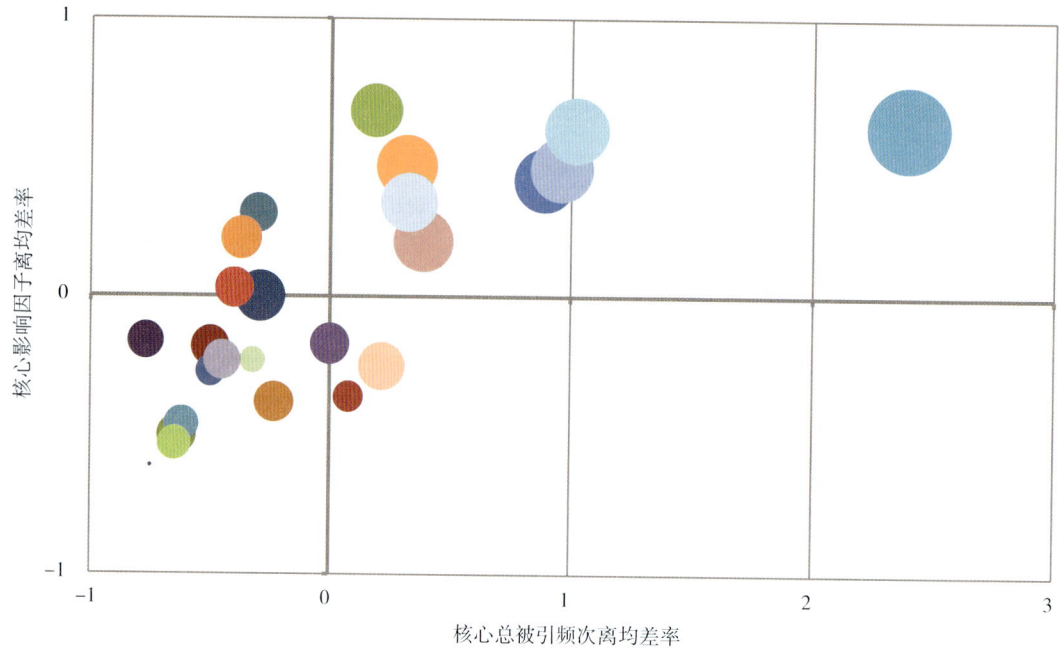

2012年基础医学类期刊核心总被引频次和核心影响因子离均差率的分布图（节点大小表示综合评价总分）

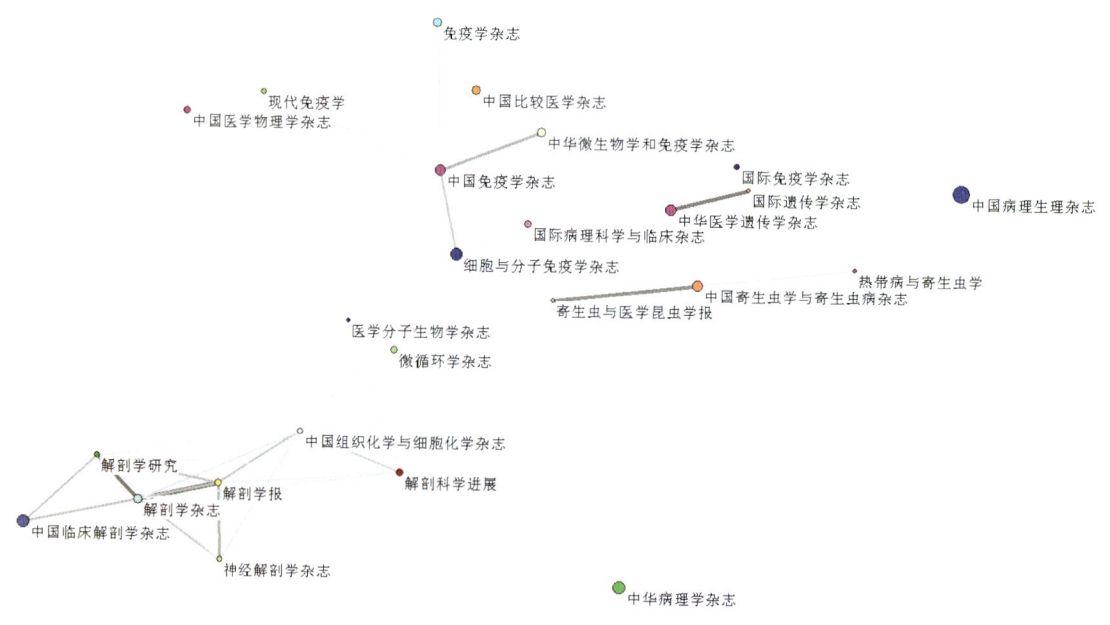

2012年基础医学类期刊互引关系示意图

表 7-33　2012 年基础医学类期刊主要指标

CODE	刊 名	核心总被引频次			核心影响因子			综合评价总分		学科扩散指标	学科影响指标
		数值	排名	离均差率	数值	排名	离均差率	数值	排名		
G350	国际病理科学与临床杂志	514	13	-0.29	0.424	12	0.00	49.5	9	10.64	0.32
G983	国际免疫学杂志	365	19	-0.50	0.347	15	-0.18	39.6	13	6.96	0.32
G984	国际遗传学杂志	258	22	-0.64	0.209	23	-0.50	38.9	16	6.76	0.24
G292	寄生虫与医学昆虫学报	163	25	-0.77	0.356	13	-0.16	36.4	19	2.48	0.16
G507	解剖科学进展	504	14	-0.30	0.549	8	0.30	38.0	18	8.52	0.48
G049	解剖学报	556	12	-0.23	0.260	21	-0.38	39.5	14	10.04	0.40
G358	解剖学研究	365	19	-0.50	0.310	19	-0.27	30.4	23	6.88	0.44
G050	解剖学杂志	782	10	0.08	0.271	20	-0.36	30.9	22	10.48	0.56
G056	免疫学杂志	859	9	0.19	0.703	1	0.67	52.4	8	11.32	0.52
G448	热带病与寄生虫学	183	24	-0.75	0.163	25	-0.61	4.1	25	1.64	0.12
G070	神经解剖学杂志	275	21	-0.62	0.226	22	-0.46	34.2	20	5.40	0.36
G210	微循环学杂志	457	16	-0.37	0.512	9	0.21	41.3	11	8.12	0.36
G188	细胞与分子免疫学杂志	1367	4	0.89	0.598	6	0.42	62.0	4	17.00	0.64
G067	现代免疫学	434	17	-0.40	0.435	11	0.03	39.2	15	7.84	0.40
G333	医学分子生物学杂志	256	23	-0.65	0.199	24	-0.53	33.2	21	6.44	0.24
F048	中国比较医学杂志	725	11	0.00	0.352	14	-0.17	40.2	12	11.56	0.36
G096	中国病理生理杂志	2454	1	2.39	0.679	2	0.61	83.8	1	20.80	0.76
G105	中国寄生虫学与寄生虫病杂志	951	7	0.32	0.619	4	0.47	60.5	5	6.44	0.32
G108	中国临床解剖学杂志	1419	3	0.96	0.617	5	0.46	63.2	3	10.88	0.24
G111	中国免疫学杂志	1008	5	0.39	0.505	10	0.20	59.8	6	14.56	0.52
G622	中国医学物理学杂志	491	15	-0.32	0.326	16	-0.23	25.9	24	7.76	0.12
G134	中国组织化学与细胞化学杂志	398	18	-0.45	0.326	16	-0.23	38.3	17	8.08	0.52
G135	中华病理学杂志	1457	2	1.02	0.675	3	0.60	64.5	2	12.96	0.56
G165	中华微生物学和免疫学杂志	884	8	0.22	0.315	18	-0.25	46.7	10	12.20	0.36
G175	中华医学遗传学杂志	960	6	0.33	0.564	7	0.34	56.9	7	11.16	0.40
	25 种期刊平均值	723			0.422						

药理学类

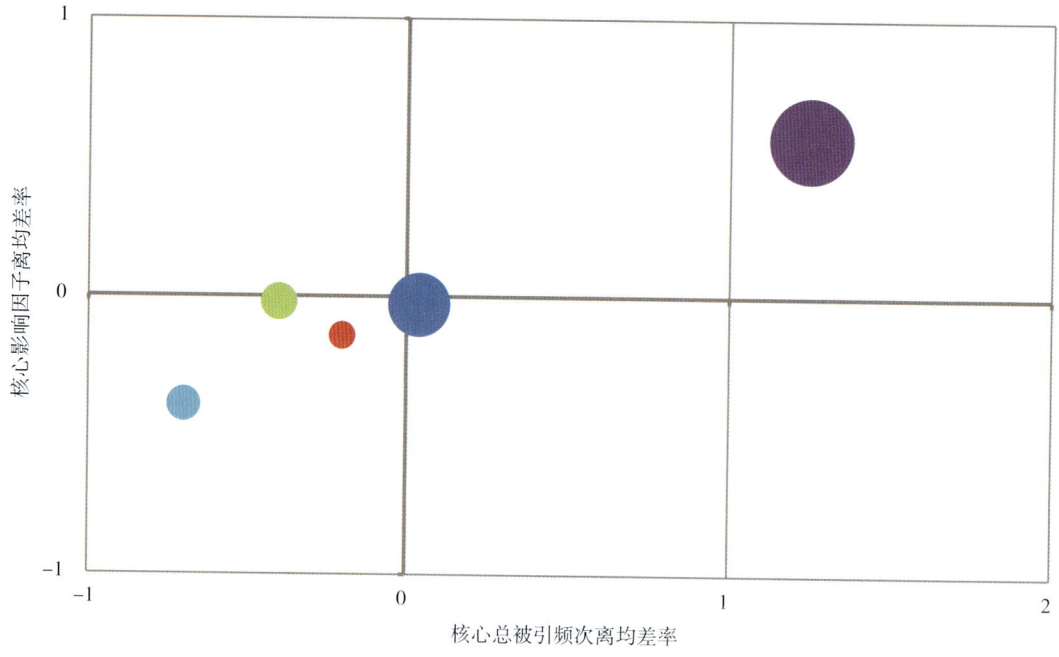

2012年药理学类期刊核心总被引频次和核心影响因子离均差率的分布图（节点大小表示综合评价总分）

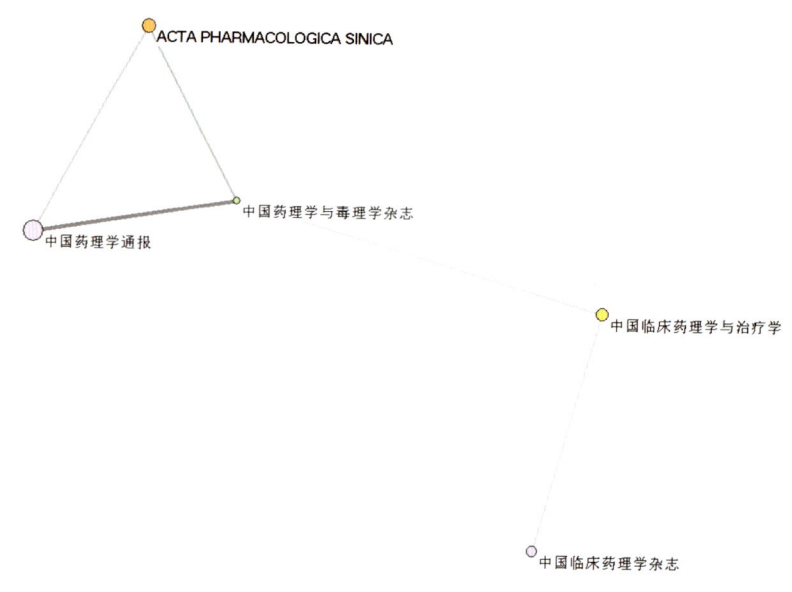

2012年药理学类期刊互引关系示意图

表 7-34　2012年药理学类期刊主要指标

CODE	刊 名	核心总被引频次			核心影响因子			综合评价总分		学科扩散指标	学科影响指标
		数值	排名	离均差率	数值	排名	离均差率	数值	排名		
G001	ACTA PHARMACOLOGICA SINICA	1636	2	0.04	0.630	3	-0.03	54.9	2	94.80	1.00
G870	中国临床药理学与治疗学	1263	3	-0.20	0.555	4	-0.14	24.0	5	72.80	1.00
G109	中国临床药理学杂志	947	4	-0.40	0.637	2	-0.02	31.8	3	60.60	1.00
G121	中国药理学通报	3533	1	1.25	1.019	1	0.57	74.3	1	111.60	1.00
G122	中国药理学与毒理学杂志	467	5	-0.70	0.396	5	-0.39	30.4	4	40.40	0.80
	5种期刊平均值	1569			0.647						

临床医学综合类

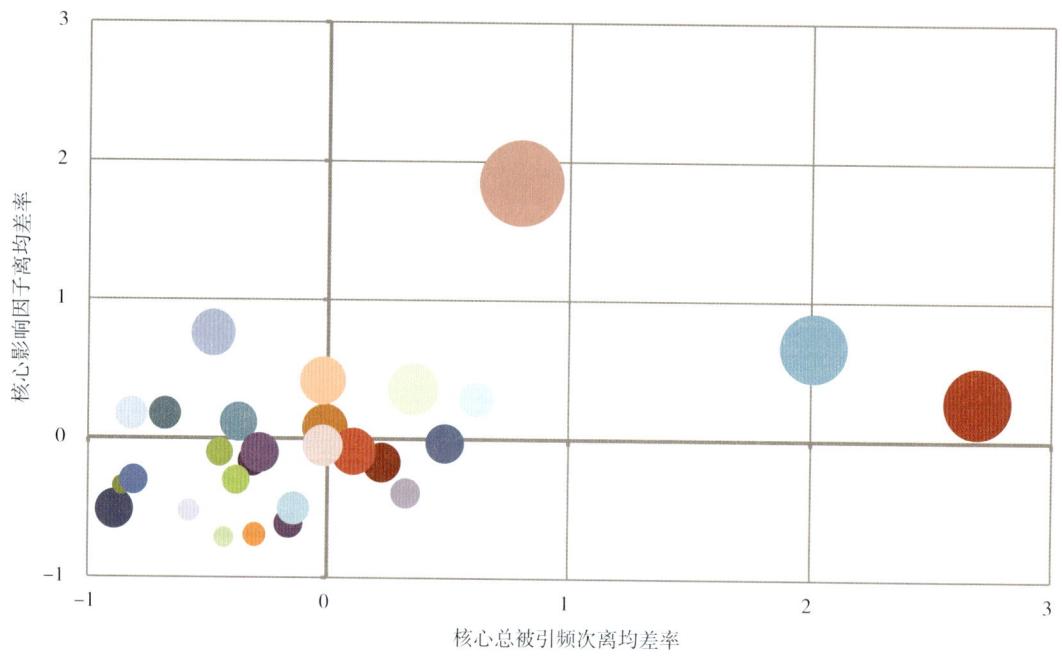

2012年临床医学综合类期刊核心总被引频次和核心影响因子离均差率的分布图（节点大小表示综合评价总分）

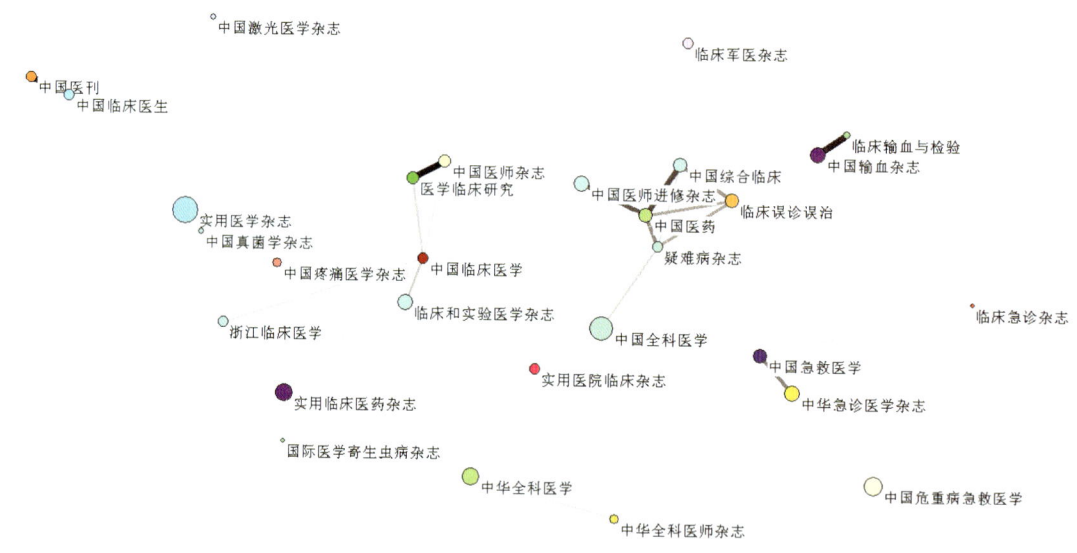

2012年临床医学综合类期刊互引关系示意图

表 7-35 2012 年临床医学综合类期刊主要指标

CODE	刊 名	核心总被引频次			核心影响因子			综合评价总分		学科扩散指标	学科影响指标
		数值	排名	离均差率	数值	排名	离均差率	数值	排名		
G499	国际医学寄生虫病杂志	191	29	-0.89	0.254	25	-0.51	34.4	13	2.52	0.14
G664	临床和实验医学杂志	2101	9	0.23	0.429	19	-0.17	34.5	11	14.86	0.76
G345	临床急诊杂志	236	28	-0.86	0.341	22	-0.34	16.5	29	3.90	0.62
G881	临床军医杂志	1172	18	-0.31	0.434	18	-0.16	26.7	20	11.93	0.69
G797	临床输血与检验	555	25	-0.68	0.605	10	0.18	28.6	18	4.21	0.38
G942	临床误诊误治	1690	11	-0.01	0.557	12	0.08	41.2	6	10.55	0.69
Q919	实用临床医药杂志	2554	5	0.49	0.499	13	-0.03	34.5	11	12.72	0.72
G324	实用医学杂志	6304	1	2.69	0.657	8	0.28	62.0	2	21.55	0.86
G760	实用医院临床杂志	945	22	-0.45	0.461	16	-0.10	24.8	25	10.34	0.79
G545	医学临床研究	1441	15	-0.16	0.201	27	-0.61	25.4	23	13.72	0.79
G455	疑难病杂志	1072	19	-0.37	0.575	11	0.12	34.1	15	8.28	0.62
G433	浙江临床医学	1191	17	-0.30	0.159	28	-0.69	21.0	26	11.79	0.69
R013	中国激光医学杂志	322	26	-0.81	0.360	20	-0.30	25.8	22	4.00	0.38
G241	中国急救医学	1890	10	0.11	0.470	15	-0.09	41.2	6	12.21	0.86
G814	中国临床医生	1053	20	-0.38	0.360	20	-0.30	25.2	24	10.59	0.86
G974	中国临床医学	1236	16	-0.28	0.461	16	-0.10	34.7	10	13.48	0.86
G776	中国全科医学	5146	2	2.01	0.857	3	0.67	60.5	3	17.69	0.90
G796	中国输血杂志	2325	7	0.36	0.709	5	0.38	34.3	14	7.90	0.55
G521	中国疼痛医学杂志	884	23	-0.48	0.904	2	0.76	40.6	8	9.03	0.66
G116	中国危重病急救医学	3078	3	0.80	1.465	1	1.85	75.2	1	13.03	0.86
G809	中国医刊	971	21	-0.43	0.149	29	-0.71	18.4	28	10.41	0.72
G306	中国医师进修杂志	2278	8	0.33	0.315	23	-0.39	26.4	21	12.31	0.90
G313	中国医师杂志	1470	14	-0.14	0.259	24	-0.50	28.5	19	13.31	0.79
G519	中国医药	1681	12	-0.02	0.731	4	0.42	41.6	5	7.24	0.66
H067	中国真菌学杂志	306	27	-0.82	0.607	9	0.18	29.0	17	3.72	0.24
G667	中国综合临床	1673	13	-0.02	0.487	14	-0.05	36.3	9	11.66	0.76
G555	中华急诊医学杂志	2327	6	0.36	0.697	6	0.36	45.5	4	12.38	0.79
G526	中华全科医师杂志	719	24	-0.58	0.248	26	-0.52	19.8	27	8.62	0.59
G515	中华全科医学	2778	4	0.62	0.665	7	0.29	30.8	16	13.17	0.86
	29 种期刊平均值	1710			0.514						

临床诊断学类

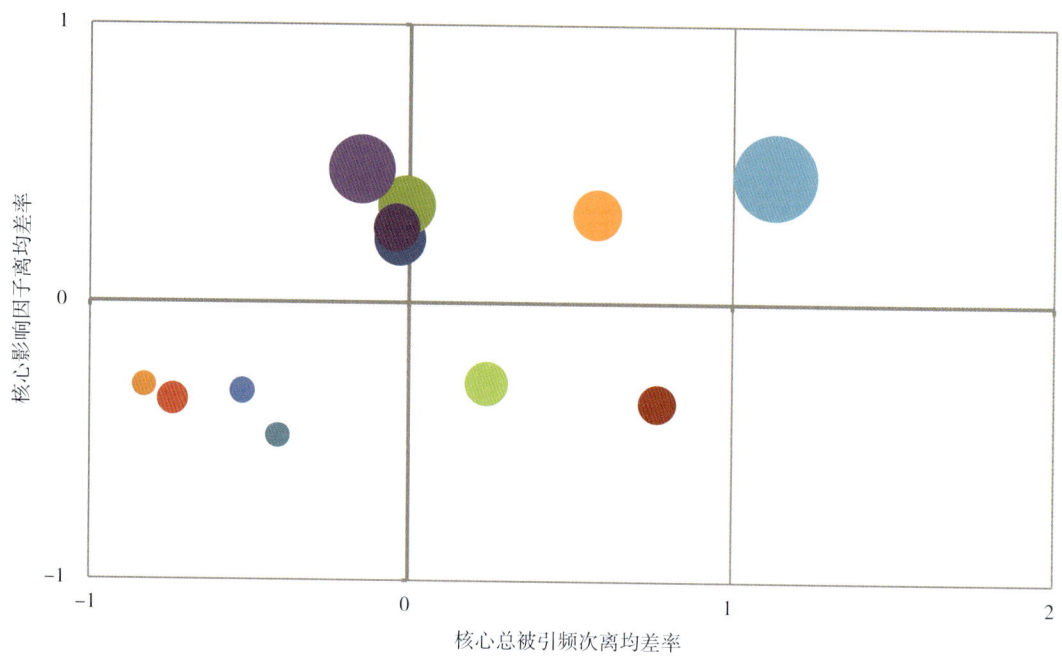

2012年临床诊断学类期刊核心总被引频次和核心影响因子离均差率的分布图（节点大小表示综合评价总分）

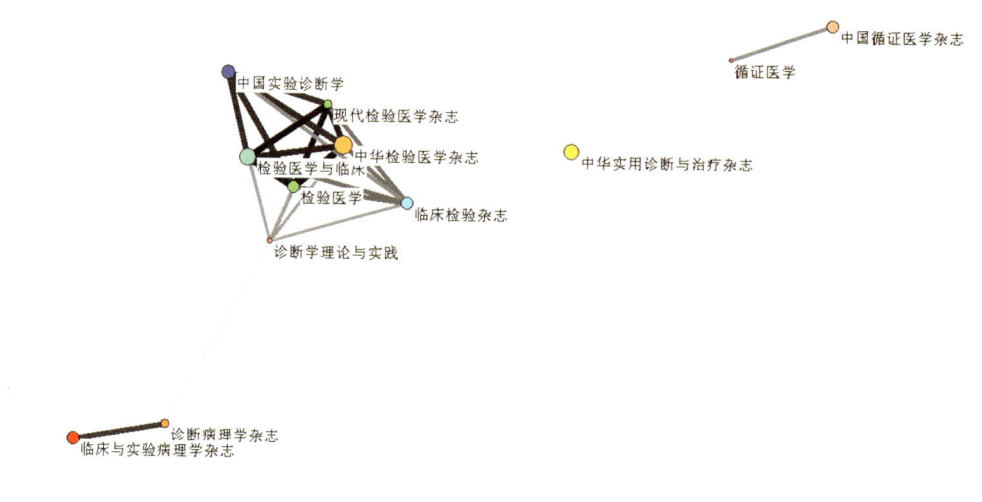

2012年临床诊断学类期刊互引关系示意图

表 7-36 2012年临床诊断学类期刊主要指标

CODE	刊 名	核心总被引频次			核心影响因子			综合评价总分		学科扩散指标	学科影响指标
		数值	排名	离均差率	数值	排名	离均差率	数值	排名		
G638	检验医学	1435	6	-0.03	0.714	6	0.23	57.0	4	25.58	0.75
G477	检验医学与临床	2620	2	0.77	0.371	11	-0.36	41.8	8	32.25	0.75
G204	临床检验杂志	1468	5	-0.01	0.785	3	0.35	63.3	3	24.33	0.75
G274	临床与实验病理学杂志	1413	7	-0.04	0.738	5	0.27	51.1	6	24.50	0.58
G653	现代检验医学杂志	873	9	-0.41	0.302	12	-0.48	26.7	11	18.42	0.67
G627	循证医学	253	12	-0.83	0.406	8	-0.30	26.7	11	13.33	0.75
G259	诊断病理学杂志	703	10	-0.52	0.394	9	-0.32	28.2	10	18.08	0.67
G615	诊断学理论与实践	386	11	-0.74	0.380	10	-0.35	34.6	9	18.25	0.83
G853	中国实验诊断学	1832	4	0.24	0.415	7	-0.29	47.2	7	36.58	0.83
G396	中国循证医学杂志	1253	8	-0.15	0.859	1	0.48	73.6	2	29.42	0.42
G174	中华检验医学杂志	3152	1	1.13	0.851	2	0.46	92.1	1	34.50	1.00
G367	中华实用诊断与治疗杂志	2335	3	0.58	0.768	4	0.32	53.9	5	30.42	0.75
	12 种期刊平均值	1477			0.582						

保健医学类

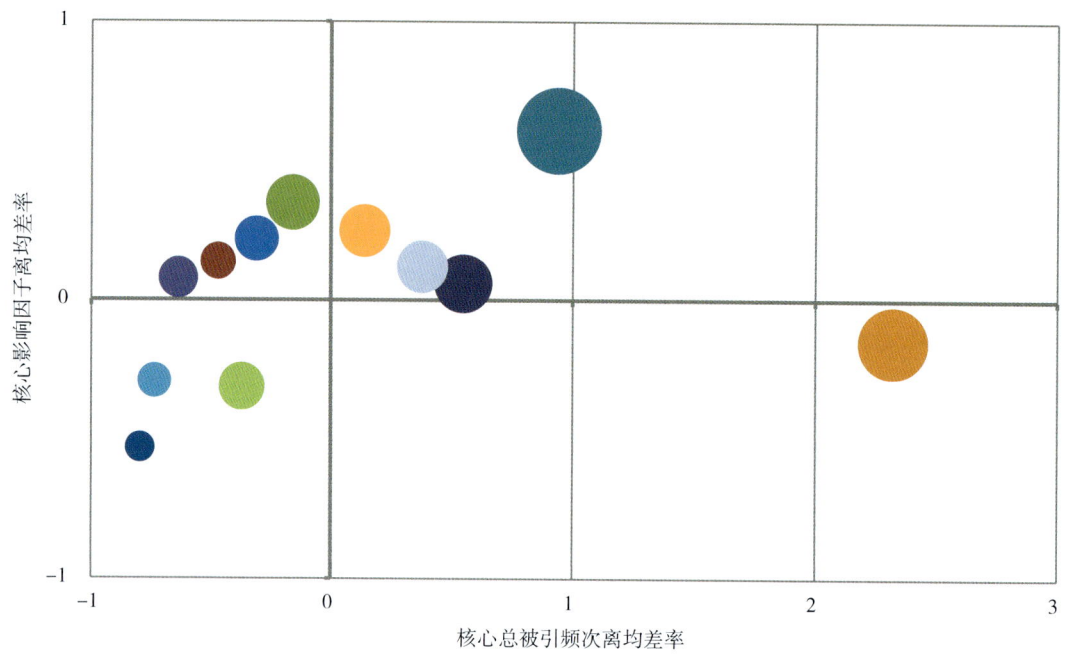

2012年保健医学类期刊核心总被引频次和核心影响因子离均差率的分布图（节点大小表示综合评价总分）

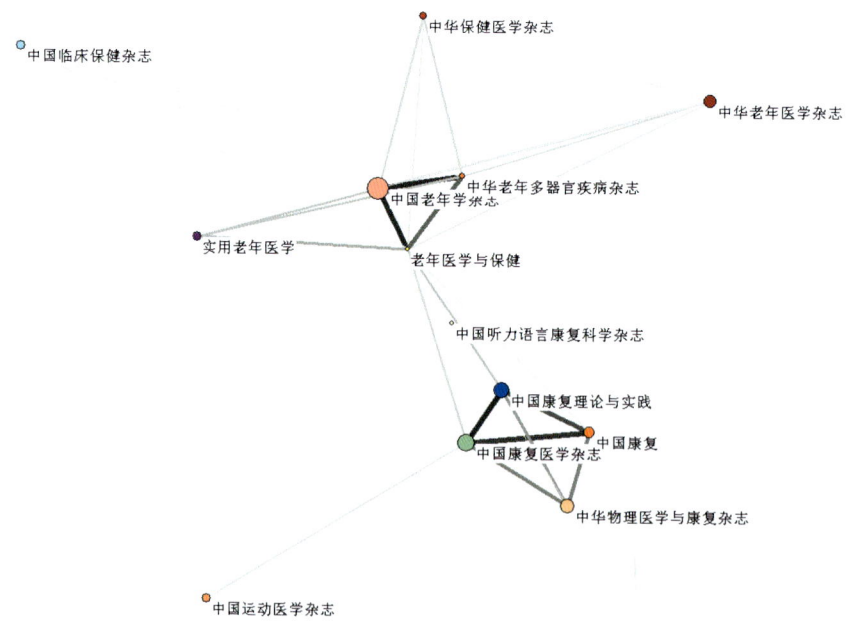

2012年保健医学类期刊互引关系示意图

表 7-37 2012年保健医学类主要指标

CODE	刊 名	核心总被引频次			核心影响因子			综合评价总分		学科扩散指标	学科影响指标
		数值	排名	离均差率	数值	排名	离均差率	数值	排名		
G628	老年医学与保健	257	12	-0.80	0.219	12	-0.53	25.4	12	11.08	0.62
G700	实用老年医学	694	9	-0.47	0.537	5	0.14	31.1	10	17.38	0.85
G323	中国康复	1097	6	-0.16	0.633	2	0.35	46.0	4	17.38	0.85
G400	中国康复理论与实践	2027	3	0.55	0.495	8	0.06	48.8	3	27.77	1.00
G106	中国康复医学杂志	2527	2	0.94	0.757	1	0.61	71.9	1	26.69	1.00
G247	中国老年学杂志	4324	1	2.32	0.399	9	-0.15	59.8	2	44.46	0.92
G447	中国临床保健杂志	902	7	-0.31	0.572	4	0.22	37.3	8	16.85	0.77
G437	中国听力语言康复科学杂志	215	13	-0.84	0.208	13	-0.56	0.6	13	4.00	0.15
G131	中国运动医学杂志	825	8	-0.37	0.325	11	-0.31	39.6	7	18.15	0.62
G502	中华保健医学杂志	467	10	-0.64	0.505	7	0.08	34.6	9	15.62	0.54
G639	中华老年多器官疾病杂志	336	11	-0.74	0.331	10	-0.29	28.9	11	13.92	0.46
G150	中华老年医学杂志	1486	5	0.14	0.585	3	0.25	43.8	5	28.08	0.92
G166	中华物理医学与康复杂志	1797	4	0.38	0.526	6	0.12	43.8	5	23.38	0.85
	13种期刊平均值	1304			0.469						

内科学综合类

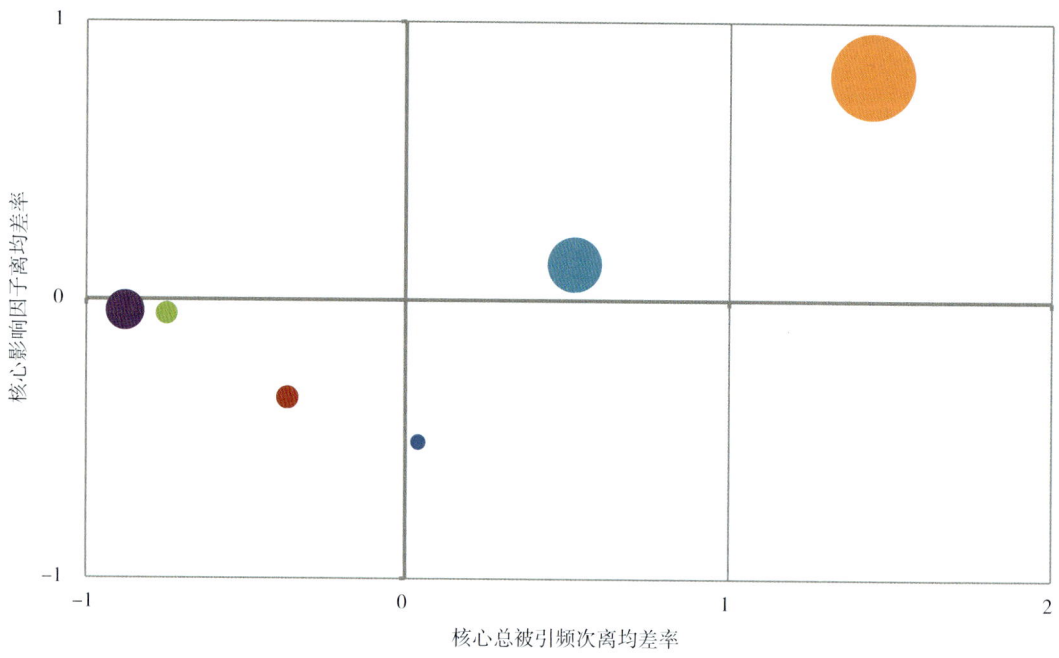

2012年内科综合类期刊核心总被引频次和核心影响因子离均差率的分布图（节点大小表示综合评价总分）

2012年内科学综合类期刊互引关系示意图

表 7-38　2012 年内科学综合类期刊主要指标

CODE	刊 名	核心总被引频次			核心影响因子			综合评价总分		学科扩散指标	学科影响指标
		数值	排名	离均差率	数值	排名	离均差率	数值	排名		
G658	临床荟萃	1736	3	0.04	0.226	6	-0.51	16.9	6	66.67	0.83
G257	临床内科杂志	1050	4	-0.37	0.303	5	-0.35	24.6	4	55.67	1.00
G662	内科急危重症杂志	422	5	-0.75	0.443	4	-0.05	24.0	5	32.00	0.50
G523	内科理论与实践	203	6	-0.88	0.444	3	-0.04	42.3	3	22.33	0.67
G267	中国实用内科杂志	2546	2	0.52	0.526	2	0.13	58.6	2	77.50	1.00
G156	中华内科杂志	4069	1	1.44	0.841	1	0.81	91.5	1	91.50	1.00
	6 种期刊平均值	1671			0.464						

心血管病学类

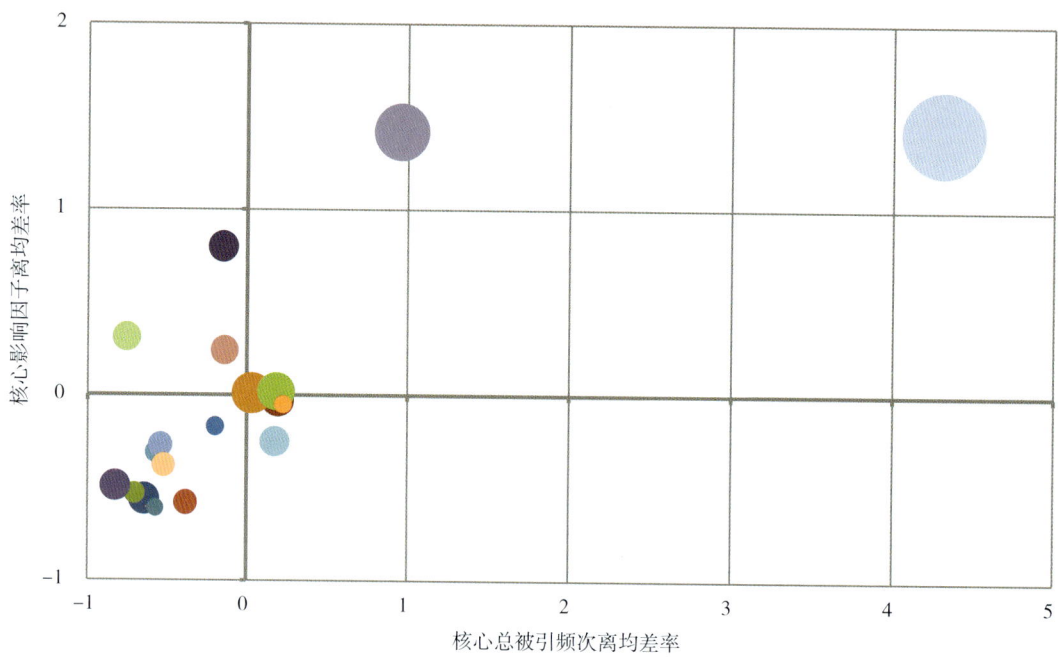

2012年心血管病学类期刊核心总被引频次和核心影响因子离均差率的分布图（节点大小表示综合评价总分）

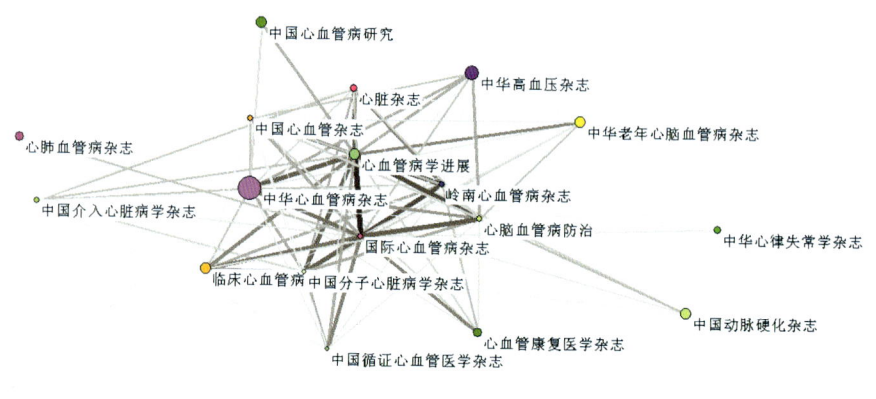

2012年心血管病学类期刊互引关系示意图

表 7-39　2012年心血管病学类期刊主要指标

CODE	刊 名	核心总被引频次			核心影响因子			综合评价总分		学科扩散指标	学科影响指标
		数值	排名	离均差率	数值	排名	离均差率	数值	排名		
G940	国际心血管病杂志	340	16	-0.65	0.250	17	-0.56	33.3	6	9.42	0.79
G261	临床心血管病杂志	1142	4	0.19	0.547	8	-0.03	34.0	5	15.05	0.95
G491	岭南心血管病杂志	274	17	-0.71	0.266	16	-0.53	22.5	15	7.89	0.74
G083	心肺血管病杂志	819	9	-0.15	1.019	3	0.80	32.8	7	11.89	0.95
G476	心脑血管病防治	404	14	-0.58	0.222	19	-0.61	18.2	19	9.21	0.63
G419	心血管病学进展	984	7	0.03	0.574	7	0.01	42.9	3	16.00	1.00
G578	心血管康复医学杂志	771	10	-0.20	0.472	10	-0.17	20.4	17	10.95	0.74
G260	心脏杂志	584	11	-0.39	0.239	18	-0.58	26.4	12	11.53	0.84
G234	中国动脉硬化杂志	1137	5	0.18	0.576	6	0.02	39.4	4	15.11	0.89
G402	中国分子心脏病学杂志	167	19	-0.83	0.289	15	-0.49	32.5	8	5.58	0.63
G239	中国介入心脏病学杂志	399	15	-0.58	0.392	13	-0.31	22.5	15	8.37	0.95
G718	中国心血管病研究	1175	3	0.22	0.535	9	-0.05	18.9	18	12.32	0.95
G380	中国心血管杂志	428	13	-0.55	0.416	12	-0.27	26.2	13	9.74	0.74
G119	中国循环杂志	824	8	-0.14	0.700	5	0.24	30.5	11	12.26	0.95
G645	中国循证心血管医学杂志	229	18	-0.76	0.741	4	0.31	30.7	10	3.84	0.53
G235	中华高血压杂志	1885	2	0.96	1.371	1	1.42	60.1	2	16.84	0.95
G876	中华老年心脑血管病杂志	1121	6	0.17	0.424	11	-0.25	31.4	9	15.21	0.89
G892	中华心律失常学杂志	455	12	-0.53	0.351	14	-0.38	25.1	14	7.63	0.95
G170	中华心血管病杂志	5100	1	4.31	1.368	2	1.42	90.0	1	23.84	1.00
	19种期刊平均值	960			0.566						

呼吸病学、结核病学类

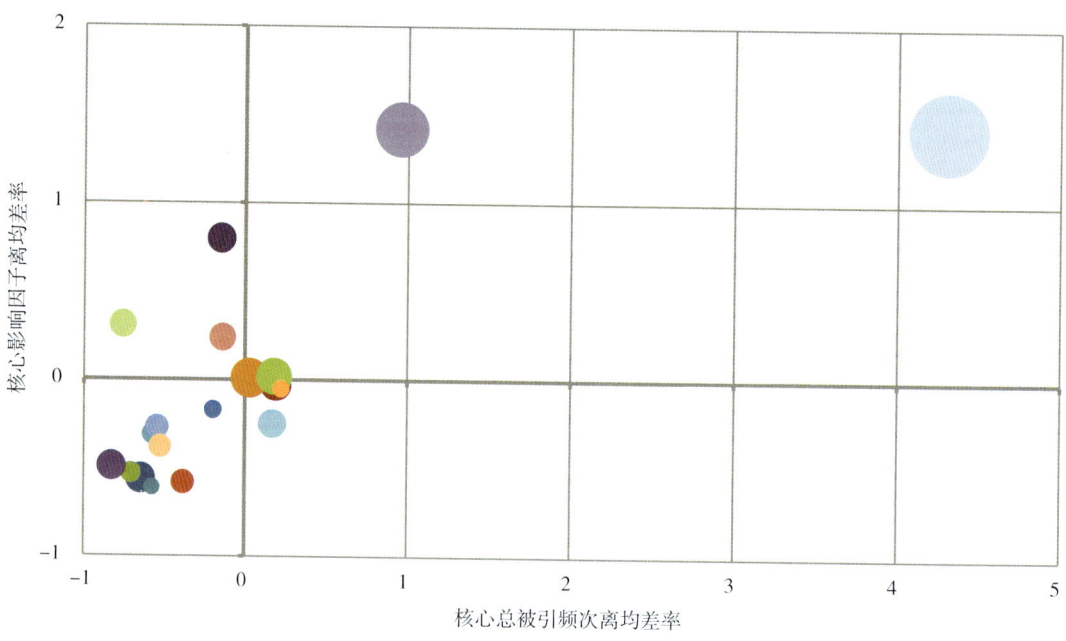

2012年呼吸病学、结核病学类期刊核心总被引频次和核心影响因子离均差率的分布图
（节点大小表示综合评价总分）

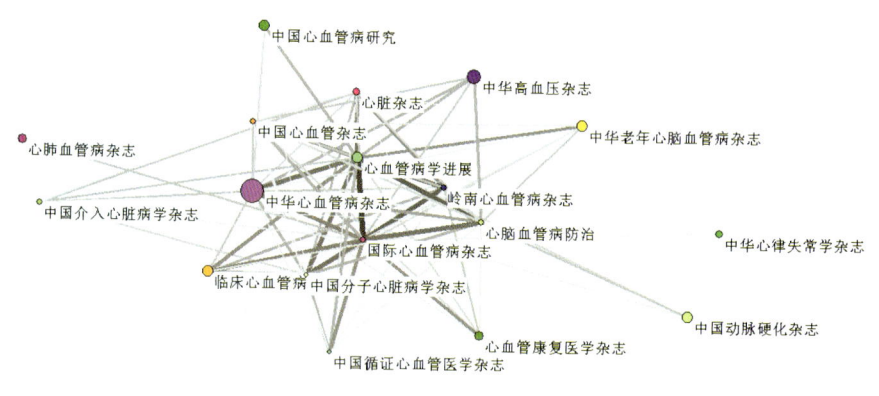

2012年呼吸病学、结核病学类期刊互引关系示意图

表 7-40 2012 年呼吸病学、结核病学类期刊主要指标

CODE	刊 名	核心总被引频次			核心影响因子			综合评价总分		学科扩散指标	学科影响指标
		数值	排名	离均差率	数值	排名	离均差率	数值	排名		
G938	国际呼吸杂志	868	4	-0.57	0.245	6	-0.61	37.8	5	48.33	1.00
Q908	临床肺科杂志	3239	2	0.62	0.745	3	0.18	41.3	4	60.00	1.00
G290	中国防痨杂志	1507	3	-0.25	0.911	1	0.44	61.0	2	33.50	0.83
G973	中国呼吸与危重监护杂志	788	5	-0.61	0.739	4	0.17	54.2	3	37.83	1.00
G474	中华肺部疾病杂志电子版	86	6	-0.96	0.292	5	-0.54	16.5	6	9.50	1.00
G147	中华结核和呼吸杂志	5523	1	1.76	0.851	2	0.35	92.4	1	82.33	1.00
	6 种期刊平均值	2002			0.631						

消化病学类

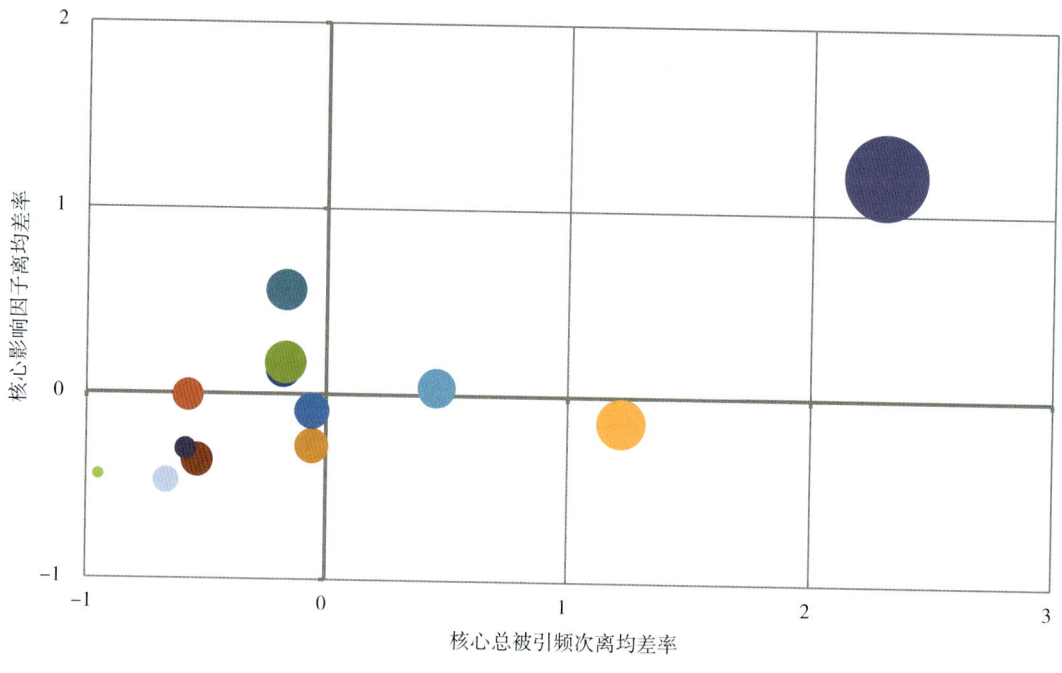

2012年消化病学类期刊核心总被引频次和核心影响因子离均差率的分布图（节点大小表示综合评价总分）

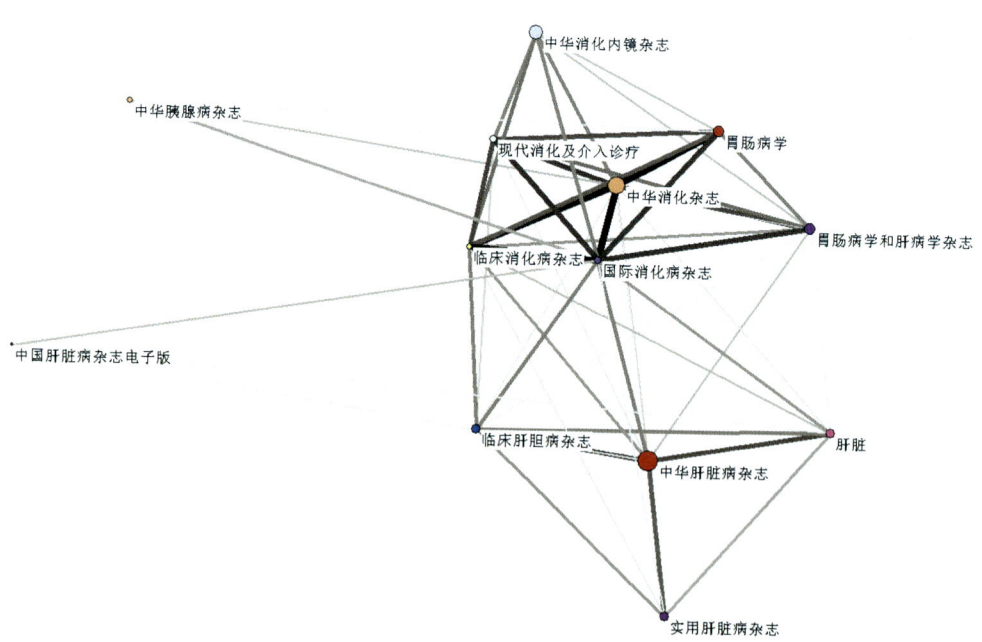

2012年消化病学类期刊互引关系示意图

表 7-41 2012 年消化病学类主要指标

CODE	刊 名	核心总被引频次			核心影响因子			综合评价总分		学科扩散指标	学科影响指标
		数值	排名	离均差率	数值	排名	离均差率	数值	排名		
G803	肝脏	896	8	-0.18	0.610	4	0.13	37.3	8	19.08	0.85
G660	国际消化病杂志	500	9	-0.54	0.348	11	-0.36	36.2	9	17.92	0.92
G501	临床肝胆病杂志	909	7	-0.17	0.636	3	0.17	44.8	3	21.00	0.85
G855	临床消化病杂志	445	11	-0.59	0.380	10	-0.30	23.8	12	14.23	0.85
G746	实用肝脏病杂志	912	6	-0.17	0.845	2	0.56	44.1	4	17.77	0.85
G800	胃肠病学	1027	5	-0.06	0.388	9	-0.28	37.5	7	21.54	0.85
G326	胃肠病学和肝病学杂志	1037	4	-0.06	0.492	7	-0.09	38.8	6	24.15	1.00
G451	现代消化及介入诊疗	461	10	-0.58	0.536	6	-0.01	34.5	10	13.69	0.92
G475	中国肝脏病杂志电子版	51	13	-0.95	0.302	12	-0.44	12.5	13	2.08	0.23
G231	中华肝脏病杂志	3625	1	2.30	1.198	1	1.21	91.7	1	33.54	1.00
G285	中华消化内镜杂志	1607	3	0.46	0.562	5	0.04	42.1	5	20.54	0.85
G168	中华消化杂志	2440	2	1.22	0.468	8	-0.14	53.5	2	28.92	1.00
G610	中华胰腺病杂志	360	12	-0.67	0.286	13	-0.47	28.6	11	11.23	0.77
	13 种期刊平均值	1098			0.542						

血液病学、肾脏病学类

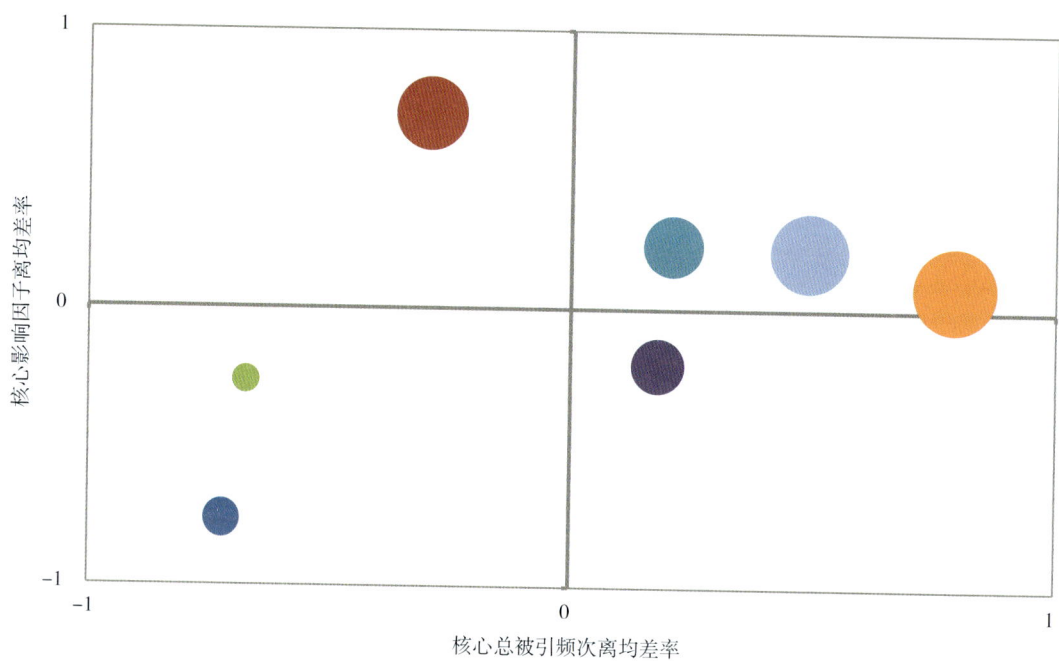

2012年血液病学、肾脏病学类期刊核心总被引频次和核心影响因子离均差率的分布图
（节点大小表示综合评价总分）

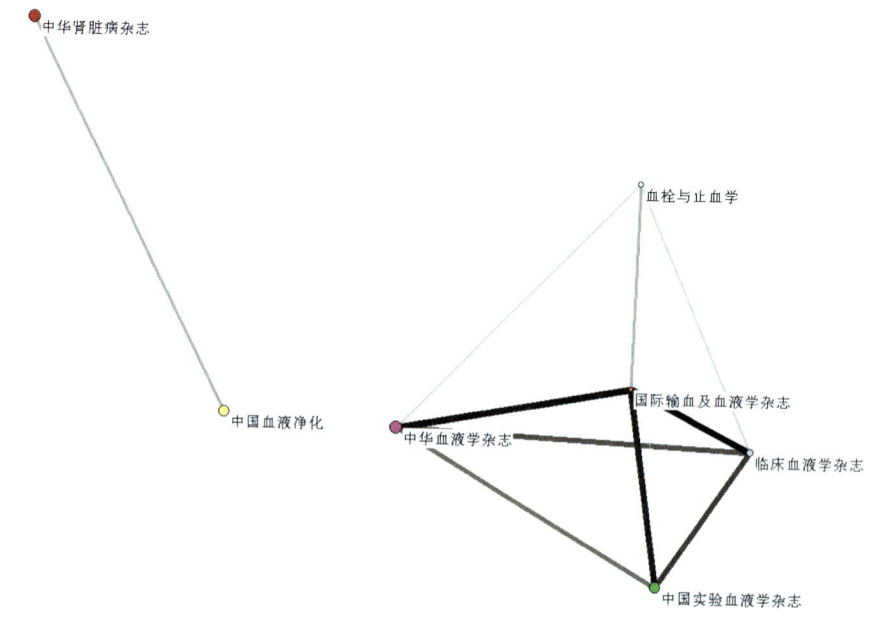

2012年血液病学、肾脏病学类期刊互引关系示意图

表 7-42　2012年血液病学、肾脏病学类期刊主要指标

CODE	刊　名	核心总被引频次			核心影响因子			综合评价总分		学科扩散指标	学科影响指标
		数值	排名	离均差率	数值	排名	离均差率	数值	排名		
B525	国际输血及血液学杂志	242	7	-0.72	0.130	7	-0.76	31.9	6	18.14	0.71
G293	临床血液学杂志	614	5	-0.29	0.906	1	0.70	60.1	3	27.00	0.71
G346	血栓与止血学	288	6	-0.67	0.393	6	-0.26	23.2	7	20.71	0.71
G883	中国实验血液学杂志	1012	4	0.18	0.424	5	-0.20	45.0	5	39.43	0.71
G633	中国血液净化	1043	3	0.21	0.658	2	0.23	50.3	4	31.00	0.43
G161	中华肾脏病杂志	1541	1	0.79	0.576	4	0.08	70.8	1	43.86	0.43
G172	中华血液学杂志	1280	2	0.49	0.644	3	0.21	65.4	2	45.14	0.71
	7 种期刊平均值	860			0.533						

内分泌病学与代谢病学、风湿病学类

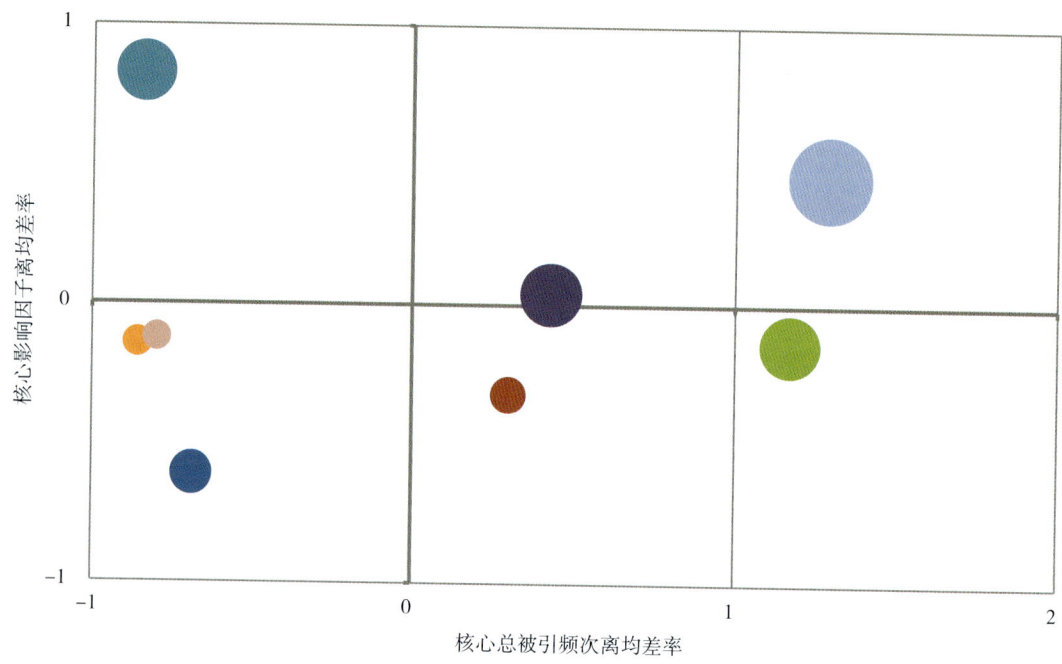

2012年内分泌病学与代谢病学、风湿病学类期刊核心总被引频次和核心影响因子离均差率的分布图
（节点大小表示综合评价总分）

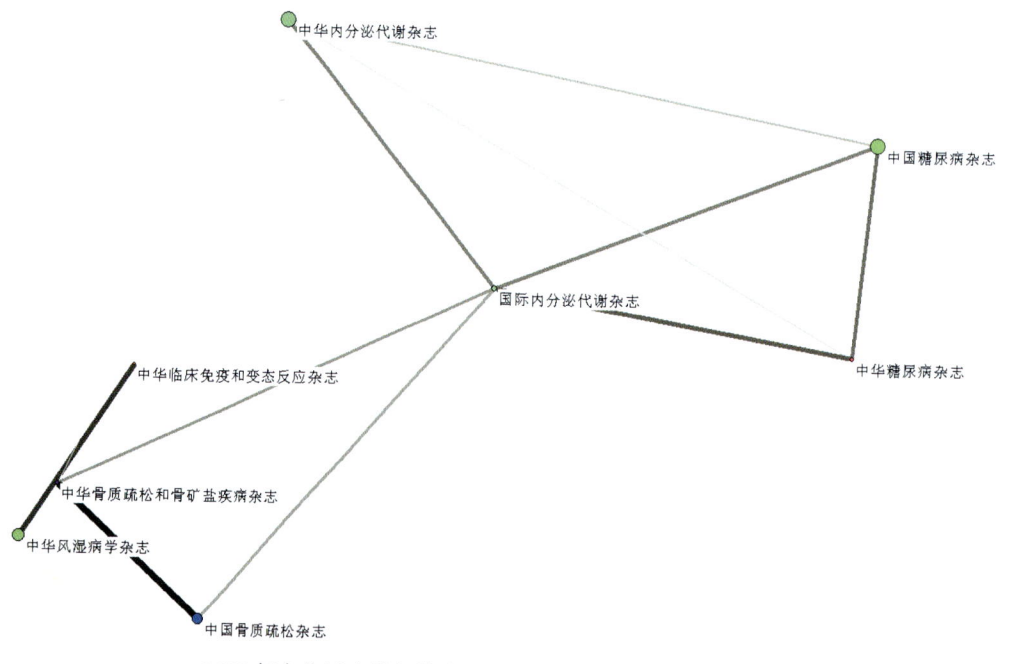

2012年内分泌病学与代谢病学、风湿病学类期刊互引关系示意图

表 7-43　2012 年内分泌病学与代谢病学、风湿病学类期刊主要指标

CODE	刊 名	核心总被引频次			核心影响因子			综合评价总分		学科扩散指标	学科影响指标
		数值	排名	离均差率	数值	排名	离均差率	数值	排名		
G415	国际内分泌代谢杂志	290	5	-0.69	0.239	8	-0.61	39.6	5	21.50	0.75
G663	中国骨质疏松杂志	1220	4	0.30	0.420	7	-0.32	33.1	6	32.38	0.63
G211	中国糖尿病杂志	2043	2	1.17	0.531	6	-0.14	56.2	3	48.25	0.88
G286	中华风湿病学杂志	1346	3	0.43	0.645	3	0.04	57.0	2	38.38	0.50
G728	中华骨质疏松和骨矿盐疾病杂志	148	7	-0.84	1.135	1	0.83	55.1	4	8.50	0.50
G693	中华临床免疫和变态反应杂志	130	8	-0.86	0.535	5	-0.14	27.5	7	10.13	0.38
G155	中华内分泌代谢杂志	2154	1	1.29	0.906	2	0.46	78.0	1	49.13	0.88
G739	中华糖尿病杂志	191	6	-0.80	0.546	4	-0.12	26.5	8	12.13	0.63
	8 种期刊平均值	940			0.620						

感染性疾病学、传染病学类

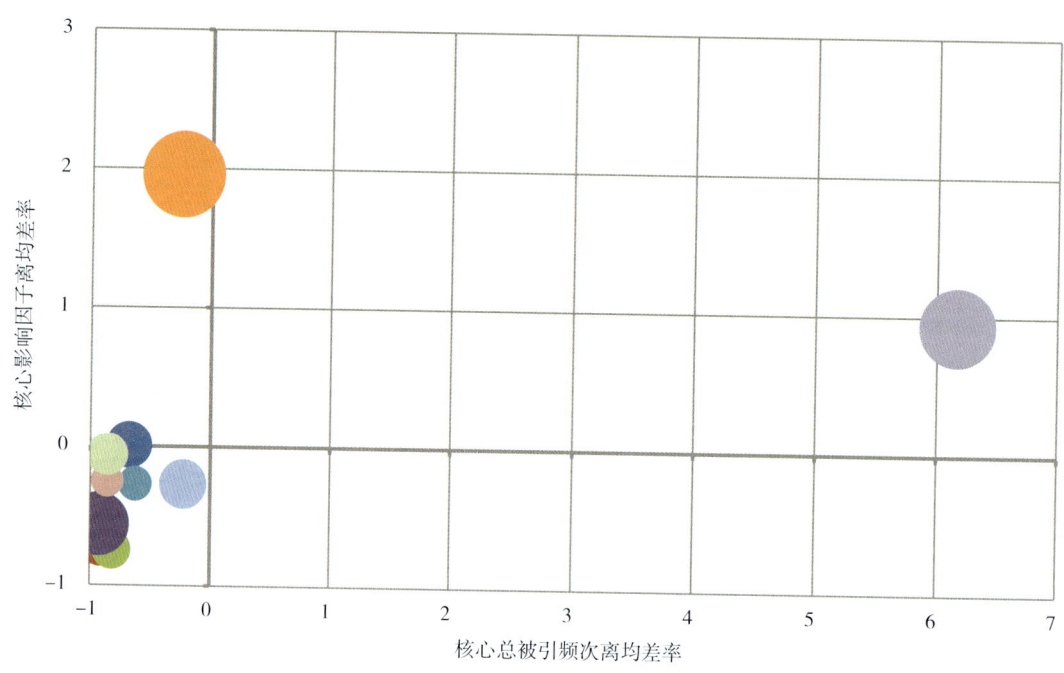

2012年感染性疾病学、传染病学类期刊核心总被引频次和核心影响因子离均差率的分布图
（节点大小表示综合评价总分）

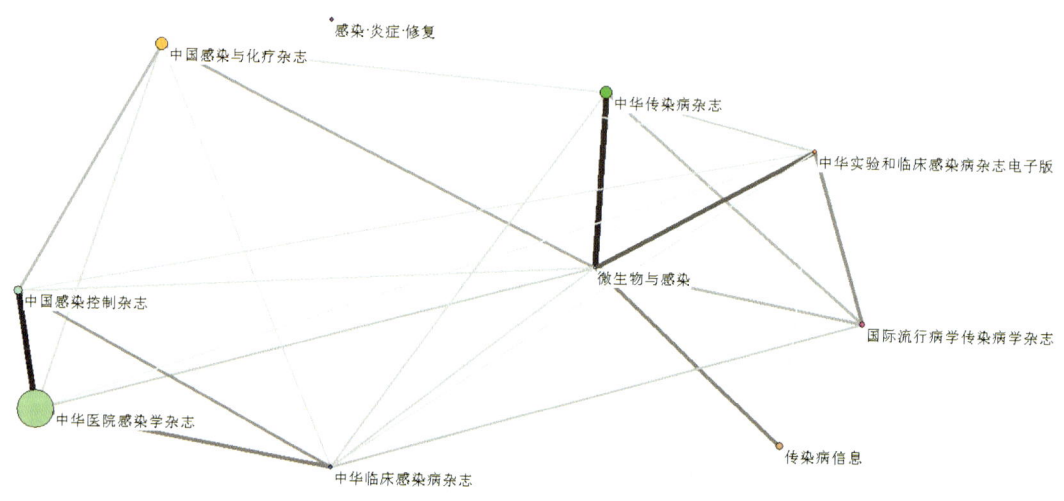

2012年感染性疾病学、传染病学类期刊互引关系示意图

表 7-44　2012 年感染性疾病学、传染病学类期刊主要指标

CODE	刊　名	核心总被引频次			核心影响因子			综合评价总分		学科扩散指标	学科影响指标
		数值	排名	离均差率	数值	排名	离均差率	数值	排名		
G458	传染病信息	578	5	-0.68	0.834	3	0.01	29.8	5	17.50	0.70
G392	感染・炎症・修复	144	9	-0.92	0.208	10	-0.75	20.0	10	9.10	0.30
G930	国际流行病学传染病学杂志	331	6	-0.82	0.213	9	-0.74	25.3	7	16.60	0.70
G651	微生物与感染	134	10	-0.93	0.360	8	-0.56	40.1	3	8.70	0.60
G631	中国感染控制杂志	671	4	-0.63	0.599	6	-0.27	22.0	8	18.30	0.80
G337	中国感染与化疗杂志	1385	3	-0.24	2.438	1	1.96	54.9	1	25.30	1.00
G136	中华传染病杂志	1413	2	-0.23	0.598	7	-0.27	31.4	4	30.20	0.90
G692	中华临床感染病杂志	258	7	-0.86	0.621	5	-0.25	20.9	9	10.30	0.80
G703	中华实验和临床感染病杂志电子版	250	8	-0.86	0.775	4	-0.06	26.7	6	10.80	0.60
G194	中华医院感染学杂志	13101	1	6.17	1.591	2	0.93	50.2	2	48.40	1.00
	10 种期刊平均值	1827			0. 824						

外科学综合类

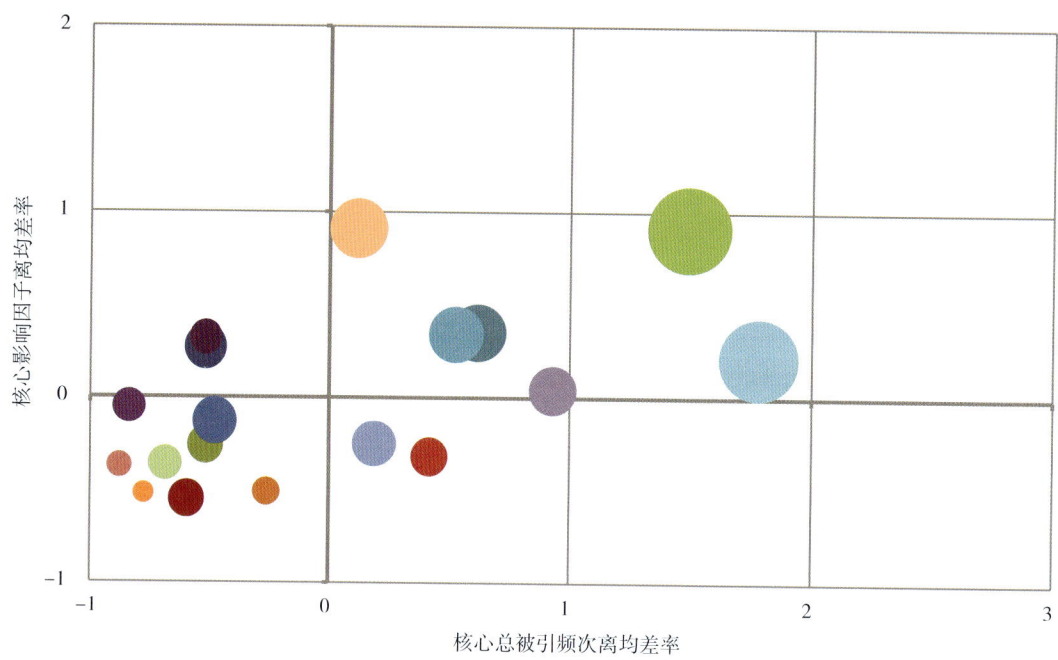

2012年外科学综合类期刊核心总被引频次和核心影响因子离均差率的分布图（节点大小表示综合评价总分）

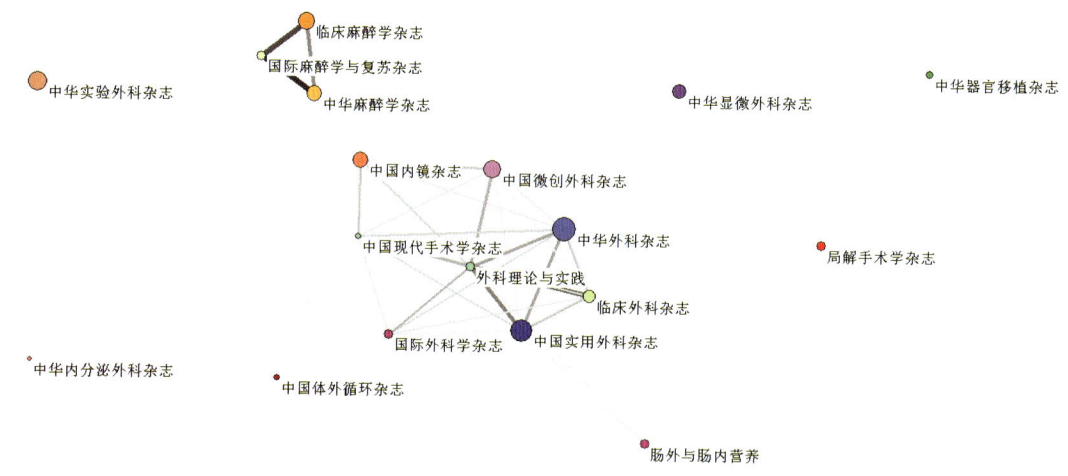

2012年外科学综合类期刊互引关系示意图

表 7-45 2012 年外科学综合类期刊主要指标

CODE	刊 名	核心总被引频次 数值	排名	离均差率	核心影响因子 数值	排名	离均差率	综合评价总分 数值	排名	学科扩散指标	学科影响指标
G264	肠外与肠内营养	810	13	-0.52	0.779	6	0.27	42.3	9	13.33	0.61
G975	国际麻醉学与复苏杂志	685	14	-0.60	0.274	18	-0.55	35.1	12	12.50	0.39
G954	国际外科学杂志	812	12	-0.52	0.454	12	-0.26	35.9	11	14.83	0.72
G553	局解手术学杂志	823	11	-0.52	0.813	5	0.32	32.6	13	12.00	0.39
G222	临床麻醉学杂志	2752	4	0.62	0.828	3	0.35	53.3	4	18.17	0.67
G256	临床外科杂志	1264	9	-0.26	0.301	16	-0.51	26.2	16	16.78	0.78
G601	外科理论与实践	881	10	-0.48	0.534	10	-0.13	44.5	7	13.56	0.61
G277	中国内镜杂志	2408	6	0.42	0.416	13	-0.32	36.3	10	17.44	0.67
G272	中国实用外科杂志	4228	2	1.49	1.175	1	0.91	80.7	1	21.67	0.83
G444	中国体外循环杂志	275	17	-0.84	0.582	9	-0.05	31.6	15	5.89	0.44
G373	中国微创外科杂志	2606	5	0.53	0.823	4	0.34	52.3	5	18.44	0.89
G885	中国现代手术学杂志	367	16	-0.78	0.293	17	-0.52	20.1	18	9.39	0.67
G153	中华麻醉学杂志	2024	7	0.19	0.463	11	-0.25	42.4	8	16.39	0.61
G736	中华内分泌外科杂志	209	18	-0.88	0.386	15	-0.37	23.9	17	4.44	0.39
G158	中华器官移植杂志	531	15	-0.69	0.391	14	-0.36	32.4	14	10.22	0.56
G163	中华实验外科杂志	3287	3	0.93	0.641	8	0.04	45.7	6	22.61	0.83
G164	中华外科杂志	4723	1	1.78	0.745	7	0.21	76.1	2	27.44	0.94
G167	中华显微外科杂志	1906	8	0.12	1.174	2	0.91	55.8	3	11.11	0.50
	18 种期刊平均值	1700			0.615						

普通外科学、胸外科学、心血管外科学类

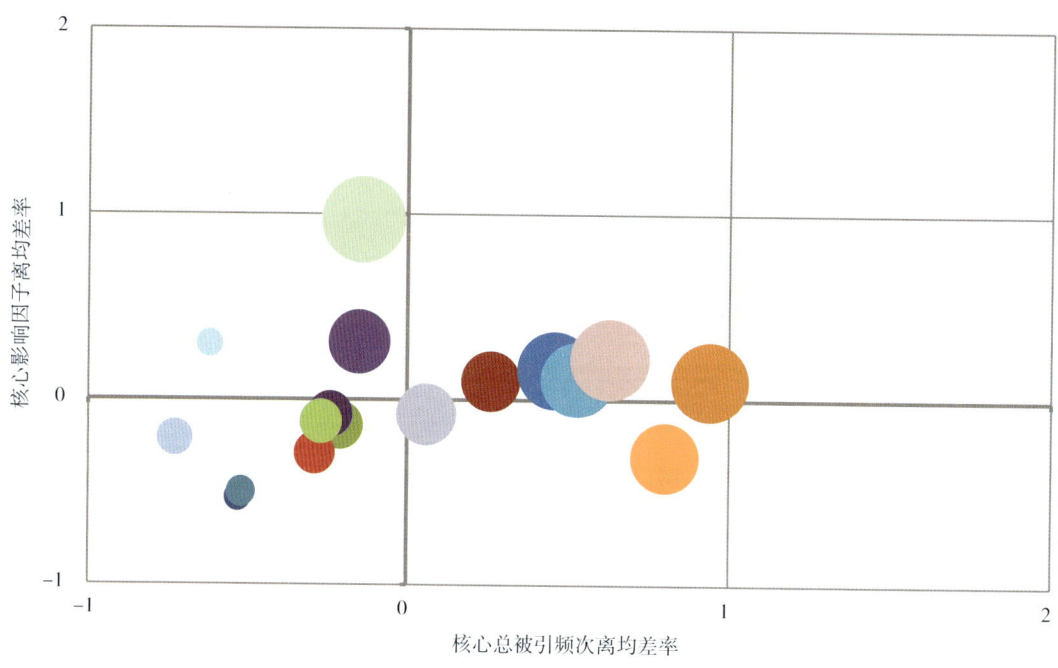

2012年普通外科学、胸外科学、心血管外科学类期刊核心总被引频次和核心影响因子离均差率的分布图
（节点大小表示综合评价总分）

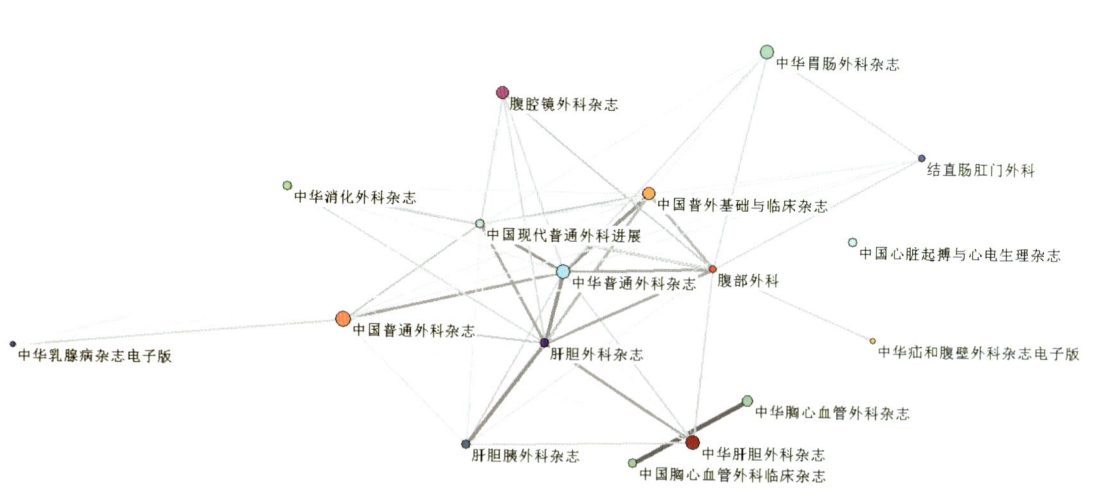

2012年普通外科学、胸外科学、心血管外科学类期刊互引关系示意图

表 7-46　2012 年普通外科学、胸外科学、心血管外科学类期刊主要指标

CODE	刊 名	核心总被引频次			核心影响因子			综合评价总分		学科扩散指标	学科影响指标
		数值	排名	离均差率	数值	排名	离均差率	数值	排名		
G957	腹部外科	495	15	-0.53	0.317	17	-0.53	22.4	17	9.82	0.76
G338	腹腔镜外科杂志	1321	6	0.26	0.735	7	0.10	48.0	9	11.00	0.76
G879	肝胆外科杂志	828	10	-0.21	0.578	12	-0.14	38.7	10	12.12	0.71
G690	肝胆胰外科杂志	792	11	-0.24	0.620	9	-0.08	37.1	11	11.06	0.59
G869	结直肠肛门外科	502	14	-0.52	0.333	16	-0.50	24.4	15	8.94	0.35
G226	中国普通外科杂志	2024	1	0.94	0.735	7	0.10	63.3	3	17.94	0.88
G269	中国普外基础与临床杂志	1521	5	0.46	0.781	5	0.16	61.7	4	16.59	0.88
G841	中国现代普通外科进展	739	13	-0.29	0.475	14	-0.29	34.1	13	12.47	0.88
G203	中国心脏起搏与心电生理杂志	765	12	-0.27	0.593	11	-0.12	35.4	12	10.82	0.18
G232	中国胸心血管外科临床杂志	888	9	-0.15	0.881	2	0.31	50.9	7	12.88	0.35
G262	中华肝胆外科杂志	1602	4	0.53	0.746	6	0.11	59.2	5	15.41	0.65
G254	中华普通外科杂志	1885	2	0.80	0.462	15	-0.31	55.9	6	18.71	0.88
G505	中华乳腺病杂志电子版	283	17	-0.73	0.528	13	-0.21	29.5	14	7.00	0.35
G793	中华胃肠外科杂志	1707	3	0.63	0.816	4	0.22	64.3	2	15.65	0.76
G978	中华消化外科杂志	899	8	-0.14	1.322	1	0.97	68.8	1	11.35	0.88
G171	中华胸心血管外科杂志	1111	7	0.06	0.619	10	-0.08	49.3	8	13.94	0.41
G472	中华疝和腹壁外科杂志电子版	397	16	-0.62	0.874	3	0.30	22.6	16	3.29	0.35
	17 种期刊平均值	1045			0.671						

泌尿外科学类

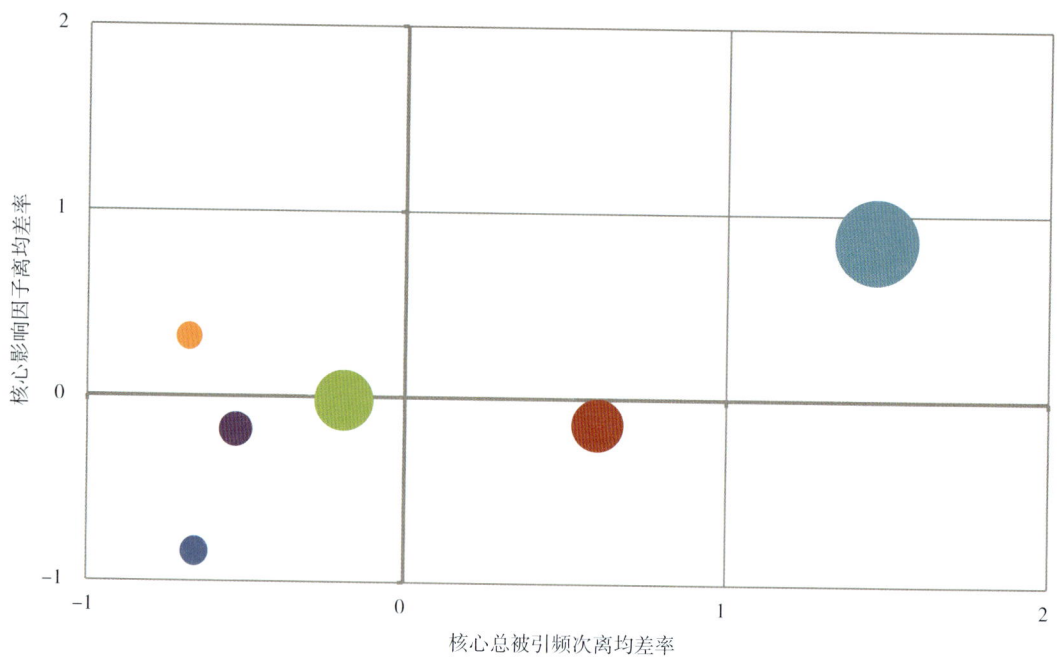

2012年泌尿外科学类期刊核心总被引频次和核心影响因子离均差率的分布图
（节点大小表示综合评价总分）

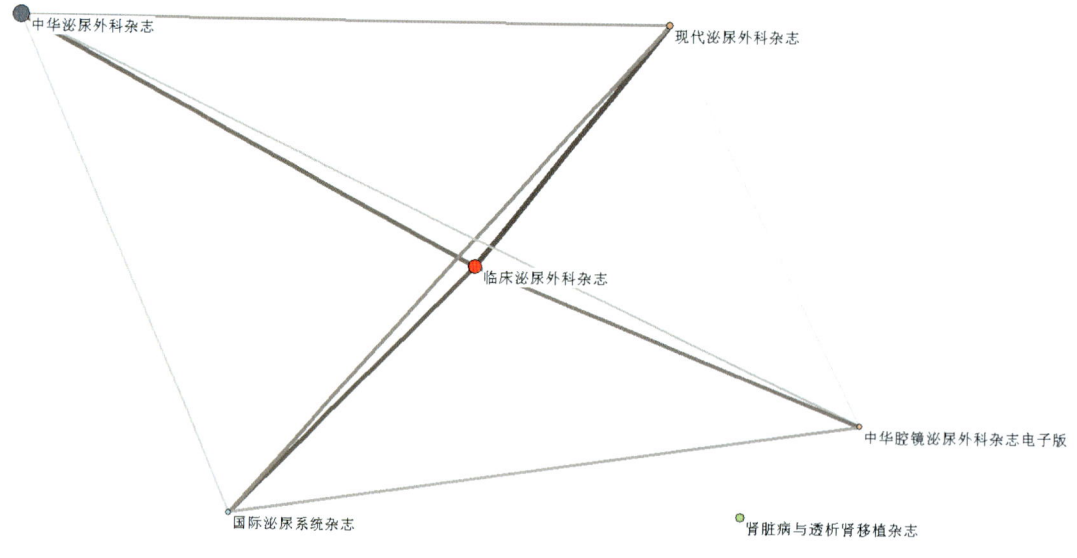

2012年泌尿外科学类期刊互引关系示意图

表 7-47 2012 年泌尿外科学类期刊主要指标

CODE	刊 名	核心总被引频次			核心影响因子			综合评价总分		学科扩散指标	学科影响指标
		数值	排名	离均差率	数值	排名	离均差率	数值	排名		
G349	国际泌尿系统杂志	352	5	-0.66	0.078	6	-0.84	27.5	5	33.17	0.67
G317	临床泌尿外科杂志	1634	2	0.60	0.419	4	-0.14	48.2	3	42.50	1.00
G202	肾脏病与透析肾移植杂志	830	3	-0.19	0.477	3	-0.02	55.5	2	39.33	0.67
G341	现代泌尿外科杂志	485	4	-0.53	0.399	5	-0.18	31.6	4	26.17	0.83
G154	中华泌尿外科杂志	2517	1	1.46	0.908	1	0.86	78.5	1	50.83	1.00
G473	中华腔镜泌尿外科杂志电子版	326	6	-0.68	0.642	2	0.32	25.1	6	15.00	0.83
	6 种期刊平均值	1024			0.487						

骨外科学类

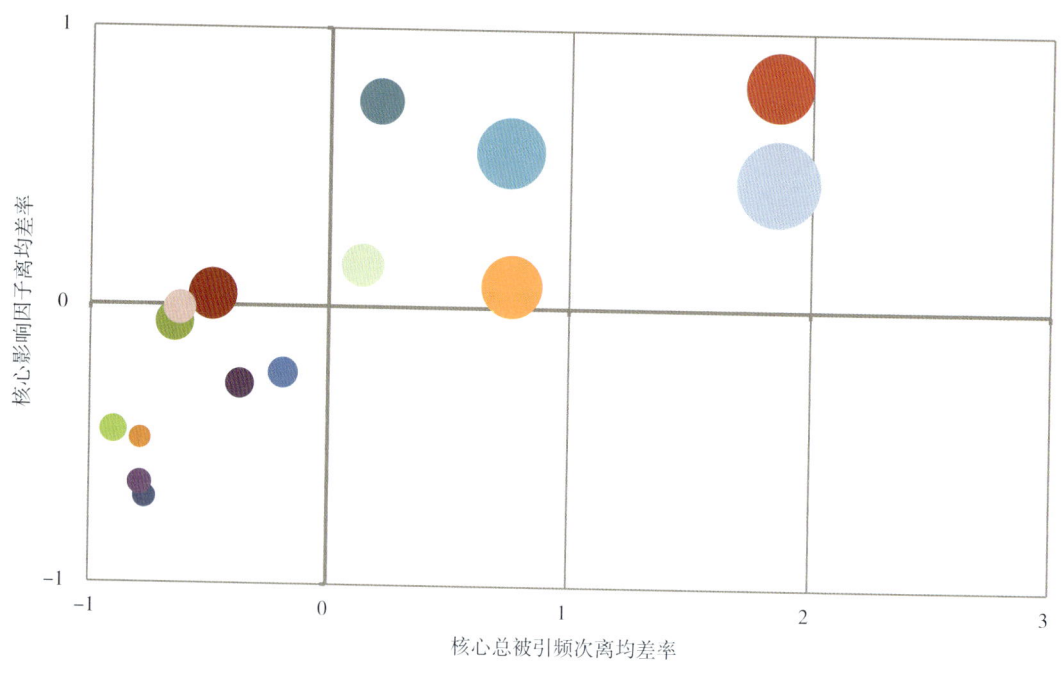

2012年骨外科学类期刊核心总被引频次和核心影响因子离均差率的分布图（节点大小表示综合评价总分）

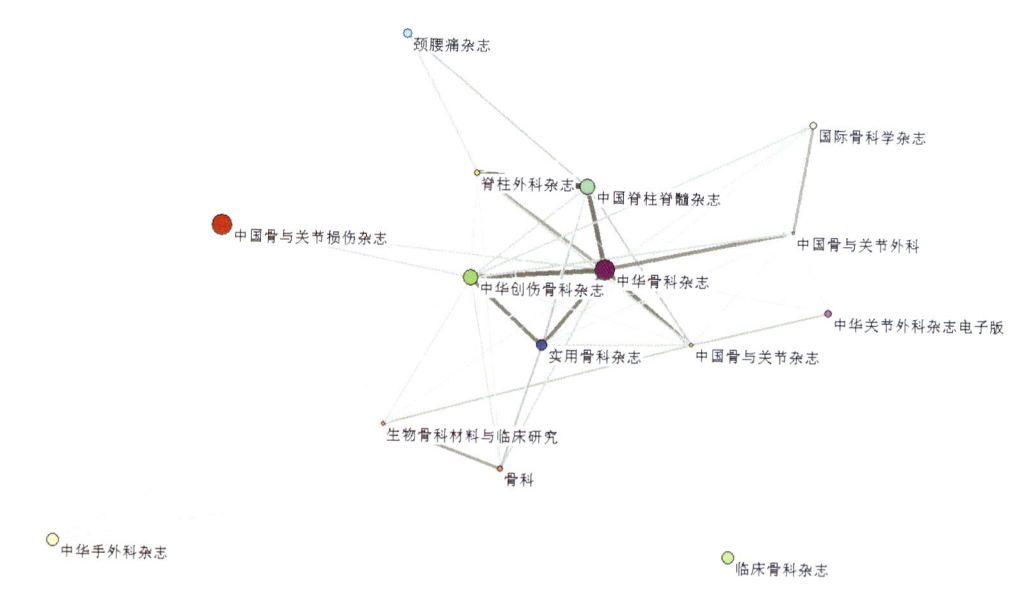

2012年骨外科学类期刊互引关系示意图

表 7-48 2012 年骨外科学类期刊主要指标

CODE	刊 名	核心总被引频次			核心影响因子			综合评价总分		学科扩散指标	学科影响指标
		数值	排名	离均差率	数值	排名	离均差率	数值	排名		
G478	骨科	276	12	-0.77	0.186	15	-0.69	23.3	14	11.47	0.40
G498	国际骨科学杂志	615	9	-0.49	0.625	7	0.04	51.2	5	12.73	0.93
G439	脊柱外科杂志	422	11	-0.65	0.563	9	-0.06	39.2	8	8.07	0.80
G677	颈腰痛杂志	766	8	-0.37	0.436	11	-0.28	29.9	11	12.07	0.80
G291	临床骨科杂志	1466	5	0.21	1.050	2	0.74	45.4	6	12.73	0.87
G401	生物骨科材料与临床研究	257	13	-0.79	0.311	13	-0.48	22.2	15	7.33	0.73
G457	实用骨科杂志	991	7	-0.19	0.459	10	-0.24	30.4	10	12.00	1.00
G249	中国骨与关节损伤杂志	3482	2	1.86	1.090	1	0.81	68.9	3	15.07	1.00
G648	中国骨与关节外科	120	15	-0.90	0.333	12	-0.45	27.8	12	4.07	0.60
G857	中国骨与关节杂志	257	13	-0.79	0.215	14	-0.64	24.6	13	7.40	0.80
G192	中国脊柱脊髓杂志	2127	4	0.75	0.940	3	0.56	70.1	2	17.07	0.93
G408	中华创伤骨科杂志	2140	3	0.76	0.653	6	0.08	62.3	4	15.00	1.00
G143	中华骨科杂志	3483	1	1.86	0.877	4	0.46	85.2	1	21.33	1.00
G691	中华关节外科杂志电子版	448	10	-0.63	0.595	8	-0.01	33.1	9	8.80	0.80
G848	中华手外科杂志	1385	6	0.14	0.695	5	0.15	43.3	7	10.60	0.73
	15 种期刊平均值	1216			0.602						

烧伤外科学、整形外科学类

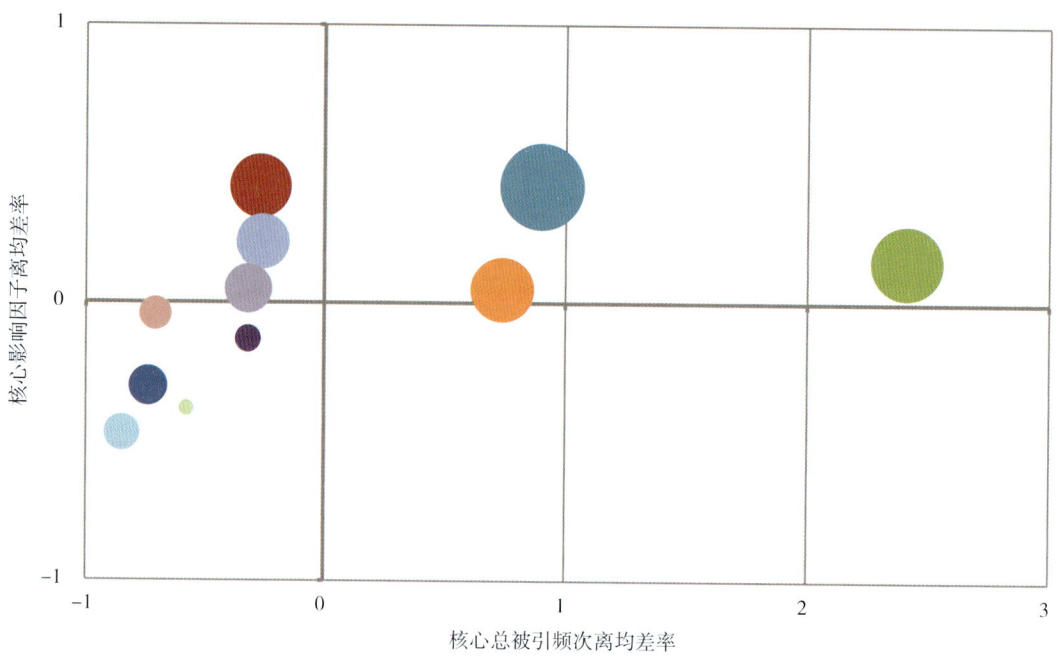

2012年烧伤外科学、整形外科学类期刊核心总被引频次和核心影响因子离均差率的分布图
（节点大小表示综合评价总分）

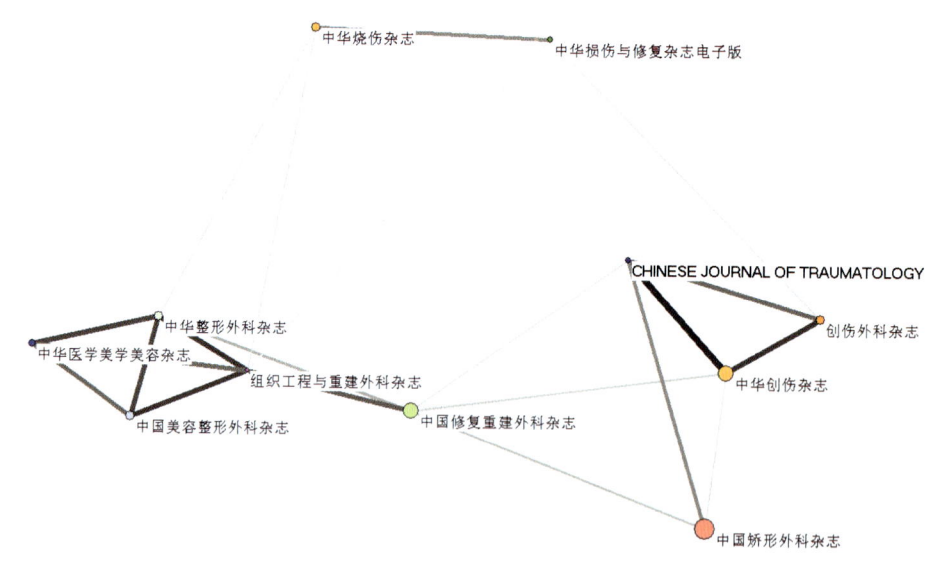

2012年烧伤外科学、整形外科学类期刊互引关系示意图

表 7-49 2012年烧伤外科学、整形外科学类期刊主要指标

CODE	刊 名	核心总被引频次			核心影响因子			综合评价总分		学科扩散指标	学科影响指标
		数值	排名	离均差率	数值	排名	离均差率	数值	排名		
I200	CHINESE JOURNAL OF TRAUMATOLOGY	299	10	-0.74	0.381	9	-0.30	35.5	7	12.64	0.55
G322	创伤外科杂志	854	5	-0.27	0.777	1	0.42	56.6	4	21.91	0.82
G233	中国矫形外科杂志	3989	1	2.41	0.630	4	0.15	66.5	2	30.27	0.73
G297	中国美容整形外科杂志	793	7	-0.32	0.477	8	-0.13	24.2	10	14.18	0.73
G118	中国修复重建外科杂志	2226	2	0.90	0.773	2	0.42	77.1	1	31.27	1.00
G137	中华创伤杂志	2036	3	0.74	0.575	5	0.05	57.8	3	30.27	1.00
G900	中华烧伤杂志	860	4	-0.26	0.667	3	0.22	49.0	5	17.45	0.91
G506	中华损伤与修复杂志电子版	338	9	-0.71	0.524	7	-0.04	29.7	9	10.45	0.55
G489	中华医学美学美容杂志	492	8	-0.58	0.338	10	-0.38	14.5	11	10.73	0.64
G178	中华整形外科杂志	795	6	-0.32	0.574	6	0.05	44.1	6	16.64	0.91
G701	组织工程与重建外科杂志	174	11	-0.85	0.291	11	-0.47	33.0	8	8.55	0.73
	11种期刊平均值	1169			0.546						

妇产科学类

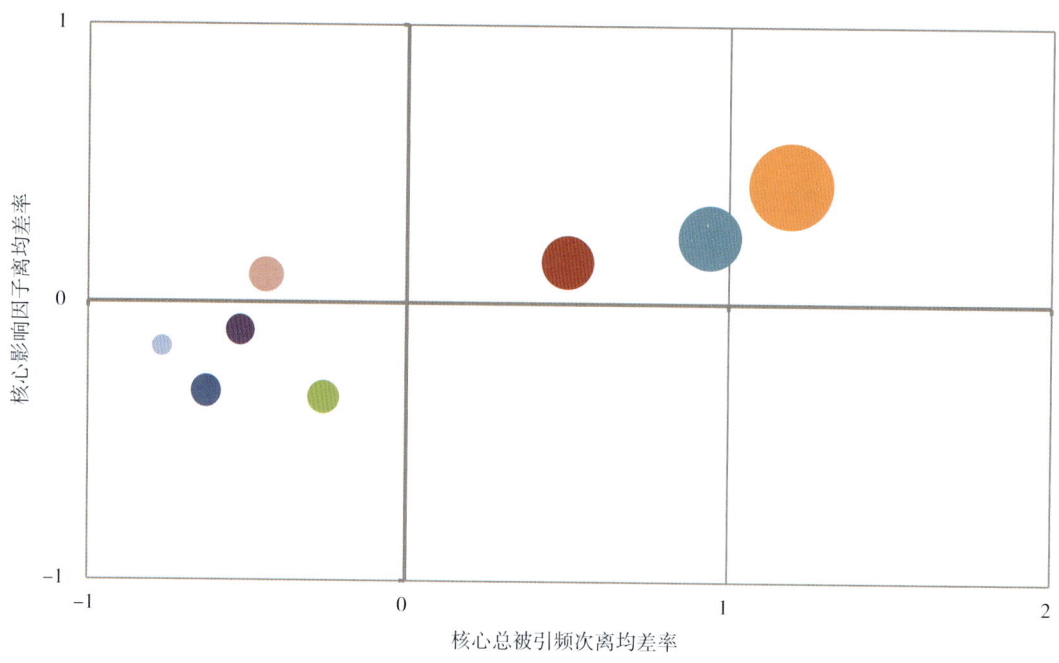

2012年妇产科学类期刊核心总被引频次和核心影响因子离均差率的分布图
（节点大小表示综合评价总分）

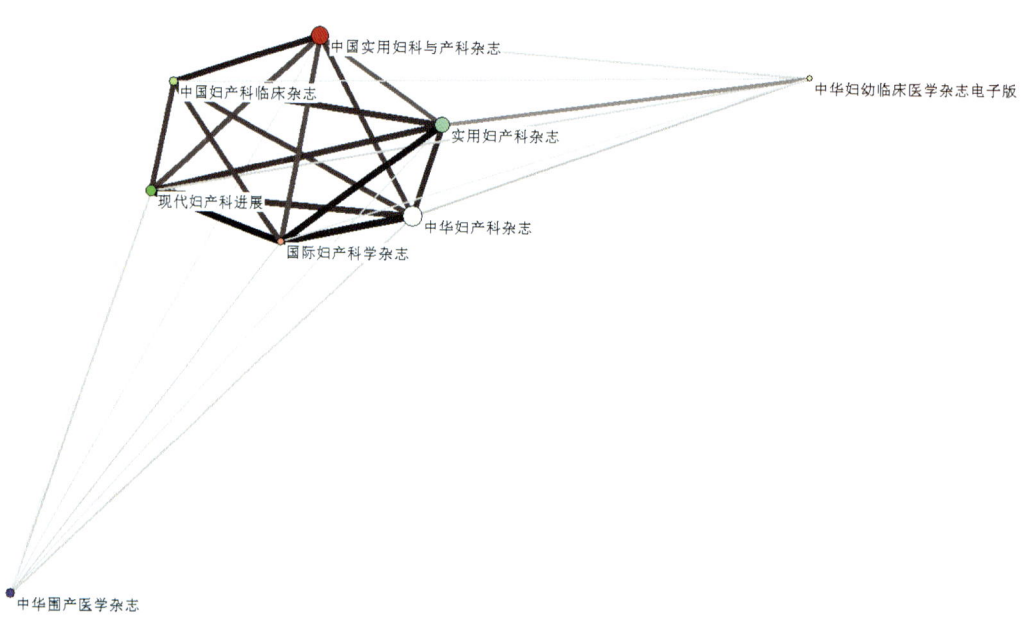

2012年妇产科学类期刊互引关系示意图

表 7-50　2012 年妇产科学类期刊主要指标

CODE	刊名	核心总被引频次			核心影响因子			综合评价总分		学科扩散指标	学科影响指标
		数值	排名	离均差率	数值	排名	离均差率	数值	排名		
G659	国际妇产科学杂志	589	7	-0.63	0.452	7	-0.32	35.2	6	26.88	1.00
G586	实用妇产科杂志	2409	3	0.50	0.758	3	0.15	58.1	3	40.13	1.00
G300	现代妇产科进展	1192	4	-0.26	0.435	8	-0.34	36.4	5	32.00	1.00
G456	中国妇产科临床杂志	779	6	-0.52	0.598	5	-0.10	33.1	7	28.63	1.00
G228	中国实用妇科与产科杂志	3112	2	0.94	0.818	2	0.24	70.0	2	44.25	0.88
G142	中华妇产科杂志	3516	1	1.19	0.943	1	0.43	93.2	1	51.63	1.00
G689	中华妇幼临床医学杂志电子版	365	8	-0.77	0.556	6	-0.16	22.5	8	19.63	0.88
G296	中华围产医学杂志	895	5	-0.44	0.727	4	0.10	38.3	4	24.38	1.00
	8 种期刊平均值	1067			0.661						

儿科学类

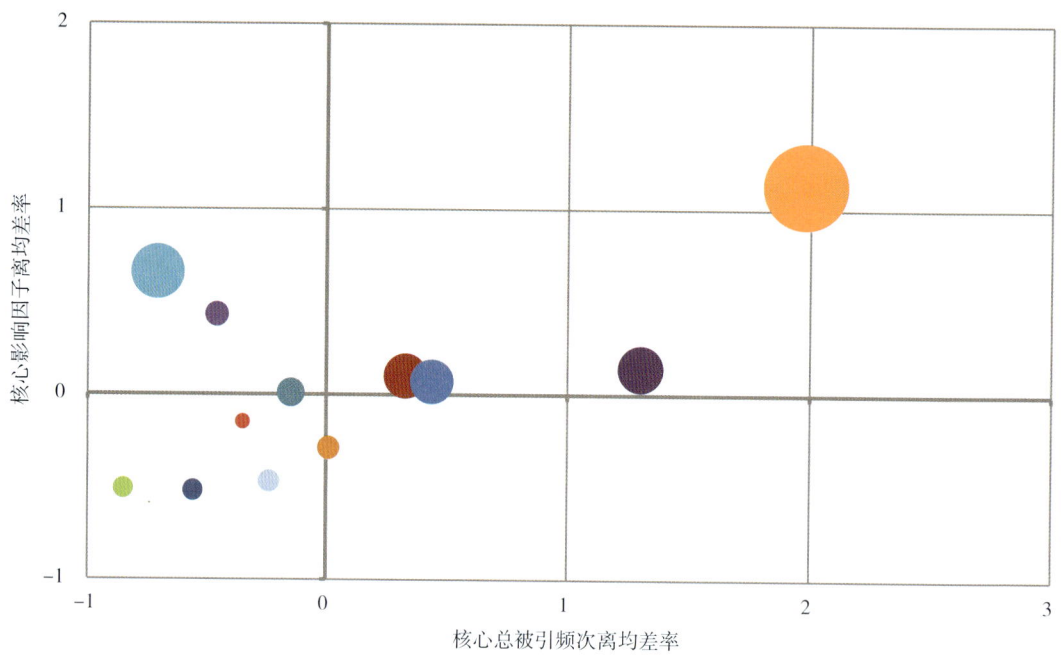

2012年儿科学类期刊核心总被引频次和核心影响因子离均差率的分布图（节点大小表示综合评价总分）

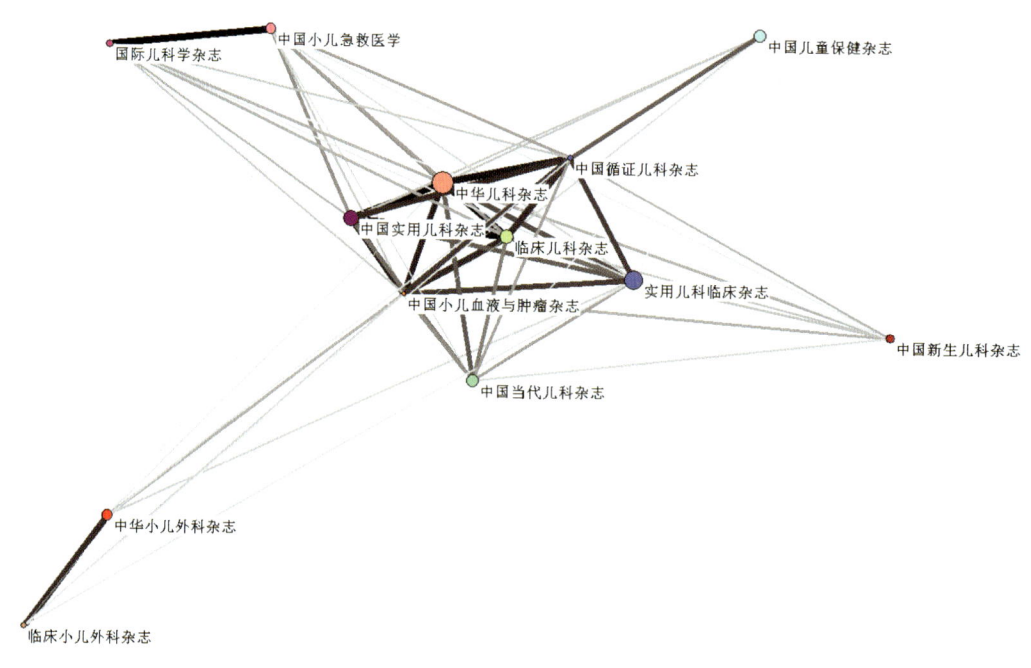

2012年儿科学类期刊互引关系示意图

表 7-52 2012 年眼科学类期刊主要指标

CODE	刊 名	核心总被引频次			核心影响因子			综合评价总分		学科扩散指标	学科影响指标
		数值	排名	离均差率	数值	排名	离均差率	数值	排名		
Q911	国际眼科杂志	2170	2	0.77	0.347	8	-0.17	38.1	8	24.55	1.00
Q913	临床眼科杂志	624	8	-0.49	0.410	4	-0.02	34.2	9	13.00	1.00
G962	眼科	592	9	-0.52	0.485	3	0.16	44.3	3	11.18	1.00
G554	眼科新进展	1139	5	-0.07	0.404	5	-0.03	46.6	2	16.82	1.00
G773	中华实验眼科杂志	1021	6	-0.17	0.346	9	-0.17	39.2	5	17.27	1.00
G990	中华眼外伤职业眼病杂志	1380	4	0.12	0.288	11	-0.31	15.8	11	13.55	1.00
G872	中国实用眼科杂志	1977	3	0.61	0.294	10	-0.29	41.5	4	19.00	1.00
G298	中国斜视与小儿眼科杂志	418	11	-0.66	0.595	2	0.43	38.3	7	7.00	1.00
G191	中华眼底病杂志	943	7	-0.23	0.403	6	-0.03	38.8	6	12.00	0.91
G173	中华眼科杂志	2717	1	1.21	0.625	1	0.50	90.1	1	24.45	1.00
G873	中华眼视光学与视觉科学杂志	539	10	-0.56	0.387	7	-0.07	33.7	10	10.27	1.00
	11 种期刊平均值	1229			0.417						

耳鼻咽喉科学类

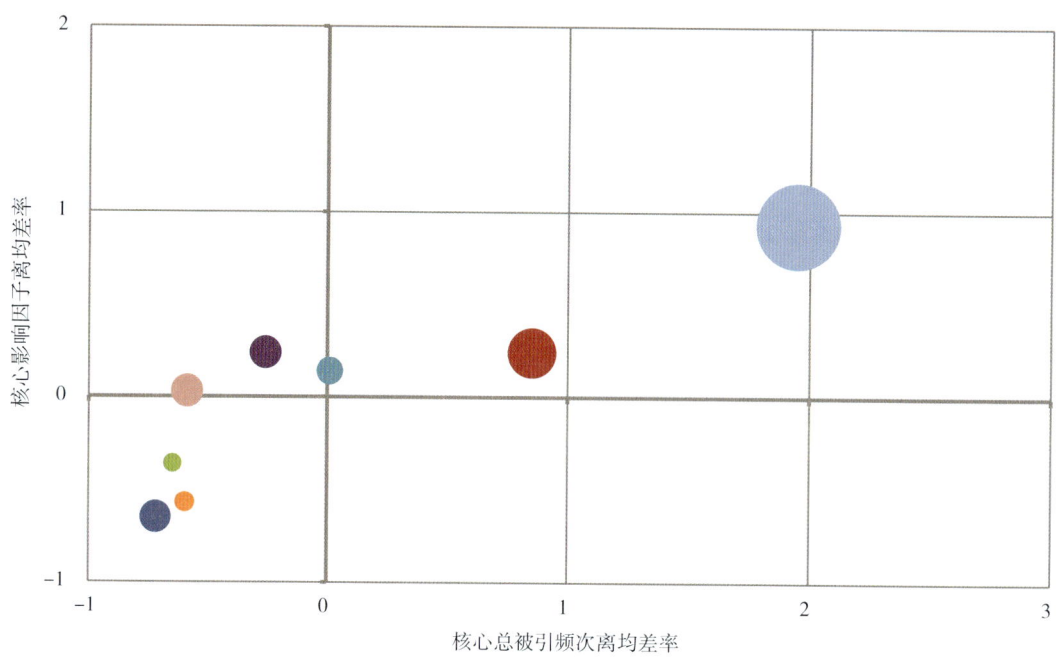

2012年耳鼻咽喉科学类期刊核心总被引频次和核心影响因子离均差率的分布图（节点大小表示综合评价总分）

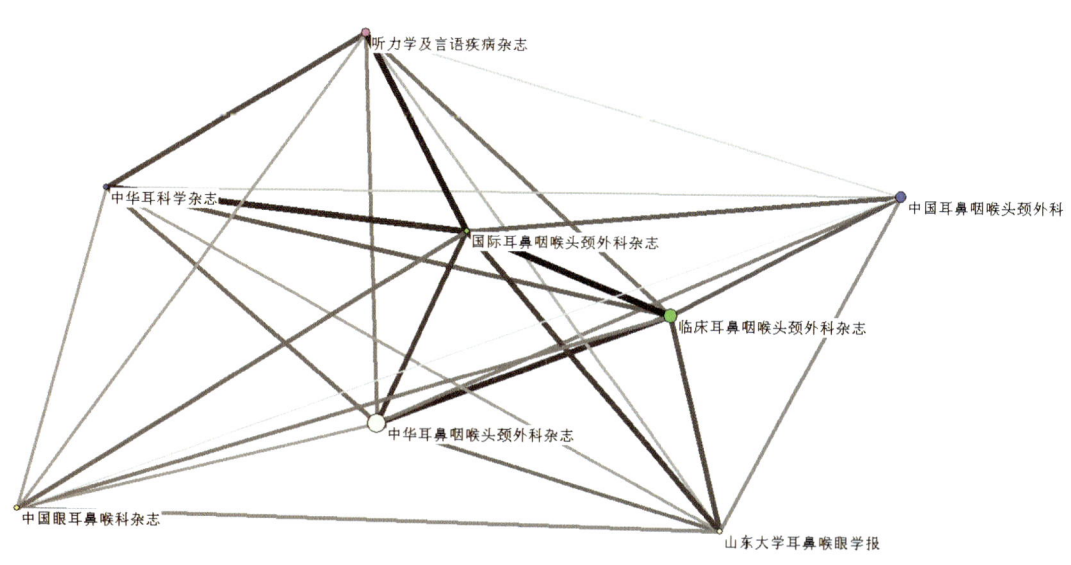

2012年耳鼻咽喉科学类期刊互引关系示意图

表 7-53 2012 年耳鼻咽喉科学类期刊主要指标

CODE	刊 名	核心总被引频次			核心影响因子			综合评价总分		学科扩散指标	学科影响指标
		数值	排名	离均差率	数值	排名	离均差率	数值	排名		
G436	国际耳鼻咽喉头颈外科杂志	300	8	-0.72	0.162	8	-0.65	29.9	5	17.13	1.00
G276	临床耳鼻咽喉头颈外科杂志	1960	2	0.85	0.570	3	0.24	46.6	2	40.38	1.00
G742	山东大学耳鼻喉眼学报	375	7	-0.65	0.293	6	-0.36	17.6	8	17.00	1.00
G238	听力学及言语疾病杂志	783	4	-0.26	0.571	2	0.24	30.5	4	17.38	1.00
G543	中国耳鼻咽喉头颈外科	1071	3	0.01	0.527	4	0.14	25.9	6	26.25	1.00
G619	中国眼耳鼻喉科杂志	418	6	-0.60	0.197	7	-0.57	19.0	7	20.63	1.00
G139	中华耳鼻咽喉头颈外科杂志	3121	1	1.95	0.891	1	0.93	79.8	1	45.75	1.00
G743	中华耳科学杂志	438	5	-0.59	0.473	5	0.03	30.7	3	15.13	1.00
	8 种期刊平均值	1058			0.461						

口腔医学类

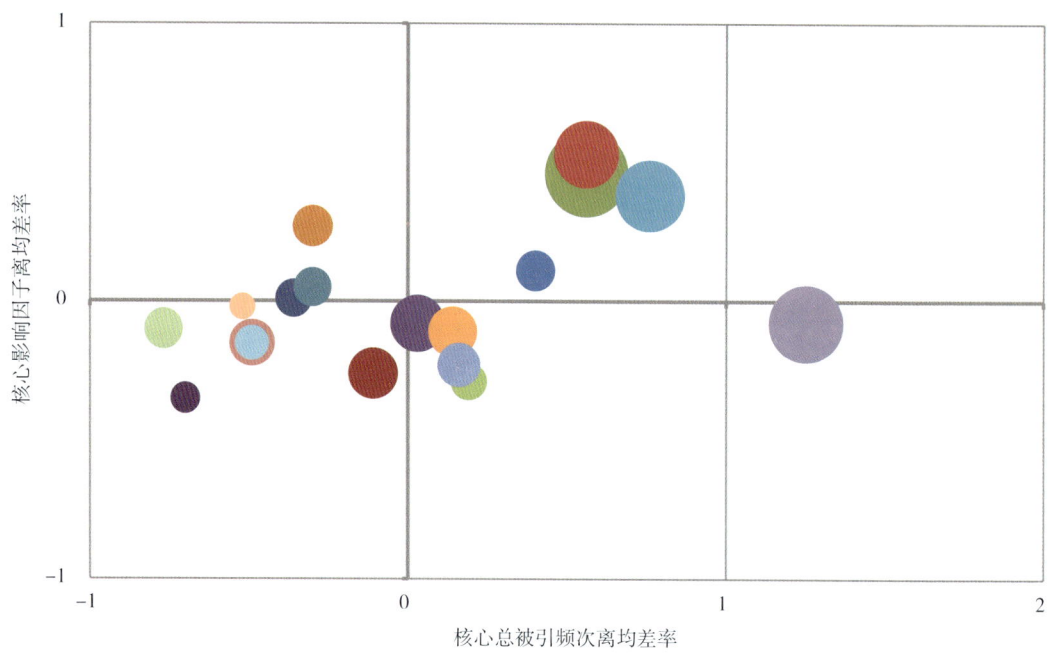

2012年口腔医学类期刊核心总被引频次和核心影响因子离均差率的分布图（节点大小表示综合评价总分）

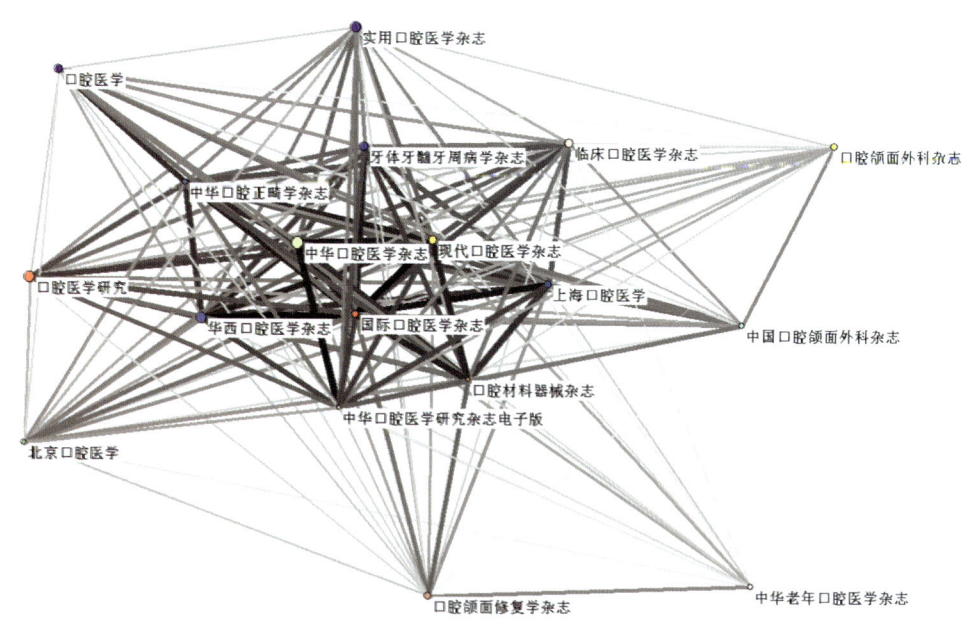

2012年口腔医学类期刊互引关系示意图

表 7-54　2012 年口腔医学类期刊主要指标

CODE	刊 名	核心总被引频次			核心影响因子			综合评价总分		学科扩散指标	学科影响指标
		数值	排名	离均差率	数值	排名	离均差率	数值	排名		
G500	北京口腔医学	410	13	-0.36	0.390	7	0.01	33.8	14	7.11	1.00
G997	国际口腔医学杂志	570	10	-0.11	0.286	16	-0.26	45.5	6	9.89	1.00
G043	华西口腔医学杂志	1005	3	0.56	0.564	2	0.46	76.2	1	12.50	1.00
G672	口腔材料器械杂志	194	17	-0.70	0.250	18	-0.35	27.9	17	4.17	0.94
G246	口腔颌面外科杂志	449	12	-0.30	0.405	6	0.05	34.5	13	8.50	0.94
G894	口腔颌面修复学杂志	453	11	-0.30	0.490	4	0.27	36.8	10	5.17	0.94
G325	口腔医学	900	5	0.40	0.429	5	0.11	36.1	12	9.83	1.00
G266	口腔医学研究	1000	4	0.56	0.590	1	0.53	59.3	4	11.17	1.00
G287	临床口腔医学杂志	767	6	0.19	0.273	17	-0.29	33.1	15	11.72	0.94
G283	上海口腔医学	665	9	0.03	0.354	10	-0.08	50.2	5	9.94	1.00
G224	实用口腔医学杂志	1130	2	0.76	0.532	3	0.38	63.4	3	13.11	1.00
G321	现代口腔医学杂志	731	8	0.14	0.345	12	-0.11	44.5	7	10.28	1.00
G189	牙体牙髓牙周病学杂志	744	7	0.16	0.296	15	-0.23	39.0	9	8.39	0.94
G441	中国口腔颌面外科杂志	329	14	-0.49	0.330	13	-0.15	41.1	8	7.11	0.78
G579	中华口腔医学研究杂志电子版	147	18	-0.77	0.348	11	-0.10	36.2	11	3.72	0.89
G148	中华口腔医学杂志	1447	1	1.25	0.356	9	-0.08	68.2	2	14.39	1.00
G280	中华口腔正畸学杂志	327	15	-0.49	0.327	14	-0.15	30.5	16	4.61	0.94
G833	中华老年口腔医学杂志	310	16	-0.52	0.380	8	-0.02	23.7	18	4.78	0.89
	18 种期刊平均值	643			0.386						

皮肤病学、性医学类

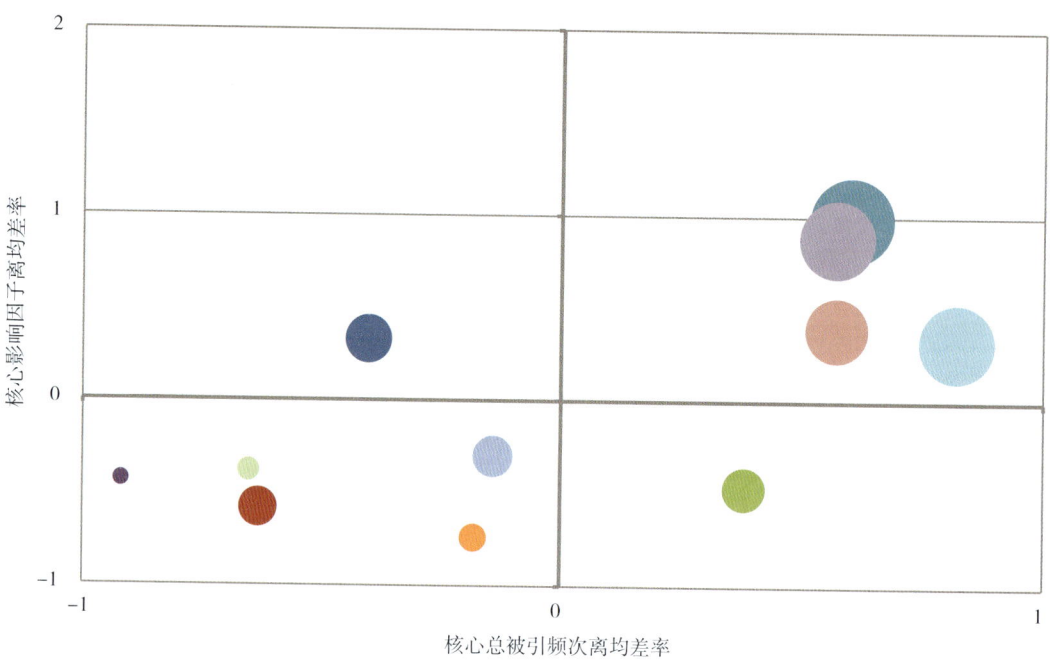

2012年皮肤病学、性医学类期刊核心总被引频次和核心影响因子离均差率的分布图（节点大小表示综合评价总分）

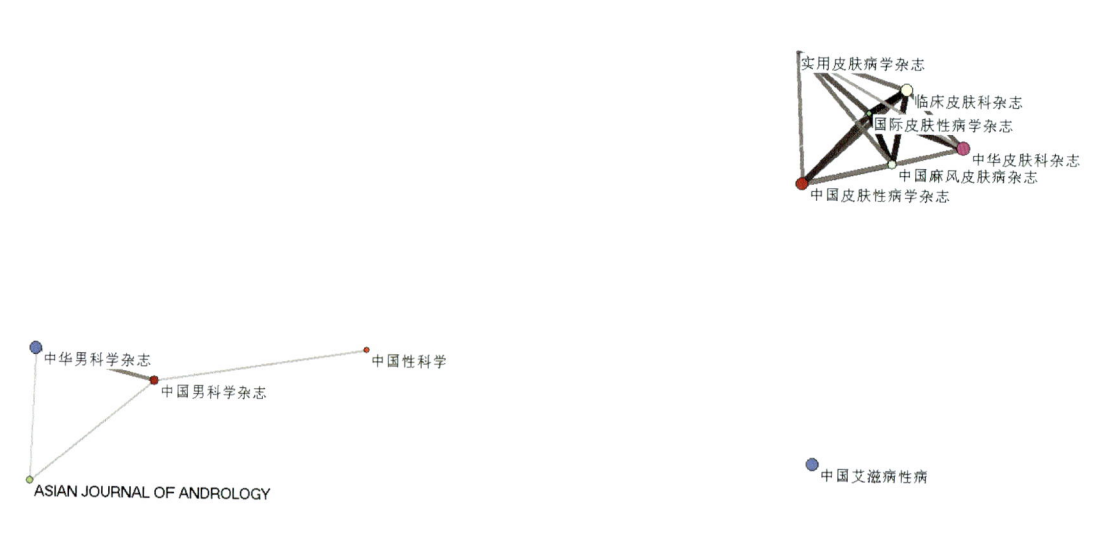

2012年皮肤病学、性医学类期刊互引关系示意图

表 7-55　2012年皮肤病学、性医学类期刊主要指标

CODE	刊 名	核心总被引频次			核心影响因子			综合评价总分		学科扩散指标	学科影响指标
		数值	排名	离均差率	数值	排名	离均差率	数值	排名		
I282	ASIAN JOURNAL OF ANDROLOGY	592	8	-0.40	0.531	4	0.33	41.6	5	14.27	0.45
G889	国际皮肤性病学杂志	366	9	-0.63	0.168	10	-0.58	34.2	8	13.64	0.64
G230	临床皮肤科杂志	1362	5	0.38	0.213	9	-0.47	37.8	6	23.27	0.91
G652	实用皮肤病学杂志	83	11	-0.92	0.227	8	-0.43	14.6	11	4.45	0.55
G985	中国艾滋病性病	1581	2	0.60	0.790	1	0.98	74.8	1	15.36	0.64
G110	中国麻风皮肤病杂志	807	7	-0.18	0.104	11	-0.74	24.3	9	19.18	0.91
G303	中国男科学杂志	846	6	-0.14	0.282	6	-0.30	35.7	7	19.36	0.36
G311	中国皮肤性病学杂志	1548	4	0.57	0.557	3	0.39	56.0	4	25.27	0.91
G727	中国性科学	344	10	-0.65	0.248	7	-0.38	20.1	10	12.27	0.73
G282	中华男科学杂志	1553	3	0.57	0.752	2	0.88	67.6	3	27.91	0.73
G157	中华皮肤科杂志	1801	1	0.82	0.526	5	0.32	68.2	2	26.73	0.91
	11 种期刊平均值	989			0.400						

神经病学、精神病学类

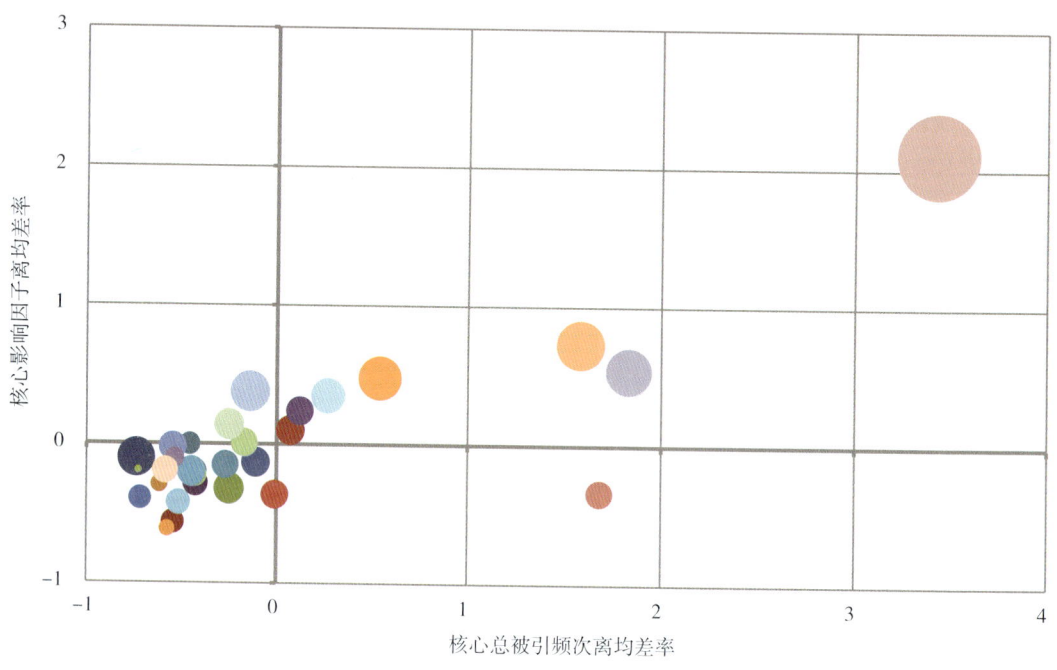

2012年神经病学、精神病学类期刊核心总被引频次和核心影响因子离均差率的分布图
（节点大小表示综合评价总分）

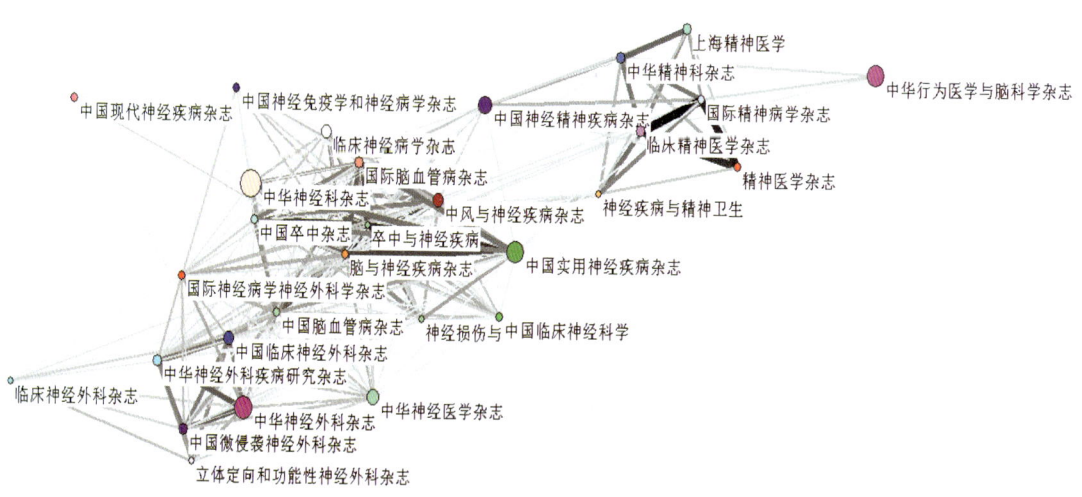

表 7-56 2012 年神经病学、精神病学类期刊主要指标

2012 年神经病学、精神病学类期刊互引关系示意图

CODE	刊 名	核心总被引频次			核心影响因子			综合评价总分		学科扩散指标	学科影响指标
		数值	排名	离均差率	数值	排名	离均差率	数值	排名		
G278	NEUROSCIENCE BULLETIN	275	30	-0.74	0.462	13	-0.10	37.2	6	5.13	0.57
G929	国际精神病学杂志	473	23	-0.55	0.225	29	-0.56	22.9	24	5.27	0.33
G939	国际脑血管病杂志	777	14	-0.25	0.350	24	-0.32	30.4	8	7.43	0.67
G426	国际神经病学神经外科学杂志	596	16	-0.43	0.371	22	-0.28	25.9	20	7.20	0.80
G953	精神医学杂志	561	20	-0.46	0.512	11	0.00	21.6	26	4.93	0.43
G580	立体定向和功能性神经外科杂志	398	27	-0.62	0.363	23	-0.29	16.7	28	3.73	0.47
G310	临床精神医学杂志	925	10	-0.11	0.446	15	-0.13	28.7	11	6.90	0.50
G309	临床神经病学杂志	1119	8	0.07	0.563	9	0.10	28.6	12	8.60	0.80
G802	临床神经外科杂志	285	29	-0.73	0.415	18	-0.19	7.1	30	2.47	0.47
G288	脑与神经疾病杂志	584	18	-0.44	0.411	19	-0.20	27.1	17	7.40	0.73
G343	上海精神医学	761	15	-0.27	0.437	16	-0.15	27.0	18	6.23	0.47
G329	神经疾病与精神卫生	438	25	-0.58	0.200	30	-0.61	15.7	29	5.60	0.70
G319	神经损伤与功能重建	290	28	-0.72	0.313	27	-0.39	22.6	25	4.80	0.43
G094	中风与神经疾病杂志	1028	9	-0.01	0.330	26	-0.36	27.5	15	9.00	0.90
G536	中国临床神经科学	595	17	-0.43	0.400	21	-0.22	23.5	23	7.20	0.80
G794	中国临床神经外科杂志	1170	7	0.12	0.636	7	0.24	27.7	13	7.33	0.67
G422	中国脑血管病杂志	573	19	-0.45	0.411	19	-0.20	29.3	10	6.30	0.80
G114	中国神经精神疾病杂志	1607	5	0.54	0.761	4	0.48	42.5	4	11.07	0.93
G242	中国神经免疫学和神经病学杂志	473	23	-0.55	0.506	12	-0.02	27.7	13	6.60	0.63
G686	中国实用神经疾病杂志	2791	3	1.68	0.337	25	-0.34	26.3	19	11.60	0.83
G959	中国微侵袭神经外科杂志	860	12	-0.17	0.519	10	0.01	27.2	16	6.17	0.57
G623	中国现代神经疾病杂志	477	22	-0.54	0.462	13	-0.10	19.0	27	5.37	0.70
G529	中国卒中杂志	496	21	-0.52	0.299	28	-0.42	24.3	22	5.63	0.70
G263	中华行为医学与脑科学杂志	2686	4	1.58	0.889	2	0.73	47.2	2	11.97	0.67
G159	中华精神科杂志	896	11	-0.14	0.708	5	0.38	39.5	5	7.53	0.57
G197	中华神经科杂志	4611	1	3.43	1.596	1	2.11	83.0	1	13.47	0.93
G976	中华神经外科疾病研究杂志	782	13	-0.25	0.587	8	0.14	29.9	9	7.10	0.67
G160	中华神经外科杂志	2950	2	1.83	0.790	3	0.54	45.4	3	10.33	0.80
G446	中华神经医学杂志	1319	6	0.27	0.695	6	0.35	34.6	7	9.67	0.87
G229	卒中与神经疾病	430	26	-0.59	0.418	17	-0.19	25.7	21	5.70	0.73
	30 种期刊平均值	1041			0.514						

核医学、医学影像学类

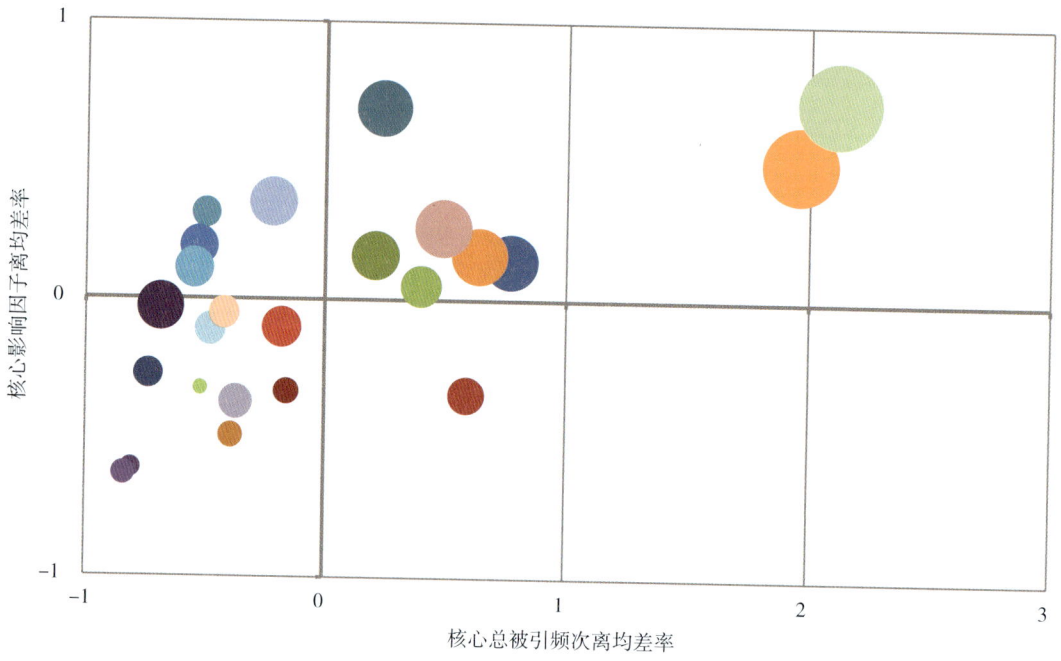

2012年核医学、医学影像学类期刊核心总被引频次和核心影响因子离均差率的分布图
（节点大小表示综合评价总分）

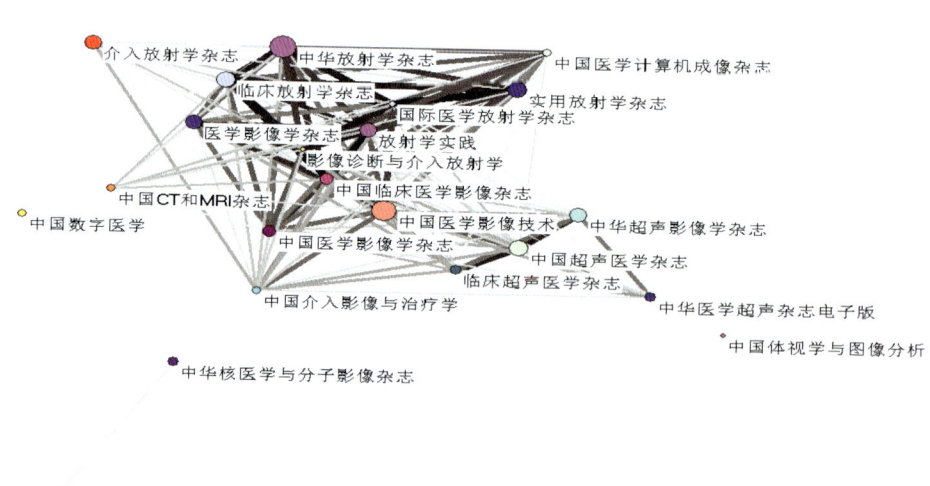

2012年核医学、医学影像学学类期刊互引关系示意图

表 7-57　2012 年核医学、医学影像学类期刊主要指标

CODE	刊 名	核心总被引频次			核心影响因子			综合评价总分		学科扩散指标	学科影响指标
		数值	排名	离均差率	数值	排名	离均差率	数值	排名		
G410	标记免疫分析与临床	349	22	-0.74	0.387	17	-0.27	30.2	18	7.33	0.13
G893	放射免疫学杂志	1108	10	-0.16	0.354	19	-0.33	26.3	20	11.71	0.29
G608	放射学实践	1596	9	0.21	0.617	9	0.16	48.8	7	11.88	0.83
G661	国际医学放射学杂志	408	21	-0.69	0.515	13	-0.03	47.8	9	7.08	0.75
G886	介入放射学杂志	1642	8	0.24	0.900	2	0.69	55.9	5	12.13	0.79
G880	临床超声医学杂志	809	14	-0.39	0.271	22	-0.49	25.7	21	8.71	0.67
G271	临床放射学杂志	2336	3	0.77	0.604	10	0.14	55.3	6	13.96	0.92
G534	实用放射学杂志	2101	5	0.59	0.353	20	-0.34	37.4	14	13.00	0.83
G265	医学影像学杂志	1844	7	0.40	0.556	12	0.05	41.2	10	12.50	0.79
G649	影像诊断与介入放射学	246	23	-0.81	0.206	23	-0.61	20.8	23	5.17	0.71
G546	中国 CT 和 MRI 杂志	659	17	-0.50	0.698	5	0.31	30.2	18	5.96	0.63
G097	中国超声医学杂志	2163	4	0.64	0.618	8	0.16	56.6	4	13.25	0.75
G206	中国介入影像与治疗学	618	19	-0.53	0.634	7	0.19	40.3	12	8.04	0.79
G304	中国临床医学影像杂志	1089	11	-0.18	0.477	15	-0.10	40.3	12	11.08	0.88
G926	中国数字医学	631	18	-0.52	0.360	18	-0.32	15.4	24	3.54	0.17
G561	中国体视学与图像分析	213	24	-0.84	0.196	24	-0.63	24.2	22	4.88	0.08
G236	中国医学计算机成像杂志	591	20	-0.55	0.589	11	0.11	41.0	11	8.08	0.83
G127	中国医学影像技术	3906	2	1.96	0.795	3	0.50	77.6	2	18.58	0.96
G193	中国医学影像学杂志	1031	12	-0.22	0.718	4	0.35	48.7	8	11.21	0.83
G195	中华超声影像学杂志	1964	6	0.49	0.667	6	0.26	57.5	3	12.50	0.75
G140	中华放射学杂志	4121	1	2.12	0.911	1	0.72	85.6	1	17.00	0.88
G141	中华放射医学与防护杂志	833	13	-0.37	0.332	21	-0.37	34.9	15	9.92	0.67
G145	中华核医学与分子影像杂志	690	16	-0.48	0.473	16	-0.11	32.6	16	7.75	0.58
Q920	中华医学超声杂志电子版	761	15	-0.42	0.507	14	-0.05	32.1	17	7.83	0.58
	24 种期刊平均值	1321			0.531						

肿瘤学类

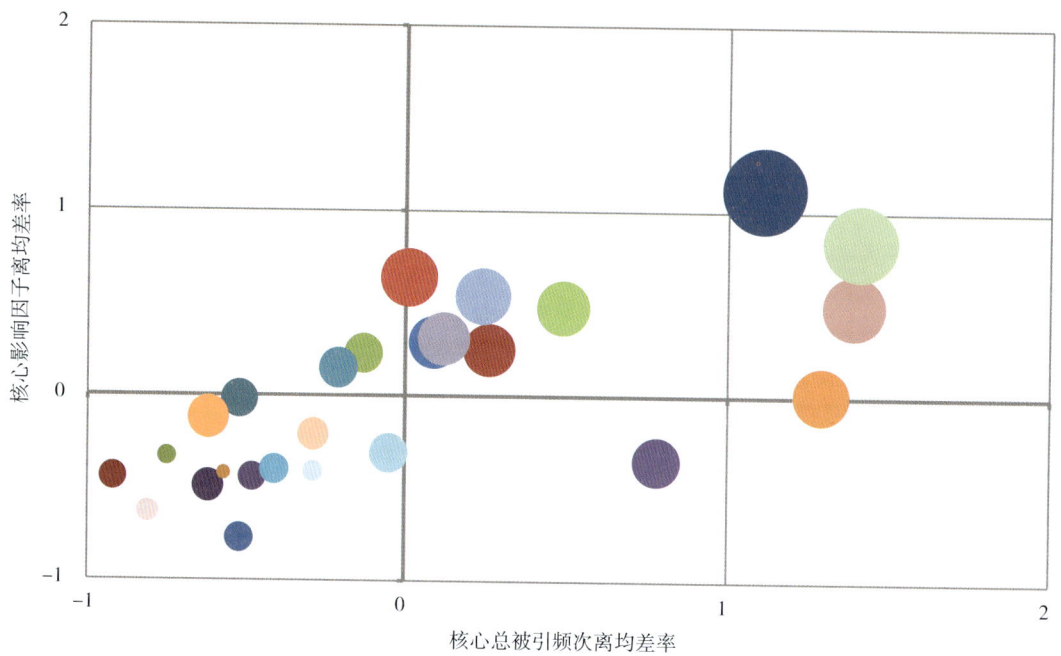

2012年肿瘤学类期刊核心总被引频次和核心影响因子离均差率的分布图（节点大小表示综合评价总分）

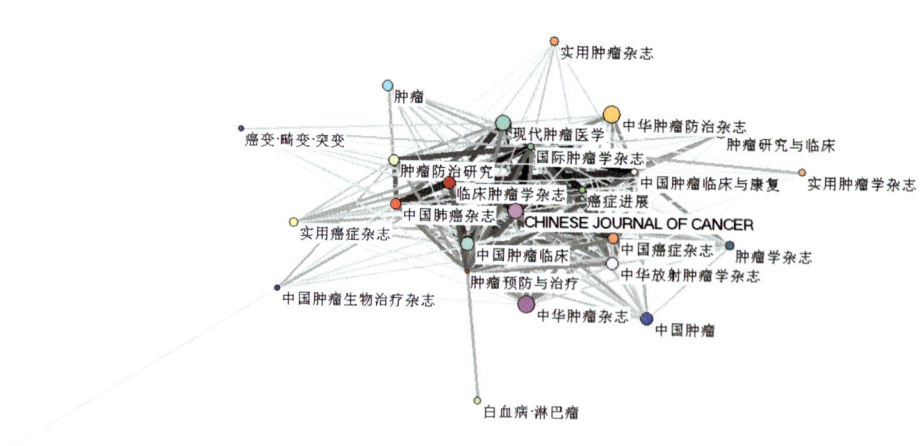

2012年肿瘤学类期刊互引关系示意图

表 7-58 2012年肿瘤学类期刊主要指标

CODE	刊 名	核心总被引频次 数值	排名	离均差率	核心影响因子 数值	排名	离均差率	综合评价总分 数值	排名	学科扩散指标	学科影响指标
G011	CHINESE JOURNAL OF CANCER	2180	4	1.11	1.102	1	1.12	88.5	1	17.50	1.00
I037	CHINESE JOURNAL OF CANCER RESEARCH	80	26	-0.92	0.294	22	-0.44	29.4	22	2.12	0.31
G616	THE CHINESE-GERMAN JOURNAL OF CLINICAL ONCOLOGY	257	24	-0.75	0.350	17	-0.33	20.1	25	4.50	0.65
G549	癌变·畸变·突变	390	22	-0.62	0.268	24	-0.49	34.0	17	8.08	0.42
G481	癌症进展	498	19	-0.52	0.512	13	-0.02	39.6	16	8.73	0.81
G550	白血病·淋巴瘤	449	21	-0.57	0.301	21	-0.42	14.8	26	4.15	0.38
G937	国际肿瘤学杂志	495	20	-0.52	0.118	26	-0.77	31.0	19	9.92	0.73
Q910	临床肿瘤学杂志	1304	7	0.26	0.649	9	0.25	53.9	9	12.92	0.96
G512	实用癌症杂志	903	13	-0.13	0.639	10	0.23	40.9	14	9.88	0.88
G856	实用肿瘤学杂志	533	18	-0.48	0.291	23	-0.44	29.7	21	8.19	0.81
G890	实用肿瘤杂志	812	14	-0.21	0.600	11	0.15	41.6	13	10.23	0.85
G826	现代肿瘤医学	2369	3	1.29	0.524	12	0.01	59.3	5	16.62	0.85
G538	中国癌症杂志	1128	10	0.09	0.671	8	0.29	53.6	10	12.54	0.92
G320	中国肺癌杂志	1045	11	0.01	0.853	3	0.64	60.1	4	10.54	0.96
G642	中国肿瘤	1535	6	0.49	0.773	6	0.48	56.1	7	13.62	1.00
G133	中国肿瘤临床	1843	5	0.78	0.338	18	-0.35	50.6	11	14.69	1.00
G636	中国肿瘤临床与康复	610	17	-0.41	0.314	19	-0.40	31.0	19	9.42	0.73
G255	中国肿瘤生物治疗杂志	388	23	-0.62	0.457	14	-0.12	44.4	12	7.65	0.69
G251	中华放射肿瘤学杂志	1279	8	0.24	0.803	4	0.54	57.8	6	8.19	0.88
G858	中华肿瘤防治杂志	2467	2	1.39	0.774	5	0.49	66.2	3	14.81	1.00
G179	中华肿瘤杂志	2494	1	1.41	0.960	2	0.84	78.9	2	16.69	1.00
G184	肿瘤	1156	9	0.12	0.680	7	0.31	54.1	8	13.23	0.92
G185	肿瘤防治研究	982	12	-0.05	0.358	16	-0.31	40.6	15	12.46	0.92
G412	肿瘤学杂志	737	15	-0.29	0.410	15	-0.21	33.7	18	9.38	0.73
G522	肿瘤研究与临床	730	16	-0.29	0.306	20	-0.41	21.9	24	8.08	0.77
G695	肿瘤预防与治疗	197	25	-0.81	0.192	25	-0.63	23.5	23	4.58	0.69
	26 种期刊平均值	1033			0.521						

护理学类

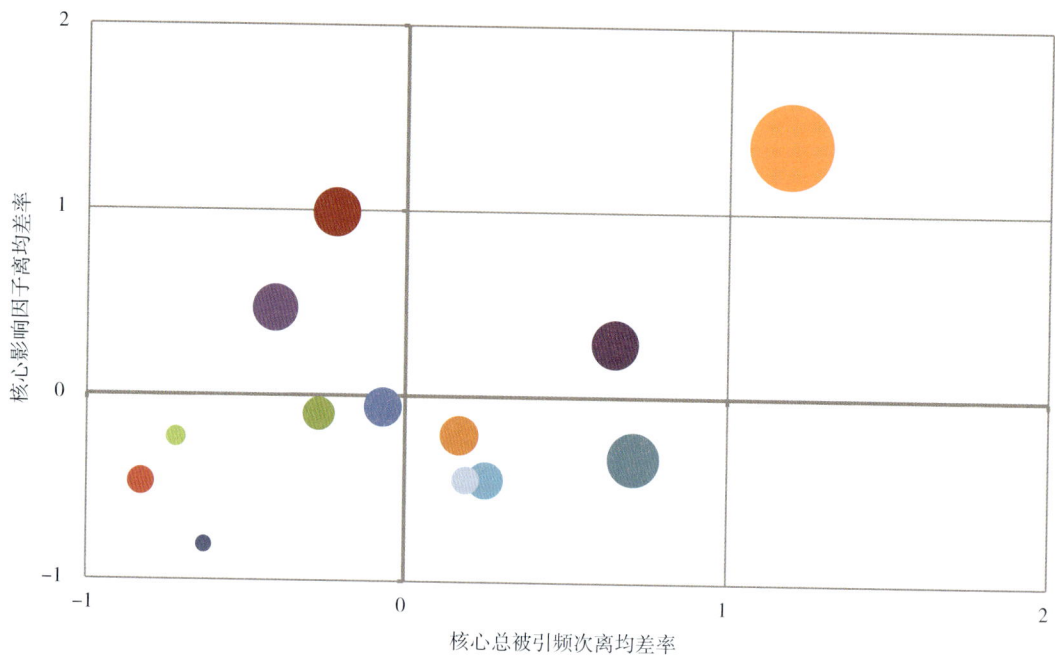

2012年护理学类期刊核心总被引频次和核心影响因子离均差率的分布图(节点大小表示综合评价总分)

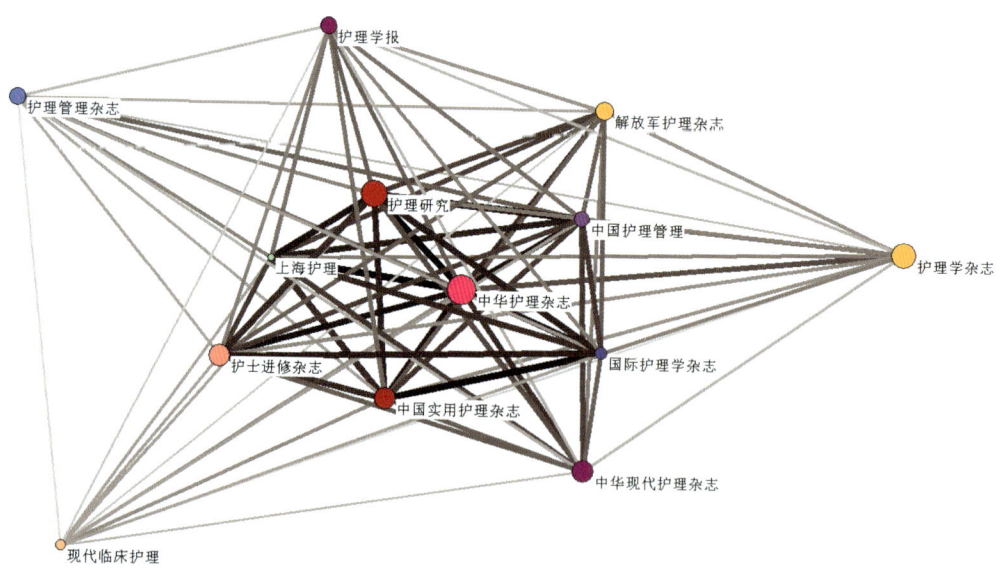

2012年护理学类期刊互引关系示意图

表 7-59 2012 年护理学类期刊主要指标

CODE	刊 名	核心总被引频次			核心影响因子			综合评价总分		学科扩散指标	学科影响指标
		数值	排名	离均差率	数值	排名	离均差率	数值	排名		
G967	国际护理学杂志	1359	11	-0.63	0.133	13	-0.81	19.4	13	14.08	1.00
G336	护理管理杂志	2825	8	-0.22	1.372	2	0.99	55.0	3	13.85	1.00
G987	护理学报	2649	9	-0.27	0.622	6	-0.10	37.7	9	19.23	1.00
G503	护理学杂志	5974	3	0.65	0.887	4	0.29	55.0	3	25.00	1.00
G654	护理研究	6205	2	0.71	0.463	9	-0.33	60.9	2	27.08	1.00
G734	护士进修杂志	4239	6	0.17	0.543	7	-0.21	44.2	7	22.00	1.00
G316	解放军护理杂志	3358	7	-0.07	0.648	5	-0.06	44.5	6	20.69	1.00
G330	上海护理	615	13	-0.83	0.363	12	-0.47	31.3	10	10.85	1.00
G438	现代临床护理	998	12	-0.72	0.531	8	-0.23	23.2	12	11.69	1.00
G417	中国护理管理	2130	10	-0.41	1.010	3	0.47	53.1	5	13.15	1.00
G305	中国实用护理杂志	4515	4	0.25	0.377	11	-0.45	41.7	8	21.08	1.00
G146	中华护理杂志	7926	1	1.19	1.633	1	1.37	97.3	1	28.54	1.00
G847	中华现代护理杂志	4327	5	0.19	0.380	10	-0.45	31.2	11	20.46	1.00
	13 种期刊平均值	3625			0.689						

预防医学与公共卫生学综合类

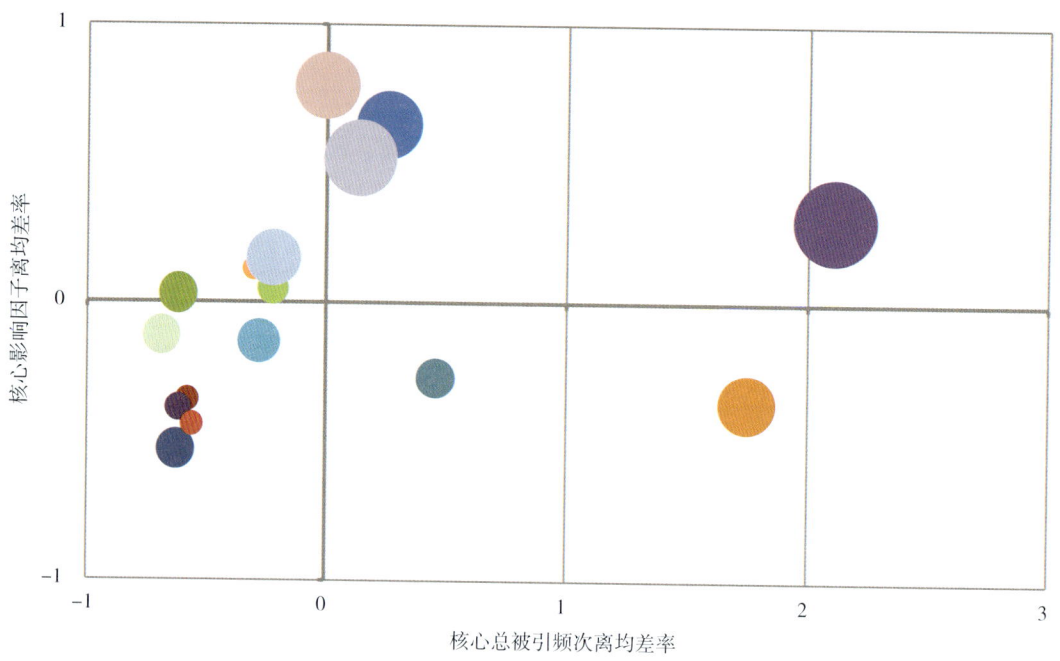

2012年预防医学与公共卫生学综合类期刊核心总被引频次和核心影响因子离均差率的分布图
（节点大小表示综合评价总分）

2012年预防医学与公共卫生学综合类期刊互引关系示意图

表 7-60　2012 年预防医学与公共卫生学综合类期刊主要指标

CODE	刊 名	核心总被引频次			核心影响因子			综合评价总分		学科扩散指标	学科影响指标
		数值	排名	离均差率	数值	排名	离均差率	数值	排名		
G542	毒理学杂志	618	15	-0.63	0.255	16	-0.53	34.2	9	15.88	0.56
G207	公共卫生与预防医学	696	12	-0.58	0.351	12	-0.35	21.4	14	12.63	0.81
G525	华南预防医学	634	13	-0.62	0.557	8	0.03	34.7	8	10.50	0.81
G961	解放军预防医学杂志	624	14	-0.62	0.337	14	-0.38	23.7	13	11.63	0.75
G768	实用预防医学	2426	3	0.46	0.393	11	-0.27	33.6	10	28.38	0.94
G963	现代预防医学	4568	2	1.75	0.343	13	-0.36	49.9	5	39.69	0.94
G089	营养学报	2099	4	0.26	0.884	2	0.64	57.6	3	22.50	0.81
G518	预防医学情报杂志	729	11	-0.56	0.302	15	-0.44	20.8	15	12.56	0.88
G479	浙江预防医学	1295	8	-0.22	0.568	7	0.05	27.5	12	17.31	0.94
G102	中国公共卫生	5171	1	2.11	0.701	4	0.30	72.9	1	39.19	1.00
G613	中国慢性病预防与控制	1190	9	-0.28	0.467	10	-0.14	37.1	7	17.94	0.81
G284	中国消毒学杂志	1168	10	-0.30	0.605	6	0.12	19.8	16	12.06	0.69
G753	中国预防医学杂志	1301	7	-0.22	0.627	5	0.16	47.7	6	19.81	0.94
G302	中华疾病控制杂志	1661	6	0.00	0.962	1	0.78	56.6	4	17.56	0.81
G824	中华临床营养杂志	521	16	-0.69	0.475	9	-0.12	33.6	10	11.13	0.44
G177	中华预防医学杂志	1903	5	0.14	0.820	3	0.52	64.2	2	27.31	1.00
	16 种期刊平均值	1663			0.540						

流行病学、环境医学类

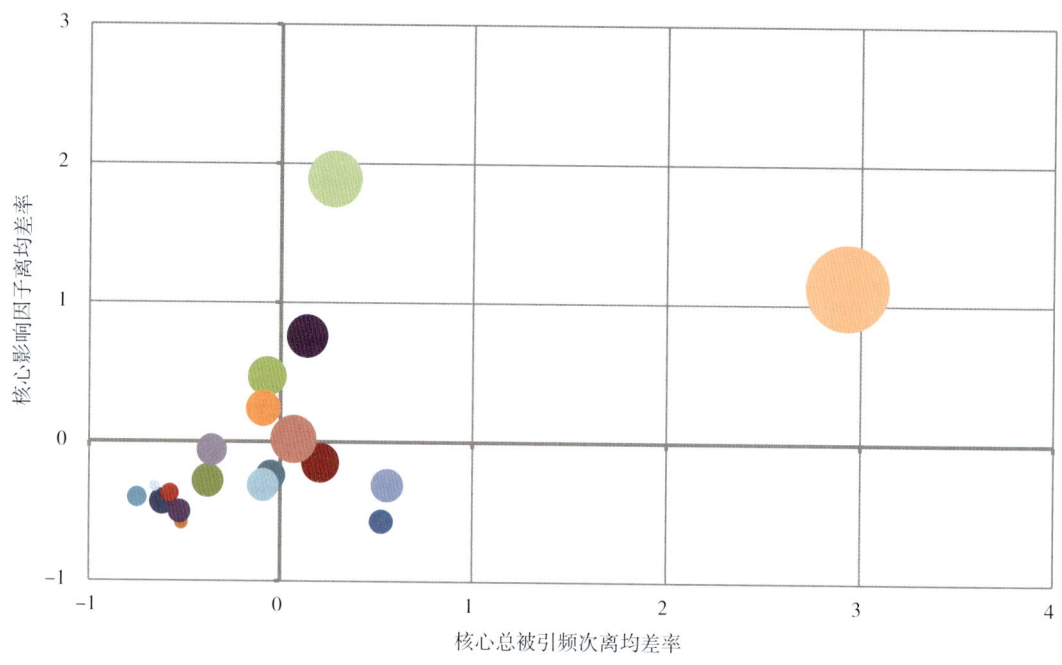

2012年流行病学、环境医学类期刊核心总被引频次和核心影响因子离均差率的分布图
（节点大小表示综合评价总分）

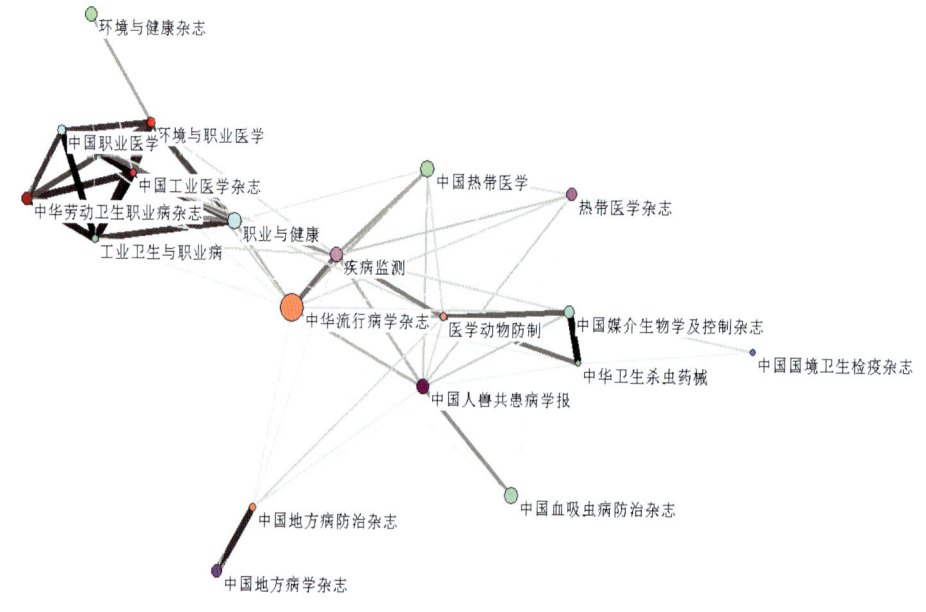

2012年流行病学、环境医学类期刊互引关系示意图

表 7-61 2012年流行病学、环境医学类期刊主要指标

CODE	刊 名	核心总被引频次			核心影响因子			综合评价总分		学科扩散指标	学科影响指标
		数值	排名	离均差率	数值	排名	离均差率	数值	排名		
G025	工业卫生与职业病	477	17	-0.62	0.289	16	-0.43	26.5	13	7.68	0.53
Z031	环境与健康杂志	1509	5	0.21	0.433	8	-0.15	40.1	6	19.32	0.89
G882	环境与职业医学	781	13	-0.38	0.365	10	-0.28	34.0	8	13.89	0.79
G452	疾病监测	1420	6	0.14	0.894	3	0.76	43.7	4	9.74	0.89
G609	热带医学杂志	1186	8	-0.05	0.386	9	-0.24	30.7	12	16.21	0.79
G482	医学动物防制	600	14	-0.52	0.212	19	-0.58	14.2	18	8.74	0.79
G884	职业与健康	1911	3	0.53	0.218	18	-0.57	25.0	14	20.47	0.89
G099	中国地方病防治杂志	527	16	-0.58	0.320	14	-0.37	19.0	17	7.26	0.79
G098	中国地方病学杂志	1167	9	-0.07	0.745	4	0.47	40.4	5	10.11	0.89
G244	中国工业医学杂志	590	15	-0.53	0.255	17	-0.50	23.9	15	9.74	0.79
G637	中国国境卫生检疫杂志	317	19	-0.75	0.304	15	-0.40	20.7	16	4.47	0.58
G598	中国媒介生物学及控制杂志	1133	10	-0.09	0.630	5	0.24	36.3	7	6.21	0.68
G629	中国热带医学	1951	2	0.56	0.351	11	-0.31	33.9	9	21.11	1.00
G112	中国人兽共患病学报	1336	7	0.07	0.516	6	0.02	48.5	3	13.74	0.79
G675	中国血吸虫病防治杂志	1606	4	0.28	1.464	1	1.89	57.2	2	5.63	0.68
G945	中国职业医学	795	12	-0.36	0.477	7	-0.06	32.2	11	10.21	0.63
G149	中华劳动卫生职业病杂志	1133	10	-0.09	0.349	12	-0.31	33.3	10	14.16	0.74
G152	中华流行病学杂志	4914	1	2.93	1.080	2	1.13	87.3	1	28.37	1.00
G740	中华卫生杀虫药械	424	18	-0.66	0.346	13	-0.32	11.3	19	2.95	0.58
	19种期刊平均值	1251			0.507						

优生学、计划生育学类

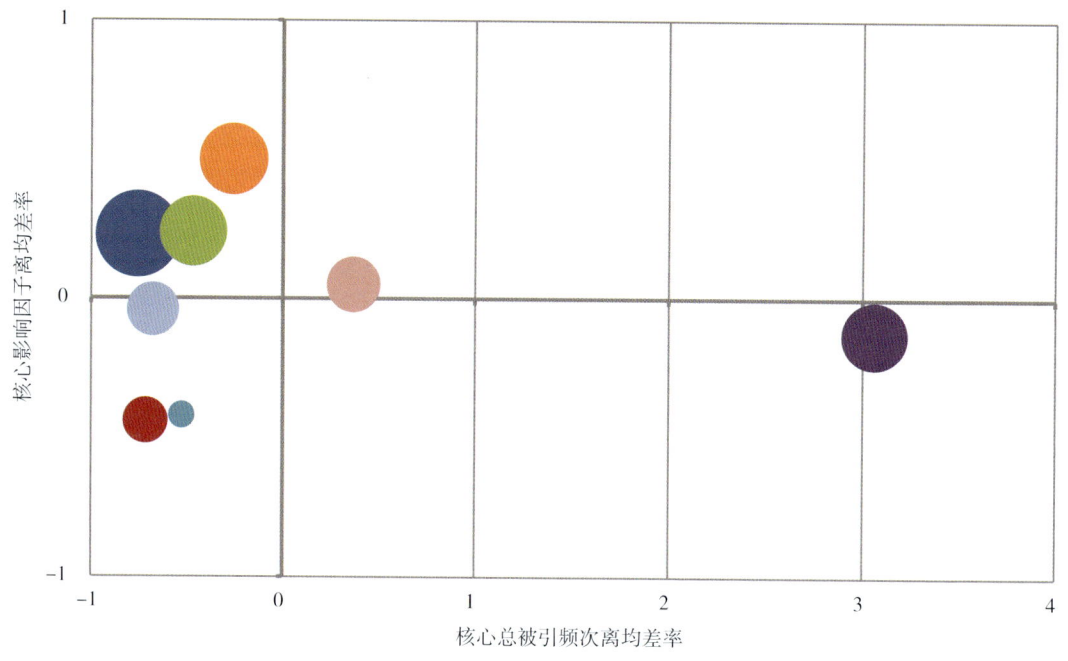

2012年优生学、计划生育学类期刊核心总被引频次和核心影响因子离均差率的分布图
（节点大小表示综合评价总分）

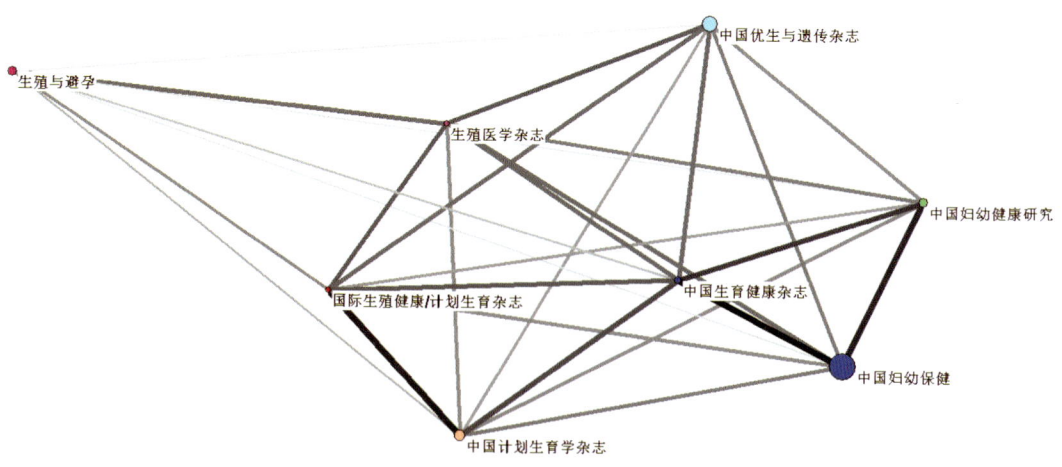

2012年优生学、计划生育学类期刊互引关系示意图

表 7-62　2012年优生学、计划生育学类期刊主要指标

CODE	刊 名	核心总被引频次			核心影响因子			综合评价总分		学科扩散指标	学科影响指标
		数值	排名	离均差率	数值	排名	离均差率	数值	排名		
S157	国际生殖健康/计划生育杂志	356	8	-0.76	0.480	3	0.23	55.0	1	20.00	1.00
G624	生殖医学杂志	409	7	-0.72	0.219	8	-0.44	29.2	7	20.88	0.88
G072	生殖与避孕	790	4	-0.47	0.483	2	0.24	44.6	3	26.13	1.00
G680	中国妇幼保健	6014	1	3.06	0.340	6	-0.13	43.1	4	55.38	1.00
G687	中国妇幼健康研究	701	5	-0.53	0.227	7	-0.42	17.4	8	29.75	1.00
G907	中国计划生育学杂志	1095	3	-0.26	0.588	1	0.50	45.3	2	26.63	1.00
G715	中国生育健康杂志	472	6	-0.68	0.377	5	-0.04	34.0	6	21.13	0.88
G706	中国优生与遗传杂志	2029	2	0.37	0.412	4	0.05	35.3	5	41.00	1.00
	8 种期刊平均值	1483			0.391						

卫生管理学、健康教育学类

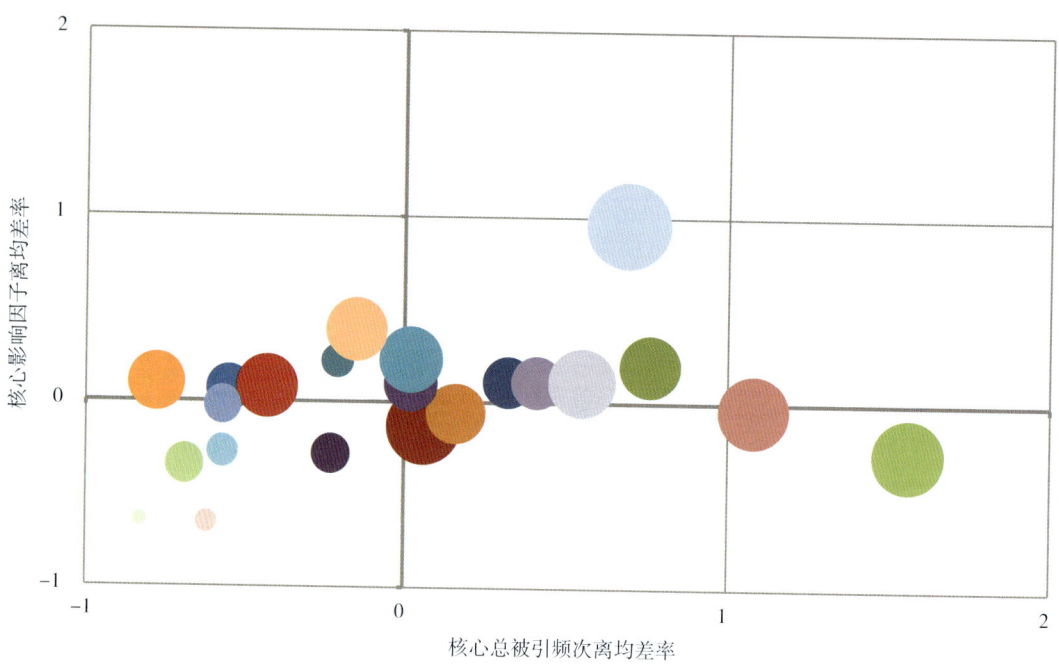

2012年卫生管理学、健康教育学类期刊核心总被引频次和核心影响因子离均差率的分布图
（节点大小表示综合评价总分）

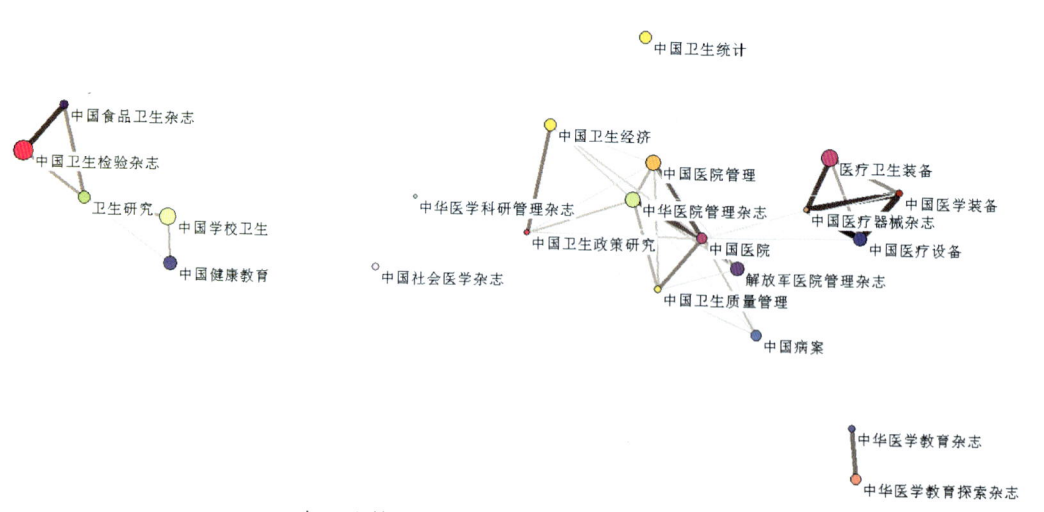

2012年卫生管理学、健康教育学类期刊互引关系示意图

表 7-63 2012 年卫生管理学、健康教育学类期刊主要指标

CODE	刊 名	核心总被引频次			核心影响因子			综合评价总分		学科扩散指标	学科影响指标
		数值	排名	离均差率	数值	排名	离均差率	数值	排名		
G315	解放军医院管理杂志	1825	7	0.32	0.622	6	0.11	40.2	14	7.05	0.86
G079	卫生研究	1467	9	0.06	0.486	16	-0.13	59.6	2	19.09	0.45
G605	医疗卫生装备	2441	3	0.76	0.670	5	0.20	48.7	9	12.32	0.68
S590	中华医学教育探索杂志	1061	14	-0.23	0.401	19	-0.28	31.1	17	7.41	0.55
G750	中国病案	1092	13	-0.21	0.683	4	0.22	26.1	19	5.95	0.68
G787	中国健康教育	1604	8	0.16	0.523	15	-0.06	46.8	10	9.82	0.55
G366	中国社会医学杂志	625	16	-0.55	0.598	12	0.07	36.9	15	8.05	0.86
G429	中国食品卫生杂志	787	15	-0.43	0.605	11	0.08	49.5	7	10.23	0.32
G988	中国卫生检验杂志	3543	1	1.56	0.408	17	-0.27	57.4	3	23.95	0.45
S725	中国卫生经济	1408	11	0.02	0.613	9	0.10	43.3	12	7.73	0.86
G253	中国卫生统计	1410	10	0.02	0.687	3	0.23	51.1	6	15.91	1.00
G716	中国卫生政策研究	307	21	-0.78	0.612	10	0.10	45.7	11	3.32	0.64
G752	中国卫生质量管理	601	17	-0.57	0.547	13	-0.02	30.4	18	6.36	0.82
G908	中国学校卫生	2878	2	1.08	0.533	14	-0.04	56.7	4	10.91	0.45
G124	中国医疗器械杂志	430	20	-0.69	0.371	20	-0.34	31.7	16	6.14	0.45
G679	中国医疗设备	1954	6	0.41	0.620	7	0.11	41.2	13	9.41	0.68
S591	中国医学装备	591	18	-0.57	0.407	18	-0.27	25.7	20	5.41	0.73
Q918	中国医院	1174	12	-0.15	0.775	2	0.39	49.1	8	8.09	0.82
G454	中国医院管理	2336	4	0.69	1.092	1	0.96	67.1	1	9.59	0.82
G705	中华医学教育杂志	528	19	-0.62	0.196	22	-0.65	17.9	21	5.41	0.50
G307	中华医学科研管理杂志	236	22	-0.83	0.199	21	-0.64	11.8	22	3.18	0.45
G591	中华医院管理杂志	2143	5	0.55	0.619	8	0.11	53.4	5	10.05	0.86
	22 种期刊平均值	1384			0.558						

军事医学与特种医学类

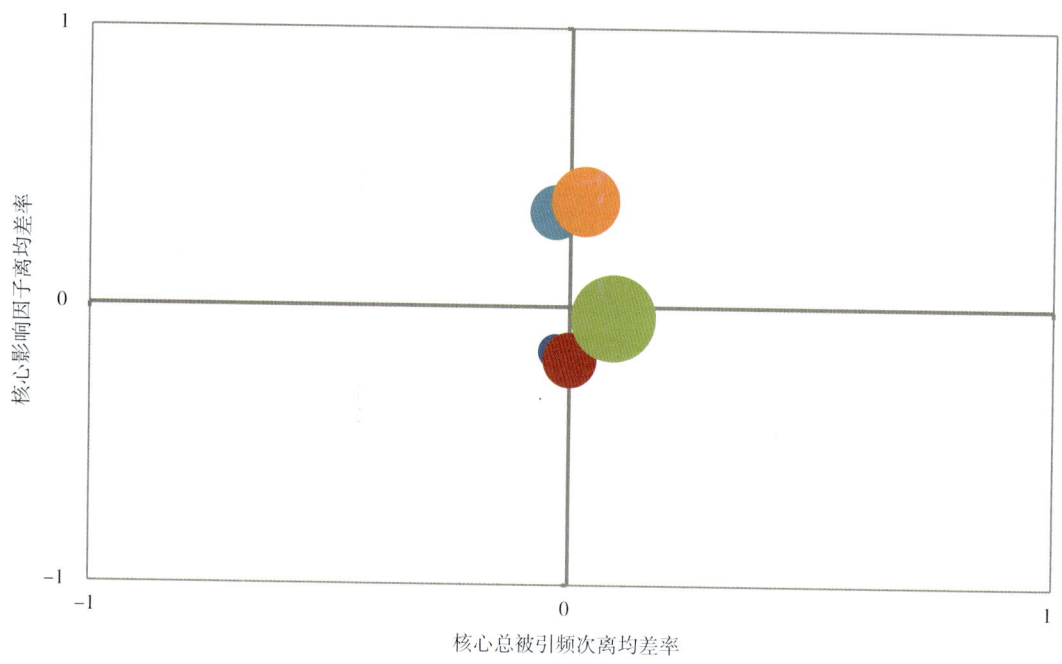

2012年军事医学与特种医学类期刊核心总被引频次和核心影响因子离均差率的分布图
（节点大小表示综合评价总分）

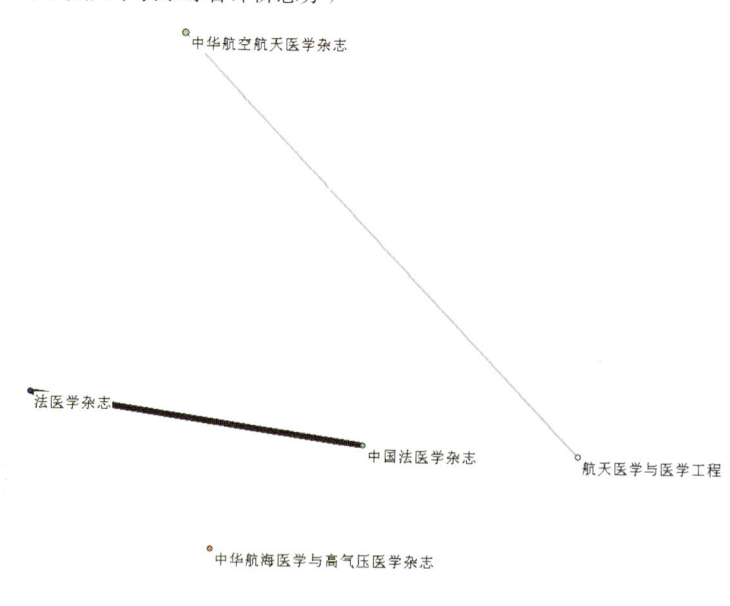

2012年军事医学与特种医学类期刊互引关系示意图

表 7-64　2012 年军事医学与特种医学类期刊主要指标

CODE	刊名	核心总被引频次			核心影响因子			综合评价总分		学科扩散指标	学科影响指标
		数值	排名	离均差率	数值	排名	离均差率	数值	排名		
G874	法医学杂志	425	4	-0.03	0.291	4	-0.16	30.0	5	26.67	0.67
G034	航天医学与医学工程	438	3	0.00	0.280	5	-0.19	47.0	3	26.00	0.67
G052	军事医学	477	1	0.09	0.331	3	-0.04	73.5	1	44.00	0.50
G100	中国法医学杂志	411	6	-0.06	0.233	6	-0.33	1.8	6	23.00	0.50
G335	中华航海医学与高气压医学杂志	422	5	-0.03	0.463	2	0.34	46.5	4	20.17	0.67
G144	中华航空航天医学杂志	450	2	0.03	0.477	1	0.38	59.3	2	15.83	0.67
	6 种期刊平均值	437			0.346						

药学类

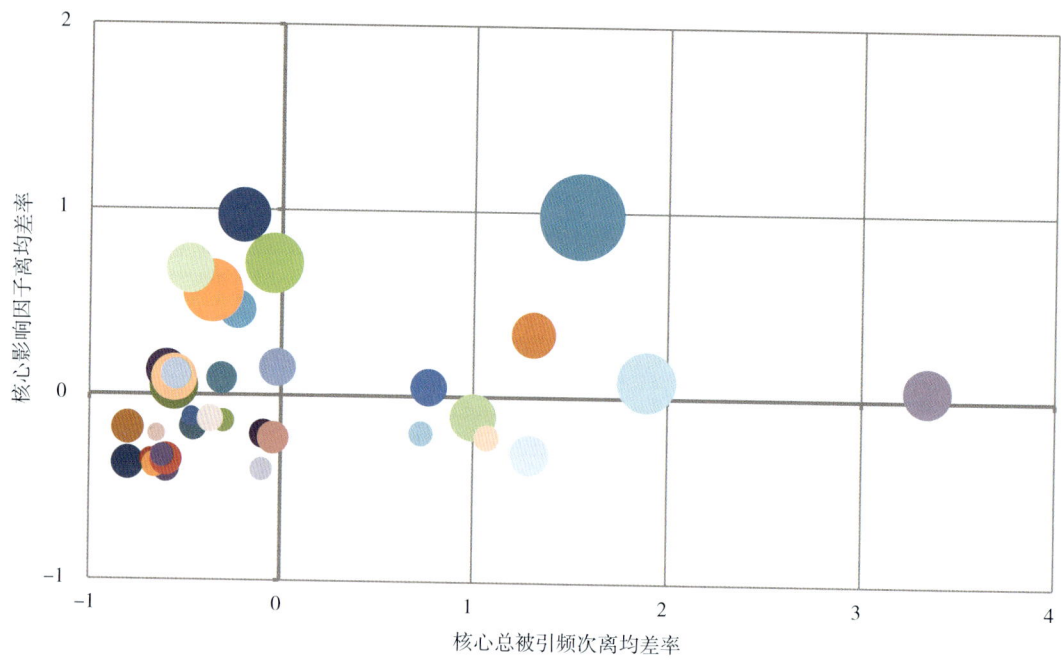

2012年药学类期刊核心总被引频次和核心影响因子离均差率的分布图
（节点大小表示综合评价总分）

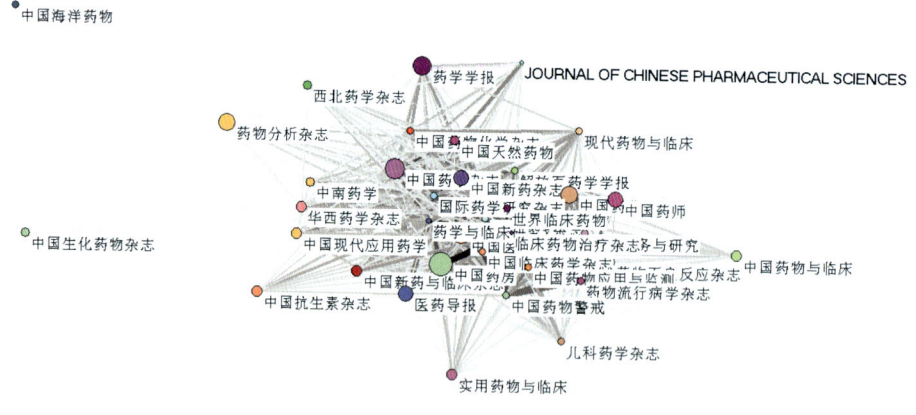

2012年药学类期刊互引关系示意图

表 7-65　2012 年药学类期刊主要指标

CODE	刊 名	核心总被引频次			核心影响因子			综合评价总分		学科扩散指标	学科影响指标
		数值	排名	离均差率	数值	排名	离均差率	数值	排名		
I227	JOURNAL OF CHINESE PHARMACEUTICAL SCIENCES	239	38	-0.80	0.336	35	-0.37	30.1	17	2.95	0.61
G920	儿科药学杂志	584	24	-0.52	0.531	17	0.00	22.2	31	4.34	0.66
G933	国际药学研究杂志	534	26	-0.56	0.559	14	0.05	44.3	7	7.11	0.79
G044	华西药学杂志	1098	13	-0.09	0.419	25	-0.21	25.9	24	7.34	0.79
G295	解放军药学学报	651	21	-0.46	0.439	22	-0.17	25.8	25	6.34	0.79
G673	临床药物治疗杂志	245	37	-0.80	0.435	23	-0.18	30.0	18	3.61	0.55
G834	实用药物与临床	973	15	-0.20	1.045	2	0.97	48.1	5	5.74	0.71
G485	世界临床药物	455	33	-0.62	0.343	33	-0.35	26.4	23	5.50	0.74
G792	西北药学杂志	842	17	-0.30	0.457	21	-0.14	20.7	33	5.87	0.68
G421	现代药物与临床	482	29	-0.60	0.602	9	0.13	37.3	12	4.63	0.55
G403	药物不良反应杂志	834	18	-0.31	0.577	13	0.09	28.1	21	5.79	0.84
G087	药物分析杂志	2795	4	1.31	0.710	7	0.34	40.5	11	8.58	0.84
G877	药物流行病学杂志	645	22	-0.47	0.469	19	-0.12	18.0	36	4.58	0.76
G514	药物生物技术	386	36	-0.68	0.343	33	-0.35	20.1	35	4.97	0.55
G977	药学服务与研究	456	31	-0.62	0.348	31	-0.34	17.4	37	4.26	0.82
G440	药学实践杂志	481	30	-0.60	0.319	37	-0.40	24.2	27	5.50	0.76
G008	药学学报	3086	3	1.55	1.053	1	0.98	76.5	1	13.18	0.87
G527	药学与临床研究	410	35	-0.66	0.330	36	-0.38	22.8	29	4.82	0.71
G844	医药导报	2139	8	0.77	0.557	15	0.05	33.4	15	10.45	0.92
G104	中国海洋药物	486	28	-0.60	0.344	32	-0.35	29.2	19	4.42	0.45
G107	中国抗生素杂志	1166	12	-0.04	0.910	3	0.71	53.5	4	7.95	0.84
G544	中国临床药学杂志	456	31	-0.62	0.358	30	-0.33	20.9	32	4.68	0.76
G268	中国生化药物杂志	930	16	-0.23	0.775	6	0.46	34.2	14	8.34	0.68
G101	中国天然药物	769	19	-0.36	0.830	5	0.56	55.6	2	5.71	0.74
G849	中国现代应用药学	1189	10	-0.02	0.611	8	0.15	33.4	15	7.97	0.84
G250	中国新药与临床杂志	1167	11	-0.04	0.409	28	-0.23	28.7	20	8.79	0.82
G747	中国新药杂志	2420	7	1.00	0.475	18	-0.11	41.9	9	13.39	1.00
G318	中国药房	5261	1	3.34	0.556	16	0.05	44.5	6	13.18	0.92
G878	中国药师	2093	9	0.73	0.424	24	-0.20	22.4	30	8.76	0.92
G220	中国药物化学杂志	532	27	-0.56	0.581	11	0.09	41.7	10	5.50	0.74
G227	中国药物警戒	547	25	-0.55	0.590	10	0.11	27.4	22	3.55	0.68
G248	中国药物依赖性杂志	420	34	-0.65	0.419	25	-0.21	16.3	38	3.55	0.34
G713	中国药物应用与监测	629	23	-0.48	0.894	4	0.68	44.1	8	6.26	0.79
G621	中国药物与临床	1090	14	-0.10	0.317	38	-0.40	20.7	33	9.68	0.76
G009	中国药学杂志	3494	2	1.89	0.581	11	0.09	54.3	3	13.74	0.97
G755	中国药业	2508	6	1.07	0.413	27	-0.22	23.0	28	10.16	0.89
G243	中国医院药学杂志	2772	5	1.29	0.365	29	-0.31	36.2	13	11.45	0.89
G599	中南药学	757	20	-0.37	0.461	20	-0.13	24.7	26	5.97	0.89
	38 种期刊平均值	1211			0.531						

中医学类

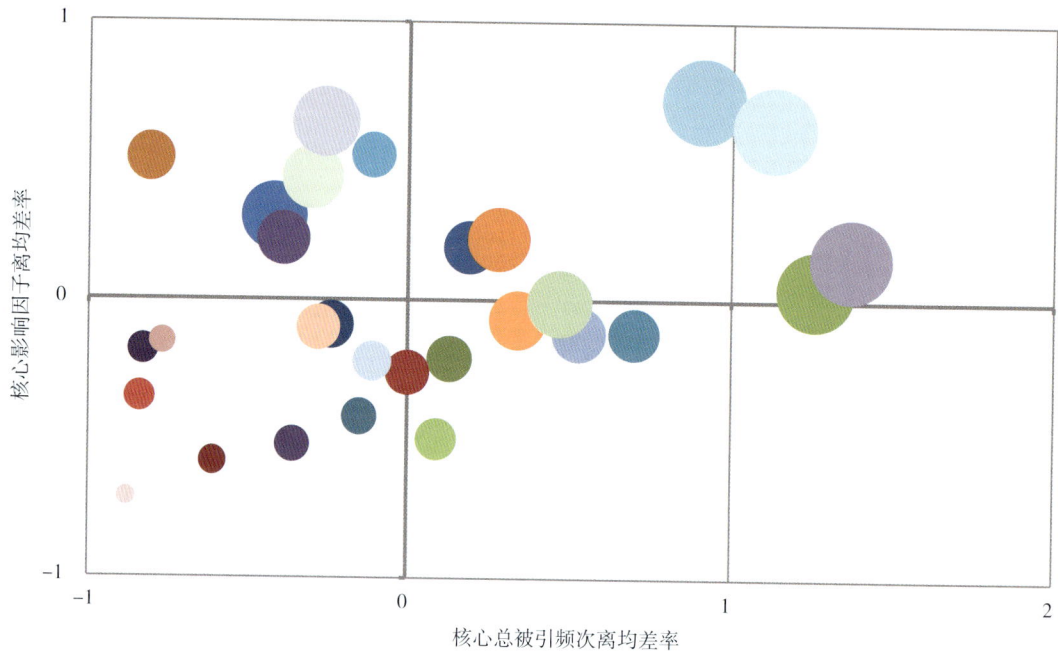

2012年中医学类期刊核心总被引频次和核心影响因子离均差率的分布图（节点大小表示综合评价总分）

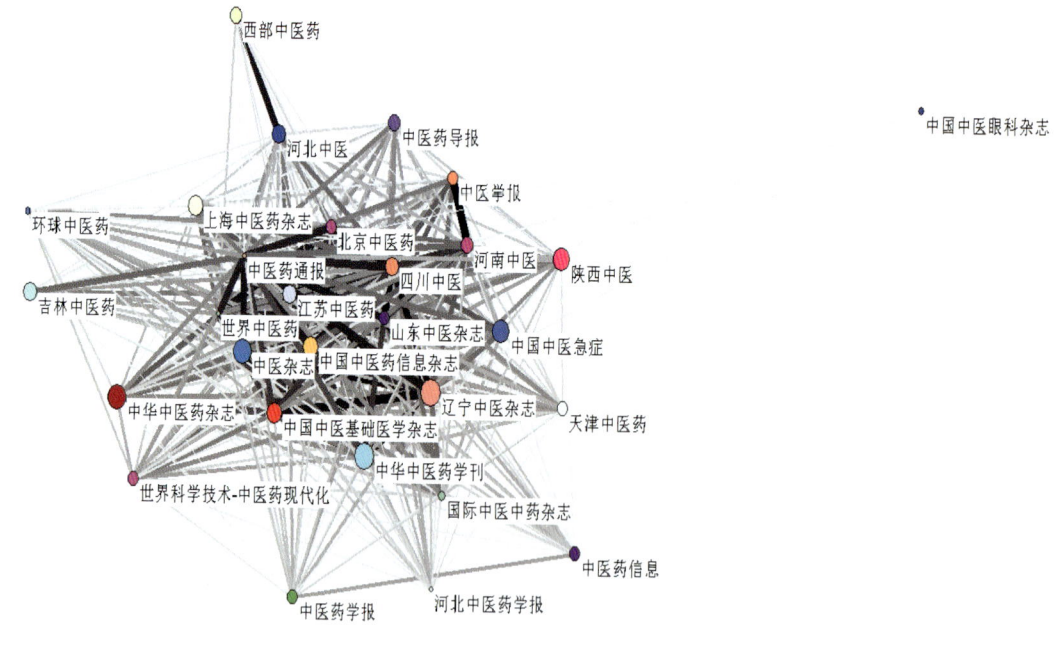

2012年中医学类期刊互引关系示意图

表 7-66　2012 年中医学类期刊主要指标

CODE	刊 名	核心总被引频次			核心影响因子			综合评价总分		学科扩散指标	学科影响指标
		数值	排名	离均差率	数值	排名	离均差率	数值	排名		
G620	北京中医药	1216	17	-0.24	0.366	15	-0.09	44.7	16	6.66	0.93
G934	国际中医中药杂志	627	24	-0.61	0.168	28	-0.58	27.5	27	6.38	0.93
G384	河北中医	1805	11	0.13	0.315	21	-0.21	43.2	17	7.52	1.00
G301	河北中医药学报	266	27	-0.83	0.328	20	-0.18	29.8	26	3.62	0.86
G684	河南中医	1362	16	-0.15	0.234	25	-0.42	34.7	23	7.31	1.00
G656	环球中医药	310	26	-0.81	0.603	5	0.51	46.3	15	3.17	0.83
G719	吉林中医药	1901	10	0.19	0.474	10	0.19	49.9	13	7.45	1.00
G397	江苏中医药	1597	13	0.00	0.296	23	-0.26	42.4	19	8.07	1.00
G646	辽宁中医杂志	3615	2	1.26	0.416	12	0.04	74.5	4	12.00	1.00
G574	山东中医杂志	1024	21	-0.36	0.191	27	-0.52	33.8	24	6.93	1.00
G725	陕西中医	2723	5	0.70	0.352	17	-0.12	49.0	14	9.76	1.00
G389	上海中医药杂志	2047	9	0.28	0.488	9	0.22	60.1	8	8.97	0.97
G906	世界科学技术-中医药现代化	936	23	-0.42	0.519	7	0.30	63.4	6	7.52	0.93
G483	世界中医药	258	28	-0.84	0.261	24	-0.35	30.0	25	3.48	0.93
G745	四川中医	1740	12	0.09	0.202	26	-0.50	39.3	21	7.79	1.00
G626	天津中医药	980	22	-0.39	0.489	8	0.22	50.6	12	6.55	0.97
G699	西部中医药	1422	14	-0.11	0.607	4	0.52	42.9	18	6.48	0.97
G632	中国中医基础医学杂志	2149	8	0.34	0.371	14	-0.07	55.0	10	9.10	1.00
G524	中国中医急症	2457	6	0.53	0.352	17	-0.12	51.8	11	9.83	1.00
G749	中国中医眼科杂志	364	25	-0.77	0.342	19	-0.15	25.6	28	3.83	0.83
G832	中国中医药信息杂志	2360	7	0.47	0.398	13	-0.01	62.5	7	12.10	1.00
G859	中华中医药学刊	3807	1	1.37	0.458	11	0.15	78.6	3	14.93	1.00
G910	中华中医药杂志	3064	4	0.91	0.689	1	0.72	80.7	2	11.24	1.00
G685	中医学报	1148	19	-0.28	0.360	16	-0.10	42.3	20	7.45	0.97
G681	中医药导报	1421	15	-0.11	0.314	22	-0.22	37.5	22	9.62	0.97
G764	中医药通报	187	29	-0.88	0.116	29	-0.71	18.1	29	2.52	0.86
G943	中医药信息	1115	20	-0.30	0.576	6	0.44	60.1	8	7.38	1.00
G812	中医药学报	1181	18	-0.26	0.654	2	0.64	65.9	5	8.17	0.97
G010	中医杂志	3413	3	1.13	0.649	3	0.62	81.0	1	10.03	1.00
	29 种期刊平均值	1603			0.400						

中医药大学学报类

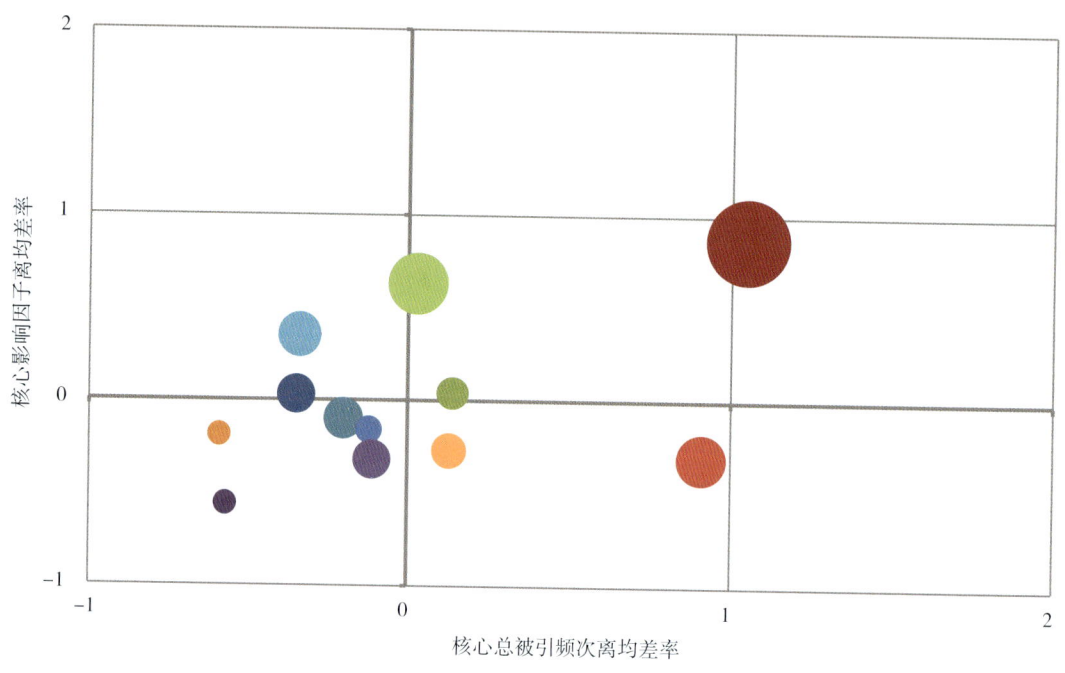

2012年中医药大学学报类期刊核心总被引频次和核心影响因子离均差率的分布图（节点大小表示综合评价总分）

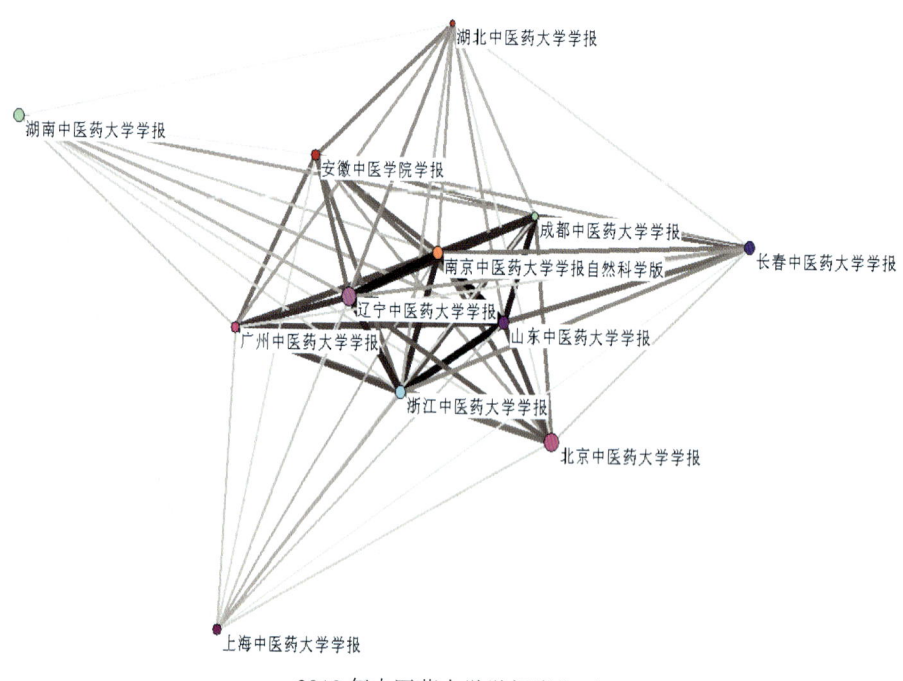

2012年中医药大学学报类期刊互引关系示意图

表 7-67　2012 年中医药大学学报类期刊主要指标

CODE	刊 名	核心总被引频次			核心影响因子			综合评价总分		学科扩散指标	学科影响指标
		数值	排名	离均差率	数值	排名	离均差率	数值	排名		
G013	安徽中医学院学报	695	10	-0.35	0.425	5	0.03	41.9	6	16.92	1.00
G017	北京中医药大学学报	2188	1	1.05	0.769	1	0.87	91.6	1	21.83	1.00
G992	长春中医药大学学报	1217	3	0.14	0.428	4	0.04	34.8	9	18.75	0.92
G019	成都中医药大学学报	459	11	-0.57	0.181	12	-0.56	25.9	12	12.67	0.83
G030	广州中医药大学学报	854	8	-0.20	0.368	6	-0.10	43.8	5	17.25	1.00
G334	湖北中医药大学学报	437	12	-0.59	0.333	8	-0.19	26.0	11	13.67	0.75
G041	湖南中医药大学学报	943	7	-0.12	0.347	7	-0.16	29.2	10	20.75	0.92
G850	辽宁中医药大学学报	2041	2	0.91	0.284	10	-0.31	54.3	3	26.67	1.00
G059	南京中医药大学学报自然科学版	1100	5	0.03	0.670	2	0.63	65.5	2	19.08	1.00
G063	山东中医药大学学报	950	6	-0.11	0.280	11	-0.32	41.5	7	17.58	1.00
G946	上海中医药大学学报	709	9	-0.34	0.553	3	0.35	47.6	4	14.33	1.00
G092	浙江中医药大学学报	1209	4	0.13	0.298	9	-0.27	37.7	8	24.08	1.00
	12 种期刊平均值	1067			0.411						

中西医结合医学类

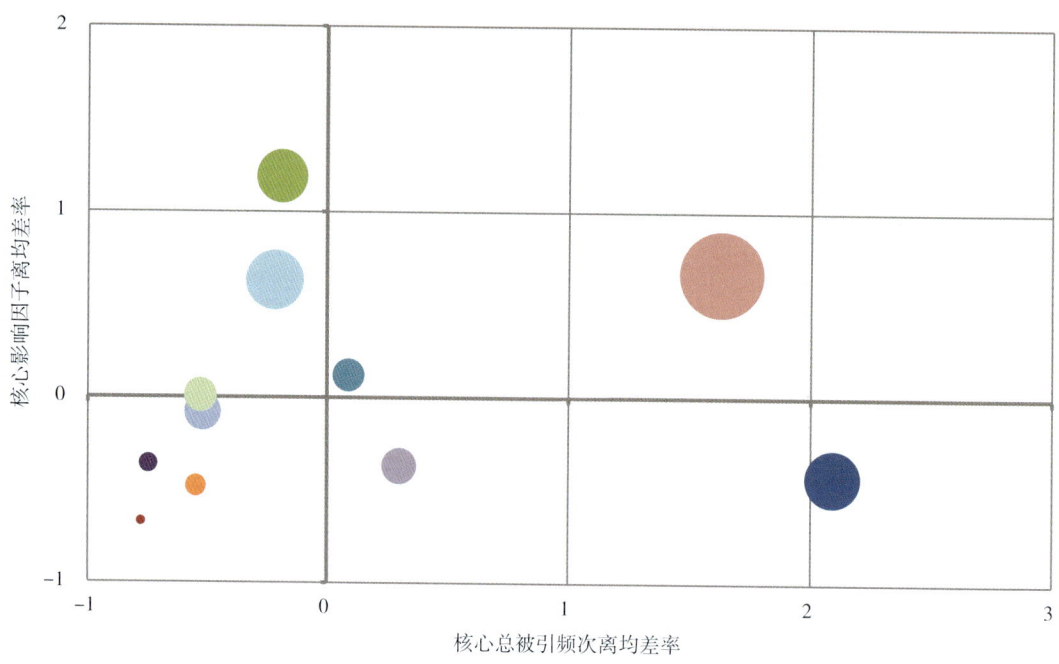

2012年中西医结合医学类期刊核心总被引频次和核心影响因子离均差率的分布图
（节点大小表示综合评价总分）

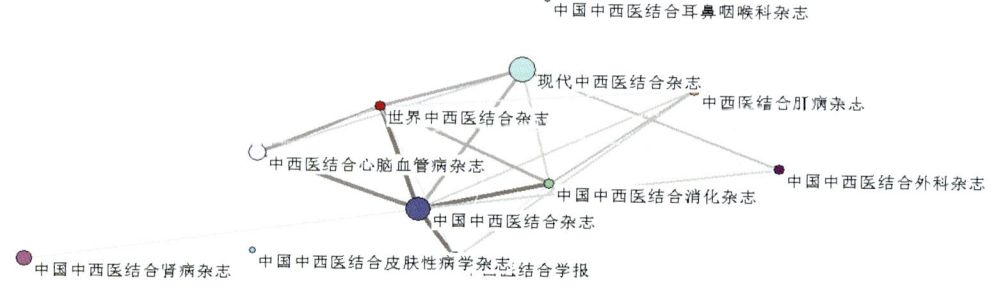

2012年中西医结合医学类期刊互引关系示意图

表 7-68　2012 年中西医结合医学类期刊主要指标

CODE	刊 名	核心总被引频次			核心影响因子			综合评价总分		学科扩散指标	学科影响指标
		数值	排名	离均差率	数值	排名	离均差率	数值	排名		
G484	世界中西医结合杂志	698	10	-0.56	0.410	7	-0.21	35.6	6	16.33	0.67
G951	现代中西医结合杂志	4904	1	2.09	0.294	10	-0.43	53.8	3	45.92	1.00
G347	中国中西医结合耳鼻咽喉科杂志	353	12	-0.78	0.171	12	-0.67	9.2	12	10.42	0.33
G843	中国中西医结合急救杂志	1285	5	-0.19	1.134	1	1.19	50.1	4	17.42	0.83
G757	中国中西医结合皮肤性病学杂志	402	11	-0.75	0.331	8	-0.36	18.0	11	11.42	0.42
G846	中国中西医结合肾病杂志	1728	4	0.09	0.582	4	0.12	31.0	9	21.67	0.50
G758	中国中西医结合外科杂志	708	9	-0.55	0.269	11	-0.48	20.6	10	20.08	0.75
G528	中国中西医结合消化杂志	762	7	-0.52	0.475	6	-0.08	36.1	5	14.17	0.75
G182	中国中西医结合杂志	4175	2	1.63	0.865	2	0.67	81.4	1	35.75	1.00
G842	中西医结合肝病杂志	746	8	-0.53	0.522	5	0.01	32.2	8	16.08	0.58
G597	中西医结合心脑血管病杂志	2067	3	0.30	0.324	9	-0.37	33.9	7	27.08	0.75
G442	中西医结合学报	1236	6	-0.22	0.842	3	0.63	56.4	2	22.75	0.75
	12 种期刊平均值	1589			0.518						

中药学类

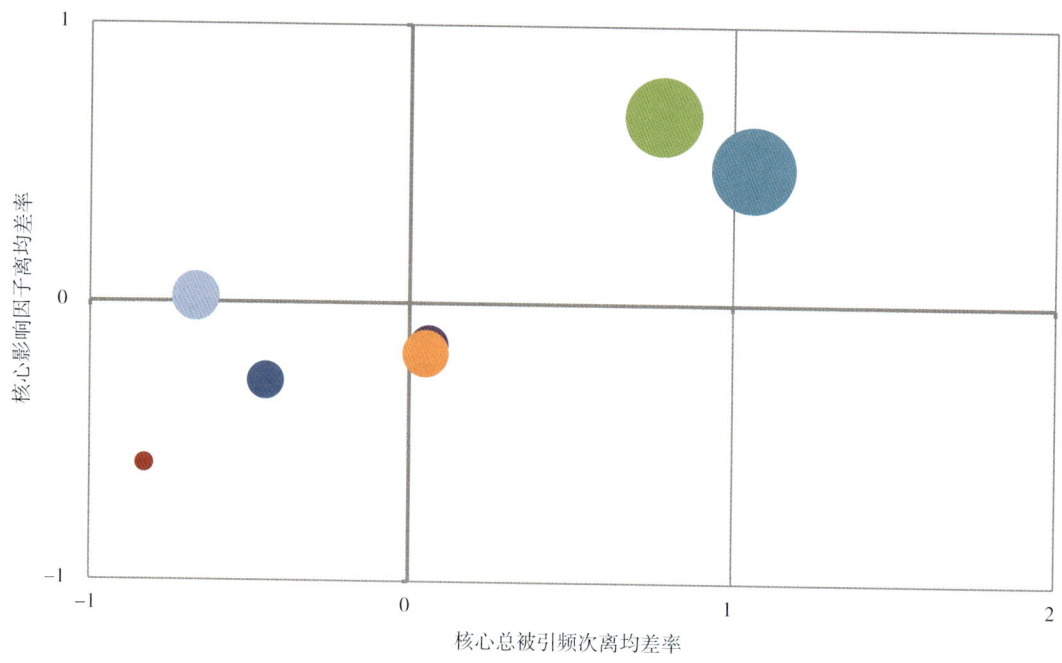

2012年中药学类期刊核心总被引频次和核心影响因子离均差率的分布图（节点大小表示综合评价总分）

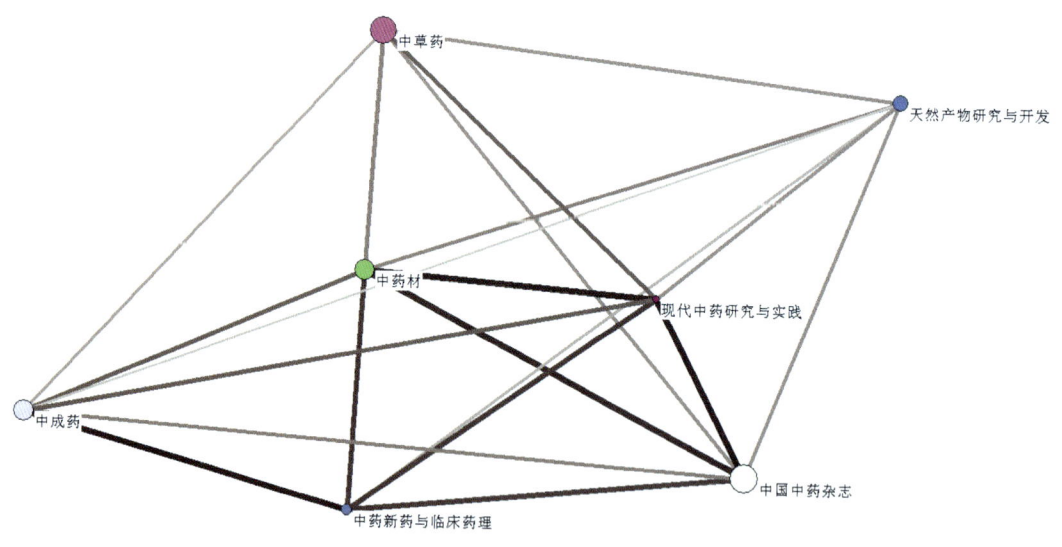

2012年中药学类期刊互引关系示意图

表 7-69 2012年中药学类期刊主要指标

CODE	刊名	核心总被引频次			核心影响因子			综合评价总分		学科扩散指标	学科影响指标
		数值	排名	离均差率	数值	排名	离均差率	数值	排名		
T611	天然产物研究与开发	2012	5	-0.45	0.448	6	-0.28	35.3	6	56.29	1.00
G486	现代中药研究与实践	618	7	-0.83	0.262	7	-0.58	18.0	7	28.86	1.00
G007	中草药	6472	2	0.78	1.040	1	0.68	74.3	2	81.29	1.00
G520	中成药	3849	3	0.06	0.524	4	-0.15	37.4	5	61.14	1.00
G132	中国中药杂志	7494	1	1.06	0.920	2	0.49	80.7	1	87.86	1.00
G183	中药材	3827	4	0.05	0.505	5	-0.18	44.1	4	70.71	1.00
G564	中药新药与临床药理	1190	6	-0.67	0.630	3	0.02	46.7	3	39.43	1.00
	7种期刊平均值	3637			0.618						

针灸、中医骨伤类

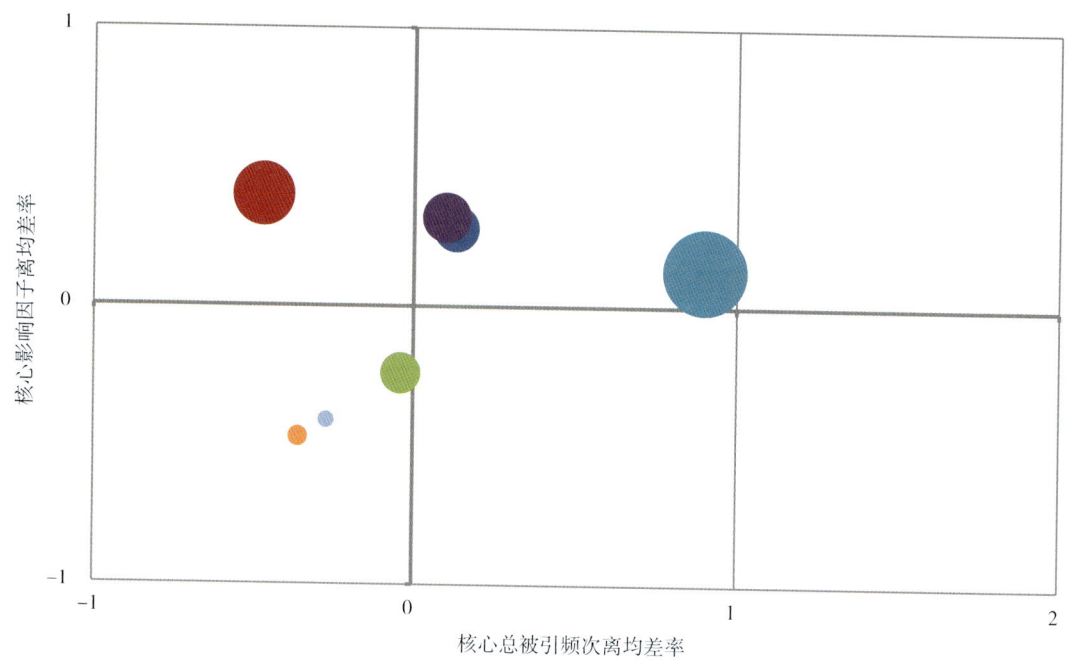

2012年针灸、中医骨伤类期刊核心总被引频次和核心影响因子离均差率的分布图（节点大小表示综合评价总分）

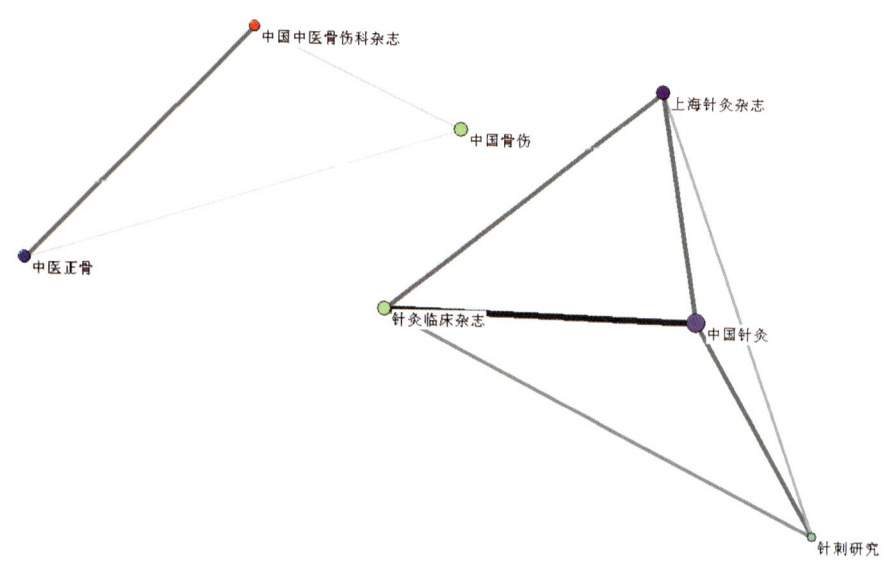

2012年针灸、中医骨伤类期刊互引关系示意图

表 7-70　2012 年针灸、中医骨伤类期刊主要指标

CODE	刊 名	核心总被引频次			核心影响因子			综合评价总分		学科扩散指标	学科影响指标
		数值	排名	离均差率	数值	排名	离均差率	数值	排名		
G596	上海针灸杂志	1946	2	0.13	0.829	3	0.28	42.8	4	22.43	0.86
G093	针刺研究	911	7	-0.47	0.907	1	0.40	58.5	2	20.43	0.71
G488	针灸临床杂志	1659	4	-0.04	0.489	5	-0.24	37.9	5	23.43	1.00
G103	中国骨伤	1898	3	0.10	0.852	2	0.32	45.6	3	35.71	1.00
G600	中国针灸	3277	1	0.90	0.731	4	0.13	79.4	1	30.86	1.00
G240	中国中医骨伤科杂志	1104	6	-0.36	0.340	7	-0.47	18.9	6	29.29	1.00
G643	中医正骨	1262	5	-0.27	0.382	6	-0.41	15.9	7	30.00	0.86
	7 种期刊平均值	1722			0.647						

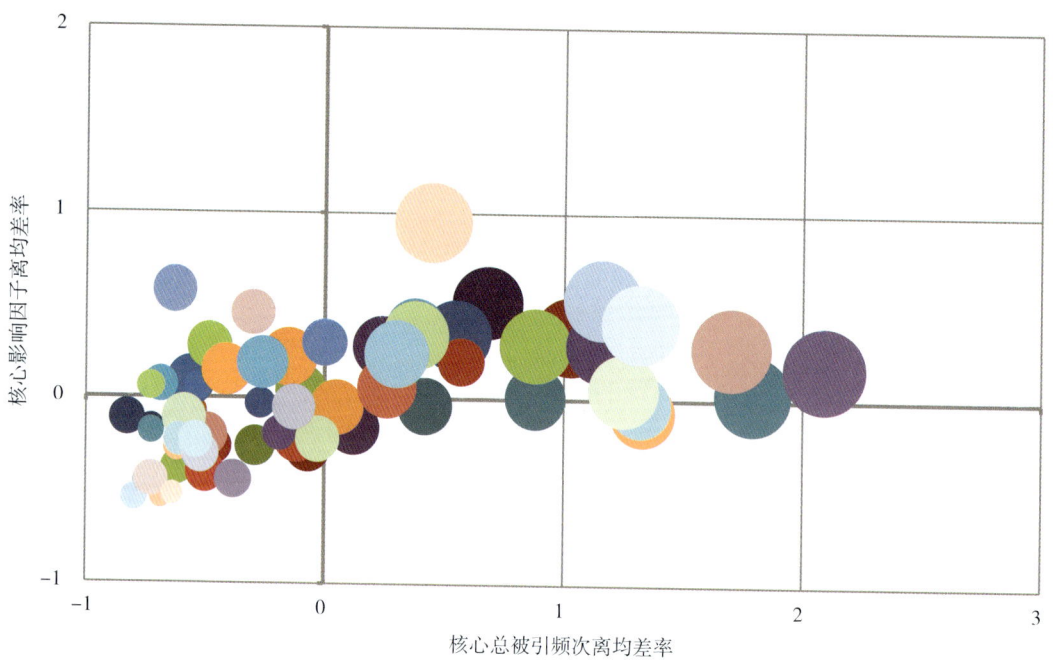

工程技术大学学报

2012 年工程技术大学学报类期刊核心总被引频次和核心影响因子离均差率的分布图(节点大小表示综合评价总分)

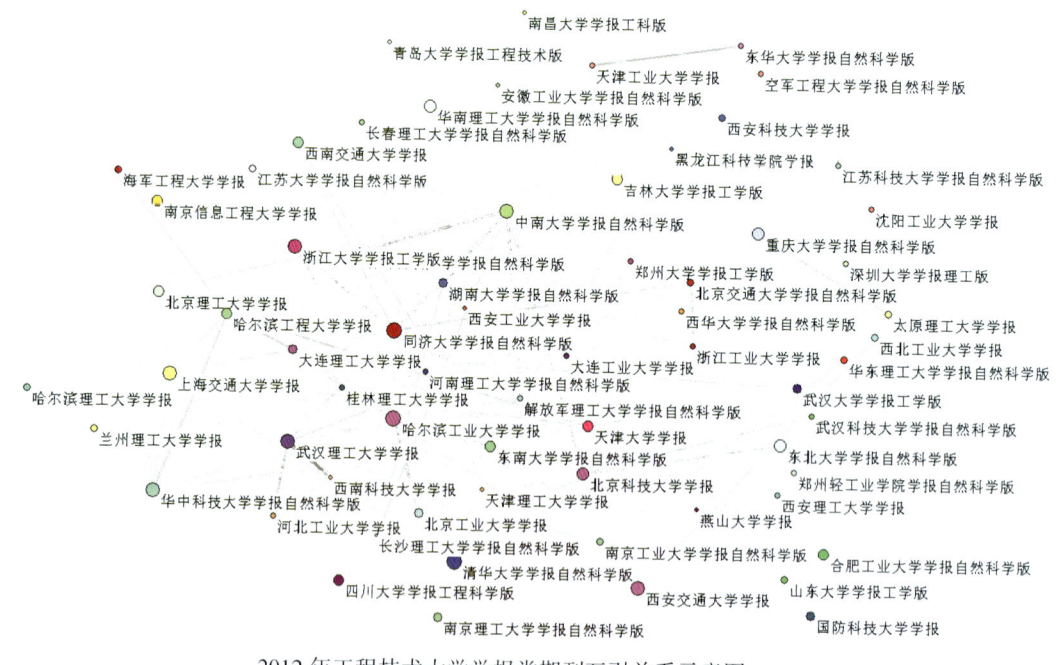

2012 年工程技术大学学报类期刊互引关系示意图

表 7-71　2012 年工程技术大学类期刊主要指标

CODE	刊名	核心总被引频次			核心影响因子			综合评价总分		学科扩散指标	学科影响指标
		数值	排名	离均差率	数值	排名	离均差率	数值	排名		
M031	安徽工业大学学报自然科学版	207	61	-0.73	0.276	43	-0.16	23.7	63	1.63	0.13
J030	北京工业大学学报	702	27	-0.07	0.239	56	-0.27	41.4	30	4.76	0.48
X014	北京交通大学学报自然科学版	536	35	-0.29	0.242	55	-0.26	35.2	41	4.09	0.46
M030	北京科技大学学报	1272	13	0.68	0.498	4	0.52	63.5	11	5.27	0.45
N001	北京理工大学学报	1076	17	0.42	0.314	35	-0.04	49.8	22	6.06	0.64
N056	长春理工大学学报自然科学版	349	48	-0.54	0.304	39	-0.07	21.2	65	2.57	0.18
J066	长沙理工大学学报自然科学版	132	67	-0.83	0.291	41	-0.11	32.2	46	1.28	0.12
J021	重庆大学学报自然科学版	1533	10	1.03	0.438	8	0.34	69.5	7	8.78	0.70
U512	大连工业大学学报	299	53	-0.61	0.283	42	-0.14	26.7	57	2.39	0.06
J024	大连理工大学学报	849	23	0.12	0.274	44	-0.16	46.9	24	6.13	0.58
J023	东北大学学报自然科学版	1424	11	0.88	0.331	32	0.01	55.2	18	6.76	0.63
U014	东华大学学报自然科学版	361	46	-0.52	0.223	59	-0.32	28.0	55	2.51	0.19
J028	东南大学学报自然科学版	1177	15	0.55	0.438	8	0.34	62.6	12	7.01	0.57
M033	桂林理工大学学报	412	40	-0.46	0.243	54	-0.26	32.3	45	2.60	0.10
A040	国防科技大学学报	684	28	-0.10	0.341	30	0.04	46.7	25	3.93	0.27
X025	哈尔滨工程大学学报	939	22	0.24	0.420	15	0.28	53.6	20	4.79	0.49
J003	哈尔滨工业大学学报	2113	2	1.79	0.338	31	0.03	70.0	5	9.51	0.85
J013	哈尔滨理工大学学报	464	38	-0.39	0.375	23	0.14	33.6	43	3.24	0.25
J055	海军工程大学学报	551	34	-0.27	0.317	33	-0.03	27.0	56	2.66	0.28
J053	合肥工业大学学报自然科学版	1190	14	0.57	0.392	19	0.20	41.7	29	6.39	0.46
J017	河北工业大学学报	284	56	-0.62	0.204	60	-0.38	30.1	51	2.73	0.13
K526	河南理工大学学报自然科学版	375	43	-0.50	0.266	48	-0.19	28.2	54	2.51	0.16
K505	黑龙江科技学院学报	203	63	-0.73	0.269	45	-0.18	23.7	63	1.54	0.19
A028	湖南大学学报自然科学版	796	24	0.05	0.312	37	-0.05	48.2	23	5.58	0.64
K016	湖南科技大学学报自然科学版	334	50	-0.56	0.357	24	0.09	44.7	28	2.73	0.16
T021	华东理工大学学报自然科学版	664	29	-0.12	0.257	50	-0.22	40.8	35	5.01	0.37
J004	华南理工大学学报自然科学版	1423	12	0.88	0.422	13	0.29	65.1	9	7.69	0.67
J033	华中科技大学学报自然科学版	1634	8	1.16	0.424	12	0.29	65.6	8	8.09	0.76
J042	吉林大学学报工学版	1047	18	0.38	0.449	7	0.37	55.5	17	5.46	0.60
J035	江苏大学学报自然科学版	645	31	-0.15	0.401	18	0.22	51.4	21	4.52	0.49
X015	江苏科技大学学报自然科学版	354	47	-0.53	0.348	26	0.06	25.2	59	2.57	0.18
A121	解放军理工大学学报自然科学版	375	43	-0.50	0.197	61	-0.40	36.2	40	3.07	0.34
J059	空军工程大学学报自然科学版	396	41	-0.48	0.419	16	0.28	41.3	31	2.25	0.13
J008	兰州理工大学学报	610	32	-0.19	0.267	47	-0.19	30.5	50	4.18	0.37
J050	南昌大学学报工科版	233	60	-0.69	0.352	25	0.07	31.9	47	2.03	0.10
T011	南京工业大学学报自然科学版	448	39	-0.41	0.378	22	0.15	45.5	27	3.66	0.22
N011	南京理工大学学报自然科学版	754	25	0.00	0.426	11	0.30	40.9	32	3.96	0.43
E120	南京信息工程大学学报	956	21	0.26	0.347	27	0.06	54.0	19	2.70	0.09
U018	青岛大学学报工程技术版	203	63	-0.73	0.347	27	0.06	25.4	58	1.96	0.09
J001	清华大学学报自然科学版	2340	1	2.09	0.383	21	0.17	75.6	1	10.34	0.88

表 7-71　2012 年工程技术大学类期刊主要指标（续）

CODE	刊　名	核心总被引频次			核心影响因子			综合评价总分		学科扩散指标	学科影响指标
		数值	排名	离均差率	数值	排名	离均差率	数值	排名		
J022	山东大学学报工学版	557	33	-0.26	0.389	20	0.19	45.8	26	4.13	0.40
X006	上海交通大学学报	1766	4	1.33	0.306	38	-0.07	59.0	14	8.07	0.70
A515	深圳大学学报理工版	282	57	-0.63	0.517	2	0.58	40.9	32	2.09	0.27
J052	沈阳工业大学学报	389	42	-0.49	0.263	49	-0.20	37.5	39	3.01	0.31
J051	四川大学学报工程科学版	1041	19	0.38	0.438	8	0.34	60.3	13	6.24	0.52
J011	太原理工大学学报	468	37	-0.38	0.184	62	-0.44	33.5	44	4.06	0.37
A041	天津大学学报	981	20	0.30	0.406	17	0.24	59.0	14	6.67	0.61
U017	天津工业大学学报	289	55	-0.62	0.238	57	-0.27	24.8	60	2.03	0.13
J054	天津理工大学学报	190	65	-0.75	0.180	64	-0.45	24.3	61	2.10	0.13
J032	同济大学学报自然科学版	2045	3	1.70	0.421	14	0.28	72.9	2	8.67	0.79
W014	武汉大学学报工学版	735	26	-0.03	0.256	51	-0.22	40.2	36	4.51	0.37
M032	武汉科技大学学报自然科学版	332	51	-0.56	0.269	45	-0.18	29.7	52	3.04	0.24
J006	武汉理工大学学报	1755	6	1.32	0.317	33	-0.03	56.0	16	8.37	0.60
J036	西安工业大学学报	235	59	-0.69	0.151	66	-0.54	19.2	67	2.12	0.21
X030	西安交通大学学报	1633	9	1.16	0.506	3	0.54	70.4	4	7.39	0.70
A150	西安科技大学学报	531	36	-0.30	0.479	5	0.46	39.0	38	2.78	0.22
J002	西安理工大学学报	312	52	-0.59	0.292	40	-0.11	40.9	32	2.88	0.31
Y023	西北工业大学学报	659	30	-0.13	0.313	36	-0.05	39.5	37	3.61	0.31
J045	西华大学学报自然科学版	295	54	-0.61	0.253	52	-0.23	29.1	53	2.61	0.19
X032	西南交通大学学报	1100	16	0.45	0.641	1	0.95	70.0	5	4.99	0.48
V548	西南科技大学学报	152	66	-0.80	0.150	67	-0.54	24.0	62	1.76	0.07
J025	燕山大学学报	204	62	-0.73	0.183	63	-0.44	31.3	49	1.97	0.24
A017	浙江大学学报工学版	1700	7	1.25	0.344	29	0.05	64.0	10	8.10	0.75
J016	浙江工业大学学报	362	45	-0.52	0.228	58	-0.30	34.5	42	3.75	0.19
J012	郑州大学学报工学版	345	49	-0.54	0.251	53	-0.23	31.6	48	3.03	0.25
U003	郑州轻工业学院学报自然科学版	272	58	-0.64	0.159	65	-0.52	20.6	66	2.12	0.12
K001	中南人学学报自然科学版	1759	5	1.32	0.463	6	0.41	70.5	3	7.63	0.60
	67 种期刊平均值	757			0. 328						

工程与技术科学基础学科类

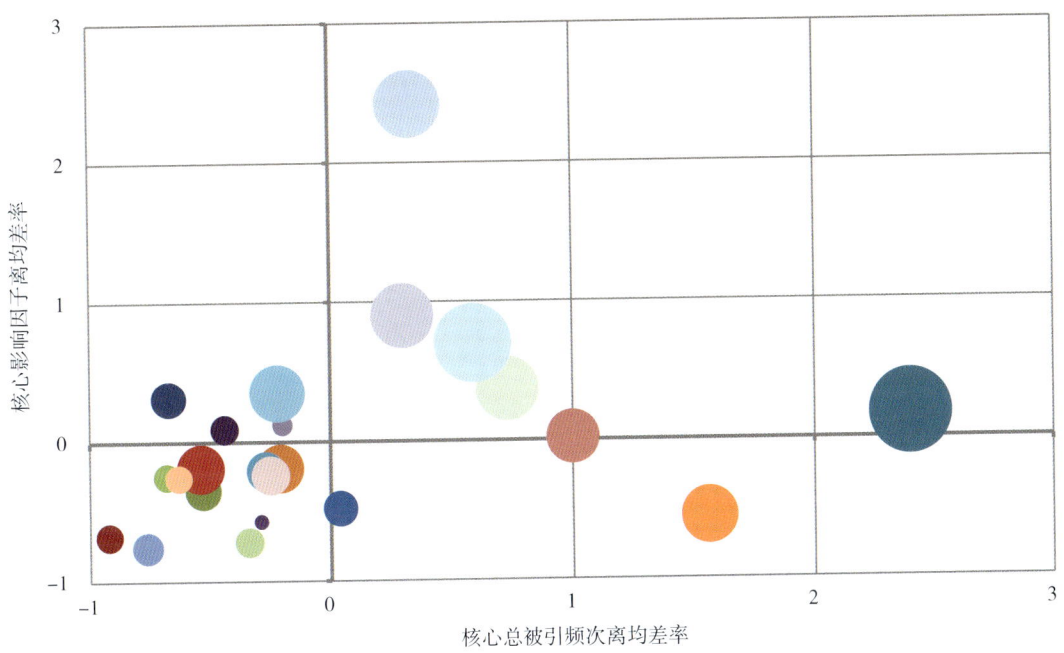

2012年工程与技术基础学科类期刊核心总被引频次和核心影响因子离均差率的分布图
（节点大小表示综合评价总分）

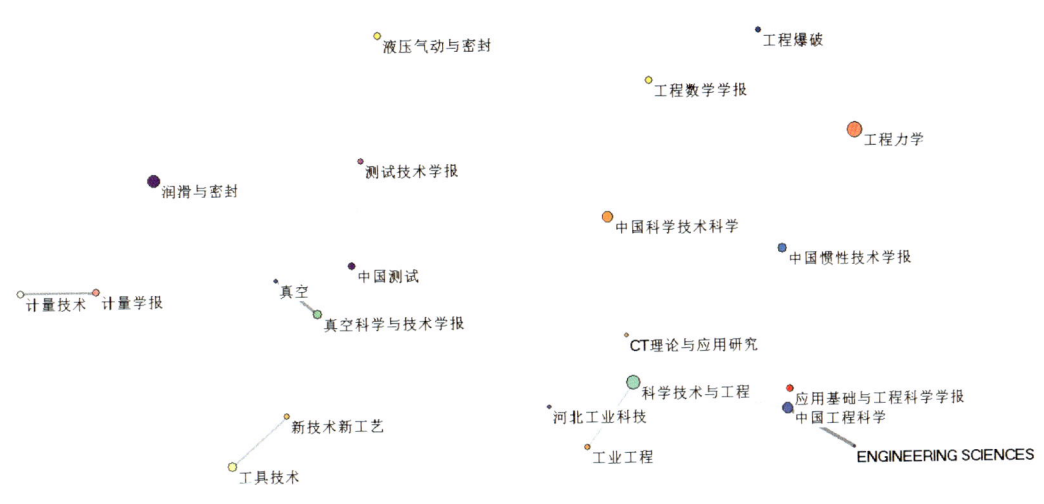

2012年工程与技术基础学科类期刊互引关系示意图

表7-72 2012年工程与技术基础学科类期刊主要指标

CODE	刊 名	核心总被引频次			核心影响因子			综合评价总分		学科扩散指标	学科影响指标
		数值	排名	离均差率	数值	排名	离均差率	数值	排名		
E626	CT理论与应用研究	216	20	-0.67	0.448	6	0.31	28.5	14	4.04	0.09
T082	ENGINEERING SCIENCES	54	23	-0.92	0.111	21	-0.68	22.5	19	1.74	0.09
R711	测试技术学报	303	17	-0.53	0.223	17	-0.35	29.2	13	6.70	0.26
N105	工程爆破	362	16	-0.44	0.372	9	0.09	23.2	18	3.17	0.13
C002	工程力学	2209	1	2.40	0.402	7	0.18	68.3	1	15.04	0.52
B031	工程数学学报	515	10	-0.21	0.276	12	-0.19	38.2	10	7.30	0.13
N064	工具技术	679	8	0.04	0.178	18	-0.48	28.1	15	7.57	0.43
J057	工业工程	298	18	-0.54	0.277	11	-0.19	38.6	9	5.35	0.13
J019	河北工业科技	209	21	-0.68	0.257	15	-0.25	21.8	20	4.35	0.17
N038	计量技术	462	14	-0.29	0.148	20	-0.57	11.9	23	5.70	0.39
N014	计量学报	476	13	-0.27	0.269	13	-0.21	31.1	11	7.26	0.30
A537	科学技术与工程	1661	2	1.56	0.153	19	-0.55	45.4	6	29.52	0.57
N106	人类工效学	156	22	-0.76	0.081	23	-0.76	25.4	16	3.70	0.13
N029	润滑与密封	1301	3	1.00	0.350	10	0.02	42.6	8	11.00	0.52
N080	新技术新工艺	428	15	-0.34	0.095	22	-0.72	23.8	17	7.30	0.22
N079	液压气动与密封	519	9	-0.20	0.383	8	0.12	16.6	22	3.61	0.17
A580	应用基础与工程科学学报	507	11	-0.22	0.460	5	0.35	45.2	7	11.22	0.30
N086	真空	238	19	-0.63	0.253	16	-0.26	21.6	21	4.22	0.26
N025	真空科学与技术学报	862	6	0.33	1.171	1	2.42	53.6	3	5.87	0.22
N830	中国测试	487	12	-0.25	0.260	14	-0.24	30.7	12	10.61	0.39
N754	中国工程科学	1123	4	0.73	0.467	4	0.37	51.2	4	22.83	0.48
N104	中国惯性技术学报	842	7	0.30	0.650	2	0.90	51.1	5	7.26	0.22
A109	中国科学 技术科学	1033	5	0.59	0.582	3	0.70	62.4	2	14.35	0.61
	23种期刊平均值	650			0.342						

信息与系统科学相关工程与技术类

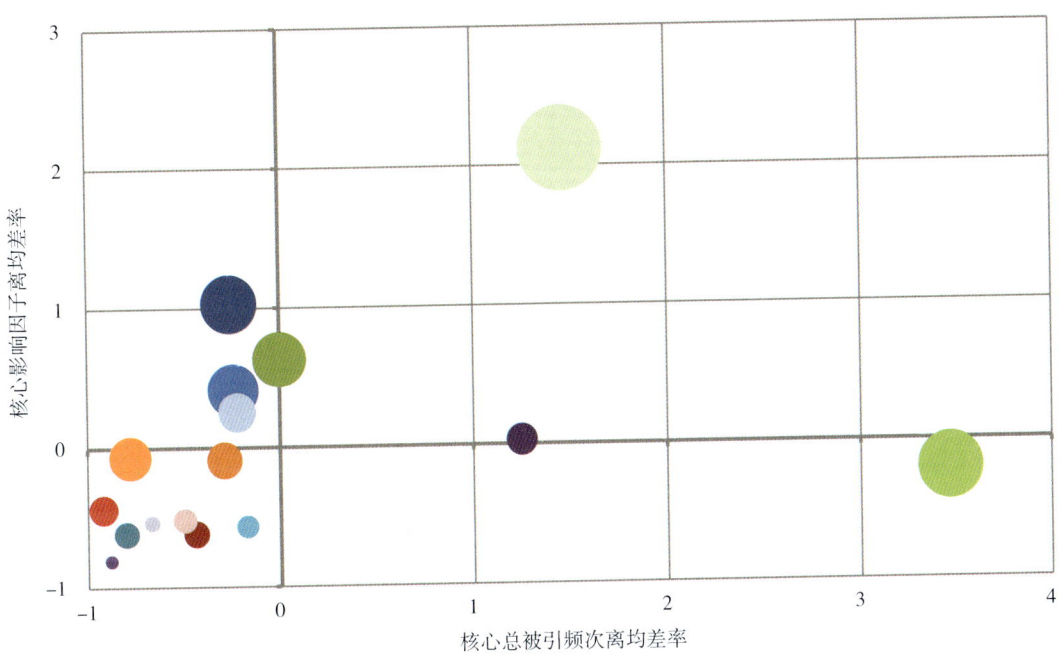

2012年信息与系统科学相关工程与技术类期刊核心总被引频次和核心影响因子离均差率的分布图
（节点大小表示综合评价总分）

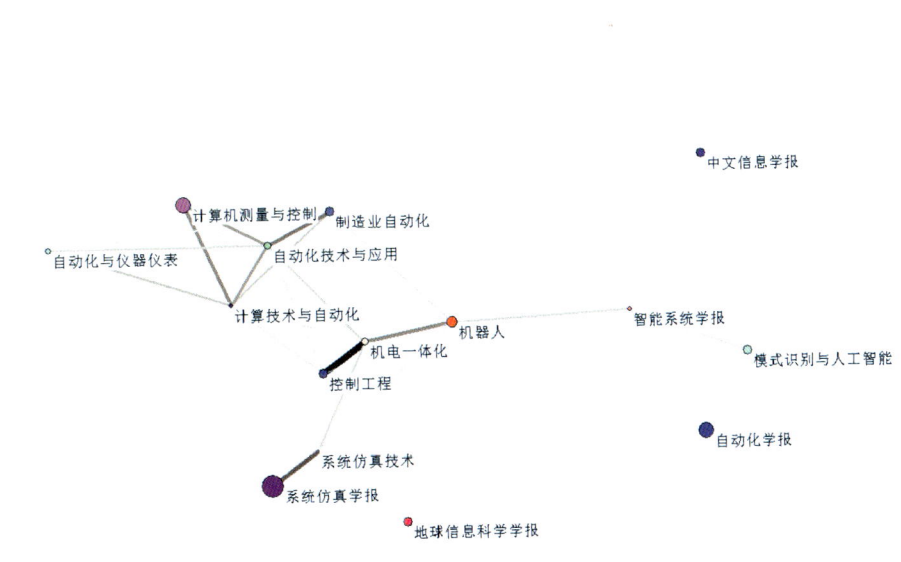

2012年信息与系统科学相关工程与技术类期刊互引关系示意图

表 7-73 2012年信息与系统科学相关工程与技术类期刊主要指标

CODE	刊 名	核心总被引频次			核心影响因子			综合评价总分		学科扩散指标	学科影响指标
		数值	排名	离均差率	数值	排名	离均差率	数值	排名		
E656	地球信息科学学报	709	8	-0.26	0.864	2	1.03	53.6	3	13.13	0.13
R099	机电一体化	544	10	-0.44	0.163	14	-0.62	24.5	11	12.00	0.50
S004	机器人	961	4	0.00	0.692	3	0.63	50.5	4	13.88	0.75
S050	计算机测量与控制	2169	3	1.25	0.437	6	0.03	29.4	9	19.50	0.63
S507	计算技术与自动化	195	14	-0.80	0.161	15	-0.62	23.6	12	6.69	0.31
S503	控制工程	681	9	-0.29	0.387	8	-0.09	33.9	8	14.25	0.69
S015	模式识别与人工智能	730	7	-0.24	0.598	4	0.41	48.7	5	13.38	0.63
S505	系统仿真技术	73	16	-0.92	0.236	10	-0.44	27.7	10	3.81	0.19
S003	系统仿真学报	4303	1	3.47	0.338	9	-0.20	62.1	2	36.06	1.00
S031	遥测遥控	111	15	-0.88	0.082	16	-0.81	12.3	16	4.00	0.19
S023	制造业自动化	797	5	-0.17	0.184	13	-0.57	21.2	14	14.38	0.63
S052	智能系统学报	214	13	-0.78	0.395	7	-0.07	39.7	6	6.81	0.69
S020	中文信息学报	752	6	-0.22	0.533	5	0.25	35.9	7	6.00	0.38
R737	自动化技术与应用	482	11	-0.50	0.203	11	-0.52	22.7	13	12.19	0.56
S026	自动化学报	2367	2	1.46	1.328	1	2.12	79.4	1	24.81	0.88
R611	自动化与仪器仪表	314	12	-0.67	0.195	12	-0.54	14.8	15	7.81	0.38
	16种期刊平均值	963			0.425						

生物工程类

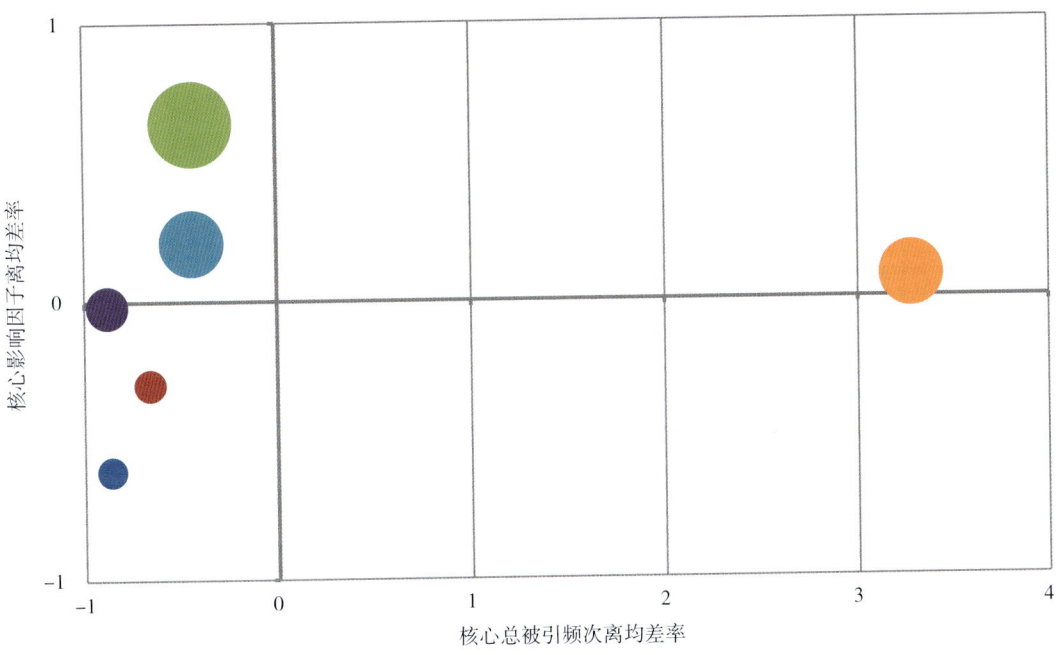

2012年生物工程类期刊核心总被引频次和核心影响因子离均差率的分布图
（节点大小表示综合评价总分）

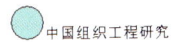 中国组织工程研究

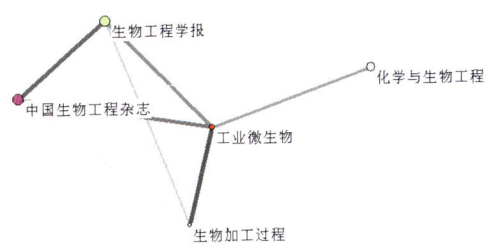

2012年生物工程类期刊互引关系示意图

表 7-74 2012 年生物工程类期刊主要指标

CODE	刊 名	核心总被引频次			核心影响因子			综合评价总分		学科扩散指标	学科影响指标
		数值	排名	离均差率	数值	排名	离均差率	数值	排名		
F030	工业微生物	304	5	-0.86	0.158	6	-0.61	25.4	6	20.83	0.83
T553	化学与生物工程	734	4	-0.66	0.286	5	-0.30	27.0	5	55.83	1.00
F003	生物工程学报	1232	2	-0.44	0.668	1	0.64	70.5	1	58.17	1.00
F204	生物加工过程	267	6	-0.88	0.397	4	-0.02	35.5	4	21.50	0.67
F255	中国生物工程杂志	1224	3	-0.44	0.494	2	0.21	54.6	2	69.67	1.00
G299	中国组织工程研究	9345	1	3.28	0.439	3	0.08	54.4	3	131.17	0.67
	6 种期刊平均值	2184			0.407						

农业工程类

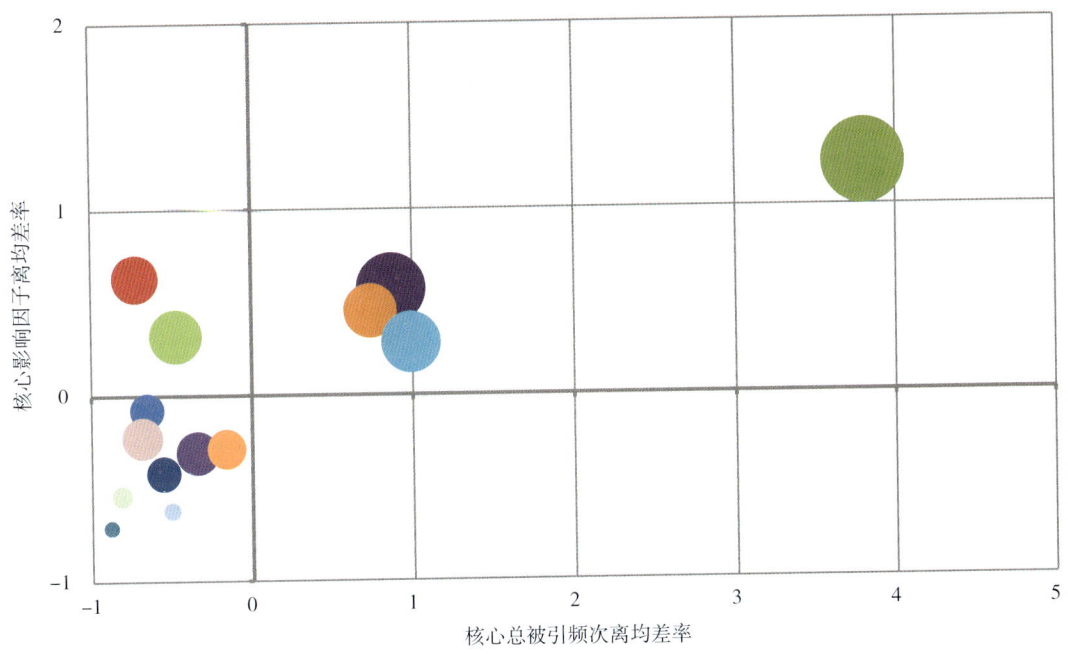

2012年农业工程类期刊核心总被引频次和核心影响因子离均差率的分布图(节点大小表示综合评价总分)

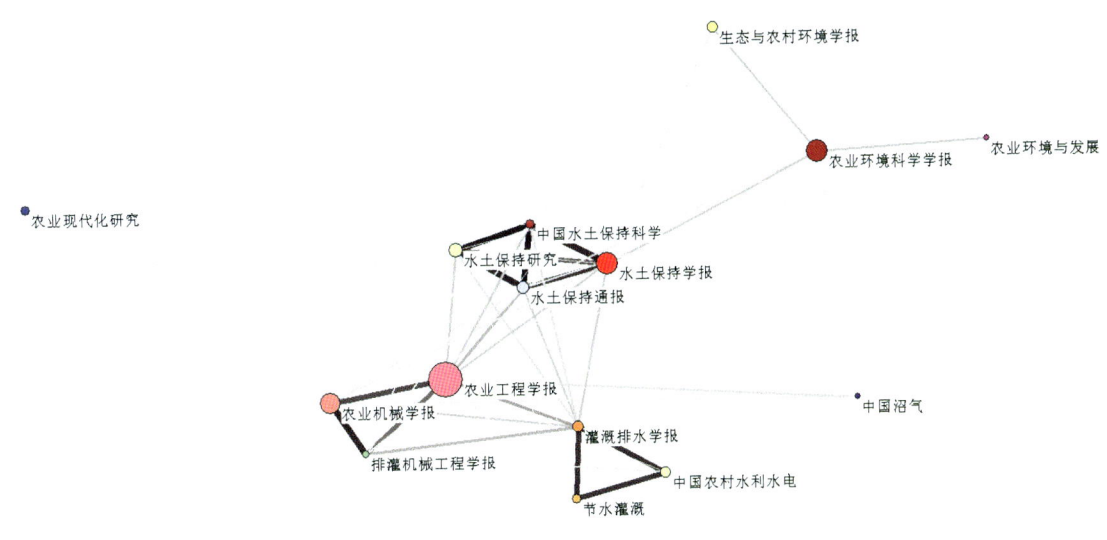

2012年农业工程类期刊互引关系示意图

表 7-75 2012 年农业工程类期刊主要指标

CODE	刊 名	核心总被引频次			核心影响因子			综合评价总分		学科扩散指标	学科影响指标
		数值	排名	离均差率	数值	排名	离均差率	数值	排名		
H226	灌溉排水学报	1004	9	-0.55	0.443	12	-0.42	33.2	11	11.67	0.93
W567	节水灌溉	778	11	-0.65	0.547	9	-0.28	17.7	13	9.60	0.80
H279	农业工程学报	10758	1	3.80	1.703	1	1.23	81.7	1	41.27	1.00
Z008	农业环境科学学报	4192	3	0.87	1.199	3	0.57	67.0	2	27.80	1.00
H773	农业环境与发展	273	15	-0.88	0.219	15	-0.71	15.3	15	8.07	0.73
H278	农业机械学报	3903	4	0.74	1.107	4	0.45	51.5	4	30.47	0.73
H222	农业现代化研究	790	10	-0.65	0.702	7	-0.08	33.6	10	12.80	0.80
H219	排灌机械工程学报	637	13	-0.72	1.244	2	0.63	45.8	6	7.07	0.47
Z023	生态与农村环境学报	1184	7	-0.47	1.004	5	0.32	50.9	5	17.33	1.00
H015	水土保持通报	1472	6	-0.34	0.529	11	-0.31	40.9	7	15.93	0.93
H287	水土保持学报	4466	2	0.99	0.977	6	0.28	57.4	3	21.40	0.93
H056	水土保持研究	1872	5	-0.16	0.539	10	-0.29	37.4	9	18.93	0.87
W005	中国农村水利水电	1117	8	-0.50	0.292	14	-0.62	16.7	14	16.20	0.73
H295	中国水土保持科学	708	12	-0.68	0.591	8	-0.23	39.8	8	10.33	0.80
H204	中国沼气	428	14	-0.81	0.353	13	-0.54	20.1	12	7.00	0.60
	15 种期刊平均值	2239			0.763						

生物医学工程学类

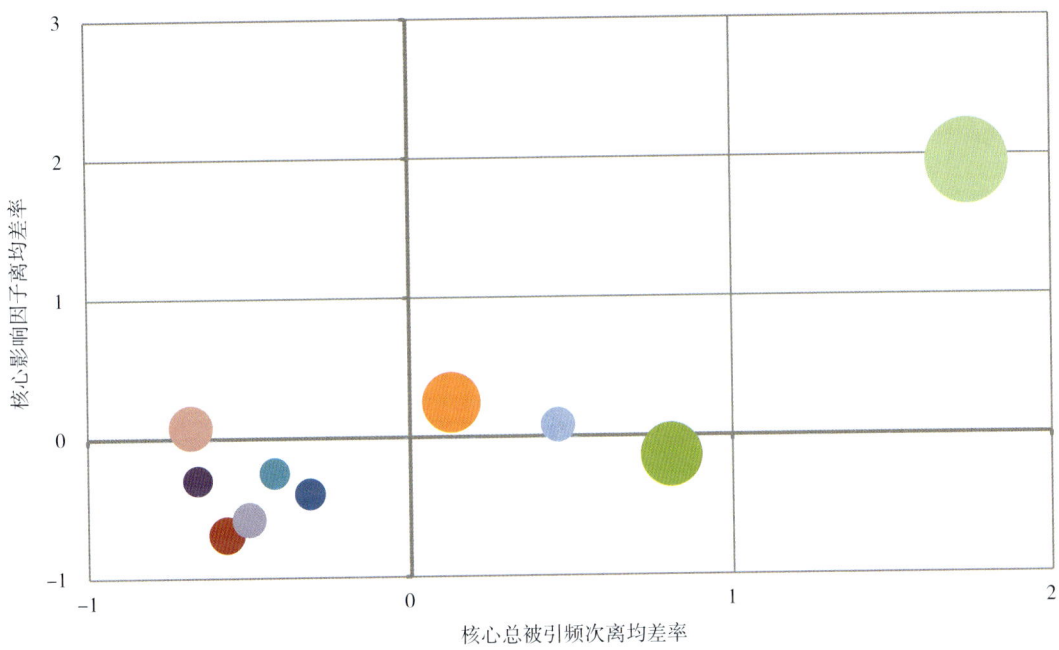

2012年生物医学工程学类期刊核心总被引频次和核心影响因子离均差率的分布图（节点大小表示综合评价总分）

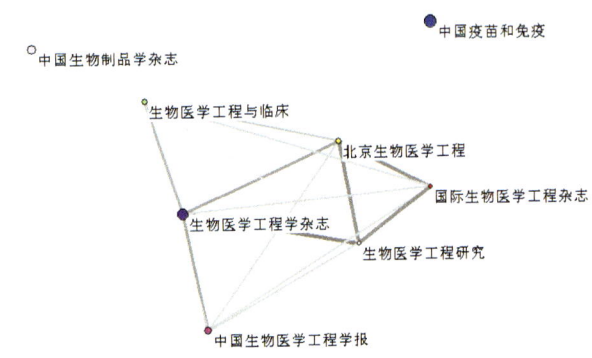

2012年生物医学工程学类期刊互引关系示意图

表 7-76　2012 年生物医学工程学类期刊主要指标

CODE	刊 名	核心总被引频次			核心影响因子			综合评价总分		学科扩散指标	学科影响指标
		数值	排名	离均差率	数值	排名	离均差率	数值	排名		
G004	北京生物医学工程	370	5	-0.31	0.218	8	-0.40	27.4	8	17.10	0.60
G928	国际生物医学工程杂志	230	8	-0.57	0.112	10	-0.69	32.4	5	15.20	0.60
G006	生物医学工程学杂志	971	2	0.81	0.315	5	-0.14	55.0	2	42.30	0.90
G332	生物医学工程研究	182	9	-0.66	0.255	7	-0.30	26.2	10	12.80	0.60
G603	生物医学工程与临床	311	6	-0.42	0.274	6	-0.25	27.2	9	17.40	0.60
G115	中国生物医学工程学报	607	4	0.13	0.456	2	0.25	52.2	3	26.20	0.70
G258	中国生物制品学杂志	782	3	0.46	0.395	3	0.08	30.4	6	23.60	0.40
G531	中国医药生物技术	173	10	-0.68	0.395	3	0.08	38.9	4	11.80	0.20
G314	中国疫苗和免疫	1474	1	1.74	1.076	1	1.95	74.6	1	13.80	0.30
G737	中华生物医学工程杂志	266	7	-0.50	0.152	9	-0.58	30.3	7	15.50	0.20
	10 种期刊平均值	537			0.365						

测绘科学技术类

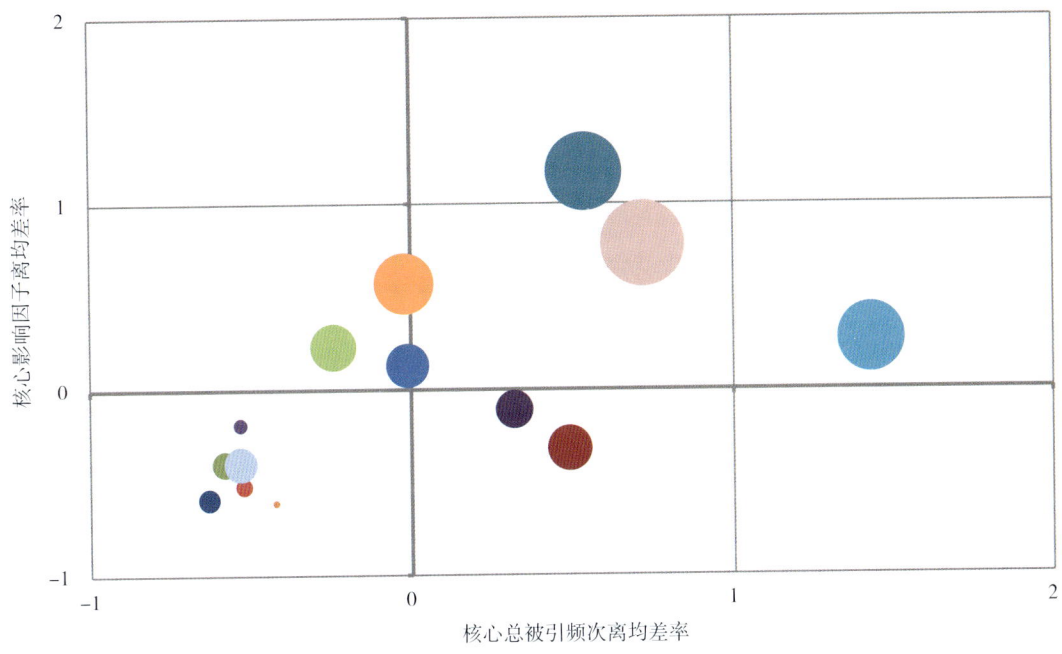

2012年测绘科学技术类期刊核心总被引频次和核心影响因子离均差率的分布图（节点大小表示综合评价总分）

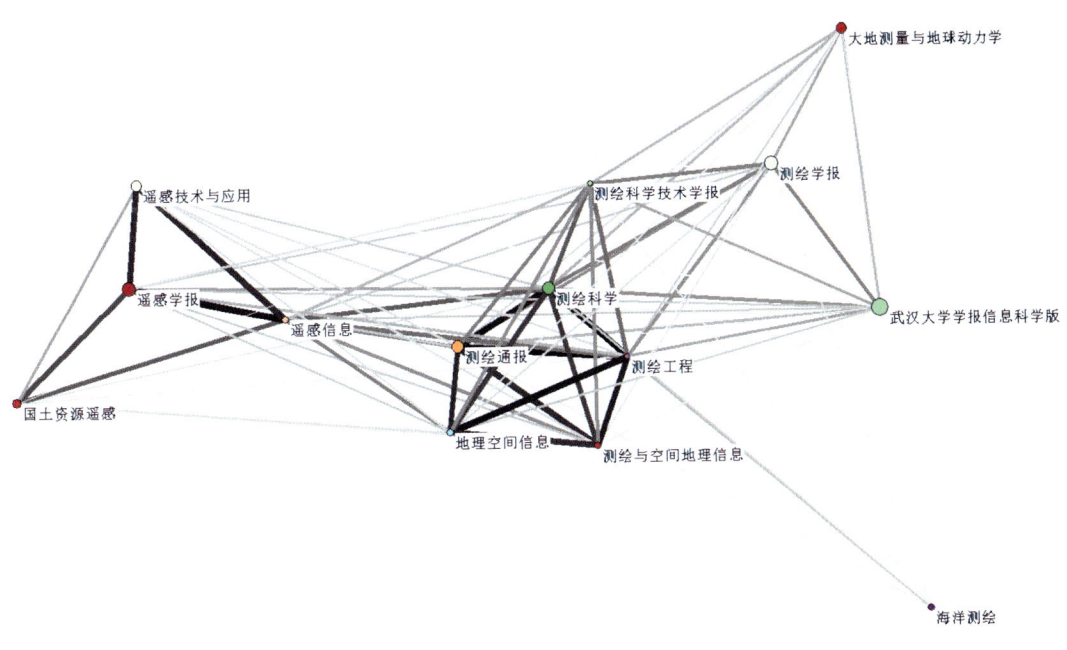

2012年测绘科学技术类期刊互引关系示意图

表 7-77 2012 年测绘科学技术类期刊主要指标

CODE	刊 名	核心总被引频次			核心影响因子			综合评价总分		学科扩散指标	学科影响指标
		数值	排名	离均差率	数值	排名	离均差率	数值	排名		
E543	测绘工程	383	14	-0.63	0.217	13	-0.59	21.6	11	9.29	0.86
E600	测绘科学	1538	4	0.49	0.356	9	-0.32	43.3	6	21.00	1.00
E615	测绘科学技术学报	432	13	-0.58	0.316	10	-0.40	25.4	10	8.86	0.93
E510	测绘通报	1368	5	0.32	0.463	7	-0.11	36.5	8	15.50	1.00
E152	测绘学报	1594	3	0.54	1.137	1	1.17	74.6	2	16.36	1.00
E164	测绘与空间地理信息	602	9	-0.42	0.205	14	-0.61	6.6	14	10.43	1.00
E144	大地测量与地球动力学	1020	6	-0.01	0.590	6	0.13	41.9	7	10.93	0.79
E639	地理空间信息	493	10	-0.52	0.250	12	-0.52	16.8	12	9.21	1.00
E591	国土资源遥感	781	8	-0.24	0.642	5	0.23	44.8	5	14.57	0.86
E651	海洋测绘	489	11	-0.53	0.422	8	-0.19	14.0	13	9.00	1.00
E107	武汉大学学报信息科学版	2509	1	1.43	0.664	4	0.27	67.1	3	23.64	1.00
Z543	遥感技术与应用	1011	7	-0.02	0.821	3	0.57	58.3	4	17.36	0.93
S024	遥感信息	481	12	-0.53	0.313	11	-0.40	33.1	9	12.21	0.93
Z006	遥感学报	1778	2	0.72	0.930	2	0.78	82.5	1	23.57	0.93
	14 种期刊平均值	1034			0.523						

材料科学综合类

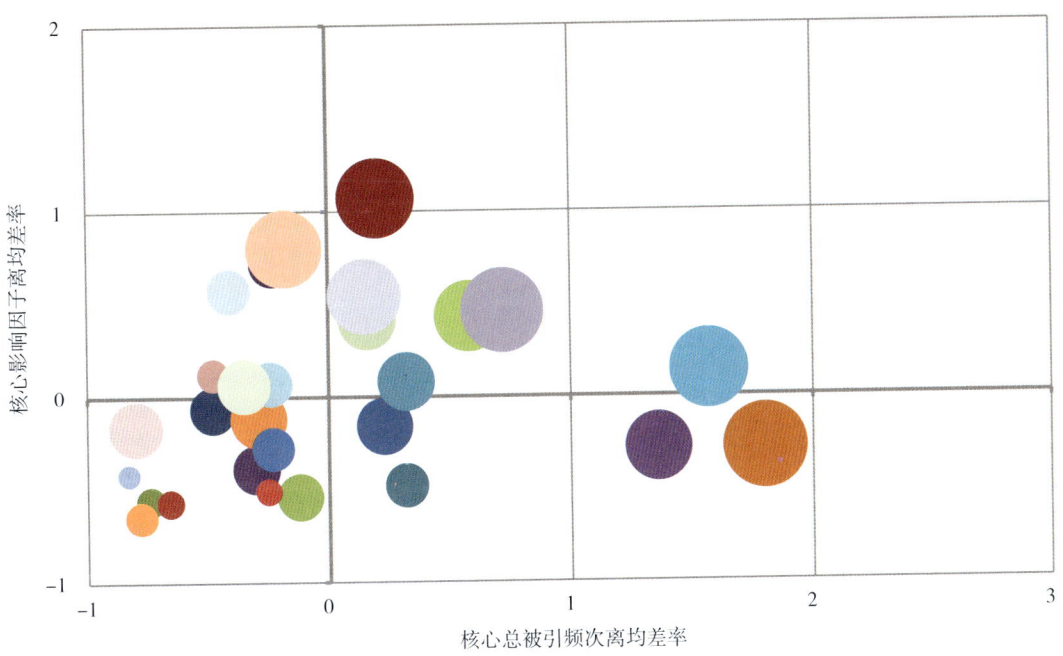

2012年材料科学综合类期刊核心总被引频次和核心影响因子离均差率的分布图（节点大小表示综合评价总分）

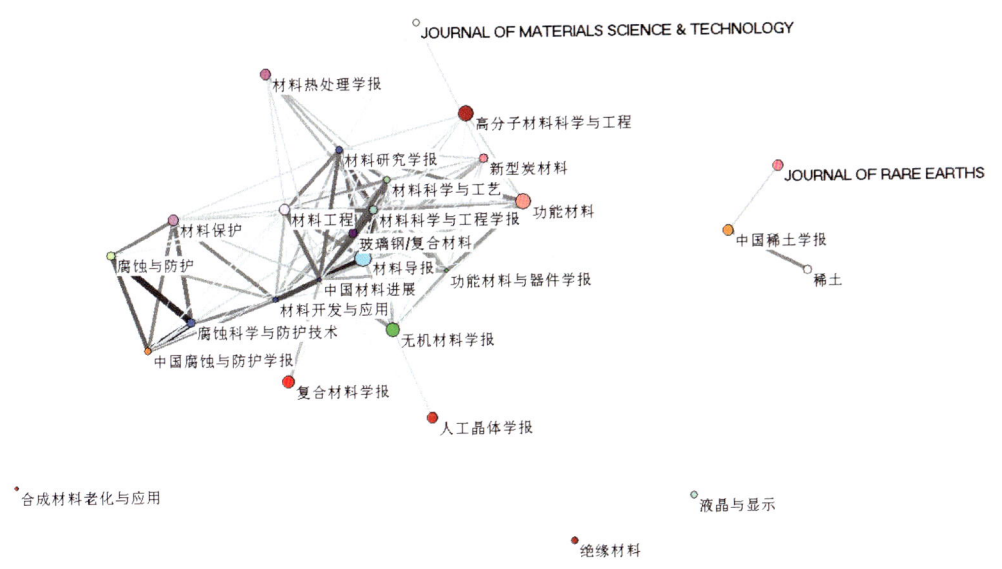

2012年材料科学综合类期刊互引关系示意图

表 7-78 2012 年材料科学综合类期刊主要指标

CODE	刊 名	核心总被引频次			核心影响因子			综合评价总分		学科扩散指标	学科影响指标
		数值	排名	离均差率	数值	排名	离均差率	数值	排名		
M015	JOURNAL OF MATERIALS SCIENCE & TECHNOLOGY	482	22	-0.48	0.438	14	-0.07	37.9	16	4.75	0.71
M035	JOURNAL OF RARE EARTHS	1116	9	0.20	0.972	1	1.07	63.3	4	6.96	0.79
I090	JOURNAL OF WUHAN UNIVERSITY OF TECHNOLOGY MATERIALS SCIENCE EDITION	241	25	-0.74	0.206	26	-0.56	23.6	25	3.89	0.46
V040	玻璃钢/复合材料	717	14	-0.23	0.808	3	0.72	37.8	17	4.46	0.39
M005	材料保护	1231	6	0.32	0.244	23	-0.48	35.1	21	7.93	0.57
M103	材料导报	2611	1	1.80	0.340	18	-0.28	68.7	1	18.39	0.82
Y007	材料工程	1144	8	0.23	0.393	16	-0.16	45.6	12	8.46	0.75
M010	材料开发与应用	319	24	-0.66	0.201	27	-0.57	22.5	26	5.25	0.57
M008	材料科学与工程学报	818	12	-0.12	0.217	25	-0.54	37.5	18	11.07	0.89
M006	材料科学与工艺	655	19	-0.30	0.284	21	-0.39	38.7	15	7.29	0.79
N026	材料热处理学报	1231	6	0.32	0.508	11	0.08	46.7	10	6.61	0.64
M009	材料研究学报	658	18	-0.29	0.412	15	-0.12	45.9	11	7.79	0.89
M003	腐蚀科学与防护技术	715	15	-0.23	0.336	20	-0.28	34.4	22	6.04	0.61
M505	腐蚀与防护	695	17	-0.25	0.229	24	-0.51	21.1	27	5.04	0.39
Y019	复合材料学报	1468	5	0.58	0.673	7	0.43	56.4	7	9.29	0.75
T001	高分子材料科学与工程	2203	3	1.36	0.340	18	-0.28	55.0	8	11.07	0.75
N039	功能材料	2391	2	1.57	0.535	9	0.14	64.1	3	15.93	0.86
M502	功能材料与器件学报	203	26	-0.78	0.166	28	-0.65	26.3	23	3.71	0.39
T057	合成材料老化与应用	156	28	-0.83	0.272	22	-0.42	18.1	28	2.39	0.21
R016	绝缘材料	480	23	-0.48	0.525	10	0.12	26.3	23	3.57	0.25
T013	人工晶体学报	1085	10	0.16	0.661	8	0.41	47.1	9	7.64	0.68
D003	无机材料学报	1606	4	0.72	0.685	6	0.46	67.2	2	11.54	0.82
M041	稀土	705	16	-0.24	0.504	12	0.07	35.9	19	6.64	0.64
M102	新型炭材料	761	13	-0.18	0.844	2	0.80	61.8	5	6.46	0.71
C503	液晶与显示	547	21	-0.41	0.738	4	0.57	35.9	19	4.32	0.25
MU53	中国材料进展	191	27	-0.80	0.390	17	-0.17	43.9	13	3.71	0.39
M007	中国腐蚀与防护学报	603	20	-0.35	0.497	13	0.06	43.6	14	4.64	0.57
M022	中国稀土学报	1068	11	0.15	0.722	5	0.54	60.0	6	9.39	0.75
	28 种期刊平均值	932			0.469						

金属材料类

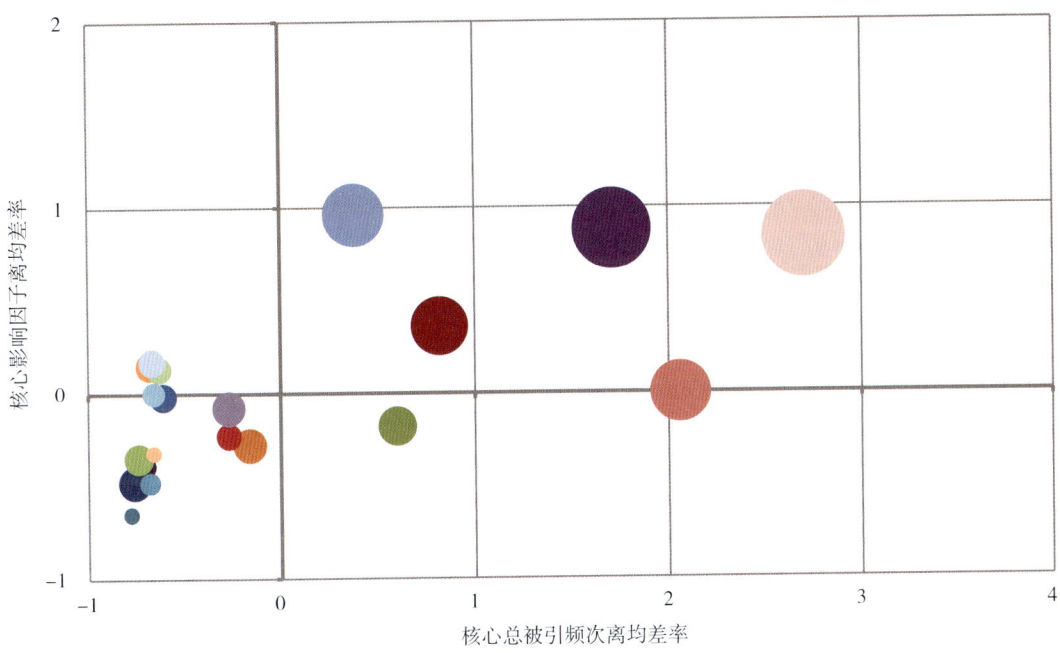

2012年金属材料类期刊核心总被引频次和核心影响因子离均差率的分布图（节点大小表示综合评价总分）

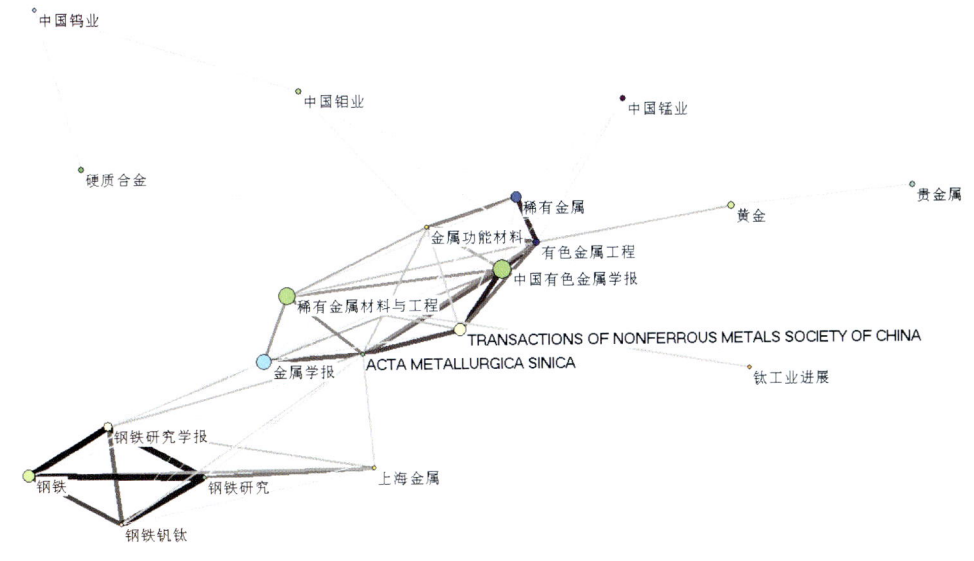

2012年金属材料类期刊互引关系示意图

表 7-79 2012 年金属材料类期刊主要指标

CODE	刊 名	核心总被引频次			核心影响因子			综合评价总分		学科扩散指标	学科影响指标
		数值	排名	离均差率	数值	排名	离均差率	数值	排名		
M100	ACTA METALLURGICA SINICA	192	19	-0.76	0.225	18	-0.48	35.8	9	3.85	0.60
M104	TRANSACTIONS OF NONFERROUS METALS SOCIETY OF CHINA	1468	4	0.82	0.584	4	0.36	60.9	5	12.35	0.75
M050	钢铁	1285	5	0.60	0.351	12	-0.18	40.9	6	9.50	0.45
M013	钢铁钒钛	242	17	-0.70	0.261	17	-0.39	21.6	18	3.50	0.60
M027	钢铁研究	181	20	-0.78	0.151	20	-0.65	17.3	19	4.00	0.30
M019	钢铁研究学报	673	7	-0.16	0.308	14	-0.28	36.1	8	6.65	0.60
M048	贵金属	315	10	-0.61	0.420	10	-0.02	29.7	12	3.70	0.45
M631	黄金	587	8	-0.27	0.332	13	-0.23	27.6	14	6.20	0.40
M051	金属功能材料	208	18	-0.74	0.277	16	-0.35	31.9	10	4.45	0.60
M012	金属学报	2179	3	1.71	0.807	2	0.88	84.3	2	11.75	0.80
M021	上海金属	259	15	-0.68	0.222	19	-0.48	22.8	17	3.85	0.50
M544	钛工业进展	258	16	-0.68	0.492	6	0.15	30.5	11	3.70	0.35
M029	稀有金属	1109	6	0.38	0.842	1	0.96	65.6	3	10.45	0.85
M052	稀有金属材料与工程	2462	2	2.06	0.429	8	0.00	64.2	4	16.95	0.85
M014	硬质合金	294	11	-0.63	0.483	7	0.13	26.9	15	3.10	0.40
M036	有色金属工程	585	9	-0.27	0.393	11	-0.08	36.2	7	9.55	0.65
K036	中国锰业	275	13	-0.66	0.427	9	0.00	24.7	16	3.05	0.35
K550	中国钼业	277	12	-0.66	0.292	15	-0.32	16.6	20	3.40	0.35
K035	中国钨业	266	14	-0.67	0.500	5	0.17	28.6	13	3.90	0.40
M028	中国有色金属学报	2978	1	2.70	0.791	3	0.84	90.0	1	17.15	1.00
	20 种期刊平均值	805			0.429						

矿山工程技术类

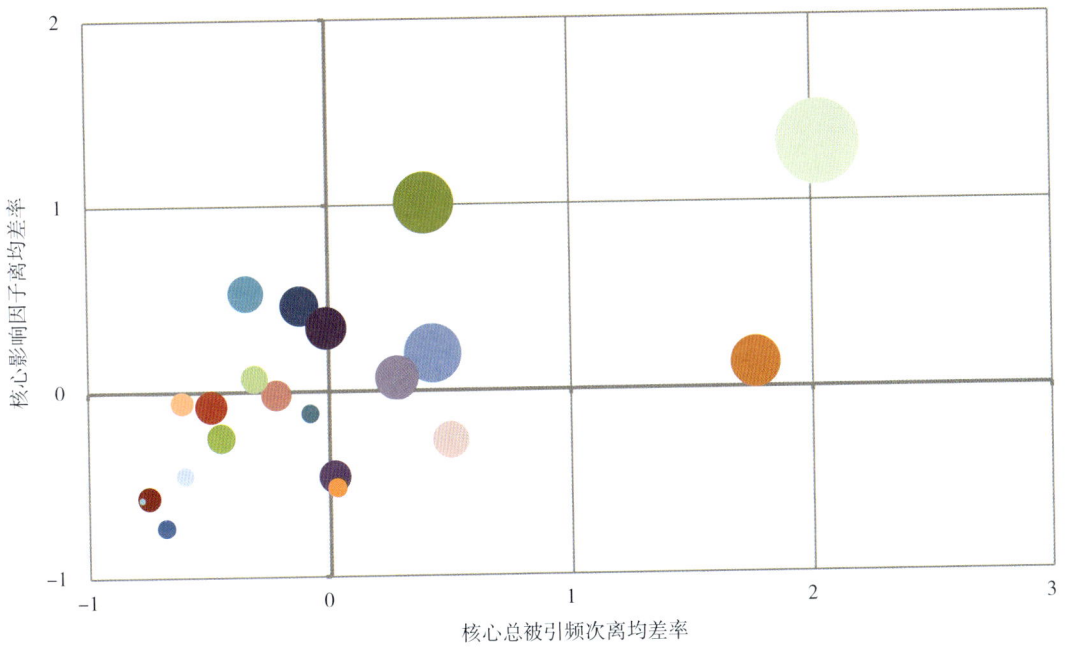

2012年矿山工程技术类期刊核心总被引频次和核心影响因子离均差率的分布图（节点大小表示综合评价总分）

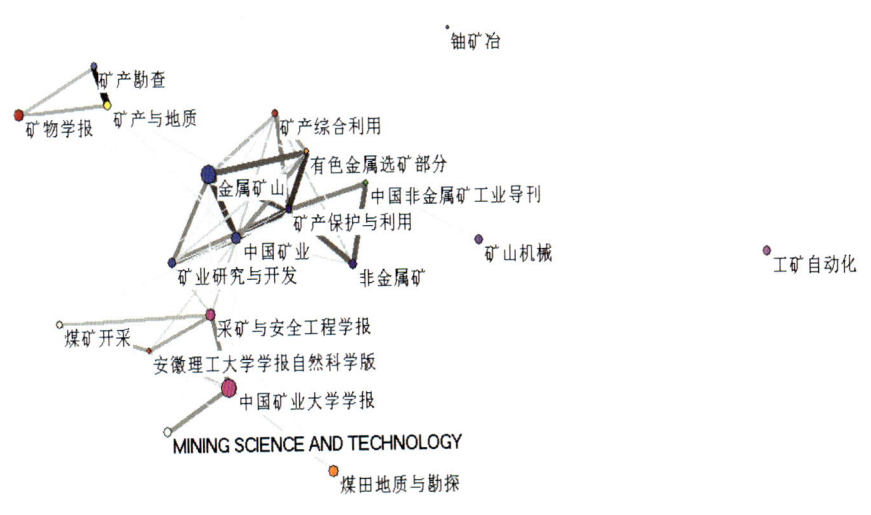

2012年矿山工程技术类期刊互引关系示意图

表 7-80 2012年矿山工程技术类期刊主要指标

CODE	刊 名	核心总被引频次			核心影响因子			综合评价总分		学科扩散指标	学科影响指标
		数值	排名	离均差率	数值	排名	离均差率	数值	排名		
I184	MINING SCIENCE AND TECHNOLOGY	537	11	-0.12	0.510	4	0.46	42.6	7	6.57	0.43
K027	安徽理工大学学报自然科学版	151	20	-0.75	0.150	19	-0.57	25.5	15	4.81	0.29
K512	采矿与安全工程学报	860	5	0.40	0.702	2	1.01	65.5	2	4.10	0.52
K002	非金属矿	605	9	-0.01	0.468	5	0.34	45.1	6	7.86	0.48
K018	工矿自动化	564	10	-0.08	0.308	13	-0.12	20.0	19	5.38	0.43
K022	金属矿山	1693	2	1.76	0.393	7	0.13	54.9	4	12.57	0.95
M018	勘察科学技术	197	19	-0.68	0.095	21	-0.73	20.4	18	5.05	0.14
K525	矿产保护与利用	315	16	-0.49	0.321	12	-0.08	35.2	10	5.10	0.57
V054	矿产勘查	340	15	-0.45	0.263	14	-0.25	31.2	13	5.90	0.38
K025	矿产与地质	624	8	0.02	0.189	17	-0.46	35.0	11	5.00	0.52
K004	矿产综合利用	407	14	-0.34	0.535	3	0.53	39.1	9	5.71	0.62
K014	矿山机械	631	7	0.03	0.166	18	-0.52	20.6	17	7.67	0.57
E350	矿物学报	879	4	0.43	0.419	6	0.20	62.7	3	9.43	0.52
K010	矿业研究与开发	477	12	-0.22	0.341	10	-0.02	33.0	12	6.52	0.76
K504	煤矿开采	422	13	-0.31	0.375	8	0.07	29.5	14	2.71	0.57
K009	煤田地质与勘探	784	6	0.28	0.373	9	0.07	47.2	5	8.00	0.67
K020	铀矿冶	135	21	-0.78	0.147	20	-0.58	6.9	21	2.19	0.29
K580	有色金属选矿部分	238	18	-0.61	0.329	11	-0.06	25.1	16	1.62	0.48
V023	中国非金属矿工业导刊	246	17	-0.60	0.191	16	-0.45	19.8	20	4.95	0.43
K030	中国矿业	918	3	0.50	0.254	15	-0.27	39.2	8	12.10	0.95
K015	中国矿业大学学报	1856	1	2.03	0.805	1	1.31	91.9	1	15.52	0.81
	21 种期刊平均值	613			0.349						

冶金工程技术类

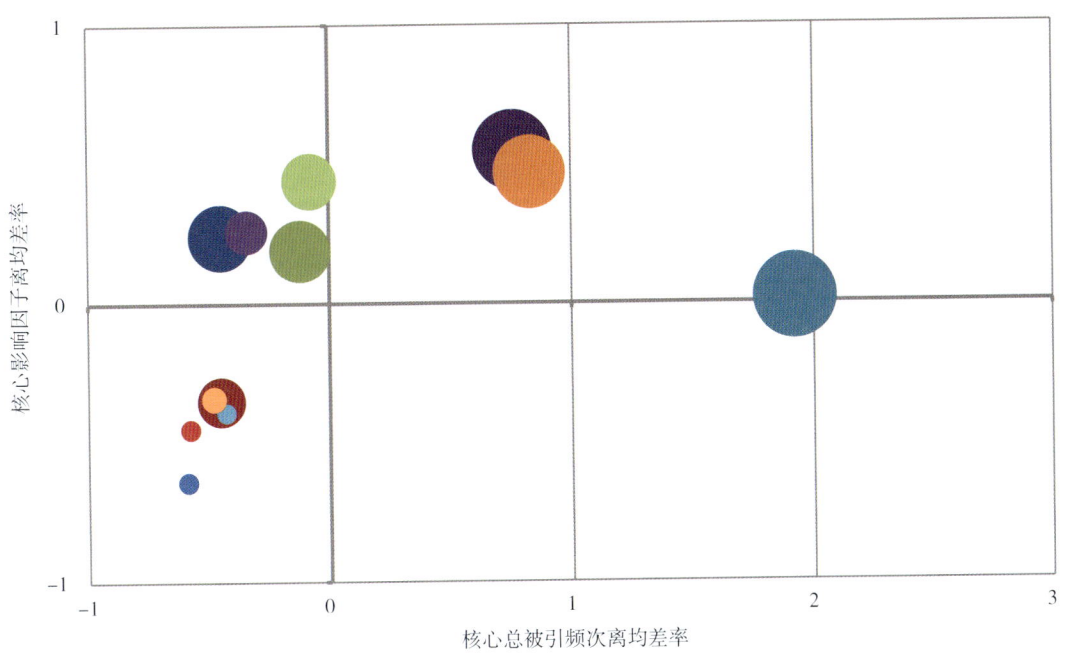

2012年冶金工程技术类期刊核心总被引频次和核心影响因子离均差率的分布图(节点大小表示综合评价总分)

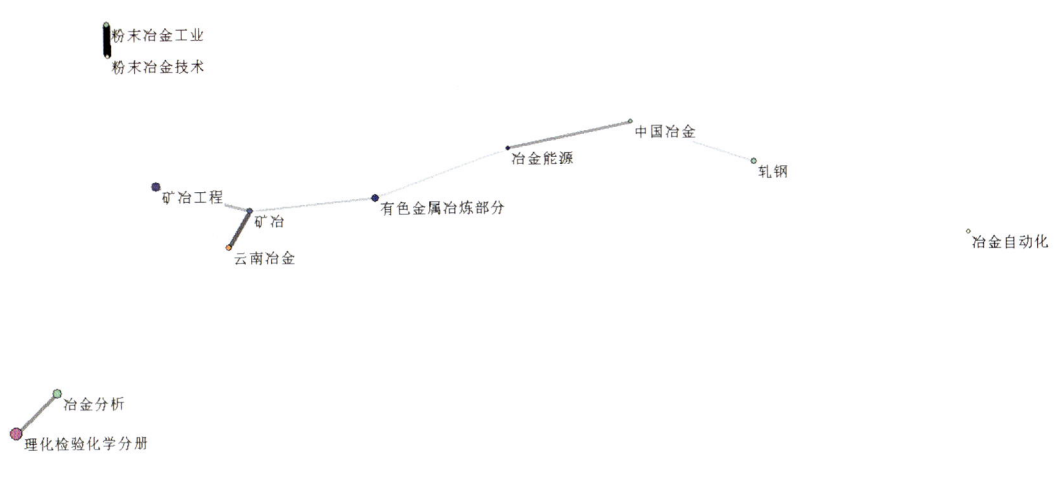

2012年冶金工程技术类期刊互引关系示意图

表 7-81 2012年冶金工程技术类期刊主要指标

CODE	刊 名	核心总被引频次			核心影响因子			综合评价总分		学科扩散指标	学科影响指标
		数值	排名	离均差率	数值	排名	离均差率	数值	排名		
M105	粉末冶金工业	270	8	-0.45	0.452	5	0.24	57.8	4	7.58	0.33
M039	粉末冶金技术	269	9	-0.45	0.237	9	-0.35	43.6	7	6.67	0.42
M101	矿冶	434	5	-0.12	0.435	6	0.19	54.4	5	12.33	0.83
M045	矿冶工程	866	3	0.76	0.566	1	0.55	70.5	2	16.25	0.58
M001	理化检验化学分册	1434	1	1.92	0.373	7	0.02	75.5	1	23.58	0.42
M023	冶金分析	897	2	0.83	0.536	2	0.47	64.1	3	11.92	0.50
M047	冶金能源	200	12	-0.59	0.130	12	-0.64	18.3	10	9.17	0.50
M026	冶金自动化	208	11	-0.58	0.199	11	-0.45	18.3	10	6.67	0.58
M020	有色金属冶炼部分	452	4	-0.08	0.525	3	0.44	49.2	6	7.08	0.75
M506	云南冶金	324	6	-0.34	0.460	4	0.26	38.1	8	8.75	0.58
M043	轧钢	281	7	-0.43	0.221	10	-0.39	17.6	12	5.42	0.25
M628	中国冶金	257	10	-0.48	0.242	8	-0.34	22.3	9	6.58	0.75
	12种期刊平均值	491			0.365						

机械工程设计类

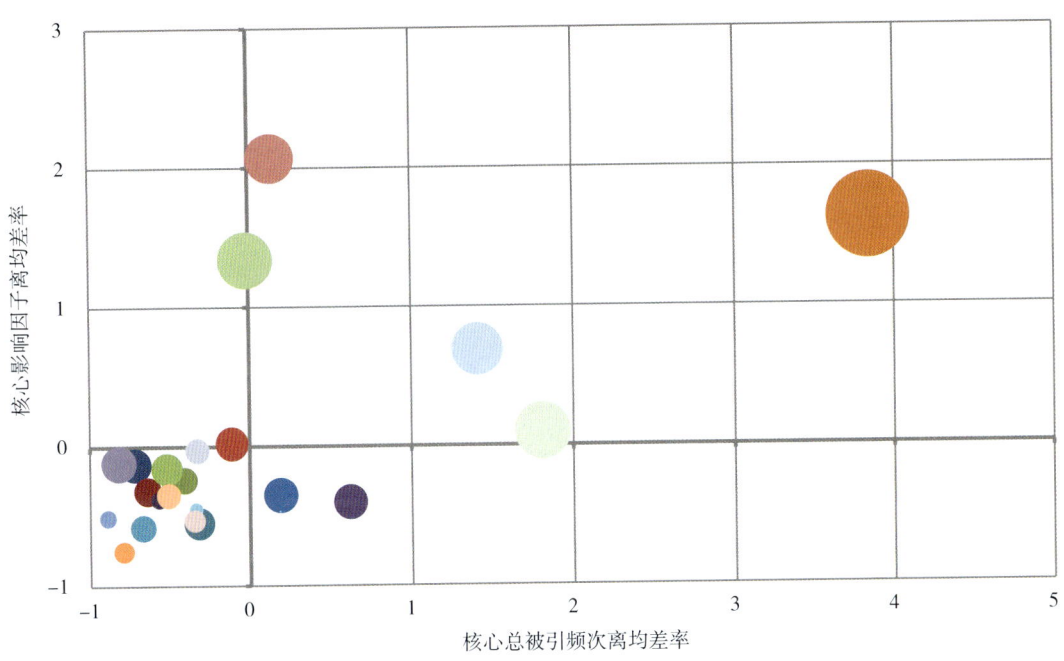

2012年机械工程设计类期刊核心总被引频次和核心影响因子离均差率的分布图（节点大小表示综合评价总分）

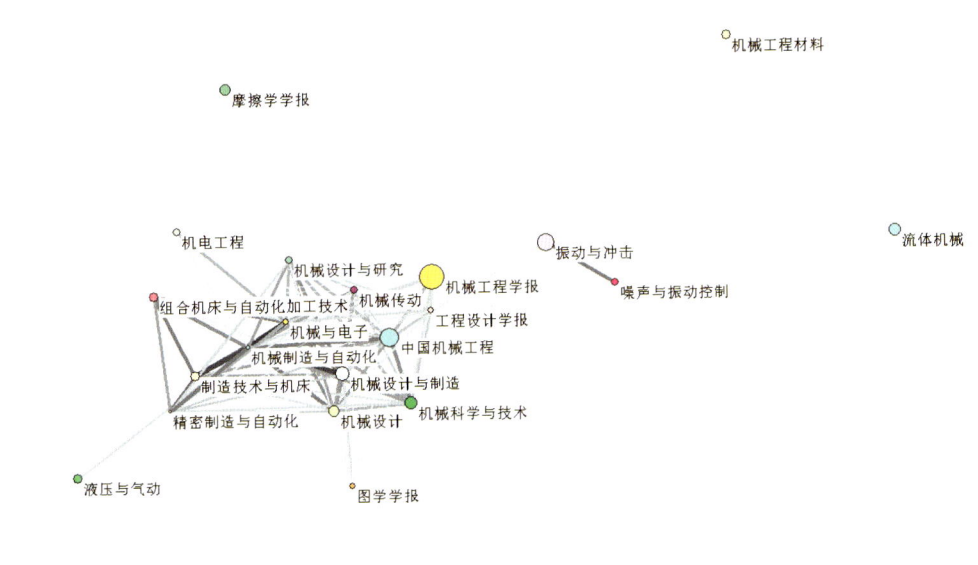

2012年机械工程设计类期刊互引关系示意图

表 7-82 2012 年机械工程设计类期刊主要指标

CODE	刊 名	核心总被引频次			核心影响因子			综合评价总分		学科扩散指标	学科影响指标
		数值	排名	离均差率	数值	排名	离均差率	数值	排名		
N590	工程设计学报	305	19	-0.72	0.324	9	-0.13	32.3	10	6.68	0.82
N061	图学学报	399	17	-0.64	0.253	12	-0.32	27.1	13	6.32	0.55
N672	机电工程	652	13	-0.41	0.284	11	-0.24	25.1	14	9.73	0.68
N040	机械传动	473	16	-0.57	0.233	15	-0.38	16.1	21	5.32	0.77
M004	机械工程材料	756	9	-0.32	0.167	20	-0.55	30.3	12	8.77	0.45
N051	机械工程学报	5352	1	3.84	0.982	2	1.63	82.3	1	22.55	1.00
N050	机械科学与技术	1315	5	0.19	0.243	13	-0.35	33.3	7	13.95	0.91
N047	机械设计	982	8	-0.11	0.382	6	0.02	32.4	9	10.50	0.91
N054	机械设计与研究	527	15	-0.52	0.314	10	-0.16	30.6	11	7.45	0.73
N028	机械设计与制造	1792	4	0.62	0.223	16	-0.40	33.1	8	16.00	0.82
N053	机械与电子	365	18	-0.67	0.157	21	-0.58	25.1	14	7.50	0.68
N515	机械制造与自动化	227	20	-0.79	0.092	22	-0.75	20.3	19	4.95	0.55
N749	精密制造与自动化	127	22	-0.89	0.182	18	-0.51	16.8	20	2.36	0.55
N023	流体机械	1260	6	0.14	1.148	1	2.07	47.4	5	9.23	0.64
N084	摩擦学学报	1088	7	-0.02	0.877	3	1.34	54.2	3	9.09	0.73
M655	纳米技术与精密工程	197	21	-0.82	0.328	8	-0.12	34.4	6	4.45	0.55
N035	液压与气动	724	11	-0.34	0.207	17	-0.45	13.5	22	6.50	0.68
C100	噪声与振动控制	541	14	-0.51	0.242	14	-0.35	23.6	17	9.14	0.64
N030	振动与冲击	2658	3	1.41	0.633	4	0.69	50.0	4	17.23	0.77
N046	制造技术与机床	721	12	-0.35	0.177	19	-0.53	20.8	18	6.86	0.95
N059	中国机械工程	3109	2	1.81	0.411	5	0.10	54.9	2	19.64	1.00
N088	组合机床与自动化加工技术	741	10	-0.33	0.363	7	-0.03	24.0	16	6.64	0.82
	22 种期刊平均值	1105			0.374						

机械制造工艺与设备类

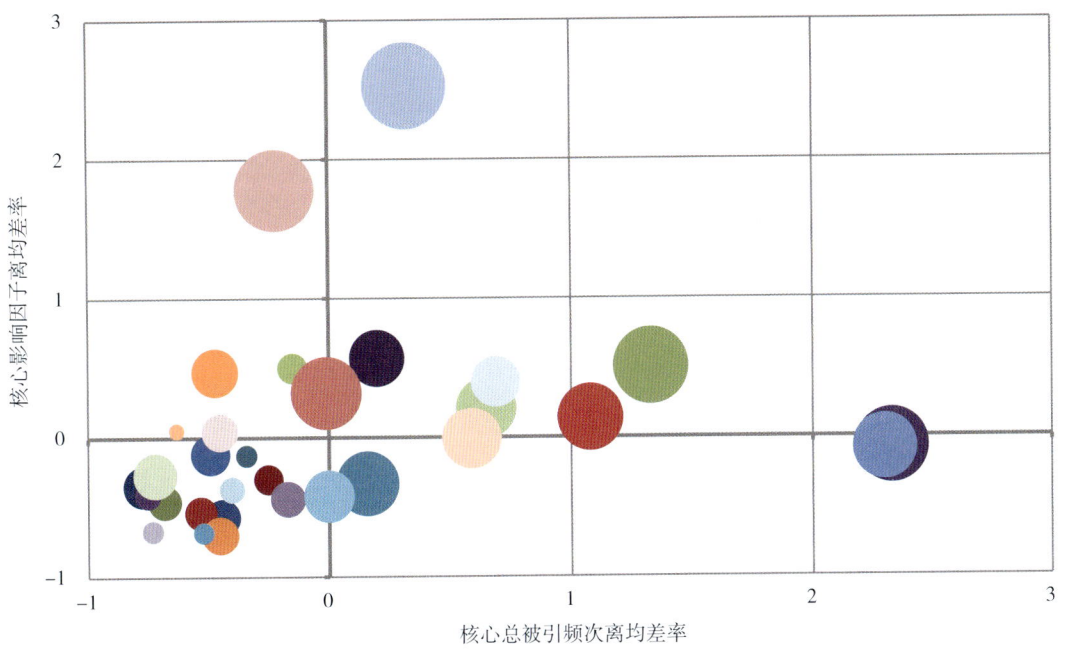

2012年机械制造工艺与设备类期刊核心总被引频次和核心影响因子离均差率的分布图
（节点大小表示综合评价总分）

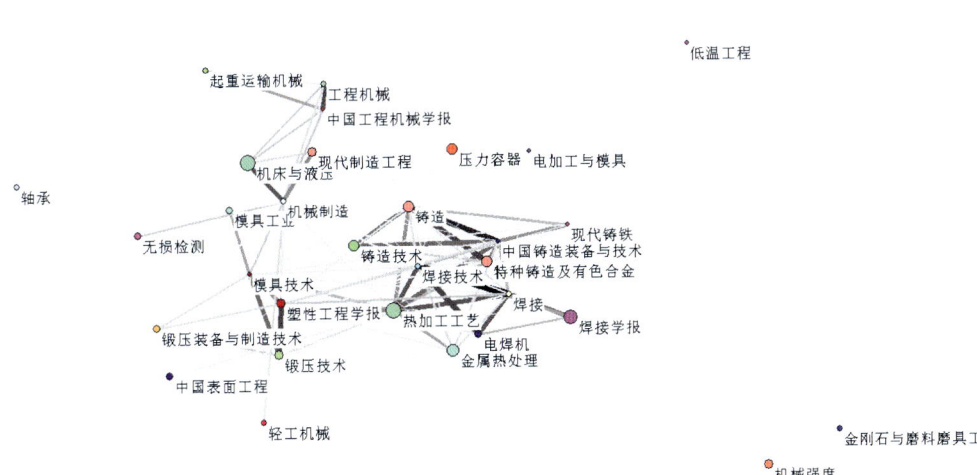

2012年机械制造工艺与设备类期刊互引关系示意图

表7-83 2012年机械制造工艺与设备类期刊主要指标

CODE	刊 名	核心总被引频次			核心影响因子			综合评价总分		学科扩散指标	学科影响指标
		数值	排名	离均差率	数值	排名	离均差率	数值	排名		
N019	低温工程	167	32	-0.77	0.206	21	-0.35	28.4	16	2.16	0.09
N067	电焊机	539	16	-0.25	0.221	19	-0.30	20.5	25	3.09	0.50
N027	电加工与模具	231	28	-0.68	0.171	26	-0.46	23.4	22	2.06	0.41
N070	锻压技术	865	9	0.20	0.495	3	0.57	38.7	11	3.38	0.59
N082	锻压装备与制造技术	477	17	-0.34	0.273	17	-0.13	15.0	30	2.03	0.38
N049	工程机械	367	24	-0.49	0.117	29	-0.63	18.4	27	3.50	0.44
N076	焊接	406	19	-0.44	0.135	28	-0.57	25.0	20	2.78	0.38
N624	焊接技术	339	26	-0.53	0.145	27	-0.54	22.8	23	3.06	0.44
N021	焊接学报	1678	3	1.33	0.476	4	0.51	52.5	3	5.72	0.63
N069	机床与液压	2403	1	2.33	0.293	14	-0.07	51.4	4	9.56	0.78
N057	机械强度	837	10	0.16	0.210	20	-0.33	43.9	8	7.38	0.66
N682	机械制造	395	20	-0.45	0.095	32	-0.70	25.9	18	5.00	0.75
N048	金刚石与磨料磨具工程	371	23	-0.49	0.276	16	-0.12	27.7	17	2.47	0.31
N083	金属热处理	1500	4	1.08	0.359	10	0.14	45.8	6	5.72	0.81
N087	模具工业	611	13	-0.15	0.471	5	0.50	20.9	24	2.50	0.56
N107	模具技术	181	31	-0.75	0.185	23	-0.41	18.5	26	1.69	0.41
N041	起重运输机械	349	25	-0.52	0.102	31	-0.68	14.3	31	3.66	0.34
U535	轻工机械	383	22	-0.47	0.462	6	0.47	32.9	14	3.16	0.34
N071	热加工工艺	2379	2	2.30	0.289	15	-0.08	44.9	7	6.31	0.72
T580	塑性工程学报	716	12	-0.01	0.417	8	0.32	49.6	5	4.28	0.56
N065	特种铸造及有色合金	1193	6	0.65	0.382	9	0.21	41.8	9	3.59	0.47
N044	无损检测	600	14	-0.17	0.175	25	-0.44	24.2	21	5.28	0.44
N111	现代制造工程	722	11	0.00	0.184	24	-0.42	35.3	12	6.84	0.78
M011	现代铸铁	269	27	-0.63	0.332	11	0.05	10.8	32	0.78	0.25
N052	压力容器	954	8	0.32	1.113	1	2.53	58.9	1	3.81	0.59
N103	中国表面工程	563	15	-0.22	0.876	2	1.78	55.6	2	4.03	0.53
N089	中国工程机械学报	205	29	-0.72	0.230	18	-0.27	30.9	15	3.44	0.38
N072	中国铸造装备与技术	193	30	-0.73	0.105	30	-0.67	15.1	29	1.44	0.31
N022	轴承	431	18	-0.40	0.200	22	-0.37	17.7	28	3.03	0.38
N075	铸造	1149	7	0.59	0.313	13	-0.01	41.2	10	3.97	0.47
N081	铸造技术	1217	5	0.69	0.440	7	0.40	34.4	13	4.38	0.56
N034	装备环境工程	394	21	-0.45	0.329	12	0.04	25.3	19	3.78	0.56
	32种期刊平均值	721			0.315						

动力工程类

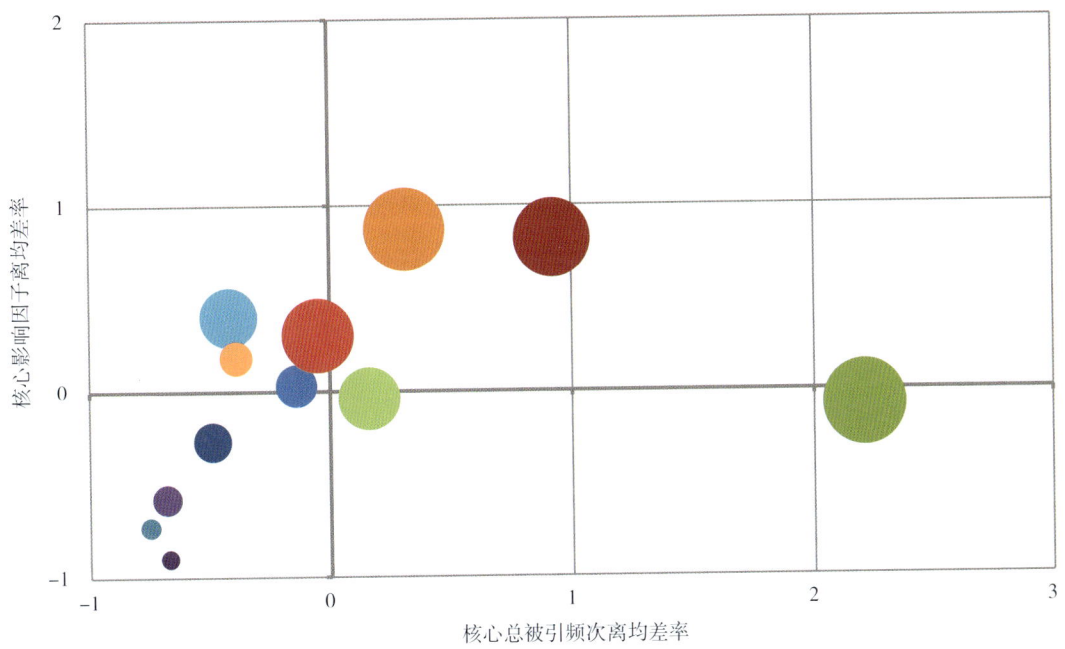

2012年动力工程类期刊核心总被引频次和核心影响因子离均差率的分布图（节点大小表示综合评价总分）

2012年动力工程类期刊互引关系示意图

表 7-84 2012年动力工程类期刊主要指标

CODE	刊 名	核心总被引频次			核心影响因子			综合评价总分		学科扩散指标	学科影响指标
		数值	排名	离均差率	数值	排名	离均差率	数值	排名		
N024	车用发动机	245	9	-0.49	0.195	9	-0.27	35.3	8	7.17	0.50
P003	动力工程学报	928	2	0.92	0.485	2	0.82	70.8	3	16.67	0.67
C073	工程热物理学报	1554	1	2.21	0.245	8	-0.08	77.5	1	28.58	0.92
P009	工业加热	162	10	-0.67	0.027	12	-0.90	16.9	12	7.33	0.42
P005	工业炉	119	12	-0.75	0.073	11	-0.73	18.8	11	5.08	0.42
P004	内燃机学报	632	3	0.31	0.497	1	0.87	74.3	2	11.33	0.50
P001	汽轮机技术	415	6	-0.14	0.273	6	0.03	38.2	7	9.67	0.33
P011	燃烧科学与技术	458	5	-0.05	0.346	4	0.30	66.4	4	12.17	0.67
P006	热能动力工程	562	4	0.16	0.256	7	-0.04	56.3	5	16.08	0.92
P010	小型内燃机与摩托车	157	11	-0.68	0.112	10	-0.58	27.3	10	6.33	0.50
U011	制冷学报	282	8	-0.42	0.372	3	0.40	53.4	6	8.00	0.33
U640	制冷与空调(四川)	296	7	-0.39	0.314	5	0.18	30.6	9	7.08	0.25
	12 种期刊平均值	484			0.266						

电气工程类

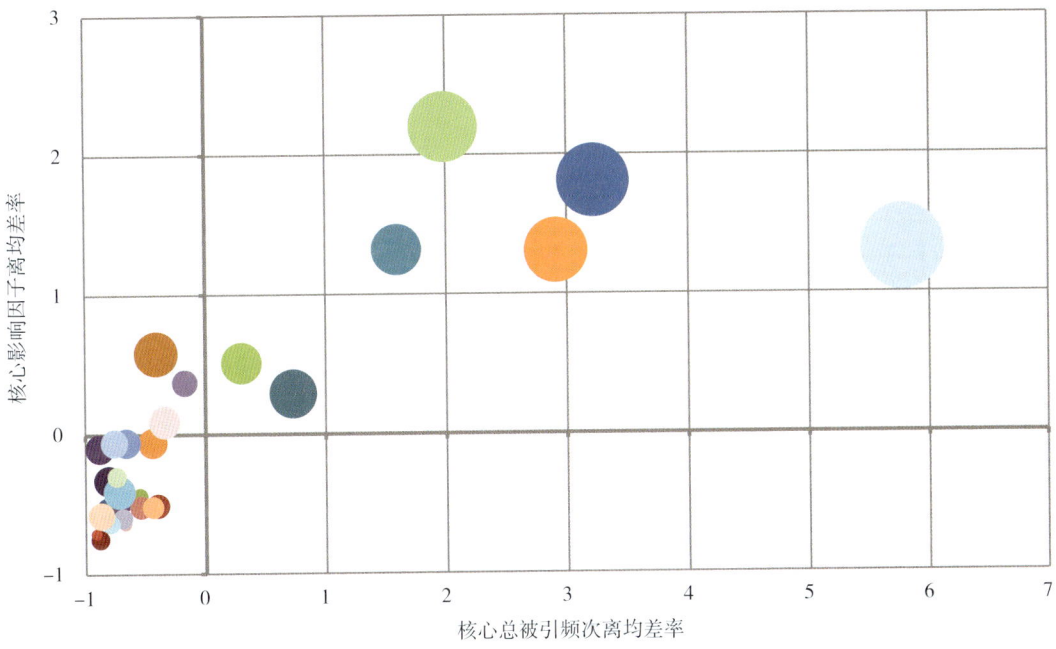

2012年电气工程类期刊核心总被引频次和核心影响因子离均差率的分布图（节点大小表示综合评价总分）

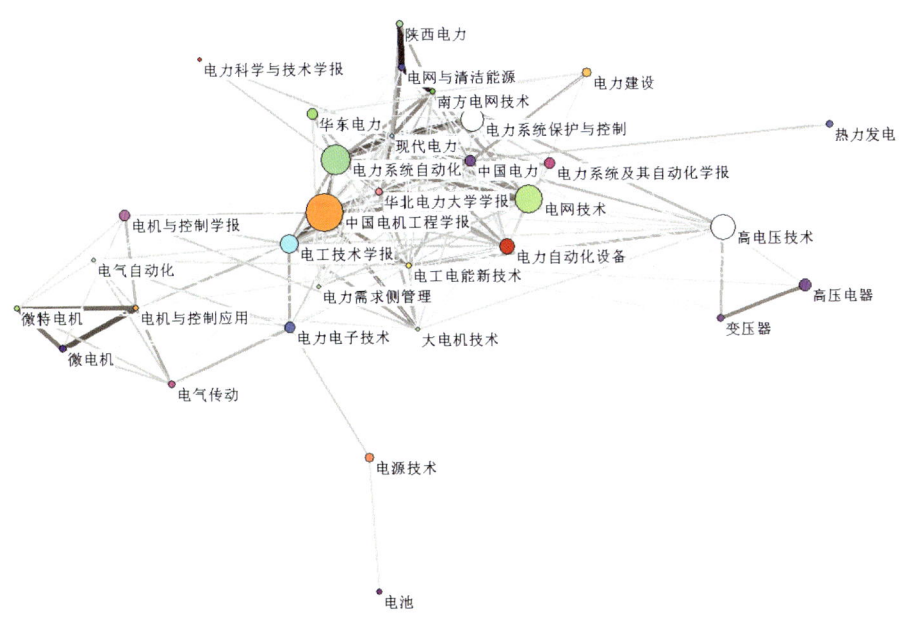

2012年电气工程类期刊互引关系示意图

表 7-85　2012 年电气工程类期刊主要指标

CODE	刊 名	核心总被引频次			核心影响因子			综合评价总分		学科扩散指标	学科影响指标
		数值	排名	离均差率	数值	排名	离均差率	数值	排名		
N101	变压器	574	18	-0.69	0.246	28	-0.61	12.6	30	2.22	0.78
R051	大电机技术	220	31	-0.88	0.157	32	-0.75	18.1	27	2.59	0.75
R003	电池	415	24	-0.77	0.393	17	-0.37	22.0	20	3.97	0.28
R010	电工电能新技术	341	26	-0.81	0.418	16	-0.33	28.2	11	3.28	0.84
R043	电工技术学报	3187	6	0.73	0.807	9	0.29	46.0	6	8.16	0.94
R088	电机与控制学报	1080	11	-0.41	0.983	6	0.58	42.2	7	5.91	0.84
R045	电机与控制应用	338	27	-0.82	0.292	24	-0.53	21.2	22	3.28	0.69
R011	电力电子技术	1111	10	-0.40	0.305	21	-0.51	22.9	18	5.41	0.88
A199	电力建设	831	15	-0.55	0.347	19	-0.44	15.7	29	4.25	0.81
R654	电力科学与技术学报	222	30	-0.88	0.559	14	-0.10	27.5	13	2.25	0.66
N102	电力系统保护与控制	4765	5	1.59	1.448	3	1.32	48.2	5	6.31	0.94
R071	电力系统及其自动化学报	1036	12	-0.44	0.586	12	-0.06	28.1	12	4.69	0.94
S019	电力系统自动化	7756	2	3.22	1.755	2	1.81	68.8	2	7.75	0.97
R750	电力需求侧管理	172	32	-0.91	0.179	31	-0.71	10.4	32	1.56	0.50
R090	电力自动化设备	2391	7	0.30	0.941	7	0.51	39.3	8	6.31	0.97
R044	电气传动	530	20	-0.71	0.326	20	-0.48	22.3	19	4.09	0.72
R058	电气自动化	254	28	-0.86	0.259	26	-0.58	20.6	23	3.53	0.66
R039	电网技术	7185	3	2.91	1.444	5	1.31	61.0	4	7.97	0.97
R116	电网与清洁能源	630	16	-0.66	0.586	12	-0.06	27.5	13	3.72	0.75
R019	电源技术	844	14	-0.54	0.297	23	-0.52	21.5	21	7.97	0.88
R038	高电压技术	5480	4	1.98	1.995	1	2.20	66.6	3	8.94	0.91
R037	高压电器	1525	8	-0.17	0.852	8	0.37	24.9	17	3.50	0.72
R046	华北电力大学学报	514	21	-0.72	0.369	18	-0.41	30.9	9	6.06	0.94
R752	华东电力	1030	13	-0.44	0.300	22	-0.52	20.6	23	4.56	0.91
R117	南方电网技术	434	23	-0.76	0.587	11	-0.06	26.4	15	1.44	0.63
R501	热力发电	612	17	-0.67	0.224	30	-0.64	12.2	31	4.44	0.44
R072	陕西电力	476	22	-0.74	0.437	15	-0.30	18.6	26	1.66	0.53
R057	微电机	561	19	-0.69	0.250	27	-0.60	18.8	25	4.13	0.56
R085	微特电机	387	25	-0.79	0.227	29	-0.64	17.3	28	3.34	0.56
R089	现代电力	236	29	-0.87	0.263	25	-0.58	25.5	16	2.84	0.72
R040	中国电机工程学报	12463	1	5.78	1.445	4	1.32	81.1	1	14.22	0.97
R511	中国电力	1217	9	-0.34	0.683	10	0.09	30.5	10	6.47	0.84
	32 种期刊平均值	1838			0.624						

能源科学综合类

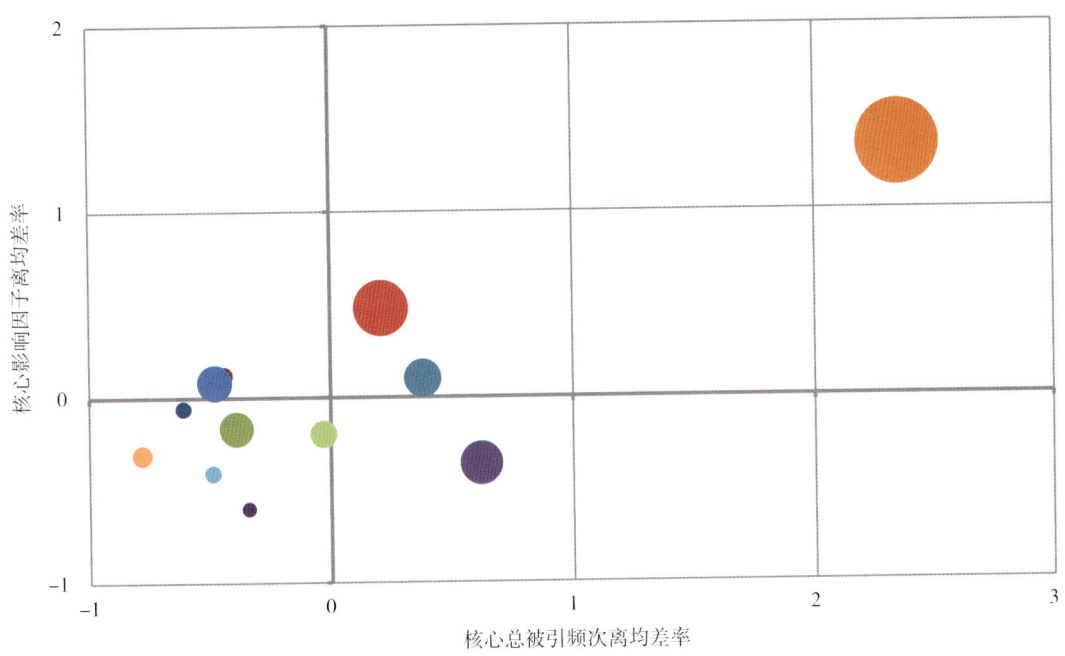

2012年能源科学综合类期刊核心总被引频次和核心影响因子离均差率的分布图（节点大小表示综合评价总分）

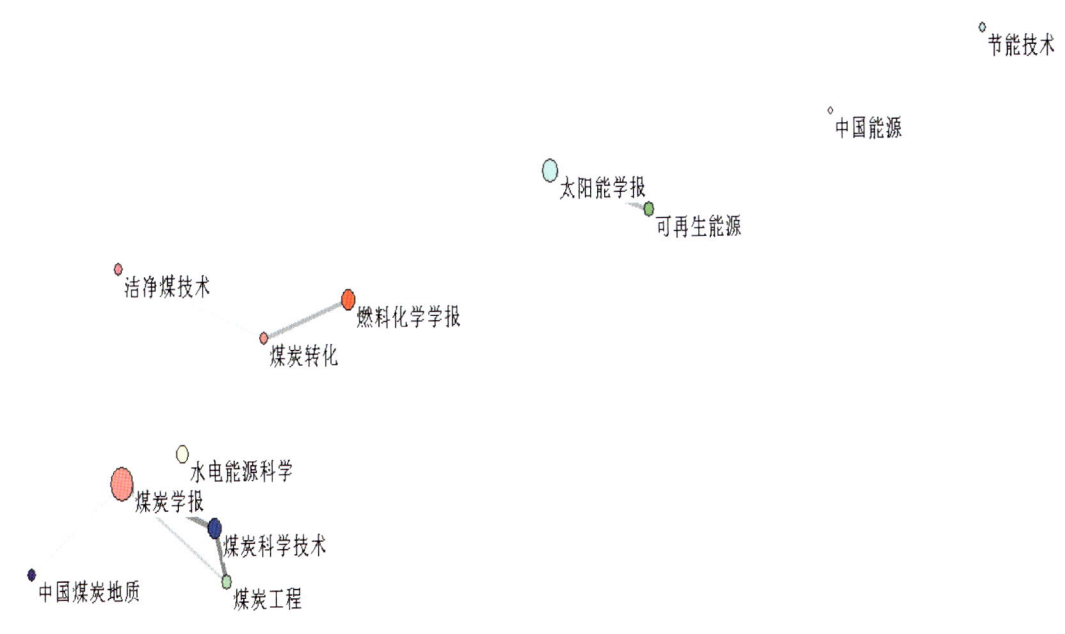

2012年能源科学综合类期刊互引关系示意图

表 7-86 2012 年能源科学综合类期刊主要指标

CODE	刊 名	核心总被引频次			核心影响因子			综合评价总分		学科扩散指标	学科影响指标
		数值	排名	离均差率	数值	排名	离均差率	数值	排名		
L587	节能技术	442	11	-0.61	0.496	6	-0.06	18.0	11	9.92	0.33
K553	洁净煤技术	637	8	-0.44	0.591	3	0.12	19.6	9	7.67	0.75
L516	可再生能源	696	7	-0.39	0.435	7	-0.17	38.4	6	20.08	0.58
K038	煤炭工程	751	6	-0.34	0.208	12	-0.60	16.1	12	11.67	0.67
K005	煤炭科学技术	1570	3	0.38	0.576	4	0.10	41.6	4	15.08	0.58
K017	煤炭学报	3812	1	2.35	1.238	1	1.35	93.8	1	29.08	0.92
D027	煤炭转化	594	9	-0.48	0.566	5	0.08	39.3	5	11.33	0.75
D002	燃料化学学报	1377	4	0.21	0.777	2	0.48	60.9	2	18.92	0.75
P007	水电能源科学	1106	5	-0.03	0.419	8	-0.20	29.9	7	19.00	0.25
L009	太阳能学报	1849	2	0.62	0.335	10	-0.36	47.2	3	33.92	0.67
K037	中国煤炭地质	581	10	-0.49	0.309	11	-0.41	18.7	10	9.83	0.50
R524	中国能源	254	12	-0.78	0.364	9	-0.31	22.7	8	10.33	0.83
	12 种期刊平均值	1139			0.526						

石油天然气工程类

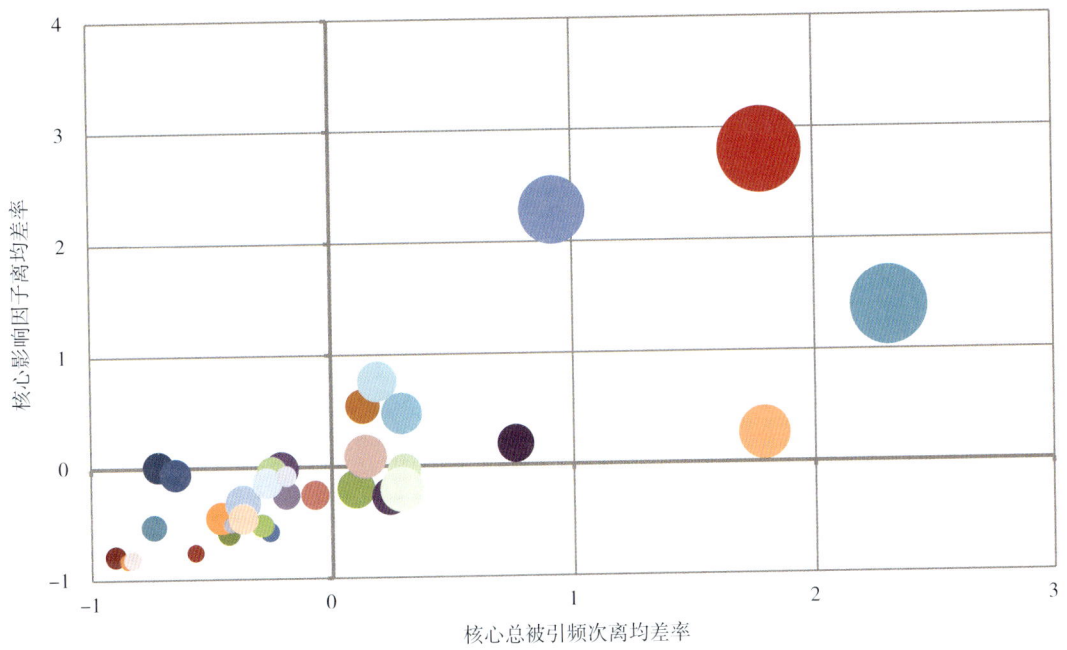

2012年石油天然气工程类期刊核心总被引频次和核心影响因子离均差率的分布图（节点大小表示综合评价总分）

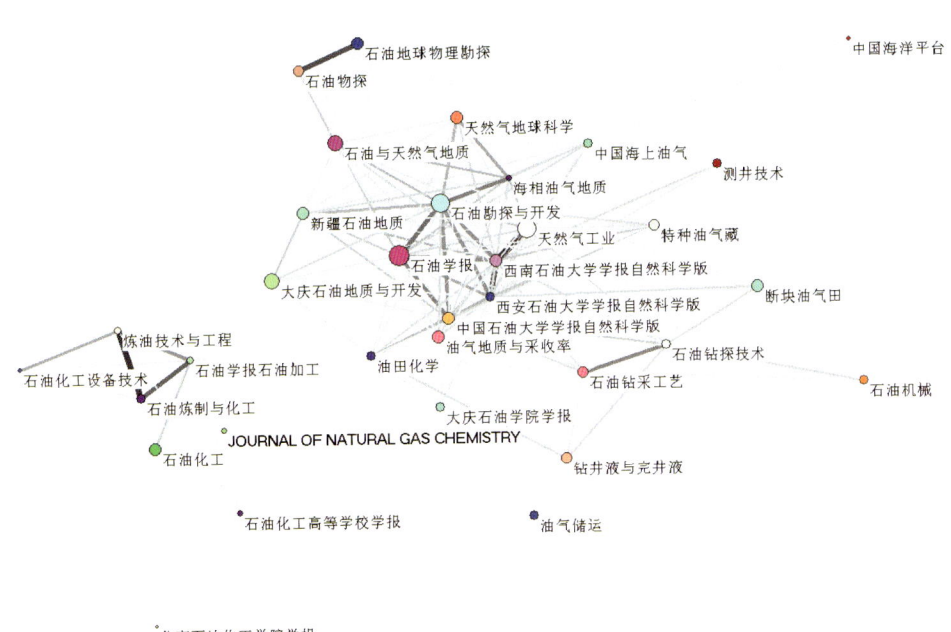

2012年石油天然气工程类期刊互引关系示意图

表 7-87　2012 年石油天然气工程类期刊主要指标

CODE	刊名	核心总被引频次 数值	排名	离均差率	核心影响因子 数值	排名	离均差率	综合评价总分 数值	排名	学科扩散指标	学科影响指标
I105	JOURNAL OF NATURAL GAS CHEMISTRY	331	30	-0.72	0.751	10	0.01	31.8	19	1.91	0.21
L530	北京石油化工学院学报	116	34	-0.90	0.159	32	-0.79	22.4	28	2.71	0.06
L017	测井技术	682	26	-0.43	0.303	30	-0.59	23.5	27	3.32	0.62
L512	大庆石油地质与开发	2110	5	0.76	0.882	8	0.19	38.4	10	3.88	0.82
L004	大庆石油学院学报	928	18	-0.23	0.663	16	-0.11	33.0	17	5.24	0.76
T241	断块油气田	1361	12	0.13	1.147	5	0.54	35.7	14	3.09	0.74
L037	海相油气地质	423	29	-0.65	0.698	14	-0.06	32.6	18	1.97	0.56
L014	炼油技术与工程	520	28	-0.57	0.181	31	-0.76	17.8	32	2.38	0.32
L016	石油地球物理勘探	1318	13	0.10	0.593	18	-0.20	39.3	9	3.47	0.62
L015	石油化工	1495	9	0.24	0.543	22	-0.27	37.9	11	6.56	0.41
L034	石油化工高等学校学报	314	31	-0.74	0.348	28	-0.53	26.5	25	3.94	0.50
L021	石油化工设备技术	183	33	-0.85	0.123	34	-0.83	16.6	33	2.00	0.26
L019	石油机械	893	20	-0.26	0.315	29	-0.58	20.2	30	4.82	0.71
L031	石油勘探与开发	3338	3	1.78	2.824	1	2.80	87.8	1	5.24	0.82
L030	石油炼制与化工	854	22	-0.29	0.357	27	-0.52	23.9	26	4.24	0.35
L005	石油物探	951	17	-0.21	0.730	11	-0.02	36.1	13	2.56	0.59
L028	石油学报	3974	1	2.31	1.778	3	1.39	81.1	2	7.94	0.91
L012	石油学报石油加工	650	27	-0.46	0.412	24	-0.45	33.4	16	4.15	0.56
L006	石油与天然气地质	2304	4	0.92	2.440	2	2.28	69.3	3	3.41	0.65
L008	石油钻采工艺	1121	14	-0.07	0.555	21	-0.25	29.7	23	3.50	0.74
L025	石油钻探技术	903	19	-0.25	0.712	12	-0.04	30.9	21	3.21	0.79
L505	特种油气藏	973	16	-0.19	0.560	20	-0.25	28.7	24	2.74	0.79
L518	天然气地球科学	1550	8	0.29	1.095	6	0.47	42.3	7	3.62	0.74
L029	天然气工业	3354	2	1.79	0.936	7	0.26	54.4	4	7.85	0.88
L010	西安石油大学学报自然科学版	760	23	-0.37	0.505	23	-0.32	37.2	12	5.97	0.85
L002	西南石油大学学报自然科学版	1366	11	0.14	0.811	9	0.09	44.2	6	5.59	0.85
L007	新疆石油地质	1561	6	0.30	0.710	13	-0.04	34.8	15	3.59	0.76
L027	油气储运	697	25	-0.42	0.366	26	-0.51	16.0	34	4.24	0.68
L504	油气地质与采收率	1427	10	0.19	1.310	4	0.76	41.4	8	3.56	0.82
L033	油田化学	760	23	-0.37	0.401	25	-0.46	30.9	21	3.15	0.71
L013	中国海上油气	882	21	-0.27	0.639	17	-0.14	31.0	20	4.18	0.82
L026	中国海洋平台	210	32	-0.83	0.134	33	-0.82	18.6	31	2.38	0.35
L001	中国石油大学学报自然科学版	1555	7	0.29	0.586	19	-0.21	45.5	5	8.56	0.94
L018	钻井液与完井液	978	15	-0.19	0.680	15	-0.08	21.0	29	2.38	0.65
	34 种期刊平均值	1201			0.743						

核科学技术类

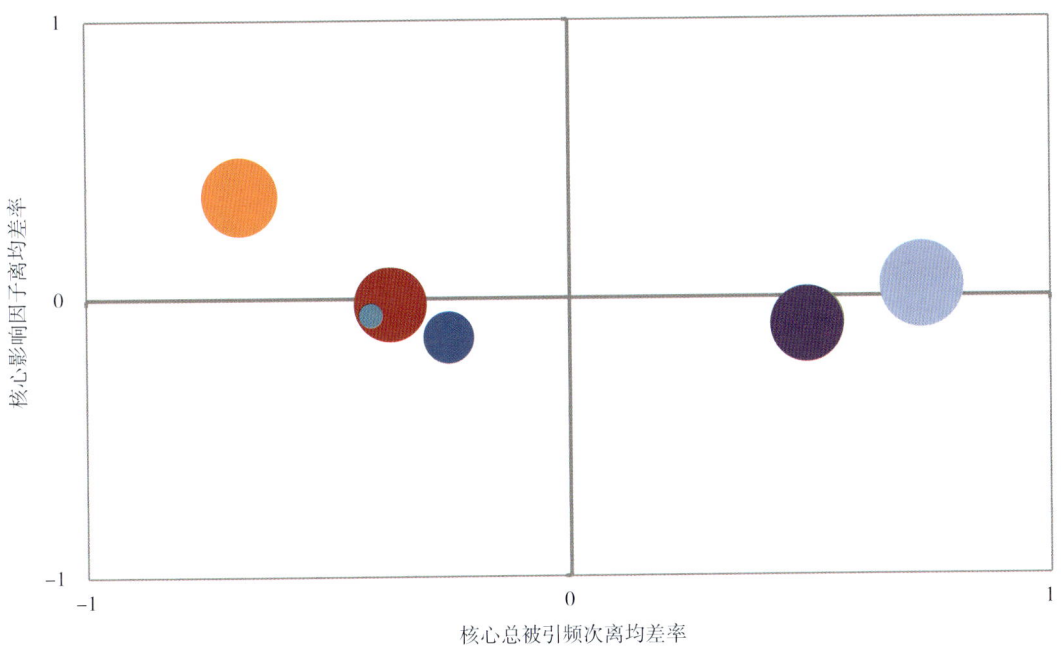

2012年核科学技术类期刊核心总被引频次和核心影响因子离均差率的分布图（节点大小表示综合评价总分）

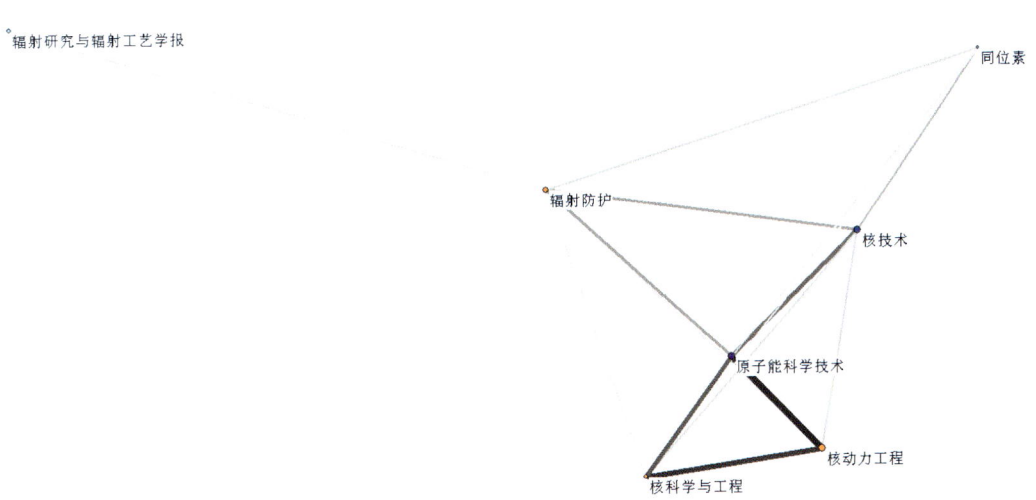

2012年核科学技术类期刊互引关系示意图

表 7-88 2012 年核科学技术类期刊主要指标

CODE	刊 名	核心总被引频次			核心影响因子			综合评价总分		学科扩散指标	学科影响指标
		数值	排名	离均差率	数值	排名	离均差率	数值	排名		
Q006	辐射防护	281	4	-0.25	0.217	7	-0.14	36.0	6	14.00	0.71
Q005	辐射研究与辐射工艺学报	237	5	-0.37	0.245	3	-0.02	51.7	4	17.43	0.57
Q004	核动力工程	561	2	0.50	0.228	5	-0.09	46.6	5	21.00	0.86
Q001	核技术	556	3	0.49	0.227	6	-0.10	52.5	3	31.29	1.00
Q009	核科学与工程	219	6	-0.41	0.235	4	-0.06	16.7	7	11.14	1.00
Q003	同位素	120	7	-0.68	0.344	1	0.37	54.5	2	10.86	0.86
Q008	原子能科学技术	647	1	0.73	0.262	2	0.04	60.0	1	26.14	1.00
	7 种期刊平均值	374			0.251						

电子技术类

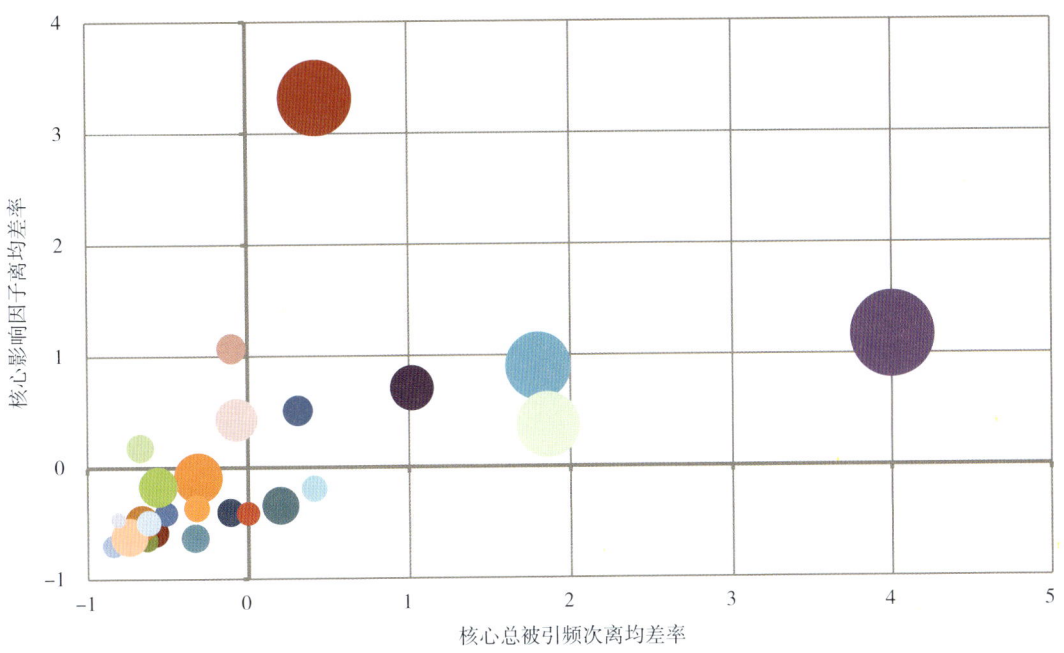

2012年电子技术类期刊核心总被引频次和核心影响因子离均差率的分布图（节点大小表示综合评价总分）

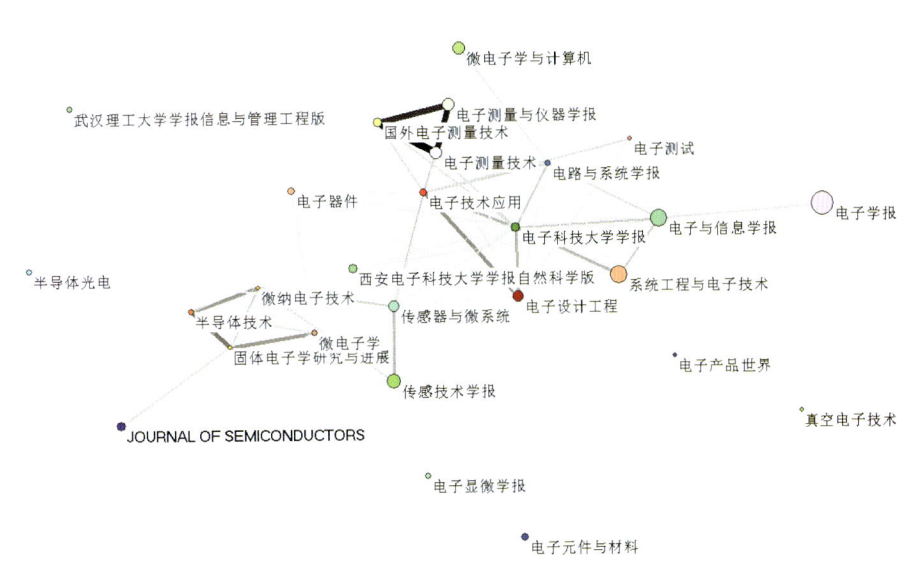

2012年电子技术类期刊互引关系示意图

表 7-89 2012 年电子技术类期刊主要指标

CODE	刊 名	核心总被引频次			核心影响因子			综合评价总分		学科扩散指标	学科影响指标
		数值	排名	离均差率	数值	排名	离均差率	数值	排名		
R062	JOURNAL OF SEMICONDUCTORS	867	12	-0.11	0.278	15	-0.40	23.7	17	6.43	0.79
R024	半导体光电	408	18	-0.58	0.197	22	-0.58	24.0	16	5.39	0.54
R063	半导体技术	363	21	-0.63	0.165	27	-0.65	19.1	24	4.89	0.61
N060	传感技术学报	1963	4	1.02	0.800	5	0.71	38.2	6	12.93	0.82
R532	传感器与微系统	1172	8	0.20	0.307	13	-0.34	32.0	10	12.11	0.82
R516	电路与系统学报	334	22	-0.66	0.237	20	-0.49	30.0	11	5.25	0.64
R055	电子测量技术	1272	7	0.31	0.704	6	0.51	26.3	12	8.21	0.61
R021	电子测量与仪器学报	1388	5	0.43	2.017	1	3.32	64.5	2	7.21	0.75
R079	电子测试	202	26	-0.79	0.191	24	-0.59	11.8	27	2.93	0.36
R651	电子产品世界	234	25	-0.76	0.196	23	-0.58	2.0	28	2.96	0.43
R067	电子技术应用	651	15	-0.33	0.173	26	-0.63	24.5	14	6.86	0.54
R036	电子科技大学学报	671	13	-0.31	0.426	10	-0.09	42.4	5	9.79	0.79
R512	电子器件	479	16	-0.51	0.276	17	-0.41	20.3	21	6.07	0.75
R724	电子设计工程	978	9	0.00	0.277	16	-0.41	20.1	22	7.79	0.54
R001	电子显微学报	424	17	-0.56	0.387	11	-0.17	33.7	8	8.54	0.21
R006	电子学报	4874	1	4.00	1.015	2	1.17	73.4	1	16.39	0.93
R022	电子与信息学报	2724	3	1.80	0.889	4	0.90	57.3	3	12.14	0.86
R020	电子元件与材料	666	14	-0.32	0.300	14	-0.36	22.6	19	6.32	0.46
R047	固体电子学研究与进展	153	28	-0.84	0.138	28	-0.70	19.6	23	2.29	0.71
R683	国外电子测量技术	879	11	-0.10	0.969	3	1.07	25.7	13	4.11	0.54
R586	吉林大学学报信息科学版	323	23	-0.67	0.553	9	0.18	24.4	15	4.68	0.36
R064	微电子学	387	19	-0.60	0.229	21	-0.51	15.2	25	4.54	0.82
R004	微电子学与计算机	1373	6	0.41	0.377	12	-0.19	22.7	18	9.50	0.75
R098	微纳电子技术	249	24	-0.74	0.179	25	-0.62	32.4	9	4.75	0.54
J018	武汉理工大学学报信息与管理工程版	369	20	-0.62	0.240	19	-0.49	21.3	20	6.18	0.25
R009	西安电子科技大学学报自然科学版	903	10	-0.07	0.668	7	0.43	36.7	7	8.64	0.75
R059	系统工程与电子技术	2782	2	1.86	0.639	8	0.37	56.0	4	13.89	0.68
R032	真空电子技术	182	27	-0.81	0.251	18	-0.46	12.9	26	2.14	0.21
	28 种期刊平均值	974			0.467						

光电子学与激光技术类

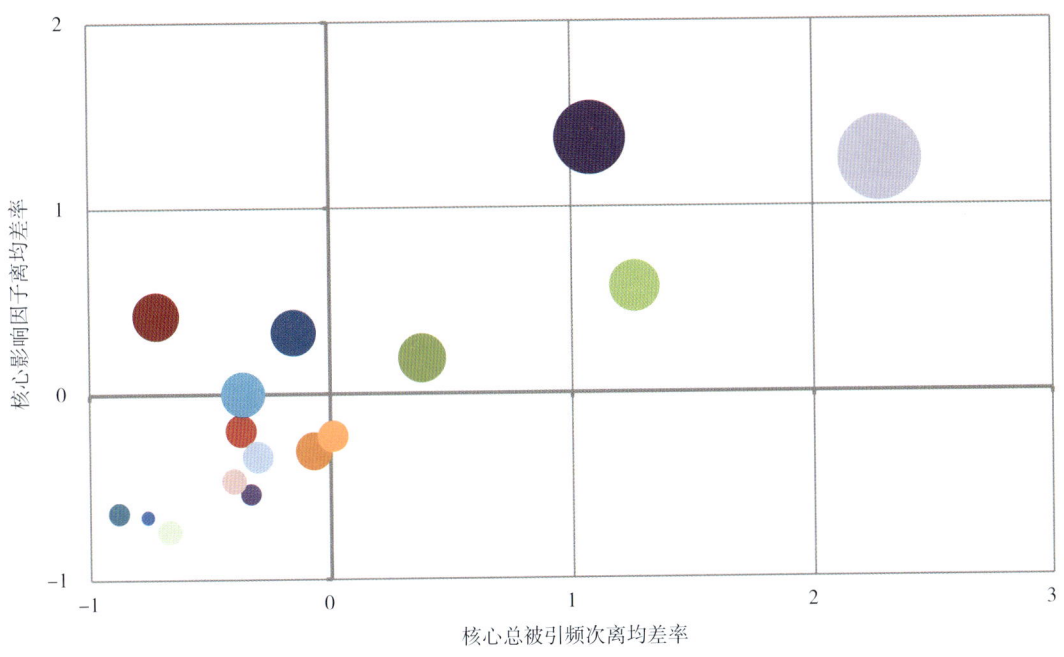

2012年光电子学与激光技术类期刊核心总被引频次和核心影响因子离均差率的分布图
（节点大小表示综合评价总分）

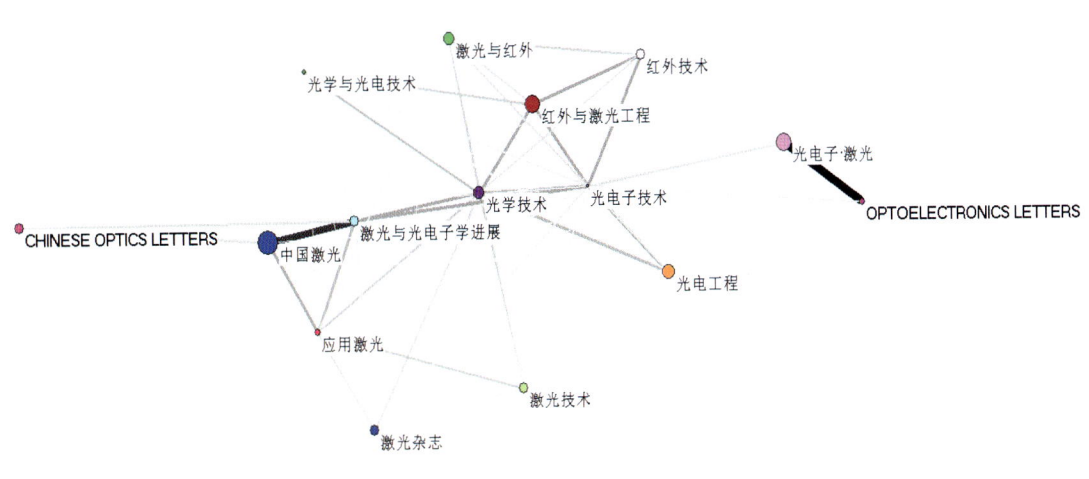

2012年光电子学与激光技术类期刊互引关系示意图

表 7-90 2012年光电子学与激光技术类期刊主要指标

CODE	刊 名	核心总被引频次			核心影响因子			综合评价总分		学科扩散指标	学科影响指标
		数值	排名	离均差率	数值	排名	离均差率	数值	排名		
I071	CHINESE OPTICS LETTERS	900	7	-0.15	0.784	5	0.33	45.5	6	6.44	0.81
I233	OPTOELECTRONICS LETTERS	302	14	-0.72	0.833	4	0.42	47.4	5	2.63	0.44
R026	光电工程	1463	4	0.38	0.702	6	0.19	48.3	4	17.38	0.94
R061	光电子·激光	2203	3	1.08	1.394	1	1.37	72.5	2	17.06	1.00
R082	光电子技术	125	16	-0.88	0.213	14	-0.64	21.9	14	4.94	0.69
N015	光学技术	984	6	-0.07	0.406	10	-0.31	37.4	8	15.94	0.94
R097	光学与光电技术	259	15	-0.76	0.197	15	-0.66	14.0	16	6.63	0.88
R535	红外技术	672	11	-0.37	0.468	8	-0.20	31.8	9	11.88	0.75
R084	红外与激光工程	2393	2	1.26	0.921	3	0.57	51.3	3	15.56	1.00
R025	激光技术	712	9	-0.33	0.273	13	-0.54	20.9	15	8.75	0.88
R514	激光与光电子学进展	678	10	-0.36	0.587	7	0.00	44.7	7	8.94	0.94
R521	激光与红外	1073	5	0.01	0.455	9	-0.23	30.9	11	14.63	1.00
R028	激光杂志	739	8	-0.30	0.386	11	-0.34	31.2	10	15.06	0.88
R069	压电与声光	632	12	-0.40	0.312	12	-0.47	25.3	12	12.69	0.56
R033	应用激光	355	13	-0.67	0.154	16	-0.74	25.1	13	8.75	0.69
R066	中国激光	3479	1	2.28	1.322	2	1.25	85.0	1	17.88	0.94
	16 种期刊平均值	1061			0.588						

通信技术类

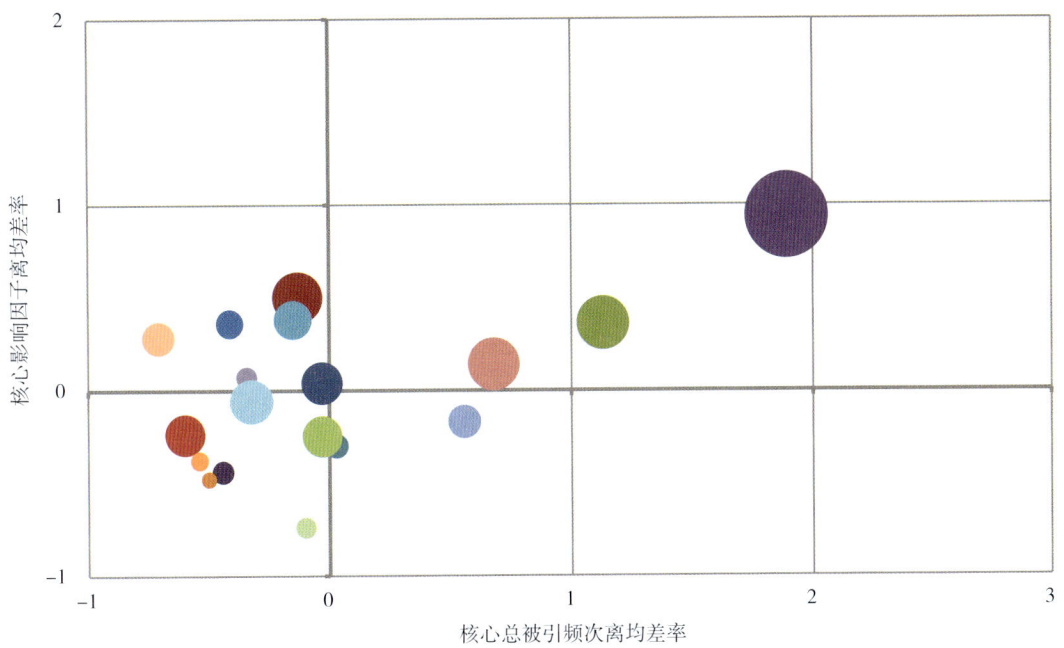

2012年通信技术类期刊核心总被引频次和核心影响因子离均差率的分布图（节点大小表示综合评价总分）

2012年通信技术类期刊互引关系示意图

表 7-91 2012 年通信技术类期刊主要指标

CODE	刊 名	核心总被引频次			核心影响因子			综合评价总分		学科扩散指标	学科影响指标
		数值	排名	离均差率	数值	排名	离均差率	数值	排名		
R018	北京邮电大学学报	494	6	-0.03	0.409	9	0.04	48.7	6	9.11	0.78
R559	重庆邮电大学学报自然科学版	443	9	-0.13	0.590	2	0.50	58.7	4	7.50	0.61
R007	电波科学学报	1090	2	1.13	0.534	4	0.36	61.5	2	9.44	0.72
R684	电信科学	287	14	-0.44	0.219	16	-0.44	26.3	14	6.56	0.56
R754	电讯技术	528	5	0.03	0.276	14	-0.30	27.9	13	8.11	0.83
R031	光通信技术	256	15	-0.50	0.204	17	-0.48	18.8	18	4.33	0.33
R096	雷达科学与技术	303	13	-0.41	0.534	4	0.36	33.0	12	4.61	0.61
R008	南京邮电大学学报自然科学版	205	17	-0.60	0.298	12	-0.24	47.6	7	5.94	0.78
R005	数据采集与处理	494	6	-0.03	0.296	13	-0.25	47.2	8	12.17	0.72
R065	通信学报	1479	1	1.89	0.762	1	0.94	99.2	1	13.72	0.89
R070	微波学报	435	10	-0.15	0.541	3	0.38	44.1	9	7.50	0.50
R671	西安邮电学院学报	234	16	-0.54	0.242	15	-0.38	21.5	17	3.94	0.33
R087	现代雷达	797	4	0.56	0.328	11	-0.17	38.8	10	8.78	0.72
R034	信号处理	861	3	0.68	0.448	7	0.14	60.1	3	12.22	0.94
R519	信息技术	459	8	-0.10	0.103	18	-0.74	24.3	16	11.22	0.50
R652	信息与电子工程	336	12	-0.34	0.420	8	0.07	24.9	15	5.11	0.44
A015	应用科学学报	350	11	-0.32	0.371	10	-0.06	51.0	5	12.06	0.72
R775	中兴通讯技术	146	18	-0.71	0.503	6	0.28	38.5	11	3.17	0.39
	18 种期刊平均值	511			0.393						

计算机科学技术类

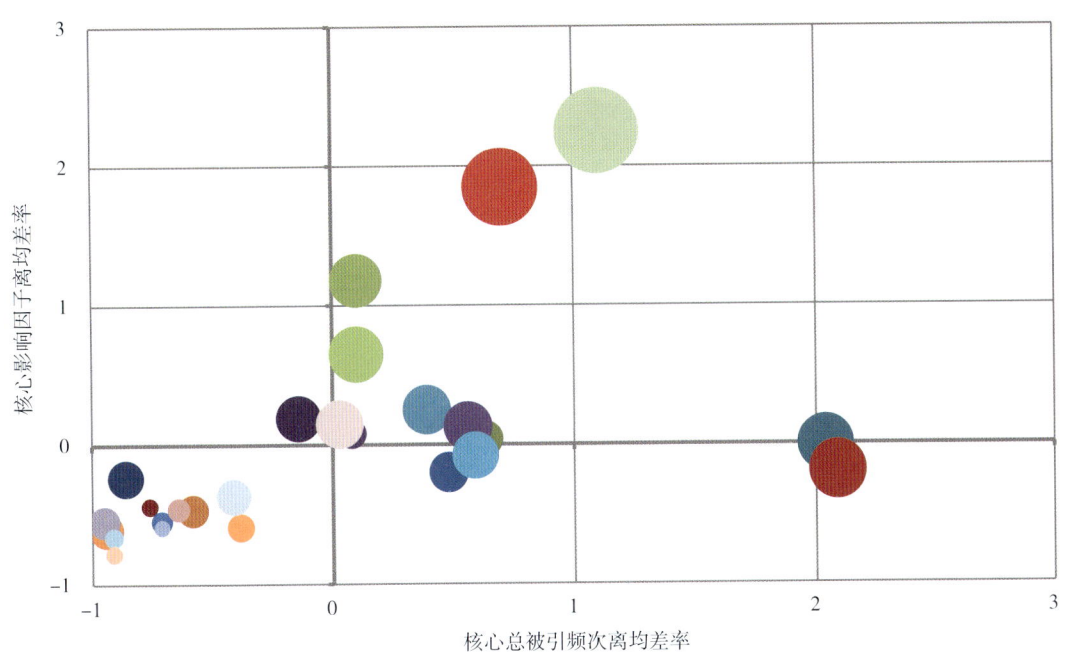

2012年计算机科学技术类期刊核心总被引频次和核心影响因子离均差率的分布图（节点大小表示综合评价总分）

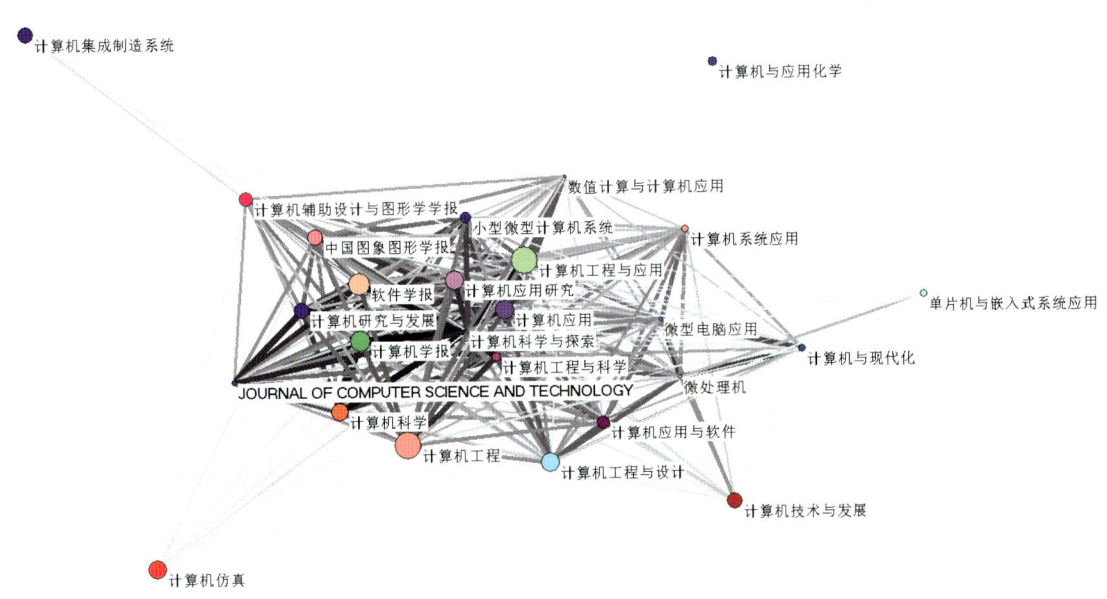

2012年计算机科学技术类期刊互引关系示意图

表7-92 2012年计算机科学技术类期刊主要指标

CODE	刊 名	核心总被引频次			核心影响因子			综合评价总分		学科扩散指标	学科影响指标
		数值	排名	离均差率	数值	排名	离均差率	数值	排名		
S051	JOURNAL OF COMPUTER SCIENCE AND TECHNOLOGY	279	22	-0.86	0.351	15	-0.24	37.1	13	3.23	0.81
S086	单片机与嵌入式系统应用	483	21	-0.76	0.259	17	-0.44	17.5	25	5.19	0.58
S049	计算机仿真	3318	5	0.63	0.481	10	0.04	36.6	14	18.08	0.81
S013	计算机辅助设计与图形学学报	1749	14	-0.14	0.547	6	0.19	46.0	11	12.12	0.92
S012	计算机工程	6193	2	2.04	0.461	11	0.00	57.8	4	21.35	0.92
S034	计算机工程与科学	856	17	-0.58	0.243	19	-0.47	32.2	17	9.42	0.85
S022	计算机工程与设计	3018	8	0.48	0.371	14	-0.20	40.0	12	17.00	0.88
S025	计算机工程与应用	6277	1	2.09	0.372	13	-0.19	59.3	3	26.00	0.96
S030	计算机集成制造系统	2238	10	0.10	1.007	3	1.18	53.7	6	10.54	0.81
S520	计算机技术与发展	2196	12	0.08	0.499	9	0.08	30.1	19	11.65	0.81
S006	计算机科学	2833	9	0.39	0.577	5	0.25	49.4	8	16.04	0.92
S085	计算机科学与探索	119	25	-0.94	0.179	24	-0.61	34.7	16	1.88	0.69
S509	计算机系统应用	590	20	-0.71	0.209	20	-0.55	21.8	22	7.15	0.69
S018	计算机学报	3448	4	0.70	1.313	2	1.85	77.1	2	14.50	0.92
S021	计算机研究与发展	2238	10	0.10	0.760	4	0.65	56.0	5	12.12	0.92
S029	计算机应用	3163	7	0.56	0.520	8	0.13	49.5	7	17.54	0.92
S016	计算机应用研究	3229	6	0.59	0.426	12	-0.08	47.0	10	17.50	0.88
S009	计算机应用与软件	1268	15	-0.38	0.191	22	-0.59	28.0	20	12.50	0.92
S500	计算机与现代化	597	19	-0.71	0.189	23	-0.59	16.1	26	6.73	0.73
S014	计算机与应用化学	733	18	-0.64	0.250	18	-0.46	23.0	21	9.35	0.46
S011	软件学报	4269	3	1.10	1.496	1	2.25	85.9	1	14.85	0.96
S032	数值计算与计算机应用	108	26	-0.95	0.208	21	-0.55	31.8	18	2.58	0.27
S005	微处理机	193	23	-0.91	0.159	25	-0.66	19.2	23	3.77	0.50
S033	微型电脑应用	176	24	-0.91	0.103	26	-0.78	17.6	24	3.69	0.58
S027	小型微型计算机系统	1198	16	-0.41	0.291	16	-0.37	35.7	15	9.81	0.88
R083	中国图象图形学报	2103	13	0.03	0.528	7	0.15	48.5	9	15.35	0.88
	26种期刊平均值	2034			0.461						

化学工程类

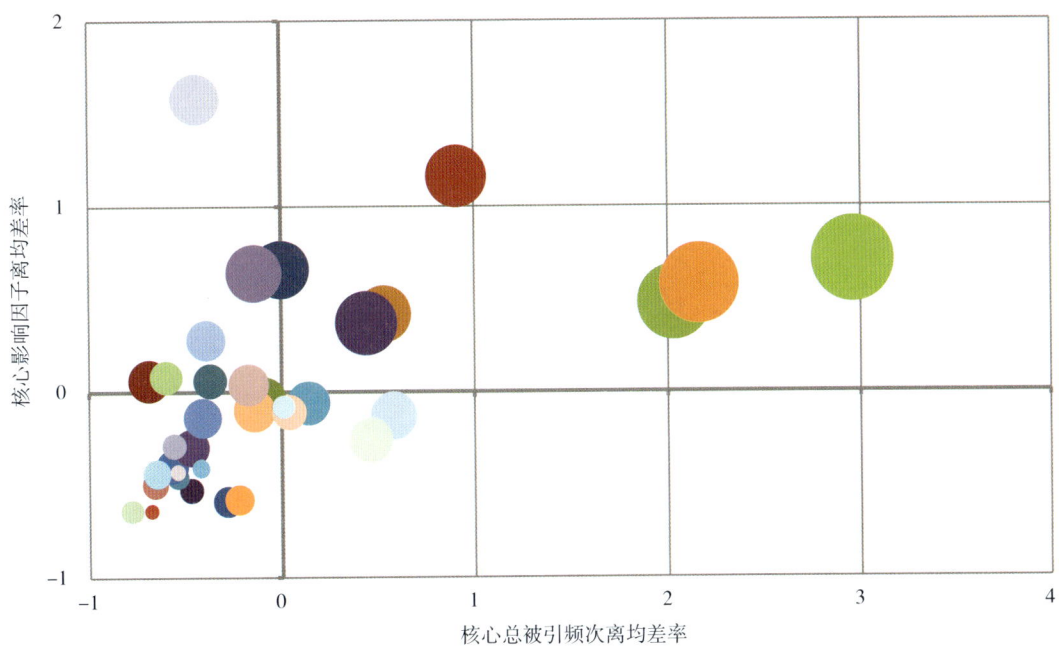

2012年化学工程类期刊核心总被引频次和核心影响因子离均差率的分布图（节点大小表示综合评价总分）

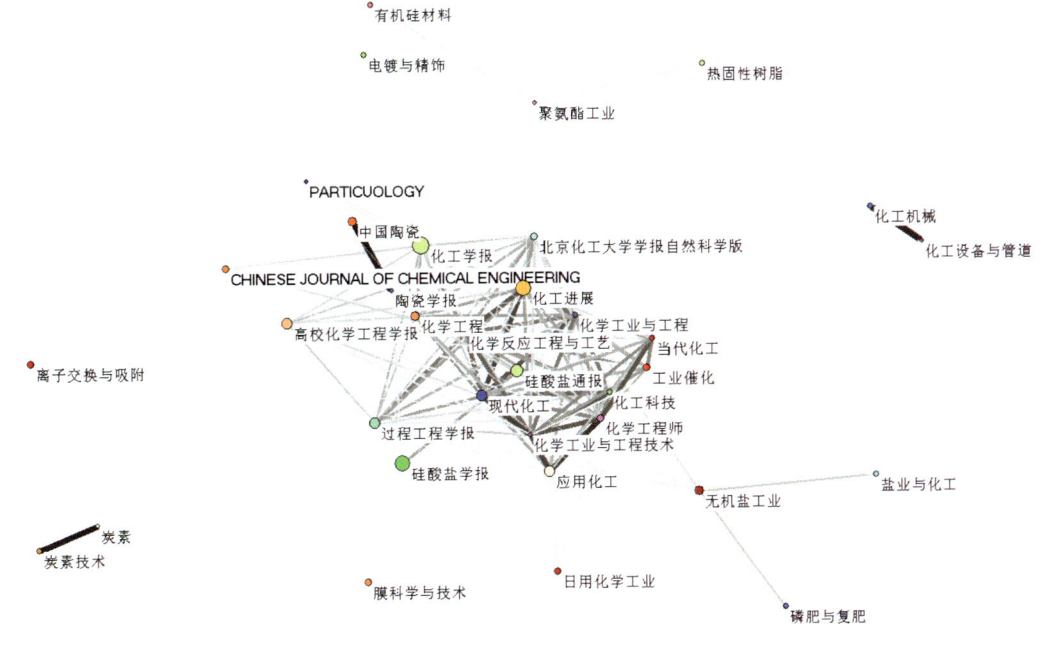

2012年化学工程类期刊互引关系示意图

表 7-93 2012 年化学工程类期刊主要指标

CODE	刊 名	核心总被引频次 数值	排名	离均差率	核心影响因子 数值	排名	离均差率	综合评价总分 数值	排名	学科扩散指标	学科影响指标
T100	CHINESE JOURNAL OF CHEMICAL ENGINEERING	662	12	0.00	0.612	4	0.66	52.0	6	6.14	0.71
I202	PARTICUOLOGY	209	34	-0.69	0.391	12	0.06	38.0	15	3.06	0.34
T020	北京化工大学学报自然科学版	604	13	-0.09	0.354	15	-0.04	40.3	12	8.60	0.71
T941	当代化工	355	24	-0.47	0.174	31	-0.53	22.2	29	4.71	0.69
T508	电镀与精饰	417	19	-0.37	0.391	12	0.06	31.4	21	2.97	0.20
T016	高校化学工程学报	1013	6	0.53	0.524	8	0.42	50.6	8	7.54	0.66
T563	工业催化	478	18	-0.28	0.151	33	-0.59	27.5	24	4.03	0.60
T004	硅酸盐通报	1269	4	0.91	0.794	2	1.16	55.7	5	7.14	0.51
T005	硅酸盐学报	2011	3	2.03	0.544	7	0.48	67.4	3	10.23	0.74
T008	过程工程学报	958	8	0.44	0.504	9	0.37	57.0	4	9.26	0.83
T006	化工机械	303	26	-0.54	0.198	29	-0.46	20.1	32	3.00	0.40
T101	化工进展	2100	2	2.16	0.581	6	0.58	71.7	2	12.60	0.91
T532	化工科技	284	29	-0.57	0.220	25	-0.40	30.0	23	4.37	0.60
T146	化工设备与管道	214	33	-0.68	0.133	34	-0.64	13.3	35	2.34	0.29
T007	化工学报	2629	1	2.96	0.630	3	0.71	77.3	1	14.09	0.94
T009	化学反应工程与工艺	350	25	-0.47	0.256	24	-0.30	33.1	19	3.91	0.69
T025	化学工程	755	9	0.14	0.346	16	-0.06	39.4	13	6.80	0.74
T567	化学工程师	516	17	-0.22	0.156	32	-0.58	26.8	25	6.89	0.66
T076	化学工业与工程	389	21	-0.41	0.315	21	-0.14	35.4	18	5.20	0.80
T501	化学工业与工程技术	227	32	-0.66	0.183	30	-0.50	24.3	27	3.74	0.63
T512	聚氨酯工业	268	30	-0.60	0.397	11	0.08	30.4	22	2.40	0.37
T010	离子交换与吸附	571	15	-0.14	0.604	5	0.64	51.2	7	5.66	0.51
T231	磷肥与复肥	385	22	-0.42	0.217	26	-0.41	16.6	33	3.26	0.37
T077	膜科学与技术	572	14	-0.14	0.333	18	-0.10	38.2	14	4.83	0.60
T105	热固性树脂	405	20	-0.39	0.471	10	0.28	36.4	17	3.06	0.37
T070	日用化学工业	552	16	-0.17	0.381	14	0.04	37.4	16	5.40	0.51
T527	炭素	148	35	-0.78	0.133	34	-0.64	21.1	30	2.14	0.31
T015	炭素技术	295	28	-0.56	0.262	23	-0.29	22.5	28	2.89	0.34
V531	陶瓷学报	230	31	-0.65	0.207	28	-0.44	25.9	26	3.03	0.26
T072	无机盐工业	689	10	0.04	0.329	19	-0.11	31.6	20	5.97	0.80
T063	现代化工	1052	5	0.58	0.321	20	-0.13	42.8	10	10.06	0.86
T054	盐业与化工	303	26	-0.54	0.208	27	-0.43	14.0	34	2.51	0.37
T949	应用化工	967	7	0.46	0.271	22	-0.26	40.4	11	9.63	0.71
T916	有机硅材料	374	23	-0.44	0.950	1	1.58	45.9	9	2.40	0.43
T068	中国陶瓷	673	11	0.01	0.339	17	-0.08	20.5	31	3.20	0.29
	35 种期刊平均值	664			0.368						

高聚物工程类

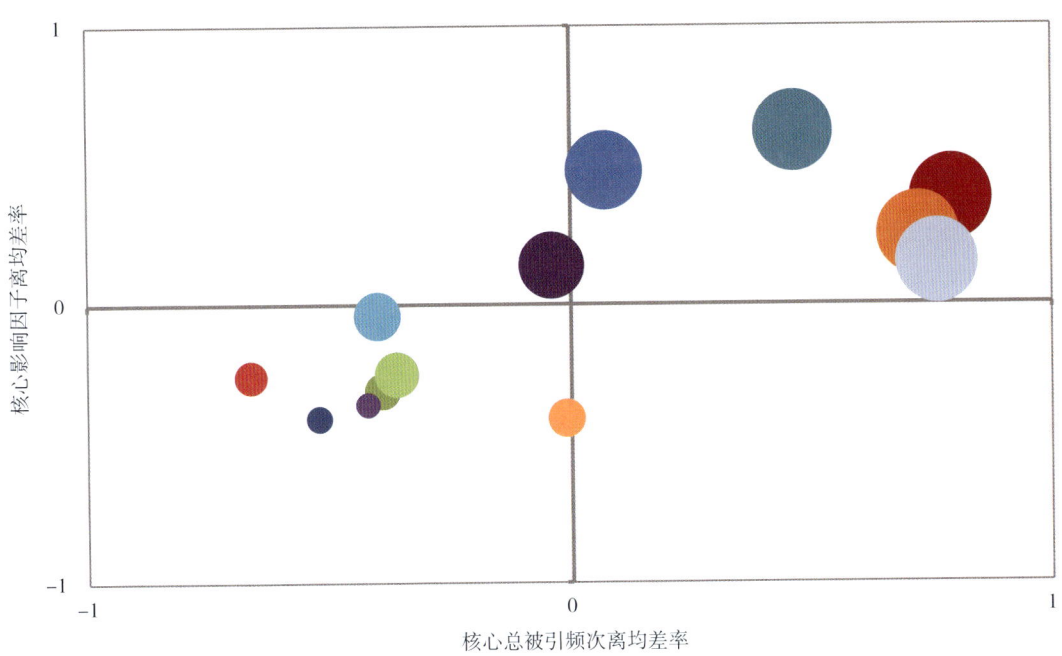

2012年高聚物工程类期刊核心总被引频次和核心影响因子离均差率的分布图（节点大小表示综合评价总分）

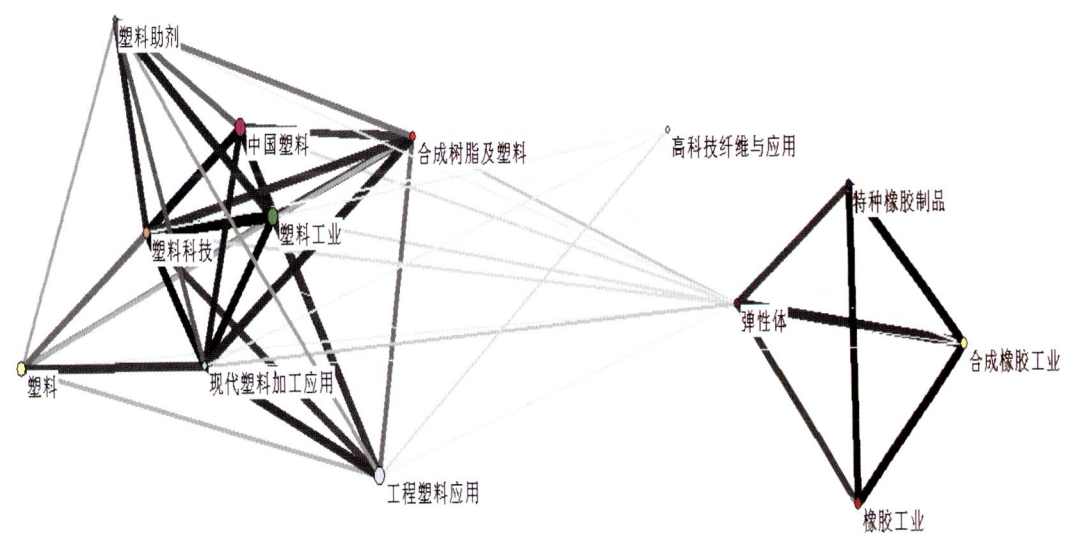

2012年高聚物工程类期刊互引关系示意图

表 7-94 2012 年高聚物工程类期刊主要指标

CODE	刊 名	核心总被引频次			核心影响因子			综合评价总分		学科扩散指标	学科影响指标
		数值	排名	离均差率	数值	排名	离均差率	数值	排名		
T078	高科技纤维与应用	266	12	-0.52	0.220	13	-0.41	22.9	12	7.69	0.69
T003	工程塑料应用	987	1	0.79	0.519	3	0.38	74.1	1	13.62	0.92
T505	合成树脂及塑料	334	9	-0.39	0.259	10	-0.31	31.6	10	6.23	0.85
T018	合成橡胶工业	527	7	-0.04	0.426	6	0.14	57.6	6	7.54	0.85
T106	塑料	806	4	0.46	0.608	1	0.62	70.1	4	9.08	0.85
T014	塑料工业	947	3	0.72	0.468	4	0.25	72.1	3	12.23	0.92
T536	塑料科技	587	5	0.07	0.554	2	0.48	67.7	5	9.54	1.00
T079	塑料助剂	190	13	-0.66	0.277	9	-0.26	29.2	11	5.77	0.54
T500	弹性体	352	8	-0.36	0.283	8	-0.25	39.2	8	7.69	0.92
T999	特种橡胶制品	321	11	-0.42	0.241	11	-0.36	21.6	13	6.69	1.00
T929	现代塑料加工应用	331	10	-0.40	0.361	7	-0.04	41.4	7	6.46	0.77
T064	橡胶工业	544	6	-0.01	0.223	12	-0.41	32.7	9	10.15	0.92
T022	中国塑料	972	2	0.76	0.432	5	0.15	72.8	2	12.00	0.85
	13 种期刊平均值	551			0.375						

精细化学工程类

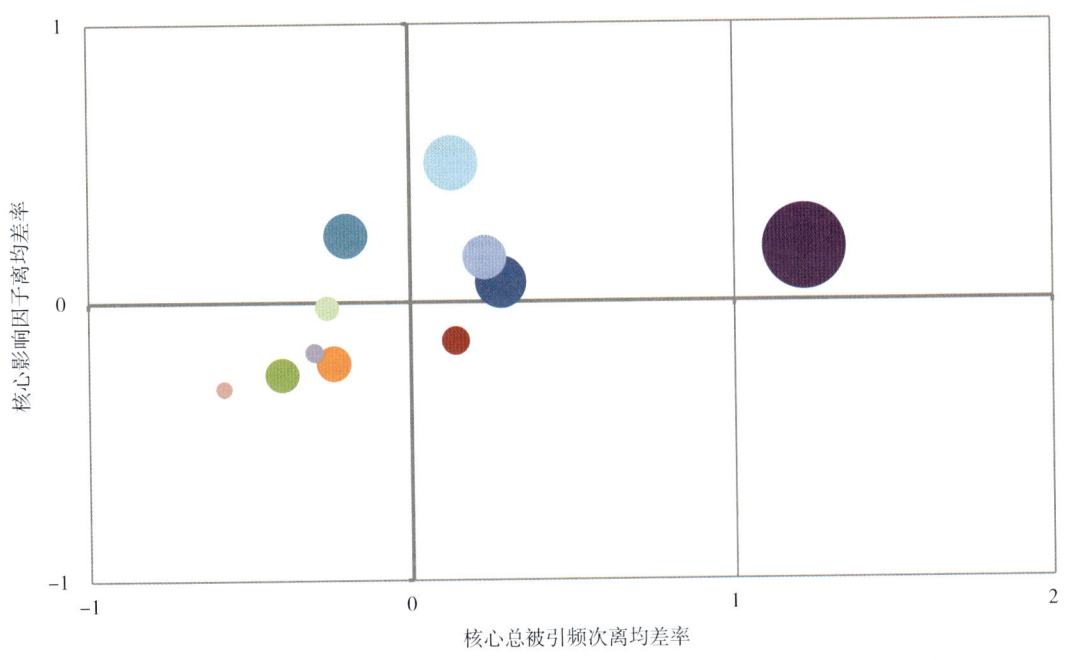

2012年精细化学工程类期刊核心总被引频次和核心影响因子离均差率的分布图（节点大小表示综合评价总分）

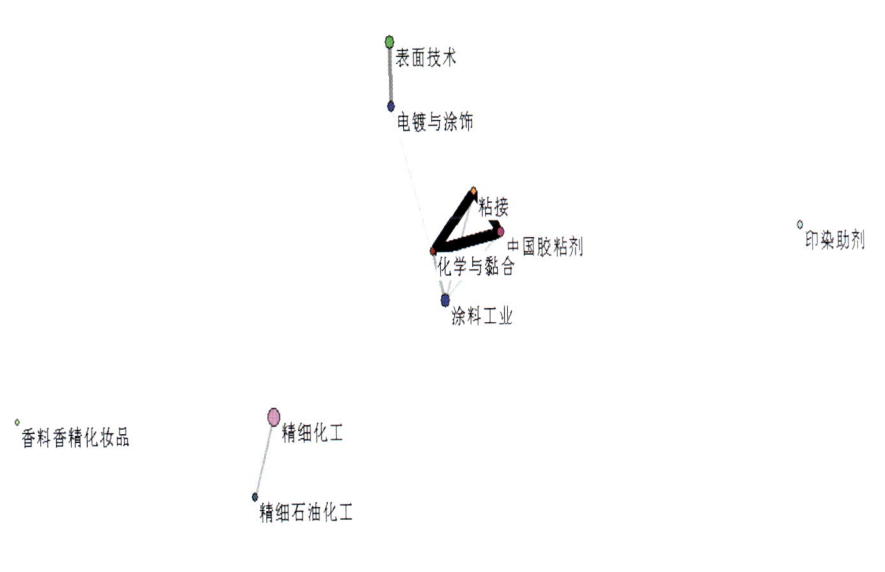

2012年精细化学工程类期刊互引关系示意图

表 7-95 2012 年精细化学工程类期刊主要指标

CODE	刊 名	核心总被引频次			核心影响因子			综合评价总分		学科扩散指标	学科影响指标
		数值	排名	离均差率	数值	排名	离均差率	数值	排名		
T098	表面技术	719	2	0.28	0.364	5	0.07	48.5	3	14.27	0.55
T598	电镀与涂饰	640	4	0.14	0.292	7	-0.14	26.8	8	12.73	0.64
T931	化学与黏合	336	10	-0.40	0.251	10	-0.26	32.3	7	11.00	0.91
T102	精细化工	1247	1	1.22	0.405	3	0.19	80.3	1	30.00	1.00
T955	精细化工中间体	448	6	-0.20	0.423	2	0.24	42.1	4	15.91	0.73
T542	精细石油化工	425	7	-0.24	0.265	9	-0.22	33.2	6	14.00	0.82
T103	涂料工业	690	3	0.23	0.394	4	0.16	41.4	5	14.55	0.82
T073	香料香精化妆品	235	11	-0.58	0.234	11	-0.31	16.2	11	8.73	0.45
T104	印染助剂	413	8	-0.26	0.333	6	-0.02	23.2	9	9.18	0.73
T569	粘接	390	9	-0.30	0.278	8	-0.18	18.0	10	7.82	0.73
T075	中国胶粘剂	632	5	0.13	0.513	1	0.50	51.7	2	12.27	0.82
	13 种期刊平均值	561			0.341						

应用化学工程类

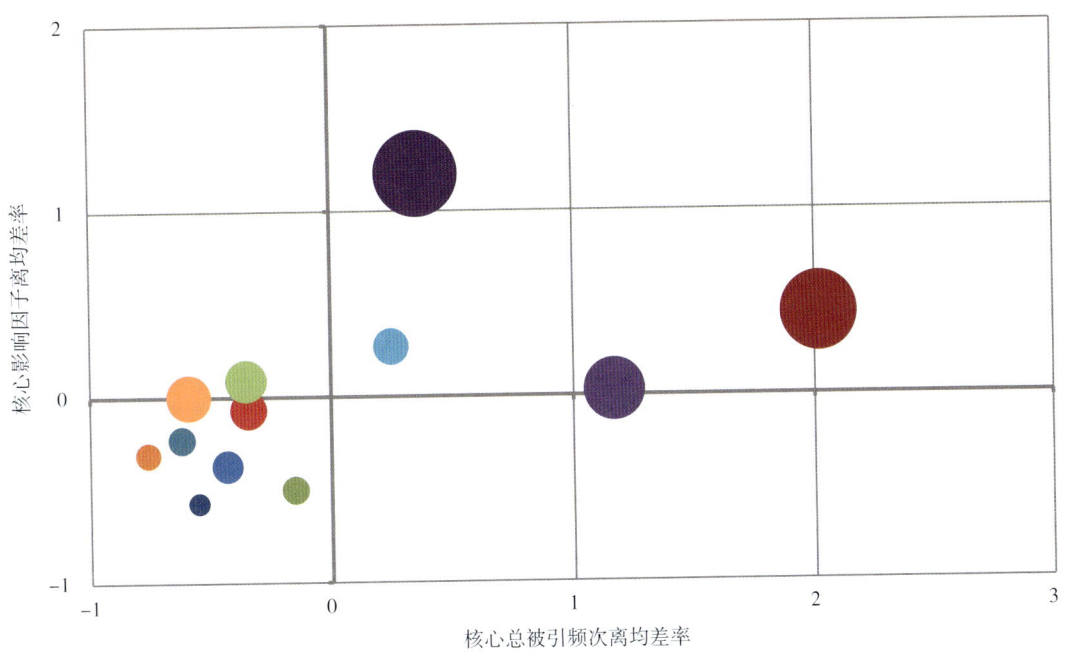

2012年应用化学工程类期刊核心总被引频次和核心影响因子离均差率的分布图（节点大小表示综合评价总分）

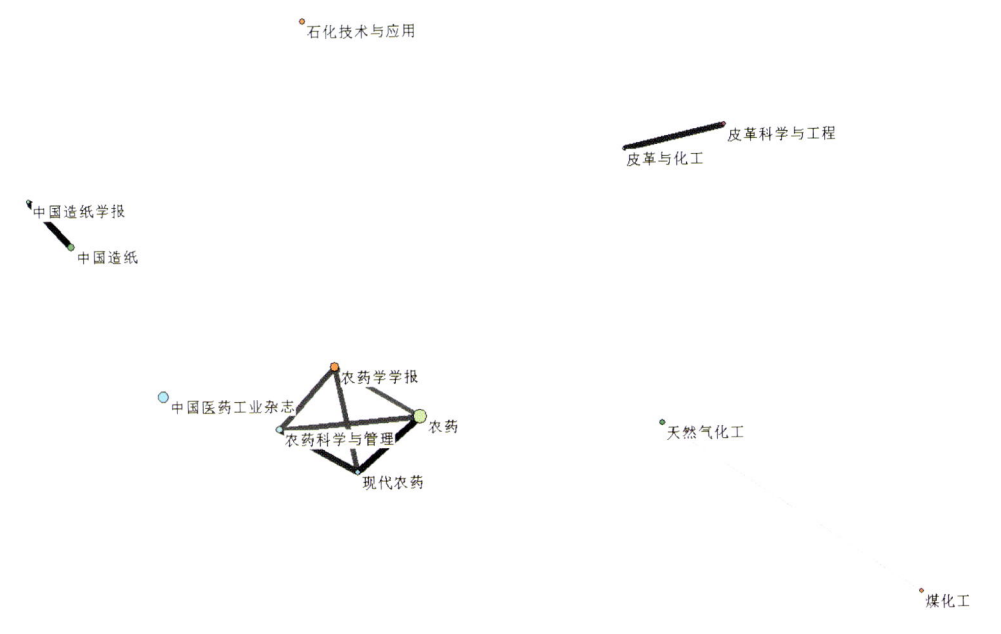

2012年应用化学工程类期刊互引关系示意图

表 7-96 2012 年应用化学工程类期刊主要指标

CODE	刊 名	核心总被引频次			核心影响因子			综合评价总分		学科扩散指标	学科影响指标
		数值	排名	离均差率	数值	排名	离均差率	数值	排名		
T060	煤化工	238	9	-0.55	0.141	12	-0.57	20.4	12	6.33	0.25
T034	农药	1608	1	2.02	0.469	2	0.44	74.2	2	20.92	0.33
T924	农药科学与管理	452	5	-0.15	0.163	11	-0.50	25.9	10	11.08	0.33
H404	农药学学报	723	3	0.36	0.716	1	1.20	79.9	1	15.00	0.42
U602	皮革科学与工程	205	11	-0.62	0.250	8	-0.23	26.1	9	5.33	0.17
U604	皮革与化工	128	12	-0.76	0.223	9	-0.31	24.2	11	4.92	0.25
T933	石化技术与应用	306	8	-0.43	0.205	10	-0.37	30.1	8	8.50	0.25
T074	天然气化工	354	6	-0.34	0.301	7	-0.07	35.0	6	7.92	0.25
H417	现代农药	346	7	-0.35	0.354	4	0.09	39.5	5	10.08	0.33
T019	中国医药工业杂志	1157	2	1.17	0.334	5	0.03	58.4	3	23.75	0.25
U012	中国造纸	666	4	0.25	0.414	3	0.27	34.0	7	9.92	0.17
U033	中国造纸学报	217	10	-0.59	0.325	6	0.00	42.7	4	6.92	0.25
	12 种期刊平均值	533			0.325						

仪器仪表技术类

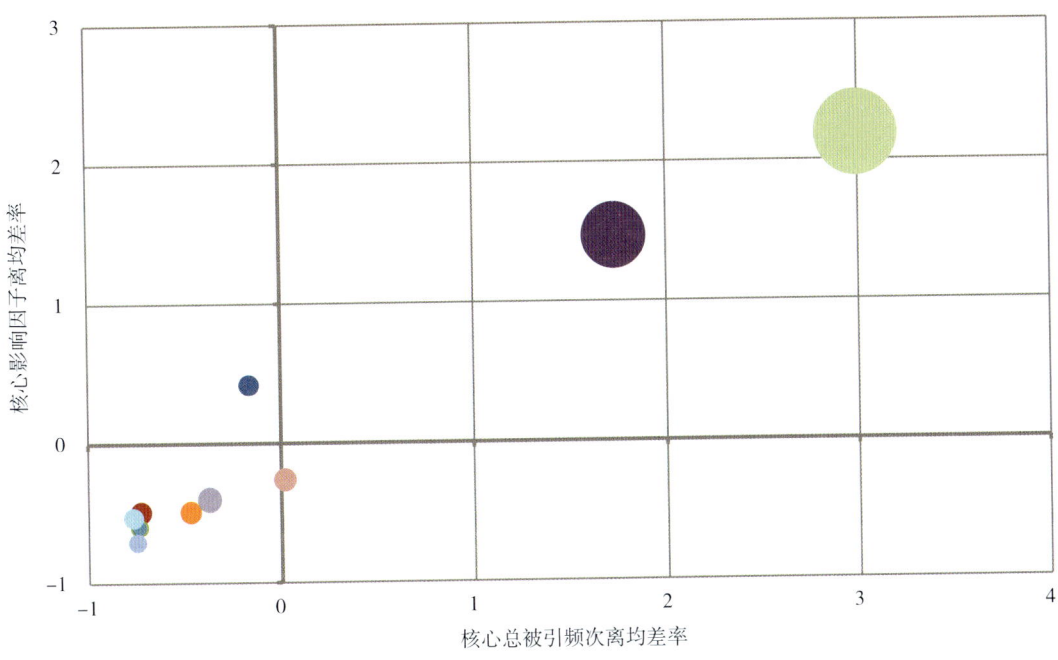

2012年仪器仪表技术类期刊核心总被引频次和核心影响因子离均差率的分布图（节点大小表示综合评价总分）

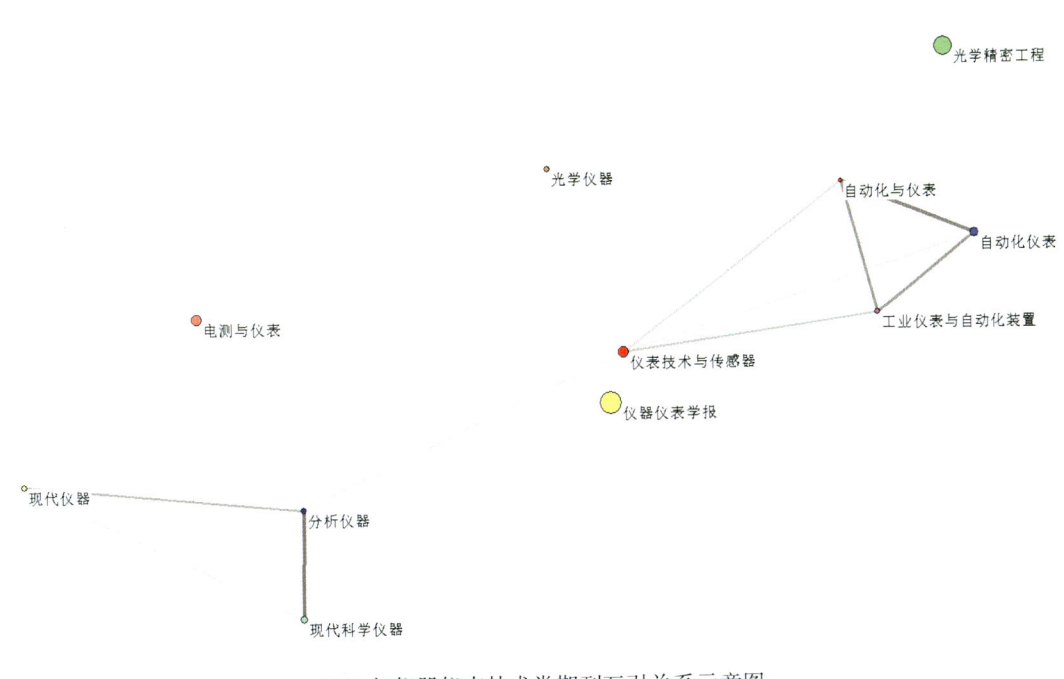

2012年仪器仪表技术类期刊互引关系示意图

表 7-97　2012 年仪器仪表技术类期刊主要指标

CODE	刊 名	核心总被引频次			核心影响因子			综合评价总分		学科扩散指标	学科影响指标
		数值	排名	离均差率	数值	排名	离均差率	数值	排名		
R673	电测与仪表	945	4	-0.16	0.802	3	0.42	21.7	7	15.73	0.73
D062	分析仪器	301	7	-0.73	0.290	6	-0.49	22.7	6	15.09	0.82
N037	工业仪表与自动化装置	296	8	-0.74	0.225	10	-0.60	19.5	9	10.64	0.73
N033	光学精密工程	3081	2	1.73	1.399	2	1.47	69.3	2	28.82	0.64
N031	光学仪器	295	9	-0.74	0.228	9	-0.60	15.3	11	10.09	0.45
N100	现代科学仪器	595	6	-0.47	0.288	7	-0.49	23.4	5	22.45	0.91
N115	现代仪器	284	10	-0.75	0.163	11	-0.71	19.4	10	13.55	0.45
N074	仪表技术与传感器	1150	3	0.02	0.418	4	-0.26	24.2	4	23.73	1.00
N066	仪器仪表学报	4506	1	2.99	1.807	1	2.19	89.8	1	44.36	1.00
N013	自动化仪表	710	5	-0.37	0.339	5	-0.40	26.3	3	19.18	0.82
S501	自动化与仪表	261	11	-0.77	0.266	8	-0.53	21.2	8	9.73	0.55
	11 种期刊平均值	1129			0.566						

兵器科学与技术类

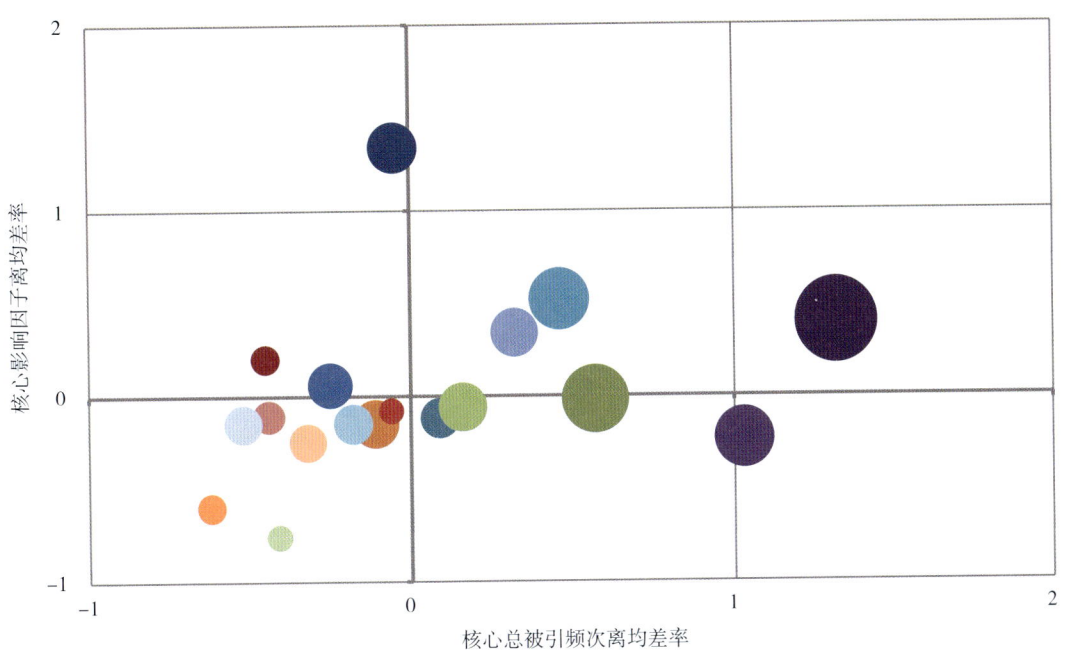

2012年兵器科学与技术类期刊核心总被引频次和核心影响因子离均差率的分布图（节点大小表示综合评价总分）

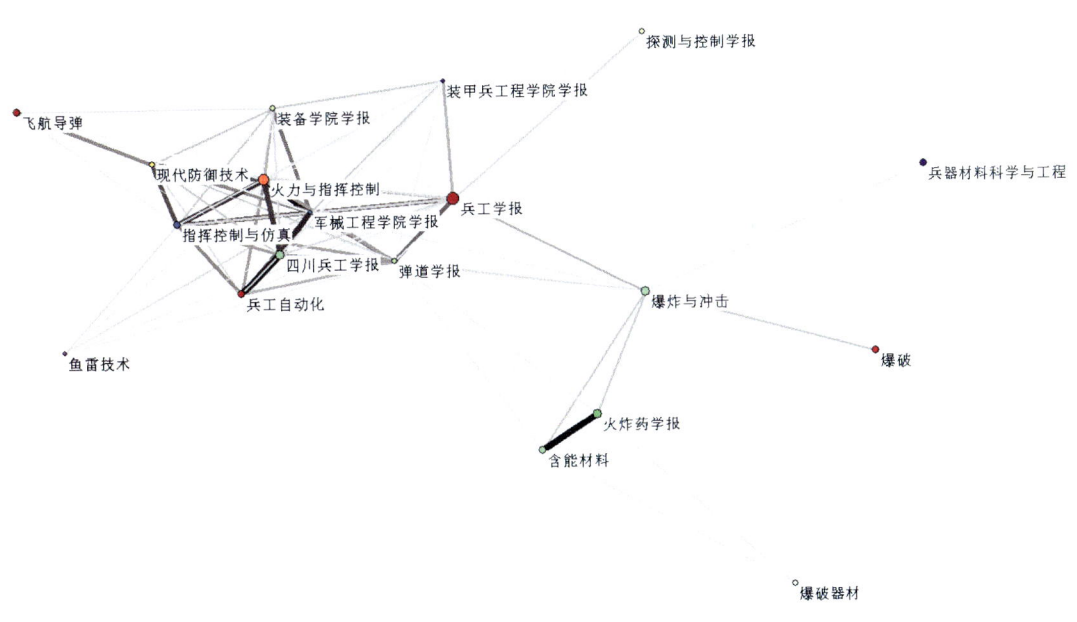

2012年兵器科学与技术类期刊互引关系示意图

表 7-98 2012 年兵器科学与技术类期刊主要指标

CODE	刊 名	核心总被引频次			核心影响因子			综合评价总分		学科扩散指标	学科影响指标
		数值	排名	离均差率	数值	排名	离均差率	数值	排名		
N017	爆破	528	8	-0.05	0.793	1	1.34	45.4	5	4.05	0.42
N012	爆破器材	307	16	-0.45	0.407	5	0.20	26.4	16	3.21	0.42
N006	爆炸与冲击	870	3	0.57	0.333	7	-0.02	61.2	2	10.11	0.74
N008	兵工学报	1284	1	1.32	0.476	3	0.40	77.0	1	16.32	1.00
R730	兵工自动化	603	7	0.09	0.298	11	-0.12	35.6	11	9.26	0.68
N085	兵器材料科学与工程	492	10	-0.11	0.287	14	-0.15	43.1	8	9.53	0.42
N004	弹道学报	413	12	-0.25	0.360	6	0.06	40.8	9	6.84	0.95
Y571	飞航导弹	521	9	-0.06	0.312	9	-0.08	23.0	18	5.74	0.74
L586	含能材料	644	6	0.16	0.319	8	-0.06	43.8	6	5.89	0.68
N005	火力与指挥控制	1124	2	1.03	0.261	16	-0.23	54.6	4	10.16	0.68
N007	火炸药学报	807	4	0.46	0.514	2	0.52	55.3	3	5.37	0.68
J056	军械工程学院学报	208	19	-0.62	0.137	18	-0.60	26.5	15	5.63	0.74
T094	四川兵工学报	734	5	0.32	0.455	4	0.34	43.5	7	8.16	0.84
N043	探测与控制学报	308	15	-0.44	0.302	10	-0.11	29.4	14	5.58	0.68
Y561	现代防御技术	325	14	-0.41	0.083	19	-0.76	23.7	17	5.16	0.58
N907	鱼雷技术	263	18	-0.53	0.280	15	-0.17	22.3	19	4.11	0.53
N091	指挥控制与仿真	455	11	-0.18	0.289	12	-0.15	35.7	10	5.16	0.63
A133	装备学院学报	377	13	-0.32	0.253	17	-0.25	34.0	13	6.89	0.63
N990	装甲兵工程学院学报	264	17	-0.52	0.288	13	-0.15	34.6	12	5.84	0.58
	19 种期刊平均值	554			0.339						

纺织科学技术类

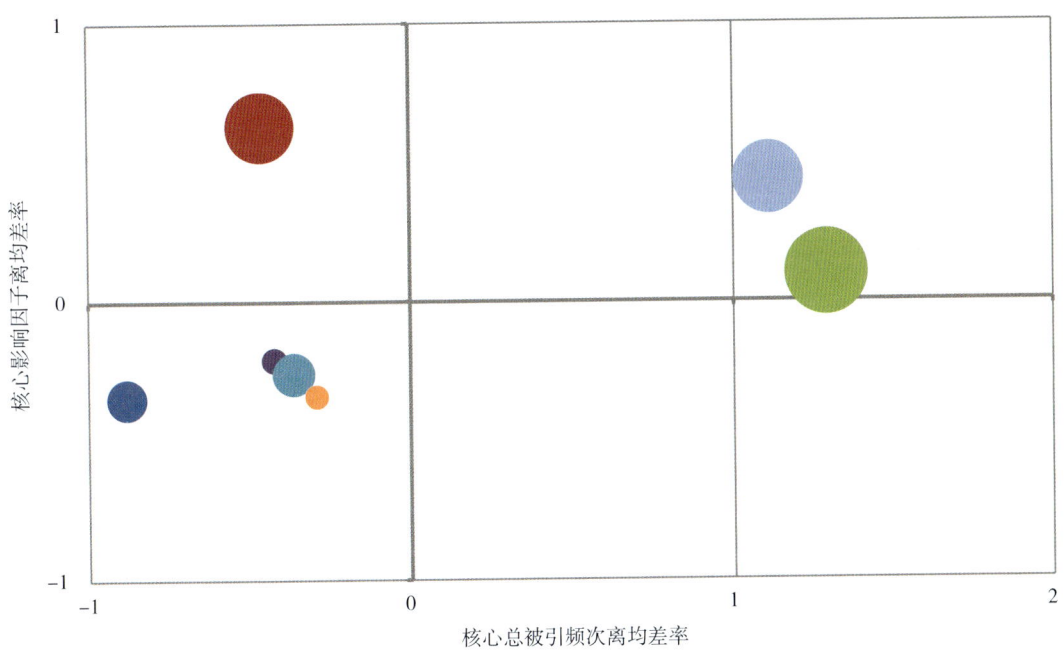

2012年纺织科学技术类期刊核心总被引频次和核心影响因子离均差率的分布图（节点大小表示综合评价总分）

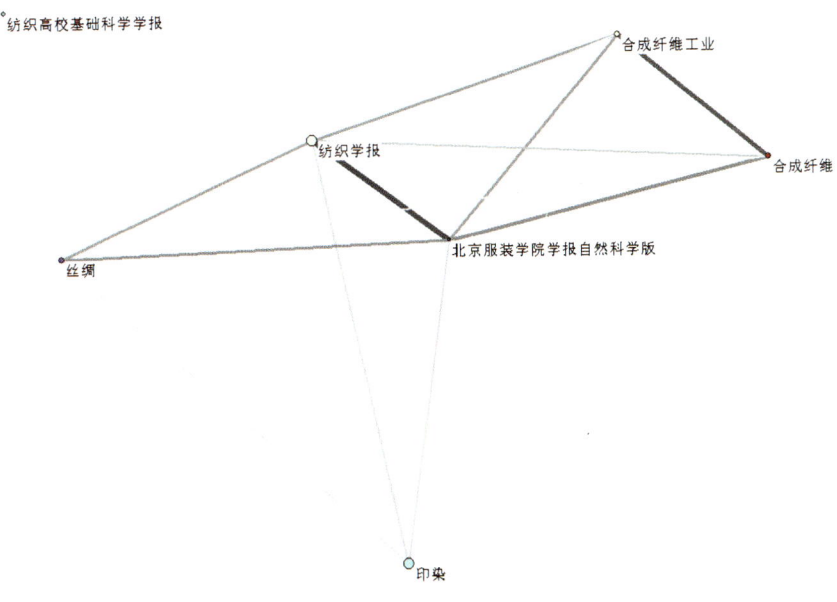

2012年纺织科学技术类期刊互引关系示意图

表 7-99　2012 年纺织科学技术类期刊主要指标

CODE	刊　名	核心总被引频次			核心影响因子			综合评价总分		学科扩散指标	学科影响指标
		数值	排名	离均差率	数值	排名	离均差率	数值	排名		
U019	北京服装学院学报自然科学版	61	7	-0.88	0.184	7	-0.35	33.0	5	5.00	1.00
U013	纺织高校基础科学学报	268	6	-0.46	0.462	1	0.63	56.0	3	8.43	0.43
U053	纺织学报	1139	1	1.29	0.313	3	0.10	68.6	1	25.14	1.00
T067	合成纤维	290	5	-0.42	0.223	4	-0.21	20.6	6	11.86	0.86
T065	合成纤维工业	316	4	-0.36	0.209	5	-0.26	34.6	4	13.86	0.86
U056	丝绸	355	3	-0.29	0.187	6	-0.34	19.1	7	7.29	0.71
U054	印染	1051	2	1.11	0.408	2	0.44	57.9	2	17.86	1.00
	7 种期刊平均值	497			0.284						

食品科学技术类

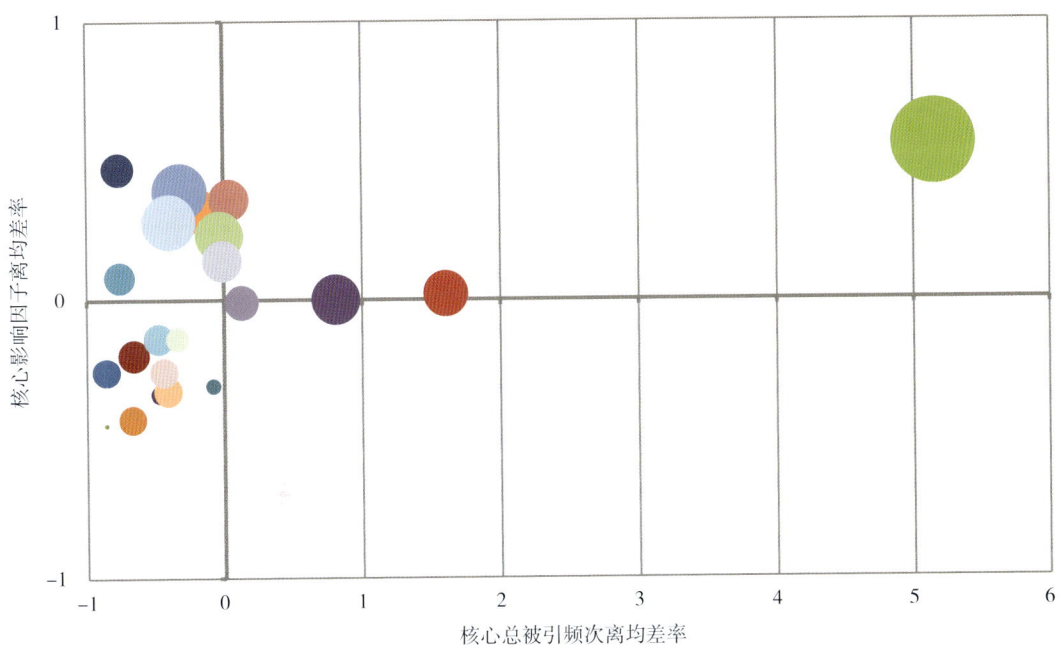

2012年食品科学技术类期刊核心总被引频次和核心影响因子离均差率的分布图（节点大小表示综合评价总分）

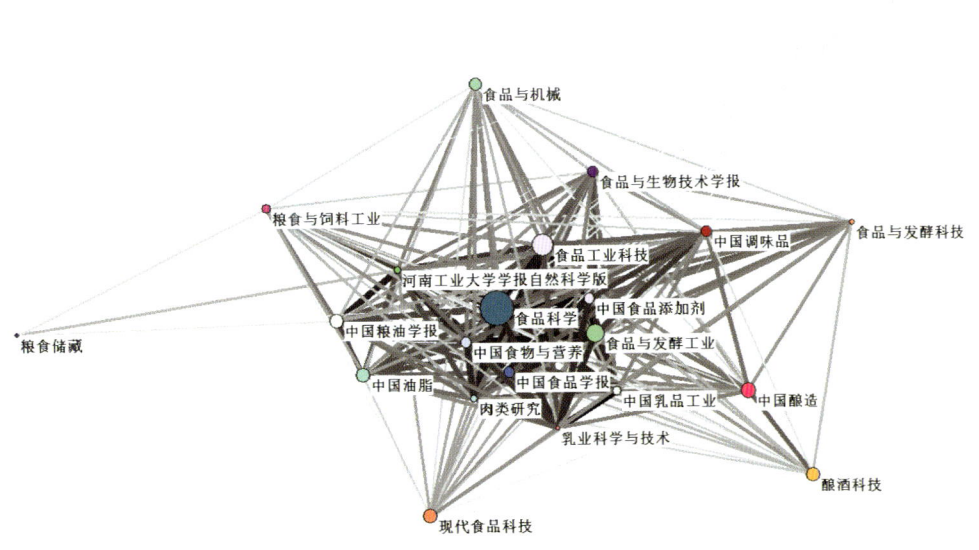

2012年食品科学技术类期刊互引关系示意图

表 7-100 2012 年食品科学技术类期刊主要指标

CODE	刊 名	核心总被引频次			核心影响因子			综合评价总分		学科扩散指标	学科影响指标
		数值	排名	离均差率	数值	排名	离均差率	数值	排名		
U521	包装与食品机械	403	20	-0.77	0.724	2	0.47	35.4	11	3.18	0.82
U004	河南工业大学学报自然科学版	589	17	-0.66	0.394	15	-0.20	34.6	12	8.09	0.95
U002	粮食储藏	241	22	-0.86	0.269	22	-0.45	4.9	22	2.41	0.55
U055	粮食与饲料工业	923	15	-0.47	0.325	20	-0.34	19.7	20	6.59	0.95
U504	酿酒科技	1615	8	-0.08	0.341	18	-0.31	16.5	21	7.36	0.73
U515	肉类研究	580	18	-0.67	0.279	21	-0.43	30.6	17	3.59	0.91
H097	乳业科学与技术	249	21	-0.86	0.365	16	-0.26	30.6	17	3.23	0.64
U005	食品工业科技	4582	2	1.61	0.500	10	0.02	49.0	6	18.18	0.95
U006	食品科学	10818	1	5.15	0.769	1	0.56	91.8	1	27.95	1.00
U035	食品与发酵工业	3186	3	0.81	0.492	11	0.00	53.3	4	16.45	1.00
U641	食品与发酵科技	423	19	-0.76	0.532	9	0.08	33.9	13	4.45	0.91
U547	食品与机械	1447	9	-0.18	0.649	5	0.32	46.7	7	9.64	0.95
U029	食品与生物技术学报	1189	10	-0.32	0.684	3	0.39	60.6	2	12.14	0.95
U010	现代食品科技	1822	5	0.04	0.670	4	0.36	44.2	8	11.09	0.95
U001	中国粮油学报	1713	7	-0.03	0.604	7	0.23	53.0	5	9.82	1.00
U609	中国酿造	1992	4	0.13	0.488	12	-0.01	37.0	10	10.00	0.95
U052	中国乳品工业	920	16	-0.48	0.422	13	-0.14	33.0	14	5.82	0.91
U635	中国食品添加剂	1041	13	-0.41	0.331	19	-0.33	31.5	15	9.45	1.00
U007	中国食品学报	1057	12	-0.40	0.632	6	0.28	59.4	3	9.27	0.95
U563	中国食物与营养	987	14	-0.44	0.363	17	-0.26	31.5	15	11.36	0.95
U501	中国调味品	1157	11	-0.34	0.422	13	-0.14	25.3	19	6.68	0.95
U032	中国油脂	1732	6	-0.01	0.561	8	0.14	43.9	9	11.14	1.00
	22 种期刊平均值	1758			0.492						

建筑科学与技术类

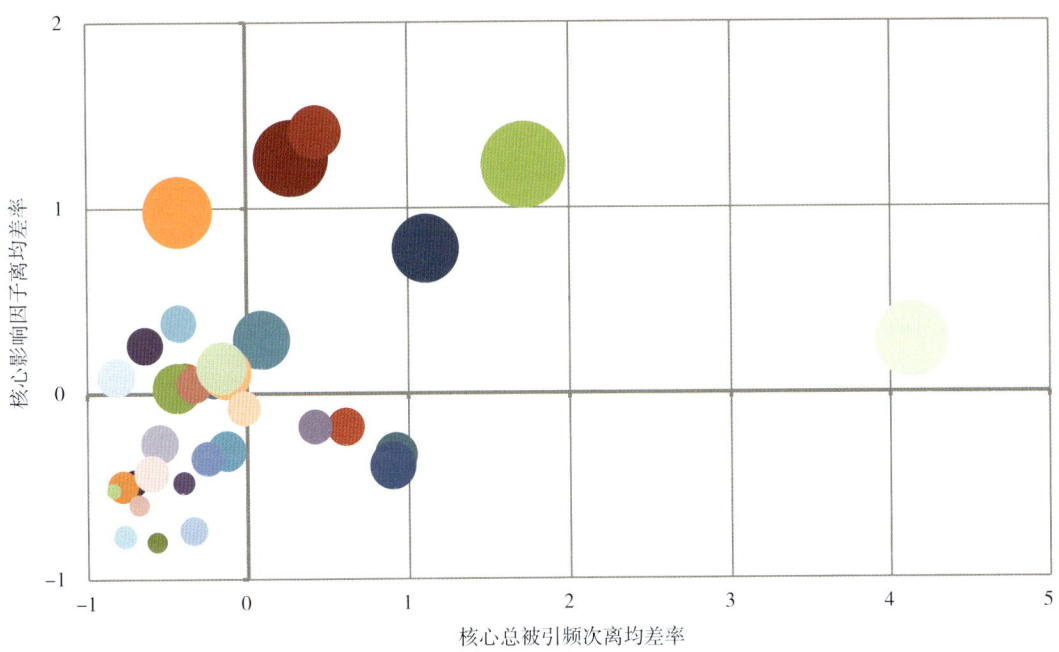

2012年建筑科学与技术类期刊核心总被引频次和核心影响因子离均差率的分布图（节点大小表示综合评价总分）

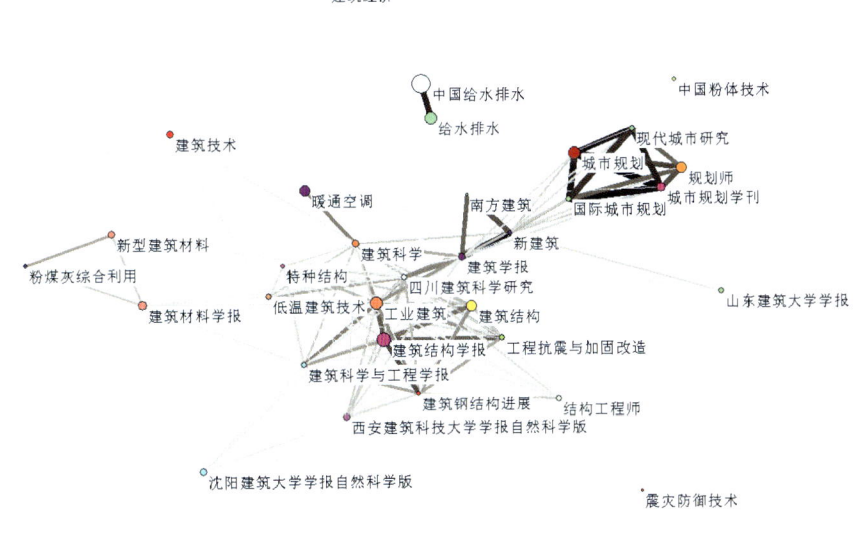

2012年建筑科学与技术类期刊互引关系示意图

表 7-101 2012 年建筑科学与技术类期刊主要指标

CODE	刊 名	核心总被引频次			核心影响因子			综合评价总分		学科扩散指标	学科影响指标
		数值	排名	离均差率	数值	排名	离均差率	数值	排名		
V050	城市规划	1399	3	1.11	0.596	5	0.78	56.7	5	4.21	0.55
V028	城市规划学刊	848	9	0.28	0.757	2	1.27	62.9	2	3.21	0.52
V020	低温建筑技术	284	25	-0.57	0.066	33	-0.80	17.2	32	4.09	0.58
V052	粉煤灰综合利用	194	29	-0.71	0.175	26	-0.48	21.8	27	2.64	0.33
V021	给水排水	1274	4	0.92	0.224	22	-0.33	36.2	12	6.73	0.33
V033	工程抗震与加固改造	406	19	-0.39	0.351	14	0.05	35.9	13	3.00	0.55
V010	工业建筑	1260	5	0.90	0.203	24	-0.39	39.1	11	6.12	0.73
V572	规划师	944	7	0.43	0.805	1	1.41	44.1	7	2.94	0.39
V529	国际城市规划	369	23	-0.44	0.345	16	0.03	41.4	10	2.18	0.42
K032	河北建筑科技学院学报自然科学版	237	27	-0.64	0.422	9	0.26	30.8	19	3.42	0.30
V051	建筑材料学报	719	10	0.09	0.432	7	0.29	48.4	6	5.97	0.61
V057	建筑钢结构进展	144	31	-0.78	0.168	28	-0.50	26.4	25	1.42	0.39
V045	建筑技术	522	15	-0.21	0.347	15	0.04	20.8	28	4.06	0.61
V014	建筑结构	1064	6	0.61	0.275	18	-0.18	31.3	17	4.42	0.58
V044	建筑结构学报	1800	2	1.72	0.744	3	1.23	71.0	1	5.79	0.55
S635	建筑经济	398	20	-0.40	0.173	27	-0.48	18.9	30	2.42	0.33
V005	建筑科学	579	12	-0.13	0.230	21	-0.31	33.3	14	5.79	0.70
V013	建筑科学与工程学报	379	21	-0.43	0.660	4	0.98	59.0	4	3.64	0.61
V047	建筑学报	497	16	-0.25	0.218	23	-0.35	28.4	24	2.70	0.64
V049	结构工程师	443	17	-0.33	0.352	13	0.05	30.3	20	3.12	0.55
V089	南方建筑	106	33	-0.84	0.160	29	-0.52	12.5	33	0.85	0.27
V032	暖通空调	942	8	0.42	0.273	19	-0.18	28.6	23	4.85	0.48
V012	山东建筑大学学报	377	22	-0.43	0.461	6	0.38	30.9	18	4.15	0.48
V011	沈阳建筑大学学报自然科学版	578	13	-0.13	0.372	11	0.11	43.0	8	6.42	0.67
V007	四川建筑科学研究	437	18	-0.34	0.086	31	-0.74	23.8	26	4.97	0.70
V027	特种结构	211	28	-0.68	0.133	30	-0.60	17.7	31	2.45	0.48
V018	西安建筑科技大学学报自然科学版	559	14	-0.16	0.382	10	0.14	43.0	8	6.82	0.76
V087	现代城市研究	298	24	-0.55	0.245	20	-0.27	32.3	16	2.73	0.39
V026	新建筑	150	30	-0.77	0.077	32	-0.77	19.7	29	1.33	0.45
V056	新型建筑材料	652	11	-0.02	0.307	17	-0.08	28.7	22	4.85	0.48
E316	震灾防御技术	120	32	-0.82	0.364	12	0.09	32.5	15	1.36	0.24
V568	中国粉体技术	264	26	-0.60	0.189	25	-0.43	29.9	21	4.21	0.06
V036	中国给水排水	3397	1	4.13	0.428	8	0.28	62.9	2	11.21	0.36
	33 种期刊平均值	662			0.334						

土木工程类

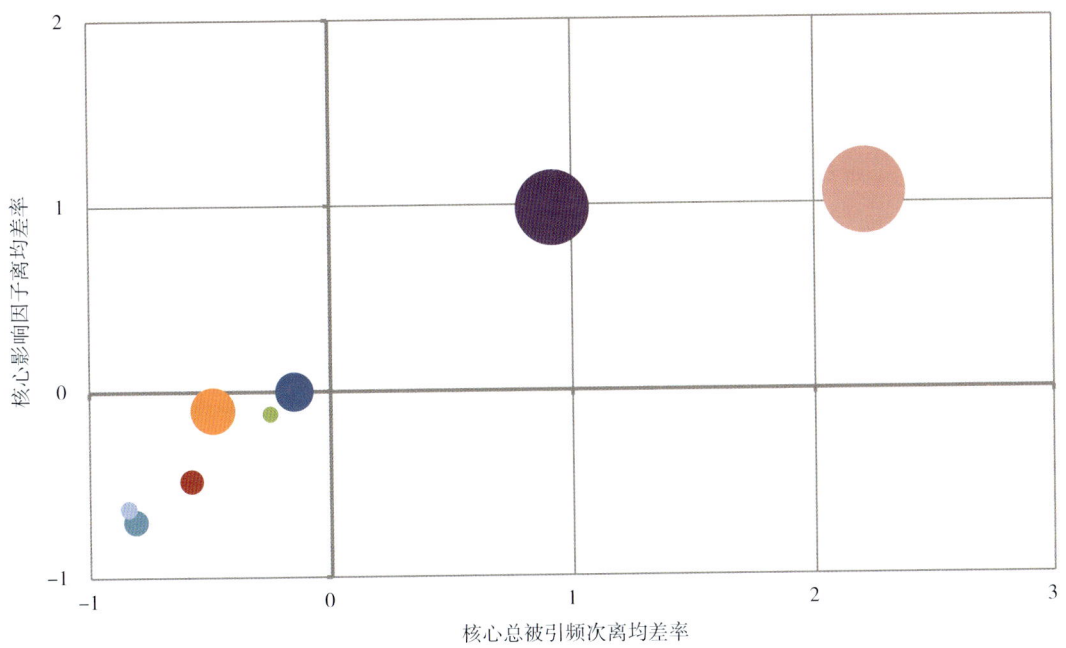

2012年土木工程类期刊核心总被引频次和核心影响因子离均差率的分布图（节点大小表示综合评价总分）

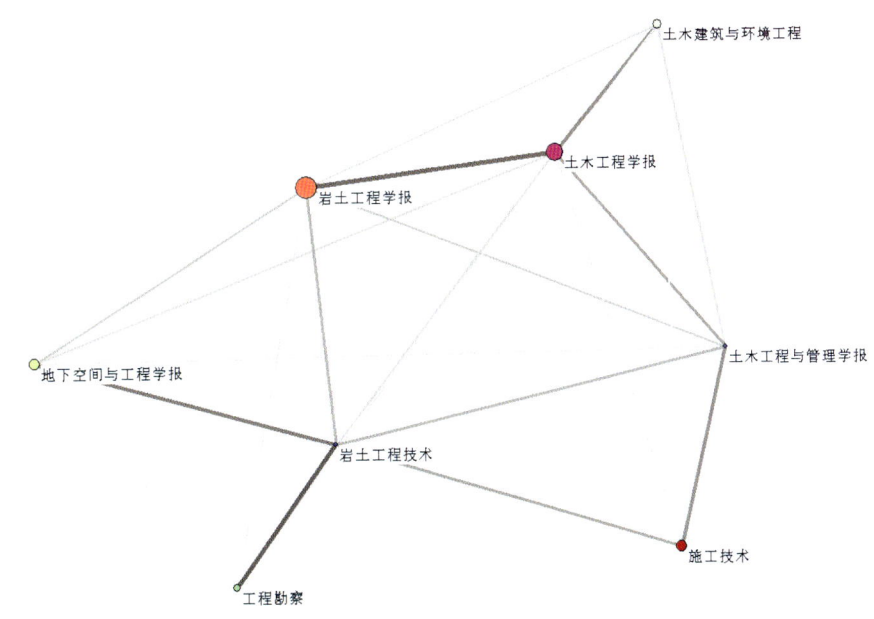

2012年土木工程类期刊互引关系示意图

表 7-102 2012 年土木工程类期刊主要指标

CODE	刊 名	核心总被引频次			核心影响因子			综合评价总分		学科扩散指标	学科影响指标
		数值	排名	离均差率	数值	排名	离均差率	数值	排名		
V031	地下空间与工程学报	1127	3	-0.15	0.425	3	0.00	43.2	4	25.25	1.00
V030	工程勘察	556	6	-0.58	0.220	6	-0.48	27.0	6	22.13	0.88
V043	施工技术	996	4	-0.25	0.372	5	-0.12	17.9	8	18.00	1.00
V029	土木工程学报	2550	2	0.92	0.839	2	0.98	83.5	2	36.88	1.00
V035	土木工程与管理学报	257	7	-0.81	0.127	8	-0.70	28.2	5	19.75	0.75
V019	土木建筑与环境工程	679	5	-0.49	0.381	4	-0.10	51.4	3	32.63	0.88
V574	岩土工程技术	207	8	-0.84	0.156	7	-0.63	19.4	7	12.00	0.88
V037	岩土工程学报	4261	1	2.21	0.873	1	1.06	95.5	1	39.75	1.00
	8 种期刊平均值	1329			0.424						

水利工程类

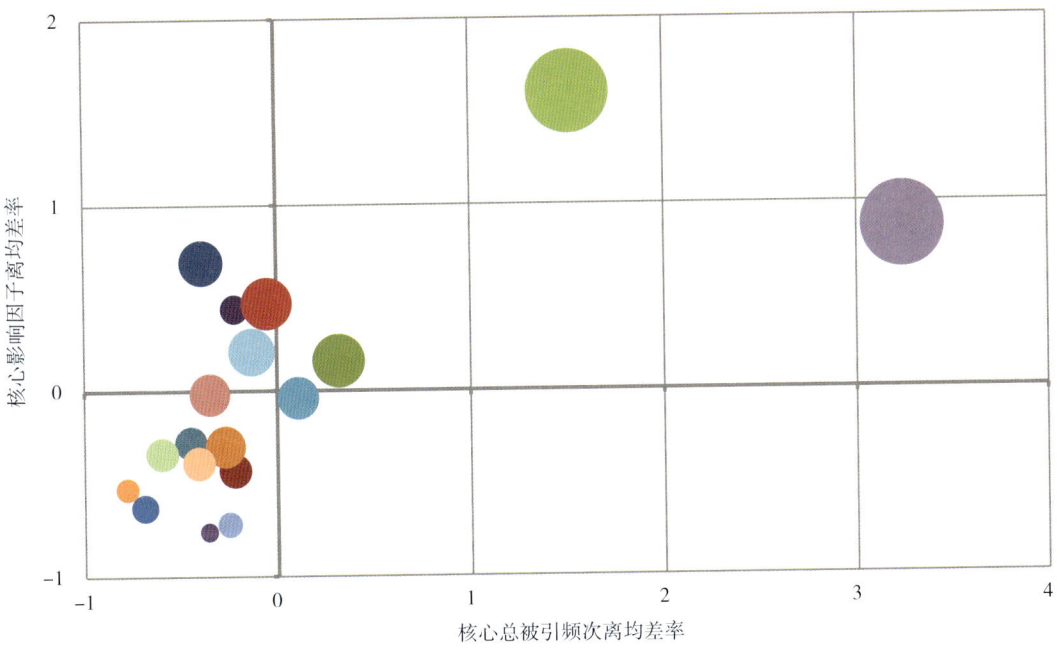

2012年水利工程类期刊核心总被引频次和核心影响因子离均差率的分布图（节点大小表示综合评价总分）

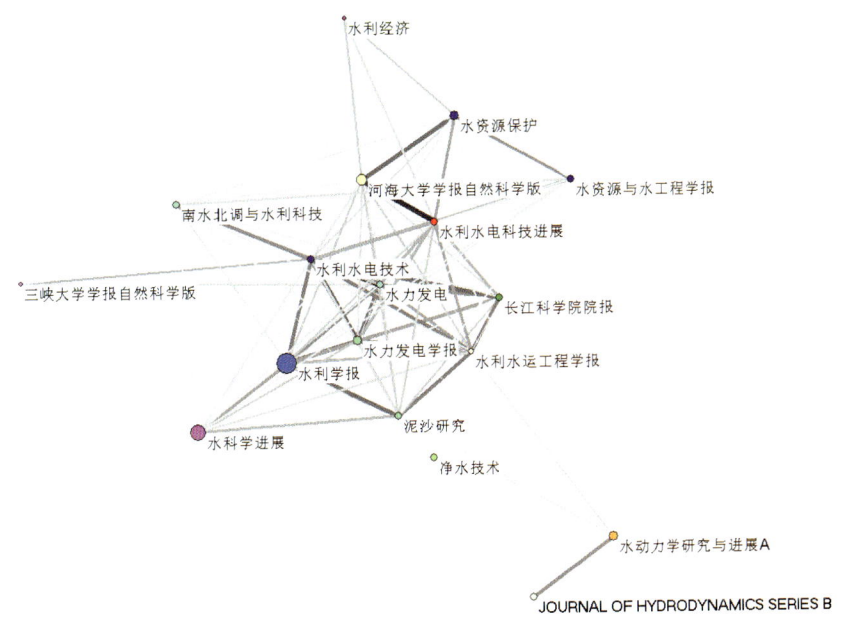

2012年水利工程类期刊互引关系示意图

表 7-103　2012 年水利工程类期刊主要指标

CODE	刊名	核心总被引频次			核心影响因子			综合评价总分		学科扩散指标	学科影响指标
		数值	排名	离均差率	数值	排名	离均差率	数值	排名		
W015	JOURNAL OF HYDRODYNAMICS SERIES B	515	13	-0.39	0.880	3	0.69	45.2	6	7.89	0.67
W010	长江科学院院报	651	8	-0.22	0.296	14	-0.43	33.9	10	10.56	0.83
W012	河海大学学报自然科学版	1104	3	0.32	0.604	7	0.16	53.4	3	18.00	1.00
Z553	净水技术	654	7	-0.22	0.751	5	0.44	29.0	14	6.50	0.22
W590	南水北调与水利科技	462	15	-0.45	0.372	10	-0.28	33.1	13	7.94	0.89
W002	泥沙研究	612	10	-0.27	0.363	11	-0.30	41.3	9	7.11	0.83
R086	三峡大学学报自然科学版	263	17	-0.69	0.191	16	-0.63	27.8	15	9.06	0.44
W004	水动力学研究与进展 A	799	5	-0.05	0.762	4	0.47	51.8	4	12.78	0.89
W013	水科学进展	2107	2	1.51	1.350	1	1.60	83.7	2	16.94	1.00
R050	水力发电	540	12	-0.36	0.127	18	-0.76	19.0	18	8.00	0.89
R049	水力发电学报	928	4	0.11	0.497	9	-0.04	42.3	7	10.39	0.94
R587	水利经济	183	18	-0.78	0.243	15	-0.53	23.5	17	3.78	0.61
W011	水利水电技术	629	9	-0.25	0.146	17	-0.72	25.5	16	11.89	0.94
W502	水利水电科技进展	548	11	-0.35	0.512	8	-0.02	42.0	8	8.17	0.94
W006	水利水运工程学报	334	16	-0.60	0.343	12	-0.34	33.2	12	6.28	0.78
W003	水利学报	3559	1	3.24	0.971	2	0.87	86.0	1	23.56	0.94
R566	水资源保护	726	6	-0.13	0.631	6	0.21	47.7	5	11.11	0.89
W570	水资源与水工程学报	496	14	-0.41	0.316	13	-0.39	33.6	11	10.83	0.89
	18 种期刊平均值	839			0.520						

交通运输工程类

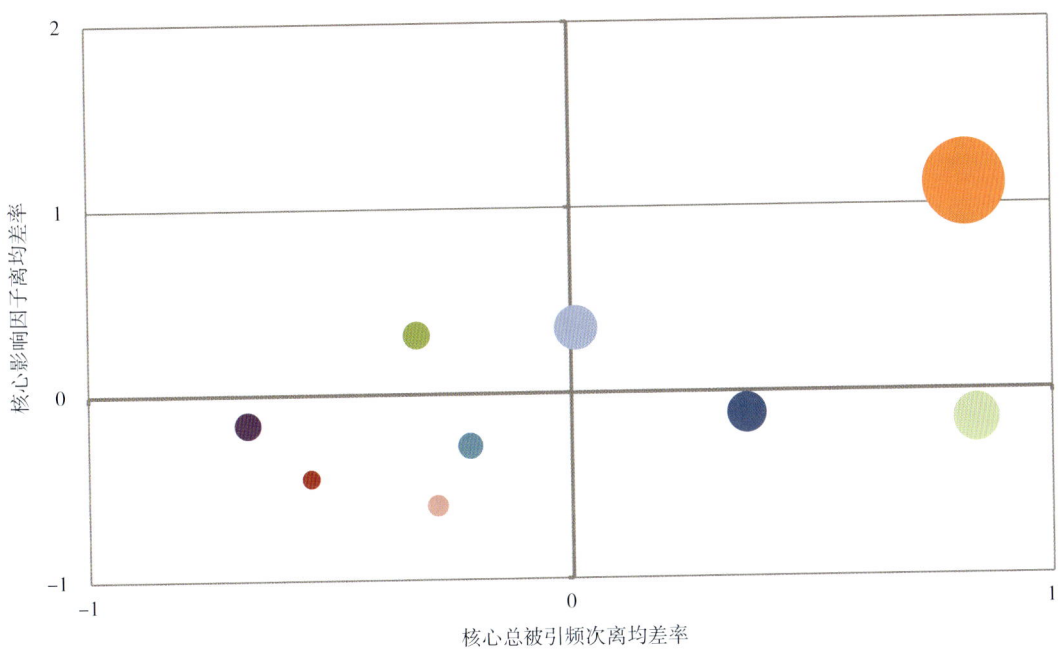

2012年交通运输工程类期刊核心总被引频次和核心影响因子离均差率的分布图（节点大小表示综合评价总分）

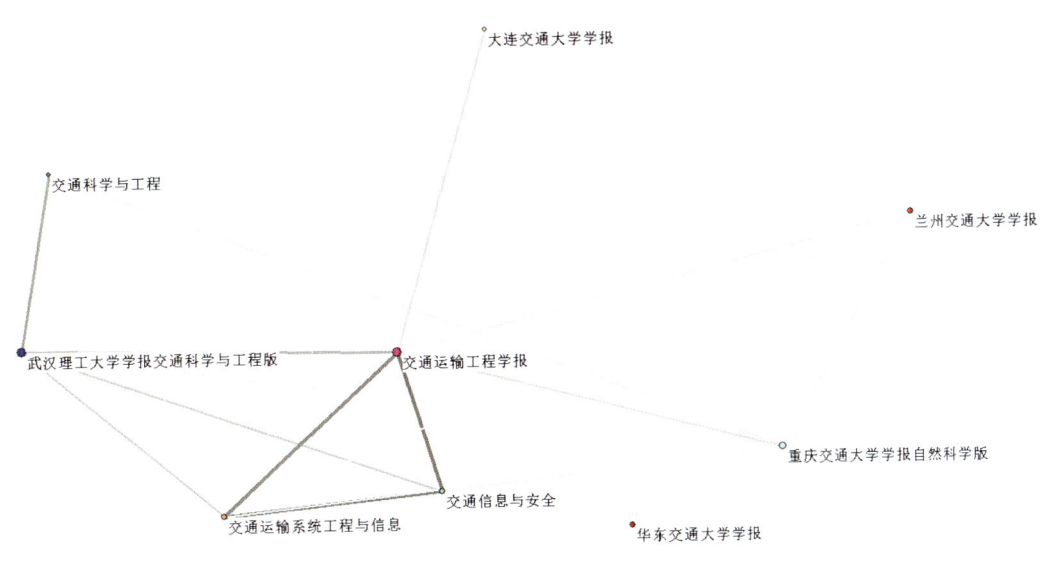

2012年交通运输工程类期刊互引关系示意图

表 7-104 2012 年交通运输工程类期刊主要指标

CODE	刊 名	核心总被引频次			核心影响因子			综合评价总分		学科扩散指标	学科影响指标
		数值	排名	离均差率	数值	排名	离均差率	数值	排名		
X029	重庆交通大学学报自然科学版	595	3	0.36	0.253	4	-0.12	46.2	4	22.89	1.00
X001	大连交通大学学报	201	8	-0.54	0.157	8	-0.45	21.6	9	13.89	0.56
X003	华东交通大学学报	298	7	-0.32	0.378	3	0.32	31.8	5	16.33	0.44
X002	交通科学与工程	145	9	-0.67	0.241	5	-0.16	31.6	6	9.56	0.44
X020	交通信息与安全	345	5	-0.21	0.207	7	-0.28	29.9	7	15.00	0.89
X672	交通运输工程学报	801	2	0.82	0.606	1	1.11	98.6	1	20.56	1.00
X685	交通运输系统工程与信息	444	4	0.01	0.387	2	0.35	51.0	3	14.22	0.89
X016	兰州交通大学学报	314	6	-0.28	0.114	9	-0.60	25.3	8	21.33	0.78
X017	武汉理工大学学报交通科学与工程版	806	1	0.84	0.240	6	-0.16	55.9	2	32.22	1.00
	9 种期刊平均值	439			0.287						

公路运输类

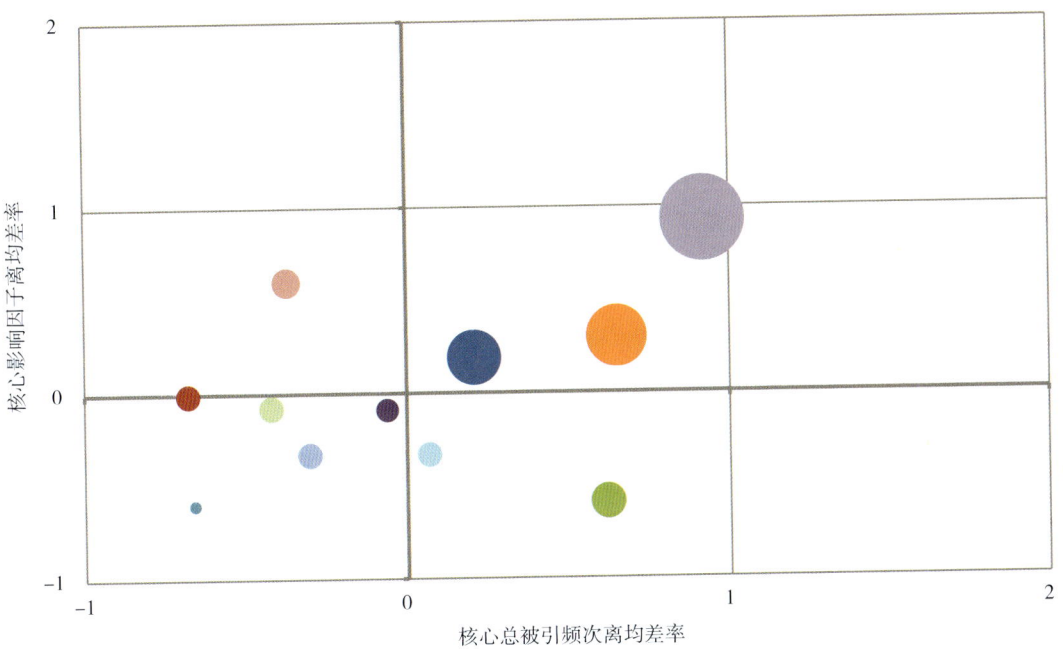

2012年公路运输类期刊核心总被引频次和核心影响因子离均差率的分布图（节点大小表示综合评价总分）

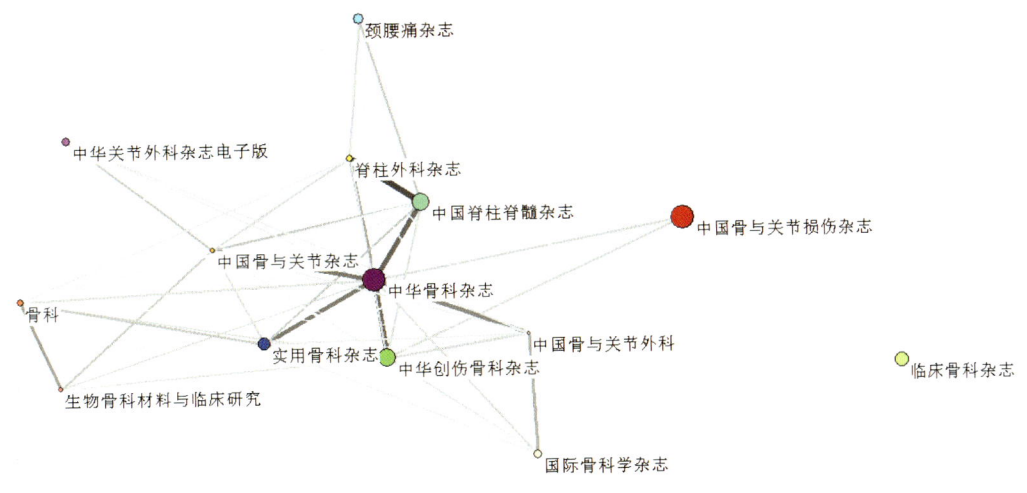

2012年公路运输类期刊互引关系示意图

表 7-105 2012年公路运输类期刊主要指标

CODE	刊 名	核心总被引频次			核心影响因子			综合评价总分		学科扩散指标	学科影响指标
		数值	排名	离均差率	数值	排名	离均差率	数值	排名		
X036	长安大学学报自然科学版	845	4	0.21	0.391	4	0.19	63.9	3	21.36	0.91
X046	城市交通	220	11	-0.68	0.327	5	-0.01	28.9	9	5.73	0.55
X579	公路	1133	3	0.62	0.134	10	-0.59	41.5	4	19.82	0.82
X022	公路工程	659	6	-0.06	0.300	7	-0.09	27.2	10	11.36	0.73
X047	公路交通技术	238	10	-0.66	0.133	11	-0.60	14.1	11	8.27	0.73
X018	汽车工程	1154	2	0.65	0.428	3	0.30	71.4	2	21.18	0.55
X013	汽车技术	492	7	-0.30	0.222	8	-0.33	29.6	7	13.36	0.27
X634	隧道建设	440	8	-0.37	0.527	2	0.60	34.1	5	6.45	0.64
X673	现代隧道技术	408	9	-0.42	0.302	6	-0.08	29.7	6	8.27	0.73
X031	中国公路学报	1337	1	0.92	0.634	1	0.93	100.0	1	22.36	1.00
X539	中外公路	747	5	0.07	0.219	9	-0.33	29.2	8	12.82	0.64
	11 种期刊平均值	698			0.329						

铁路运输类

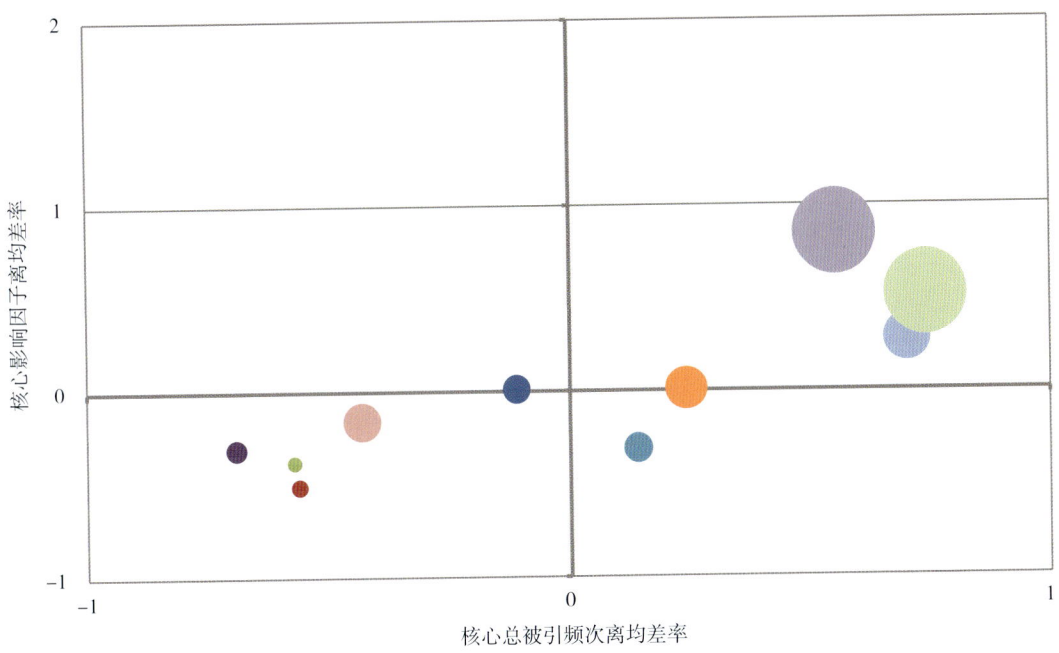

2012年铁路运输类期刊核心总被引频次和核心影响因子离均差率的分布图（节点大小表示综合评价总分）

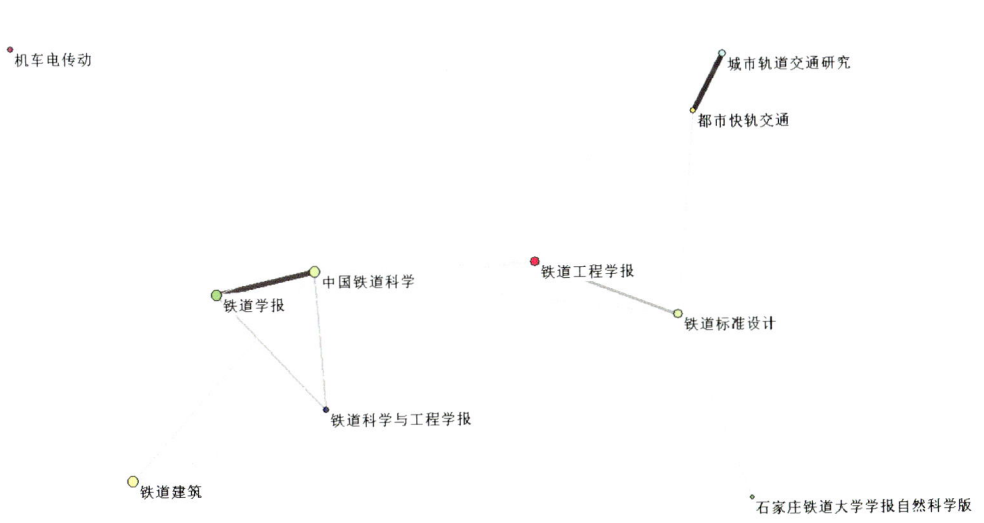

2012年铁路运输类期刊互引关系示意图

表 7-106　2012 年铁路运输类期刊主要指标

CODE	刊 名	核心总被引频次			核心影响因子			综合评价总分		学科扩散指标	学科影响指标
		数值	排名	离均差率	数值	排名	离均差率	数值	排名		
X043	城市轨道交通研究	621	6	-0.11	0.381	4	0.01	31.1	7	9.60	0.90
X034	都市快轨交通	309	8	-0.56	0.186	10	-0.51	18.6	9	7.00	0.90
X011	机车电传动	297	9	-0.57	0.234	9	-0.38	16.2	10	8.90	0.70
X042	石家庄铁道大学学报自然科学版	213	10	-0.69	0.261	7	-0.31	23.5	8	9.30	0.90
X517	铁道标准设计	789	5	0.14	0.260	8	-0.31	32.2	6	12.20	0.90
X521	铁道工程学报	860	4	0.24	0.379	5	0.01	45.7	4	15.70	0.90
X545	铁道建筑	1179	2	0.70	0.483	3	0.28	51.8	3	14.10	0.90
X007	铁道科学与工程学报	395	7	-0.43	0.318	6	-0.16	41.6	5	14.20	0.90
X005	铁道学报	1208	1	0.74	0.573	2	0.52	91.8	2	26.50	1.00
X004	中国铁道科学	1078	3	0.55	0.697	1	0.85	92.7	1	24.50	1.00
	10 种期刊平均值	695			0.377						

水路运输类

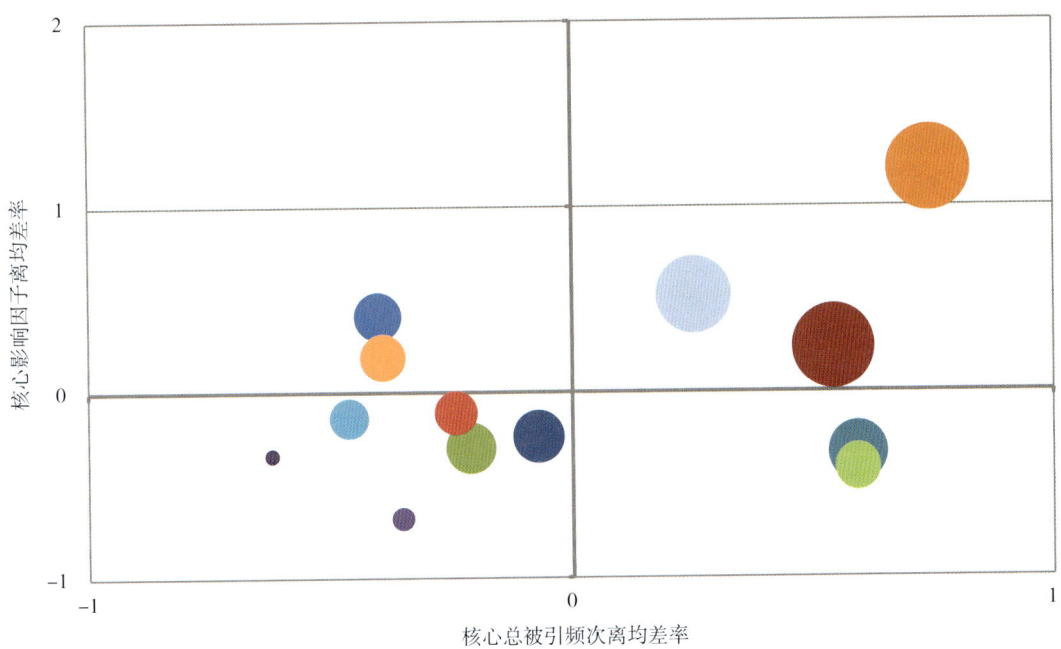

2012年水路运输类期刊核心总被引频次和核心影响因子离均差率的分布图（节点大小表示综合评价总分）

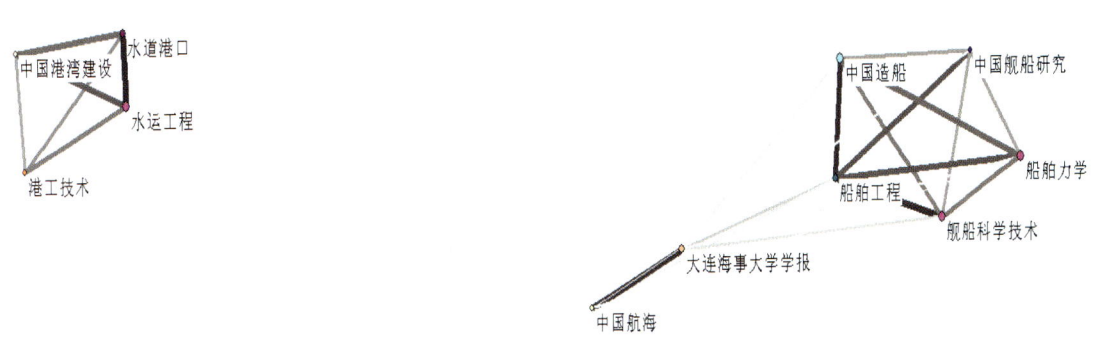

2012年水路运输类期刊互引关系示意图

表 7-107　2012 年水路运输类期刊主要指标

CODE	刊 名	核心总被引频次			核心影响因子			综合评价总分		学科扩散指标	学科影响指标
		数值	排名	离均差率	数值	排名	离均差率	数值	排名		
X010	船舶工程	369	6	-0.07	0.226	8	-0.24	44.1	5	10.23	0.77
X633	船舶力学	613	4	0.54	0.370	4	0.24	71.3	2	10.23	0.77
X024	大连海事大学学报	314	7	-0.21	0.210	9	-0.30	42.8	6	12.85	0.77
X028	港工技术	151	13	-0.62	0.196	11	-0.34	12.7	13	4.38	0.46
Y564	舰船科学技术	632	2	0.59	0.201	10	-0.33	52.0	4	15.23	0.77
X021	桥梁建设	690	1	0.74	0.659	1	1.20	72.4	1	7.23	0.31
X038	上海海事大学学报	238	11	-0.40	0.421	3	0.41	40.7	7	5.92	0.54
X533	水道港口	303	8	-0.24	0.267	6	-0.11	36.7	10	5.92	0.54
X528	水运工程	630	3	0.59	0.177	12	-0.41	39.7	8	10.08	0.85
X035	中国港湾建设	259	9	-0.35	0.097	13	-0.68	19.7	12	6.85	0.46
X039	中国航海	216	12	-0.46	0.256	7	-0.14	33.6	11	5.31	0.69
N108	中国舰船研究	244	10	-0.39	0.356	5	0.19	39.1	9	5.77	0.54
X012	中国造船	498	5	0.25	0.455	2	0.52	64.6	3	10.08	0.85
	13 种期刊平均值	397			0.299						

航空、航天科学技术类

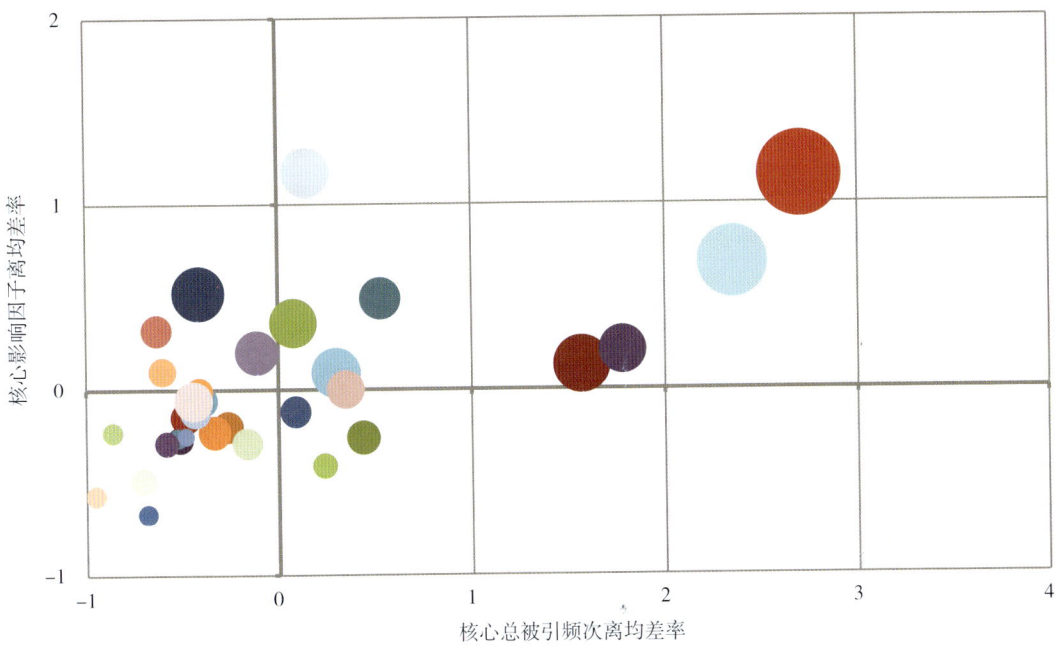

2012年航空、航天科学技术类期刊核心总被引频次和核心影响因子离均差率的分布图
（节点大小表示综合评价总分）

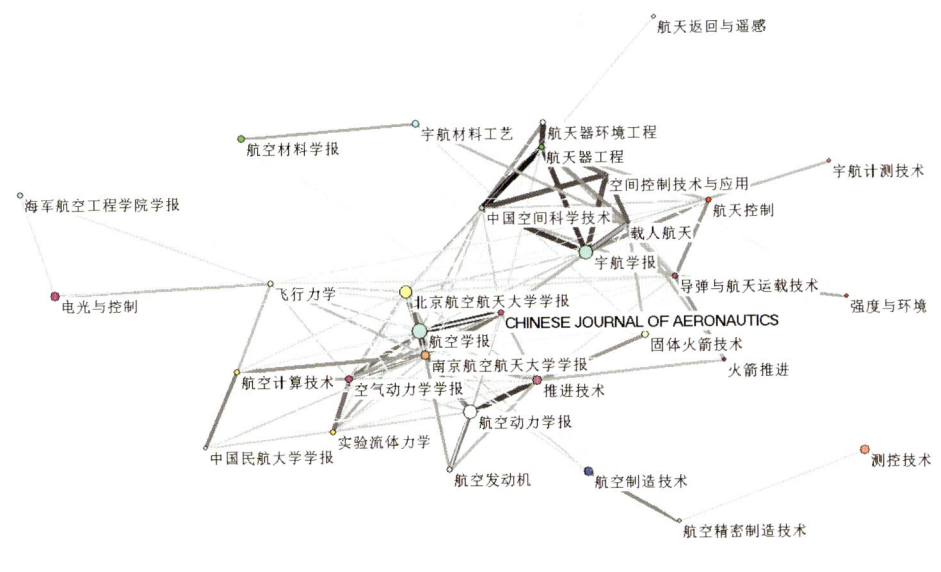

2012年航空、航天科学技术类期刊互引关系示意图

表 7-108 2012 年航空、航天科学技术类期刊主要指标

CODE	刊 名	核心总被引频次			核心影响因子			综合评价总分		学科扩散指标	学科影响指标
		数值	排名	离均差率	数值	排名	离均差率	数值	排名		
I122	CHINESE JOURNAL OF AERONAUTICS	344	18	-0.41	0.515	4	0.52	59.3	4	4.42	0.67
Y001	北京航空航天大学学报	1493	4	1.57	0.382	10	0.13	62.9	3	11.70	0.91
Y022	测控技术	838	6	0.44	0.249	24	-0.26	37.2	13	7.18	0.52
Y503	导弹与航天运载技术	288	24	-0.51	0.248	26	-0.27	29.2	25	3.52	0.55
R740	电光与控制	892	5	0.53	0.505	5	0.49	45.6	10	5.27	0.30
Y006	飞行力学	430	15	-0.26	0.270	20	-0.20	34.5	17	3.48	0.52
Y013	固体火箭技术	632	11	0.09	0.296	18	-0.12	34.6	16	4.27	0.55
Y029	海军航空工程学院学报	304	23	-0.48	0.288	19	-0.15	34.4	18	3.21	0.45
Y027	航空材料学报	630	12	0.08	0.458	6	0.36	53.1	7	4.79	0.39
Y017	航空动力学报	1619	3	1.78	0.408	8	0.21	52.8	8	7.00	0.85
Y554	航空发动机	282	25	-0.52	0.249	24	-0.26	21.4	31	2.70	0.52
Y031	航空计算技术	388	16	-0.33	0.260	22	-0.23	36.6	14	5.09	0.52
Y012	航空精密制造技术	185	29	-0.68	0.110	33	-0.67	22.2	30	2.88	0.24
Y002	航空学报	2152	1	2.70	0.728	2	1.15	93.7	1	11.06	0.91
Y014	航空制造技术	724	9	0.24	0.199	29	-0.41	27.6	26	5.85	0.64
Y034	航天返回与遥感	242	26	-0.58	0.239	28	-0.29	27.0	27	2.73	0.39
Y015	航天控制	356	17	-0.39	0.319	15	-0.06	33.2	21	3.73	0.52
Y033	航天器工程	343	19	-0.41	0.336	14	-0.01	31.3	22	3.30	0.48
Y032	航天器环境工程	305	22	-0.48	0.254	23	-0.25	18.9	32	2.79	0.45
Y040	火箭推进	213	28	-0.63	0.447	7	0.32	34.8	15	1.70	0.33
Y051	空间控制技术与应用	81	32	-0.86	0.261	21	-0.23	23.2	28	1.09	0.21
Y016	空气动力学学报	519	13	-0.11	0.405	9	0.20	47.9	9	4.55	0.48
Y026	南京航空航天大学学报	756	8	0.30	0.370	12	0.09	54.8	5	9.06	0.85
Y009	强度与环境	232	27	-0.60	0.372	11	0.10	30.9	23	2.76	0.48
Y018	实验流体力学	334	20	-0.43	0.298	17	-0.12	34.2	19	4.15	0.39
Y025	推进技术	786	7	0.35	0.338	13	0.00	42.0	12	3.97	0.70
Y020	宇航材料工艺	488	14	-0.16	0.240	27	-0.29	34.1	20	5.03	0.33
Y008	宇航计测技术	183	30	-0.69	0.167	31	-0.51	16.8	33	3.12	0.30
Y024	宇航学报	1947	2	2.35	0.568	3	0.68	78.8	2	9.00	0.82
Y057	载人航天	32	33	-0.95	0.145	32	-0.57	23.0	29	0.48	0.21
Y010	振动测试与诊断	671	10	0.15	0.732	1	1.17	54.3	6	5.61	0.27
Y003	中国空间科学技术	328	21	-0.44	0.317	16	-0.06	43.2	11	4.00	0.48
Y028	中国民航大学学报	174	31	-0.70	0.171	30	-0.49	29.8	24	3.15	0.12
	33 种期刊平均值	582			0.338						

环境科学技术及资源科学技术类

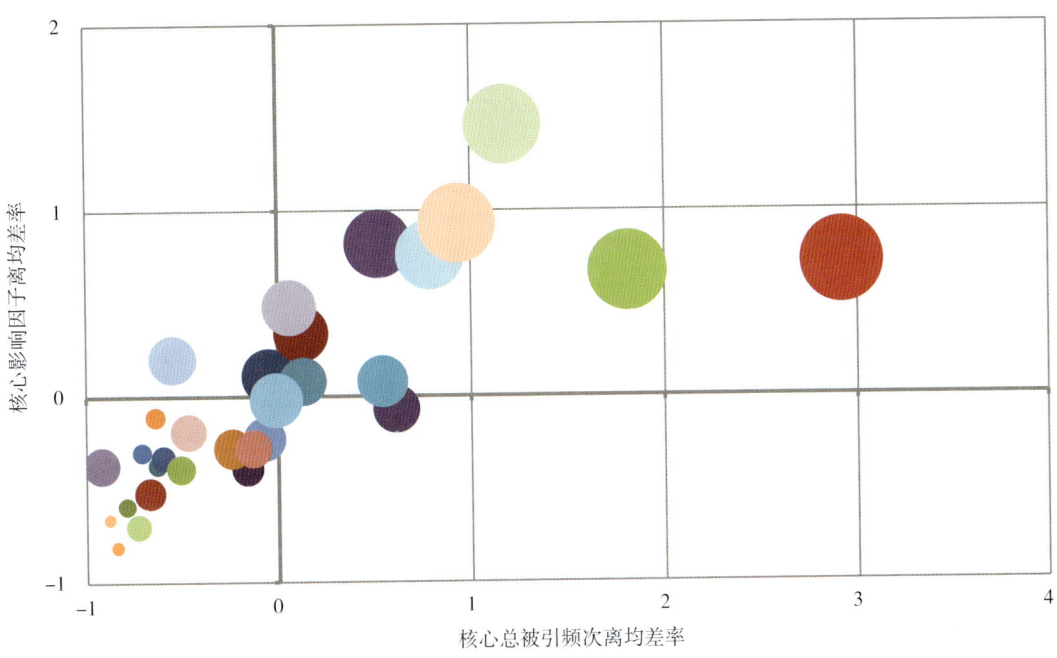

2012年环境科学技术及资源科学技术类期刊核心总被引频次和核心影响因子离均差率的分布图
（节点大小表示综合评价总分）

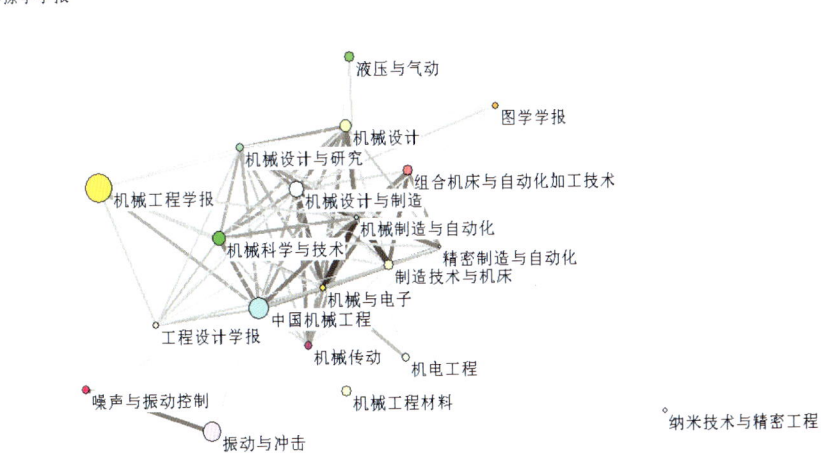

2012年环境科学技术及资源科学技术类期刊互引关系示意图

表 7-109 2012 年环境科学技术及资源科学技术类期刊主要指标

CODE	刊　名	核心总被引频次			核心影响因子			综合评价总分		学科扩散指标	学科影响指标
		数值	排名	离均差率	数值	排名	离均差率	数值	排名		
Z027	JOURNAL OF ENVIRONMENTAL SCIENCES	1572	13	-0.05	0.750	10	0.11	49.6	9	11.90	0.83
Z029	长江流域资源与环境	1853	10	0.12	0.900	8	0.34	50.6	7	10.73	0.83
Z015	电镀与环保	341	27	-0.79	0.273	27	-0.59	16.8	28	2.43	0.20
Z013	工业水处理	1386	16	-0.16	0.408	25	-0.39	29.9	20	9.40	0.77
Z032	工业用水与废水	616	22	-0.63	0.424	22	-0.37	17.3	27	5.27	0.70
Z010	海洋环境科学	1264	17	-0.24	0.484	18	-0.28	36.2	16	7.70	0.63
Z009	化工环保	658	21	-0.60	0.452	21	-0.33	22.4	24	6.37	0.73
Z017	环境保护科学	548	24	-0.67	0.322	26	-0.52	28.9	21	7.67	0.93
Z005	环境工程	808	19	-0.51	0.412	24	-0.39	26.1	22	7.63	0.80
Z021	环境工程学报	2665	6	0.61	0.625	14	-0.07	43.0	14	15.07	0.97
D024	环境化学	1870	9	0.13	0.725	12	0.08	43.6	13	12.80	0.83
Z554	环境监测管理与技术	593	23	-0.64	0.598	15	-0.11	18.6	25	5.07	0.67
Z506	环境科技	478	25	-0.71	0.470	20	-0.30	17.8	26	5.43	0.80
Z004	环境科学	6489	1	2.92	1.156	5	0.72	77.8	1	19.37	0.97
Z003	环境科学学报	4655	2	1.81	1.125	6	0.67	72.7	2	19.00	0.90
Z002	环境科学研究	2522	8	0.52	1.225	3	0.82	61.8	6	13.47	0.90
Z025	环境科学与技术	2546	7	0.54	0.730	11	0.08	46.7	11	16.97	1.00
Z035	环境卫生工程	272	28	-0.84	0.127	30	-0.81	11.9	29	2.93	0.63
Z019	环境污染与防治	1540	14	-0.07	0.520	17	-0.23	39.4	15	12.60	0.97
Z016	水处理技术	1433	15	-0.13	0.482	19	-0.28	34.0	17	9.27	0.70
Z007	四川环境	449	26	-0.73	0.204	29	-0.70	23.2	23	6.47	0.73
E047	亚热带资源与环境学报	139	30	-0.92	0.422	23	-0.37	33.9	18	2.67	0.37
F100	应用与环境生物学报	1640	12	-0.01	0.661	13	-0.02	49.0	10	12.77	0.83
Z538	油气田环境保护	192	29	-0.88	0.227	28	-0.66	11.3	30	2.87	0.57
Z551	植物资源与环境学报	753	20	-0.55	0.810	9	0.20	43.9	12	7.20	0.20
Z030	中国环境监测	869	18	-0.47	0.549	16	-0.19	33.0	19	8.83	0.77
Z001	中国环境科学	3589	3	1.17	1.657	1	1.46	72.0	3	15.40	0.97
Z546	中国人口资源与环境	1750	11	0.06	0.999	7	0.48	50.0	8	8.93	0.67
Z022	资源科学	2960	5	0.79	1.187	4	0.76	63.6	5	12.30	0.60
Z012	自然资源学报	3186	4	0.93	1.301	2	0.93	71.9	4	11.77	0.67
	30 种期刊平均值	1655			0.674						

安全科学技术类

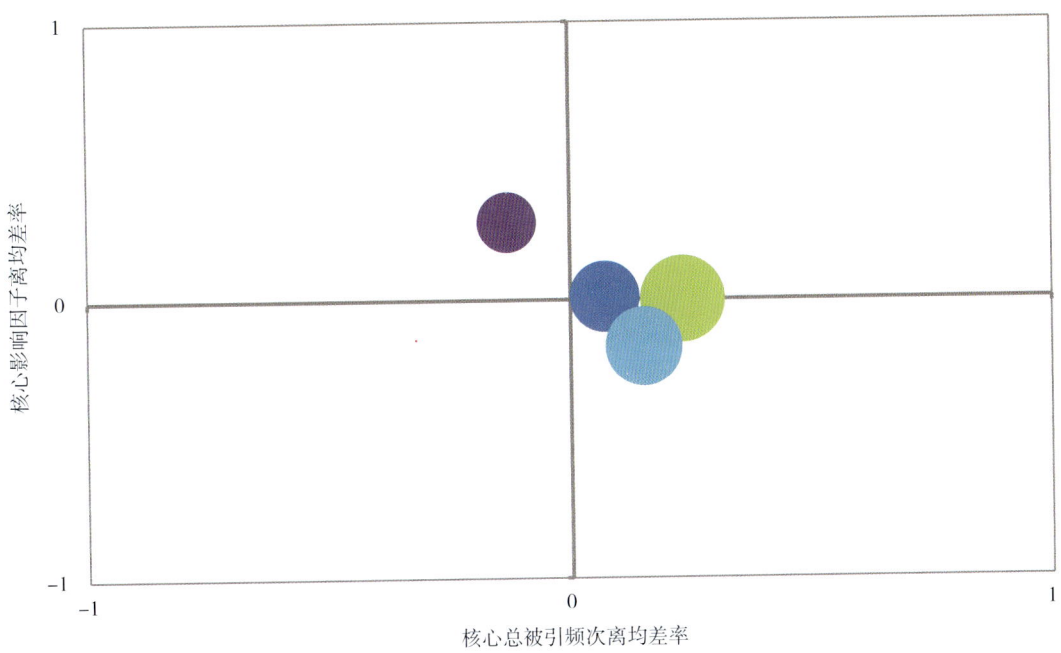

2012年安全科学技术类期刊核心总被引频次和核心影响因子离均差率的分布图（节点大小表示综合评价总分）

2012年安全科学技术类期刊互引关系示意图

表 7-110　2012年安全科学技术类期刊主要指标

CODE	刊名	核心总被引频次			核心影响因子			综合评价总分		学科扩散指标	学科影响指标
		数值	排名	离均差率	数值	排名	离均差率	数值	排名		
Z549	安全与环境学报	1603	3	0.07	0.610	2	0.01	56.8	3	67.00	1.00
T953	消防科学与技术	1021	5	-0.32	0.518	4	-0.14	1.9	5	26.00	0.80
G129	中国安全科学学报	1856	1	0.23	0.604	3	0.00	69.4	1	74.00	1.00
Z552	中国安全生产科学技术	1302	4	-0.13	0.772	1	0.28	48.8	4	37.00	1.00
E137	自然灾害学报	1733	2	0.15	0.501	5	-0.17	63.2	2	73.60	1.00
	5种期刊平均值	1503			0.601						

管理学类

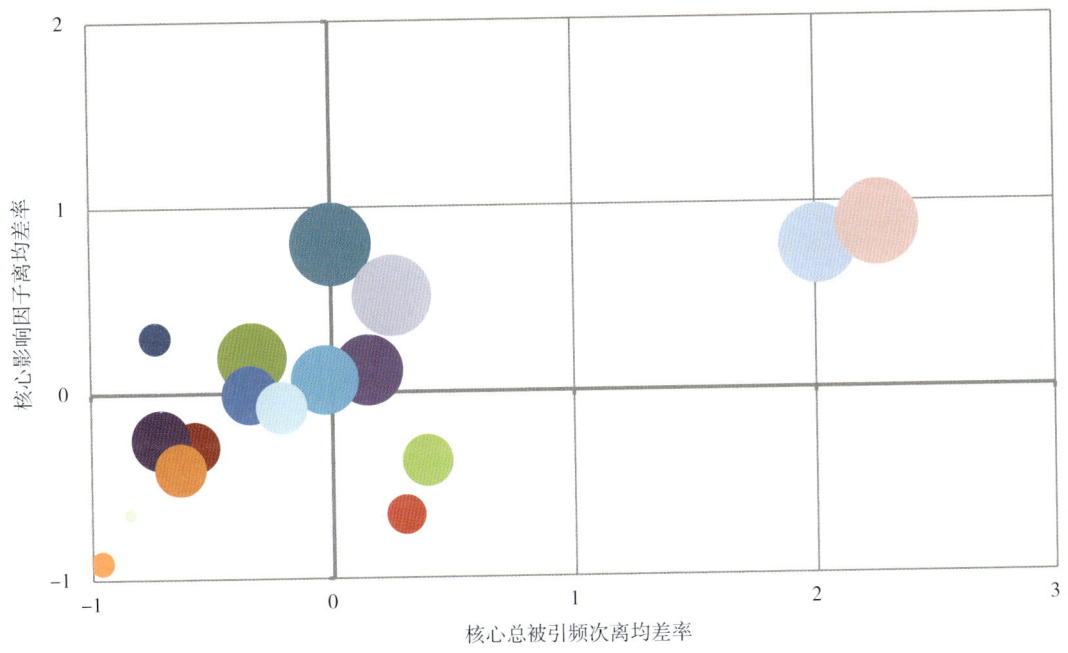

2012年管理学类期刊核心总被引频次和核心影响因子离均差率的分布图（节点大小表示综合评价总分）

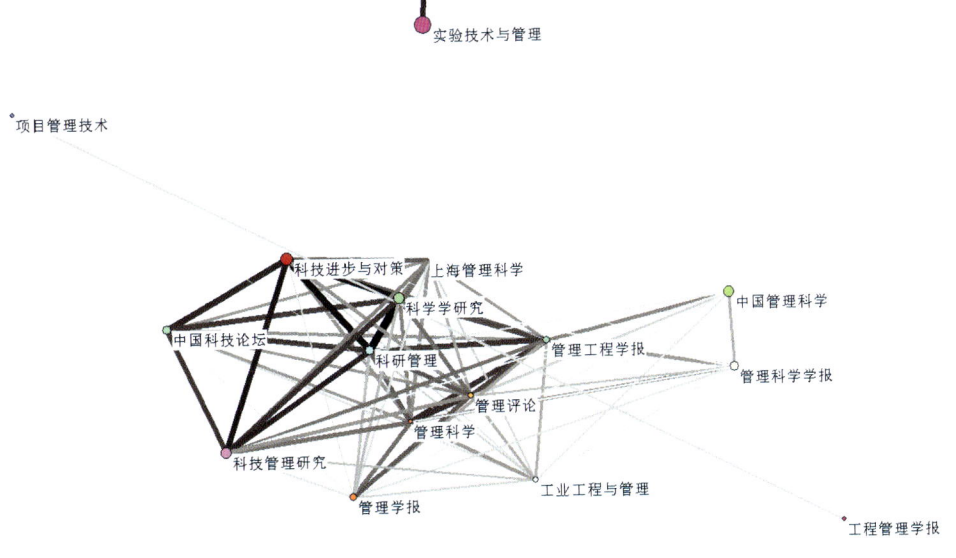

2012年管理学类期刊互引关系示意图

表7-111 2012年管理学类期刊主要指标

CODE	刊名	核心总被引频次			核心影响因子			综合评价总分		学科扩散指标	学科影响指标
		数值	排名	离均差率	数值	排名	离均差率	数值	排名		
S712	工程管理学报	241	15	-0.73	0.545	5	0.30	26.9	15	3.18	0.29
N110	工业工程与管理	390	12	-0.57	0.298	12	-0.29	42.3	13	8.12	0.94
W007	管理工程学报	610	10	-0.33	0.498	6	0.19	58.6	5	7.88	0.88
W018	管理科学	260	14	-0.71	0.313	11	-0.25	49.7	8	4.76	0.82
W008	管理科学学报	906	7	0.00	0.757	2	0.80	68.7	2	9.76	0.88
W025	管理评论	337	13	-0.63	0.248	14	-0.41	43.6	10	5.71	0.82
W016	管理学报	596	11	-0.34	0.416	9	-0.01	48.0	9	7.29	1.00
S812	科技管理研究	1184	4	0.30	0.144	16	-0.66	32.9	14	12.29	0.94
R588	科技进步与对策	1268	3	0.39	0.266	13	-0.37	42.9	12	11.71	0.94
W514	科学学研究	1044	6	0.15	0.471	7	0.12	58.4	6	7.00	0.82
W531	科研管理	885	8	-0.03	0.448	8	0.07	57.2	7	6.71	1.00
W023	上海管理科学	39	17	-0.96	0.038	17	-0.91	20.6	16	1.53	0.41
A113	实验技术与管理	2737	2	2.01	0.743	3	0.77	65.7	4	11.71	0.29
A115	实验室研究与探索	2967	1	2.26	0.791	1	0.88	71.2	1	14.94	0.35
W024	项目管理技术	144	16	-0.84	0.147	15	-0.65	10.2	17	2.29	0.35
W021	中国管理科学	1132	5	0.25	0.638	4	0.52	66.8	3	11.82	0.94
A098	中国科技论坛	717	9	-0.21	0.387	10	-0.08	43.0	11	7.35	0.94
	17种期刊平均值	909			0.420						

图书馆、情报与文献学、传播学类

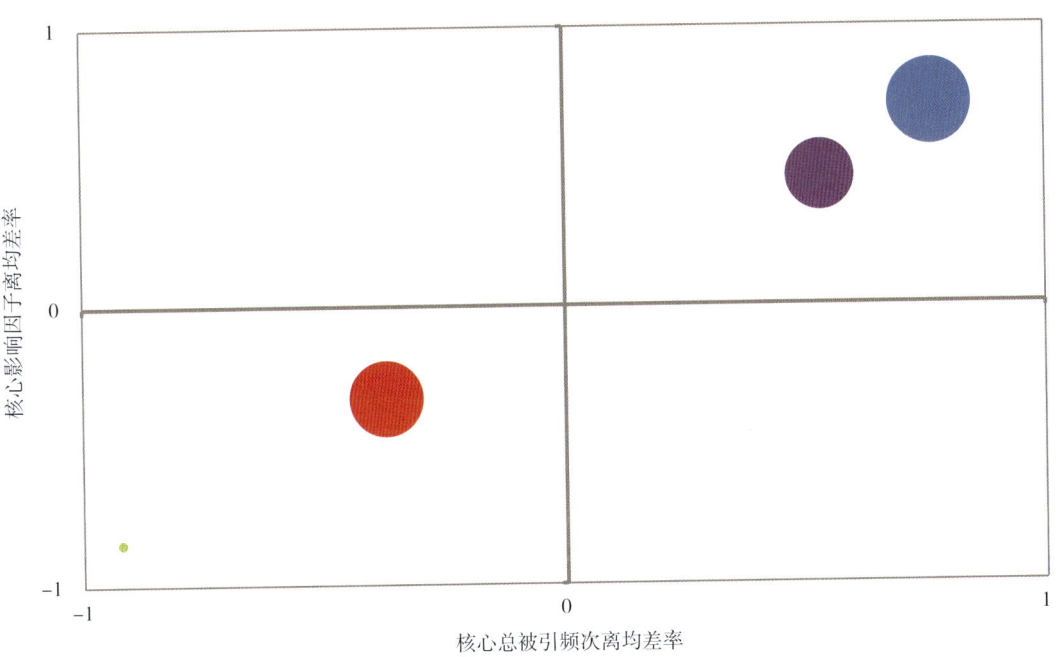

2012年图书馆、情报与文献学、传播学类期刊核心总被引频次和核心影响因子离均差率的分布图
（节点大小表示综合评价总分）

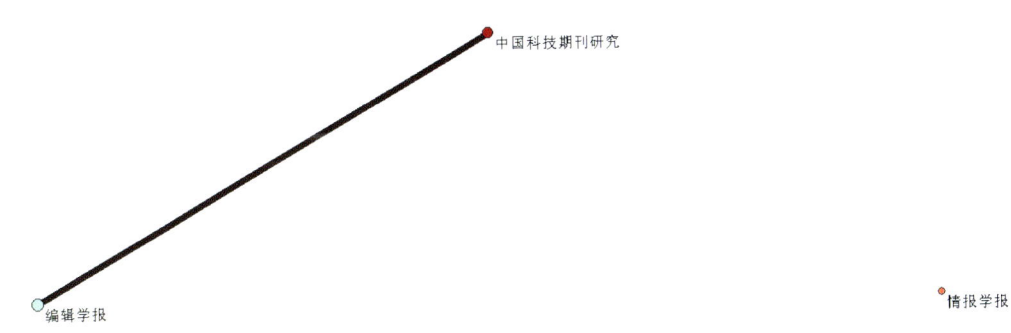

2012年图书馆、情报与文献学、传播学类期刊互引关系示意图

表 7-112 2012年图书馆、情报与文献学、传播学类期刊主要指标

CODE	刊 名	核心总被引频次			核心影响因子			综合评价总分		学科扩散指标	学科影响指标
		数值	排名	离均差率	数值	排名	离均差率	数值	排名		
A570	编辑学报	1291	1	0.76	0.930	1	0.72	66.5	1	19.25	1.00
W020	情报学报	462	3	-0.37	0.361	3	-0.33	58.4	2	23.75	1.00
W022	数字图书馆论坛	59	4	-0.92	0.081	4	-0.85	7.5	4	5.25	1.00
A583	中国科技期刊研究	1127	2	0.53	0.790	2	0.46	54.3	3	20.75	1.00
	4 种期刊平均值	735			0.541						

其他学科类

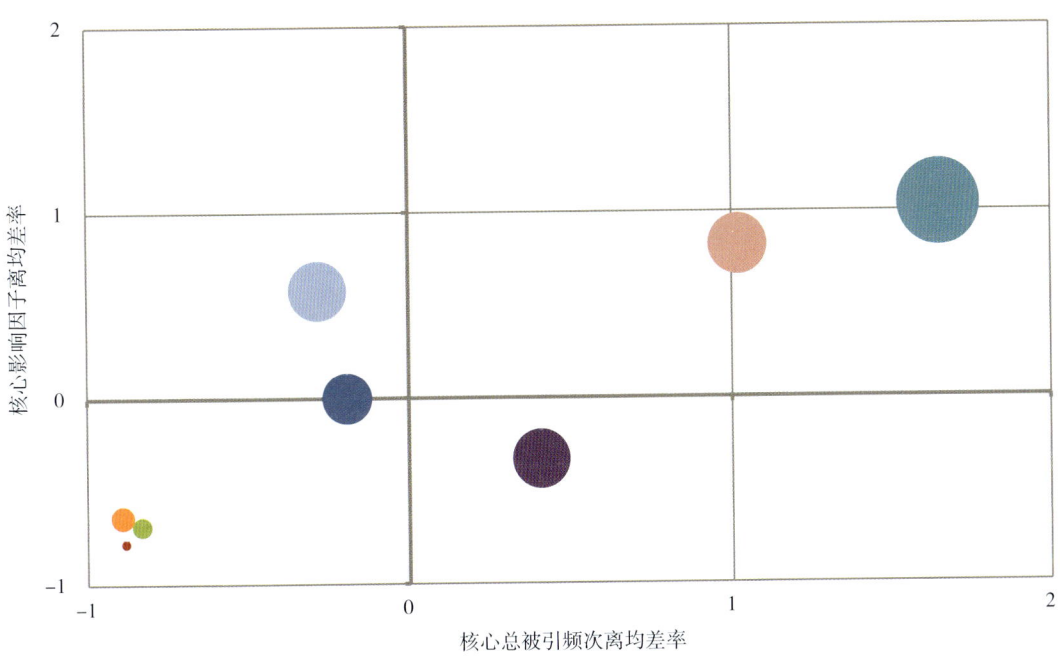

2012年其他学科类期刊核心总被引频次和核心影响因子离均差率的分布图（节点大小表示综合评价总分）

2012年其他学科类期刊互引关系示意图

表 7-113　2012 年其他学科类期刊主要指标

CODE	刊 名	核心总被引频次			核心影响因子			综合评价总分		学科扩散指标	学科影响指标
		数值	排名	离均差率	数值	排名	离均差率	数值	排名		
S718	技术经济	431	4	-0.19	0.354	4	0.00	44.7	5	13.00	0.50
W027	科技与法律	64	7	-0.88	0.076	8	-0.78	8.4	8	2.75	0.63
S106	全球科技经济瞭望	88	6	-0.83	0.109	7	-0.69	17.8	7	3.75	0.75
S784	生态经济	747	3	0.41	0.237	5	-0.33	51.9	4	25.00	0.63
G964	医学与社会	1401	1	1.65	0.721	1	1.04	76.0	1	24.50	0.38
S133	中国科技资源导刊	56	8	-0.89	0.126	6	-0.64	21.3	6	3.50	0.25
H221	中国农业资源与区划	379	5	-0.28	0.559	3	0.58	52.6	3	12.50	0.38
G911	中国医学伦理学	1066	2	1.02	0.643	2	0.82	53.6	2	18.00	0.25
	8 种期刊平均值	529			0.353						

表8 2012年中国科技核心期刊综合评价总分排名

CODE	刊名	核心总被引频次 数值	核心总被引频次 排名	核心影响因子 数值	核心影响因子 排名	综合评价总分 数值	综合评价总分 排名
X031	中国公路学报	1337	505	0.634	465	100.0	1
R065	通信学报	1479	437	0.762	300	99.2	2
X672	交通运输工程学报	801	919	0.606	512	98.6	3
H034	作物学报	5797	27	1.639	22	97.7	4
E305	地理学报	5627	28	2.348	5	97.4	5
G146	中华护理杂志	7926	10	1.633	23	97.3	6
V037	岩土工程学报	4261	61	0.873	207	95.5	7
A075	科学通报	6398	19	0.775	280	95.3	8
K017	煤炭学报	3812	82	1.238	75	93.8	9
Y002	航空学报	2152	245	0.728	340	93.7	10
H012	土壤学报	3860	79	1.211	77	93.2	11
A108	中国科学 地球科学	3471	99	1.274	69	93.2	11
G142	中华妇产科杂志	3516	93	0.943	157	93.2	11
H030	中国农业科学	8011	9	1.307	63	92.9	14
H280	林业科学	3722	84	0.889	192	92.8	15
G138	中华儿科杂志	4382	53	1.447	42	92.8	15
X004	中国铁道科学	1078	672	0.697	381	92.7	17
G147	中华结核和呼吸杂志	5523	29	0.851	217	92.4	18
G174	中华检验医学杂志	3152	119	0.851	217	92.1	19
K015	中国矿业大学学报	1856	318	0.805	256	91.9	20
U006	食品科学	10818	5	0.769	294	91.8	21
X005	铁道学报	1208	571	0.573	586	91.8	21
G231	中华肝脏病杂志	3625	86	1.198	80	91.7	23
G017	北京中医药大学学报	2188	238	0.769	294	91.6	24
E111	湖泊科学	2001	281	1.374	49	91.6	24
F009	植物生态学报	4124	67	1.785	14	91.6	24
G156	中华内科杂志	4069	69	0.841	227	91.5	27
E153	地球物理学报	5495	30	1.632	24	91.4	28
H039	园艺学报	4328	56	1.047	117	91.1	29
G173	中华眼科杂志	2717	162	0.625	482	90.1	30
M028	中国有色金属学报	2978	135	0.791	267	90.0	31
G170	中华心血管病杂志	5100	37	1.368	53	90.0	31
F049	生物多样性	1757	344	1.305	65	89.9	33
N066	仪器仪表学报	4506	50	1.807	13	89.8	34
G011	CHINESE JOURNAL OF CANCER	2180	239	1.102	102	88.5	35
F015	昆虫学报	2025	276	0.777	277	88.0	36
G023	南方医科大学学报	2908	142	0.697	381	87.9	37
G117	中国心理卫生杂志	2752	157	0.826	238	87.9	37
L031	石油勘探与开发	3338	107	2.824	1	87.8	39

表8 2012年中国科技核心期刊综合评价总分排名（续）

CODE	刊 名	核心总被引频次 数值	核心总被引频次 排名	核心影响因子 数值	核心影响因子 排名	综合评价总分 数值	综合评价总分 排名
G152	中华流行病学杂志	4914	38	1.080	107	87.3	40
H527	草业学报	2977	136	2.431	4	86.8	41
W003	水利学报	3559	90	0.971	143	86.0	42
S011	软件学报	4269	60	1.496	35	85.9	43
C102	力学进展	885	837	0.888	195	85.8	44
G140	中华放射学杂志	4121	68	0.911	174	85.6	45
H008	水产学报	2287	225	0.941	159	85.3	46
A105	中国科学 数学	883	841	0.546	635	85.3	46
E109	大气科学	3073	131	1.454	40	85.2	48
G143	中华骨科杂志	3483	95	0.877	203	85.2	48
H052	植物病理学报	1345	503	0.770	293	85.0	50
R066	中国激光	3479	97	1.322	58	85.0	50
D005	分析化学	4015	71	1.267	72	84.4	52
M012	金属学报	2179	240	0.807	254	84.3	53
G096	中国病理生理杂志	2454	192	0.679	401	83.8	54
W013	水科学进展	2107	256	1.350	55	83.7	55
H290	中国水产科学	1655	372	0.912	173	83.7	55
V029	土木工程学报	2550	180	0.839	229	83.5	57
G197	中华神经科杂志	4611	45	1.596	28	83.0	58
Z006	遥感学报	1778	340	0.930	166	82.5	59
N051	机械工程学报	5352	32	0.982	139	82.3	60
H279	农业工程学报	10758	6	1.703	20	81.7	61
H014	植物保护学报	1235	554	0.742	323	81.7	61
G182	中国中西医结合杂志	4175	66	0.865	208	81.4	63
L028	石油学报	3974	74	1.778	16	81.1	64
R040	中国电机工程学报	12463	3	1.445	43	81.1	64
G010	中医杂志	3413	101	0.649	440	81.0	66
E309	岩石学报	5876	26	1.817	12	80.9	67
E010	地质学报	4013	72	1.873	9	80.8	68
G272	中国实用外科杂志	4228	63	1.175	83	80.7	69
G132	中国中药杂志	7494	12	0.920	172	80.7	69
G910	中华中医药杂志	3064	132	0.689	390	80.7	69
T102	精细化工	1247	549	0.405	1026	80.3	72
H404	农药学学报	723	997	0.716	354	79.9	73
Z014	生态学报	13172	1	1.372	50	79.9	73
G139	中华耳鼻咽喉头颈外科杂志	3121	121	0.891	191	79.8	75
C005	岩石力学与工程学报	7340	13	1.471	36	79.5	76
Z018	应用生态学报	9844	7	1.719	19	79.4	77
G600	中国针灸	3277	111	0.731	334	79.4	77
S026	自动化学报	2367	210	1.328	57	79.4	77
A005	北京大学学报自然科学版	1170	603	0.585	562	79.2	80
G179	中华肿瘤杂志	2494	188	0.960	150	78.9	81
Y024	宇航学报	1947	297	0.568	591	78.8	82
F024	遗传	1825	325	0.847	221	78.7	83

表 8 2012 年中国科技核心期刊综合评价总分排名（续）

CODE	刊 名	核心总被引频次		核心影响因子		综合评价总分	
		数值	排名	数值	排名	数值	排名
G859	中华中医药学刊	3807	83	0.458	858	78.6	84
G154	中华泌尿外科杂志	2517	185	0.908	177	78.5	85
G155	中华内分泌代谢杂志	2154	244	0.906	180	78.0	86
Z004	环境科学	6489	17	1.156	87	77.8	87
B025	系统工程理论与实践	3103	125	0.677	404	77.8	87
G127	中国医学影像技术	3906	77	0.795	262	77.6	89
C073	工程热物理学报	1554	413	0.245	1625	77.5	90
T007	化工学报	2629	170	0.630	472	77.3	91
S018	计算机学报	3448	100	1.313	61	77.1	92
G118	中国修复重建外科杂志	2226	230	0.773	285	77.1	92
N008	兵工学报	1284	524	0.476	800	77.0	94
H890	植物营养与肥料学报	3475	98	1.590	30	76.9	95
E357	地学前缘	3155	118	1.014	128	76.6	96
E008	海洋与湖沼	2069	265	0.901	184	76.5	97
G008	药学学报	3086	127	1.053	114	76.5	97
G043	华西口腔医学杂志	1005	731	0.564	596	76.2	99
G164	中华外科杂志	4723	42	0.745	317	76.1	100
S001	控制与决策	2568	177	0.792	266	76.0	101
G964	医学与社会	1401	477	0.721	350	76.0	101
E115	地球科学进展	2807	149	0.927	169	75.7	103
J001	清华大学学报自然科学版	2340	213	0.383	1088	75.6	104
M001	理化检验化学分册	1434	458	0.373	1121	75.5	105
H004	西南大学学报自然科学版	1860	317	0.456	865	75.4	106
H281	林业科学研究	1902	305	0.886	197	75.2	107
G116	中国危重病急救医学	3078	130	1.465	37	75.2	107
G176	中华医学杂志	6636	16	0.729	339	75.1	109
E352	气象	3085	128	1.773	17	75.0	110
H577	植物保护	1686	363	0.589	552	74.8	111
G985	中国艾滋病性病	1581	404	0.790	269	74.8	111
E152	测绘学报	1594	400	1.137	92	74.6	113
G314	中国疫苗和免疫	1474	438	1.076	109	74.6	113
G646	辽宁中医杂志	3615	87	0.416	991	74.5	115
H021	南京农业大学学报	1465	447	0.767	298	74.5	115
P004	内燃机学报	632	1102	0.497	751	74.3	117
G007	中草药	6472	18	1.040	119	74.3	117
G121	中国药理学通报	3533	92	1.019	123	74.3	117
T034	农药	1608	389	0.469	820	74.2	120
T003	工程塑料应用	987	744	0.519	698	74.1	121
D020	高等学校化学学报	3949	75	1.020	122	73.8	122
G396	中国循证医学杂志	1253	547	0.859	211	73.6	123
G052	军事医学	477	1335	0.331	1297	73.5	124
R006	电子学报	4874	40	1.015	127	73.4	125
G125	中国医学科学院学报	1234	556	0.761	302	73.2	126
J032	同济大学学报自然科学版	2045	270	0.421	971	72.9	127

表8 2012年中国科技核心期刊综合评价总分排名（续）

CODE	刊 名	核心总被引频次 数值	核心总被引频次 排名	核心影响因子 数值	核心影响因子 排名	综合评价总分 数值	综合评价总分 排名
G102	中国公共卫生	5171	34	0.701	374	72.9	127
T022	中国塑料	972	759	0.432	930	72.8	129
Z003	环境科学学报	4655	43	1.125	98	72.7	130
R061	光电子·激光	2203	235	1.394	47	72.5	131
X021	桥梁建设	690	1031	0.659	429	72.4	132
H003	华中农业大学学报	1361	497	0.840	228	72.1	133
T014	塑料工业	947	784	0.468	822	72.1	133
E005	高原气象	3308	109	1.459	39	72.0	135
Z001	中国环境科学	3589	89	1.657	21	72.0	135
G106	中国康复医学杂志	2527	183	0.757	307	71.9	137
Z012	自然资源学报	3186	115	1.301	66	71.9	137
E003	海洋学报	1794	336	0.697	381	71.7	139
T101	化工进展	2100	260	0.581	570	71.7	139
C001	力学学报	1038	702	0.513	712	71.6	141
X018	汽车工程	1154	615	0.428	939	71.4	142
X633	船舶力学	613	1139	0.370	1139	71.3	143
A115	实验室研究与探索	2967	137	0.791	267	71.2	144
C006	物理学报	11154	4	1.307	63	71.2	144
V044	建筑结构学报	1800	334	0.744	321	71.0	146
G021	第三军医大学学报	2963	138	0.582	566	70.8	147
P003	动力工程学报	928	799	0.485	777	70.8	147
G161	中华肾脏病杂志	1541	418	0.576	577	70.8	147
M045	矿冶工程	866	854	0.566	593	70.5	150
F003	生物工程学报	1232	557	0.668	413	70.5	150
K001	中南大学学报自然科学版	1759	343	0.463	836	70.5	150
X030	西安交通大学学报	1633	382	0.506	725	70.4	153
F035	应用昆虫学报	1772	341	0.517	704	70.3	154
H025	北京林业大学学报	2058	267	0.698	378	70.1	155
D012	色谱	2312	221	1.382	48	70.1	155
T106	塑料	806	913	0.608	508	70.1	155
G192	中国脊柱脊髓杂志	2127	252	0.940	161	70.1	155
J003	哈尔滨工业大学学报	2113	254	0.338	1264	70.0	159
X032	西南交通大学学报	1100	655	0.641	451	70.0	159
G228	中国实用妇科与产科杂志	3112	123	0.818	246	70.0	159
J021	重庆大学学报自然科学版	1533	424	0.438	905	69.5	162
G002	北京大学学报医学版	1255	544	0.717	353	69.4	163
G129	中国安全科学学报	1856	318	0.604	517	69.4	163
N033	光学精密工程	3081	129	1.399	46	69.3	165
L006	石油与天然气地质	2304	222	2.440	2	69.3	165
Y004	振动工程学报	998	734	0.484	780	69.3	165
G249	中国骨与关节损伤杂志	3482	96	1.090	105	68.9	168
S019	电力系统自动化	7756	11	1.755	18	68.8	169
G978	中华消化外科杂志	899	822	1.322	58	68.8	169
C072	RESEARCH IN ASTRONOMY AND ASTROPHYSICS	261	1739	0.368	1145	68.7	171

表8 2012年中国科技核心期刊综合评价总分排名（续）

CODE	刊 名	核心总被引频次 数值	核心总被引频次 排名	核心影响因子 数值	核心影响因子 排名	综合评价总分 数值	综合评价总分 排名
M103	材料导报	2611	173	0.340	1255	68.7	171
W008	管理科学学报	906	814	0.757	307	68.7	171
U053	纺织学报	1139	624	0.313	1369	68.6	174
F011	微生物学通报	1866	315	0.705	364	68.4	175
C002	工程力学	2209	233	0.402	1033	68.3	176
E310	地理研究	3370	104	1.581	32	68.2	177
G148	中华口腔医学杂志	1447	452	0.356	1177	68.2	177
G157	中华皮肤科杂志	1801	333	0.526	681	68.2	177
F004	微生物学报	1652	373	0.704	366	68.1	180
I201	CHINESE MEDICAL JOURNAL	3910	76	0.835	230	67.9	181
T536	塑料科技	587	1179	0.554	621	67.7	182
G282	中华男科学杂志	1553	414	0.752	310	67.6	183
T005	硅酸盐学报	2011	280	0.544	639	67.4	184
D003	无机材料学报	1606	392	0.685	392	67.2	185
E107	武汉大学学报信息科学版	2509	186	0.664	419	67.1	186
G454	中国医院管理	2336	214	1.092	104	67.1	186
Z008	农业环境科学学报	4192	64	1.199	79	67.0	188
B014	计算数学	298	1664	0.564	596	66.9	189
W021	中国管理科学	1132	631	0.638	457	66.8	190
E001	气象学报	2676	165	0.825	240	66.7	191
R038	高电压技术	5480	31	1.995	8	66.6	192
A570	编辑学报	1291	519	0.930	166	66.5	193
G233	中国矫形外科杂志	3989	73	0.630	472	66.5	193
P011	燃烧科学与技术	458	1365	0.346	1232	66.4	195
G858	中华肿瘤防治杂志	2467	189	0.774	284	66.2	196
E106	矿床地质	2218	232	1.779	15	66.0	197
G073	首都医科大学学报	1007	730	0.722	347	66.0	197
G812	中医药学报	1181	589	0.654	436	65.9	199
A113	实验技术与管理	2737	159	0.743	322	65.7	200
J033	华中科技大学学报自然科学版	1634	380	0.424	953	65.6	201
M029	稀有金属	1109	648	0.842	225	65.6	201
F013	JOURNAL OF GENETICS AND GENOMICS	1384	485	0.514	710	65.5	203
K512	采矿与安全工程学报	860	861	0.702	370	65.5	203
G059	南京中医药大学学报自然科学版	1100	655	0.670	410	65.5	203
H027	中国农业大学学报	1382	486	0.656	433	65.5	203
G172	中华血液学杂志	1280	525	0.644	446	65.4	207
J004	华南理工大学学报自然科学版	1423	463	0.422	964	65.1	208
A030	东北师大学报自然科学版	509	1283	0.619	492	65.0	209
I072	CELL RESEARCH	1235	554	0.950	152	64.6	210
X012	中国造船	498	1295	0.455	867	64.6	210
R021	电子测量与仪器学报	1388	480	2.017	7	64.5	212
G135	中华病理学杂志	1457	449	0.675	405	64.5	212
H018	西北农林科技大学学报自然科学版	2367	210	0.445	892	64.4	214
G793	中华胃肠外科杂志	1707	359	0.816	248	64.3	215

表8 2012年中国科技核心期刊综合评价总分排名（续）

CODE	刊 名	核心总被引频次 数值	核心总被引频次 排名	核心影响因子 数值	核心影响因子 排名	综合评价总分 数值	综合评价总分 排名
M052	稀有金属材料与工程	2462	190	0.429	935	64.2	216
G177	中华预防医学杂志	1903	304	0.820	245	64.2	216
N039	功能材料	2391	203	0.535	651	64.1	218
A064	西南师范大学学报自然科学版	1057	686	0.446	889	64.1	218
M023	冶金分析	897	825	0.536	648	64.1	218
A017	浙江大学学报工学版	1700	360	0.344	1238	64.0	221
X036	长安大学学报自然科学版	845	875	0.391	1066	63.9	222
E024	地球化学	1678	365	1.035	121	63.7	223
H020	中国水稻科学	1818	328	1.131	96	63.6	224
Z022	资源科学	2960	139	1.187	82	63.6	224
M030	北京科技大学学报	1272	529	0.498	748	63.5	226
D001	物理化学学报	2846	145	0.999	133	63.5	226
G224	实用口腔医学杂志	1130	632	0.532	663	63.4	228
G906	世界科学技术–中医药现代化	936	793	0.519	698	63.4	228
M035	JOURNAL OF RARE EARTHS	1116	643	0.972	142	63.3	230
G204	临床检验杂志	1468	442	0.785	272	63.3	230
G226	中国普通外科杂志	2024	277	0.735	331	63.3	230
G108	中国临床解剖学杂志	1419	467	0.617	497	63.2	233
E137	自然灾害学报	1733	352	0.501	739	63.2	233
Y001	北京航空航天大学学报	1493	431	0.382	1090	62.9	235
V028	城市规划学刊	848	872	0.757	307	62.9	235
V036	中国给水排水	3397	102	0.428	939	62.9	235
E130	地理科学	3047	133	1.624	25	62.7	238
E009	地质论评	2287	225	1.321	60	62.7	238
E350	矿物学报	879	845	0.419	979	62.7	238
G039	中南大学学报医学版	1076	674	0.598	531	62.7	238
J028	东南大学学报自然科学版	1177	593	0.438	905	62.6	242
G181	中山大学学报医学科学版	887	836	0.631	470	62.6	242
F016	生物化学与生物物理进展	1276	527	0.808	252	62.5	244
G832	中国中医药信息杂志	2360	212	0.398	1042	62.5	244
D013	催化学报	2220	231	1.198	80	62.4	246
H028	果树学报	1991	285	0.705	364	62.4	246
E122	应用气象学报	2205	234	1.282	68	62.4	246
A109	中国科学 技术科学	1033	706	0.582	566	62.4	246
G408	中华创伤骨科杂志	2140	248	0.653	438	62.3	250
H958	中国农学通报	7006	15	0.557	610	62.2	251
E135	冰川冻土	2923	141	2.022	6	62.1	252
S003	系统仿真学报	4303	59	0.338	1264	62.1	252
G324	实用医学杂志	6304	20	0.657	431	62.0	254
G188	细胞与分子免疫学杂志	1367	493	0.598	531	62.0	254
H035	浙江大学学报农业与生命科学版	1195	575	0.601	527	62.0	254
E142	地球科学	2057	268	0.947	155	61.8	257
Z002	环境科学研究	2522	184	1.225	76	61.8	257
M102	新型炭材料	761	956	0.844	224	61.8	257

表8 2012年中国科技核心期刊综合评价总分排名（续）

CODE	刊名	核心总被引频次		核心影响因子		综合评价总分	
		数值	排名	数值	排名	数值	排名
G269	中国普外基础与临床杂志	1521	426	0.781	274	61.7	260
R007	电波科学学报	1090	661	0.534	655	61.5	261
H555	中国生态农业学报	2617	172	1.068	110	61.4	262
G048	解放军医学杂志	2297	223	0.931	165	61.3	263
N006	爆炸与冲击	870	850	0.333	1285	61.2	264
R039	电网技术	7185	14	1.444	44	61.0	265
G290	中国防痨杂志	1507	428	0.911	174	61.0	265
M104	TRANSACTIONS OF NONFERROUS METALS SOCIETY OF CHINA	1468	442	0.584	565	60.9	267
G654	护理研究	6205	22	0.463	836	60.9	267
D002	燃料化学学报	1377	488	0.777	277	60.9	267
D506	化学进展	1726	355	0.695	385	60.8	270
G068	复旦学报医学版	904	815	0.552	625	60.7	271
C003	计算力学学报	960	767	0.476	800	60.7	271
A025	南京大学学报自然科学	814	903	0.531	666	60.7	271
U029	食品与生物技术学报	1189	584	0.684	393	60.6	274
B006	数学学报	705	1016	0.272	1534	60.6	274
H044	中国生物防治学报	732	986	0.663	421	60.6	274
C050	光学学报	4633	44	1.583	31	60.5	277
G105	中国寄生虫学与寄生虫病杂志	951	780	0.619	492	60.5	277
G776	中国全科医学	5146	35	0.857	212	60.5	277
A036	中山大学学报自然科学版	1104	652	0.356	1177	60.4	280
J051	四川大学学报工程科学版	1041	700	0.438	905	60.3	281
G066	上海交通大学学报医学版	1396	479	0.454	871	60.2	282
G293	临床血液学杂志	614	1136	0.906	180	60.1	283
G389	上海中医药杂志	2047	269	0.488	773	60.1	283
R034	信号处理	861	859	0.448	882	60.1	283
G320	中国肺癌杂志	1045	697	0.853	213	60.1	283
G235	中华高血压杂志	1885	311	1.371	52	60.1	283
G943	中医药信息	1115	644	0.576	577	60.1	283
Q008	原子能科学技术	647	1087	0.262	1569	60.0	289
M022	中国稀土学报	1068	680	0.722	347	60.0	289
E127	地质通报	2654	168	1.268	71	59.9	291
H033	南京林业大学学报自然科学版	1470	440	0.601	527	59.8	292
G247	中国老年学杂志	4324	58	0.399	1039	59.8	292
G111	中国免疫学杂志	1008	728	0.505	728	59.8	292
E584	地理科学进展	1988	286	1.136	93	59.6	295
G079	卫生研究	1467	445	0.486	776	59.6	295
A054	华东师范大学学报自然科学版	458	1365	0.371	1131	59.5	297
G281	医学研究生学报	1927	301	1.246	73	59.4	298
U007	中国食品学报	1057	686	0.632	469	59.4	298
I122	CHINESE JOURNAL OF AERONAUTICS	344	1569	0.515	708	59.3	300
S025	计算机工程与应用	6277	21	0.372	1123	59.3	300
G266	口腔医学研究	1000	733	0.590	548	59.3	300

表8 2012年中国科技核心期刊综合评价总分排名（续）

CODE	刊 名	核心总被引频次 数值	核心总被引频次 排名	核心影响因子 数值	核心影响因子 排名	综合评价总分 数值	综合评价总分 排名
H784	生态环境学报	4025	70	1.105	101	59.3	300
G826	现代肿瘤医学	2369	208	0.524	688	59.3	300
G144	中华航空航天医学杂志	450	1379	0.477	793	59.3	300
D030	化学学报	2680	164	0.701	374	59.2	306
G262	中华肝胆外科杂志	1602	396	0.746	316	59.2	306
F022	动物学研究	830	890	0.531	666	59.0	308
V013	建筑科学与工程学报	379	1505	0.660	426	59.0	308
X006	上海交通大学学报	1766	342	0.306	1392	59.0	308
A041	天津大学学报	981	751	0.406	1022	59.0	308
F023	植物学报	1619	386	1.283	67	59.0	308
G756	中国循证儿科杂志	419	1435	1.130	97	59.0	308
N052	压力容器	954	776	1.113	99	58.9	314
R559	重庆邮电大学学报自然科学版	443	1392	0.590	548	58.7	315
W007	管理工程学报	610	1147	0.498	748	58.6	316
F020	西北植物学报	4180	65	0.772	289	58.6	316
G267	中国实用内科杂志	2546	181	0.526	681	58.6	316
G093	针刺研究	911	811	0.907	179	58.5	319
W514	科学学研究	1044	698	0.471	814	58.4	320
W020	情报学报	462	1355	0.361	1163	58.4	320
T019	中国医药工业杂志	1157	612	0.334	1282	58.4	320
Z543	遥感技术与应用	1011	725	0.821	243	58.3	323
H208	中国烟草科学	1621	384	1.059	111	58.2	324
D022	分析测试学报	2091	264	0.976	141	58.1	325
G586	实用妇产科杂志	2409	197	0.758	306	58.1	325
A016	兰州大学学报自然科学版	837	883	0.432	930	58.0	327
U054	印染	1051	690	0.408	1016	57.9	328
M105	粉末冶金工业	270	1722	0.452	875	57.8	329
S012	计算机工程	6193	23	0.461	849	57.8	329
G137	中华创伤杂志	2036	273	0.575	582	57.8	329
G251	中华放射肿瘤学杂志	1279	526	0.803	258	57.8	329
E300	地球学报	1589	401	1.600	27	57.6	333
T018	合成橡胶工业	527	1263	0.426	946	57.6	333
G089	营养学报	2099	261	0.884	198	57.6	333
B020	应用数学和力学	668	1058	0.324	1326	57.6	333
G195	中华超声影像学杂志	1964	291	0.667	415	57.5	337
R060	控制理论与应用	1812	330	0.772	289	57.4	338
H287	水土保持学报	4466	52	0.977	140	57.4	338
G988	中国卫生检验杂志	3543	91	0.408	1016	57.4	338
R022	电子与信息学报	2724	160	0.889	192	57.3	341
E301	第四纪研究	2594	175	1.821	11	57.2	342
W531	科研管理	885	837	0.448	882	57.2	342
G675	中国血吸虫病防治杂志	1606	392	1.464	38	57.2	342
T008	过程工程学报	958	770	0.504	733	57.0	345
G638	检验医学	1435	457	0.714	356	57.0	345

表8 2012年中国科技核心期刊综合评价总分排名（续）

CODE	刊名	核心总被引频次 数值	核心总被引频次 排名	核心影响因子 数值	核心影响因子 排名	综合评价总分 数值	综合评价总分 排名
G286	中华风湿病学杂志	1346	502	0.645	444	57.0	345
G005	第二军医大学学报	1600	397	0.387	1078	56.9	348
E145	海洋科学	1658	371	0.428	939	56.9	348
G175	中华医学遗传学杂志	960	767	0.564	596	56.9	348
Z549	安全与环境学报	1603	395	0.610	505	56.8	351
V050	城市规划	1399	478	0.596	539	56.7	352
G908	中国学校卫生	2878	144	0.533	659	56.7	352
G322	创伤外科杂志	854	867	0.777	277	56.6	354
G097	中国超声医学杂志	2163	243	0.618	496	56.6	354
E313	中国海洋大学学报自然科学版	1453	450	0.403	1031	56.6	354
G302	中华疾病控制杂志	1661	368	0.962	149	56.6	354
Y019	复合材料学报	1468	442	0.673	406	56.4	358
G442	中西医结合学报	1236	551	0.842	225	56.4	358
P006	热能动力工程	562	1212	0.256	1588	56.3	360
E124	中国沙漠	3604	88	1.607	26	56.3	360
G211	中国糖尿病杂志	2043	271	0.531	666	56.2	362
G642	中国肿瘤	1535	422	0.773	285	56.1	363
U013	纺织高校基础科学学报	268	1725	0.462	843	56.0	364
S021	计算机研究与发展	2238	228	0.760	304	56.0	364
J006	武汉理工大学学报	1755	345	0.317	1345	56.0	364
G081	西安交通大学学报医学版	873	848	0.592	545	56.0	364
R059	系统工程与电子技术	2782	153	0.639	454	56.0	364
G311	中国皮肤性病学杂志	1548	417	0.557	610	56.0	364
G886	介入放射学杂志	1642	376	0.900	185	55.9	370
X017	武汉理工大学学报交通科学与工程版	806	913	0.240	1649	55.9	370
G254	中华普通外科杂志	1885	311	0.462	843	55.9	370
G167	中华显微外科杂志	1906	303	1.174	84	55.8	373
T004	硅酸盐通报	1269	532	0.794	264	55.7	374
H283	江西农业大学学报	1408	474	0.656	433	55.6	375
A066	陕西师范大学学报自然科学版	430	1413	0.354	1183	55.6	375
N103	中国表面工程	563	1211	0.876	205	55.6	375
G101	中国天然药物	769	950	0.830	234	55.6	375
J042	吉林大学学报工学版	1047	696	0.449	881	55.5	379
G202	肾脏病与透析肾移植杂志	830	890	0.477	793	55.5	379
H001	茶叶科学	830	890	0.863	210	55.3	381
N007	火炸药学报	807	910	0.514	710	55.3	381
G271	临床放射学杂志	2336	214	0.604	517	55.3	381
B017	模糊系统与数学	660	1067	0.348	1216	55.3	381
B001	应用数学学报	490	1313	0.290	1470	55.3	381
H210	中国农业气象	1344	504	1.166	86	55.3	381
J023	东北大学学报自然科学版	1424	461	0.331	1297	55.2	387
B015	数学的实践与认识	1207	572	0.181	1834	55.2	387
G120	中国药科大学学报	958	770	0.458	858	55.2	387
G728	中华骨质疏松和骨矿盐疾病杂志	148	1938	1.135	94	55.1	390

表8 2012年中国科技核心期刊综合评价总分排名（续）

CODE	刊 名	核心总被引频次 数值	核心总被引频次 排名	核心影响因子 数值	核心影响因子 排名	综合评价总分 数值	综合评价总分 排名
G225	重庆医学	4373	54	0.506	725	55.0	391
T001	高分子材料科学与工程	2203	235	0.340	1255	55.0	391
S157	国际生殖健康/计划生育杂志	356	1542	0.480	789	55.0	391
G336	护理管理杂志	2825	147	1.372	50	55.0	391
G503	护理学杂志	5974	25	0.887	196	55.0	391
G006	生物医学工程学杂志	971	760	0.315	1354	55.0	391
G632	中国中医基础医学杂志	2149	246	0.371	1131	55.0	391
G001	ACTA PHARMACOLOGICA SINICA	1636	379	0.630	472	54.9	398
A010	北京师范大学学报自然科学版	614	1136	0.266	1557	54.9	398
K022	金属矿山	1693	361	0.393	1056	54.9	398
G337	中国感染与化疗杂志	1385	483	2.438	3	54.9	398
N059	中国机械工程	3109	124	0.411	1004	54.9	398
Y026	南京航空航天大学学报	756	962	0.370	1139	54.8	403
E004	地球科学与环境学报	666	1060	1.510	34	54.7	404
N005	火力与指挥控制	1124	636	0.261	1573	54.6	405
F255	中国生物工程杂志	1224	560	0.494	757	54.6	405
G014	吉林大学学报医学版	1027	711	0.472	812	54.5	407
Q003	同位素	120	1960	0.344	1238	54.5	407
C004	岩土力学	5114	36	0.851	217	54.5	407
A038	云南大学学报自然科学版	632	1102	0.477	793	54.5	407
M101	矿冶	434	1405	0.435	920	54.4	411
L029	天然气工业	3354	106	0.936	162	54.4	411
G299	中国组织工程研究	9345	8	0.439	903	54.4	411
G850	辽宁中医药大学学报	2041	272	0.284	1491	54.3	414
Y010	振动测试与诊断	671	1054	0.732	333	54.3	414
A583	中国科技期刊研究	1127	634	0.790	269	54.3	414
G009	中国药学杂志	3494	94	0.581	570	54.3	414
N084	摩擦学学报	1088	664	0.877	203	54.2	418
G973	中国呼吸与危重监护杂志	788	934	0.739	326	54.2	418
H234	草业科学	2327	217	0.849	220	54.1	420
A063	厦门大学学报自然科学版	930	797	0.315	1354	54.1	420
G184	肿瘤	1156	614	0.680	399	54.1	420
E120	南京信息工程大学学报	956	773	0.347	1224	54.0	423
H998	渔业科学进展	1016	722	0.831	233	54.0	423
Q910	临床肿瘤学杂志	1304	513	0.649	440	53.9	425
G367	中华实用诊断与治疗杂志	2335	216	0.768	297	53.9	425
G951	现代中西医结合杂志	4904	39	0.294	1443	53.8	427
E113	沉积学报	2563	178	1.051	115	53.7	428
S030	计算机集成制造系统	2238	228	1.007	131	53.7	428
E642	热带海洋学报	933	794	0.660	426	53.7	428
B522	运筹与管理	512	1281	0.296	1434	53.7	428
E656	地球信息科学学报	709	1011	0.864	209	53.6	432
X025	哈尔滨工程大学学报	939	792	0.420	975	53.6	432
G045	四川大学学报医学版	1171	602	0.490	766	53.6	432

表8 2012年中国科技核心期刊综合评价总分排名（续）

CODE	刊名	核心总被引频次 数值	核心总被引频次 排名	核心影响因子 数值	核心影响因子 排名	综合评价总分 数值	综合评价总分 排名
H023	畜牧兽医学报	1445	454	0.637	459	53.6	432
N025	真空科学与技术学报	862	857	1.171	85	53.6	432
G538	中国癌症杂志	1128	633	0.671	409	53.6	432
G911	中国医学伦理学	1066	681	0.643	447	53.6	432
G107	中国抗生素杂志	1166	608	0.910	176	53.5	439
H205	中国油料作物学报	1265	535	1.037	120	53.5	439
G168	中华消化杂志	2440	194	0.468	822	53.5	439
W012	河海大学学报自然科学版	1104	652	0.604	517	53.4	442
H224	西北林学院学报	1810	331	0.706	363	53.4	442
U011	制冷学报	282	1698	0.372	1123	53.4	442
G591	中华医院管理杂志	2143	247	0.619	492	53.4	442
F043	动物学杂志	955	774	0.462	843	53.3	446
G222	临床麻醉学杂志	2752	157	0.828	236	53.3	446
G071	沈阳药科大学学报	1256	543	0.468	822	53.3	446
U035	食品与发酵工业	3186	115	0.492	762	53.3	446
F034	ACTA BIOCHIMICA ET BIOPHYSICA SINICA	693	1030	0.736	329	53.2	450
Y027	航空材料学报	630	1111	0.458	858	53.1	451
H043	土壤	1930	300	0.821	243	53.1	451
G088	医用生物力学	508	1284	0.968	146	53.1	451
G091	浙江大学学报医学版	494	1304	0.467	827	53.1	451
G417	中国护理管理	2130	251	1.010	130	53.1	451
U001	中国粮油学报	1713	358	0.604	517	53.0	456
U647	中国烟草学报	1010	726	0.702	370	53.0	456
H068	南方水产科学	539	1242	1.082	106	52.9	458
A024	武汉大学学报理学版	638	1096	0.336	1273	52.9	458
Y017	航空动力学报	1619	386	0.408	1016	52.8	460
E361	气候与环境研究	1305	512	0.994	135	52.8	460
A042	广西大学学报自然科学版	552	1224	0.645	444	52.7	462
H221	中国农业资源与区划	379	1505	0.559	607	52.6	463
N021	焊接学报	1678	365	0.476	800	52.5	464
Q001	核技术	556	1219	0.227	1688	52.5	464
G056	免疫学杂志	859	865	0.703	368	52.4	466
E126	石油实验地质	1580	405	1.570	33	52.3	467
G373	中国微创外科杂志	2606	174	0.823	241	52.3	467
H019	浙江农林大学学报	963	764	0.528	674	52.2	469
G115	中国生物医学工程学报	607	1150	0.456	865	52.2	469
H262	东北林业大学学报	1863	316	0.451	880	52.1	471
D021	高分子学报	1549	416	0.968	146	52.1	471
G221	中国临床心理学杂志	1745	349	0.710	358	52.1	471
T100	CHINESE JOURNAL OF CHEMICAL ENGINEERING	662	1065	0.612	501	52.0	474
Y564	舰船科学技术	632	1102	0.201	1775	52.0	474
S784	生态经济	747	970	0.237	1661	51.9	476
H525	草地学报	1412	471	1.202	78	51.8	477
W004	水动力学研究与进展 A	799	920	0.762	300	51.8	477

表8 2012年中国科技核心期刊综合评价总分排名（续）

CODE	刊 名	核心总被引频次		核心影响因子		综合评价总分	
		数值	排名	数值	排名	数值	排名
X545	铁道建筑	1179	590	0.483	783	51.8	477
G524	中国中医急症	2457	191	0.352	1195	51.8	477
Q005	辐射研究与辐射工艺学报	237	1797	0.245	1625	51.7	481
F018	菌物学报	1179	590	0.923	170	51.7	481
T075	中国胶粘剂	632	1102	0.513	712	51.7	481
D023	无机化学学报	2313	220	0.845	222	51.6	484
H278	农业机械学报	3903	78	1.107	100	51.5	485
N069	机床与液压	2403	201	0.293	1448	51.4	486
J035	江苏大学学报自然科学版	645	1088	0.401	1034	51.4	486
V019	土木建筑与环境工程	679	1044	0.381	1097	51.4	486
R084	红外与激光工程	2393	202	0.921	171	51.3	489
H060	湖南农业大学学报自然科学版	1250	548	0.527	678	51.3	489
G498	国际骨科学杂志	615	1134	0.625	482	51.2	491
T010	离子交换与吸附	571	1199	0.604	517	51.2	491
N754	中国工程科学	1123	637	0.467	827	51.2	491
A512	重庆师范大学学报自然科学版	318	1615	0.490	766	51.1	494
G274	临床与实验病理学杂志	1413	469	0.738	327	51.1	494
N104	中国惯性技术学报	842	879	0.650	439	51.1	494
G253	中国卫生统计	1410	472	0.687	391	51.1	494
G186	重庆医科大学学报	1219	562	0.438	905	51.0	498
X685	交通运输系统工程与信息	444	1391	0.387	1078	51.0	498
A015	应用科学学报	350	1555	0.371	1131	51.0	498
Z023	生态与农村环境学报	1184	587	1.004	132	50.9	501
G232	中国胸心血管外科临床杂志	888	835	0.881	201	50.9	501
H266	经济林研究	829	893	0.773	285	50.8	503
Z029	长江流域资源与环境	1853	320	0.900	185	50.6	504
T016	高校化学工程学报	1013	723	0.524	688	50.6	504
G875	实用儿科临床杂志	3384	103	0.773	285	50.6	504
G626	天津中医药	980	753	0.489	770	50.6	504
G133	中国肿瘤临床	1843	323	0.338	1264	50.6	504
S004	机器人	961	766	0.692	388	50.5	509
T017	林产化学与工业	928	799	0.654	436	50.4	510
Z317	中国科学 信息科学	264	1733	0.534	655	50.4	510
E023	天文学报	153	1929	0.268	1551	50.3	512
G633	中国血液净化	1043	699	0.658	430	50.3	512
E358	高校地质学报	1261	540	0.967	148	50.2	514
C091	光谱学与光谱分析	3695	85	0.679	401	50.2	514
G283	上海口腔医学	665	1063	0.354	1183	50.2	514
G194	中华医院感染学杂志	13101	2	1.591	29	50.2	514
G843	中国中西医结合急救杂志	1285	520	1.134	95	50.1	518
H051	福建林学院学报	697	1023	0.544	639	50.0	519
H045	干旱地区农业研究	2381	206	0.701	374	50.0	519
N030	振动与冲击	2658	167	0.633	467	50.0	519
Z546	中国人口资源与环境	1750	347	0.999	133	50.0	519

表 8　2012 年中国科技核心期刊综合评价总分排名（续）

CODE	刊名	核心总被引频次 数值	核心总被引频次 排名	核心影响因子 数值	核心影响因子 排名	综合评价总分 数值	综合评价总分 排名
G719	吉林中医药	1901	306	0.474	808	49.9	523
A033	四川师范大学学报自然科学版	564	1208	0.341	1250	49.9	523
G963	现代预防医学	4568	48	0.343	1241	49.9	523
N001	北京理工大学学报	1076	674	0.314	1362	49.8	526
G077	华中科技大学学报医学版	848	872	0.607	509	49.8	526
N757	重庆理工大学学报自然科学版	706	1015	0.588	554	49.7	528
W018	管理科学	260	1742	0.313	1369	49.7	528
W009	数理统计与管理	504	1289	0.335	1280	49.7	528
Z027	JOURNAL OF ENVIRONMENTAL SCIENCES	1572	407	0.750	313	49.6	531
K008	辽宁工程技术大学学报自然科学版	960	767	0.293	1448	49.6	531
H286	农业生物技术学报	1084	669	0.663	421	49.6	531
T580	塑性工程学报	716	1007	0.417	988	49.6	531
G350	国际病理科学与临床杂志	514	1277	0.424	953	49.5	535
S029	计算机应用	3163	117	0.520	696	49.5	535
G429	中国食品卫生杂志	787	935	0.605	513	49.5	535
E143	地震学报	1086	667	0.625	482	49.4	538
S006	计算机科学	2833	146	0.577	575	49.4	538
A055	湖南师范大学自然科学学报	307	1640	0.474	808	49.3	540
H032	华北农学报	1935	299	0.604	517	49.3	540
E021	气候变化研究进展	883	841	1.156	87	49.3	540
G171	中华胸心血管外科杂志	1111	646	0.619	492	49.3	540
H037	棉花学报	1112	645	1.057	112	49.2	544
M020	有色金属冶炼部分	452	1376	0.525	684	49.2	544
Q918	中国医院	1174	598	0.775	280	49.1	546
G725	陕西中医	2723	161	0.352	1195	49.0	547
U005	食品工业科技	4582	46	0.500	740	49.0	547
F100	应用与环境生物学报	1640	377	0.661	424	49.0	547
F038	植物生理学报	2777	155	0.427	944	49.0	547
A106	中国科学 化学	1193	576	0.555	618	49.0	547
G900	中华烧伤杂志	860	861	0.667	415	49.0	547
E146	大地构造与成矿学	955	774	1.333	56	48.9	553
G608	放射学实践	1596	399	0.617	497	48.8	554
H845	分子植物育种	1060	685	0.718	351	48.8	554
Z552	中国安全生产科学技术	1302	515	0.772	289	48.8	554
G400	中国康复理论与实践	2027	275	0.495	755	48.8	554
R018	北京邮电大学学报	494	1304	0.409	1013	48.7	558
S015	模式识别与人工智能	730	989	0.598	531	48.7	558
G605	医疗卫生装备	2441	193	0.670	410	48.7	558
G193	中国医学影像学杂志	1031	707	0.718	351	48.7	558
G860	医学综述	2898	143	0.372	1123	48.6	562
H213	中国草地学报	1355	500	0.992	137	48.6	562
T098	表面技术	719	1000	0.364	1153	48.5	564
G112	中国人兽共患病学报	1336	506	0.516	706	48.5	564
R083	中国图象图形学报	2103	257	0.528	674	48.5	564

表8 2012年中国科技核心期刊综合评价总分排名（续）

CODE	刊 名	核心总被引频次 数值	核心总被引频次 排名	核心影响因子 数值	核心影响因子 排名	综合评价总分 数值	综合评价总分 排名
V051	建筑材料学报	719	1000	0.432	930	48.4	567
R026	光电工程	1463	448	0.702	370	48.3	568
N102	电力系统保护与控制	4765	41	1.448	41	48.2	569
A028	湖南大学学报自然科学版	796	923	0.312	1376	48.2	569
G607	临床儿科杂志	1949	296	0.747	315	48.2	569
G317	临床泌尿外科杂志	1634	380	0.419	979	48.2	569
E020	干旱区地理	1558	411	1.270	70	48.1	573
G834	实用药物与临床	973	757	1.045	118	48.1	573
G338	腹腔镜外科杂志	1321	508	0.735	331	48.0	575
W016	管理学报	596	1162	0.416	991	48.0	575
A107	中国科学 生命科学	529	1259	0.498	748	48.0	575
Y016	空气动力学学报	519	1271	0.405	1026	47.9	578
G026	广东医学	3115	122	0.426	946	47.8	579
G661	国际医学放射学杂志	408	1457	0.515	708	47.8	579
G273	中国实用儿科杂志	2114	253	0.726	343	47.8	579
R566	水资源保护	726	992	0.631	470	47.7	582
H057	土壤通报	2797	150	0.637	459	47.7	582
G753	中国预防医学杂志	1301	516	0.627	479	47.7	582
R008	南京邮电大学学报自然科学版	205	1862	0.298	1424	47.6	585
G946	上海中医药大学学报	709	1011	0.553	622	47.6	585
I233	OPTOELECTRONICS LETTERS	302	1656	0.833	232	47.4	587
N023	流体机械	1260	541	1.148	90	47.4	587
H199	江苏农业学报	1254	545	0.727	341	47.2	589
K009	煤田地质与勘探	784	938	0.373	1121	47.2	589
R005	数据采集与处理	494	1304	0.296	1434	47.2	589
L009	太阳能学报	1849	321	0.335	1280	47.2	589
G853	中国实验诊断学	1832	324	0.415	995	47.2	589
G263	中华行为医学与脑科学杂志	2686	163	0.889	192	47.2	589
G027	广东药学院学报	650	1083	0.493	758	47.1	595
T013	人工晶体学报	1085	668	0.661	424	47.1	595
G034	航天医学与医学工程	438	1399	0.280	1502	47.0	597
S016	计算机应用研究	3229	113	0.426	946	47.0	597
J024	大连理工大学学报	849	871	0.274	1523	46.9	599
A006	四川大学学报自然科学版	982	748	0.477	793	46.9	599
B018	系统工程学报	865	855	0.664	419	46.9	599
G644	中国医药导报	4341	55	0.328	1310	46.9	599
G787	中国健康教育	1604	394	0.523	693	46.8	603
N026	材料热处理学报	1231	558	0.508	722	46.7	604
A040	国防科技大学学报	684	1039	0.341	1250	46.7	604
Z025	环境科学与技术	2546	181	0.730	337	46.7	604
U547	食品与机械	1447	452	0.649	440	46.7	604
G165	中华微生物学和免疫学杂志	884	839	0.315	1354	46.7	604
G564	中药新药与临床药理	1190	581	0.630	472	46.7	604
Q004	核动力工程	561	1213	0.228	1684	46.6	610

表8 2012年中国科技核心期刊综合评价总分排名（续）

CODE	刊 名	核心总被引频次		核心影响因子		综合评价总分	
		数值	排名	数值	排名	数值	排名
G276	临床耳鼻咽喉头颈外科杂志	1960	293	0.570	589	46.6	610
G554	眼科新进展	1139	624	0.404	1030	46.6	610
H013	华南农业大学学报	890	833	0.442	899	46.5	613
G335	中华航海医学与高气压医学杂志	422	1430	0.463	836	46.5	613
H006	东北农业大学学报	1405	476	0.629	477	46.4	615
E157	岩石矿物学杂志	1050	691	0.882	199	46.4	615
I062	ADVANCES IN ATMOSPHERIC SCIENCES	1159	611	0.908	177	46.3	617
G656	环球中医药	310	1634	0.603	523	46.3	617
X029	重庆交通大学学报自然科学版	595	1164	0.253	1600	46.2	619
A020	山东大学学报理学版	669	1057	0.391	1066	46.2	619
C053	物理学进展	172	1916	0.643	447	46.2	619
F215	生命科学	547	1231	0.371	1131	46.1	622
E150	地震地质	1048	694	0.570	589	46.0	623
R043	电工技术学报	3187	114	0.807	254	46.0	623
S013	计算机辅助设计与图形学学报	1749	348	0.547	631	46.0	623
G323	中国康复	1097	658	0.633	467	46.0	623
M009	材料研究学报	658	1071	0.412	1000	45.9	627
T916	有机硅材料	374	1514	0.950	152	45.9	627
N083	金属热处理	1500	429	0.359	1171	45.8	629
H219	排灌机械工程学报	637	1097	1.244	74	45.8	629
J022	山东大学学报工学版	557	1218	0.389	1075	45.8	629
X521	铁道工程学报	860	861	0.379	1109	45.7	632
A002	浙江大学学报理学版	606	1151	0.354	1183	45.7	632
G716	中国卫生政策研究	307	1640	0.612	501	45.7	632
G163	中华实验外科杂志	3287	110	0.641	451	45.7	632
Y007	材料工程	1144	622	0.393	1056	45.6	636
R740	电光与控制	892	831	0.505	728	45.6	636
A035	吉林大学学报理学版	634	1099	0.342	1248	45.6	636
G103	中国骨伤	1898	307	0.852	215	45.6	636
I071	CHINESE OPTICS LETTERS	900	820	0.784	273	45.5	640
G997	国际口腔医学杂志	570	1202	0.286	1486	45.5	640
T011	南京工业大学学报自然科学版	448	1385	0.378	1111	45.5	640
H850	水生态学杂志	844	877	0.545	637	45.5	640
A032	西北大学学报自然科学版	755	964	0.237	1661	45.5	640
L001	中国石油大学学报自然科学版	1555	412	0.586	559	45.5	640
G555	中华急诊医学杂志	2327	217	0.697	381	45.5	640
N017	爆破	528	1260	0.793	265	45.4	647
A537	科学技术与工程	1661	368	0.153	1895	45.4	647
G291	临床骨科杂志	1466	446	1.050	116	45.4	647
G160	中华神经外科杂志	2950	140	0.790	269	45.4	647
E311	海洋通报	911	811	0.437	914	45.3	651
G907	中国计划生育学杂志	1095	659	0.588	554	45.3	651
G123	中国医科大学学报	917	808	0.353	1192	45.3	651
W015	JOURNAL OF HYDRODYNAMICS SERIES B	515	1275	0.880	202	45.2	654

表8 2012年中国科技核心期刊综合评价总分排名（续）

CODE	刊名	核心总被引频次 数值	核心总被引频次 排名	核心影响因子 数值	核心影响因子 排名	综合评价总分 数值	综合评价总分 排名
A580	应用基础与工程科学学报	507	1285	0.460	854	45.2	654
K002	非金属矿	605	1152	0.468	822	45.1	656
H245	基因组学与应用生物学	571	1199	0.566	593	45.1	656
F001	生理学报	535	1248	0.585	562	45.0	658
B004	数学年刊A	272	1719	0.136	1921	45.0	658
G883	中国实验血液学杂志	1012	724	0.424	953	45.0	658
N071	热加工工艺	2379	207	0.289	1472	44.9	661
A615	石河子大学学报自然科学版	575	1195	0.493	758	44.9	661
D004	分析试验室	1892	309	0.616	499	44.8	663
E591	国土资源遥感	781	943	0.642	449	44.8	663
G501	临床肝胆病杂志	909	813	0.636	462	44.8	663
G620	北京中医药	1216	566	0.366	1148	44.7	666
K016	湖南科技大学学报自然科学版	334	1587	0.357	1174	44.7	666
R514	激光与光电子学进展	678	1046	0.587	556	44.7	666
S718	技术经济	431	1411	0.354	1183	44.7	666
C103	固体力学学报	427	1420	0.466	834	44.6	670
G072	生殖与避孕	790	930	0.483	783	44.6	670
E123	台湾海峡	675	1048	0.521	695	44.6	670
E155	海洋地质与第四纪地质	1021	717	0.429	935	44.5	673
E006	海洋科学进展	624	1120	0.463	836	44.5	673
G316	解放军护理杂志	3358	105	0.648	443	44.5	673
E504	矿物岩石地球化学通报	616	1132	0.492	762	44.5	673
G601	外科理论与实践	881	844	0.534	655	44.5	673
G321	现代口腔医学杂志	731	988	0.345	1236	44.5	673
G318	中国药房	5261	33	0.556	615	44.5	673
H269	云南农业大学学报	981	751	0.463	836	44.4	680
G255	中国肿瘤生物治疗杂志	388	1491	0.457	862	44.4	680
G933	国际药学研究杂志	534	1249	0.559	607	44.3	682
G962	眼科	592	1170	0.485	777	44.3	682
G734	护士进修杂志	4239	62	0.543	642	44.2	684
A061	南京师大学报自然科学版	313	1629	0.193	1801	44.2	684
L002	西南石油大学学报自然科学版	1366	494	0.811	250	44.2	684
U010	现代食品科技	1822	327	0.670	410	44.2	684
X010	船舶工程	369	1519	0.226	1693	44.1	688
V572	规划师	944	788	0.805	256	44.1	688
G062	山东大学学报医学版	996	737	0.399	1039	44.1	688
G746	实用肝脏病杂志	912	810	0.845	222	44.1	688
R070	微波学报	435	1404	0.541	644	44.1	688
G713	中国药物应用与监测	629	1115	0.894	189	44.1	688
G178	中华整形外科杂志	795	925	0.574	584	44.1	688
G183	中药材	3827	81	0.505	728	44.1	688
A078	福建师范大学学报自然科学版	345	1566	0.239	1654	44.0	696
A052	华南师范大学学报自然科学版	283	1696	0.324	1326	44.0	696
N057	机械强度	837	883	0.210	1744	43.9	698

表8 2012年中国科技核心期刊综合评价总分排名（续）

CODE	刊 名	核心总被引频次 数值	核心总被引频次 排名	核心影响因子 数值	核心影响因子 排名	综合评价总分 数值	综合评价总分 排名
E101	山地学报	1150	618	0.759	305	43.9	698
A022	西北师范大学学报自然科学版	379	1505	0.212	1741	43.9	698
Z551	植物资源与环境学报	753	967	0.810	251	43.9	698
M053	中国材料进展	191	1891	0.390	1072	43.9	698
U032	中国油脂	1732	353	0.561	604	43.9	698
B003	高校应用数学学报	203	1868	0.236	1665	43.8	704
G030	广州中医药大学学报	854	867	0.368	1145	43.8	704
L586	含能材料	644	1090	0.319	1340	43.8	704
G150	中华老年医学杂志	1486	434	0.585	562	43.8	704
G166	中华物理医学与康复杂志	1797	335	0.526	681	43.8	704
G452	疾病监测	1420	466	0.894	189	43.7	709
M039	粉末冶金技术	269	1723	0.237	1661	43.6	710
W025	管理评论	337	1582	0.248	1618	43.6	710
D024	环境化学	1870	314	0.725	345	43.6	710
M007	中国腐蚀与防护学报	603	1154	0.497	751	43.6	710
G018	病毒学报	622	1124	0.690	389	43.5	714
H748	麦类作物学报	1644	375	0.726	343	43.5	714
T094	四川兵工学报	734	983	0.455	867	43.5	714
E600	测绘科学	1538	420	0.356	1177	43.3	717
Z028	生态学杂志	4577	47	0.944	156	43.3	717
S725	中国卫生经济	1408	474	0.613	500	43.3	717
G848	中华手外科杂志	1385	483	0.695	385	43.3	717
V031	地下空间与工程学报	1127	634	0.425	951	43.2	721
G384	河北中医	1805	332	0.315	1354	43.2	721
Y003	中国空间科学技术	328	1599	0.317	1345	43.2	721
G012	安徽医科大学学报	990	742	0.598	531	43.1	724
N085	兵器材料科学与工程	492	1308	0.287	1481	43.1	724
E601	古地理学报	932	796	1.080	107	43.1	724
G680	中国妇幼保健	6014	24	0.340	1255	43.1	724
H567	中国农业科技导报	680	1043	0.593	542	43.1	724
Z021	环境工程学报	2665	166	0.625	482	43.0	729
A045	暨南大学学报自然科学与医学版	496	1298	0.351	1202	43.0	729
V011	沈阳建筑大学学报自然科学版	578	1193	0.372	1123	43.0	729
V018	西安建筑科技大学学报自然科学版	559	1216	0.382	1090	43.0	729
A098	中国科技论坛	717	1004	0.387	1078	43.0	729
H002	安徽农业大学学报	845	875	0.500	740	42.9	734
R588	科技进步与对策	1268	533	0.266	1557	42.9	734
B007	数学进展	293	1676	0.155	1891	42.9	734
G699	西部中医药	1422	464	0.607	509	42.9	734
G419	心血管病学进展	984	746	0.574	584	42.9	734
C008	应用力学学报	554	1223	0.301	1412	42.9	734
X024	大连海事大学学报	314	1625	0.210	1744	42.8	740
G596	上海针灸杂志	1946	298	0.829	235	42.8	740
F012	生物物理学报	357	1540	0.452	875	42.8	740

表8 2012年中国科技核心期刊综合评价总分排名（续）

CODE	刊　名	核心总被引频次 数值	核心总被引频次 排名	核心影响因子 数值	核心影响因子 排名	综合评价总分 数值	综合评价总分 排名
T063	现代化工	1052	689	0.321	1335	42.8	740
E654	中国地质	1721	357	0.928	168	42.8	740
C071	发光学报	1079	671	1.429	45	42.7	745
J020	昆明理工大学学报自然科学版	442	1395	0.303	1400	42.7	745
D025	有机化学	1580	405	0.745	317	42.7	745
U033	中国造纸学报	217	1831	0.325	1323	42.7	745
C106	CHINESE PHYSICS B	4473	51	0.932	164	42.6	749
I184	MINING SCIENCE AND TECHNOLOGY	537	1246	0.510	719	42.6	749
N029	润滑与密封	1301	516	0.350	1210	42.6	749
F203	生理科学进展	540	1240	0.539	645	42.6	749
H288	西北农业学报	1995	283	0.529	672	42.6	749
E139	地质科学	1409	473	0.626	481	42.5	754
G114	中国神经精神疾病杂志	1607	390	0.761	302	42.5	754
R036	电子科技大学学报	671	1054	0.426	946	42.4	756
D015	分子催化	675	1048	0.934	163	42.4	756
G397	江苏中医药	1597	398	0.296	1434	42.4	756
G153	中华麻醉学杂志	2024	277	0.463	836	42.4	756
G264	肠外与肠内营养	810	906	0.779	275	42.3	760
N110	工业工程与管理	390	1484	0.298	1424	42.3	760
G523	内科理论与实践	203	1868	0.444	893	42.3	760
R049	水力发电学报	928	799	0.497	751	42.3	760
L518	天然气地球科学	1550	415	1.095	103	42.3	760
G685	中医学报	1148	621	0.360	1165	42.3	760
R088	电机与控制学报	1080	670	0.983	138	42.2	766
T955	精细化工中间体	448	1385	0.423	962	42.1	767
G237	中国现代医学杂志	3134	120	0.284	1491	42.1	767
G285	中华消化内镜杂志	1607	390	0.562	602	42.1	767
I041	JOURNAL OF ZHEJIANG UNIVERSITY SCIENCE A	413	1444	0.284	1491	42.0	770
E105	干旱区研究	1483	435	0.899	187	42.0	770
W502	水利水电科技进展	548	1228	0.512	714	42.0	770
Y025	推进技术	786	937	0.338	1264	42.0	770
F029	JOURNAL OF INTEGRATIVE PLANT BIOLOGY	2825	147	0.853	213	41.9	774
G013	安徽中医学院学报	695	1027	0.425	951	41.9	774
E144	大地测量与地球动力学	1020	720	0.590	548	41.9	774
G747	中国新药杂志	2420	196	0.475	803	41.9	774
Q906	安徽医药	2407	199	0.741	324	41.8	778
G477	检验医学与临床	2620	171	0.371	1131	41.8	778
N065	特种铸造及有色合金	1193	576	0.382	1090	41.8	778
J053	合肥工业大学学报自然科学版	1190	581	0.392	1064	41.7	781
H042	核农学报	1439	456	0.827	237	41.7	781
A656	济南大学学报自然科学版	239	1790	0.311	1379	41.7	781
F047	中国实验动物学报	461	1358	0.438	905	41.7	781
G305	中国实用护理杂志	4515	49	0.377	1114	41.7	781
G220	中国药物化学杂志	532	1253	0.581	570	41.7	781

表 8 2012 年中国科技核心期刊综合评价总分排名（续）

CODE	刊 名	核心总被引频次 数值	核心总被引频次 排名	核心影响因子 数值	核心影响因子 排名	综合评价总分 数值	综合评价总分 排名
I282	ASIAN JOURNAL OF ANDROLOGY	592	1170	0.531	666	41.6	787
F019	MOLECULAR PLANT	1784	338	1.364	54	41.6	787
A062	广西师范大学学报自然科学版	324	1604	0.279	1506	41.6	787
E116	吉林大学学报地球科学版	1724	356	0.795	262	41.6	787
K005	煤炭科学技术	1570	408	0.576	577	41.6	787
G061	青岛大学医学院学报	747	970	0.672	408	41.6	787
G890	实用肿瘤杂志	812	904	0.600	529	41.6	787
X007	铁道科学与工程学报	395	1479	0.318	1344	41.6	787
F002	中国生物化学与分子生物学报	718	1003	0.393	1056	41.6	787
G519	中国医药	1681	364	0.731	334	41.6	787
X579	公路	1133	628	0.134	1925	41.5	797
E149	海洋学研究	357	1540	0.411	1004	41.5	797
G063	山东中医药大学学报	950	782	0.280	1502	41.5	797
G872	中国实用眼科杂志	1977	289	0.294	1443	41.5	797
J030	北京工业大学学报	702	1020	0.239	1654	41.4	801
V529	国际城市规划	369	1519	0.345	1236	41.4	801
H243	吉林农业大学学报	1008	728	0.502	738	41.4	801
E599	经济地理	2292	224	1.018	126	41.4	801
H292	上海海洋大学学报	952	779	0.779	275	41.4	801
T103	涂料工业	690	1031	0.394	1052	41.4	801
T929	现代塑料加工应用	331	1593	0.361	1163	41.4	801
L504	油气地质与采收率	1427	460	1.310	62	41.4	801
H909	玉米科学	1975	290	0.678	403	41.4	801
E527	地理与地理信息科学	1175	596	0.682	398	41.3	810
F231	动物营养学报	1177	593	0.822	242	41.3	810
J059	空军工程大学学报自然科学版	396	1477	0.419	979	41.3	810
Q908	临床肺科杂志	3239	112	0.745	317	41.3	810
W002	泥沙研究	612	1141	0.363	1156	41.3	810
G210	微循环学杂志	457	1367	0.512	714	41.3	810
E308	地球物理学进展	2569	176	0.731	334	41.2	816
G942	临床误诊误治	1690	362	0.557	610	41.2	816
G965	同济大学学报医学版	612	1141	0.433	928	41.2	816
G265	医学影像学杂志	1844	322	0.556	615	41.2	816
D016	应用化学	1387	481	0.464	835	41.2	816
G241	中国急救医学	1890	310	0.470	817	41.2	816
G679	中国医疗设备	1954	294	0.620	490	41.2	816
N075	铸造	1149	620	0.313	1369	41.2	816
E102	成都理工大学学报自然科学版	1048	694	0.800	260	41.1	824
C035	红外与毫米波学报	806	913	0.703	368	41.1	824
G441	中国口腔颌面外科杂志	329	1597	0.330	1302	41.1	824
H284	海洋渔业	548	1228	0.993	136	41.0	827
G236	中国医学计算机成像杂志	591	1172	0.589	552	41.0	827
U645	保鲜与加工	419	1435	0.602	525	40.9	829
M050	钢铁	1285	520	0.351	1202	40.9	829

表 8 2012年中国科技核心期刊综合评价总分排名（续）

CODE	刊 名	核心总被引频次 数值	核心总被引频次 排名	核心影响因子 数值	核心影响因子 排名	综合评价总分 数值	综合评价总分 排名
N011	南京理工大学学报自然科学版	754	966	0.426	946	40.9	829
A515	深圳大学学报理工版	282	1698	0.517	704	40.9	829
G512	实用癌症杂志	903	816	0.639	454	40.9	829
H015	水土保持通报	1472	439	0.529	672	40.9	829
J002	西安理工大学学报	312	1631	0.292	1453	40.9	829
E027	现代地质	1567	409	0.903	183	40.9	829
N004	弹道学报	413	1444	0.360	1165	40.8	837
T021	华东理工大学学报自然科学版	664	1064	0.257	1586	40.8	837
X038	上海海事大学学报	238	1792	0.421	971	40.7	839
E154	水文地质工程地质	958	770	0.518	702	40.6	840
G521	中国疼痛医学杂志	884	839	0.904	182	40.6	840
G185	肿瘤防治研究	982	748	0.358	1172	40.6	840
G087	药物分析杂志	2795	151	0.710	358	40.5	843
A007	中国科学技术大学学报	506	1286	0.208	1750	40.5	843
H268	福建农林大学学报自然科学版	962	765	0.452	875	40.4	845
T949	应用化工	967	762	0.271	1537	40.4	845
G098	中国地方病学杂志	1167	606	0.745	317	40.4	845
F017	CURRENT ZOOLOGY	933	794	0.087	1976	40.3	848
T020	北京化工大学学报自然科学版	604	1153	0.354	1183	40.3	848
F033	兽类学报	538	1245	0.421	971	40.3	848
G206	中国介入影像与治疗学	618	1129	0.634	465	40.3	848
G304	中国临床医学影像杂志	1089	663	0.477	793	40.3	848
G315	解放军医院管理杂志	1825	325	0.622	486	40.2	853
W014	武汉大学学报工学版	735	982	0.256	1588	40.2	853
F048	中国比较医学杂志	725	993	0.352	1195	40.2	853
A102	中国科学院研究生院学报	321	1610	0.262	1569	40.2	853
Z031	环境与健康杂志	1509	427	0.433	928	40.1	857
G651	微生物与感染	134	1951	0.360	1165	40.1	857
S022	计算机工程与设计	3018	134	0.371	1131	40.0	859
F025	中国细胞生物学学报	547	1231	0.424	953	40.0	859
T002	高分子通报	1108	649	0.536	648	39.9	861
E312	海洋湖沼通报	559	1216	0.438	905	39.9	861
H295	中国水土保持科学	708	1013	0.591	546	39.8	863
X528	水运工程	630	1111	0.177	1844	39.7	864
S052	智能系统学报	214	1836	0.395	1048	39.7	864
G481	癌症进展	498	1295	0.512	714	39.6	866
G983	国际免疫学杂志	365	1528	0.347	1224	39.6	866
G415	国际内分泌代谢杂志	290	1679	0.239	1654	39.6	866
G898	河北医药	3089	126	0.417	988	39.6	866
G131	中国运动医学杂志	825	896	0.325	1323	39.6	866
G049	解剖学报	556	1219	0.260	1578	39.5	871
Y023	西北工业大学学报	659	1068	0.313	1369	39.5	871
H417	现代农药	346	1565	0.354	1183	39.5	871
G159	中华精神科杂志	896	826	0.708	362	39.5	871

表 8 2012 年中国科技核心期刊综合评价总分排名（续）

CODE	刊 名	核心总被引频次 数值	核心总被引频次 排名	核心影响因子 数值	核心影响因子 排名	综合评价总分 数值	综合评价总分 排名
T025	化学工程	755	964	0.346	1232	39.4	875
Z019	环境污染与防治	1540	419	0.520	696	39.4	875
A645	科技导报	1178	592	0.334	1282	39.4	875
G339	中国病原生物学杂志	1415	468	0.826	238	39.4	875
G234	中国动脉硬化杂志	1137	626	0.576	577	39.4	875
R090	电力自动化设备	2391	203	0.941	159	39.3	880
H011	河南农业大学学报	891	832	0.421	971	39.3	880
D027	煤炭转化	594	1168	0.566	593	39.3	880
G058	南京医科大学学报自然科学版	1176	595	0.338	1264	39.3	880
L016	石油地球物理勘探	1318	510	0.593	542	39.3	880
G745	四川中医	1740	350	0.202	1774	39.3	880
G439	脊柱外科杂志	422	1430	0.563	600	39.2	886
T500	弹性体	352	1552	0.283	1496	39.2	886
G067	现代免疫学	434	1405	0.435	920	39.2	886
G773	中华实验眼科杂志	1021	717	0.346	1232	39.2	886
H238	植物遗传资源学报	1050	691	0.943	157	39.2	886
K030	中国矿业	918	807	0.254	1596	39.2	886
E118	地震工程与工程振动	1453	450	0.430	934	39.1	892
V010	工业建筑	1260	541	0.203	1771	39.1	892
K004	矿产综合利用	407	1460	0.535	651	39.1	892
F250	现代生物医学进展	1754	346	0.275	1521	39.1	892
N108	中国舰船研究	244	1780	0.356	1177	39.1	892
G064	山西医科大学学报	852	870	0.347	1224	39.0	897
A150	西安科技大学学报	531	1256	0.479	790	39.0	897
G189	牙体牙髓牙周病学杂志	744	975	0.296	1434	39.0	897
G984	国际遗传学杂志	258	1748	0.209	1747	38.9	900
U562	烟草科技	1985	287	0.684	393	38.9	900
G531	中国医药生物技术	173	1915	0.395	1048	38.9	900
B002	高等学校计算数学学报	150	1935	0.203	1771	38.8	903
G326	胃肠病学和肝病学杂志	1037	704	0.492	762	38.8	903
H061	西南农业学报	1817	329	0.551	626	38.8	903
R087	现代雷达	797	921	0.328	1310	38.8	903
G191	中华眼底病杂志	943	789	0.403	1031	38.8	903
M006	材料科学与工艺	655	1076	0.284	1491	38.7	908
N070	锻压技术	865	855	0.495	755	38.7	908
G879	肝胆外科杂志	828	895	0.578	574	38.7	908
H326	中国兽医科学	875	847	0.343	1241	38.7	908
J057	工业工程	298	1664	0.277	1512	38.6	912
R775	中兴通讯技术	146	1941	0.503	736	38.5	913
L512	大庆石油地质与开发	2110	255	0.882	199	38.4	914
L516	可再生能源	696	1025	0.435	920	38.4	914
G069	上海医学	1087	665	0.424	953	38.3	916
G298	中国斜视与小儿眼科杂志	418	1438	0.595	540	38.3	916
G134	中国组织化学与细胞化学杂志	398	1473	0.326	1318	38.3	916

表8 2012年中国科技核心期刊综合评价总分排名（续）

CODE	刊 名	核心总被引频次 数值	核心总被引频次 排名	核心影响因子 数值	核心影响因子 排名	综合评价总分 数值	综合评价总分 排名
G296	中华围产医学杂志	895	828	0.727	341	38.3	916
N060	传感技术学报	1963	292	0.800	260	38.2	920
B031	工程数学学报	515	1275	0.276	1516	38.2	920
T077	膜科学与技术	572	1198	0.333	1285	38.2	920
P001	汽轮机技术	415	1442	0.273	1527	38.2	920
E026	地质力学学报	417	1440	0.960	150	38.1	924
Q911	国际眼科杂志	2170	241	0.347	1224	38.1	924
M506	云南冶金	324	1604	0.460	854	38.1	924
I202	PARTICUOLOGY	209	1850	0.391	1066	38.0	927
E133	地层学杂志	657	1074	0.655	435	38.0	927
E151	地质与勘探	1355	500	0.764	299	38.0	927
G507	解剖科学进展	504	1289	0.549	627	38.0	927
H201	浙江农业学报	832	888	0.525	684	38.0	927
M015	JOURNAL OF MATERIALS SCIENCE & TECHNOLOGY	482	1323	0.438	905	37.9	932
G057	东南大学学报医学版	547	1231	0.500	740	37.9	932
L015	石油化工	1495	430	0.543	642	37.9	932
G488	针灸临床杂志	1659	370	0.489	770	37.9	932
V040	玻璃钢/复合材料	717	1004	0.808	252	37.8	936
G938	国际呼吸杂志	868	852	0.245	1625	37.8	936
G230	临床皮肤科杂志	1362	495	0.213	1738	37.8	936
G328	新乡医学院学报	790	930	0.621	488	37.8	936
G987	护理学报	2649	169	0.622	486	37.7	940
G092	浙江中医药大学学报	1209	570	0.298	1424	37.7	940
H225	中国兽医学报	1038	702	0.313	1369	37.6	942
M008	材料科学与工程学报	818	902	0.217	1728	37.5	943
A014	山西大学学报自然科学版	311	1632	0.226	1693	37.5	943
J052	沈阳工业大学学报	389	1488	0.263	1565	37.5	943
G800	胃肠病学	1027	711	0.388	1076	37.5	943
G681	中医药导报	1421	465	0.314	1362	37.5	943
N015	光学技术	984	746	0.406	1022	37.4	948
T070	日用化学工业	552	1224	0.381	1097	37.4	948
G534	实用放射学杂志	2101	258	0.353	1192	37.4	948
H056	水土保持研究	1872	313	0.539	645	37.4	948
G520	中成药	3849	80	0.524	688	37.4	948
G803	肝脏	896	826	0.610	505	37.3	953
G421	现代药物与临床	482	1323	0.602	525	37.3	953
A053	云南师范大学学报自然科学版	257	1753	0.292	1453	37.3	953
G447	中国临床保健杂志	902	819	0.572	587	37.3	953
G278	NEUROSCIENCE BULLETIN	275	1712	0.462	843	37.2	957
Y022	测控技术	838	882	0.249	1615	37.2	957
G416	海南医学院学报	928	799	0.388	1076	37.2	957
L010	西安石油大学学报自然科学版	760	959	0.505	728	37.2	957
A905	自然杂志	389	1488	0.299	1421	37.2	957

表 8 2012年中国科技核心期刊综合评价总分排名（续）

CODE	刊 名	核心总被引频次		核心影响因子		综合评价总分	
		数值	排名	数值	排名	数值	排名
S051	JOURNAL OF COMPUTER SCIENCE AND TECHNOLOGY	279	1705	0.351	1202	37.1	962
E549	地球与环境	644	1090	0.500	740	37.1	962
G690	肝胆胰外科杂志	792	929	0.620	490	37.1	962
G003	基础医学与临床	862	857	0.367	1147	37.1	962
H270	西南林业大学学报	419	1435	0.348	1216	37.1	962
G613	中国慢性病预防与控制	1190	581	0.467	827	37.1	962
I051	ACTA MATHEMATICAE APPLICATAE SINICA	134	1951	0.104	1961	37.0	968
G126	CHINESE MEDICAL SCIENCES JOURNAL	211	1845	0.381	1097	37.0	968
G020	大连医科大学学报	483	1321	0.328	1310	37.0	968
A001	复旦学报自然科学版	450	1379	0.228	1684	37.0	968
E351	中国地震	488	1315	0.319	1340	37.0	968
U609	中国酿造	1992	284	0.488	773	37.0	968
E306	地震	432	1409	0.504	733	36.9	974
G366	中国社会医学杂志	625	1119	0.598	531	36.9	974
B005	JOURNAL OF MATHEMATICAL RESEARCH WITH APPLICATIONS	259	1743	0.103	1963	36.8	976
G894	口腔颌面修复学杂志	453	1374	0.490	766	36.8	976
A026	内蒙古大学学报自然科学版	379	1505	0.215	1732	36.7	978
H024	沈阳农业大学学报	1137	626	0.278	1508	36.7	978
X533	水道港口	303	1651	0.267	1554	36.7	978
R009	西安电子科技大学学报自然科学版	903	816	0.668	413	36.7	978
H099	中国预防兽医学报	861	859	0.394	1052	36.7	978
E362	地质科技情报	1078	672	0.605	513	36.6	983
Y031	航空计算技术	388	1491	0.260	1578	36.6	983
S049	计算机仿真	3318	108	0.481	788	36.6	983
H740	林业科技开发	658	1071	0.307	1387	36.6	983
F213	生物学杂志	595	1164	0.379	1109	36.6	983
E510	测绘通报	1368	491	0.463	836	36.5	988
G508	天津医科大学学报	571	1199	0.317	1345	36.5	988
G480	医学研究杂志	1196	574	0.296	1434	36.5	988
B030	ACTA MATHEMATICA SINICA ENGLISH SERIES	367	1524	0.194	1800	36.4	991
G495	国际病毒学杂志	300	1658	1.835	10	36.4	991
G292	寄生虫与医学昆虫学报	163	1922	0.356	1177	36.4	991
T105	热固性树脂	405	1465	0.471	814	36.4	991
G038	武汉大学学报医学版	614	1136	0.322	1333	36.4	991
G300	现代妇产科进展	1192	578	0.435	920	36.4	991
C037	光子学报	2140	248	0.612	501	36.3	997
G598	中国媒介生物学及控制杂志	1133	628	0.630	472	36.3	997
G277	中国内镜杂志	2408	198	0.416	991	36.3	997
G667	中国综合临床	1673	367	0.487	775	36.3	997
V021	给水排水	1274	528	0.224	1701	36.2	1001
G660	国际消化病杂志	500	1294	0.348	1216	36.2	1001
Z010	海洋环境科学	1264	536	0.484	780	36.2	1001

表8 2012年中国科技核心期刊综合评价总分排名（续）

CODE	刊 名	核心总被引频次		核心影响因子		综合评价总分	
		数值	排名	数值	排名	数值	排名
A121	解放军理工大学学报自然科学版	375	1511	0.197	1788	36.2	1001
M036	有色金属工程	585	1181	0.393	1056	36.2	1001
G243	中国医院药学杂志	2772	156	0.365	1150	36.2	1001
G579	中华口腔医学研究杂志电子版	147	1940	0.348	1216	36.2	1001
M019	钢铁研究学报	673	1050	0.308	1384	36.1	1008
G816	广西医学	1979	288	0.305	1395	36.1	1008
D018	化学通报	898	824	0.332	1292	36.1	1008
G671	解放军医药杂志	820	900	0.467	827	36.1	1008
G325	口腔医学	900	820	0.429	935	36.1	1008
L005	石油物探	951	780	0.730	337	36.1	1008
G528	中国中西医结合消化杂志	762	955	0.475	803	36.1	1008
Q006	辐射防护	281	1701	0.217	1728	36.0	1015
V033	工程抗震与加固改造	406	1462	0.351	1202	35.9	1016
G954	国际外科学杂志	812	904	0.454	871	35.9	1016
M041	稀土	705	1016	0.504	733	35.9	1016
C503	液晶与显示	547	1231	0.738	327	35.9	1016
S020	中文信息学报	752	968	0.533	659	35.9	1016
M100	ACTA METALLURGICA SINICA	192	1889	0.225	1698	35.8	1021
A080	高技术通讯	565	1207	0.164	1869	35.8	1021
E012	CHINESE JOURNAL OF OCEANOLOGY AND LIMNOLOGY	370	1517	0.293	1448	35.7	1023
T241	断块油气田	1361	497	1.147	91	35.7	1023
H244	河北农业大学学报	966	763	0.343	1241	35.7	1023
A076	河北师范大学学报自然科学版	288	1684	0.161	1876	35.7	1023
S027	小型微型计算机系统	1198	573	0.291	1463	35.7	1023
N091	指挥控制与仿真	455	1370	0.289	1472	35.7	1023
G303	中国男科学杂志	846	874	0.282	1499	35.7	1023
R730	兵工自动化	603	1154	0.298	1424	35.6	1030
G484	世界中西医结合杂志	698	1022	0.410	1009	35.6	1030
I200	CHINESE JOURNAL OF TRAUMATOLOGY	299	1661	0.381	1097	35.5	1032
F204	生物加工过程	267	1727	0.397	1043	35.5	1032
G036	郑州大学学报医学版	998	734	0.339	1261	35.5	1032
U521	包装与食品机械	403	1468	0.724	346	35.4	1035
T076	化学工业与工程	389	1488	0.315	1354	35.4	1035
E354	矿物岩石	825	896	0.638	457	35.4	1035
F010	水生生物学报	2001	281	0.948	154	35.4	1035
E046	心理学报	1166	608	0.478	791	35.4	1035
G203	中国心脏起搏与心电生理杂志	765	953	0.593	542	35.4	1035
I018	JOURNAL OF FORESTRY RESEARCH	343	1571	0.315	1354	35.3	1041
N024	车用发动机	245	1778	0.195	1798	35.3	1041
A031	河北大学学报自然科学版	347	1564	0.272	1534	35.3	1041
H356	河南农业科学	1620	385	0.441	900	35.3	1041
E110	热带气象学报	1285	520	0.640	453	35.3	1041
T611	天然产物研究与开发	2012	279	0.448	882	35.3	1041

表8 2012年中国科技核心期刊综合评价总分排名（续）

CODE	刊名	核心总被引频次		核心影响因子		综合评价总分	
		数值	排名	数值	排名	数值	排名
N111	现代制造工程	722	998	0.184	1825	35.3	1041
G706	中国优生与遗传杂志	2029	274	0.412	1000	35.3	1041
X014	北京交通大学学报自然科学版	536	1247	0.242	1639	35.2	1049
G659	国际妇产科学杂志	589	1177	0.452	875	35.2	1049
K525	矿产保护与利用	315	1622	0.321	1335	35.2	1049
G076	天津医药	990	742	0.328	1310	35.2	1049
M005	材料保护	1231	558	0.244	1630	35.1	1053
A527	贵州师范大学学报自然科学版	281	1701	0.249	1615	35.1	1053
G975	国际麻醉学与复苏杂志	685	1037	0.274	1523	35.1	1053
A043	上海师范大学学报自然科学版	200	1876	0.150	1902	35.1	1053
A654	云南民族大学学报自然科学版	214	1836	0.446	889	35.1	1053
A058	河南师范大学学报自然科学版	460	1361	0.233	1673	35.0	1058
K025	矿产与地质	624	1120	0.189	1814	35.0	1058
T074	天然气化工	354	1549	0.301	1412	35.0	1058
D503	功能高分子学报	480	1329	0.438	905	34.9	1061
G141	中华放射医学与防护杂志	833	887	0.332	1292	34.9	1061
G992	长春中医药大学学报	1217	563	0.428	939	34.8	1063
Y040	火箭推进	213	1840	0.447	887	34.8	1063
L007	新疆石油地质	1561	410	0.710	358	34.8	1063
G684	河南中医	1362	495	0.234	1669	34.7	1066
G525	华南预防医学	634	1099	0.557	610	34.7	1066
S085	计算机科学与探索	119	1963	0.179	1838	34.7	1066
G974	中国临床医学	1236	551	0.461	849	34.7	1066
Y013	固体火箭技术	632	1102	0.296	1434	34.6	1070
G028	广西医科大学学报	993	739	0.220	1715	34.6	1070
T065	合成纤维工业	316	1621	0.209	1747	34.6	1070
U004	河南工业大学学报自然科学版	589	1177	0.394	1052	34.6	1070
G615	诊断学理论与实践	386	1498	0.380	1103	34.6	1070
G502	中华保健医学杂志	467	1350	0.505	728	34.6	1070
G446	中华神经医学杂志	1319	509	0.695	385	34.6	1070
N990	装甲兵工程学院学报	264	1733	0.288	1477	34.6	1070
Y006	飞行力学	430	1413	0.270	1543	34.5	1078
G246	口腔颌面外科杂志	449	1382	0.405	1026	34.5	1078
G664	临床和实验医学杂志	2101	258	0.429	935	34.5	1078
A013	南昌大学学报理科版	388	1491	0.332	1292	34.5	1078
G805	人民军医	1534	423	0.818	246	34.5	1078
Q919	实用临床医药杂志	2554	179	0.499	745	34.5	1078
G451	现代消化及介入诊疗	461	1358	0.536	648	34.5	1078
E053	岩矿测试	1210	568	1.019	123	34.5	1078
J016	浙江工业大学学报	362	1535	0.228	1684	34.5	1078
I063	JOURNAL OF GEOGRAPHICAL SCIENCES	174	1912	0.444	893	34.4	1087
M003	腐蚀科学与防护技术	715	1008	0.336	1273	34.4	1087
G499	国际医学寄生虫病杂志	191	1891	0.254	1596	34.4	1087
G033	哈尔滨医科大学学报	547	1231	0.285	1489	34.4	1087

表8 2012年中国科技核心期刊综合评价总分排名（续）

CODE	刊　名	核心总被引频次 数值	核心总被引频次 排名	核心影响因子 数值	核心影响因子 排名	综合评价总分 数值	综合评价总分 排名
Y029	海军航空工程学院学报	304	1647	0.288	1477	34.4	1087
M655	纳米技术与精密工程	197	1879	0.328	1310	34.4	1087
N081	铸造技术	1217	563	0.440	901	34.4	1087
G796	中国输血杂志	2325	219	0.709	361	34.3	1094
G542	毒理学杂志	618	1129	0.255	1592	34.2	1095
G889	国际皮肤性病学杂志	366	1527	0.168	1858	34.2	1095
G294	华西医学	1589	401	0.251	1605	34.2	1095
Q913	临床眼科杂志	624	1120	0.410	1009	34.2	1095
G070	神经解剖学杂志	275	1712	0.226	1693	34.2	1095
Y018	实验流体力学	334	1587	0.298	1424	34.2	1095
H016	扬州大学学报农业与生命科学版	579	1191	0.510	719	34.2	1095
G268	中国生化药物杂志	930	797	0.775	280	34.2	1095
A112	江西师范大学学报自然科学版	364	1532	0.305	1395	34.1	1103
X634	隧道建设	440	1397	0.527	678	34.1	1103
B028	系统工程	1211	567	0.300	1416	34.1	1103
B027	系统管理学报	406	1462	0.321	1335	34.1	1103
G455	疑难病杂志	1072	677	0.575	582	34.1	1103
Y020	宇航材料工艺	488	1315	0.240	1649	34.1	1103
G841	中国现代普通外科进展	739	977	0.475	803	34.1	1103
G549	癌变·畸变·突变	390	1484	0.268	1551	34.0	1110
G882	环境与职业医学	781	943	0.365	1150	34.0	1110
G261	临床心血管病杂志	1142	623	0.547	631	34.0	1110
F042	生命的化学	514	1277	0.187	1818	34.0	1110
Z016	水处理技术	1433	459	0.482	786	34.0	1110
A510	信阳师范学院学报自然科学版	276	1708	0.287	1481	34.0	1110
B011	应用数学	197	1879	0.108	1959	34.0	1110
A103	中国科学 物理学力学天文学	452	1376	0.457	862	34.0	1110
G715	中国生育健康杂志	472	1346	0.377	1114	34.0	1110
U012	中国造纸	666	1060	0.414	997	34.0	1110
A133	装备学院学报	377	1509	0.253	1600	34.0	1110
W010	长江科学院院报	651	1080	0.296	1434	33.9	1121
S503	控制工程	681	1041	0.387	1078	33.9	1121
U641	食品与发酵科技	423	1428	0.532	663	33.9	1121
E047	亚热带资源与环境学报	139	1948	0.422	964	33.9	1121
G629	中国热带医学	1951	295	0.351	1202	33.9	1121
G597	中西医结合心脑血管病杂志	2067	266	0.324	1326	33.9	1121
G500	北京口腔医学	410	1451	0.390	1072	33.8	1127
G574	山东中医杂志	1024	715	0.191	1805	33.8	1127
R001	电子显微学报	424	1426	0.387	1078	33.7	1129
G340	华南国防医学杂志	476	1340	0.453	874	33.7	1129
H070	山地农业生物学报	467	1350	0.352	1195	33.7	1129
H385	西部林业科学	409	1454	0.458	858	33.7	1129
G873	中华眼视光学与视觉科学杂志	539	1242	0.387	1078	33.7	1129
G412	肿瘤学杂志	737	980	0.410	1009	33.7	1129

表8 2012年中国科技核心期刊综合评价总分排名（续）

CODE	刊 名	核心总被引频次 数值	核心总被引频次 排名	核心影响因子 数值	核心影响因子 排名	综合评价总分 数值	综合评价总分 排名
J013	哈尔滨理工大学学报	464	1354	0.375	1118	33.6	1135
H222	农业现代化研究	790	930	0.702	370	33.6	1135
G768	实用预防医学	2426	195	0.393	1056	33.6	1135
W570	水资源与水工程学报	496	1298	0.316	1351	33.6	1135
H276	新疆农业科学	1153	616	0.444	893	33.6	1135
X039	中国航海	216	1832	0.256	1588	33.6	1135
G824	中华临床营养杂志	521	1268	0.475	803	33.6	1135
G453	江苏大学学报医学版	427	1420	0.330	1302	33.5	1142
F224	生物技术通讯	580	1187	0.280	1502	33.5	1142
J011	太原理工大学学报	468	1348	0.184	1825	33.5	1142
A056	上海大学学报自然科学版	313	1629	0.200	1778	33.4	1145
L012	石油学报石油加工	650	1083	0.412	1000	33.4	1145
G844	医药导报	2139	250	0.557	610	33.4	1145
A051	浙江师范大学学报自然科学版	180	1910	0.208	1750	33.4	1145
G849	中国现代应用药学	1189	584	0.611	504	33.4	1145
G940	国际心血管病杂志	340	1576	0.250	1609	33.3	1150
A067	河南大学学报自然科学版	286	1689	0.239	1654	33.3	1150
N050	机械科学与技术	1315	511	0.243	1633	33.3	1150
V005	建筑科学	579	1191	0.230	1677	33.3	1150
E302	湿地科学	601	1157	1.154	89	33.3	1150
G149	中华劳动卫生职业病杂志	1133	628	0.349	1215	33.3	1150
H226	灌溉排水学报	1004	732	0.443	896	33.2	1156
Y015	航天控制	356	1542	0.319	1340	33.2	1156
T542	精细石油化工	425	1423	0.265	1563	33.2	1156
W006	水利水运工程学报	334	1587	0.343	1241	33.2	1156
G333	医学分子生物学杂志	256	1762	0.199	1781	33.2	1156
A003	安徽大学学报自然科学版	258	1748	0.197	1788	33.1	1161
T009	化学反应工程与工艺	350	1555	0.256	1588	33.1	1161
N028	机械设计与制造	1792	337	0.223	1703	33.1	1161
G287	临床口腔医学杂志	767	951	0.273	1527	33.1	1161
A008	南开大学学报自然科学版	261	1739	0.192	1803	33.1	1161
W590	南水北调与水利科技	462	1355	0.372	1123	33.1	1161
A110	宁夏大学学报自然科学版	216	1832	0.197	1788	33.1	1161
S024	遥感信息	481	1327	0.313	1369	33.1	1161
G456	中国妇产科临床杂志	779	945	0.598	531	33.1	1161
G663	中国骨质疏松杂志	1220	561	0.420	975	33.1	1161
G691	中华关节外科杂志电子版	448	1385	0.595	540	33.1	1161
U019	北京服装学院学报自然科学版	61	1986	0.184	1825	33.0	1172
L004	大庆石油学院学报	928	799	0.663	421	33.0	1172
K010	矿业研究与开发	477	1335	0.341	1250	33.0	1172
R096	雷达科学与技术	303	1651	0.534	655	33.0	1172
F046	生命科学研究	329	1597	0.303	1400	33.0	1172
E114	天文学进展	101	1971	0.183	1830	33.0	1172
F008	植物科学学报	1087	665	0.528	674	33.0	1172

表8 2012年中国科技核心期刊综合评价总分排名（续）

CODE	刊 名	核心总被引频次		核心影响因子		综合评价总分	
		数值	排名	数值	排名	数值	排名
Z030	中国环境监测	869	851	0.549	627	33.0	1172
U052	中国乳品工业	920	806	0.422	964	33.0	1172
G701	组织工程与重建外科杂志	174	1912	0.291	1463	33.0	1172
D036	电化学	255	1764	0.376	1117	32.9	1182
S812	科技管理研究	1184	587	0.144	1913	32.9	1182
U535	轻工机械	383	1502	0.462	843	32.9	1182
G083	心肺血管病杂志	819	901	1.019	123	32.8	1185
G024	福建医科大学学报	426	1422	0.287	1481	32.7	1186
A029	福州大学学报自然科学版	413	1444	0.168	1858	32.7	1186
B029	复杂系统与复杂性科学	186	1898	0.533	659	32.7	1186
A004	华中师范大学学报自然科学版	355	1545	0.096	1969	32.7	1186
G047	南昌大学学报医学版	641	1094	0.242	1639	32.7	1186
H031	山东农业大学学报自然科学版	839	881	0.391	1066	32.7	1186
T064	橡胶工业	544	1237	0.223	1703	32.7	1186
L037	海相油气地质	423	1428	0.698	378	32.6	1193
G553	局解手术学杂志	823	899	0.813	249	32.6	1193
G980	新疆医科大学学报	1236	551	0.390	1072	32.6	1193
G145	中华核医学与分子影像杂志	690	1031	0.473	810	32.6	1193
C054	声学学报	834	885	0.579	573	32.5	1197
G721	新医学	1030	708	0.400	1037	32.5	1197
E316	震灾防御技术	120	1960	0.364	1153	32.5	1197
G402	中国分子心脏病学杂志	167	1920	0.289	1472	32.5	1197
G928	国际生物医学工程杂志	230	1812	0.112	1951	32.4	1201
N047	机械设计	982	748	0.382	1090	32.4	1201
R098	微纳电子技术	249	1773	0.179	1838	32.4	1201
G158	中华器官移植杂志	531	1256	0.391	1066	32.4	1201
G162	中华实验和临床病毒学杂志	829	893	0.603	523	32.4	1201
N590	工程设计学报	305	1645	0.324	1326	32.3	1206
M033	桂林理工大学学报	412	1448	0.243	1633	32.3	1206
T931	化学与黏合	336	1583	0.251	1605	32.3	1206
A023	首都师范大学学报自然科学版	310	1634	0.148	1906	32.3	1206
G074	苏州大学学报医学版	991	740	0.295	1441	32.3	1206
V087	现代城市研究	298	1664	0.245	1625	32.3	1206
J066	长沙理工大学学报自然科学版	132	1954	0.291	1463	32.2	1212
S034	计算机工程与科学	856	866	0.243	1633	32.2	1212
E359	气象科学	953	778	0.660	426	32.2	1212
F041	人类学学报	685	1037	0.482	786	32.2	1212
X517	铁道标准设计	789	933	0.260	1578	32.2	1212
G945	中国职业医学	795	925	0.477	793	32.2	1212
G842	中西医结合肝病杂志	746	974	0.522	694	32.2	1212
H026	竹子研究汇刊	386	1498	0.294	1443	32.2	1212
B008	应用概率统计	135	1949	0.112	1951	32.1	1220
Q920	中华医学超声杂志电子版	761	956	0.507	723	32.1	1220
R532	传感器与微系统	1172	600	0.307	1387	32.0	1222

表8 2012年中国科技核心期刊综合评价总分排名（续）

CODE	刊 名	核心总被引频次 数值	核心总被引频次 排名	核心影响因子 数值	核心影响因子 排名	综合评价总分 数值	综合评价总分 排名
H700	江苏农业科学	2368	209	0.432	930	32.0	1222
D026	分析科学学报	914	809	0.478	791	31.9	1224
B525	国际输血及血液学杂志	242	1782	0.130	1934	31.9	1224
M051	金属功能材料	208	1853	0.277	1512	31.9	1224
J050	南昌大学学报工科版	233	1807	0.352	1195	31.9	1224
H202	作物杂志	739	977	0.467	827	31.9	1224
I105	JOURNAL OF NATURAL GAS CHEMISTRY	331	1593	0.751	311	31.8	1229
R535	红外技术	672	1053	0.468	822	31.8	1229
X003	华东交通大学学报	298	1664	0.378	1111	31.8	1229
G187	军医进修学院学报	776	948	0.354	1183	31.8	1229
S032	数值计算与计算机应用	108	1968	0.208	1750	31.8	1229
G109	中国临床药理学杂志	947	784	0.637	459	31.8	1229
E303	中国岩溶	621	1125	0.667	415	31.7	1235
G124	中国医疗器械杂志	430	1413	0.371	1131	31.7	1235
T505	合成树脂及塑料	334	1587	0.259	1582	31.6	1237
H049	环境昆虫学报	349	1557	0.424	953	31.6	1237
X002	交通科学与工程	145	1942	0.241	1645	31.6	1237
T072	无机盐工业	689	1034	0.329	1306	31.6	1237
G341	现代泌尿外科杂志	485	1320	0.399	1039	31.6	1237
J012	郑州大学学报工学版	345	1566	0.251	1605	31.6	1237
G444	中国体外循环杂志	275	1712	0.582	566	31.6	1237
G053	昆明医学院学报	661	1066	0.233	1673	31.5	1244
U635	中国食品添加剂	1041	700	0.331	1297	31.5	1244
U563	中国食物与营养	987	744	0.363	1156	31.5	1244
T508	电镀与精饰	417	1440	0.391	1066	31.4	1247
G136	中华传染病杂志	1413	469	0.598	531	31.4	1247
G876	中华老年心脑血管病杂志	1121	639	0.424	953	31.4	1247
Y033	航天器工程	343	1571	0.336	1273	31.3	1250
V014	建筑结构	1064	683	0.275	1521	31.3	1250
G330	上海护理	615	1134	0.363	1156	31.3	1250
H282	上海农业学报	621	1125	0.268	1551	31.3	1250
J025	燕山大学学报	204	1866	0.183	1830	31.3	1250
H294	中国畜牧兽医	1492	432	0.411	1004	31.3	1250
G130	中国应用生理学杂志	496	1298	0.375	1118	31.3	1250
R028	激光杂志	739	977	0.386	1085	31.2	1257
V054	矿产勘查	340	1576	0.263	1565	31.2	1257
A514	扬州大学学报自然科学版	210	1848	0.298	1424	31.2	1257
G847	中华现代护理杂志	4327	57	0.380	1103	31.2	1257
X043	城市轨道交通研究	621	1125	0.381	1097	31.1	1261
E131	海洋工程	512	1281	0.435	920	31.1	1261
N014	计量学报	476	1340	0.269	1544	31.1	1261
G700	实用老年医学	694	1029	0.537	647	31.1	1261
G575	四川医学	1637	378	0.308	1384	31.1	1261
S590	中华医学教育探索杂志	1061	684	0.401	1034	31.1	1261

表 8 2012 年中国科技核心期刊综合评价总分排名（续）

CODE	刊 名	核心总被引频次 数值	核心总被引频次 排名	核心影响因子 数值	核心影响因子 排名	综合评价总分 数值	综合评价总分 排名
G095	VIROLOGICA SINICA	300	1658	0.350	1210	31.0	1267
F044	氨基酸和生物资源	505	1288	0.351	1202	31.0	1267
G937	国际肿瘤学杂志	495	1302	0.118	1945	31.0	1267
B013	运筹学学报	75	1981	0.103	1963	31.0	1267
L013	中国海上油气	882	843	0.639	454	31.0	1267
G846	中国中西医结合肾病杂志	1728	354	0.582	566	31.0	1267
G636	中国肿瘤临床与康复	610	1147	0.314	1362	31.0	1267
I012	INSECT SCIENCE	212	1843	0.436	918	30.9	1274
R046	华北电力大学学报	514	1277	0.369	1141	30.9	1274
R521	激光与红外	1073	676	0.455	867	30.9	1274
G050	解剖学杂志	782	940	0.271	1537	30.9	1274
Y009	强度与环境	232	1810	0.372	1123	30.9	1274
V012	山东建筑大学学报	377	1509	0.461	849	30.9	1274
L025	石油钻探技术	903	816	0.712	357	30.9	1274
L033	油田化学	760	959	0.401	1034	30.9	1274
N089	中国工程机械学报	205	1862	0.230	1677	30.9	1274
G180	中日友好医院学报	409	1454	0.326	1318	30.9	1274
K032	河北建筑科技学院学报自然科学版	237	1797	0.422	964	30.8	1284
G515	中华全科医学	2778	154	0.665	418	30.8	1284
E022	古生物学报	533	1251	0.443	896	30.7	1286
J014	河南科技大学学报自然科学版	317	1617	0.215	1732	30.7	1286
G609	热带医学杂志	1186	586	0.386	1085	30.7	1286
E540	水文	628	1117	0.467	827	30.7	1286
N830	中国测试	487	1318	0.260	1578	30.7	1286
G901	中国当代儿科杂志	1254	545	0.684	393	30.7	1286
G645	中国循证心血管医学杂志	229	1814	0.741	324	30.7	1286
G743	中华耳科学杂志	438	1399	0.473	810	30.7	1286
N054	机械设计与研究	527	1263	0.314	1362	30.6	1294
U515	肉类研究	580	1187	0.279	1506	30.6	1294
H097	乳业科学与技术	249	1773	0.365	1150	30.6	1294
U640	制冷与空调(四川)	296	1670	0.314	1362	30.6	1294
J008	兰州理工大学学报	610	1147	0.267	1554	30.5	1298
M544	钛工业进展	258	1748	0.492	762	30.5	1298
G238	听力学及言语疾病杂志	783	939	0.571	588	30.5	1298
G769	中国病毒病杂志	372	1515	0.380	1103	30.5	1298
R511	中国电力	1217	563	0.683	396	30.5	1298
G119	中国循环杂志	824	898	0.700	377	30.5	1298
G280	中华口腔正畸学杂志	327	1600	0.327	1316	30.5	1298
A009	安徽师范大学学报自然科学版	356	1542	0.278	1508	30.4	1305
G670	成都医学院学报	171	1918	0.309	1382	30.4	1305
G939	国际脑血管病杂志	777	947	0.350	1210	30.4	1305
G358	解剖学研究	365	1528	0.310	1381	30.4	1305
T512	聚氨酯工业	268	1725	0.397	1043	30.4	1305
C009	实验力学	396	1477	0.179	1838	30.4	1305

表8 2012年中国科技核心期刊综合评价总分排名（续）

CODE	刊 名	核心总被引频次 数值	核心总被引频次 排名	核心影响因子 数值	核心影响因子 排名	综合评价总分 数值	综合评价总分 排名
G457	实用骨科杂志	991	740	0.459	857	30.4	1305
G258	中国生物制品学杂志	782	940	0.395	1048	30.4	1305
G752	中国卫生质量管理	601	1157	0.547	631	30.4	1305
G122	中国药理学与毒理学杂志	467	1350	0.396	1046	30.4	1305
E360	工程地质学报	1019	721	0.722	347	30.3	1315
M004	机械工程材料	756	962	0.167	1863	30.3	1315
V049	结构工程师	443	1392	0.352	1195	30.3	1315
C034	质谱学报	410	1451	0.467	827	30.3	1315
G737	中华生物医学工程杂志	266	1729	0.152	1896	30.3	1315
G410	标记免疫分析与临床	349	1557	0.387	1078	30.2	1320
H265	福建农业学报	633	1101	0.410	1009	30.2	1320
H701	江西农业学报	1424	461	0.324	1326	30.2	1320
G546	中国CT和MRI杂志	659	1068	0.698	378	30.2	1320
B022	CHINESE QUARTERLY JOURNAL OF MATHEMATICS	71	1983	0.056	1990	30.1	1324
I227	JOURNAL OF CHINESE PHARMACEUTICAL SCIENCES	239	1790	0.336	1273	30.1	1324
J017	河北工业大学学报	284	1692	0.204	1767	30.1	1324
D037	化学研究与应用	1009	727	0.340	1255	30.1	1324
S520	计算机技术与发展	2196	237	0.499	745	30.1	1324
A111	内蒙古师范大学学报自然科学汉文版	237	1797	0.184	1825	30.1	1324
G759	齐鲁医学杂志	650	1083	0.549	627	30.1	1324
T933	石化技术与应用	306	1643	0.205	1765	30.1	1324
G016	北京医学	806	913	0.297	1431	30.0	1332
R516	电路与系统学报	334	1587	0.237	1661	30.0	1332
G874	法医学杂志	425	1423	0.291	1463	30.0	1332
A084	黑龙江大学自然科学学报	263	1736	0.210	1744	30.0	1332
H203	湖北农业科学	1779	339	0.291	1463	30.0	1332
T532	化工科技	284	1692	0.220	1715	30.0	1332
G673	临床药物治疗杂志	245	1778	0.435	920	30.0	1332
G483	世界中医药	258	1748	0.261	1573	30.0	1332
B023	CHINESE ANNALS OF MATHEMATICS SERIES B	130	1955	0.093	1973	29.9	1340
Z013	工业水处理	1386	482	0.408	1016	29.9	1340
G436	国际耳鼻咽喉头颈外科杂志	300	1658	0.162	1875	29.9	1340
X020	交通信息与安全	345	1566	0.207	1759	29.9	1340
G677	颈腰痛杂志	766	952	0.436	918	29.9	1340
P007	水电能源科学	1106	651	0.419	979	29.9	1340
F225	微生物学杂志	736	981	0.397	1043	29.9	1340
H908	新疆农业大学学报	527	1263	0.435	920	29.9	1340
V568	中国粉体技术	264	1733	0.189	1814	29.9	1340
G976	中华神经外科疾病研究杂志	782	940	0.587	556	29.9	1340
G458	传染病信息	578	1193	0.834	231	29.8	1350
G301	河北中医药学报	266	1729	0.328	1310	29.8	1350
U533	木材工业	443	1392	0.489	770	29.8	1350

表8 2012年中国科技核心期刊综合评价总分排名（续）

CODE	刊名	核心总被引频次		核心影响因子		综合评价总分	
		数值	排名	数值	排名	数值	排名
Y028	中国民航大学学报	174	1912	0.171	1854	29.8	1350
M048	贵金属	315	1622	0.420	975	29.7	1354
G941	海南医学	2407	199	0.336	1273	29.7	1354
H069	南方农业学报	974	756	0.455	867	29.7	1354
L008	石油钻采工艺	1121	639	0.555	618	29.7	1354
G856	实用肿瘤学杂志	533	1251	0.291	1463	29.7	1354
M032	武汉科技大学学报自然科学版	332	1592	0.269	1544	29.7	1354
X673	现代隧道技术	408	1457	0.302	1406	29.7	1354
G506	中华损伤与修复杂志电子版	338	1579	0.524	688	29.7	1354
H053	中南林业科技大学学报	949	783	0.329	1306	29.7	1354
X013	汽车技术	492	1308	0.222	1710	29.6	1363
E563	热带地理	440	1397	0.382	1090	29.6	1363
G630	陕西医学杂志	1583	403	0.354	1183	29.6	1363
H227	吉林农业科学	453	1374	0.289	1472	29.5	1366
K504	煤矿开采	422	1430	0.375	1118	29.5	1366
H233	中国土壤与肥料	1285	520	0.771	292	29.5	1366
G505	中华乳腺病杂志电子版	283	1696	0.528	674	29.5	1366
I037	CHINESE JOURNAL OF CANCER RESEARCH	80	1979	0.294	1443	29.4	1370
S050	计算机测量与控制	2169	242	0.437	914	29.4	1370
H862	饲料工业	1210	568	0.267	1554	29.4	1370
N043	探测与控制学报	308	1639	0.302	1406	29.4	1370
H005	大连海洋大学学报	681	1041	0.533	659	29.3	1374
J031	上海理工大学学报	241	1785	0.139	1917	29.3	1374
A081	中国科学基金	348	1563	0.490	766	29.3	1374
G422	中国脑血管病杂志	573	1197	0.411	1004	29.3	1374
R711	测试技术学报	303	1651	0.223	1703	29.2	1378
Y503	导弹与航天运载技术	288	1684	0.248	1618	29.2	1378
G041	湖南中医药大学学报	943	789	0.347	1224	29.2	1378
G624	生殖医学杂志	409	1454	0.219	1720	29.2	1378
E363	世界地震工程	631	1108	0.348	1216	29.2	1378
T079	塑料助剂	190	1894	0.277	1512	29.2	1378
G104	中国海洋药物	486	1319	0.344	1238	29.2	1378
X539	中外公路	747	970	0.219	1720	29.2	1378
J045	西华大学学报自然科学版	295	1672	0.253	1600	29.1	1386
H046	PEDOSPHERE	724	994	0.627	479	29.0	1387
Z553	净水技术	654	1077	0.751	311	29.0	1387
H223	热带作物学报	1270	531	0.507	723	29.0	1387
H067	中国真菌学杂志	306	1643	0.607	509	29.0	1387
X046	城市交通	220	1825	0.327	1316	28.9	1391
Z017	环境保护科学	548	1228	0.322	1333	28.9	1391
B016	南京大学学报数学半年刊	32	1993	0.111	1954	28.9	1391
G639	中华老年多器官疾病杂志	336	1583	0.331	1297	28.9	1391
G031	贵阳医学院学报	465	1353	0.287	1481	28.8	1395
A148	西华师范大学学报自然科学版	142	1946	0.140	1916	28.8	1395

表8 2012年中国科技核心期刊综合评价总分排名（续）

CODE	刊 名	核心总被引频次 数值	核心总被引频次 排名	核心影响因子 数值	核心影响因子 排名	综合评价总分 数值	综合评价总分 排名
G223	现代医学	687	1035	0.493	758	28.8	1395
F039	植物分类学报	747	970	0.629	477	28.8	1395
A083	科技通报	502	1291	0.204	1767	28.7	1399
C101	力学季刊	304	1647	0.235	1667	28.7	1399
G310	临床精神医学杂志	925	804	0.446	889	28.7	1399
L505	特种油气藏	973	757	0.560	605	28.7	1399
A018	湘潭大学自然科学学报	222	1822	0.187	1818	28.7	1399
V056	新型建筑材料	652	1078	0.307	1387	28.7	1399
G250	中国新药与临床杂志	1167	606	0.409	1013	28.7	1399
G786	安徽医学	1153	616	0.405	1026	28.6	1406
G309	临床神经病学杂志	1119	641	0.563	600	28.6	1406
G797	临床输血与检验	555	1222	0.605	513	28.6	1406
V032	暖通空调	942	791	0.273	1527	28.6	1406
K035	中国钨业	266	1729	0.500	740	28.6	1406
G610	中华胰腺病杂志	360	1539	0.286	1486	28.6	1406
E626	CT理论与应用研究	216	1832	0.448	882	28.5	1412
H240	家畜生态学报	400	1470	0.285	1489	28.5	1412
G313	中国医师杂志	1470	440	0.259	1582	28.5	1412
N019	低温工程	167	1920	0.206	1762	28.4	1415
V047	建筑学报	497	1297	0.218	1725	28.4	1415
G641	河北医学	1192	578	0.314	1362	28.3	1417
H022	上海交通大学学报农业科学版	566	1204	0.378	1111	28.3	1417
H038	大豆科学	1303	514	0.609	507	28.2	1419
R010	电工电能新技术	341	1574	0.418	985	28.2	1419
K526	河南理工大学学报自然科学版	375	1511	0.266	1557	28.2	1419
V035	土木工程与管理学报	257	1753	0.127	1937	28.2	1419
H218	畜牧与兽医	807	910	0.191	1805	28.2	1419
G259	诊断病理学杂志	703	1019	0.394	1052	28.2	1419
R071	电力系统及其自动化学报	1036	705	0.586	559	28.1	1425
N064	工具技术	679	1044	0.178	1842	28.1	1425
H275	贵州农业科学	1633	382	0.369	1141	28.1	1425
G403	药物不良反应杂志	834	885	0.577	575	28.1	1425
C059	CHINESE PHYSICS LETTERS	2385	205	0.428	939	28.0	1429
U014	东华大学学报自然科学版	361	1538	0.223	1703	28.0	1429
S009	计算机应用与软件	1268	533	0.191	1805	28.0	1429
R754	电讯技术	528	1260	0.276	1516	27.9	1432
G672	口腔材料器械杂志	194	1885	0.250	1609	27.9	1432
R086	三峡大学学报自然科学版	263	1736	0.191	1805	27.8	1434
G648	中国骨与关节外科	120	1960	0.333	1285	27.8	1434
G046	江苏医药	1538	420	0.243	1633	27.7	1436
N048	金刚石与磨料磨具工程	371	1516	0.276	1516	27.7	1436
G395	兰州大学学报医学版	285	1690	0.340	1255	27.7	1436
S505	系统仿真技术	73	1982	0.236	1665	27.7	1436
G794	中国临床神经外科杂志	1170	603	0.636	462	27.7	1436

表8 2012年中国科技核心期刊综合评价总分排名（续）

CODE	刊 名	核心总被引频次 数值	核心总被引频次 排名	核心影响因子 数值	核心影响因子 排名	综合评价总分 数值	综合评价总分 排名
G242	中国神经免疫学和神经病学杂志	473	1343	0.506	725	27.7	1436
F021	JOURNAL OF MOLECULAR CELL BIOLOGY	254	1765	0.087	1976	27.6	1442
Y014	航空制造技术	724	994	0.199	1781	27.6	1442
M631	黄金	587	1179	0.332	1292	27.6	1442
R654	电力科学与技术学报	222	1822	0.559	607	27.5	1445
R116	电网与清洁能源	630	1111	0.586	559	27.5	1445
T563	工业催化	478	1332	0.151	1899	27.5	1445
G349	国际泌尿系统杂志	352	1552	0.078	1983	27.5	1445
G934	国际中医中药杂志	627	1118	0.168	1858	27.5	1445
G665	宁夏医科大学学报	621	1125	0.247	1623	27.5	1445
G479	浙江预防医学	1295	518	0.568	591	27.5	1445
G094	中风与神经疾病杂志	1028	710	0.330	1302	27.5	1445
G693	中华临床免疫和变态反应杂志	130	1955	0.535	651	27.5	1445
G004	北京生物医学工程	370	1517	0.218	1725	27.4	1454
A021	华侨大学学报自然科学版	290	1679	0.230	1677	27.4	1454
F007	植物分类与资源学报	1174	598	0.440	901	27.4	1454
G227	中国药物警戒	547	1231	0.590	548	27.4	1454
P010	小型内燃机与摩托车	157	1926	0.112	1951	27.3	1458
X022	公路工程	659	1068	0.300	1416	27.2	1459
G603	生物医学工程与临床	311	1632	0.274	1523	27.2	1459
E125	西北地质	673	1050	0.736	329	27.2	1459
G959	中国微侵袭神经外科杂志	860	861	0.519	698	27.2	1459
N061	图学学报	399	1471	0.253	1600	27.1	1463
J058	河北科技大学学报	281	1701	0.396	1046	27.1	1463
C094	计算物理	519	1271	0.544	639	27.1	1463
G288	脑与神经疾病杂志	584	1182	0.411	1004	27.1	1463
V030	工程勘察	556	1219	0.220	1715	27.0	1467
J055	海军工程大学学报	551	1226	0.317	1345	27.0	1467
Y034	航天返回与遥感	242	1782	0.239	1654	27.0	1467
T553	化学与生物工程	734	983	0.286	1486	27.0	1467
F045	激光生物学报	331	1593	0.113	1950	27.0	1467
G343	上海精神医学	761	956	0.437	914	27.0	1467
C036	数学物理学报	391	1483	0.212	1741	27.0	1467
H103	种子	1649	374	0.363	1156	27.0	1467
B010	COMMUNICATIONS IN MATHEMATICAL RESEARCH	68	1984	0.014	1994	26.9	1475
S712	工程管理学报	241	1785	0.545	637	26.9	1475
A535	广西科学	251	1770	0.208	1750	26.9	1475
A637	山东科学	205	1862	0.155	1891	26.9	1475
G312	西南国防医药	895	828	0.283	1496	26.9	1475
M014	硬质合金	294	1675	0.483	783	26.9	1475
V039	中国园林	890	833	0.381	1097	26.9	1475
D017	CHINESE JOURNAL OF POLYMER SCIENCE	274	1716	0.673	406	26.8	1482
T598	电镀与涂饰	640	1095	0.292	1453	26.8	1482

表8 2012年中国科技核心期刊综合评价总分排名（续）

CODE	刊 名	核心总被引频次 数值	核心总被引频次 排名	核心影响因子 数值	核心影响因子 排名	综合评价总分 数值	综合评价总分 排名
P018	动力学与控制学报	197	1879	0.447	887	26.8	1482
A039	湖北大学学报自然科学版	208	1853	0.157	1884	26.8	1482
T567	化学工程师	516	1274	0.156	1888	26.8	1482
U512	大连工业大学学报	299	1661	0.283	1496	26.7	1487
G881	临床军医杂志	1172	600	0.434	927	26.7	1487
G513	内蒙古医学院学报	299	1661	0.295	1441	26.7	1487
G653	现代检验医学杂志	873	848	0.302	1406	26.7	1487
G627	循证医学	253	1769	0.406	1022	26.7	1487
G703	中华实验和临床感染病杂志电子版	250	1772	0.775	280	26.7	1487
A501	烟台大学学报自然科学与工程版	152	1931	0.229	1680	26.6	1493
A652	北华大学学报自然科学版	351	1554	0.248	1618	26.5	1494
G025	工业卫生与职业病	477	1335	0.289	1472	26.5	1494
J056	军械工程学院学报	208	1853	0.137	1919	26.5	1494
L034	石油化工高等学校学报	314	1625	0.348	1216	26.5	1494
G082	中国新生儿科杂志	796	923	0.971	143	26.5	1494
G739	中华糖尿病杂志	191	1891	0.546	635	26.5	1494
N012	爆破器材	307	1640	0.407	1020	26.4	1500
V057	建筑钢结构进展	144	1943	0.168	1858	26.4	1500
R117	南方电网技术	434	1405	0.587	556	26.4	1500
G485	世界临床药物	455	1370	0.343	1241	26.4	1500
G260	心脏杂志	584	1182	0.239	1654	26.4	1500
G306	中国医师进修杂志	2278	227	0.315	1354	26.4	1500
R684	电信科学	287	1688	0.219	1720	26.3	1506
R055	电子测量技术	1272	529	0.704	366	26.3	1506
G893	放射免疫学杂志	1108	649	0.354	1183	26.3	1506
M502	功能材料与器件学报	203	1868	0.166	1865	26.3	1506
R016	绝缘材料	480	1329	0.525	684	26.3	1506
E307	西北地震学报	450	1379	0.503	736	26.3	1506
G686	中国实用神经疾病杂志	2791	152	0.337	1271	26.3	1506
N013	自动化仪表	710	1010	0.339	1261	26.3	1506
G256	临床外科杂志	1264	536	0.301	1412	26.2	1514
G332	生物医学工程研究	182	1905	0.255	1592	26.2	1514
G380	中国心血管杂志	428	1417	0.416	991	26.2	1514
C060	波谱学杂志	246	1775	0.524	688	26.1	1517
Z005	环境工程	808	909	0.412	1000	26.1	1517
U602	皮革科学与工程	205	1862	0.250	1609	26.1	1517
G750	中国病案	1092	660	0.683	396	26.1	1517
G334	湖北中医药大学学报	437	1402	0.333	1285	26.0	1521
A087	新疆大学学报自然科学版	221	1824	0.166	1865	26.0	1521
G741	蚌埠医学院学报	678	1046	0.243	1633	25.9	1523
G019	成都中医药大学学报	459	1363	0.181	1834	25.9	1523
G426	国际神经病学神经外科学杂志	596	1162	0.371	1131	25.9	1523
G044	华西药学杂志	1098	657	0.419	979	25.9	1523
N682	机械制造	395	1479	0.095	1970	25.9	1523

表8 2012年中国科技核心期刊综合评价总分排名（续）

CODE	刊 名	核心总被引频次 数值	核心总被引频次 排名	核心影响因子 数值	核心影响因子 排名	综合评价总分 数值	综合评价总分 排名
T924	农药科学与管理	452	1376	0.163	1870	25.9	1523
V531	陶瓷学报	230	1812	0.207	1759	25.9	1523
G543	中国耳鼻咽喉头颈外科	1071	679	0.527	678	25.9	1523
G622	中国医学物理学杂志	491	1311	0.326	1318	25.9	1523
G295	解放军药学学报	651	1080	0.439	903	25.8	1532
G565	徐州医学院学报	532	1253	0.191	1805	25.8	1532
R013	中国激光医学杂志	322	1608	0.360	1165	25.8	1532
R683	国外电子测量技术	879	845	0.969	145	25.7	1535
G880	临床超声医学杂志	809	908	0.271	1537	25.7	1535
S591	中国医学装备	591	1172	0.407	1020	25.7	1535
G229	卒中与神经疾病	430	1413	0.418	985	25.7	1535
F014	动物分类学报	566	1204	0.336	1273	25.6	1539
G749	中国中医眼科杂志	364	1532	0.342	1248	25.6	1539
K027	安徽理工大学学报自然科学版	151	1933	0.150	1902	25.5	1541
W011	水利水电技术	629	1115	0.146	1910	25.5	1541
R089	现代电力	236	1800	0.263	1565	25.5	1541
E615	测绘科学技术学报	432	1409	0.316	1351	25.4	1544
F030	工业微生物	304	1647	0.158	1883	25.4	1544
G628	老年医学与保健	257	1753	0.219	1720	25.4	1544
U018	青岛大学学报工程技术版	203	1868	0.347	1224	25.4	1544
N106	人类工效学	156	1927	0.081	1981	25.4	1544
E159	新疆地质	794	927	0.484	780	25.4	1544
G545	医学临床研究	1441	455	0.201	1775	25.4	1544
I139	CHEMICAL RESEARCH IN CHINESE UNIVERSITIES	569	1203	0.549	627	25.3	1551
G930	国际流行病学传染病学杂志	331	1593	0.213	1738	25.3	1551
X016	兰州交通大学学报	314	1625	0.114	1949	25.3	1551
E633	气象与环境学报	506	1286	1.013	129	25.3	1551
H267	青岛农业大学学报自然科学版	349	1557	0.355	1182	25.3	1551
H516	热带农业科学	704	1018	0.263	1565	25.3	1551
R069	压电与声光	632	1102	0.312	1376	25.3	1551
U501	中国调味品	1157	612	0.422	964	25.3	1551
N034	装备环境工程	394	1481	0.329	1306	25.3	1551
E007	极地研究	220	1825	0.395	1048	25.2	1560
X015	江苏科技大学学报自然科学版	354	1549	0.348	1216	25.2	1560
G814	中国临床医生	1053	688	0.360	1165	25.2	1560
N672	机电工程	652	1078	0.284	1491	25.1	1563
N053	机械与电子	365	1528	0.157	1884	25.1	1563
E052	微体古生物学报	278	1706	0.357	1174	25.1	1563
R033	应用激光	355	1545	0.154	1894	25.1	1563
K580	有色金属选矿部分	238	1792	0.329	1306	25.1	1563
G825	中国儿童保健杂志	1480	436	0.485	777	25.1	1563
G473	中华腔镜泌尿外科杂志电子版	326	1601	0.642	449	25.1	1563
G892	中华心律失常学杂志	455	1370	0.351	1202	25.1	1563

表8 2012年中国科技核心期刊综合评价总分排名(续)

CODE	刊 名	核心总被引频次 数值	核心总被引频次 排名	核心影响因子 数值	核心影响因子 排名	综合评价总分 数值	综合评价总分 排名
N076	焊接	406	1462	0.135	1922	25.0	1571
G884	职业与健康	1911	302	0.218	1725	25.0	1571
E547	沉积与特提斯地质	491	1311	0.343	1241	24.9	1573
R037	高压电器	1525	425	0.852	215	24.9	1573
R652	信息与电子工程	336	1583	0.420	975	24.9	1573
H277	浙江林业科技	468	1348	0.173	1850	24.9	1573
C070	CHINESE JOURNAL OF CHEMICAL PHYSICS	288	1684	0.226	1693	24.8	1577
C097	光散射学报	233	1807	0.422	964	24.8	1577
G760	实用医院临床杂志	945	786	0.461	849	24.8	1577
U017	天津工业大学学报	289	1683	0.238	1660	24.8	1577
D031	CHINESE CHEMICAL LETTERS	1072	677	0.493	758	24.7	1581
H040	淡水渔业	764	954	0.409	1013	24.7	1581
G944	东南国防医药	630	1111	0.519	698	24.7	1581
U021	哈尔滨商业大学学报自然科学版	407	1460	0.255	1592	24.7	1581
H804	山东农业科学	1376	489	0.512	714	24.7	1581
K036	中国锰业	275	1712	0.427	944	24.7	1581
G599	中南药学	757	961	0.461	849	24.7	1581
G257	临床内科杂志	1050	691	0.303	1400	24.6	1588
G857	中国骨与关节杂志	257	1753	0.215	1732	24.6	1588
E112	地震研究	461	1358	0.460	854	24.5	1590
R067	电子技术应用	651	1080	0.173	1850	24.5	1590
R099	机电一体化	544	1237	0.163	1870	24.5	1590
R586	吉林大学学报信息科学版	323	1606	0.553	622	24.4	1593
G869	结直肠肛门外科	502	1291	0.333	1285	24.4	1593
T501	化学工业与工程技术	227	1817	0.183	1830	24.3	1595
U037	林产工业	257	1753	0.326	1318	24.3	1595
J054	天津理工大学学报	190	1894	0.180	1837	24.3	1595
R519	信息技术	459	1363	0.103	1963	24.3	1595
G110	中国麻风皮肤病杂志	807	910	0.104	1961	24.3	1595
G529	中国卒中杂志	496	1298	0.299	1421	24.3	1595
U604	皮革与化工	128	1957	0.223	1703	24.2	1601
A201	世界科技研究与发展	387	1494	0.063	1988	24.2	1601
N044	无损检测	600	1159	0.175	1847	24.2	1601
G707	武警医学	806	913	0.273	1527	24.2	1601
G440	药学实践杂志	481	1327	0.319	1340	24.2	1601
N074	仪表技术与传感器	1150	618	0.418	985	24.2	1601
G297	中国美容整形外科杂志	793	928	0.477	793	24.2	1601
G561	中国体视学与图像分析	213	1840	0.196	1794	24.2	1601
A019	郑州大学学报理学版	219	1828	0.240	1649	24.1	1609
C095	COMMUNICATIONS IN THEORETICAL PHYSICS	899	822	0.438	905	24.0	1610
R024	半导体光电	408	1457	0.197	1788	24.0	1610
G662	内科急危重症杂志	422	1430	0.443	896	24.0	1610
G387	实验动物与比较医学	323	1606	0.303	1400	24.0	1610
V548	西南科技大学学报	152	1931	0.150	1902	24.0	1610

表8 2012年中国科技核心期刊综合评价总分排名（续）

CODE	刊 名	核心总被引频次 数值	核心总被引频次 排名	核心影响因子 数值	核心影响因子 排名	综合评价总分 数值	综合评价总分 排名
S002	信息与控制	591	1172	0.338	1264	24.0	1610
G870	中国临床药理学与治疗学	1263	538	0.555	618	24.0	1610
N088	组合机床与自动化加工技术	741	976	0.363	1156	24.0	1610
L030	石油炼制与化工	854	867	0.357	1174	23.9	1618
G244	中国工业医学杂志	590	1175	0.255	1592	23.9	1618
A079	中国基础科学	159	1924	0.135	1922	23.9	1618
G736	中华内分泌外科杂志	209	1850	0.386	1085	23.9	1618
G855	临床消化病杂志	445	1390	0.380	1103	23.8	1622
V007	四川建筑科学研究	437	1402	0.086	1978	23.8	1622
G702	温州医学院学报	448	1385	0.269	1544	23.8	1622
G771	武警后勤学院学报医学版	564	1208	0.306	1392	23.8	1622
G245	西北国防医学杂志	392	1482	0.241	1645	23.8	1622
N080	新技术新工艺	428	1417	0.095	1970	23.8	1622
R062	JOURNAL OF SEMICONDUCTORS	867	853	0.278	1508	23.7	1628
M031	安徽工业大学学报自然科学版	207	1858	0.276	1516	23.7	1628
K505	黑龙江科技学院学报	203	1868	0.269	1544	23.7	1628
D501	化学研究	315	1622	0.334	1282	23.7	1628
G961	解放军预防医学杂志	624	1120	0.337	1271	23.7	1628
B012	数学杂志	318	1615	0.199	1781	23.7	1628
Y561	现代防御技术	325	1602	0.083	1979	23.7	1628
G810	浙江医学	732	986	0.088	1975	23.7	1628
G833	中华老年口腔医学杂志	310	1634	0.380	1103	23.7	1628
G169	中华小儿外科杂志	1122	638	0.363	1156	23.7	1628
I090	JOURNAL OF WUHAN UNIVERSITY OF TECHNOLOGY MATERIALS SCIENCE EDITION	241	1785	0.206	1762	23.6	1638
D602	合成化学	433	1408	0.245	1625	23.6	1638
S507	计算技术与自动化	195	1884	0.161	1876	23.6	1638
C100	噪声与振动控制	541	1239	0.242	1639	23.6	1638
L017	测井技术	682	1040	0.303	1400	23.5	1642
H393	山西农业大学学报自然科学版	482	1323	0.292	1453	23.5	1642
X042	石家庄铁道大学学报自然科学版	213	1840	0.261	1573	23.5	1642
R587	水利经济	183	1900	0.243	1633	23.5	1642
G536	中国临床神经科学	595	1164	0.400	1037	23.5	1642
G695	肿瘤预防与治疗	197	1879	0.192	1803	23.5	1642
N027	电加工与模具	231	1811	0.171	1854	23.4	1648
C032	量子电子学报	502	1291	0.562	602	23.4	1648
E566	气象科技	1368	491	0.769	294	23.4	1648
N100	现代科学仪器	595	1164	0.288	1477	23.4	1648
G478	骨科	276	1708	0.186	1821	23.3	1652
C134	热科学与技术	187	1896	0.294	1443	23.3	1652
I120	JOURNAL OF OCEAN UNIVERSITY OF CHINA	98	1972	0.266	1557	23.2	1654
N105	工程爆破	362	1535	0.372	1123	23.2	1654
A077	贵州大学学报自然科学版	225	1819	0.117	1946	23.2	1654
G936	国际儿科学杂志	643	1092	0.324	1326	23.2	1654

表8 2012年中国科技核心期刊综合评价总分排名（续）

CODE	刊名	核心总被引频次 数值	核心总被引频次 排名	核心影响因子 数值	核心影响因子 排名	综合评价总分 数值	综合评价总分 排名
Y051	空间控制技术与应用	81	1978	0.261	1573	23.2	1654
Z007	四川环境	449	1382	0.204	1767	23.2	1654
G438	现代临床护理	998	734	0.531	666	23.2	1654
G346	血栓与止血学	288	1684	0.393	1056	23.2	1654
T104	印染助剂	413	1444	0.333	1285	23.2	1654
A550	中南民族大学学报自然科学版	158	1925	0.188	1817	23.2	1654
H410	作物研究	581	1185	0.414	997	23.2	1654
H538	草原与草坪	656	1075	0.657	431	23.1	1665
E048	干旱气象	686	1036	1.054	113	23.1	1665
A808	渤海大学学报自然科学版	149	1937	0.271	1537	23.0	1667
Y571	飞航导弹	521	1268	0.312	1376	23.0	1667
C056	高压物理学报	291	1678	0.271	1537	23.0	1667
G808	贵州医药	580	1187	0.133	1928	23.0	1667
S014	计算机与应用化学	733	985	0.250	1609	23.0	1667
E140	空间科学学报	368	1523	0.321	1335	23.0	1667
Y057	载人航天	32	1993	0.145	1911	23.0	1667
N002	中北大学学报自然科学版	276	1708	0.156	1888	23.0	1667
G755	中国药业	2508	187	0.413	999	23.0	1667
R011	电力电子技术	1111	646	0.305	1395	22.9	1676
T078	高科技纤维与应用	266	1729	0.220	1715	22.9	1676
G929	国际精神病学杂志	473	1343	0.225	1698	22.9	1676
C052	应用声学	298	1664	0.223	1703	22.9	1676
H009	蚕业科学	717	1004	0.423	962	22.8	1680
N624	焊接技术	339	1578	0.145	1911	22.8	1680
M021	上海金属	259	1743	0.222	1710	22.8	1680
Z034	生态毒理学报	472	1346	0.564	596	22.8	1680
G527	药学与临床研究	410	1451	0.330	1302	22.8	1680
D062	分析仪器	301	1657	0.290	1470	22.7	1685
H041	特产研究	310	1634	0.244	1630	22.7	1685
R004	微电子学与计算机	1373	490	0.377	1114	22.7	1685
R524	中国能源	254	1765	0.364	1153	22.7	1685
R737	自动化技术与应用	482	1323	0.203	1771	22.7	1685
R020	电子元件与材料	666	1060	0.300	1416	22.6	1690
C007	强激光与粒子束	2098	262	0.417	988	22.6	1690
G319	神经损伤与功能重建	290	1679	0.313	1369	22.6	1690
G845	中国小儿血液与肿瘤杂志	218	1830	0.333	1285	22.6	1690
G472	中华疝和腹壁外科杂志电子版	397	1476	0.874	206	22.6	1690
T082	ENGINEERING SCIENCES	54	1989	0.111	1954	22.5	1695
M010	材料开发与应用	319	1613	0.201	1775	22.5	1695
A072	辽宁师范大学学报自然科学版	204	1866	0.143	1914	22.5	1695
G491	岭南心血管病杂志	274	1716	0.266	1557	22.5	1695
T015	炭素技术	295	1672	0.262	1569	22.5	1695
G239	中国介入心脏病学杂志	399	1471	0.392	1064	22.5	1695
G689	中华妇幼临床医学杂志电子版	365	1528	0.556	615	22.5	1695

表 8 2012 年中国科技核心期刊综合评价总分排名（续）

CODE	刊 名	核心总被引频次 数值	核心总被引频次 排名	核心影响因子 数值	核心影响因子 排名	综合评价总分 数值	综合评价总分 排名
L530	北京石油化工学院学报	116	1965	0.159	1879	22.4	1702
E132	地质找矿论丛	369	1519	0.287	1481	22.4	1702
G957	腹部外科	495	1302	0.317	1345	22.4	1702
Z009	化工环保	658	1071	0.452	875	22.4	1702
G878	中国药师	2093	263	0.424	953	22.4	1702
R044	电气传动	530	1258	0.326	1318	22.3	1707
N907	鱼雷技术	263	1736	0.280	1502	22.3	1707
M628	中国冶金	257	1753	0.242	1639	22.3	1707
T941	当代化工	355	1545	0.174	1849	22.2	1710
G920	儿科药学杂志	584	1182	0.531	666	22.2	1710
Y012	航空精密制造技术	185	1899	0.110	1956	22.2	1710
G401	生物骨科材料与临床研究	257	1753	0.311	1379	22.2	1710
H261	辽宁农业科学	455	1370	0.163	1870	22.1	1714
R003	电池	415	1442	0.393	1056	22.0	1715
B021	系统科学与数学	390	1484	0.269	1544	22.0	1715
G631	中国感染控制杂志	671	1054	0.599	530	22.0	1715
R082	光电子技术	125	1959	0.213	1738	21.9	1718
G522	肿瘤研究与临床	730	989	0.306	1392	21.9	1718
E045	暴雨灾害	319	1613	0.899	187	21.8	1720
V052	粉煤灰综合利用	194	1885	0.175	1847	21.8	1720
H272	广东海洋大学学报	460	1361	0.307	1387	21.8	1720
J019	河北工业科技	209	1850	0.257	1586	21.8	1720
S509	计算机系统应用	590	1175	0.209	1747	21.8	1720
U025	陕西科技大学学报自然科学版	257	1753	0.109	1957	21.8	1720
C109	应用光学	803	918	0.470	817	21.8	1720
G582	中国煤炭工业医学杂志	1327	507	0.178	1842	21.8	1720
R673	电测与仪表	945	786	0.802	259	21.7	1728
E543	测绘工程	383	1502	0.217	1728	21.6	1729
X001	大连交通大学学报	201	1875	0.157	1884	21.6	1729
M013	钢铁钒钛	242	1782	0.261	1573	21.6	1729
G953	精神医学杂志	561	1213	0.512	714	21.6	1729
T999	特种橡胶制品	321	1610	0.241	1645	21.6	1729
C108	原子核物理评论	183	1900	0.303	1400	21.6	1729
N086	真空	238	1792	0.253	1600	21.6	1729
C105	ACTA MECHANICA SINICA	317	1617	0.324	1326	21.5	1736
R019	电源技术	844	877	0.297	1431	21.5	1736
R671	西安邮电学院学报	234	1805	0.242	1639	21.5	1736
G207	公共卫生与预防医学	696	1025	0.351	1202	21.4	1739
Y554	航空发动机	282	1698	0.249	1615	21.4	1739
D011	化学试剂	648	1086	0.215	1732	21.4	1739
G996	皖南医学院学报	251	1770	0.254	1596	21.3	1742
J018	武汉理工大学学报信息与管理工程版	369	1519	0.240	1649	21.3	1742
S133	中国科技资源导刊	56	1988	0.126	1940	21.3	1742
N056	长春理工大学学报自然科学版	349	1557	0.304	1398	21.2	1745

表8 2012年中国科技核心期刊综合评价总分排名（续）

CODE	刊 名	核心总被引频次 数值	核心总被引频次 排名	核心影响因子 数值	核心影响因子 排名	综合评价总分 数值	综合评价总分 排名
R045	电机与控制应用	338	1579	0.292	1453	21.2	1745
C090	物理	404	1466	0.193	1801	21.2	1745
S023	制造业自动化	797	921	0.184	1825	21.2	1745
S501	自动化与仪表	261	1739	0.266	1557	21.2	1745
H263	北京农学院学报	362	1535	0.299	1421	21.1	1750
M505	腐蚀与防护	695	1027	0.229	1680	21.1	1750
T012	青岛科技大学学报自然科学版	214	1836	0.168	1858	21.1	1750
T527	炭素	148	1938	0.133	1928	21.1	1750
G548	湖南师范大学学报医学版	134	1951	0.155	1891	21.0	1754
G433	浙江临床医学	1191	580	0.159	1879	21.0	1754
L018	钻井液与完井液	978	754	0.680	399	21.0	1754
R025	激光技术	712	1009	0.273	1527	20.9	1757
N087	模具工业	611	1145	0.471	814	20.9	1757
G544	中国临床药学杂志	456	1368	0.358	1172	20.9	1757
G692	中华临床感染病杂志	258	1748	0.621	488	20.9	1757
V045	建筑技术	522	1267	0.347	1224	20.8	1761
A057	山东师范大学学报自然科学版	202	1873	0.058	1989	20.8	1761
G649	影像诊断与介入放射学	246	1775	0.206	1762	20.8	1761
G518	预防医学情报杂志	729	991	0.302	1406	20.8	1761
N046	制造技术与机床	721	999	0.177	1844	20.8	1761
C033	声学技术	549	1227	0.300	1416	20.7	1766
G792	西北药学杂志	842	879	0.457	862	20.7	1766
G637	中国国境卫生检疫杂志	317	1617	0.304	1398	20.7	1766
G621	中国药物与临床	1090	661	0.317	1345	20.7	1766
R058	电气自动化	254	1765	0.259	1582	20.6	1770
T067	合成纤维	290	1679	0.223	1703	20.6	1770
R752	华东电力	1030	708	0.300	1416	20.6	1770
A136	江南大学学报自然科学版	233	1807	0.123	1942	20.6	1770
K014	矿山机械	631	1108	0.166	1865	20.6	1770
H390	山西农业科学	1242	550	0.499	745	20.6	1770
W023	上海管理科学	39	1991	0.038	1992	20.6	1770
E548	世界地质	611	1145	0.635	464	20.6	1770
U003	郑州轻工业学院学报自然科学版	272	1719	0.159	1879	20.6	1770
G758	中国中西医结合外科杂志	708	1013	0.269	1544	20.6	1770
N067	电焊机	539	1242	0.221	1713	20.5	1780
T068	中国陶瓷	673	1050	0.339	1261	20.5	1780
M018	勘察科学技术	197	1879	0.095	1970	20.4	1782
T060	煤化工	238	1792	0.141	1915	20.4	1782
G578	心血管康复医学杂志	771	949	0.472	812	20.4	1782
R512	电子器件	479	1331	0.276	1516	20.3	1785
E578	国土资源科技管理	207	1858	0.043	1991	20.3	1785
N515	机械制造与自动化	227	1817	0.092	1974	20.3	1785
E500	盐湖研究	240	1789	0.190	1813	20.3	1785
L019	石油机械	893	830	0.315	1354	20.2	1789

表8 2012年中国科技核心期刊综合评价总分排名（续）

CODE	刊名	核心总被引频次 数值	核心总被引频次 排名	核心影响因子 数值	核心影响因子 排名	综合评价总分 数值	综合评价总分 排名
G616	THE CHINESE-GERMAN JOURNAL OF CLINICAL ONCOLOGY	257	1753	0.350	1210	20.1	1790
R724	电子设计工程	978	754	0.277	1512	20.1	1790
T006	化工机械	303	1651	0.198	1786	20.1	1790
G514	药物生物技术	386	1498	0.343	1241	20.1	1790
G885	中国现代手术学杂志	367	1524	0.293	1448	20.1	1790
G727	中国性科学	344	1569	0.248	1618	20.1	1790
H204	中国沼气	428	1417	0.353	1192	20.1	1790
G392	感染·炎症·修复	144	1943	0.208	1750	20.0	1797
K018	工矿自动化	564	1208	0.308	1384	20.0	1797
C110	量子光学学报	80	1979	0.234	1669	19.9	1799
E315	地理信息世界	293	1676	0.298	1424	19.8	1800
H289	河北林果研究	276	1708	0.134	1925	19.8	1800
G035	河北医科大学学报	532	1253	0.137	1919	19.8	1800
V023	中国非金属矿工业导刊	246	1775	0.191	1805	19.8	1800
H215	中国果树	488	1315	0.152	1896	19.8	1800
G284	中国消毒学杂志	1168	605	0.605	513	19.8	1800
G924	中国医药导刊	1489	433	0.316	1351	19.8	1800
G526	中华全科医师杂志	719	1000	0.248	1618	19.8	1800
D035	分子科学学报	259	1743	0.532	663	19.7	1808
U055	粮食与饲料工业	923	805	0.325	1323	19.7	1808
V026	新建筑	150	1935	0.077	1984	19.7	1808
X035	中国港湾建设	259	1743	0.097	1968	19.7	1808
R047	固体电子学研究与进展	153	1929	0.138	1918	19.6	1812
K553	洁净煤技术	637	1097	0.591	546	19.6	1812
N037	工业仪表与自动化装置	296	1670	0.225	1698	19.5	1814
D604	化学分析计量	411	1449	0.274	1523	19.5	1814
G967	国际护理学杂志	1359	499	0.133	1928	19.4	1816
N115	现代仪器	284	1692	0.163	1870	19.4	1816
V574	岩土工程技术	207	1858	0.156	1888	19.4	1816
S005	微处理机	193	1887	0.159	1879	19.2	1819
J036	西安工业大学学报	235	1803	0.151	1899	19.2	1819
R063	半导体技术	363	1534	0.165	1868	19.1	1821
A011	河南科学	514	1277	0.172	1853	19.1	1821
U056	丝绸	355	1545	0.187	1818	19.1	1821
E158	CHINA OCEAN ENGINEERING	244	1780	0.292	1453	19.0	1824
C058	CHINESE PHYSICS C	325	1602	0.177	1844	19.0	1824
R050	水力发电	540	1240	0.127	1937	19.0	1824
G099	中国地方病防治杂志	527	1263	0.320	1339	19.0	1824
G623	中国现代神经疾病杂志	477	1335	0.462	843	19.0	1824
G619	中国眼耳鼻喉科杂志	418	1438	0.197	1788	19.0	1824
Y032	航天器环境工程	305	1645	0.254	1596	18.9	1830
S635	建筑经济	398	1473	0.173	1850	18.9	1830
G718	中国心血管病研究	1175	596	0.535	651	18.9	1830

表8 2012年中国科技核心期刊综合评价总分排名（续）

CODE	刊 名	核心总被引频次 数值	核心总被引频次 排名	核心影响因子 数值	核心影响因子 排名	综合评价总分 数值	综合评价总分 排名
G240	中国中医骨伤科杂志	1104	652	0.340	1255	18.9	1830
P005	工业炉	119	1963	0.073	1986	18.8	1834
R031	光通信技术	256	1762	0.204	1767	18.8	1834
H864	饲料研究	612	1141	0.220	1715	18.8	1834
R057	微电机	561	1213	0.250	1609	18.8	1834
K037	中国煤炭地质	581	1185	0.309	1382	18.7	1838
C096	ACTA MATHEMATICA SCIENTIA	336	1583	0.291	1463	18.6	1839
X034	都市快轨交通	309	1638	0.186	1821	18.6	1839
Z554	环境监测管理与技术	593	1169	0.598	531	18.6	1839
R072	陕西电力	476	1340	0.437	914	18.6	1839
L026	中国海洋平台	210	1848	0.134	1925	18.6	1839
N107	模具技术	181	1908	0.185	1823	18.5	1844
N049	工程机械	367	1524	0.117	1946	18.4	1845
C092	核聚变与等离子体物理	142	1946	0.229	1680	18.4	1845
G809	中国医刊	971	760	0.149	1905	18.4	1845
M047	冶金能源	200	1876	0.130	1934	18.3	1848
M026	冶金自动化	208	1853	0.199	1781	18.3	1848
G899	海军医学杂志	425	1423	0.281	1500	18.2	1850
E138	物探与化探	1065	682	0.560	605	18.2	1850
G476	心脑血管病防治	404	1466	0.222	1710	18.2	1850
R051	大电机技术	220	1825	0.157	1884	18.1	1853
T057	合成材料老化与应用	156	1927	0.272	1534	18.1	1853
G764	中医药通报	187	1896	0.116	1948	18.1	1853
L587	节能技术	442	1395	0.496	754	18.0	1856
G486	现代中药研究与实践	618	1129	0.262	1569	18.0	1856
G877	药物流行病学杂志	645	1088	0.469	820	18.0	1856
T569	粘接	390	1484	0.278	1508	18.0	1856
G757	中国中西医结合皮肤性病学杂志	402	1469	0.331	1297	18.0	1856
V043	施工技术	996	737	0.372	1123	17.9	1861
G705	中华医学教育杂志	528	1260	0.196	1794	17.9	1861
E002	东华理工大学学报自然科学版	322	1608	0.448	882	17.8	1863
Z506	环境科技	478	1332	0.470	817	17.8	1863
L014	炼油技术与工程	520	1270	0.181	1834	17.8	1863
S106	全球科技经济瞭望	88	1974	0.109	1957	17.8	1863
H317	中国兽药杂志	478	1332	0.240	1649	17.8	1863
A012	海南大学学报自然科学版	207	1858	0.152	1896	17.7	1868
W567	节水灌溉	778	946	0.547	631	17.7	1868
V027	特种结构	211	1845	0.133	1928	17.7	1868
C057	原子与分子物理学报	566	1204	0.525	684	17.7	1868
N022	轴承	431	1411	0.200	1778	17.7	1868
G742	山东大学耳鼻喉眼学报	375	1511	0.293	1448	17.6	1873
S033	微型电脑应用	176	1911	0.103	1963	17.6	1873
M043	轧钢	281	1701	0.221	1713	17.6	1873
S086	单片机与嵌入式系统应用	483	1321	0.259	1582	17.5	1876

表8 2012年中国科技核心期刊综合评价总分排名（续）

CODE	刊名	核心总被引频次 数值	核心总被引频次 排名	核心影响因子 数值	核心影响因子 排名	综合评价总分 数值	综合评价总分 排名
D014	影像科学与光化学	200	1876	0.475	803	17.5	1876
H217	陕西农业科学	642	1093	0.129	1936	17.4	1878
G977	药学服务与研究	456	1368	0.348	1216	17.4	1878
G687	中国妇幼健康研究	701	1021	0.227	1688	17.4	1878
M027	钢铁研究	181	1908	0.151	1899	17.3	1881
Z032	工业用水与废水	616	1132	0.424	953	17.3	1881
E141	华北地震科学	229	1814	0.750	313	17.3	1881
R085	微特电机	387	1494	0.227	1688	17.3	1881
V020	低温建筑技术	284	1692	0.066	1987	17.2	1885
H102	林业调查规划	349	1557	0.198	1786	17.2	1885
F050	植物研究	1025	713	0.509	721	17.0	1887
P009	工业加热	162	1923	0.027	1993	16.9	1888
G658	临床荟萃	1736	351	0.226	1693	16.9	1888
G765	中国小儿急救医学	954	776	0.576	577	16.9	1888
E639	地理空间信息	493	1307	0.250	1609	16.8	1891
Z015	电镀与环保	341	1574	0.273	1527	16.8	1891
N749	精密制造与自动化	127	1958	0.182	1833	16.8	1891
E136	物探化探计算技术	447	1389	0.297	1431	16.8	1891
Y008	宇航计测技术	183	1900	0.167	1863	16.8	1891
Q009	核科学与工程	219	1828	0.235	1667	16.7	1896
G580	立体定向和功能性神经外科杂志	398	1473	0.363	1156	16.7	1896
W005	中国农村水利水电	1117	642	0.292	1453	16.7	1896
T231	磷肥与复肥	385	1501	0.217	1728	16.6	1899
E636	湿地科学与管理	108	1968	0.244	1630	16.6	1899
L021	石油化工设备技术	183	1900	0.123	1942	16.6	1899
N079	液压气动与密封	519	1271	0.383	1088	16.6	1899
K550	中国钼业	277	1707	0.292	1453	16.6	1899
H081	中国热带农业	212	1843	0.215	1732	16.6	1899
G345	临床急诊杂志	236	1800	0.341	1250	16.5	1905
U504	酿酒科技	1615	388	0.341	1250	16.5	1905
G474	中华肺部疾病杂志电子版	86	1975	0.292	1453	16.5	1905
E304	古脊椎动物学报	320	1612	0.369	1141	16.3	1908
G248	中国药物依赖性杂志	420	1434	0.419	979	16.3	1908
X011	机车电传动	297	1669	0.234	1669	16.2	1910
T073	香料香精化妆品	235	1803	0.234	1669	16.2	1910
N040	机械传动	473	1343	0.233	1673	16.1	1912
S500	计算机与现代化	597	1161	0.189	1814	16.1	1912
K038	煤炭工程	751	969	0.208	1750	16.1	1912
G852	中国急救复苏与灾害医学杂志	787	935	0.454	871	16.1	1912
F005	ENTOMOTAXONOMIA	211	1845	0.124	1941	16.0	1916
L027	油气储运	697	1023	0.366	1148	16.0	1916
G643	中医正骨	1262	539	0.382	1090	15.9	1918
G990	中华眼外伤职业眼病杂志	1380	487	0.288	1477	15.8	1919
A199	电力建设	831	889	0.347	1224	15.7	1920

表8 2012年中国科技核心期刊综合评价总分排名（续）

CODE	刊 名	核心总被引频次 数值	核心总被引频次 排名	核心影响因子 数值	核心影响因子 排名	综合评价总分 数值	综合评价总分 排名
G329	神经疾病与精神卫生	438	1399	0.200	1778	15.7	1920
F028	广西植物	1022	716	0.516	706	15.5	1922
H293	杂交水稻	810	906	0.336	1273	15.5	1922
G926	中国数字医学	631	1108	0.360	1165	15.4	1924
N031	光学仪器	295	1672	0.228	1684	15.3	1925
H773	农业环境与发展	273	1718	0.219	1720	15.3	1925
H273	中国南方果树	613	1139	0.292	1453	15.3	1925
R064	微电子学	387	1494	0.229	1680	15.2	1928
N072	中国铸造装备与技术	193	1887	0.105	1960	15.1	1929
N082	锻压装备与制造技术	477	1335	0.273	1527	15.0	1930
A034	甘肃科学学报	304	1647	0.241	1645	14.9	1931
G550	白血病·淋巴瘤	449	1382	0.301	1412	14.8	1932
R611	自动化与仪器仪表	314	1625	0.195	1798	14.8	1932
I220	FRONTIERS OF EARTH SCIENCE	33	1992	0.119	1944	14.7	1934
G652	实用皮肤病学杂志	83	1977	0.227	1688	14.6	1935
C038	真空与低温	169	1919	0.170	1857	14.6	1935
G489	中华医学美学美容杂志	492	1308	0.338	1264	14.5	1937
N041	起重运输机械	349	1557	0.102	1967	14.3	1938
G482	医学动物防制	600	1159	0.212	1741	14.2	1939
G784	中国健康心理学杂志	1894	308	0.393	1056	14.2	1939
X047	公路交通技术	238	1792	0.133	1928	14.1	1941
R097	光学与光电技术	259	1743	0.197	1788	14.0	1942
E651	海洋测绘	489	1314	0.422	964	14.0	1942
T054	盐业与化工	303	1651	0.208	1750	14.0	1942
H989	杂草科学	343	1571	0.380	1103	13.9	1945
E525	地质与资源	254	1765	0.242	1639	13.8	1946
E103	华南地震	225	1819	0.208	1750	13.8	1946
H939	中国稻米	534	1249	0.553	622	13.8	1946
I229	JOURNAL OF MARINE SCIENCE AND APPLICATION	97	1973	0.307	1387	13.6	1949
N035	液压与气动	724	994	0.207	1759	13.5	1950
Q002	核化学与放射化学	208	1853	0.265	1563	13.4	1951
T146	化工设备与管道	214	1836	0.133	1928	13.3	1952
H232	水产学杂志	224	1821	0.382	1090	13.3	1952
R032	真空电子技术	182	1905	0.251	1605	12.9	1954
E051	铀矿地质	381	1504	0.302	1406	12.8	1955
X028	港工技术	151	1933	0.196	1794	12.7	1956
N101	变压器	574	1196	0.246	1624	12.6	1957
V089	南方建筑	106	1970	0.160	1878	12.5	1958
G475	中国肝脏病杂志电子版	51	1990	0.302	1406	12.5	1958
S031	遥测遥控	111	1967	0.082	1980	12.3	1960
R501	热力发电	612	1141	0.224	1701	12.2	1961
Z035	环境卫生工程	272	1719	0.127	1937	11.9	1962
N038	计量技术	462	1355	0.148	1906	11.9	1962

表8 2012年中国科技核心期刊综合评价总分排名（续）

CODE	刊 名	核心总被引频次		核心影响因子		综合评价总分	
		数值	排名	数值	排名	数值	排名
R079	电子测试	202	1873	0.191	1805	11.8	1964
G307	中华医学科研管理杂志	236	1800	0.199	1781	11.8	1964
Z538	油气田环境保护	192	1889	0.227	1688	11.3	1966
G740	中华卫生杀虫药械	424	1426	0.346	1232	11.3	1966
M011	现代铸铁	269	1723	0.332	1292	10.8	1968
H212	中国麻业科学	317	1617	0.314	1362	10.7	1969
R750	电力需求侧管理	172	1916	0.179	1838	10.4	1970
W024	项目管理技术	144	1943	0.147	1908	10.2	1971
H584	植物检疫	667	1059	0.350	1210	9.8	1972
H350	中国土地科学	1025	713	0.715	355	9.6	1973
C055	低温物理学报	116	1965	0.135	1922	9.2	1974
E635	沙漠与绿洲气象	338	1579	0.406	1022	9.2	1974
G347	中国中西医结合耳鼻咽喉科杂志	353	1551	0.171	1854	9.2	1974
H340	桉树科技	86	1975	0.271	1537	9.1	1977
E108	海洋预报	267	1727	0.215	1732	9.0	1978
W027	科技与法律	64	1985	0.076	1985	8.4	1979
G517	中国微生态学杂志	1166	608	0.352	1195	8.4	1979
W022	数字图书馆论坛	59	1987	0.081	1981	7.5	1981
G802	临床神经外科杂志	285	1690	0.415	995	7.1	1982
H211	中国棉花	580	1187	0.369	1141	7.1	1982
K020	铀矿冶	135	1949	0.147	1908	6.9	1984
E164	测绘与空间地理信息	602	1156	0.205	1765	6.6	1985
E104	内陆地震	182	1905	0.185	1823	6.4	1986
U002	粮食储藏	241	1785	0.269	1544	4.9	1987
G448	热带病与寄生虫学	183	1900	0.163	1870	4.1	1988
H844	甘蔗糖业	229	1814	0.191	1805	3.9	1989
Q909	临床小儿外科杂志	387	1494	0.281	1500	2.4	1990
R651	电子产品世界	234	1805	0.196	1794	2.0	1991
T953	消防科学与技术	1021	717	0.518	702	1.9	1992
G100	中国法医学杂志	411	1449	0.233	1673	1.8	1993
G437	中国听力语言康复科学杂志	215	1835	0.208	1750	0.6	1994

9　2012年中国科技核心期刊目录

表9-1　2012年1930种中国科技核心期刊（中文）目录

CODE	刊名	学科分类	主编
E626	CT理论与应用研究	工程与技术科学基础学科	王椿镛
G549	癌变·畸变·突变	肿瘤学	程书钧
G481	癌症进展	肿瘤学	赵平
A003	安徽大学学报自然科学版	综合大学学报	胡舒合
M031	安徽工业大学学报自然科学版	工程技术大学学报	葛芦生
K027	安徽理工大学学报自然科学版	矿山工程技术	刘泽功
H002	安徽农业大学学报	农业大学学报	宛晓春
A009	安徽师范大学学报自然科学版	师范大学学报	王伦
G012	安徽医科大学学报	医药大学学报	张学军
G786	安徽医学	医学综合	高开焰
Q906	安徽医药	医学综合	刘自林
G013	安徽中医学院学报	中医药大学学报	马宗华
Z549	安全与环境学报	安全科学技术	冯长根
H340	桉树科技	林学	谢耀坚
F044	氨基酸和生物资源	生物学基础学科	何光存
G550	白血病·淋巴瘤	肿瘤学	陈赛娟
R024	半导体光电	电子技术	蒋志伟
R063	半导体技术	电子技术	赵小宁
G741	蚌埠医学院学报	医药大学学报	祝延
U521	包装与食品机械	食品科学技术	李善为
U645	保鲜与加工	园艺学	王莉
E045	暴雨灾害	大气科学	宇如聪
N017	爆破	兵器科学与技术	梁开水
N012	爆破器材	兵器科学与技术	吕春绪
N006	爆炸与冲击	兵器科学与技术	刘仓理
A652	北华大学学报自然科学版	综合大学学报	吕洪斌
G002	北京大学学报医学版	医药大学学报	韩启德
A005	北京大学学报自然科学版	综合大学学报	赵光达
U019	北京服装学院学报自然科学版	纺织科学技术	廖青
J030	北京工业大学学报	工程技术大学学报	隋允康
Y001	北京航空航天大学学报	航空、航天科学技术	高镇同
T020	北京化工大学学报自然科学版	化学工程	汪文川
X014	北京交通大学学报自然科学版	工程技术大学学报	宁滨
M030	北京科技大学学报	工程技术大学学报	徐金梧
G500	北京口腔医学	口腔医学	王邦康
N001	北京理工大学学报	工程技术大学学报	梅凤翔
H025	北京林业大学学报	林学	贺庆棠
H263	北京农学院学报	农业大学学报	王有年
G004	北京生物医学工程	生物医学工程学	孙衍庆

表 9-1　2012 年 1930 种中国科技核心期刊（中文）目录（续）

CODE	刊 名	学科分类	主 编
A010	北京师范大学学报自然科学版	师范大学学报	陈浩元
L530	北京石油化工学院学报	石油天然气工程	周海
G016	北京医学	医学综合	何瑞祥
R018	北京邮电大学学报	通信技术	刘杰
G620	北京中医药	中医学	谢阳谷
G017	北京中医药大学学报	中医药大学学报	王永炎
A570	编辑学报	图书馆、情报与文献学、传播学	陈浩元
N101	变压器	电气工程	刘杰
G410	标记免疫分析与临床	核医学、医学影像学	田亚平
T098	表面技术	精细化学工程	吴护林
E135	冰川冻土	地理学	程国栋
N008	兵工学报	兵器科学与技术	高修柱
R730	兵工自动化	兵器科学与技术	黄荔
N085	兵器材料科学与工程	兵器科学与技术	赵宝荣
G018	病毒学报	微生物学、病毒学	侯云德
C060	波谱学杂志	物理学	刘买利
V040	玻璃钢/复合材料	材料科学综合	薛忠民
A808	渤海大学学报自然科学版	综合大学学报	曹万鹏
M005	材料保护	材料科学综合	张建设
M103	材料导报	材料科学综合	彭丹
Y007	材料工程	材料科学综合	曹春晓
M010	材料开发与应用	材料科学综合	王其红
M008	材料科学与工程学报	材料科学综合	赵新兵
M006	材料科学与工艺	材料科学综合	冯吉才
N026	材料热处理学报	材料科学综合	周敬恩
M009	材料研究学报	材料科学综合	叶恒强
K512	采矿与安全工程学报	矿山工程技术	曹胜根
H009	蚕业科学	畜牧、兽医科学	郭锡杰
H525	草地学报	畜牧、兽医科学	洪绂曾
H234	草业科学	畜牧、兽医科学	侯扶江
H527	草业学报	畜牧、兽医科学	南志标
H538	草原与草坪	畜牧、兽医科学	师尚礼
E543	测绘工程	测绘科学技术	顾建高
E600	测绘科学	测绘科学技术	林宗坚
E615	测绘科学技术学报	测绘科学技术	张卫强
E510	测绘通报	测绘科学技术	白泊
E152	测绘学报	测绘科学技术	陈俊勇
E164	测绘与空间地理信息	测绘科学技术	鲍英华
L017	测井技术	石油天然气工程	陆大卫
Y022	测控技术	航空、航天科学技术	金钢
R711	测试技术学报	工程与技术科学基础学科	温廷敦
H001	茶叶科学	园艺学	陈宗懋
X036	长安大学学报自然科学版	公路运输	马建
N056	长春理工大学学报自然科学版	工程技术大学学报	于光伟

表 9-1　2012 年 1930 种中国科技核心期刊（中文）目录（续）

CODE	刊　名	学科分类	主　编
G992	长春中医药大学学报	中医药大学学报	曲晓波
W010	长江科学院院报	水利工程	林绍忠
Z029	长江流域资源与环境	环境科学技术及资源科学技术	许厚泽
J066	长沙理工大学学报自然科学版	工程技术大学学报	郑键龙
G264	肠外与肠内营养	外科学综合	黎介寿
N024	车用发动机	动力工程	段金栋
E113	沉积学报	地质学	孙枢
E547	沉积与特提斯地质	地质学	王剑
E102	成都理工大学学报自然科学版	地质学	刘家铎
G670	成都医学院学报	医药大学学报	余小平
G019	成都中医药大学学报	中医药大学学报	梁繁荣
V050	城市规划	建筑科学与技术	吴良镛
V028	城市规划学刊	建筑科学与技术	董鉴泓
X043	城市轨道交通研究	铁路运输	孙章
X046	城市交通	公路运输	王静霞
J021	重庆大学学报自然科学版	工程技术大学学报	孙才新
X029	重庆交通大学学报自然科学版	交通运输工程	王昌贤
N757	重庆理工大学学报自然科学版	综合大学学报	刘全利
A512	重庆师范大学学报自然科学版	师范大学学报	杨新民
G186	重庆医科大学学报	医药大学学报	陈运贞
G225	重庆医学	医学综合	陈雅棠
R559	重庆邮电大学学报自然科学版	通信技术	李银国
N060	传感技术学报	电子技术	黄庆安
R532	传感器与微系统	电子技术	刘学林
G458	传染病信息	感染性疾病学、传染病学	王永怡
X010	船舶工程	水路运输	闻雪友
X633	船舶力学	水路运输	沈泓萃
G322	创伤外科杂志	烧伤外科学、整形外科学	蒋耀光
D013	催化学报	化学	林励吾
E144	大地测量与地球动力学	测绘科学技术	姚运生
E146	大地构造与成矿学	地质学	夏斌
R051	大电机技术	电气工程	陶星明
H038	大豆科学	农艺学	刘忠堂
U512	大连工业大学学报	工程技术大学学报	刘贵伟
X024	大连海事大学学报	水路运输	袁林新
H005	大连海洋大学学报	水产学	姚杰
X001	大连交通大学学报	交通运输工程	杨德新
J024	大连理工大学学报	工程技术大学学报	程耿东
G020	大连医科大学学报	医药大学学报	赵杰
E109	大气科学	大气科学	黄荣辉
L512	大庆石油地质与开发	石油天然气工程	吴河勇
L004	大庆石油学院学报	石油天然气工程	阎铁
S086	单片机与嵌入式系统应用	计算机科学技术	何立民
H040	淡水渔业	水产学	魏开金

表9-1 2012年1930种中国科技核心期刊（中文）目录（续）

CODE	刊 名	学科分类	主 编
N004	弹道学报	兵器科学与技术	王中原
T941	当代化工	化学工程	王雪丽
Y503	导弹与航天运载技术	航空、航天科学技术	吴宏斌
N019	低温工程	机械制造工艺与设备	杨思锋
V020	低温建筑技术	建筑科学与技术	徐仁生
C055	低温物理学报	物理学	赵忠贤
E133	地层学杂志	地质学	周志炎
E130	地理科学	地理学	朱颜明
E584	地理科学进展	地理学	李秀彬
E639	地理空间信息	测绘科学技术	张建仁
E315	地理信息世界	地理学	陈军
E305	地理学报	地理学	刘昌明
E310	地理研究	地理学	刘纪远
E527	地理与地理信息科学	地理学	孙立汉
E024	地球化学	地球科学综合	涂光炽
E142	地球科学	地球科学综合	王亨君
E115	地球科学进展	地球科学综合	程国栋
E004	地球科学与环境学报	地质学	刘建明
E153	地球物理学报	地球物理学	刘光鼎
E308	地球物理学进展	地球物理学	刘光鼎
E656	地球信息科学学报	信息与系统科学相关工程与技术	陈述彭
E300	地球学报	地球科学综合	董树文
E549	地球与环境	地球科学综合	欧阳自远
V031	地下空间与工程学报	土木工程	张永兴
E357	地学前缘	地球科学综合	翟裕生
E306	地震	地球物理学	张国民
E150	地震地质	地球物理学	马瑾
E118	地震工程与工程振动	地球物理学	谢礼立
E143	地震学报	地球物理学	陈运泰
E112	地震研究	地球物理学	晏凤桐
E362	地质科技情报	地质学	姚书振
E139	地质科学	地质学	刘嘉麒
E026	地质力学学报	地质学	陈庆宣
E009	地质论评	地质学	任纪舜
E127	地质通报	地质学	肖序常
E010	地质学报	地质学	陈毓川
E151	地质与勘探	地质学	王京彬
E525	地质与资源	地质学	马德有
E132	地质找矿论丛	地质学	余和勇
G005	第二军医大学学报	医药大学学报	吴孟超
G021	第三军医大学学报	医药大学学报	王正国
E301	第四纪研究	地质学	丁仲礼
R007	电波科学学报	通信技术	董庆生
R673	电测与仪表	仪器仪表技术	高力伟

表 9-1　2012 年 1930 种中国科技核心期刊（中文）目录（续）

CODE	刊名	学科分类	主编
R003	电池	电气工程	文力
Z015	电镀与环保	环境科学技术及资源科学技术	姚锡禄
T508	电镀与精饰	化学工程	赵达均
T598	电镀与涂饰	精细化学工程	谢素玲
R010	电工电能新技术	电气工程	林良真
R043	电工技术学报	电气工程	严陆光
R740	电光与控制	航空、航天科学技术	刘红漫
N067	电焊机	机械制造工艺与设备	彭亚萍
D036	电化学	化学	田昭武
R088	电机与控制学报	电气工程	戈宝军
R045	电机与控制应用	电气工程	黄坚
N027	电加工与模具	机械制造工艺与设备	叶军
R011	电力电子技术	电气工程	吕庆敏
A199	电力建设	电气工程	郑宝森
R654	电力科学与技术学报	电气工程	曾祥君
N102	电力系统保护与控制	电气工程	姚志清
R071	电力系统及其自动化学报	电气工程	李林川
S019	电力系统自动化	电气工程	薛禹胜
R750	电力需求侧管理	电气工程	陈江华
R090	电力自动化设备	电气工程	郭效军
R516	电路与系统学报	电子技术	陈衍仪
R044	电气传动	电气工程	赵相宾
R058	电气自动化	电气工程	黄建民
R039	电网技术	电气工程	吴玉生
R116	电网与清洁能源	电气工程	衣立东
R684	电信科学	通信技术	梁海滨
R754	电讯技术	通信技术	喻光正
R019	电源技术	电气工程	黄才勇
R055	电子测量技术	电子技术	孙圣和
R021	电子测量与仪器学报	电子技术	崔建平
R079	电子测试	电子技术	于韶光
R651	电子产品世界	电子技术	王莹
R067	电子技术应用	电子技术	余莲
R036	电子科技大学学报	电子技术	周小佳
R512	电子器件	电子技术	雷威
R724	电子设计工程	电子技术	金戈
R001	电子显微学报	电子技术	张泽
R006	电子学报	电子技术	王守觉
R022	电子与信息学报	电子技术	朱敏慧
R020	电子元件与材料	电子技术	钟彩霞
J023	东北大学学报自然科学版	工程技术大学学报	左良
H262	东北林业大学学报	林学	李坚
H006	东北农业大学学报	农业大学学报	李庆章
A030	东北师大学报自然科学版	师范大学学报	薛康

表 9-1　2012 年 1930 种中国科技核心期刊（中文）目录（续）

CODE	刊　名	学科分类	主　编
U014	东华大学学报自然科学版	工程技术大学学报	孙福良
E002	东华理工大学学报自然科学版	地质学	王勇
G057	东南大学学报医学版	医药大学学报	朱正娥
J028	东南大学学报自然科学版	工程技术大学学报	毛善锋
G944	东南国防医药	医学综合	曹文献
P003	动力工程学报	动力工程	严宏强
P018	动力学与控制学报	力学	赵跃宇
F014	动物分类学报	昆虫学、动物学	冯祚建
F022	动物学研究	昆虫学、动物学	张亚平
F043	动物学杂志	昆虫学、动物学	马勇
F231	动物营养学报	畜牧、兽医科学	卢德勋
X034	都市快轨交通	铁路运输	施仲衡
G542	毒理学杂志	预防医学与公共卫生学综合	高星
N070	锻压技术	机械制造工艺与设备	陆辛
N082	锻压装备与制造技术	机械制造工艺与设备	徐刚
T241	断块油气田	石油天然气工程	王寿平
G920	儿科药学杂志	药学	李廷玉
C071	发光学报	物理学	范希武
G874	法医学杂志	军事医学与特种医学	朱广友
U013	纺织高校基础科学学报	纺织科学技术	高勇
U053	纺织学报	纺织科学技术	尹耐冬
G893	放射免疫学杂志	核医学、医学影像学	萧祥熊
G608	放射学实践	核医学、医学影像学	郭俊渊; 胡道予
Y571	飞航导弹	兵器科学与技术	李文杰
Y006	飞行力学	航空、航天科学技术	张东卫
K002	非金属矿	矿山工程技术	贾茂荣
D022	分析测试学报	化学	程志青
D005	分析化学	化学	汪尔康
D026	分析科学学报	化学	程介克
D004	分析试验室	化学	屠海令
D062	分析仪器	仪器仪表技术	臧公玉
D015	分子催化	化学	李树本
D035	分子科学学报	化学	孙家钟
H845	分子植物育种	农艺学	张启发
V052	粉煤灰综合利用	建筑科学与技术	王长荣
M105	粉末冶金工业	冶金工程技术	杨树森
M039	粉末冶金技术	冶金工程技术	王尔德
Q006	辐射防护	核科学技术	李德平
Q005	辐射研究与辐射工艺学报	核科学技术	姚思德
H051	福建林学院学报	林学	洪伟
H268	福建农林大学学报自然科学版	农业大学学报	郑金贵
H265	福建农业学报	农学	王景辉
A078	福建师范大学学报自然科学版	师范大学学报	朱鹤健
G024	福建医科大学学报	医药大学学报	林建银

表 9-1　2012 年 1930 种中国科技核心期刊（中文）目录（续）

CODE	刊　名	学科分类	主　编
A029	福州大学学报自然科学版	综合大学学报	魏可镁
M003	腐蚀科学与防护技术	材料科学综合	王福会
M505	腐蚀与防护	材料科学综合	杨武
G068	复旦学报医学版	医药大学学报	曹世龙
A001	复旦学报自然科学版	综合大学学报	杨福家
Y019	复合材料学报	材料科学综合	益小苏
B029	复杂系统与复杂性科学	信息科学与系统科学	李天恒
G957	腹部外科	普通外科学、胸外科学、心血管外科学	陈孝平
G338	腹腔镜外科杂志	普通外科学、胸外科学、心血管外科学	姜希宏；寿楠海
A034	甘肃科学学报	综合	李枝葱
H844	甘蔗糖业	农艺学	安玉兴
G879	肝胆外科杂志	普通外科学、胸外科学、心血管外科学	吴孟超
G690	肝胆胰外科杂志	普通外科学、胸外科学、心血管外科学	施维锦
G803	肝脏	消化病学	姚光弼
G392	感染・炎症・修复	感染性疾病学、传染病学	盛志勇
H045	干旱地区农业研究	农学	贾志宽
E048	干旱气象	大气科学	张书余
E020	干旱区地理	地理学	黄文房
E105	干旱区研究	地理学	夏训诚
M050	钢铁	金属材料	翁宇庆
M013	钢铁钒钛	金属材料	古隆建
M027	钢铁研究	金属材料	于仲洁
M019	钢铁研究学报	金属材料	干勇
X028	港工技术	水路运输	贾立新
D020	高等学校化学学报	化学	周其凤
B002	高等学校计算数学学报	数学	陈志明
R038	高电压技术	电气工程	杨迎建
T001	高分子材料科学与工程	材料科学综合	徐僖
T002	高分子通报	化学	黄志镗
D021	高分子学报	化学	王佛松
A080	高技术通讯	综合	赵志耘
T078	高科技纤维与应用	高聚物工程	罗益锋
E358	高校地质学报	地质学	王德滋
T016	高校化学工程学报	化学工程	岑沛霖
B003	高校应用数学学报	数学	李大潜；林正炎
R037	高压电器	电气工程	薛晔
C056	高压物理学报	物理学	经福谦
E005	高原气象	大气科学	吕世华
V021	给水排水	建筑科学与技术	关兴旺
N105	工程爆破	工程与技术科学基础学科	张梅花
E360	工程地质学报	地质学	王思敬
S712	工程管理学报	管理学	关柯
N049	工程机械	机械制造工艺与设备	张宏梅
V030	工程勘察	土木工程	方鸿琪

表9-1 2012年1930种中国科技核心期刊（中文）目录（续）

CODE	刊 名	学科分类	主 编
V033	工程抗震与加固改造	建筑科学与技术	王亚勇
C002	工程力学	工程与技术科学基础学科	袁驷
C073	工程热物理学报	动力工程	蔡睿贤
N590	工程设计学报	机械工程设计	冯培恩
B031	工程数学学报	工程与技术科学基础学科	李大潜
T003	工程塑料应用	高聚物工程	孙安垣
N061	图学学报	机械工程设计	童秉枢
N064	工具技术	工程与技术科学基础学科	辛节之
K018	工矿自动化	矿山工程技术	胡穗延
T563	工业催化	化学工程	房根祥
J057	工业工程	工程与技术科学基础学科	孙友松
N110	工业工程与管理	管理学	饶芳权
P009	工业加热	动力工程	范超英
V010	工业建筑	建筑科学与技术	白云
P005	工业炉	动力工程	曹田力
Z013	工业水处理	环境科学技术及资源科学技术	刘燕飞
F030	工业微生物	生物工程	严成钊
G025	工业卫生与职业病	流行病学、环境医学	李涛
N037	工业仪表与自动化装置	仪器仪表技术	印建安
Z032	工业用水与废水	环境科学技术及资源科学技术	韩玲
G207	公共卫生与预防医学	预防医学与公共卫生学综合	孙昌松
X579	公路	公路运输	谭昌富
X022	公路工程	公路运输	龚赛群
X047	公路交通技术	公路运输	张力
N039	功能材料	材料科学综合	赵光明
M502	功能材料与器件学报	材料科学综合	邹世昌
D503	功能高分子学报	化学	林嘉平
E601	古地理学报	地质学	冯增昭
E304	古脊椎动物学报	地质学	张弥曼
E022	古生物学报	地质学	李星学
G478	骨科	骨外科学	陈安民
R047	固体电子学研究与进展	电子技术	林金庭
Y013	固体火箭技术	航空、航天科学技术	何晓兴
C103	固体力学学报	力学	郑泉水
W007	管理工程学报	管理学	许庆瑞
W018	管理科学	管理学	于渤
W008	管理科学学报	管理学	郭重庆
W025	管理评论	管理学	石勇
W016	管理学报	管理学	张金隆
H226	灌溉排水学报	农业工程	庞鸿宾
R026	光电工程	光电子学与激光技术	马佳光
R061	光电子·激光	光电子学与激光技术	巴恩旭
R082	光电子技术	光电子学与激光技术	陈向真
C091	光谱学与光谱分析	物理学	黄本立

表 9-1　2012 年 1930 种中国科技核心期刊（中文）目录（续）

CODE	刊　名	学科分类	主　编
C097	光散射学报	物理学	杨经国
R031	光通信技术	通信技术	汤志强
N015	光学技术	光电子学与激光技术	揭德尔
N033	光学精密工程	仪器仪表技术	曹健林
C050	光学学报	物理学	徐至展
N031	光学仪器	仪器仪表技术	庄松林
R097	光学与光电技术	光电子学与激光技术	潘德彬
C037	光子学报	物理学	侯洵
H272	广东海洋大学学报	水产学	刘楚吾
G027	广东药学院学报	医药大学学报	朱家勇
G026	广东医学	医学综合	苏焕群
A042	广西大学学报自然科学版	综合大学学报	戴牧民
A535	广西科学	综合	罗海鹏
A062	广西师范大学学报自然科学版	师范大学学报	梁宏
G028	广西医科大学学报	医药大学学报	黄光武
G816	广西医学	医学综合	杨光业
F028	广西植物	植物学	李锋
G030	广州中医药大学学报	中医药大学学报	陈蔚文
V572	规划师	建筑科学与技术	雷翔
T004	硅酸盐通报	化学工程	闫法强
T005	硅酸盐学报	化学工程	黄勇
M048	贵金属	金属材料	侯树谦
G031	贵阳医学院学报	医药大学学报	任锡麟
A077	贵州大学学报自然科学版	综合大学学报	李坚石
H275	贵州农业科学	农学	刘远坤
A527	贵州师范大学学报自然科学版	师范大学学报	卢家鑫
G808	贵州医药	医学综合	吴利平
M033	桂林理工大学学报	工程技术大学学报	阮百尧
A040	国防科技大学学报	工程技术大学学报	卢锡城
G495	国际病毒学杂志	微生物学、病毒学	庄辉
G350	国际病理科学与临床杂志	基础医学	李元建
V529	国际城市规划	建筑科学与技术	夏宗轩
G936	国际儿科学杂志	儿科学	李书琴
G436	国际耳鼻咽喉头颈外科杂志	耳鼻咽喉科学	王琪
G659	国际妇产科学杂志	妇产科学	郎景和
G498	国际骨科学杂志	骨外科学	杨庆铭
G938	国际呼吸杂志	呼吸病学、结核病学	凌亦凌
G967	国际护理学杂志	护理学	刘万车
G929	国际精神病学杂志	神经病学、精神病学	赵靖平
G997	国际口腔医学杂志	口腔医学	巢永烈
G930	国际流行病学传染病学杂志	感染性疾病学、传染病学	毛江森
G975	国际麻醉学与复苏杂志	外科学综合	曾因明
G349	国际泌尿系统杂志	泌尿外科学	朱冬三
G983	国际免疫学杂志	基础医学	李殿俊

表 9-1　2012 年 1930 种中国科技核心期刊（中文）目录（续）

CODE	刊名	学科分类	主编
G939	国际脑血管病杂志	神经病学、精神病学	田增民
G415	国际内分泌代谢杂志	内分泌病学与代谢病学、风湿病学	陆再英
G889	国际皮肤性病学杂志	皮肤病学、性医学	吴晓初
G426	国际神经病学神经外科学杂志	神经病学、精神病学	刘运生;杨期东
G928	国际生物医学工程杂志	生物医学工程学	冷希岗
S157	国际生殖健康/计划生育杂志	优生学、计划生育学	王一飞;周福刚
B525	国际输血及血液学杂志	血液病学、肾脏病学	廖清奎
G954	国际外科学杂志	外科学综合	刘建
G660	国际消化病杂志	消化病学	邱德凯
G940	国际心血管病杂志	心血管病学	沈卫峰
Q911	国际眼科杂志	眼科学	惠延年
G933	国际药学研究杂志	药学	刘克良
G661	国际医学放射学杂志	核医学、医学影像学	祁吉
G499	国际医学寄生虫病杂志	临床医学综合	汤林华
G984	国际遗传学杂志	基础医学	白静
G934	国际中医中药杂志	中医学	曹洪欣
G937	国际肿瘤学杂志	肿瘤学	韩金祥
E578	国土资源科技管理	地理学	黄宗理
E591	国土资源遥感	测绘科学技术	张炳熹
R683	国外电子测量技术	电子技术	陈光(礻禹)
H028	果树学报	园艺学	王宇霖
T008	过程工程学报	化学工程	刘会洲
X025	哈尔滨工程大学学报	工程技术大学学报	杨士莪
J003	哈尔滨工业大学学报	工程技术大学学报	段广仁
J013	哈尔滨理工大学学报	工程技术大学学报	张礼勇
U021	哈尔滨商业大学学报自然科学版	综合大学学报	季宇彬
G033	哈尔滨医科大学学报	医药大学学报	杨宝峰
J055	海军工程大学学报	工程技术大学学报	李泽良
Y029	海军航空工程学院学报	航空、航天科学技术	钟阳春
G899	海军医学杂志	医学综合	管柏林
A012	海南大学学报自然科学版	综合大学学报	许文深
G941	海南医学	医学综合	云露
G416	海南医学院学报	医药大学学报	刘军保
L037	海相油气地质	石油天然气工程	熊湘华
E651	海洋测绘	测绘科学技术	翟国君
E155	海洋地质与第四纪地质	水文学、海洋科学	张光威
E131	海洋工程	水文学、海洋科学	左其华
E312	海洋湖沼通报	水文学、海洋科学	王彬华
Z010	海洋环境科学	环境科学技术及资源科学技术	丁德文
E145	海洋科学	水文学、海洋科学	周百成
E006	海洋科学进展	水文学、海洋科学	袁业立
E311	海洋通报	水文学、海洋科学	王宏
E003	海洋学报	水文学、海洋科学	巢纪平
E149	海洋学研究	水文学、海洋科学	王康墡

表 9-1　2012 年 1930 种中国科技核心期刊（中文）目录（续）

CODE	刊 名	学科分类	主 编
H284	海洋渔业	水产学	庄平
E008	海洋与湖沼	水文学、海洋科学	相建海
E108	海洋预报	水文学、海洋科学	余宙文
L586	含能材料	兵器科学与技术	黄辉
N076	焊接	机械制造工艺与设备	王守业
N624	焊接技术	机械制造工艺与设备	胡胜
N021	焊接学报	机械制造工艺与设备	王亚
Y027	航空材料学报	航空、航天科学技术	颜鸣皋
Y017	航空动力学报	航空、航天科学技术	陶智
Y554	航空发动机	航空、航天科学技术	李孝堂
Y031	航空计算技术	航空、航天科学技术	牛文生
Y012	航空精密制造技术	航空、航天科学技术	吴晓峰
Y002	航空学报	航空、航天科学技术	孙晓峰
Y014	航空制造技术	航空、航天科学技术	刘柱
Y034	航天返回与遥感	航空、航天科学技术	刘兆军
Y015	航天控制	航空、航天科学技术	齐春棠
Y033	航天器工程	航空、航天科学技术	彭成荣
Y032	航天器环境工程	航空、航天科学技术	张润卿
G034	航天医学与医学工程	军事医学与特种医学	陈善广
T057	合成材料老化与应用	材料科学综合	杨育农
D602	合成化学	化学	彭宇行
T505	合成树脂及塑料	高聚物工程	洪定一
T067	合成纤维	纺织科学技术	金立国
T065	合成纤维工业	纺织科学技术	戴立平
T018	合成橡胶工业	高聚物工程	朱景芬
J053	合肥工业大学学报自然科学版	工程技术大学学报	何晓雄
A031	河北大学学报自然科学版	综合大学学报	孙汉文
J017	河北工业大学学报	工程技术大学学报	夏巨敏
J019	河北工业科技	工程与技术科学基础学科	靳占忠
K032	河北建筑科技学院学报自然科学版	建筑科学与技术	李万庆
J058	河北科技大学学报	综合大学学报	李强
H289	河北林果研究	园艺学	王慧军
H244	河北农业大学学报	农业大学学报	王慧军
A076	河北师范大学学报自然科学版	师范大学学报	李有成
G035	河北医科大学学报	医药大学学报	温进坤
G641	河北医学	医学综合	孟庆仁
G898	河北医药	医学综合	狄岩
G384	河北中医	中医学	李立
G301	河北中医药学报	中医学	宗全和
W012	河海大学学报自然科学版	水利工程	郭志平
A067	河南大学学报自然科学版	综合大学学报	李小建
U004	河南工业大学学报自然科学版	食品科学技术	吴成福
J014	河南科技大学学报自然科学版	综合大学学报	苏娟华
A011	河南科学	综合	姜俊

表 9-1 2012 年 1930 种中国科技核心期刊（中文）目录（续）

CODE	刊 名	学科分类	主 编
K526	河南理工大学学报自然科学版	工程技术大学学报	邹友峰
H011	河南农业大学学报	农业大学学报	王艳玲
H356	河南农业科学	农学	张新友
A058	河南师范大学学报自然科学版	师范大学学报	李红星
G684	河南中医	中医学	郑玉玲
Q004	核动力工程	核科学技术	罗琦
Q002	核化学与放射化学	化学	王祥云
Q001	核技术	核科学技术	盛康龙
C092	核聚变与等离子体物理	物理学	李正武
Q009	核科学与工程	核科学技术	阮可强
H042	核农学报	农学	温贤芳
A084	黑龙江大学自然科学学报	综合大学学报	陈念陔
K505	黑龙江科技学院学报	工程技术大学学报	赵国刚
R535	红外技术	光电子学与激光技术	苏君红
C035	红外与毫米波学报	物理学	褚君浩
R084	红外与激光工程	光电子学与激光技术	孙再龙
A039	湖北大学学报自然科学版	综合大学学报	吴传喜
H203	湖北农业科学	农学	昌炎新
G334	湖北中医药大学学报	中医药大学学报	王华
E111	湖泊科学	水文学、海洋科学	施雅风
A028	湖南大学学报自然科学版	工程技术大学学报	王道平
K016	湖南科技大学学报自然科学版	工程技术大学学报	许中坚
H060	湖南农业大学学报自然科学版	农业大学学报	官春云
G548	湖南师范大学学报医学版	医药大学学报	符晓华
A055	湖南师范大学自然科学学报	师范大学学报	谭容培
G041	湖南中医药大学学报	中医药大学学报	尤昭玲
G336	护理管理杂志	护理学	张秀英
G987	护理学报	护理学	李亚洁
G503	护理学杂志	护理学	刘义兰
G654	护理研究	护理学	王斌全；王益锵
G734	护士进修杂志	护理学	过慧谨
E141	华北地震科学	地球物理学	罗兰格
R046	华北电力大学学报	电气工程	阎维平
H032	华北农学报	农学	李广敏
R752	华东电力	电气工程	俞燮根
X003	华东交通大学学报	交通运输工程	王全金
T021	华东理工大学学报自然科学版	工程技术大学学报	刘洪来
A054	华东师范大学学报自然科学版	师范大学学报	王建磐
E103	华南地震	地球物理学	王正尚
G340	华南国防医学杂志	医学综合	江建荣
J004	华南理工大学学报自然科学版	工程技术大学学报	李元元
H013	华南农业大学学报	农业大学学报	庞雄飞
A052	华南师范大学学报自然科学版	师范大学学报	翁佩萱
G525	华南预防医学	预防医学与公共卫生学综合	杨杏芬

表 9-1　2012 年 1930 种中国科技核心期刊（中文）目录（续）

CODE	刊　名	学科分类	主　编
A021	华侨大学学报自然科学版	综合大学学报	吴承业
G043	华西口腔医学杂志	口腔医学	周学东
G044	华西药学杂志	药学	张志荣
G294	华西医学	医学综合	石应康
G077	华中科技大学学报医学版	医药大学学报	田玉科
J033	华中科技大学学报自然科学版	工程技术大学学报	李培根
H003	华中农业大学学报	农业大学学报	邓秀新
A004	华中师范大学学报自然科学版	师范大学学报	邱紫华
Z009	化工环保	环境科学技术及资源科学技术	杨再鹏
T006	化工机械	化学工程	朱越
T101	化工进展	化学工程	黄丽娟
T532	化工科技	化学工程	鲁建春
T146	化工设备与管道	化学工程	叶文邦
T007	化工学报	化学工程	李静海
T009	化学反应工程与工艺	化学工程	洪定一
D604	化学分析计量	化学	孙安恒
T025	化学工程	化学工程	程惠亭
T567	化学工程师	化学工程	尚影
T076	化学工业与工程	化学工程	韩金玉
T501	化学工业与工程技术	化学工程	单居正
D506	化学进展	化学	王夔
D011	化学试剂	化学	李建华
D018	化学通报	化学	朱道本
D030	化学学报	化学	沈延昌
D501	化学研究	化学	倪嘉缵
D037	化学研究与应用	化学	赵华明
T931	化学与黏合	精细化学工程	白雪峰
T553	化学与生物工程	生物工程	刘安强
Z017	环境保护科学	环境科学技术及资源科学技术	王振宇
Z005	环境工程	环境科学技术及资源科学技术	翁仲颖
Z021	环境工程学报	环境科学技术及资源科学技术	冯宗炜
D024	环境化学	环境科学技术及资源科学技术	汪桂斌
Z554	环境监测管理与技术	环境科学技术及资源科学技术	朱琦琦
Z506	环境科技	环境科学技术及资源科学技术	孙菱
Z004	环境科学	环境科学技术及资源科学技术	欧阳自远
Z003	环境科学学报	环境科学技术及资源科学技术	汤鸿宵
Z002	环境科学研究	环境科学技术及资源科学技术	刘鸿亮
Z025	环境科学与技术	环境科学技术及资源科学技术	纪洪盛
H049	环境昆虫学报	植物保护学	庞雄飞
Z035	环境卫生工程	环境科学技术及资源科学技术	张范
Z019	环境污染与防治	环境科学技术及资源科学技术	李全胜
Z031	环境与健康杂志	流行病学、环境医学	王撷秀
G882	环境与职业医学	流行病学、环境医学	张胜年
G656	环球中医药	中医学	张伯礼

表 9-1 2012 年 1930 种中国科技核心期刊（中文）目录（续）

CODE	刊名	学科分类	主编
M631	黄金	金属材料	韦华南
Y040	火箭推进	航空、航天科学技术	旷武岳
N005	火力与指挥控制	兵器科学与技术	高英武
N007	火炸药学报	兵器科学与技术	覃光明
X011	机车电传动	铁路运输	丁荣军
N069	机床与液压	机械制造工艺与设备	闵新和
N672	机电工程	机械工程设计	赵群
R099	机电一体化	信息与系统科学相关工程与技术	何剑秋
S004	机器人	信息与系统科学相关工程与技术	王越超
N040	机械传动	机械工程设计	王长路
M004	机械工程材料	机械工程设计	杨武
N051	机械工程学报	机械工程设计	宋天虎
N050	机械科学与技术	机械工程设计	周宗锡
N057	机械强度	机械制造工艺与设备	王长路
N047	机械设计	机械工程设计	王庆禹
N054	机械设计与研究	机械工程设计	邹慧君
N028	机械设计与制造	机械工程设计	甄星耀
N053	机械与电子	机械工程设计	付建平
N682	机械制造	机械制造工艺与设备	施明
N515	机械制造与自动化	机械工程设计	易红
G003	基础医学与临床	医学综合	陈孟勤
H245	基因组学与应用生物学	生物学基础学科	李宁
R025	激光技术	光电子学与激光技术	曹三松
F045	激光生物学报	生物学基础学科	胡能书
R514	激光与光电子学进展	光电子学与激光技术	范滇元
R521	激光与红外	光电子学与激光技术	耿林
R028	激光杂志	光电子学与激光技术	程正学
E116	吉林大学学报地球科学版	地球科学综合	林学钰
JU42	吉林大学学报工学版	工程技术大学学报	任露泉
A035	吉林大学学报理学版	综合大学学报	裘式纶
R586	吉林大学学报信息科学版	电子技术	刘大有
G014	吉林大学学报医学版	医药大学学报	李玉林
H243	吉林农业大学学报	农业大学学报	肖振铎
H227	吉林农业科学	农学	张世忠
G719	吉林中医药	中医学	曲晓波
E007	极地研究	水文学、海洋科学	刘瑞源
G452	疾病监测	流行病学、环境医学	祁国明
G439	脊柱外科杂志	骨外科学	贾连顺
N038	计量技术	工程与技术科学基础学科	赵大宁
N014	计量学报	工程与技术科学基础学科	赵晓娜
S050	计算机测量与控制	信息与系统科学相关工程与技术	苟永明
S049	计算机仿真	计算机科学技术	吴连伟
S013	计算机辅助设计与图形学学报	计算机科学技术	吴恩华
S012	计算机工程	计算机科学技术	游小明

表 9-1　2012 年 1930 种中国科技核心期刊（中文）目录（续）

CODE	刊名	学科分类	主编
S034	计算机工程与科学	计算机科学技术	王志英
S022	计算机工程与设计	计算机科学技术	沈志达
S025	计算机工程与应用	计算机科学技术	怀进鹏
S030	计算机集成制造系统	计算机科学技术	杨海成
S520	计算机技术与发展	计算机科学技术	王守智
S006	计算机科学	计算机科学技术	彭丹
S085	计算机科学与探索	计算机科学技术	何新贵
S509	计算机系统应用	计算机科学技术	苏振泽
S018	计算机学报	计算机科学技术	高文
S021	计算机研究与发展	计算机科学技术	樊建平
S029	计算机应用	计算机科学技术	张景中
S016	计算机应用研究	计算机科学技术	刘营
S009	计算机应用与软件	计算机科学技术	朱三元
S500	计算机与现代化	计算机科学技术	魏国汶
S014	计算机与应用化学	计算机科学技术	温浩
S507	计算技术与自动化	信息与系统科学相关工程与技术	罗安
C003	计算力学学报	力学	钟万勰
B014	计算数学	数学	石钟慈
C094	计算物理	物理学	沈隆钧
S718	技术经济	其他学科	吴贵生
A656	济南大学学报自然科学版	综合大学学报	赵锡平
G292	寄生虫与医学昆虫学报	基础医学	吴厚永
A045	暨南大学学报自然科学与医学版	综合大学学报	陈光潮
H240	家畜生态学报	畜牧、兽医科学	陈玉林
G638	检验医学	临床诊断学	吕元
G477	检验医学与临床	临床诊断学	徐永柱
V051	建筑材料学报	建筑科学与技术	王培铭
V057	建筑钢结构进展	建筑科学与技术	孙飞飞
V045	建筑技术	建筑科学与技术	徐家和
V014	建筑结构	建筑科学与技术	张幼启
V044	建筑结构学报	建筑科学与技术	王有为
S635	建筑经济	建筑科学与技术	易冰源
V005	建筑科学	建筑科学与技术	徐培福
V013	建筑科学与工程学报	建筑科学与技术	周绪红
V047	建筑学报	建筑科学与技术	周畅
Y564	舰船科学技术	水路运输	张素芳
A136	江南大学学报自然科学版	综合大学学报	高卫东
G453	江苏大学学报医学版	医药大学学报	许化溪
J035	江苏大学学报自然科学版	工程技术大学学报	杨继昌
X015	江苏科技大学学报自然科学版	工程技术大学学报	朱仁英
H700	江苏农业科学	农学	常有宏
H199	江苏农业学报	农学	严少华
G046	江苏医药	医学综合	黄峻
G397	江苏中医药	中医学	黄亚博

表 9-1　2012 年 1930 种中国科技核心期刊（中文）目录（续）

CODE	刊　名	学科分类	主　编
H283	江西农业大学学报	农业大学学报	石庆华
H701	江西农业学报	农学	罗奇祥
A112	江西师范大学学报自然科学版	师范大学学报	颜长青
G047	南昌大学学报医学版	医药大学学报	傅克刚
X002	交通科学与工程	交通运输工程	张建仁
X020	交通信息与安全	交通运输工程	徐凯声
X672	交通运输工程学报	交通运输工程	陈荫三
X685	交通运输系统工程与信息	交通运输工程	张国伍
L587	节能技术	能源科学综合	尚德敏
W567	节水灌溉	农业工程	燕在华
K553	洁净煤技术	能源科学综合	宫月华
V049	结构工程师	建筑科学与技术	吕西林
G869	结直肠肛门外科	普通外科学、胸外科学、心血管外科学	高枫
G316	解放军护理杂志	护理学	李树贞
A121	解放军理工大学学报自然科学版	工程技术大学学报	徐金龙
G295	解放军药学学报	药学	叶晓炜
G048	解放军医学杂志	医学综合	贾万年
G671	解放军医药杂志	医学综合	赵会懂
G315	解放军医院管理杂志	卫生管理学、健康教育学	黄伟灿
G961	解放军预防医学杂志	预防医学与公共卫生学综合	晁福寰
G507	解剖科学进展	基础医学	方秀斌
G049	解剖学报	基础医学	章静波
G358	解剖学研究	基础医学	姚志彬
G050	解剖学杂志	基础医学	黄瀛
G886	介入放射学杂志	核医学、医学影像学	陈星荣
N048	金刚石与磨料磨具工程	机械制造工艺与设备	王琴
M051	金属功能材料	金属材料	王新林
K022	金属矿山	矿山工程技术	黄礼富
N083	金属热处理	机械制造工艺与设备	徐跃明
M012	金属学报	金属材料	柯俊
E599	经济地理	地理学	陆大道
H266	经济林研究	林学	胡芳名
N749	精密制造与自动化	机械工程设计	夏萍
G953	精神医学杂志	神经病学、精神病学	卢传华
T102	精细化工	精细化学工程	邵玉昌
T955	精细化工中间体	精细化学工程	王晓光
T542	精细石油化工	精细化学工程	王立新
G677	颈腰痛杂志	骨外科学	李嘉寿
Z553	净水技术	水利工程	吴今明
G553	局解手术学杂志	外科学综合	张绍祥
T512	聚氨酯工业	化学工程	张骥红
R016	绝缘材料	材料科学综合	李耀星
G052	军事医学	军事医学与特种医学	吴祖泽
J056	军械工程学院学报	兵器科学与技术	米东

表 9-1 2012 年 1930 种中国科技核心期刊（中文）目录（续）

CODE	刊 名	学科分类	主 编
G187	军医进修学院学报	医药大学学报	周定标
F018	菌物学报	微生物学、病毒学	戴玉成
M018	勘察科学技术	矿山工程技术	杨书涛
A645	科技导报	综合	冯长根
S812	科技管理研究	管理学	蔡齐祥；黎懋明
R588	科技进步与对策	管理学	穆荣平
A083	科技通报	综合	温树伟
W027	科技与法律	其他学科	罗玉中
A537	科学技术与工程	工程与技术科学基础学科	马阳
A075	科学通报	综合	周光召；朱作言
W514	科学学研究	管理学	方新
W531	科研管理	管理学	穆荣平
L516	可再生能源	能源科学综合	许晓凡
E140	空间科学学报	地球物理学	肖佐
Y051	空间控制技术与应用	航空、航天科学技术	张笃周
J059	空军工程大学学报自然科学版	工程技术大学学报	张多林
Y016	空气动力学学报	航空、航天科学技术	邓小刚
S503	控制工程	信息与系统科学相关工程与技术	柴天佑
R060	控制理论与应用	信息科学与系统科学	陈翰馥
S001	控制与决策	信息科学与系统科学	张嗣瀛
G672	口腔材料器械杂志	口腔医学	薛淼
G246	口腔颌面外科杂志	口腔医学	王佐林
G894	口腔颌面修复学杂志	口腔医学	王邦康
G325	口腔医学	口腔医学	王林
G266	口腔医学研究	口腔医学	樊明文
K525	矿产保护与利用	矿山工程技术	张克仁
V054	矿产勘查	矿山工程技术	王思敬
K025	矿产与地质	矿山工程技术	贾国相
K004	矿产综合利用	矿山工程技术	陈炳炎
E106	矿床地质	地质学	宋叔和
K014	矿山机械	矿山工程技术	刘汉卿
E350	矿物学报	矿山工程技术	涂光炽
E354	矿物岩石	地质学	兰江华
E504	矿物岩石地球化学通报	地球科学综合	欧阳自远
M101	矿冶	冶金工程技术	朱穗玲
M045	矿冶工程	冶金工程技术	曾维勇
K010	矿业研究与开发	矿山工程技术	周爱民
F005	ENTOMOTAXONOMIA	昆虫学、动物学	张雅林
F015	昆虫学报	昆虫学、动物学	黄大卫
J020	昆明理工大学学报自然科学版	综合大学学报	王华
G053	昆明医学院学报	医药大学学报	冯忠堂
G395	兰州大学学报医学版	医药大学学报	陈晓峰
A016	兰州大学学报自然科学版	综合大学学报	苏力
X016	兰州交通大学学报	交通运输工程	严松宏

表 9-1 2012 年 1930 种中国科技核心期刊（中文）目录（续）

CODE	刊 名	学科分类	主 编
J008	兰州理工大学学报	工程技术大学学报	孙品一
G628	老年医学与保健	保健医学	王传馥
R096	雷达科学与技术	通信技术	朱庆明
T010	离子交换与吸附	化学工程	张全兴
M001	理化检验化学分册	冶金工程技术	吴诚
C101	力学季刊	力学	范立础
C102	力学进展	力学	白以龙
C001	力学学报	力学	杨卫
G580	立体定向和功能性神经外科杂志	神经病学、精神病学	汪业汉
L014	炼油技术与工程	石油天然气工程	张立新
U002	粮食储藏	食品科学技术	梁永生
U055	粮食与饲料工业	食品科学技术	王杭
C032	量子电子学报	物理学	龚和本
C110	量子光学学报	物理学	彭堃墀
K008	辽宁工程技术大学学报自然科学版	综合大学学报	邵良杉
H261	辽宁农业科学	农学	李正德
A072	辽宁师范大学学报自然科学版	师范大学学报	韩增林
G850	辽宁中医药大学学报	中医药大学学报	康廷国
G646	辽宁中医杂志	中医学	康廷国
U037	林产工业	林学	许方荣
T017	林产化学与工业	林学	宋湛谦
H740	林业科技开发	林学	施季森
H280	林业科学	林学	沈国舫
H281	林业科学研究	林学	盛炜彤
H102	林业调查规划	林学	曹善寿
T231	磷肥与复肥	化学工程	汤建伟
G880	临床超声医学杂志	核医学、医学影像学	杨浩
G607	临床儿科杂志	儿科学	吴圣楣
G276	临床耳鼻咽喉头颈外科杂志	耳鼻咽喉科学	孔维佳；黄选兆
G271	临床放射学杂志	核医学、医学影像学	冯敢生
Q908	临床肺科杂志	呼吸病学、结核病学	许学受
G501	临床肝胆病杂志	消化病学	贾继东
G291	临床骨科杂志	骨外科学	戴尅戎；江曙
G664	临床和实验医学杂志	临床医学综合	刘建
G658	临床荟萃	内科学综合	李春岩
G345	临床急诊杂志	临床医学综合	彭南生
G204	临床检验杂志	临床诊断学	武建国
G310	临床精神医学杂志	神经病学、精神病学	侯钢
G881	临床军医杂志	临床医学综合	薛蓬
G287	临床口腔医学杂志	口腔医学	陈卫民
G222	临床麻醉学杂志	外科学综合	张国楼；徐建国
G317	临床泌尿外科杂志	泌尿外科学	肖传国
G257	临床内科杂志	内科学综合	宋善俊
G230	临床皮肤科杂志	皮肤病学、性医学	赵辨

表 9-1　2012 年 1930 种中国科技核心期刊（中文）目录（续）

CODE	刊　名	学科分类	主　编
G309	临床神经病学杂志	神经病学、精神病学	张贞浏
G802	临床神经外科杂志	神经病学、精神病学	刘宏毅
G797	临床输血与检验	临床医学综合	权循珍
G256	临床外科杂志	外科学综合	邹声泉
G942	临床误诊误治	临床医学综合	陈晓红
G855	临床消化病杂志	消化病学	易粹琼
Q909	临床小儿外科杂志	儿科学	刘宏
G261	临床心血管病杂志	心血管病学	廖玉华
G293	临床血液学杂志	血液病学、肾脏病学	宋善俊; 陆道培; 胡丽华
Q913	临床眼科杂志	眼科学	陈逖
G673	临床药物治疗杂志	药学	方来英
G274	临床与实验病理学杂志	临床诊断学	龚西瑜
Q910	临床肿瘤学杂志	肿瘤学	秦叔逵
G491	岭南心血管病杂志	心血管病学	林曙光
N023	流体机械	机械工程设计	宋东岚
H748	麦类作物学报	农艺学	张改生
T060	煤化工	应用化学工程	闫少伟
K504	煤矿开采	矿山工程技术	宁宇
K038	煤炭工程	能源科学综合	黄忠
K005	煤炭科学技术	能源科学综合	王金华
K017	煤炭学报	能源科学综合	胡省三
D027	煤炭转化	能源科学综合	谢克昌
K009	煤田地质与勘探	矿山工程技术	王丽
H037	棉花学报	农艺学	喻树迅
G056	免疫学杂志	基础医学	朱锡华
B017	模糊系统与数学	数学	刘应明
N087	模具工业	机械制造工艺与设备	翁史振
N107	模具技术	机械制造工艺与设备	阮雪榆
S015	模式识别与人工智能	信息与系统科学相关工程与技术	戴汝为
T077	膜科学与技术	化学工程	刘宪秋
N084	摩擦学学报	机械工程设计	薛群基
U533	木材工业	林学	姜征
M655	纳米技术与精密工程	机械工程设计	胡小唐
J050	南昌大学学报工科版	工程技术大学学报	徐冬蓉
A013	南昌大学学报理科版	综合大学学报	徐冬荣
R117	南方电网技术	电气工程	饶宏
V089	南方建筑	建筑科学与技术	何镜堂
H069	南方农业学报	农学	李杨瑞
H068	南方水产科学	水产学	徐泽智
G023	南方医科大学学报	医药大学学报	李康
B016	南京大学学报数学半年刊	数学	周伯埙
A025	南京大学学报自然科学	综合大学学报	龚昌德
T011	南京工业大学学报自然科学版	工程技术大学学报	陆小华
Y026	南京航空航天大学学报	航空、航天科学技术	宣益民

表9-1　2012年1930种中国科技核心期刊（中文）目录（续）

CODE	刊 名	学科分类	主 编
N011	南京理工大学学报自然科学版	工程技术大学学报	宣益民
H033	南京林业大学学报自然科学版	林学	余世袁
H021	南京农业大学学报	农业大学学报	郑小波
A061	南京师大学报自然科学版	师范大学学报	陈凌孚
E120	南京信息工程大学学报	工程技术大学学报	李刚
G058	南京医科大学学报自然科学版	医药大学学报	陈琪
R008	南京邮电大学学报自然科学版	通信技术	黄维
G059	南京中医药大学学报自然科学版	中医药大学学报	范欣生
A008	南开大学学报自然科学版	综合大学学报	程津培
W590	南水北调与水利科技	水利工程	徐振辞
G288	脑与神经疾病杂志	神经病学、精神病学	毛俊雄
G662	内科急危重症杂志	内科学综合	陆再英
G523	内科理论与实践	内科学综合	王振义；陈家伦
E104	内陆地震	地球物理学	王海涛
A026	内蒙古大学学报自然科学版	综合大学学报	罗辽复
A111	内蒙古师范大学学报自然科学汉文版	师范大学学报	董祥林
G513	内蒙古医学院学报	医药大学学报	王之烈
P004	内燃机学报	动力工程	苏万华
W002	泥沙研究	水利工程	杜国翰
U504	酿酒科技	食品科学技术	黄平
A110	宁夏大学学报自然科学版	综合大学学报	李星
G665	宁夏医科大学学报	医药大学学报	孙涛
T034	农药	应用化学工程	刘长令
T924	农药科学与管理	应用化学工程	隋鹏飞
H404	农药学学报	应用化学工程	王道全
H279	农业工程学报	农业工程	杨邦杰
Z008	农业环境科学学报	农业工程	李文华
H773	农业环境与发展	农业工程	高尚宾
H278	农业机械学报	农业工程	诸慎友
H286	农业生物技术学报	农学	武维华
H222	农业现代化研究	农业工程	王克林
V032	暖通空调	建筑科学与技术	王曙明
H219	排灌机械工程学报	农业工程	袁寿其
U602	皮革科学与工程	应用化学工程	单志华
U604	皮革与化工	应用化学工程	贾宏春
G759	齐鲁医学杂志	医学综合	苗志敏
N041	起重运输机械	机械制造工艺与设备	黄平
E021	气候变化研究进展	大气科学	秦大河
E361	气候与环境研究	大气科学	曾庆存
E352	气象	大气科学	矫梅燕
E566	气象科技	大气科学	徐祥德
E359	气象科学	大气科学	余志豪
E001	气象学报	大气科学	丁一汇
E633	气象与环境学报	大气科学	刘晶淼

表 9-1 2012 年 1930 种中国科技核心期刊（中文）目录（续）

CODE	刊 名	学科分类	主 编
X018	汽车工程	公路运输	孟嗣宗
X013	汽车技术	公路运输	朱兴泽
P001	汽轮机技术	动力工程	张秋鸿
Y009	强度与环境	航空、航天科学技术	王梦魁
C007	强激光与粒子束	物理学	杜祥琬
X021	桥梁建设	水路运输	胡贵琼
U018	青岛大学学报工程技术版	工程技术大学学报	李天恒
G061	青岛大学医学院学报	医药大学学报	谢俊霞
T012	青岛科技大学学报自然科学版	综合大学学报	马连湘
H267	青岛农业大学学报自然科学版	农业大学学报	王金宝
U535	轻工机械	机械制造工艺与设备	李德芳
J001	清华大学学报自然科学版	工程技术大学学报	梁恩忠
W020	情报学报	图书馆、情报与文献学、传播学	武夷山
S106	全球科技经济瞭望	其他学科	宁中
D002	燃料化学学报	能源科学综合	彭少逸
P011	燃烧科学与技术	动力工程	尧命发
G448	热带病与寄生虫学	基础医学	蒋作君
E563	热带地理	地理学	许自策
E642	热带海洋学报	水文学、海洋科学	施平
H516	热带农业科学	农学	邱小强
E110	热带气象学报	大气科学	薛纪善
G609	热带医学杂志	流行病学、环境医学	余新炳
H223	热带作物学报	农艺学	余让水
T105	热固性树脂	化学工程	王永红
N071	热加工工艺	机械制造工艺与设备	张社会
C134	热科学与技术	物理学	王补宣
R501	热力发电	电气工程	蒋敏华
P006	热能动力工程	动力工程	邹积国
T013	人工晶体学报	材料科学综合	沈德忠
N106	人类工效学	工程与技术科学基础学科	金会庆
F041	人类学学报	生物学基础学科	吴新智
G805	人民军医	医学综合	王敏
T070	日用化学工业	化学工程	曹玉英
U515	肉类研究	食品科学技术	张子平
H097	乳业科学与技术	食品科学技术	郭本恒
S011	软件学报	计算机科学技术	李明树
N029	润滑与密封	工程与技术科学基础学科	贺石中
R086	三峡大学学报自然科学版	水利工程	王康平
D012	色谱	化学	卢佩章
E635	沙漠与绿洲气象	大气科学	魏文寿
H070	山地农业生物学报	农学	金道超
E101	山地学报	地理学	钟祥浩
G742	山东大学耳鼻喉眼学报	耳鼻咽喉科学	栾信庸
J022	山东大学学报工学版	工程技术大学学报	邹增大

表 9-1 2012 年 1930 种中国科技核心期刊（中文）目录（续）

CODE	刊 名	学科分类	主 编
A020	山东大学学报理学版	综合大学学报	靳光华
G062	山东大学学报医学版	医药大学学报	龚瑶琴
V012	山东建筑大学学报	建筑科学与技术	方肇洪
A637	山东科学	综合	王英龙
H031	山东农业大学学报自然科学版	农业大学学报	温孚江
H804	山东农业科学	农学	仲崇高
A057	山东师范大学学报自然科学版	师范大学学报	宋文玉
G063	山东中医药大学学报	中医药大学学报	皋永利
G574	山东中医杂志	中医学	皋永利
A014	山西大学学报自然科学版	综合大学学报	陈兆斌
H393	山西农业大学学报自然科学版	农业大学学报	董常生
H390	山西农业科学	农学	扆锁成
G064	山西医科大学学报	医药大学学报	郭政
R072	陕西电力	电气工程	张剑
U025	陕西科技大学学报自然科学版	综合大学学报	张美云
H217	陕西农业科学	农学	白志礼
A066	陕西师范大学学报自然科学版	师范大学学报	黄春长
G630	陕西医学杂志	医学综合	杨世兴
G725	陕西中医	中医学	杨世兴
A056	上海大学学报自然科学版	综合大学学报	周邦新
W023	上海管理科学	管理学	王方华
X038	上海海事大学学报	水路运输	黄有方
H292	上海海洋大学学报	水产学	周应祺
G330	上海护理	护理学	翁素贞
X006	上海交通大学学报	工程技术大学学报	郑杭
H022	上海交通大学学报农业科学版	农业大学学报	沈为平
G066	上海交通大学学报医学版	医药大学学报	沈晓明
M021	上海金属	金属材料	翟启杰
G343	上海精神医学	神经病学、精神病学	王祖承
G283	上海口腔医学	口腔医学	张志愿
J031	上海理工大学学报	综合大学学报	庄松林
H282	上海农业学报	农学	徐新春
A043	上海师范大学学报自然科学版	师范大学学报	项家祥
G069	上海医学	医学综合	汤钊猷
G596	上海针灸杂志	针灸、中医骨伤	黄琴峰
G946	上海中医药大学学报	中医药大学学报	谢建群
G389	上海中医药杂志	中医学	谢建群
A515	深圳大学学报理工版	工程技术大学学报	阮双琛
G329	神经疾病与精神卫生	神经病学、精神病学	崔德华; 吴中学; 贾建平
G070	神经解剖学杂志	基础医学	李云庆
G319	神经损伤与功能重建	神经病学、精神病学	王伟
J052	沈阳工业大学学报	工程技术大学学报	郭雨梅
V011	沈阳建筑大学学报自然科学版	建筑科学与技术	谭静文
H024	沈阳农业大学学报	农业大学学报	张玉龙

表 9-1　2012 年 1930 种中国科技核心期刊（中文）目录（续）

CODE	刊　名	学科分类	主　编
G071	沈阳药科大学学报	医药大学学报	吴春福
G202	肾脏病与透析肾移植杂志	泌尿外科学	黎磊石
F203	生理科学进展	生物学基础学科	范少光
F001	生理学报	生物学基础学科	姚泰
F042	生命的化学	生物学基础学科	祁国荣
F215	生命科学	生物学基础学科	林其谁
F046	生命科学研究	生物学基础学科	梁宋平
Z034	生态毒理学报	生态学	王子健
H784	生态环境学报	生态学	李定强
S784	生态经济	其他学科	高晓铃
Z014	生态学报	生态学	冯宗炜
Z028	生态学杂志	生态学	孙铁珩
Z023	生态与农村环境学报	农业工程	蔡道基
F049	生物多样性	生物学基础学科	马克平
F003	生物工程学报	生物工程	焦瑞身
G401	生物骨科材料与临床研究	骨外科学	陈安民
F016	生物化学与生物物理进展	生物学基础学科	王大成
F224	生物技术通讯	生物学基础学科	黄培堂
F204	生物加工过程	生物工程	欧阳平凯
F012	生物物理学报	生物学基础学科	杨福愉
F213	生物学杂志	生物学基础学科	罗家骎
G006	生物医学工程学杂志	生物医学工程学	陈槐卿
G332	生物医学工程研究	生物医学工程学	王勤; 康永军
G603	生物医学工程与临床	生物医学工程学	宋继昌
G624	生殖医学杂志	优生学、计划生育学	肖碧莲
G072	生殖与避孕	优生学、计划生育学	高尔生
C033	声学技术	物理学	张淑英
C054	声学学报	物理学	马大猷
V043	施工技术	土木工程	张可文
E302	湿地科学	地理学	陈宜瑜
E636	湿地科学与管理	地理学	彭镇华
A615	石河子大学学报自然科学版	综合大学学报	向本春
T933	石化技术与应用	应用化学工程	殷茜
X042	石家庄铁道大学学报自然科学版	铁路运输	王岳森
L016	石油地球物理勘探	石油天然气工程	钱荣钧
L015	石油化工	石油天然气工程	乔金樑
L034	石油化工高等学校学报	石油天然气工程	仲崇民
L021	石油化工设备技术	石油天然气工程	尹朝曦
L019	石油机械	石油天然气工程	贺会群
L031	石油勘探与开发	石油天然气工程	戴金星
L030	石油炼制与化工	石油天然气工程	汪燮卿
E126	石油实验地质	地质学	叶德燎
L005	石油物探	石油天然气工程	管路平
L028	石油学报	石油天然气工程	赵宗举

表 9-1　2012 年 1930 种中国科技核心期刊（中文）目录（续）

CODE	刊　名	学科分类	主　编
L012	石油学报石油加工	石油天然气工程	汪燮卿
L006	石油与天然气地质	石油天然气工程	王庭斌
L008	石油钻采工艺	石油天然气工程	董范
L025	石油钻探技术	石油天然气工程	马开华
G387	实验动物与比较医学	昆虫学、动物学	刘瑞三
A113	实验技术与管理	管理学	李德华
C009	实验力学	力学	方如华
Y018	实验流体力学	航空、航天科学技术	乐嘉陵
A115	实验室研究与探索	管理学	夏有为
G512	实用癌症杂志	肿瘤学	雷良华
G875	实用儿科临床杂志	儿科学	郭学鹏
G534	实用放射学杂志	核医学、医学影像学	鱼博浪; 宦怡
G586	实用妇产科杂志	妇产科学	王世阆
G746	实用肝脏病杂志	消化病学	周天仇
G457	实用骨科杂志	骨外科学	卫小春
G224	实用口腔医学杂志	口腔医学	赵铱民
G700	实用老年医学	保健医学	刘昕曜
Q919	实用临床医药杂志	临床医学综合	卜平
G652	实用皮肤病学杂志	皮肤病学、性医学	杨蓉娅
G834	实用药物与临床	药学	滕卫平
G324	实用医学杂志	临床医学综合	苏焕群
G760	实用医院临床杂志	临床医学综合	韩盛玺
G768	实用预防医学	预防医学与公共卫生学综合	罗普泉
G856	实用肿瘤学杂志	肿瘤学	庞达
G890	实用肿瘤杂志	肿瘤学	张苏展
U005	食品工业科技	食品科学技术	张铁鹰
U006	食品科学	食品科学技术	白建华
U035	食品与发酵工业	食品科学技术	朱庆裴
U641	食品与发酵科技	食品科学技术	陈功
U547	食品与机械	食品科学技术	黄寿恩
U029	食品与生物技术学报	食品科学技术	裘松良
E363	世界地震工程	地球物理学	孙柏涛
E548	世界地质	地质学	孙革
A201	世界科技研究与发展	综合	方曙
G906	世界科学技术-中医药现代化	中医学	陈凯先
G485	世界临床药物	药学	周斌
G484	世界中西医结合杂志	中西医结合医学	路志正
G483	世界中医药	中医学	李振吉
A023	首都师范大学学报自然科学版	师范大学学报	梅向明
G073	首都医科大学学报	医药大学学报	王晓民
F033	兽类学报	昆虫学、动物学	王德华
R005	数据采集与处理	通信技术	贲德
W009	数理统计与管理	数学	杨振海
B015	数学的实践与认识	数学	林群

表 9-1　2012 年 1930 种中国科技核心期刊（中文）目录（续）

CODE	刊　名	学科分类	主　编
B007	数学进展	数学	李亦
B004	数学年刊 A	数学	李大潜
C036	数学物理学报	物理学	丁夏畦
B006	数学学报	数学	王跃飞; 张立群
B012	数学杂志	数学	齐民友
S032	数值计算与计算机应用	计算机科学技术	石钟慈
W022	数字图书馆论坛	图书馆、情报与文献学、传播学	张秀梅
H008	水产学报	水产学	黄硕琳
H232	水产学杂志	水产学	孙大江
Z016	水处理技术	环境科学技术及资源科学技术	高从堦
X533	水道港口	水路运输	赵冲久
P007	水电能源科学	能源科学综合	郦凤山; 张勇传
W004	水动力学研究与进展 A	水利工程	周连第
W013	水科学进展	水利工程	刘国纬
R050	水力发电	水利工程	马连城
R049	水力发电学报	水利工程	谷兆祺
R587	水利经济	水利工程	郑垂勇
W011	水利水电技术	水利工程	马德伟
W502	水利水电科技进展	水利工程	芮孝芳
W006	水利水运工程学报	水利工程	张瑞凯
W003	水利学报	水利工程	陈炳新
F010	水生生物学报	生态学	桂建芳
H850	水生态学杂志	水产学	常剑波
H015	水土保持通报	农业工程	李锐
H287	水土保持学报	农业工程	邵明安
H056	水土保持研究	农业工程	刘国彬
E540	水文	水文学、海洋科学	邓坚
E154	水文地质工程地质	水文学、海洋科学	陈梦熊
X528	水运工程	水路运输	吴澎
R566	水资源保护	水利工程	汪德爟
W570	水资源与水工程学报	水利工程	蔡焕杰
U056	丝绸	纺织科学技术	宣友木
T094	四川兵工学报	兵器科学与技术	彭熙
J051	四川大学学报工程科学版	工程技术大学学报	谢和平
G045	四川大学学报医学版	医药大学学报	张肇达
A006	四川大学学报自然科学版	综合大学学报	刘应明
Z007	四川环境	环境科学技术及资源科学技术	叶宏
V007	四川建筑科学研究	建筑科学与技术	王永维
A033	四川师范大学学报自然科学版	师范大学学报	周一阳
G575	四川医学	医学综合	卓凯星
G745	四川中医	中医学	方连举
H862	饲料工业	畜牧、兽医科学	聂春宵
H864	饲料研究	畜牧、兽医科学	李寰旭
G074	苏州大学学报医学版	医药大学学报	阮长耿

表 9-1　2012 年 1930 种中国科技核心期刊（中文）目录（续）

CODE	刊 名	学科分类	主 编
T106	塑料	高聚物工程	杨明锦
T014	塑料工业	高聚物工程	张志平
T536	塑料科技	高聚物工程	于文杰
T079	塑料助剂	高聚物工程	杨明
T580	塑性工程学报	机械制造工艺与设备	陆辛
X634	隧道建设	公路运输	张炜
E123	台湾海峡	水文学、海洋科学	张金标
L009	太阳能学报	能源科学综合	石定寰
J011	太原理工大学学报	工程技术大学学报	谢克昌
M544	钛工业进展	金属材料	周廉
T500	弹性体	高聚物工程	蔡小平
T527	炭素	化学工程	张启彪
T015	炭素技术	化学工程	解治友
N043	探测与控制学报	兵器科学与技术	张龙山
V531	陶瓷学报	化学工程	秦锡麟
H041	特产研究	农艺学	沈育杰
V027	特种结构	建筑科学与技术	舒亚俐
T999	特种橡胶制品	高聚物工程	伍兆敏
L505	特种油气藏	石油天然气工程	张方礼
N065	特种铸造及有色合金	机械制造工艺与设备	袁振国
A041	天津大学学报	工程技术大学学报	龚克
U017	天津工业大学学报	工程技术大学学报	杨庆新
J054	天津理工大学学报	工程技术大学学报	马建标
G508	天津医科大学学报	医药大学学报	郝希山
G076	天津医药	医学综合	张愈
G626	天津中医药	中医学	张伯礼
T611	天然产物研究与开发	中药学	李伯刚
L518	天然气地球科学	石油天然气工程	戴金星
L029	天然气工业	石油天然气工程	冉隆辉
T074	天然气化工	应用化学工程	古共伟
E023	天文学报	天文学	甘为群
E114	天文学进展	天文学	候金良
X517	铁道标准设计	铁路运输	刘家锋
X521	铁道工程学报	铁路运输	何宁
X545	铁道建筑	铁路运输	叶阳升
X007	铁道科学与工程学报	铁路运输	胡湘陵
X005	铁道学报	铁路运输	杨浩
G238	听力学及言语疾病杂志	耳鼻咽喉科学	陶泽璋；韩德民；韩东一
R065	通信学报	通信技术	杨义先
G965	同济大学学报医学版	医药大学学报	傅继梁
J032	同济大学学报自然科学版	工程技术大学学报	李杰
Q003	同位素	核科学技术	罗顺忠
T103	涂料工业	精细化学工程	竺玉书
V029	土木工程学报	土木工程	徐培福

表 9-1 2012 年 1930 种中国科技核心期刊（中文）目录（续）

CODE	刊 名	学科分类	主 编
V035	土木工程与管理学报	土木工程	丁烈云
V019	土木建筑与环境工程	土木工程	黄宗明
H043	土壤	土壤学	赵其国
H057	土壤通报	土壤学	须湘成
H012	土壤学报	土壤学	蔡祖聪
Y025	推进技术	航空、航天科学技术	郑日恒
G601	外科理论与实践	外科学综合	林言箴；李宏为
G996	皖南医学院学报	医药大学学报	李朝品
R070	微波学报	通信技术	杨乃恒
S005	微处理机	计算机科学技术	谭延军
R057	微电机	电气工程	牒正文
R064	微电子学	电子技术	成福康
R004	微电子学与计算机	电子技术	李新龙
R098	微纳电子技术	电子技术	李和委
F004	微生物学报	微生物学、病毒学	李季伦
F011	微生物学通报	微生物学、病毒学	何忠效
F225	微生物学杂志	微生物学、病毒学	张忠泽
G651	微生物与感染	感染性疾病学、传染病学	闻玉梅
R085	微特电机	电气工程	施进浩
E052	微体古生物学报	地质学	穆西南
S033	微型电脑应用	计算机科学技术	朱仲英
G210	微循环学杂志	基础医学	李艳
G079	卫生研究	卫生管理学、健康教育学	段国兴
G800	胃肠病学	消化病学	萧树东
G326	胃肠病学和肝病学杂志	消化病学	段芳龄
G702	温州医学院学报	医药大学学报	瞿佳
D003	无机材料学报	材料科学综合	郭景坤
D023	无机化学学报	化学	游效曾
T072	无机盐工业	化学工程	刘红光
N044	无损检测	机械制造工艺与设备	王务同
W014	武汉大学学报工学版	工程技术大学学报	刘经南
A024	武汉大学学报理学版	综合大学学报	刘经南
E107	武汉大学学报信息科学版	测绘科学技术	刘经南
G038	武汉大学学报医学版	医药大学学报	刘经南
M032	武汉科技大学学报自然科学版	工程技术大学学报	刘光临
J006	武汉理工大学学报	工程技术大学学报	周祖德
X017	武汉理工大学学报交通科学与工程版	交通运输工程	李腊元
J018	武汉理工大学学报信息与管理工程版	电子技术	程森成
G707	武警医学	医学综合	李小萍
G771	武警后勤学院学报医学版	医药大学学报	李宏伟
C090	物理	物理学	阎守胜
D001	物理化学学报	化学	唐有祺
C006	物理学报	物理学	王乃彦
C053	物理学进展	物理学	冯端

表 9-1　2012 年 1930 种中国科技核心期刊（中文）目录（续）

CODE	刊 名	学科分类	主 编
E136	物探化探计算技术	地质学	贺振华
E138	物探与化探	地质学	熊盛青
R009	西安电子科技大学学报自然科学版	电子技术	梁昌洪
J036	西安工业大学学报	工程技术大学学报	刘卫国
V018	西安建筑科技大学学报自然科学版	建筑科学与技术	赵鸿铁
X030	西安交通大学学报	工程技术大学学报	陶文铨
G081	西安交通大学学报医学版	医药大学学报	闫剑群
A150	西安科技大学学报	工程技术大学学报	伍永平
J002	西安理工大学学报	工程技术大学学报	刘宏昭
L010	西安石油大学学报自然科学版	石油天然气工程	屈展
R671	西安邮电学院学报	通信技术	温小郑
A032	西北大学学报自然科学版	综合大学学报	赵重远
E307	西北地震学报	地球物理学	王兰民
E125	西北地质	地质学	夏林圻
Y023	西北工业大学学报	工程技术大学学报	胡沛泉
G245	西北国防医学杂志	医学综合	王秦玲
H224	西北林学院学报	林学	范升才
H018	西北农林科技大学学报自然科学版	农业大学学报	赵忠
H288	西北农业学报	农学	宋继学
A022	西北师范大学学报自然科学版	师范大学学报	赵更吉
G792	西北药学杂志	药学	杨世民
F020	西北植物学报	植物学	胡正海
H385	西部林业科学	林学	郎南军
G699	西部中医药	中医学	潘文
J045	西华大学学报自然科学版	工程技术大学学报	罗中先
A148	西华师范大学学报自然科学版	师范大学学报	杨树政
H004	西南大学学报自然科学版	综合大学学报	向仲怀
G312	西南国防医药	医学综合	王国建
X032	西南交通大学学报	工程技术大学学报	翟婉明
V548	西南科技大学学报	工程技术大学学报	谭克锋
H270	西南林业大学学报	林学	刘惠民
H061	西南农业学报	农学	李跃建
A064	西南师范大学学报自然科学版	师范大学学报	李明
L002	西南石油大学学报自然科学版	石油天然气工程	杜志敏
M041	稀土	材料科学综合	杨占峰
M029	稀有金属	金属材料	屠海令
M052	稀有金属材料与工程	金属材料	殷为宏
S505	系统仿真技术	信息与系统科学相关工程与技术	万钢
S003	系统仿真学报	信息与系统科学相关工程与技术	李伯虎 赵沁平
B028	系统工程	信息科学与系统科学	陈收
B025	系统工程理论与实践	信息科学与系统科学	陈光亚
B018	系统工程学报	信息科学与系统科学	刘豹
R059	系统工程与电子技术	电子技术	施荣
B027	系统管理学报	信息科学与系统科学	王浣尘

表 9-1　2012 年 1930 种中国科技核心期刊（中文）目录（续）

CODE	刊　名	学科分类	主　编
B021	系统科学与数学	信息科学与系统科学	陈翰馥
G188	细胞与分子免疫学杂志	基础医学	金伯泉
A063	厦门大学学报自然科学版	综合大学学报	张鸿斌
V087	现代城市研究	建筑科学与技术	叶菊华
E027	现代地质	地质学	邓军
R089	现代电力	电气工程	宋永华
Y561	现代防御技术	兵器科学与技术	成楚之
G300	现代妇产科进展	妇产科学	江森
T063	现代化工	化学工程	张立萍
G653	现代检验医学杂志	临床诊断学	刘勤社
N100	现代科学仪器	仪器仪表技术	胡柏顺
G321	现代口腔医学杂志	口腔医学	俞光岩
R087	现代雷达	通信技术	陈玲
G438	现代临床护理	护理学	张振路
G341	现代泌尿外科杂志	泌尿外科学	贺大林
G067	现代免疫学	基础医学	周光炎
H417	现代农药	应用化学工程	张湘宁
F250	现代生物医学进展	医学综合	申宝忠
U010	现代食品科技	食品科学技术	李琳
T929	现代塑料加工应用	高聚物工程	顾越峰
X673	现代隧道技术	公路运输	梅志荣
G451	现代消化及介入诊疗	消化病学	张万岱
G421	现代药物与临床	药学	邹美香
G223	现代医学	医学综合	孙载阳
N115	现代仪器	仪器仪表技术	王效杰
G963	现代预防医学	预防医学与公共卫生学综合	马骁
N111	现代制造工程	机械制造工艺与设备	徐大湧
G951	现代中西医结合杂志	中西医结合医学	戴砚田
G486	现代中药研究与实践	中药学	胡世林; 赵国胜
G826	现代肿瘤医学	肿瘤学	李树业
M011	现代铸铁	机械制造工艺与设备	孙锋
T073	香料香精化妆品	精细化学工程	金其璋
A018	湘潭大学自然科学学报	综合大学学报	黄云清
W024	项目管理技术	管理学	张星明
T064	橡胶工业	高聚物工程	何晓玫
T953	消防科学与技术	安全科学技术	王铁强
P010	小型内燃机与摩托车	动力工程	何海生
S027	小型微型计算机系统	计算机科学技术	林浒
G083	心肺血管病杂志	心血管病学	陈宝田
E046	心理学报	心理学	林文娟
G476	心脑血管病防治	心血管病学	金宏义
G419	心血管病学进展	心血管病学	赵聪
G578	心血管康复医学杂志	心血管病学	刘江生
G260	心脏杂志	心血管病学	裴建明

表 9-1　2012 年 1930 种中国科技核心期刊（中文）目录（续）

CODE	刊　名	学科分类	主　编
N080	新技术新工艺	工程与技术科学基础学科	刘滨
V026	新建筑	建筑科学与技术	袁培煌
A087	新疆大学学报自然科学版	综合大学学报	郭晓峰
E159	新疆地质	地质学	李向东
H908	新疆农业大学学报	农业大学学报	雒秋江
H276	新疆农业科学	农学	戴健
L007	新疆石油地质	石油天然气工程	夏明生
G980	新疆医科大学学报	医药大学学报	哈木拉提·吾甫尔
G328	新乡医学院学报	医药大学学报	乔汉臣
V056	新型建筑材料	建筑科学与技术	张美强
M102	新型炭材料	材料科学综合	成会明
G721	新医学	医学综合	陈规划
R034	信号处理	通信技术	谢维信
R519	信息技术	通信技术	姚彦茹
R652	信息与电子工程	通信技术	李幼平
S002	信息与控制	信息科学与系统科学	王天然
A510	信阳师范学院学报自然科学版	师范大学学报	李俊
G565	徐州医学院学报	医药大学学报	吴永平
H023	畜牧兽医学报	畜牧、兽医科学	文杰
H218	畜牧与兽医	畜牧、兽医科学	石放雄
G346	血栓与止血学	血液病学、肾脏病学	刘泽霖
G627	循证医学	临床诊断学	吴一龙
R069	压电与声光	光电子学与激光技术	胡少勤
N052	压力容器	机械制造工艺与设备	王冰
G189	牙体牙髓牙周病学杂志	口腔医学	倪龙兴
E047	亚热带资源与环境学报	环境科学技术及资源科学技术	张新时
U562	烟草科技	园艺学	谢剑平
A501	烟台大学学报自然科学与工程版	综合大学学报	郭善利
E053	岩矿测试	地质学	尹明
E157	岩石矿物学杂志	地质学	沈其韩
C005	岩石力学与工程学报	地质学	冯夏庭
E309	岩石学报	地质学	从柏林
V574	岩土工程技术	土木工程	常士骠
V037	岩土工程学报	土木工程	沈珠江
C004	岩土力学	地质学	白世伟
E500	盐湖研究	水文学、海洋科学	高世扬
T054	盐业与化工	化学工程	夏万顺
G962	眼科	眼科学	徐亮
G554	眼科新进展	眼科学	杨尊之
G773	中华实验眼科杂志	眼科学	王丽娅
G990	中华眼外伤职业眼病杂志	眼科学	张效房；杨敬文
J025	燕山大学学报	工程技术大学学报	张福成
H016	扬州大学学报农业与生命科学版	农业大学学报	顾铭洪
A514	扬州大学学报自然科学版	综合大学学报	郭荣

表 9-1　2012 年 1930 种中国科技核心期刊（中文）目录（续）

CODE	刊　名	学科分类	主　编
S031	遥测遥控	信息与系统科学相关工程与技术	李艳华
Z543	遥感技术与应用	测绘科学技术	姜景山
S024	遥感信息	测绘科学技术	陈述彭
Z006	遥感学报	测绘科学技术	顾行发
G403	药物不良反应杂志	药学	程经华
G087	药物分析杂志	药学	涂国士
G877	药物流行病学杂志	药学	曾繁典
G514	药物生物技术	药学	吴梧桐
G977	药学服务与研究	药学	胡晋红
G440	药学实践杂志	药学	姜远英
G008	药学学报	药学	王晓良
G527	药学与临床研究	药学	王明时
M023	冶金分析	冶金工程技术	贾云海
M047	冶金能源	冶金工程技术	罗文泉
M026	冶金自动化	冶金工程技术	沈黎颖
C503	液晶与显示	材料科学综合	黄锡珉
N079	液压气动与密封	工程与技术科学基础学科	李运华
N035	液压与气动	机械工程设计	宋京其
G605	医疗卫生装备	卫生管理学、健康教育学	孙景工
G482	医学动物防制	流行病学、环境医学	段利国
G333	医学分子生物学杂志	基础医学	邓耀祖
S590	中华医学教育探索杂志	卫生管理学、健康教育学	雷寒
G545	医学临床研究	临床医学综合	詹道友
G281	医学研究生学报	医学综合	易学明
G480	医学研究杂志	医学综合	赵瑞芹
G265	医学影像学杂志	核医学、医学影像学	武乐斌
G964	医学与社会	其他学科	刘建凡
G860	医学综述	医学综合	刘桂蕊
G844	医药导报	药学	曾繁典
G088	医用生物力学	力学	戴克戎
N074	仪表技术与传感器	仪器仪表技术	刘凯
N066	仪器仪表学报	仪器仪表技术	张钟华
F024	遗传	生物学基础学科	薛勇彪
G455	疑难病杂志	临床医学综合	马智
U054	印染	纺织科学技术	沈安京
T104	印染助剂	精细化学工程	许关荣
G089	营养学报	预防医学与公共卫生学综合	郭长江
D014	影像科学与光化学	化学	佟振合
G649	影像诊断与介入放射学	核医学、医学影像学	孟悛非
B008	应用概率统计	数学	陈希孺
C109	应用光学	物理学	王小鹏
T949	应用化工	化学工程	朱明道
D016	应用化学	化学	黄葆同
A580	应用基础与工程科学学报	工程与技术科学基础学科	杨卫

表 9-1　2012 年 1930 种中国科技核心期刊（中文）目录（续）

CODE	刊 名	学科分类	主 编
R033	应用激光	光电子学与激光技术	王之江
A015	应用科学学报	通信技术	黄宏嘉
F035	应用昆虫学报	昆虫学、动物学	王琛柱
C008	应用力学学报	力学	陈宜亨
E122	应用气象学报	大气科学	周秀骥
Z018	应用生态学报	生态学	沈善敏
C052	应用声学	物理学	应崇福
B011	应用数学	数学	陈庆益
B020	应用数学和力学	数学	周哲纬
B001	应用数学学报	数学	丁夏畦
F100	应用与环境生物学报	环境科学技术及资源科学技术	吴宁
M014	硬质合金	金属材料	张忠健
L027	油气储运	石油天然气工程	杨祖佩
L504	油气地质与采收率	石油天然气工程	刘中云
Z538	油气田环境保护	环境科学技术及资源科学技术	熊运实
L033	油田化学	石油天然气工程	徐僖
E051	铀矿地质	地质学	张金带
K020	铀矿冶	矿山工程技术	张飞凤
T916	有机硅材料	化学工程	杨晓勇
D025	有机化学	化学	陈庆云
M036	有色金属工程	金属材料	金开生
K580	有色金属选矿部分	矿山工程技术	朱穗玲
M020	有色金属冶炼部分	冶金工程技术	朱穗玲
N907	鱼雷技术	兵器科学与技术	杨芸
A654	云南民族大学学报自然科学版	综合大学学报	张英杰
H998	渔业科学进展	水产学	唐启升
Y020	宇航材料工艺	航空、航天科学技术	顾兆栴
Y008	宇航计测技术	航空、航天科学技术	孙海燕
Y024	宇航学报	航空、航天科学技术	马兴瑞
H909	玉米科学	农艺学	赵化春
G518	预防医学情报杂志	预防医学与公共卫生学综合	康均行
H039	园艺学报	园艺学	李树德
C108	原子核物理评论	物理学	靳根明
Q008	原子能科学技术	核科学技术	赵志祥
C057	原子与分子物理学报	物理学	苟清泉
A038	云南大学学报自然科学版	综合大学学报	张克勤
H269	云南农业大学学报	农业大学学报	朱有勇
A053	云南师范大学学报自然科学版	师范大学学报	曾华
M506	云南冶金	冶金工程技术	李晓阳
B013	运筹学学报	数学	越民义
B522	运筹与管理	数学	俞嘉第
H989	杂草科学	植物保护学	强胜
H293	杂交水稻	农艺学	袁隆平
Y057	载人航天	航空、航天科学技术	周建平

表9-1 2012年1930种中国科技核心期刊（中文）目录（续）

CODE	刊 名	学科分类	主 编
C100	噪声与振动控制	机械工程设计	严济宽
M043	轧钢	冶金工程技术	张海军
T569	粘接	精细化学工程	章锋
A017	浙江大学学报工学版	工程技术大学学报	岑可法
A002	浙江大学学报理学版	综合大学学报	郑小明
H035	浙江大学学报农业与生命科学版	农业大学学报	程家安
G091	浙江大学学报医学版	医药大学学报	来茂德
J016	浙江工业大学学报	工程技术大学学报	马淳安
H277	浙江林业科技	林学	陈国富
G433	浙江临床医学	临床医学综合	彭淑牖
H019	浙江农林大学学报	林学	周国模
H201	浙江农业学报	农学	陈剑平
A051	浙江师范大学学报自然科学版	师范大学学报	吴锋民
G810	浙江医学	医学综合	李兰娟
G479	浙江预防医学	预防医学与公共卫生学综合	丛黎明
G092	浙江中医药大学学报	中医药大学学报	肖鲁伟
G093	针刺研究	针灸、中医骨伤	朱兵
G488	针灸临床杂志	针灸、中医骨伤	孙申田
N086	真空	工程与技术科学基础学科	李玉英
R032	真空电子技术	电子技术	廖复疆
N025	真空科学与技术学报	工程与技术科学基础学科	李德杰
C038	真空与低温	物理学	罗崇泰
G259	诊断病理学杂志	临床诊断学	李维华
G615	诊断学理论与实践	临床诊断学	王鸿利
Y010	振动测试与诊断	航空、航天科学技术	赵淳生
Y004	振动工程学报	力学	刘人怀
N030	振动与冲击	机械工程设计	恽伟君
E316	震灾防御技术	建筑科学与技术	高孟潭
J012	郑州大学学报工学版	工程技术大学学报	辛世俊
A019	郑州大学学报理学版	综合大学学报	辛世俊
G036	郑州大学学报医学版	医药大学学报	辛世俊
U003	郑州轻工业学院学报自然科学版	工程技术大学学报	张福平
G884	职业与健康	流行病学、环境医学	王撷秀
H577	植物保护	植物保护学	吴孔明
H014	植物保护学报	植物保护学	彩万志
H052	植物病理学报	植物保护学	曾士迈
F039	植物分类学报	植物学	杨亲二
F007	植物分类与资源学报	植物学	李德铢
H584	植物检疫	植物保护学	张立
F008	植物科学学报	植物学	李绍华
F038	植物生理学报	植物学	张景六
F009	植物生态学报	植物学	马克平
F023	植物学报	植物学	种康
F050	植物研究	植物学	祖元刚

表 9-1　2012 年 1930 种中国科技核心期刊（中文）目录（续）

CODE	刊　名	学科分类	主　编
H238	植物遗传资源学报	农艺学	刘旭
H890	植物营养与肥料学报	农学	金继运
Z551	植物资源与环境学报	环境科学技术及资源科学技术	夏冰
N091	指挥控制与仿真	兵器科学与技术	秦立富
U011	制冷学报	动力工程	吴元炜
U640	制冷与空调(四川)	动力工程	雷波
N046	制造技术与机床	机械工程设计	王晓林
S023	制造业自动化	信息与系统科学相关工程与技术	黎晓东
C034	质谱学报	化学	赵墨田
S052	智能系统学报	信息与系统科学相关工程与技术	钟义信
N002	中北大学学报自然科学版	综合大学学报	潘德恒
G007	中草药	中药学	汤立达
G520	中成药	中药学	陶建生
G094	中风与神经疾病杂志	神经病学、精神病学	史玉泉
G546	中国 CT 和 MRI 杂志	核医学、医学影像学	王成林
G538	中国癌症杂志	肿瘤学	沈镇宙
G985	中国艾滋病性病	皮肤病学、性医学	沈洁
G129	中国安全科学学报	安全科学技术	徐德蜀
Z552	中国安全生产科学技术	安全科学技术	邢娟娟
F048	中国比较医学杂志	基础医学	秦川
N103	中国表面工程	机械制造工艺与设备	刘世参
G750	中国病案	卫生管理学、健康教育学	刘爱民
G769	中国病毒病杂志	微生物学、病毒学	庄辉
G096	中国病理生理杂志	基础医学	李楚杰
G339	中国病原生物学杂志	微生物学、病毒学	庄辉
M053	中国材料进展	材料科学综合	周廉
H213	中国草地学报	畜牧、兽医科学	侯向阳
N830	中国测试	工程与技术科学基础学科	高洁
G097	中国超声医学杂志	核医学、医学影像学	李建国
G901	中国当代儿科杂志	儿科学	杨于嘉
H939	中国稻米	农艺学	李西明
G099	中国地方病防治杂志	流行病学、环境医学	徐伟
G098	中国地方病学杂志	流行病学、环境医学	孙殿军
E351	中国地震	地球物理学	丁国瑜
E654	中国地质	地质学	李廷栋
R040	中国电机工程学报	电气工程	郑健超
R511	中国电力	电气工程	刘建明
G234	中国动脉硬化杂志	心血管病学	杨永宗
G825	中国儿童保健杂志	儿科学	杨玉凤
G543	中国耳鼻咽喉头颈外科	耳鼻咽喉科学	韩德民
G100	中国法医学杂志	军事医学与特种医学	刘耀
G290	中国防痨杂志	呼吸病学、结核病学	张立兴
V023	中国非金属矿工业导刊	矿山工程技术	田震远
G320	中国肺癌杂志	肿瘤学	周清华

表 9-1 2012 年 1930 种中国科技核心期刊（中文）目录（续）

CODE	刊 名	学科分类	主 编
G402	中国分子心脏病学杂志	心血管病学	惠汝太
V568	中国粉体技术	建筑科学与技术	胡荣泽
M007	中国腐蚀与防护学报	材料科学综合	柯伟
G456	中国妇产科临床杂志	妇产科学	魏丽惠
G680	中国妇幼保健	优生学、计划生育学	孙铎
G687	中国妇幼健康研究	优生学、计划生育学	李旭
G475	中国肝脏病杂志电子版	消化病学	毛羽;张永利;成军
G631	中国感染控制杂志	感染性疾病学、传染病学	吴安华
G337	中国感染与化疗杂志	感染性疾病学、传染病学	汪复
X035	中国港湾建设	水路运输	刘亚平
V036	中国给水排水	建筑科学与技术	丁堂堂
N089	中国工程机械学报	机械制造工艺与设备	徐宝富
N754	中国工程科学	工程与技术科学基础学科	汪旭光
G244	中国工业医学杂志	流行病学、环境医学	周安寿;阎波
G102	中国公共卫生	预防医学与公共卫生学综合	王宇
X031	中国公路学报	公路运输	王秉纲
G103	中国骨伤	针灸、中医骨伤	尚天裕
G249	中国骨与关节损伤杂志	骨外科学	刘大雄;郭林新
G648	中国骨与关节外科	骨外科学	邱贵兴
G857	中国骨与关节杂志	骨外科学	徐万鹏
G663	中国骨质疏松杂志	内分泌病学与代谢病学、风湿病学	刘忠厚
W021	中国管理科学	管理学	蔡晨
N104	中国惯性技术学报	工程与技术科学基础学科	刘飞
G637	中国国境卫生检疫杂志	流行病学、环境医学	罗荣杰
H215	中国果树	园艺学	米文广
L013	中国海上油气	石油天然气工程	姜伟
E313	中国海洋大学学报自然科学版	水文学、海洋科学	文圣常
L026	中国海洋平台	石油天然气工程	陈祖宇
G104	中国海洋药物	药学	关美君
X039	中国航海	水路运输	黄蕴和
G973	中国呼吸与危重监护杂志	呼吸病学、结核病学	刘春涛
G417	中国护理管理	护理学	严谓然
Z030	中国环境监测	环境科学技术及资源科学技术	丁中元
Z001	中国环境科学	环境科学技术及资源科学技术	王文兴
N059	中国机械工程	机械工程设计	周佑启
A079	中国基础科学	综合	林泉
R066	中国激光	光电子学与激光技术	周炳琨
R013	中国激光医学杂志	临床医学综合	顾瑛
G852	中国急救复苏与灾害医学杂志	医学综合	李宗浩
G241	中国急救医学	临床医学综合	单静
G192	中国脊柱脊髓杂志	骨外科学	张光铂;候树勋
G907	中国计划生育学杂志	优生学、计划生育学	付伟
G105	中国寄生虫学与寄生虫病杂志	基础医学	汤林华
G787	中国健康教育	卫生管理学、健康教育学	陶茂萱

表 9-1 2012 年 1930 种中国科技核心期刊（中文）目录（续）

CODE	刊 名	学科分类	主 编
G784	中国健康心理学杂志	心理学	崔以泰; 张树峰
N108	中国舰船研究	水路运输	朱英富
T075	中国胶粘剂	精细化学工程	刘芳
G233	中国矫形外科杂志	烧伤外科学、整形外科学	宁志杰
G239	中国介入心脏病学杂志	心血管病学	霍勇
G206	中国介入影像与治疗学	核医学、医学影像学	邹英华
G323	中国康复	保健医学	黄晓琳
G400	中国康复理论与实践	保健医学	吴弦光; 李建军
G106	中国康复医学杂志	保健医学	卓大宏
G107	中国抗生素杂志	药学	谭仁祥
A098	中国科技论坛	管理学	王元; 潘令珊
A583	中国科技期刊研究	图书馆、情报与文献学、传播学	言静霞
S133	中国科技资源导刊	其他学科	彭洁
A108	中国科学 地球科学	地球科学综合	周光召; 孙枢
A106	中国科学 化学	化学	周光召; 徐光宪
A081	中国科学基金	综合	朱作言
A007	中国科学技术大学学报	综合大学学报	王水
A109	中国科学 技术科学	工程与技术科学基础学科	周光召; 严陆光
A107	中国科学 生命科学	生物学基础学科	周光召; 梁栋材
A105	中国科学 数学	数学	周光召; 杨乐
A103	中国科学 物理学力学天文学	物理学	周光召
Z317	中国科学 信息科学	信息科学与系统科学	李未
A102	中国科学院研究生院学报	综合大学学报	陈希孺
Y003	中国空间科学技术	航空、航天科学技术	侯深渊
G441	中国口腔颌面外科杂志	口腔医学	邱蔚六
K030	中国矿业	矿山工程技术	王燕国
K015	中国矿业大学学报	矿山工程技术	骆振福
G247	中国老年学杂志	保健医学	陈可冀; 赵吉光
U001	中国粮油学报	食品科学技术	胡承淼
G447	中国临床保健杂志	保健医学	胡世莲
G108	中国临床解剖学杂志	基础医学	徐达传
G536	中国临床神经科学	神经病学、精神病学	蒋雨平
G794	中国临床神经外科杂志	神经病学、精神病学	马廉亭
G221	中国临床心理学杂志	心理学	姚树桥
G870	中国临床药理学与治疗学	药理学	孙瑞元
G109	中国临床药理学杂志	药理学	韩启德
G544	中国临床药学杂志	药学	王永铭
G814	中国临床医生	临床医学综合	胡国臣
G974	中国临床医学	临床医学综合	杨秉辉
G304	中国临床医学影像杂志	核医学、医学影像学	郭启勇
G110	中国麻风皮肤病杂志	皮肤病学、性医学	张福仁
H212	中国麻业科学	农艺学	熊和平
G613	中国慢性病预防与控制	预防医学与公共卫生学综合	王撷秀
G598	中国媒介生物学及控制杂志	流行病学、环境医学	刘起勇

表 9-1　2012 年 1930 种中国科技核心期刊（中文）目录（续）

CODE	刊　名	学科分类	主　编
K037	中国煤炭地质	能源科学综合	赵克荣
G582	中国煤炭工业医学杂志	医学综合	栾奕
G297	中国美容整形外科杂志	烧伤外科学、整形外科学	高景恒
K036	中国锰业	金属材料	周柳霞
H211	中国棉花	农艺学	喻树迅
G111	中国免疫学杂志	基础医学	杨贵贞
Y028	中国民航大学学报	航空、航天科学技术	徐肖豪
K550	中国钼业	金属材料	姚云芳
G303	中国男科学杂志	皮肤病学、性医学	江鱼
H273	中国南方果树	园艺学	王应旭
G422	中国脑血管病杂志	神经病学、精神病学	刘承基；凌锋
G277	中国内镜杂志	外科学综合	张阳德
R524	中国能源	能源科学综合	韩文科
U609	中国酿造	食品科学技术	钟冠山
W005	中国农村水利水电	农业工程	茆智
H958	中国农学通报	农学	石元春
H027	中国农业大学学报	农业大学学报	段若兰
H567	中国农业科技导报	农学	范云六
H030	中国农业科学	农学	翟虎渠
H210	中国农业气象	农学	张厚瑄
H221	中国农业资源与区划	其他学科	唐华俊
G311	中国皮肤性病学杂志	皮肤病学、性医学	彭振辉
G226	中国普通外科杂志	普通外科学、胸外科学、心血管外科学	吕新生
G269	中国普外基础与临床杂志	普通外科学、胸外科学、心血管外科学	严律南
G776	中国全科医学	临床医学综合	梁万年
H081	中国热带农业	农学	吴恩熙
G629	中国热带医学	流行病学、环境医学	潘先海
Z546	中国人口资源与环境	环境科学技术及资源科学技术	王伟中
G112	中国人兽共患病学报	流行病学、环境医学	于恩庶
U052	中国乳品工业	食品科学技术	刘鹏
E124	中国沙漠	地理学	朱震达
G366	中国社会医学杂志	卫生管理学、健康教育学	卢祖洵
G114	中国神经精神疾病杂志	神经病学、精神病学	曾进胜
G242	中国神经免疫学和神经病学杂志	神经病学、精神病学	陈海波；胡学强
G268	中国生化药物杂志	药学	孙欣
H555	中国生态农业学报	农学	刘昌明
H044	中国生物防治学报	植物保护学	杨怀文
F255	中国生物工程杂志	生物工程	张树庸
F002	中国生物化学与分子生物学报	生物学基础学科	张迺蘅
G115	中国生物医学工程学报	生物医学工程学	刘德培
G258	中国生物制品学杂志	生物医学工程学	封多佳
G715	中国生育健康杂志	优生学、计划生育学	任爱国
L001	中国石油大学学报自然科学版	石油天然气工程	陈淑娴
F047	中国实验动物学报	昆虫学、动物学	邢瑞昌

表 9-1 2012 年 1930 种中国科技核心期刊（中文）目录（续）

CODE	刊 名	学科分类	主 编
G883	中国实验血液学杂志	血液病学、肾脏病学	唐佩弦
G853	中国实验诊断学	临床诊断学	孙荣武; 高忠礼; 王鸿利
G273	中国实用儿科杂志	儿科学	薛辛东
G228	中国实用妇科与产科杂志	妇产科学	张淑兰
G305	中国实用护理杂志	护理学	王国强
G267	中国实用内科杂志	内科学综合	康健
G686	中国实用神经疾病杂志	神经病学、精神病学	李建章
G272	中国实用外科杂志	外科学综合	刘永锋
G872	中国实用眼科杂志	眼科学	张忠志
U635	中国食品添加剂	食品科学技术	齐庆中
G429	中国食品卫生杂志	卫生管理学、健康教育学	李小芳
U007	中国食品学报	食品科学技术	罗云波
U563	中国食物与营养	食品科学技术	许世卫
H317	中国兽药杂志	畜牧、兽医科学	刘业兵
H326	中国兽医科学	畜牧、兽医科学	才学鹏
H225	中国兽医学报	畜牧、兽医科学	王哲
G796	中国输血杂志	临床医学综合	王憬惺
G926	中国数字医学	核医学、医学影像学	李包罗; 李华才
H290	中国水产科学	水产学	曾一本
H020	中国水稻科学	农艺学	程式华
H295	中国水土保持科学	农业工程	关君蔚
T022	中国塑料	高聚物工程	杨惠娣
G211	中国糖尿病杂志	内分泌病学与代谢病学、风湿病学	纪立农
T068	中国陶瓷	化学工程	吕建平
G521	中国疼痛医学杂志	临床医学综合	韩济生
G561	中国体视学与图像分析	核医学、医学影像学	刘国权
G444	中国体外循环杂志	外科学综合	龙村
G101	中国天然药物	药学	吴晓明
U501	中国调味品	食品科学技术	杨旭
X004	中国铁道科学	铁路运输	阳建鸣
G437	中国听力语言康复科学杂志	保健医学	聂滨
R083	中国图象图形学报	计算机科学技术	李小文
H350	中国土地科学	土壤学	程烨
H233	中国土壤与肥料	土壤学	黄鸿翔
G116	中国危重病急救医学	临床医学综合	沈中阳
G373	中国微创外科杂志	外科学综合	侯宽永
G959	中国微侵袭神经外科杂志	神经病学、精神病学	王伟民
G517	中国微生态学杂志	生态学	康白
G988	中国卫生检验杂志	卫生管理学、健康教育学	张绍武
S725	中国卫生经济	卫生管理学、健康教育学	蔡仁华
G253	中国卫生统计	卫生管理学、健康教育学	陈育德
G716	中国卫生政策研究	卫生管理学、健康教育学	代涛
G752	中国卫生质量管理	卫生管理学、健康教育学	曹荣桂
K035	中国钨业	金属材料	孔昭庆

表 9-1　2012 年 1930 种中国科技核心期刊（中文）目录（续）

CODE	刊　名	学科分类	主　编
M022	中国稀土学报	材料科学综合	徐光宪
F025	中国细胞生物学学报	生物学基础学科	郭礼和
G841	中国现代普通外科进展	普通外科学、胸外科学、心血管外科学	寿楠海
G623	中国现代神经疾病杂志	神经病学、精神病学	只达石
G885	中国现代手术学杂志	外科学综合	李永国
G237	中国现代医学杂志	医学综合	张阳德
G849	中国现代应用药学	药学	李连达
G284	中国消毒学杂志	预防医学与公共卫生学综合	张文福
G765	中国小儿急救医学	儿科学	赵群
G845	中国小儿血液与肿瘤杂志	儿科学	胡亚美; 袁伯伦
G298	中国斜视与小儿眼科杂志	眼科学	任华明
G117	中国心理卫生杂志	心理学	于欣
G718	中国心血管病研究	心血管病学	胡大一;万峰
G380	中国心血管杂志	心血管病学	于普林
G203	中国心脏起搏与心电生理杂志	普通外科学、胸外科学、心血管外科学	黄从新
G082	中国新生儿科杂志	儿科学	冯琪
G250	中国新药与临床杂志	药学	唐希灿
G747	中国新药杂志	药学	桑国卫
G727	中国性科学	皮肤病学、性医学	胡佩诚
G232	中国胸心血管外科临床杂志	普通外科学、胸外科学、心血管外科学	石应康
G118	中国修复重建外科杂志	烧伤外科学、整形外科学	杨志明
H294	中国畜牧兽医	畜牧、兽医科学	李琍
G908	中国学校卫生	卫生管理学、健康教育学	季成叶
G675	中国血吸虫病防治杂志	流行病学、环境医学	周晓农
G633	中国血液净化	血液病学、肾脏病学	王梅
G119	中国循环杂志	心血管病学	胡盛寿
G756	中国循证儿科杂志	儿科学	桂永浩
G645	中国循证心血管医学杂志	心血管病学	魏万林; 胡大一
G396	中国循证医学杂志	临床诊断学	李幼平
H208	中国烟草科学	园艺学	王元英
U647	中国烟草学报	园艺学	袁行思
E303	中国岩溶	地质学	刘再华
G619	中国眼耳鼻喉科杂志	耳鼻咽喉科学	王正敏;王文吉;张重华
G318	中国药房	药学	马劲
G120	中国药科大学学报	医药大学学报	彭司勋
G121	中国药理学通报	药理学	魏伟; 李俊
G122	中国药理学与毒理学杂志	药理学	张永祥
G878	中国药师	药学	江德元
G220	中国药物化学杂志	药学	张礼和
G227	中国药物警戒	药学	金少鸿
G248	中国药物依赖性杂志	药学	陆林
G713	中国药物应用与监测	药学	郭代红
G621	中国药物与临床	药学	董海原
G009	中国药学杂志	药学	周海钧

表 9-1 2012 年 1930 种中国科技核心期刊（中文）目录（续）

CODE	刊 名	学科分类	主 编
G755	中国药业	药学	刘斌
M628	中国冶金	冶金工程技术	洪及鄙
G809	中国医刊	临床医学综合	刘益清
G123	中国医科大学学报	医药大学学报	何维为
G124	中国医疗器械杂志	卫生管理学、健康教育学	胡宗泰
G679	中国医疗设备	卫生管理学、健康教育学	姜远海
G306	中国医师进修杂志	临床医学综合	林三仁
G313	中国医师杂志	临床医学综合	张宪安
G236	中国医学计算机成像杂志	核医学、医学影像学	陈星荣
G125	中国医学科学院学报	医药大学学报	刘德培
G911	中国医学伦理学	其他学科	王明旭
G622	中国医学物理学杂志	基础医学	邓亲恺
G127	中国医学影像技术	核医学、医学影像学	李坤成；姜玉新
G193	中国医学影像学杂志	核医学、医学影像学	蔡幼铨；周诚
S591	中国医学装备	卫生管理学、健康教育学	关伟
G519	中国医药	临床医学综合	杨秋
G644	中国医药导报	医学综合	张虎林
G924	中国医药导刊	医学综合	胡大一
T019	中国医药工业杂志	应用化学工程	周伟澄
G531	中国医药生物技术	生物医学工程学	赵铠
Q918	中国医院	卫生管理学、健康教育学	张宝库
G454	中国医院管理	卫生管理学、健康教育学	王环增
G243	中国医院药学杂志	药学	陈华庭
G314	中国疫苗和免疫	生物医学工程学	訾维廉
G130	中国应用生理学杂志	生物学基础学科	范明
G706	中国优生与遗传杂志	优生学、计划生育学	李崇高
H205	中国油料作物学报	农艺学	王汉中
U032	中国油脂	食品科学技术	秦长泽
M028	中国有色金属学报	金属材料	黄伯云
H099	中国预防兽医学报	畜牧、兽医科学	孔宪刚
G753	中国预防医学杂志	预防医学与公共卫生学综合	庄辉
V039	中国园林	林学	王绍增
G131	中国运动医学杂志	保健医学	李国平
X012	中国造船	水路运输	吴有生
U012	中国造纸	应用化学工程	邝仕均
U033	中国造纸学报	应用化学工程	朱尹箴
H204	中国沼气	农业工程	王锡吾
G600	中国针灸	针灸、中医骨伤	刘炜宏
H067	中国真菌学杂志	临床医学综合	温海
G945	中国职业医学	流行病学、环境医学	黄汉林
G347	中国中西医结合耳鼻咽喉科杂志	中西医结合医学	杨和钧；唐有法
G843	中国中西医结合急救杂志	中西医结合医学	王今达
G757	中国中西医结合皮肤性病学杂志	中西医结合医学	秦万章
G846	中国中西医结合肾病杂志	中西医结合医学	陈孝文

表 9-1 2012 年 1930 种中国科技核心期刊（中文）目录（续）

CODE	刊名	学科分类	主编
G758	中国中西医结合外科杂志	中西医结合医学	吴咸中
G528	中国中西医结合消化杂志	中西医结合医学	危北海; 李乾构; 陈泽民
G182	中国中西医结合杂志	中西医结合医学	陈可冀
G132	中国中药杂志	中药学	肖培根
G240	中国中医骨伤科杂志	针灸、中医骨伤	李同生
G632	中国中医基础医学杂志	中医学	孟庆云
G524	中国中医急症	中医学	晁恩祥
G749	中国中医眼科杂志	中医学	庄曾渊
G832	中国中医药信息杂志	中医学	叶祖光
G642	中国肿瘤	肿瘤学	赵平
G133	中国肿瘤临床	肿瘤学	郝希山
G636	中国肿瘤临床与康复	肿瘤学	谭颖波
G255	中国肿瘤生物治疗杂志	肿瘤学	曹雪涛
N072	中国铸造装备与技术	机械制造工艺与设备	师德玲
G667	中国综合临床	临床医学综合	袁聚祥
G529	中国卒中杂志	神经病学、精神病学	王拥军
G299	中国组织工程研究	生物工程	刘昆
G134	中国组织化学与细胞化学杂志	基础医学	熊希凯
G502	中华保健医学杂志	保健医学	郑秋甫
G135	中华病理学杂志	基础医学	郑杰
G195	中华超声影像学杂志	核医学、医学影像学	张运
G136	中华传染病杂志	感染性疾病学、传染病学	翁心华
G408	中华创伤骨科杂志	骨外科学	裴国献
G137	中华创伤杂志	烧伤外科学、整形外科学	王正国
G138	中华儿科杂志	儿科学	杨锡强
G139	中华耳鼻咽喉头颈外科杂志	耳鼻咽喉科学	韩德民
G743	中华耳科学杂志	耳鼻咽喉科学	杨伟炎; 韩东一
G140	中华放射学杂志	核医学、医学影像学	戴建平
G141	中华放射医学与防护杂志	核医学、医学影像学	苏旭
G251	中华放射肿瘤学杂志	肿瘤学	徐国镇
G474	中华肺部疾病杂志电子版	呼吸病学、结核病学	钱桂生
G286	中华风湿病学杂志	内分泌病学与代谢病学、风湿病学	栗占国
G142	中华妇产科杂志	妇产科学	郎景和
G689	中华妇幼临床医学杂志电子版	妇产科学	毛萌
G262	中华肝胆外科杂志	普通外科学、胸外科学、心血管外科学	刘永雄
G231	中华肝脏病杂志	消化病学	任红
G235	中华高血压杂志	心血管病学	胡大一
G143	中华骨科杂志	骨外科学	邱贵兴
G728	中华骨质疏松和骨矿盐疾病杂志	内分泌病学与代谢病学、风湿病学	孟迅吾
G691	中华关节外科杂志电子版	骨外科学	邱贵兴; 余楠生
G263	中华行为医学与脑科学杂志	神经病学、精神病学	杨菊贤
G335	中华航海医学与高气压医学杂志	军事医学与特种医学	褚新奇
G144	中华航空航天医学杂志	军事医学与特种医学	卢志平
G145	中华核医学与分子影像杂志	核医学、医学影像学	匡安仁

表 9-1 2012 年 1930 种中国科技核心期刊（中文）目录（续）

CODE	刊 名	学科分类	主 编
G146	中华护理杂志	护理学	刘苏君
G555	中华急诊医学杂志	临床医学综合	江观玉
G302	中华疾病控制杂志	预防医学与公共卫生学综合	叶冬青
G174	中华检验医学杂志	临床诊断学	尚红
G147	中华结核和呼吸杂志	呼吸病学、结核病学	钟南山
G159	中华精神科杂志	神经病学、精神病学	张明园
G579	中华口腔医学研究杂志电子版	口腔医学	凌均棨
G148	中华口腔医学杂志	口腔医学	王兴
G280	中华口腔正畸学杂志	口腔医学	傅民魁
G149	中华劳动卫生职业病杂志	流行病学、环境医学	王生
G639	中华老年多器官疾病杂志	保健医学	张和起
G833	中华老年口腔医学杂志	口腔医学	刘洪臣
G876	中华老年心脑血管病杂志	心血管病学	林运昌
G150	中华老年医学杂志	保健医学	王建业
G692	中华临床感染病杂志	感染性疾病学、传染病学	李兰娟
G693	中华临床免疫和变态反应杂志	内分泌病学与代谢病学、风湿病学	张宏誉；张奉春
G824	中华临床营养杂志	预防医学与公共卫生学综合	蒋朱明
G152	中华流行病学杂志	流行病学、环境医学	李立明
G153	中华麻醉学杂志	外科学综合	罗爱伦
G154	中华泌尿外科杂志	泌尿外科学	张玲媛
G282	中华男科学杂志	皮肤病学、性医学	黄宇峰
G155	中华内分泌代谢杂志	内分泌病学与代谢病学、风湿病学	潘长玉
G736	中华内分泌外科杂志	外科学综合	任国胜
G156	中华内科杂志	内科学综合	王海燕
G157	中华皮肤科杂志	皮肤病学、性医学	陈洪铎
G254	中华普通外科杂志	普通外科学、胸外科学、心血管外科学	杜如昱
G158	中华器官移植杂志	外科学综合	陈实
G473	中华腔镜泌尿外科杂志电子版	泌尿外科学	高新；孙颖浩
G526	中华全科医师杂志	临床医学综合	戴玉华
G515	中华全科医学	临床医学综合	石建华；刘祖欣
G505	中华乳腺病杂志电子版	普通外科学、胸外科学、心血管外科学	孙燕；姜军
G900	中华烧伤杂志	烧伤外科学、整形外科学	黄跃生
G197	中华神经科杂志	神经病学、精神病学	秦震
G976	中华神经外科疾病研究杂志	神经病学、精神病学	章翔
G160	中华神经外科杂志	神经病学、精神病学	王忠诚
G446	中华神经医学杂志	神经病学、精神病学	徐如祥
G161	中华肾脏病杂志	血液病学、肾脏病学	陈香美
G737	中华生物医学工程杂志	生物医学工程学	钟南山
G162	中华实验和临床病毒学杂志	微生物学、病毒学	洪涛
G703	中华实验和临床感染病杂志电子版	感染性疾病学、传染病学	毛羽；张永利；成军
G163	中华实验外科杂志	外科学综合	杨镇
G367	中华实用诊断与治疗杂志	临床诊断学	马保根
G848	中华手外科杂志	骨外科学	顾玉东
G506	中华损伤与修复杂志电子版	烧伤外科学、整形外科学	孙永华

表9-1　2012年1930种中国科技核心期刊（中文）目录（续）

CODE	刊　名	学科分类	主　编
G739	中华糖尿病杂志	内分泌病学与代谢病学、风湿病学	杨文英
G164	中华外科杂志	外科学综合	黄洁夫
G165	中华微生物学和免疫学杂志	基础医学	沈心亮
G296	中华围产医学杂志	妇产科学	赵瑞琳
G740	中华卫生杀虫药械	流行病学、环境医学	姜志宽
G793	中华胃肠外科杂志	普通外科学、胸外科学、心血管外科学	汪建平
G166	中华物理医学与康复杂志	保健医学	郭正成
G167	中华显微外科杂志	外科学综合	庞水发
G847	中华现代护理杂志	护理学	沈黎
G285	中华消化内镜杂志	消化病学	张齐联
G978	中华消化外科杂志	普通外科学、胸外科学、心血管外科学	董家鸿
G168	中华消化杂志	消化病学	许国铭
G169	中华小儿外科杂志	儿科学	袁继炎
G892	中华心律失常学杂志	心血管病学	陈新
G170	中华心血管病杂志	心血管病学	胡大一
G171	中华胸心血管外科杂志	普通外科学、胸外科学、心血管外科学	朱晓东
G172	中华血液学杂志	血液病学、肾脏病学	阮长耿
G191	中华眼底病杂志	眼科学	严密
G173	中华眼科杂志	眼科学	赵堪兴
G873	中华眼视光学与视觉科学杂志	眼科学	瞿佳
Q920	中华医学超声杂志电子版	核医学、医学影像学	王云亭
G705	中华医学教育杂志	卫生管理学、健康教育学	程伯基
G307	中华医学科研管理杂志	卫生管理学、健康教育学	罗长坤
G489	中华医学美学美容杂志	烧伤外科学、整形外科学	张其亮
G175	中华医学遗传学杂志	基础医学	张思仲
G176	中华医学杂志	医学综合	高润霖
G194	中华医院感染学杂志	感染性疾病学、传染病学	朱士俊
G591	中华医院管理杂志	卫生管理学、健康教育学	金大鹏
G610	中华胰腺病杂志	消化病学	许国铭
G177	中华预防医学杂志	预防医学与公共卫生学综合	陈育德
G178	中华整形外科杂志	烧伤外科学、整形外科学	戚可名
G859	中华中医药学刊	中医学	康廷国
G910	中华中医药杂志	中医学	佘靖
G858	中华肿瘤防治杂志	肿瘤学	于金明
G179	中华肿瘤杂志	肿瘤学	赵平
G472	中华疝和腹壁外科杂志电子版	普通外科学、胸外科学、心血管外科学	陈杰
G039	中南大学学报医学版	医药大学学报	李桂源
K001	中南大学学报自然科学版	工程技术大学学报	黄伯云
H053	中南林业科技大学学报	林学	吴晓芙
A550	中南民族大学学报自然科学版	综合大学学报	李金林
G599	中南药学	药学	李焕德
G180	中日友好医院学报	医学综合	谌贻璞
G181	中山大学学报医学科学版	医药大学学报	陈汝筑
A036	中山大学学报自然科学版	综合大学学报	张楚民

表 9-1 2012 年 1930 种中国科技核心期刊（中文）目录（续）

CODE	刊 名	学科分类	主 编
X539	中外公路	公路运输	刘玉兰
S020	中文信息学报	信息与系统科学相关工程与技术	孙茂松
G842	中西医结合肝病杂志	中西医结合医学	王伯祥
G597	中西医结合心脑血管病杂志	中西医结合医学	王斌全；吕吉元
G442	中西医结合学报	中西医结合医学	赵伟康
R775	中兴通讯技术	通信技术	谢大雄
G183	中药材	中药学	元四辉
G564	中药新药与临床药理	中药学	王宁生
G685	中医学报	中医学	郑玉玲；李俊德
G681	中医药导报	中医学	袁长津
G764	中医药通报	中医学	卢太坤
G943	中医药信息	中医学	匡海学
G812	中医药学报	中医学	匡海学
G010	中医杂志	中医学	曹洪欣
G643	中医正骨	针灸、中医骨伤	郭维淮
G184	肿瘤	肿瘤学	高玉堂
G185	肿瘤防治研究	肿瘤学	陈焕朝
G412	肿瘤学杂志	肿瘤学	毛伟敏
G522	肿瘤研究与临床	肿瘤学	梁小波
G695	肿瘤预防与治疗	肿瘤学	樊晋川
H103	种子	农艺学	张太平
N022	轴承	机械制造工艺与设备	杜迎辉
H026	竹子研究汇刊	林学	王树东
N075	铸造	机械制造工艺与设备	葛晨光
N081	铸造技术	机械制造工艺与设备	邢建东
N034	装备环境工程	机械制造工艺与设备	唐伦科
A133	装备学院学报	兵器科学与技术	邹鹏
N990	装甲兵工程学院学报	兵器科学与技术	徐滨士
Z022	资源科学	环境科学技术及资源科学技术	成升魁
R737	自动化技术与应用	信息与系统科学相关工程与技术	吴冈
S026	自动化学报	信息与系统科学相关工程与技术	谭铁牛
N013	自动化仪表	仪器仪表技术	孙叔平
S501	自动化与仪表	仪器仪表技术	高明璋
R611	自动化与仪器仪表	信息与系统科学相关工程与技术	孙怀义
A905	自然杂志	综合	董远达
E137	自然灾害学报	安全科学技术	谢礼立
Z012	自然资源学报	环境科学技术及资源科学技术	李文华
G229	卒中与神经疾病	神经病学、精神病学	曾庆杏；张兆辉
N088	组合机床与自动化加工技术	机械工程设计	宋鸿升
G701	组织工程与重建外科杂志	烧伤外科学、整形外科学	曹谊林
L018	钻井液与完井液	石油天然气工程	张健庚
H034	作物学报	农艺学	辛志勇
H410	作物研究	农艺学	官春云
H202	作物杂志	农艺学	赵明

表 9-2 2012 年 64 种中国科技核心期刊（英文）目录

CODE	刊名	学科分类	主编
F034	ACTA BIOCHIMICA ET BIOPHYSICA SINICA	生物学基础学科	张友尚
C096	ACTA MATHEMATICA SCIENTIA	物理学	丁夏畦
B030	ACTA MATHEMATICA SINICA ENGLISH SERIES	数学	李炳仁
I051	ACTA MATHEMATICAE APPLICATAE SINICA	数学	丁夏畦
C105	ACTA MECHANICA SINICA	力学	程耿东
M100	ACTA METALLURGICA SINICA	金属材料	柯俊
G001	ACTA PHARMACOLOGICA SINICA	药理学	陈凯先
I062	ADVANCES IN ATMOSPHERIC SCIENCES	大气科学	吴国雄; 王会军; 张大林
I282	ASIAN JOURNAL OF ANDROLOGY	皮肤病学、性医学	王一飞
I072	CELL RESEARCH	生物学基础学科	姚鑫
I139	CHEMICAL RESEARCH IN CHINESE UNIVERSITIES	化学	周其凤
E158	CHINA OCEAN ENGINEERING	水文学、海洋科学	柯俊
B023	CHINESE ANNALS OF MATHEMATICS SERIES B	数学	李大潜
D031	CHINESE CHEMICAL LETTERS	化学	梁晓天
I122	CHINESE JOURNAL OF AERONAUTICS	航空、航天科学技术	朱自强
G011	CHINESE JOURNAL OF CANCER	肿瘤学	曾益新
I037	CHINESE JOURNAL OF CANCER RESEARCH	肿瘤学	鄂征
T100	CHINESE JOURNAL OF CHEMICAL ENGINEERING	化学工程	廖叶华
C070	CHINESE JOURNAL OF CHEMICAL PHYSICS	化学	杨学明
E012	CHINESE JOURNAL OF OCEANOLOGY AND LIMNOLOGY	水文学、海洋科学	曾呈奎
D017	CHINESE JOURNAL OF POLYMER SCIENCE	化学	冯新德
I200	CHINESE JOURNAL OF TRAUMATOLOGY	烧伤外科学、整形外科学	王正国
I201	CHINESE MEDICAL JOURNAL	医学综合	钱贻简
G126	CHINESE MEDICAL SCIENCES JOURNAL	医学综合	刘德培
I071	CHINESE OPTICS LETTERS	光电子学与激光技术	徐至展
C106	CHINESE PHYSICS B	物理学	欧阳钟灿
C058	CHINESE PHYSICS C	物理学	马基茂
C059	CHINESE PHYSICS LETTERS	物理学	甘子钊
B022	CHINESE QUARTERLY JOURNAL OF MATHEMATICS	数学	胡和生
B010	COMMUNICATIONS IN MATHEMATICAL RESEARCH	数学	江泽坚
C095	COMMUNICATIONS IN THEORETICAL PHYSICS	物理学	何祚庥
F017	CURRENT ZOOLOGY	昆虫学、动物学	王祖望
T082	ENGINEERING SCIENCES	工程与技术科学基础学科	樊代明
I220	FRONTIERS OF EARTH SCIENCE	地球科学综合	殷鸿福
I012	INSECT SCIENCE	昆虫学、动物学	王牧牧
I227	JOURNAL OF CHINESE PHARMACEUTICAL SCIENCES	药学	张礼和
S051	JOURNAL OF COMPUTER SCIENCE AND TECHNOLOGY	计算机科学技术	李国杰
Z027	JOURNAL OF ENVIRONMENTAL SCIENCES	环境科学技术及资源科学技术	汤鸿霄
I018	JOURNAL OF FORESTRY RESEARCH	林学	杨传平

表 9-2 2012 年 64 种中国科技核心期刊（英文）目录（续）

CODE	刊 名	学科分类	主 编
F013	JOURNAL OF GENETICS AND GENOMICS	生物学基础学科	薛勇彪
I063	JOURNAL OF GEOGRAPHICAL SCIENCES	地理学	郑度
W015	JOURNAL OF HYDRODYNAMICS SERIES B	水利工程	周连第
F029	JOURNAL OF INTEGRATIVE PLANT BIOLOGY	植物学	刘春明
I229	JOURNAL OF MARINE SCIENCE AND APPLICATION	水文学、海洋科学	边信黔
M015	JOURNAL OF MATERIALS SCIENCE & TECHNOLOGY	材料科学综合	王中光
B005	JOURNAL OF MATHEMATICAL RESEARCH WITH APPLICATIONS	数学	徐利治
F021	JOURNAL OF MOLECULAR CELL BIOLOGY	生物学基础学科	李党生
I105	JOURNAL OF NATURAL GAS CHEMISTRY	石油天然气工程	包信和; ALEXIS T. BELL
I120	JOURNAL OF OCEAN UNIVERSITY OF CHINA	水文学、海洋科学	文圣常
M035	JOURNAL OF RARE EARTHS	材料科学综合	徐光宪
R062	JOURNAL OF SEMICONDUCTORS	电子技术	王守武
I090	JOURNAL OF WUHAN UNIVERSITY OF TECHNOLOGY MATERIALS SCIENCE EDITION	材料科学综合	张清杰
I041	JOURNAL OF ZHEJIANG UNIVERSITY SCIENCE A	综合大学学报	杨卫
I184	MINING SCIENCE AND TECHNOLOGY	矿山工程技术	骆振福
F019	MOLECULAR PLANT	植物学	许大全
G278	NEUROSCIENCE BULLETIN	神经病学、精神病学	路长林
I233	OPTOELECTRONICS LETTERS	光电子学与激光技术	巴恩旭
I202	PARTICUOLOGY	化学工程	郭慕孙
H046	PEDOSPHERE	土壤学	周健民
C072	RESEARCH IN ASTRONOMY AND ASTROPHYSICS	天文学	汪景琇; 景益鹏
G616	THE CHINESE-GERMAN JOURNAL OF CLINICAL ONCOLOGY	肿瘤学	陈安民; 于世英; A.D.Ho
M104	TRANSACTIONS OF NONFERROUS METALS SOCIETY OF CHINA	金属材料	黄伯云
G095	VIROLOGICA SINICA	微生物学、病毒学	陈新文

10 期刊变更表

表 10-1 期刊名称变更表

CODE	2013 年版刊名	2012 年版刊名
F005	ENTOMOTAXONOMIA	昆虫分类学报
B005	JOURNAL OF MATHEMATICAL RESEARCH WITH APPLICATIONS	JOURNAL OF MATHEMATICAL RESEARCH AND EXPOSITION
S030	计算机集成制造系统	计算机集成制造系统-CIMS
J020	昆明理工大学学报自然科学版	昆明理工大学学报理工版
G047	南昌大学学报医学版	江西医学院学报
N061	图学学报	工程图学学报
G771	武警后勤学院学报医学版	武警医学院学报
H044	中国生物防治学报	中国生物防治
G145	中华核医学与分子影像杂志	中华核医学杂志
G773	中华实验眼科杂志	眼科研究
G990	中华眼外伤职业眼病杂志	眼外伤职业眼病杂志
S590	中华医学教育探索杂志	医学教育探索

表 10-2 2012年度中国科技论文引文数据库（CSTPCD）增加的期刊

CODE	刊 名	CODE	刊 名
I229	JOURNAL OF MARINE SCIENCE AND APPLICATION	X545	铁道建筑
A199	电力建设	R671	西安邮电学院学报
R750	电力需求侧管理	V087	现代城市研究
R754	电讯技术	G421	现代药物与临床
R079	电子测试	G476	心脑血管病防治
T241	断块油气田	G980	新疆医科大学学报
Y571	飞航导弹	K580	有色金属选矿部分
S712	工程管理学报	A654	云南民族大学学报自然科学版
G478	骨科	Y057	载人航天
G808	贵州医药	G520	中成药
G899	海军医学杂志	M053	中国材料进展
Y554	航空发动机	G475	中国肝脏病杂志电子版
T146	化工设备与管道	S133	中国科技资源导刊
Y040	火箭推进	G582	中国煤炭工业医学杂志
S012	计算机工程	H081	中国热带农业
G477	检验医学与临床	G686	中国实用神经疾病杂志
G671	解放军医药杂志	H317	中国兽药杂志
Y051	空间控制技术与应用	M628	中国冶金
T231	磷肥与复肥	G474	中华肺部疾病杂志电子版
V089	南方建筑	G473	中华腔镜泌尿外科杂志电子版
S106	全球科技经济瞭望	G472	中华疝和腹壁外科杂志电子版
R501	热力发电	G307	中华医学科研管理杂志
H097	乳业科学与技术	N990	装甲兵工程学院学报
X528	水运工程		
T094	四川兵工学报		

11 新入选中国科技核心期刊

表 11-1　2013 年新入选中国科技核心期刊（中文）目录（中国科技论文统计源期刊）

CODE	刊名	CODE	刊名
M704	材料与冶金学报	F027	四川动物
X635	船海工程	G914	天津中医药大学学报
G552	磁共振成像	R042	通信技术
E091	大气科学学报	G588	西部医学
Y585	导航与控制	R748	现代电子技术
Z521	环境科学与管理	G798	现代泌尿生殖肿瘤杂志
V523	建筑节能	R052	信息安全与通信保密
S818	科学学与科学技术管理	G865	医学信息学杂志
Q907	空军医学杂志	M504	有色金属科学与工程
K554	矿业安全与环保	H891	中国动物传染病学报
G423	临床肾脏病杂志	C099	中国光学
H071	农产品质量与安全	G560	中国计划生育和妇产科
X532	汽车安全与节能学报	G867	中国实用口腔科杂志
G595	器官移植	W557	中国水利水电科学研究院学报
H415	热带生物学报	G471	中国医学前沿杂志电子版
H382	森林工程	G462	中华普外科手术学杂志电子版
G511	山东医药	G463	中华腔镜外科杂志电子版
U528	上海纺织科技	G761	中华危重症医学杂志电子版
U049	食品安全质量检测学报	G915	中华医学图书情报杂志
H838	食用菌学报		

表 11-2　2013 年新入选中国科技核心期刊（英文）目录（中国科技论文统计源期刊）

CODE	刊名	CODE	刊名
I710	CHINA COMMUNICATIONS	I126	JOURNAL OF ELECTRONICS
I207	CHINESE HERBAL MEDICINES	I159	JOURNAL OF ZHEJIANG UNIVERSITY SCIENCE B
I225	JOURNAL OF ACUPUNCTURE AND TUINA SCIENCE	I232	NEURAL REGENERATION RESEARCH
N764	JOURNAL OF BIONICS ENGINEERING	I065	RICE SCIENCE
I168	JOURNAL OF COAL SCIENCE & ENGINEERING CHINA		

图书在版编目(CIP)数据

2013年版中国科技期刊引证报告：核心版 / 中国科学技术信息研究所编. —北京：科学技术文献出版社，2013.9
ISBN 978-7-5023-8380-0

Ⅰ. ①2… Ⅱ. ①中… Ⅲ. ①科技期刊-期刊索引-中国-2013 Ⅳ. ①Z89：N55

中国版本图书馆CIP数据核字(2013)第226472号

2013年版中国科技期刊引证报告（核心版）

| 策划编辑：周国臻 | 责任编辑：周国臻 | 责任出版：张志平 |

出 版 者	科学技术文献出版社
地 址	北京市复兴路15号 邮编 100038
编 务 部	(010)58882938，58882087(传真)
发 行 部	(010)58882868，58882874（传真）
邮 购 部	(010)58882873
网 址	http://www.stdp.com.cn
发 行 者	科学技术文献出版社发行 全国各地新华书店经销
印 刷 者	北京时尚印佳彩色印刷有限公司
版 次	2013年9月第1版 2013年9月第1次印刷
开 本	787×1092 1/16
字 数	660千
印 张	27.75
书 号	ISBN 978-7-5023-8380-0
定 价	150.00元

版权所有　违法必究

购买本社图书，凡字迹不清、缺页、倒页、脱页者，本社发行部负责调换